全 世 界 无 产 者， 联 合 起 来！

列宁全集

第二版增订版

第四十二卷

1921年6月—1922年3月

中共中央 马克思 恩格斯 列宁 斯大林 著作编译局编译

人民出版社

《列宁全集》第二版是根据中国共产党中央委员会的决定，由中共中央马克思恩格斯列宁斯大林著作编译局编译的。

凡　　例

1. 正文和附录中的文献分别按写作或发表时间编排。在个别情况下，为了保持一部著作或一组文献的完整性和有机联系，编排顺序则作变通处理。

2. 每篇文献标题下括号内的写作或发表日期是编者加的。文献本身在开头已注明日期的，标题下不另列日期。

3. 1918 年 2 月 14 日以前俄国通用俄历，这以后改用公历。两种历法所标日期，在 1900 年 2 月以前相差 12 天（如俄历为 1 日，公历为 13 日），从 1900 年 3 月起相差 13 天。编者加的日期，公历和俄历并用时，俄历在前，公历在后。

4. 目录中凡标有星花 * 的标题，都是编者加的。

5. 在引文中尖括号〈　〉内的文字和标点符号是列宁加的。

6. 未说明是编者加的脚注为列宁的原注。

7.《人名索引》、《文献索引》条目按汉语拼音字母顺序排列。在《人名索引》条头括号内用黑体字排的是真姓名；在《文献索引》中，带方括号[　]的作者名、篇名、日期、地点等等，是编者加的。

目　　录

前言 …………………………………………………………… I—XVII

1921 年

*共产国际第三次代表大会文献(6—7 月) ……………………… 1—70

1 关于俄共策略的报告提纲(6 月 13 日)……………………………… 1

1. 俄罗斯联邦所面临的国际形势 ……………………………… 1

2. 国际范围内阶级力量的对比 ……………………………… 2

3. 俄国阶级力量的对比 ……………………………………… 3

4. 俄国无产阶级和农民 ……………………………………… 4

5. 俄罗斯联邦无产阶级和农民的军事联盟 ……………………… 4

6. 向建立无产阶级和农民的正常经济关系过渡 ………………… 5

7. 苏维埃政权容许资本主义和租让制存在的意义和条件 ………… 6

8. 我国粮食政策的成就 ……………………………………… 6

9. 社会主义的物质基础和俄罗斯电气化计划 …………………… 7

10. 资本的同盟者"纯粹民主派"即第二国际和第二半国际、社会革命党人和孟什维克的作用 ………………………… 8

*2 对共产国际《关于策略问题的提纲》草案的意见 ………………… 11

(1)给格·叶·季诺维也夫的信(6 月 10 日)…………………………… 11

*(2)两点建议(7 月 6 日) ……………………………………… 16

*3 对《关于各国共产党的组织建设、工作方法和工作内容的提纲》草案的意见 …… 18

*(1)给奥·威·库西宁的信(6月10日) …… 18

*(2)给奥·威·库西宁和威·克南的信(7月9日) …… 21

*4 关于法国共产党现状问题的讲话(6月17日) …… 22

*5 关于意大利问题的讲话(6月28日) …… 26

*6 捍卫共产国际策略的讲话(7月1日) …… 32

*7 关于俄共策略的报告(7月5日) …… 43

*8 在有俄共(布)中央委员参加的德国代表团会议上的发言(7月9日) …… 62

*9 在德国、波兰、捷克斯洛伐克、匈牙利和意大利代表团联席会议上的讲话(7月11日) …… 65

*对人民委员会《关于苏维埃机关职员实行集体劳动报酬制的决定草案》的补充(6月28日) …… 71

*人民委员会关于修缮大剧院的决定(6月30日) …… 72

关于国家经济“计划”的几点想法(7月4日) …… 73—75

*就企业奖励问题向俄共(布)中央政治局提出的建议(7月8日) …… 76

*关于战胜饥荒的措施和加强经济工作的意见(不晚于7月9日) …… 77—79

*对人民委员会关于由中央消费合作总社组织商品交换的决定草案的意见(7月15日) …… 80

*给中央消费合作总社代表大会的贺信(7月16日) …… 81—82

*给革命职业工会和产业工会第一次国际代表大会的贺信(7月18日) …… 83

*对《关于实行新经济政策的提纲草案》的修改意见

给列·波·加米涅夫的便条(7月21日) ………………………… 84—85

*就西伯利亚领导机构问题向俄共(布)中央提出的建议

(7月28日) ……………………………………………… 86

俄共(布)中央政治局决定草案(7月28日) …………………… 87—88

告国际无产阶级书(8月2日) ………………………………… 89—90

告乌克兰农民书(8月2日) ………………………………………… 91

*关于"出版自由"　给加·米雅斯尼科夫的信(8月5日) ……… 92—98

*对费·埃·捷尔任斯基关于运输业问题的几点结论的

意见(8月8日) …………………………………………… 99

致托马斯·贝尔同志(8月13日) ……………………………… 100—102

给德国共产党员的一封信(8月14日) ……………………… 103—114

新的时代和新形式的旧错误(8月20日) …………………… 115—124

*俄共(布)中央政治局关于对外贸人民委员部进行调查的

决定草案(8月23日) ………………………………… 125

*就温格恩一案向俄共(布)中央政治局提出的建议

(8月26日) ………………………………………… 126

*就生活服务项目收费问题给小人民委员会的信

(8月27日) ………………………………………… 127—128

*给叶·萨·瓦尔加的便条并附关于建立国际工人运动

问题情报所的提纲(8月31日) ……………………… 129—131

*给中央统计局的信(8—9月) ……………………………… 132—138

1　给中央统计局局长的信和给秘书的指示(8月16日) ………… 132

2　给中央统计局局长或副局长的信和给秘书的指示

(9月1日) ……………………………………………… 135

*给《经济生活报》编辑部的信(9月1日) ………………………… 139—141

*关于欧洲工人的捐款(9月) ………………………………… 142—143

*1 俄共(布)中央政治局决定(9月2日) ……………………………… 142

2 致共产国际执行委员会书记(9月3日) ……………………………… 143

*给维·米·莫洛托夫的便条并附俄共(布)中央政治局关于复照努兰斯的决定草案(9月4日) ………………………… 144—145

*对俄共(布)中央政治局关于给粮食人民委员部的指示的决定草案的补充(9月5日或6日) ……………………………… 146

*俄共(布)中央政治局关于动用黄金储备问题的决定草案(9月) ……………………………………………… 147—148

*1 9月7日草拟的决定 ……………………………………………… 147

*2 9月14日草拟的决定……………………………………………… 148

俄共(布)中央秘密信件的草稿(9月9日)………………………… 149—151

*俄共(布)中央政治局关于自由出售莫斯科库存书籍的决定草案(9月13日) ……………………………………………… 152

*俄共(布)中央政治局关于莫斯科联合企业公司的决定草案(9月13日) ……………………………………………………… 153

*俄共(布)中央政治局关于组建国营托拉斯的决定草案(9月14日)……………………………………………………………… 154

*关于推荐人问题 给维·米·莫洛托夫的便条(9月15日) ………… 155

关于清党(9月20日) ………………………………………… 156—158

*给瓦·弗·古比雪夫的信和美国来俄工人的保证书草稿(9月22日)……………………………………………… 159—160

关于工农检查院的任务、对任务的理解和执行的问题(9月27日) ……………………………………………………… 161—167

俄共(布)中央政治局关于远东共和国问题的决定草案
(10月7日或8日) …… 168
*关于考察党员负责干部的一条意见(10月8日) …… 169
致全俄电气技术人员第八次代表大会主席团
(10月8日) …… 170—171
*俄共(布)中央政治局关于乌克兰种植甜菜问题的指示
草案(10月10日) …… 172
*俄共(布)中央政治局关于社会保险的决定草案
(10月10日) …… 173
*关于拨给伊万诺沃-沃兹涅先斯克省口粮和资金
问题的信(10月10日) …… 174—175
*就指派中东铁路谈判代表问题向俄共(布)中央政治局
委员提出的建议(10月11日) …… 176
*关于同鲁特格尔斯小组达成协议问题的信(10月12日) …… 177—178
*就鲁特格尔斯的建议给政治局委员的信(10月12日和
15日之间) …… 179
十月革命四周年(10月14日) …… 180—188
*俄共(布)中央政治局关于调派亚·加·施略普尼柯夫
去做粮食工作的决定草案(10月14日) …… 189
*俄共(布)中央政治局关于处理巴库和阿塞拜疆的派别
斗争的决定草案(10月15日) …… 190
新经济政策和政治教育委员会的任务　在全俄政治教育
委员会第二次代表大会上的报告(10月17日) …… 191—212
苏维埃政权和俄国共产党的急剧转变 …… 191
1918年全俄中央执行委员会论农民的作用 …… 192

我们的错误 …… 193
战略退却 …… 194
新经济政策的含义 …… 195
谁将取得胜利——是资本家还是苏维埃政权? …… 196
斗争还将更加残酷 …… 198
是最后的斗争吗? …… 200
我们不应该指望直接采用共产主义的过渡办法 …… 201
同个人利益结合和个人负责的原则 …… 201
我们是否能为自己工作? …… 203
过时的方法 …… 205
最大的奇迹 …… 206
政治教育工作者的任务 …… 208
三大敌人 …… 209
第一个敌人——共产党员的狂妄自大 …… 210
第二个敌人——文盲 …… 210
第三个敌人——贪污受贿 …… 210
军事任务和文化任务的区别 …… 211
*俄共(布)中央政治局关于成立统一的租让事务委员会的决定草案(10月17日) …… 213
*给瓦·米·米哈伊洛夫的便条并附俄共(布)中央关于同鲁特格尔斯小组达成协议问题的决定草案(10月19日) …… 214—215
*对同美国救济署达成的关于向俄国寄送食物包裹的协议草案的意见(10月19日) …… 216
给波兰共产党人的信(10月19日) …… 217—218

*关于物色货币流通问题的咨询人员　俄共(布)中央政治局决定草案(10月20日) …… 219
*劳动国防委员会关于福勒式犁的决定草案(10月21日) …… 220
*劳动国防委员会关于向劳动国防委员会呈送报告和图表问题的决定(10月21日) …… 221
*给格·瓦·契切林的便条和在苏维埃政府关于承认外债的声明草案上的批注(10月24日) …… 222—224
*俄共(布)中央政治局关于纺织工业管理条例的决定草案(10月27日) …… 225
*就吸收美国资本建厂问题给瓦·米·米哈伊洛夫的便条(10月28日) …… 226
*在莫斯科省第七次党代表会议上关于新经济政策的报告(10月29日) …… 227—250
*1 报告 …… 227
2 总结发言 …… 244
*《按商业原则办事》一文提纲(10—11月) …… 251—252
*一篇文章或讲话的两份纲要(10月和11月5日之间) …… 253—254
论黄金在目前和在社会主义完全胜利后的作用(11月5日) …… 255—263
*人民委员会关于1922年财政计划和纸币发行计划的决定草案(11月5日和18日) …… 264—265
*同蒙古人民共和国代表团的谈话(11月5日) …… 266—267
*在普罗霍罗夫纺织厂工人庆祝十月革命四周年大会上的讲话(11月6日)　简要报道 …… 268—269

* 在哈莫夫尼基区工人、红军士兵和青年庆祝十月革命四周年大会上的讲话(11月7日) …… 270—272
* 在电力三厂(原“狄纳莫”厂)工人庆祝十月革命四周年大会上的讲话(11月7日) 简要报道 …… 273
* 俄共(布)中央政治局关于工会文化部同政治教育委员会的相互关系问题的决定草案(11月8日) …… 274
* 就对外贸易垄断问题给瓦·米·米哈伊洛夫的批示(11月9日) …… 275
* 俄共(布)中央政治局关于乌克兰粮食工作的决定草案 给瓦·米·米哈伊洛夫的便条(11月9日) …… 276
* 关于接受国联药品和防疫器材一事的批语(11月12日) …… 277
* 关于党的机关同司法侦查机关的相互关系 给维·米·莫洛托夫的便条(11月) …… 278—279
1 11月14日的便条 …… 278
2 11月19日的便条 …… 279
* 对关于对诬告的处分的法令草案的补充(11月14日和24日之间) …… 280
* 对关于实行报纸收费的法令草案的意见(11月15日) …… 281
*《新经济政策问题(两篇老文章和一篇更老的跋)》一书序言(11月16日) …… 282—284
一本有才气的书(11月22日) …… 285—286
* 就同施泰因贝格签订合同问题给人民委员会经济委员会的信(11月23日) …… 287—288
* 向俄共(布)中央政治局提出的两项建议 给维·米·莫洛托夫的便条(11月26日) …… 289—290

* 关于劳动国防委员会增设副主席的问题　给亚·德·瞿鲁巴的信和给俄共(布)中央政治局委员的便条(11 月 28 日和 30 日) …… 291—292
* 对俄共(布)中央政治局关于成立外高加索共和国联邦的决定草案的修改意见　给斯大林的便条(11 月 28 日) …… 293
* 在莫斯科省第一次农业代表大会上的讲话(11 月 29 日) … 294—296
* 对成立工资基金审定委员会的建议的修改意见(11 月 29 日) …… 297
* 对最高国民经济委员会关于经济政策的提纲的意见(11 月 29 日) …… 298—302
* 对资源利用委员会主席的报告的意见(11 月 30 日) …… 303
* 俄共(布)中央政治局关于全俄肃反委员会的决定草案初稿(12 月 1 日) …… 304
* 俄共(布)中央政治局关于统一战线的策略的决定草案(12 月 1 日) …… 305
关于俄共历史的意见　给尼·伊·布哈林的便条(12 月 1 日) …… 306—309
* 就批判"集体主义者"纲领问题给俄共(布)中央政治局委员的信(12 月 2 日) …… 310
* 关于"活的联系"的一封信(12 月 3 日) …… 311—312
* 关于同意大利契托-契涅马电影公司谈判的一封信(12 月 5 日) …… 313—314
* 对俄共(布)中央政治局关于磨粉厂问题的决定草案的补充(12 月 5 日) …… 315
* 对统一战线提纲的意见(12 月 6 日) …… 316

论法国共产党的土地问题提纲(12月11日)…………………… 317—323
* 给东方各民族宣传及行动委员会的信(不早于12月17日)……… 324
* 关于清党和入党条件　给彼·安·扎卢茨基、亚·亚·索尔茨和全体政治局委员的信(12月19日)………………………… 325—326
* 对俄共(布)第十一次代表会议关于清党的决议草案的意见(12月22日)………………………………………………… 327—328
* 就全俄苏维埃第九次代表大会关于国际形势的决议问题给政治局的信(12月22日)…………………………… 329—330
* 全俄苏维埃第九次代表大会文献(12月)……………………… 331—373
1 关于共和国的对内和对外政策　全俄中央执行委员会和人民委员会的工作报告(12月23日)………………………… 331
*2 在非党代表的会议上的讲话(12月26日)……………………… 366
*3 代表大会通过的关于经济工作问题的指令(12月28日)……… 371
* 关于英国工党的政策(12月27日)……………………………… 374—375
* 关于工会在新经济政策条件下的作用和任务的提纲草案(12月30日—1922年1月4日)………………………… 376—387
1. 新经济政策和工会……………………………………………… 376
2. 无产阶级国家中的国家资本主义和工会………………………… 377
3. 改行所谓经济核算的国营企业和工会…………………………… 377
4. 无产阶级在承认土地工厂等的私有制、由资本家阶级掌握政权的国家中进行的阶级斗争同在不承认土地和多数大企业的私有制、由无产阶级掌握政权的国家中进行的阶级斗争之间的重大区别…………………………………… 378
5. 恢复工会的自愿入会制………………………………………… 379
6. 工会和企业管理………………………………………………… 380

7. 工会的作用和工会怎样参加无产阶级国家的经济机关和国家机关 …… 381
8. 联系群众是工会一切工作的基本条件 …… 382
9. 在无产阶级专政下工会处境的矛盾 …… 383
10. 工会和专家 …… 385
11. 工会和小资产阶级对工人阶级的影响 …… 386

1922 年

* 俄共(布)中央政治局关于弗・瓦・奥登博格尔案件的决定草案(1月4日) …… 388—389
* 俄共(布)中央政治局关于新经济政策的指示草案(1月9日和12日之间) …… 390—391
* 关于给下诺夫哥罗德无线电实验室拨款问题的意见(1月12日) …… 392
* 致达吉斯坦劳动者(1月12日) …… 393
* 对电影事业的指示(1月17日) …… 394
* 关于施泰因贝格在租让企业中行使职权问题　给维・米・莫洛托夫并转俄共(布)中央政治局的信(1月) …… 395—397
1. 1月17日的信 …… 395
2. 1月23日的信 …… 396
* 关于改革人民委员会、劳动国防委员会和小人民委员会的工作问题　给亚・德・瞿鲁巴的信(1—2月) …… 398—406
1. 1月24日的信 …… 398
2. 2月15日的信 …… 401
3. 2月20日的信 …… 402

4. 2月20—21日的信 …… 403
5. 2月21日的信 …… 404
6. 2月27日的信 …… 405
* 为查对戛纳决议给格·瓦·契切林的信(1月26日) …… 407
* 就委派米·伊·加里宁视察乌克兰问题向俄共(布)中央政治局提出的建议(1月27日) …… 408
* 关于采纳“非党人士”的宣传计划的建议(1月27日) …… 409
给热那亚会议代表团副团长和全体团员的指示草案(2月1日) …… 410—412
* 关于参加三个国际的代表会议问题　给尼·伊·布哈林和格·叶·季诺维也夫的信(2月1日) …… 413—414
关于反对战争的问题(2月4日) …… 415
* 俄共(布)中央政治局关于热那亚会议的决定草案(2月4日) …… 416
* 关于登载介绍帕尔乌斯小册子的电讯(2—3月) …… 417—419
1 致莫洛托夫同志(并转政治局委员)(2月4日) …… 417
*2 在格·瓦·契切林来信上写给尼·彼·哥尔布诺夫的批示(2月27日) …… 418
3 俄共(布)中央政治局决定(3月11日) …… 418
* 俄共(布)中央给出席热那亚会议的苏维埃代表团的指示草案(2月6日) …… 420—422
就俄共(布)中央给出席热那亚会议的苏维埃代表团的指示给格·瓦·契切林的信(2月7日) …… 423—424
* 向俄共(布)中央政治局提出的两项建议　给维·米·莫洛托夫的便条(2月11日) …… 425

*关于加强格鲁吉亚红军问题　给格·康·奥尔忠尼启则同志的信(2月13日) …… 426—427

*在尼·列·美舍利亚科夫信上作的批注和俄共(布)中央政治局的决定草案(2月14日)…… 428—429

*关于俄共(布)中央统计处和登记分配处的工作问题　给维·米·莫洛托夫的信(2月14日) …… 430—431

*就热那亚会议问题给格·瓦·契切林的信(2月15日) …… 432—433

*关于对沙季洛沃燕麦托拉斯贷款问题　给维·米·莫洛托夫并转俄共(布)中央政治局委员的信(2月17日) …… 434

*关于司法人民委员部在新经济政策条件下的任务　给德·伊·库尔斯基的信(2月20日) …… 435—440

*就俄罗斯联邦民法典问题给俄共(布)中央政治局的信(2月22日) …… 441—442

*关于批准拉姆津教授出国治疗的建议(2月23日)…… 443—444

对共产国际执行委员会第一次扩大全会关于参加三个国际的代表会议的决议草案的意见　给俄共(布)中央政治局委员的信(2月23日) …… 445—446

*俄共(布)中央关于出席热那亚会议的苏维埃代表团的任务的决定草案(2月24日) …… 447—449

*给维·米·莫洛托夫并转俄共(布)中央政治局委员的便条和关于致意大利照会的决定草案(2月24日) …… 450—451

*关于热那亚会议问题的建议　给约·维·斯大林和列·波·加米涅夫的便条(2月25日) …… 452—453

*给德·伊·库尔斯基的信并附对民法典草案的意见(2月28日) …… 454—455

* 对全俄中央执行委员会关于工农检查人民委员部的决定草案的意见 给约·维·斯大林的信(2月28日和3月16日之间) …… 456—457
政论家札记 论攀登高山,论灰心的害处,论贸易的好处,论对孟什维克的态度等等(2月底) …… 458—466
一 打个比方 …… 458
二 不用比喻 …… 460
三 论捉狐狸;论莱维;论塞拉蒂 …… 462
关于《政论家札记》一文的几点设想 …… 466
* 就民法典问题给亚·德·瞿鲁巴的信(3月1日) …… 467
* 就财政人民委员部的提纲给俄共(布)中央政治局的信(3月3日) …… 468—469
* 就对外贸易垄断制和外贸工作问题给列·波·加米涅夫的信(3月3日) …… 470—474
就索柯里尼柯夫的建议写给俄共(布)中央政治局委员的意见(3月5日) …… 475

附　录

* 关于共产国际第三次代表大会的材料(1921年6—7月) …… 477—496
*1 对共产国际《关于策略问题的提纲》草案的初步意见(不晚于6月10日) …… 477
*2 笔记和发言提纲(6月22日—7月12日) …… 478
*3《关于意大利问题的讲话》提纲(6月28日) …… 489
*4 一篇拟写文章的提纲(不晚于7月11日) …… 491
*5《在德国、波兰、捷克斯洛伐克、匈牙利和意大利代表团联席会议上的讲话》提纲(不晚于7月11日) …… 492

*6 在德国、波兰、捷克斯洛伐克、匈牙利和意大利代表团联席会议上作的笔记(7月11日)…… 496
论“丧失阶级特性”的小册子的提纲(6月)…… 497—498
*《关于实行新经济政策的提纲草案》和列宁的修改意见(7月21日)…… 499—502
*粮食估算(9月)…… 503—504
*关于南方钢铁托拉斯的札记(10月11日以后)…… 505—506
*《十月革命四周年》一文提纲(10月14日以前)…… 507—508
*《新经济政策和政治教育委员会的任务》报告提纲(10月17日以前)…… 509—510
*同阿·马·高尔基谈话时记的要点(10月17日以前)…… 511—512
呈送劳动国防委员会的图表(10月21日)…… 513—516
*《在莫斯科省第七次党代表会议上关于新经济政策的报告》提纲(10月29日以前)…… 517—520
*对俄共(布)第十一次代表会议关于巩固党的决议草案的修改意见(12月22日)…… 521
*在全俄苏维埃第九次代表大会上《关于共和国的对内和对外政策》的报告的提纲(不晚于12月23日)…… 522—533
*《关于工会在新经济政策条件下的作用和任务的提纲草案》的要点(12月28—30日)…… 534—540
*《政论家札记》一文的两个提纲(1922年1—2月)…… 541—546
*对小人民委员会工作条例草案的意见(2月)…… 547
*俄共(布)党员全国统计调查表(2月13日)…… 548—553

注释 …………………………………………………………………… 555—628
人名索引 ………………………………………………………………… 629—696
文献索引 ………………………………………………………………… 697—719
年表 …………………………………………………………………… 720—780

插 图

弗·伊·列宁(1921年)………………………………………………… XVII—1
1921年10月14日列宁《十月革命四周年》一文手稿第1页 …… 180—181
1921年12月列宁填写的俄共(布)第十一次全国代表会议代表
登记表 ……………………………………………………………… 328—329
1921年6月22日—7月12日列宁在共产国际第三次代表大会
上写的《笔记和发言提纲》手稿第5页 ……………………………… 483

前　言

本卷收载列宁在 1921 年 6 月至 1922 年 3 月期间的著作。

苏维埃俄国取得国内战争胜利之后，进入了和平经济建设的新时期。随着苏维埃政权日益巩固，一些资本主义国家开始考虑同俄国建立正常的外交和经济关系。西方无产阶级革命运动虽然进入低潮，但无产阶级并没有停止斗争。东方殖民地半殖民地国家的民族解放运动方兴未艾。世界舞台上力量对比的新变化造成了苏维埃俄国和资本主义世界之间的某种均势，使第一个社会主义国家有可能在资本主义包围的条件下生存和发展。1921 年春，苏维埃俄国实施新经济政策，国民经济情况开始好转，农民扩大了播种面积，工人陆续回到工厂，工业在复苏。但是，新经济政策初期实行的工业品和农产品之间有计划的商品交换没有成功，这种商品交换变成了自由买卖和现金交易。新的情况要求布尔什维克党进一步调整经济政策，探索向社会主义过渡的正确道路。

本卷收载的《十月革命四周年》、《新经济政策和政治教育委员会的任务》、《在莫斯科省第七次党代表会议上关于新经济政策的报告》、《论黄金在目前和在社会主义完全胜利后的作用》等著作，是论述新经济政策的重要文献。列宁在这些著作中，总结了苏维埃俄国四年来的经济建设的经验教训，继续探讨适合俄国具体情况的社会主义建设道路，着重阐明新经济政策的意义和作用，论述新经济政策实施以来的成就和出现的新问题，提出进一步调整和完善新经济政策的措施。

在《十月革命四周年》一文中列宁高度评价了十月革命的历史意义，论述了当前的主要任务。他指出："重要的是，坚冰已经打破，航路已经开通，道路已经指明。"现在党和国家要完成"最重要最困难而又远远没有完成的事业，就是经济建设，就是在破坏了的封建基地和半破坏的资本主义基地上为新的社会主义大厦奠定经济基础。"（见本卷第 186 页）在完成这样一个全世界从未有过的事业中难免失败和错误，我们曾计划用无产阶级国家直接下令的办法，在一个小农国家里按共产主义原则来调整国家的产品的生产和分配。现实生活说明我们错了；我们现在正用"新经济政策"来纠正这一错误。列宁告诫说："为了**作好**向共产主义过渡的**准备**（通过多年的工作来准备），需要经过国家资本主义和社会主义这些过渡阶段。不能直接凭热情，而要借助于伟大革命所产生的热情，靠个人利益，靠同个人利益的结合，靠经济核算，在这个小农国家里先建立起牢固的桥梁，通过国家资本主义走向社会主义；否则你们就不能到达共产主义，否则你们就不能把千百万人引导到共产主义。"（见本卷第 187 页）

在《新经济政策和政治教育委员会的任务》这个报告中列宁阐述了实行新经济政策的背景、目的和指导思想。他指出：在一个经济文化比较落后的农民国家，要实现从资本主义向共产主义的转变，必须有一个漫长而复杂的过渡，资本主义社会愈不发达，所需要的过渡时间就愈长。实践证明，不顾客观条件，决定直接过渡到共产主义的生产和分配，这种构想是错误的，新经济政策及时纠正了这种错误做法。实行粮食税和租让政策能改善人民生活，恢复和发展工业，这是巩固苏维埃政权、坚持社会主义道路的正确决策。为了使新经济政策得到贯彻，列宁要求广大党员和各级干部学会做经济工作，“必须向这门科学进军，向这门艰难、严峻、有时甚至是残酷无情的科学进军，否则就没有出路”（见本卷第 204 页）。为了实现新经济政策，列宁要求政治教育工作者反对共产党员的狂妄自大、文盲和贪污受贿这“三大敌人”。

《在莫斯科省第七次党代表会议上关于新经济政策的报告》中，列宁回顾了苏维埃政权几年来探索社会主义道路的曲折历程，指出社会主义是前无古人的伟大事业，要想一劳永逸地找到一条唯一正确的发展道路是不可能的，1921 年春天我们已经认识到我们用简单、迅速和直接的办法实行社会主义的生产和分配原则的尝试已经失败。共产党人应当“敢于承认失败，从失败的经历中学习，把做得不好的工作更仔细、更谨慎、更有步骤地重新做过”（见本卷第 237 页）。我们应当从失败的经历中改进我们的工作方式方法，这种新的方式方法就是新经济政策。列宁根据新经济政策实施半年以来出现的新情况和新问题，首次提出了苏维埃经济同市场、同商业的关系问题。他指出：1921 年春天开始实行新经济政策，当时设想在全国范围内或多或少按社会主义方式用工业品换取农产品，通过这种商品交换来恢复大工业，结果是商品交换失败了。“所谓失败，是说它变成了商品买卖”，“我们应当认识到，我们还退得不够”，必须“再后退，从国家资本主义转到由国家调节买卖和货币流通”（见本卷第 239 页）。他认为由国家来调节商业和货币流通，是苏维埃政权面临的一项紧迫任务，只有完成了这一任务，才能提高生产力，才能恢复作为社会主义社会唯一基础的大工业。列宁还论述了实行新经济政策时期社会主义和资本主义“谁战胜谁”的问题，指出私营商业的发展、一部分国营企业的出租、农民剩余农产品的自由买卖都意味着资本主义关系的恢复和发展。他要求全党必须清醒地看到经济建设中的这种危险，迅速掌握新的经营管理方法，学会用正确方法来克服这种危险。

在《论黄金在目前和在社会主义完全胜利后的作用》一文中，列宁结合新经济政策的实施，指出在俄国社会主义建设的实践中出现了马克思本人当年预见不到的新情况，必须创造性地运用马克思主义来解决俄国的实际问题。列宁用马克思主义的辩证观点分析了在无产阶级掌握政权的条件下革命与改良的关系。他认为，对于一个真正的革命者来说，最大的危险是夸大革命方法的作用。应当冷静地考虑在什么时候和在什么情况下，哪些任务可以用革命的方法解决，哪些任务要用改良的方法解决。他明确指出：在 1921 年春天以前有三年多的时间俄国在经济建设的一些根本问题上实行的是一种革命办法，即“最彻底、最根本地摧毁旧事物，而不是审慎地、缓慢地、逐渐地改造旧事物，力求尽可能少加以破坏”（见本卷第 256 页）；从 1921 年春天起，与前一阶段的区别在于开始采取改良主义的办法：“就是不**摧毁**旧的社会经济结构——商业、小经济、小企业、资本主义，而是**活跃**商业、小企业、资本主义，审慎地逐渐地掌握它们，或者说，做到有可能**只在**使它们活跃起来的**范围内**对它们实行国家调节。”（见本卷第 256 页）列宁认为，新经济政策的实质是无产阶级和农民的经济联盟，而商业是千百万小农与大工业之间唯一可能的经济联系。他强调指出：“在历史事变的链条中，在 1921—1922 年我国社会主义建设的各种过渡形式中，商业正是我们无产阶级国家政权、我们居于领导地位的共产党‘**必须全力抓住的环节**’。如果我们**现在**能紧紧‘抓住’这个环节,那么不久的将来我们就一定能够掌握**整个**链条。否则我们就掌握不了整个链条,建不成社会主义社会经济关系的基础。”(见本卷第259页)

列宁在全俄苏维埃第九次代表大会上的报告《关于共和国的对内和对外政策》中,对实施新经济政策第一年作了初步总结。他指出:社会主义革命最根本最本质的问题“就是工人阶级同农民的关系,就是工人阶级同农民的联盟”(见本卷第344页)。在苏维埃俄国最艰苦的年代,我们实行了工农的政治联盟和军事联盟,1921年第一次实行了工农的经济联盟,这一联盟是新经济政策的基础。但是我们现在没有一个能够组织得立刻用产品满足农民需要的发达的大工业,因此,“为了逐渐发展强大的工农联盟,只能在工人国家的领导和监督下利用商业并逐步发展农业和工业,使其超过现有水平,此外没有任何别的出路。”(见本卷第346页)他认为,商业“是我国经济生活的试金石,是无产阶级先头部队同农民结合的唯一可能的环节,是促使经济开始全面高涨的唯一可能的纽带”(见本卷第359页)。

列宁为苏维埃第九次代表大会起草的关于经济工作问题的指令提出了经济机构、行政机关和立法工作适应新经济政策调整后的一些具体要求:一切经济机关要尽快在供给农民提高农业生产和改善农民生活所必需的商品方面取得扎实的成绩;财政人民委员部要尽快在金本位制基础上恢复正常的货币流通,用税收取代纸币的发行;所有管理国内商业和对外贸易的机关要促进工农业间的流转,广泛利用私营企业来采办和运输原料,大力发展商业;所有经济机关要坚决地吸收科学技术人员以及那些在管理商业、组织大企业、监督经济业务等方面的专家参加经济建设工作;人民法院要严格监督私营工商业者的活动，既不允许对他们的活动作任何限制，又要让他们遵守国家法律；人民法院要加倍注意对官僚主义、拖拉作风和经济工作的失当进行司法追究，等等。

列宁1922年1月草拟的《俄共(布)中央政治局关于新经济政策的指示草案》指出，在1921年12月党代表会议和苏维埃第九次代表大会以后，新经济政策已经十分清楚十分明确地规定下来了，现在必须尽一切努力让新经济政策尽可能迅速而广泛地在实践中试行。政治局坚决要求全体人民委员在试行新经济政策时要雷厉风行，杜绝官僚主义和拖拉作风。

列宁关于新经济政策时期的财政经济问题的许多精辟的新见解散见在本卷收载的大量短篇文献中。列宁认为经济核算是社会主义企业经营管理的有效方法，实行经济核算就是学习管理经济，经济核算制要求企业学会用商人的善于经营的方法做到自负盈亏。他主张提高大企业在财政和经济上的独立自主性，扩大国营企业在资金和支配物资方面的权力。他赞成授予担任租让企业董事长的资本家单独决定一切问题的权力，使他能真正按商业规律办事。他主张给那些对发展经济作出贡献的和按商业原则办得出色的经济机关、企业或个人颁发勋章和奖金，建议对一些经济工作人员实行按营业额和利润额提成分红或发给奖金的制度。他坚决维护对外贸易垄断制，主张惩治贿赂苏维埃官员的外国人，防止他们掠走俄国的贵重物品。他建议物色一些在资本主义商业方面有丰富经验的人研究货币流通问题，争取恢复正常的货币流通，规定黄金储备不得随意动用。他欢迎美国的一些工人和技术人员来俄国参加经济恢复工作。他对统计工作提出具体要求和改进意见，希望中央统计局及时提供准确的数字并研究经济建设中迫切需要解决的问题。

在新经济政策的基础上开始的大规模经济建设要求制定出相应的新法律。列宁十分重视新法律的制定工作，要求所有公民和国家机关严格遵守已经通过的法律。在《关于司法人民委员部在新经济政策条件下的任务》一信中，列宁要求这个部成为一个同苏维埃政权的政治敌人、同经济领域中利用新经济政策进行违法活动的坏蛋作斗争的战斗机关。他指示司法人民委员部教会人民法院严惩滥用新经济政策的犯罪行为。他规定了司法机关对待新资本主义分子的方针：允许他们做生意，允许他们发财，同时应当加倍严格地要求他们做老实人，呈交真实准确的表报，严格遵守苏维埃政权的法律，以使无产阶级国家里的资本主义成为“训练有素的”、“循规蹈矩的”资本主义。他指出，审判具有巨大的教育意义，对犯罪的共产党员要加倍严厉地惩办，这两点是司法工作的起码常识。他在谈到新的民法时指出，经济领域中的一切都属于公法范畴，我们容许的资本主义只是国家资本主义，因此必须对“私法”关系更广泛地运用国家干预，扩大国家废除“私人”契约的权力，把革命的法律意识运用于“民事法律关系”。列宁1922年2月22日在给中央政治局的一封信中建议在俄罗斯联邦民法典中规定：“研究如何能够对一切私营企业无例外地都进行监督（事后监督），并废除一切与法律条文和工农劳动群众利益相抵触的合同和私人契约，从这一方面来充分保障无产阶级国家的利益。不要盲目抄袭资产阶级民法，而要按我们的法律的精神对它作一系列的限制，但不得妨碍经济或商业工作。”（见本卷第441—442页）鉴于苏维埃政权已经巩固，列宁起草了《俄共（布）中央政治局关于全俄肃反委员会的决议草案初稿》，建议缩小全俄肃反委员会及其所属机关的权限，加强法院工作，把同违法分子进行斗争的任务交给司法机关。

国家机关的结构、工作作风和工作方法如何适应经济建设的需要问题，是列宁极为关心的一个问题。列宁在《关于改革人民委员会、劳动国防委员会和小人民委员会的工作问题》一组信件中尖锐地指出，苏维埃国家机关最根本的缺点是对执行情况缺乏检查，官僚主义积习造成滥发文件、空谈法令、乱下指示，把理应生动活泼的工作淹没在浩如烟海的公文之中。列宁认为，国家机关卓有成效地工作的一个极其重要条件是经常检查已经通过的决议的执行情况。他一再强调政府机关领导人员的主要任务是检查执行情况，检查工作的实际效果，考核和选拔人才。他主张彻底改革工作制度，建立个人负责制，消除无人负责的现象。他写道："通过对人的考核和对实际工作的检查同腐败的官僚主义和拖拉作风作斗争；毫不留情地赶走多余的官员，压缩编制，撤换不认真学习管理工作的共产党员，——人民委员和人民委员会、人民委员会主席和副主席的工作方针就应该是这样。"（见本卷第 406 页）他认为这样的改革能使政府的工作节奏快十倍。在《关于工农检查院的任务、对任务的理解和执行的问题》一文中，列宁指出工农检查院的任务主要不是"捕捉"和"揭发"缺点，而是善于及时纠正缺点，为此必须研究并掌握各机关、企业、部门处理工作的情况，及时地作一些必要的切实的改变并真正贯彻下去。他还要求工农检查院通过认真的检查工作培养出一批有经验和懂行的领导人员。

新经济政策的实施需要改组工会，使其适应新的情况。列宁的《关于工会在新经济政策条件下的作用和任务的提纲草案》就是为此而写的。这个提纲草案实质上是 1921 年工会问题争论的总结，为新时期工会工作指明了方向。列宁在提纲草案中指出：在容许贸易自由和资本主义有一定发展的条件下，必然存在劳资之间的阶级利益的对立，因此，“今后工会最主要的任务之一，就是在无产阶级同资本作斗争时从各方面全力维护无产阶级的阶级利益。”（见本卷第377页）国营企业在相当程度上改行商业原则即实行经济核算制以后，每个国营企业都迫切要求提高劳动生产率，力争扭亏为盈，这就必然会产生照顾本位利益和过于热衷本位利益的现象，从而造成工人群众和国营企业的领导人或企业主管部门在利益上的某种对立，因此，国营企业的工会也有维护工人群众利益的任务。列宁同时指出，国营企业力争不亏损和盈利，也是“维护工人阶级的利益”，因此维护工人利益“主要方式不是罢工（但决不是一概不使用这种手段），而是向工人国家的机关申诉”（见本卷第534页）。列宁在提纲草案中阐明了无产阶级在资产阶级国家和无产阶级国家里所进行的罢工斗争的根本区别：资本主义制度下的罢工斗争是要推翻资产阶级的国家政权；“而在我们这种过渡型的无产阶级国家中，罢工斗争的最终目的只能是通过同这个国家的官僚主义弊病，同它的错误和缺点，同资本家力图逃避国家监督的阶级野心等等作斗争，来巩固无产阶级国家和无产阶级的国家政权。”（见本卷第379页）列宁在提纲草案中阐述了工会和企业管理的关系，指出：无产阶级取得国家政权后，最根本的需要是大大提高社会生产力，恢复大工业，要取得这样的成绩，只有把全部权力集中在工厂管理机构手中，而工会对企业管理进行任何直接干预都是绝对有害和不能允许的，但是这绝不是否定工会参加工业管理。苏维埃俄国的一切政治经济工作都是由工人阶级的先锋队共产党来领导的，“工会应当是国家政权最亲密的和不可缺少的合作者。工会一般说来是共产主义的学校,尤其应当是全体工人群众以至全体劳动者学习管理社会主义工业(以后也逐渐管理农业)的学校”(见本卷第381页)。列宁还提出了工会参加工业管理的最重要和最基本的几种形式。列宁认为联系群众是工会取得任何工作成绩的基本条件,对于作为工人阶级的先锋队领导一个暂时得不到先进国家援助的大国向社会主义过渡的共产党来说,最严重最可怕的危险之一就是脱离群众,而工会作为共产党和群众之间的传动装置如果位置摆得不正或者工作不正常,那就会使社会主义建设遭殃。列宁还要求工会经常教育广大劳动群众像爱护眼珠那样爱护一切勤恳工作、精通和热爱本行业务的专家,同专家建立起正确的相互关系,否则社会主义建设事业就不可能取得任何重大实际效果;工会还应当加紧抵制小资产阶级对工人阶级的影响。

列宁在领导经济建设的过程中密切注意思想领域的阶级斗争。列宁在给加·伊·米雅斯尼科夫的《关于“出版自由”》的信中剖析了“出版自由”的口号。他指出:从中世纪末到19世纪,这个口号反映了资产阶级的进步性,即反映了资产阶级的反封建斗争;在现在的资本主义世界中,“所谓出版自由就是**收买**报纸、**收买**作家的自由,就是**买通**、收买和炮制‘舆论’**帮助资产阶级**的自由。”“在受到全世界资产阶级这个敌人包围的俄罗斯联邦提出出版自由,就是让资产阶级及其最忠实的奴仆孟什维克和社会革命党人有建立**政治组织**的自由。”那就是“为敌人的活动开方便之门,就是帮助阶级敌人”(见本卷第93—94页)。列宁还批评了用“出版自由”纠正党的错误这一主张,指出:无产阶级执政党不应当也不可能靠倡导资产阶级的“出版自由”来克服自身的弱点、错误、偏差、毛病，而必须依靠工人和农民、依靠广大党外群众来检查和监督党员的工作，从而切实地反对和祛除营私舞弊行为，使苏维埃变得生气勃勃。

列宁还论述了无产阶级政党在宣传出版事业中必须坚持的党性原则。1922 年初《全俄中央执行委员会消息报》登载一篇电讯，介绍德国沙文主义者帕尔乌斯写的一本为德帝国主义者在东方的侵略计划辩护的小册子。在《关于登载介绍帕尔乌斯小册子的电讯》一组文献中，列宁严厉批评了这件事，指示各党报和苏维埃报纸今后不准登载这类电讯。他强调报纸在经济建设时期要侧重生产宣传。《给〈经济生活报〉编辑部的信》期望该报成为战斗的报纸，经常提供有关经济的真实情况的材料，分析经济建设中的成绩和缺点，建立地方通讯员网，用更多的篇幅登载来自地方的通讯。列宁起草的《俄共(布)中央政治局关于自由出售莫斯科库存书籍的决定草案》规定，在莫斯科自由出售的书籍中，应将色情和宗教内容的书籍剔除，送去造纸。《对电影事业的指示》规定，每一份放映计划要规定娱乐性影片(不能有黄色和反革命的内容)和宣传教育影片的一定比例，宣传教育片应避免发生宣传工作的效果适得其反的怪事，要特别注意在农村和边远地区兴建影院。

俄国共产党的组织整顿是新经济政策时期的一件极为重要的事情。根据党的第十次代表大会的决议实行的清党工作，从 1921 年 8 月 15 日开始，到同年年底结束。1922 年 1 月 1 日开始全俄党员的登记。本卷收载的《关于清党》、《关于清党和入党条件(给彼·安·扎卢茨基、亚·亚·索尔茨和全体政治局委员的信)》、《对俄共(布)第十一次代表会议关于清党的决议草案的意见》等文献指出了纯洁党的队伍的必要性、清党工作的做法和对执政党党员的严格要求。列宁着重指出，在实行新经济政策以后，党要能够顺利地领导社会主义建设，必须把脱离群众的分子、欺骗分子、官僚化分子、不忠诚分子，以及不坚定的共产党员和虽然“改头换面”但内心依然故我的孟什维克从党内清除出去。列宁认为，广大非党工人群众积极参加清党是最可贵最重要的，只有在清党过程中重视非党劳动者的意见，才能使清党收到很大的效果，才能使党成为更加坚强的无产阶级先锋队，成为同本阶级有更密切联系、更能在重重困难和危险中引导本阶级走向胜利的先锋队。列宁反复强调，为了保持党的队伍的纯洁要规定更严格的入党条件，规定较长的预备期。列宁历来主张对触犯刑律的共产党员要加重判刑。收入本卷的《关于党的机关同司法侦查机关的相互关系》就反映了列宁的这一思想。俄共(布)中央的一个通告原来规定，司法机关必须将待审的共产党员交由党委会委托的人员保释，党委会的决定是党对法庭的指示并预先决定审判的结果。列宁认为这些规定是不正确的，建议“对共产党员更要追究**法律**责任”，“党委作‘结论’**必须**上报中央机关，**并由中央监察委员会审查**”(见本卷第279页)。根据列宁的建议，中央政治局责成司法人民委员部修改这个文件，消除任何利用执政党地位从轻判罪的可能性。

争取同资本主义国家建立正常的经济和政治关系是苏维埃政府新时期对外政策的首要任务。苏维埃政府在1921年10月向英、法、意、日、美五国政府发出照会，建议召开国际会议来讨论苏维埃俄国同资本主义国家之间的经济问题和政治问题。资本主义列强经过协商，决定在1922年4月在热那亚召开欧洲各国经济财政会议，并邀请苏维埃政府参加。苏维埃俄国决定参加会议。本卷收载的有关热那亚会议的多篇文献,反映了列宁为这次复杂的外交斗争所作的细致准备。列宁为出席这次会议的苏俄代表团周密地制定了工作纲领和斗争策略并向代表团提出两个目标:建立俄国同资本主义国家间的贸易关系,争取和平和各国人民的经济合作。对于西方列强坚持要苏俄归还沙皇政府和资产阶级临时政府所欠的债务的强硬要求,列宁建议代表团提出反要求,即要求赔偿苏维埃俄国在外国武装干涉和封锁时期受到的损失。在外国资本家要求归还或赔偿他们过去在俄国拥有的财产的问题上,列宁主张坚决拒绝以任何形式恢复私人财产和给予金钱赔偿,同时规定在这一方面让步的界限是仅仅允许过去的外国私有者有取得租让和租借企业的优先权。列宁认为,代表团应当就所有世界性的重大政治经济问题阐述苏维埃政府的全面、独立、完整的纲领,而这个纲领应当是和平主义的纲领,其中包括废除一切债务、用"爱尔兰"方式解决一切殖民地附属国问题、彻底修改凡尔赛条约等等。他要求代表团广泛阐述这个纲领,以便加深国际资产阶级的和平主义阵营同主张侵略的反动资产阶级阵营的裂痕。

论述国际工人运动和国际共产主义运动的著作在本卷中占有不小的篇幅。1921 年 6—7 月,共产国际在新的复杂形势下召开了第三次代表大会。这次大会讨论共产国际的新任务、斗争策略、党的组织建设、党的工作方法和工作内容等问题。收入本卷的《共产国际第三次代表大会文献》反映了列宁为准备代表大会的主要决议和领导代表大会所做的大量工作。列宁在关于俄共策略的报告提纲和报告中阐明了俄罗斯联邦所面临的国际形势的特点是存在着某种均势,指出这种均势虽然极不稳定,但社会主义共和国毕竟能在资本主义包围下生存下来了;俄国无产阶级当前的主要任务是规定并实行一些必要办法，以便领导农民，同农民结成巩固的联盟。列宁介绍了新经济政策和国家资本主义等向社会主义过渡的措施，阐明政权在属于资本的社会里的国家资本主义和在无产阶级国家里的国家资本主义是两个不同的概念。列宁还强调指出，社会主义的物质基础只能是大机器工业，也就是全国电气化。列宁在关于共产国际的策略的讲话中指出，在国际革命不像期望的那样直线地发展的时候，共产党的最重要的任务是争取群众，团结工人阶级的队伍，巩固工人运动的先锋队。他教导各国共产党应当了解每个国家的具体情况，即使处于革命低潮也要作好战斗准备，首先把工人阶级和城乡劳动者的大多数争取过来。列宁还强调了殖民地运动的意义，批判了那种把殖民地国家的运动仍然看作是一种无足轻重的和非常平和的民族运动的观点。他指出，占世界人口绝大多数的殖民地人民"现在已经成为独立的、积极的革命因素。十分明显，在未来的世界革命的决战中，世界人口的大多数原先为了争取民族解放的运动，必将反对资本主义和帝国主义。它所起的作用也许比我们所预期的要大得多。"（见本卷第46—47页）

共产国际第三次代表大会是国际共产主义运动中一次重要会议。大会决定实行无产阶级革命的策略转变，并动员各国共产党去认真准备新的战斗。列宁在《给德国共产党员的一封信》中指出，共产国际第三次代表大会有关策略问题和组织问题的决议，根据已经开始的共产主义斗争的实际经验具体地确定了今后在策略方面和组织方面应该怎样开展工作。他说："我们现在要集中党的全部力量把党组织得更好，改进党的工作的质量和内容，同群众建立更密切的联系，为工人阶级制定出愈来愈正确、愈来愈切合实际

的策略和战略。”(见本卷第 114 页)

共产国际在这次代表大会结束以后向第二国际和第二半国际发出呼吁，要求统一行动，共同反对帝国主义反动派。三个国际的代表曾商定 1922 年 4 月在柏林举行三个国际的代表会议。收入本卷的《俄共(布)中央政治局关于统一战线的策略的决议草案》、《关于参加三个国际的代表会议问题》和《对共产国际执行委员会第一次扩大全会关于参加三个国际的代表会议的决议草案的意见》，规定了共产国际出席三个国际的代表会议的战略和策略。列宁相信，觉悟的工人同大多数工人一道都愿意并要求在亟待解决的、同工人有直接利害关系的实际问题上采取一致行动。

编入本卷的《新的时代和新形式的旧错误》和《政论家札记》两文以及《致托马斯·贝尔》、《给德国共产党员的一封信》、《给波兰共产党人的信》、《论法国共产党的土地问题提纲》等，都是列宁在共产国际第三次代表大会以后写的。列宁在前两篇文章中，用苏维埃政权的历史和现实批驳了第二国际机会主义分子、欧洲共产党的“左派”集团以及俄国的孟什维克和“工人反对派”所说的“实行粮食税、贸易自由、租让制和国家资本主义意味着共产主义的破产”、“布尔什维克走回头路，又回到了资本主义”、“布尔什维克现在不相信工人阶级了”等等谬论，论证了俄国共产党在任何局势下从一开始就正确地看到可能出现的危险，而且总是找到防止危险的办法。列宁写道：“如果有些共产党员以为，不犯错误，不实行退却，不一再重做那还没有做成和做得不对的事情，就可以完成像奠定社会主义经济基础(尤其是在一个小农国家里)这样一桩有世界历史意义的‘事业’，那就必须说这样的共产党员肯定已经完蛋了。”(见本卷第 461 页)列宁肯定了德国共产党和意大利共产党在共产国际第三次代表大会以后为纠正左派的错误和认真贯彻代表大会决定所作的努力。他告诫欧洲共产党人,如果他们不根本改变本党的全部机构和工作方式使党成为革命无产阶级的先锋队,并且日益接近群众,唤起群众的革命意识,发动他们参加斗争,那他们将犯极严重的错误。列宁密切关注美国、法国、德国、波兰、意大利等国共产党的情况,并及时指导它们的发展。

列宁在《政论家札记》一文中正确评价了罗莎·卢森堡的历史贡献。他引用了一则俄国寓言中的话:"鹰有时比鸡飞得低,但鸡永远不能飞得像鹰那样高。"列宁认为,卢森堡虽然犯过错误,"但她始终是一只鹰",她"永远值得全世界的共产党人怀念","她的生平和她的**全部**著作对教育全世界好几代共产党人来说都将是极其有益的"(见本卷第464、465页)。

在《俄共(布)中央秘密信件的草稿》一文中,列宁对共产国际向各国共产党提供津贴费用时存在的舞弊现象提出了严厉批评。为了防止腐败,列宁提出了一系列措施,要求有关部门报告每一戈比的使用情况。

在《列宁全集》第2版中,本卷文献比第1版相应时期的文献增加126篇。《关于工会在新经济政策条件下的作用和任务的提纲草案》不同于第1版收载的《工会在新经济政策条件下的作用和任务》,前者是列宁的原稿,后者则是俄共中央对前者作了一些修改后通过的决议。在关于共产国际第三次代表大会的10篇文献中有6篇是新文献。此外本卷中的《关于司法人民委员部在新经济政策条件下的任务(给德·伊·库尔斯基的信)》(第1版收载了一小部分)、《就俄罗斯联邦民法典问题给俄共(布)中央政治局的信》、《关于党的机关同司法侦查机关的相互关系(给维·米·莫洛托夫的便条〉》、《就企业奖励问题向俄共(布)中央政治局提出的建议》、《〈按商业原则办事〉一文提纲》、《就吸收美国资本建厂问题给瓦·米·米哈伊洛夫的便条》、《关于施泰因贝格在租让企业中行使职权问题(给维·米·莫洛托夫并转俄共(布)中央政治局的信)》、《就财政人民委员部的提纲给俄共(布)中央政治局的信》、《就对外贸易垄断制和外贸工作问题给列·波·加米涅夫的信》、《对电影事业的指示》、《关于登载介绍帕尔乌斯小册子的电讯》、《关于给下诺夫哥罗德无线电实验室拨款问题的意见》、《俄共(布)中央关于出席热那亚会议的苏维埃代表团的任务的决定草案》、《关于参加三个国际的代表会议问题(给尼·伊·布哈林和格·叶·季诺维也夫的信)》、《给波兰共产党人的信》等等都是新文献。

本卷《附录》中的文献除《〈新经济政策和政治教育委员会的任务〉报告提纲》外,全部是新文献。《〈关于实行新经济政策的提纲草案〉和列宁的修改意见》是一份十分重要的文献,它第一次提出了在国民经济社会主义成分中贯彻新经济政策的基本原则。《附录》中的几个报告提纲十分明确地列出了几个报告的要点,有助于读者把握报告中的重要论述。

在本增订版中,本卷文献比第 2 版的文献又增加了 4 篇:《给格·叶·季诺维也夫的信》、《关于法国共产党现状问题的讲话》、《俄共(布)中央政治局决定草案》和《俄共(布)中央秘密信件的草稿》。其中《给格·叶·季诺维也夫的信》是替换第 2 版所收的有删节的文献。

弗·伊·列宁
（1921年）

共产国际第三次代表大会文献[1]

（1921 年 6—7 月）

1

关于俄共策略的报告提纲

（6 月 13 日）

1. 俄罗斯联邦所面临的国际形势

目前俄罗斯联邦所面临的国际形势的特点是存在着某种均势，这种均势虽然极不稳定，但毕竟造成了世界政治中一种特殊的局面。

这种特殊局面表现在：一方面，国际资产阶级疯狂地仇恨和敌视苏维埃俄国，时刻准备侵犯它，扼杀它；另一方面，国际资产阶级花了几亿法郎进行的一切军事干涉行动以完全失败而告终，虽然当时苏维埃政权比现在还弱，而俄国地主资本家在俄罗斯联邦境内还有大批军队。在一切资本主义国家，反对进攻苏维埃俄国的反战活动风起云涌，它促进了无产阶级的革命运动，而且把小资产阶级民主派的极广大的群众也卷了进来。各帝国主义国家之间的利害冲突尖锐起来了，而且一天比一天激烈，东方被压迫民族亿万人民的革命运动正在蓬勃发展。由于这种种情况，国际帝国主义虽然比苏维埃俄国强大得多，但无力扼杀它，反而不得不暂时承认它或半承认它，不得不和它订立通商条约。

这样就形成了一种均势，虽然极不可靠，极不稳定，但社会主义共和国毕竟能在资本主义包围中生存下去了，——当然不是长期的。

2. 国际范围内阶级力量的对比

在这种情况下，国际范围内形成了这样的阶级力量对比：

国际资产阶级已经不能公开进行反对苏维埃俄国的战争，他们仍在等待时机，盼着有一天能重新发动这种战争。

各先进资本主义国家的无产阶级中已普遍涌现出了自己的先锋队——共产党，这些党正在成长壮大，正在坚持不懈地争取每个国家无产阶级的大多数，摧毁工联旧官僚的影响和被帝国主义特权腐蚀了的欧美工人阶级上层分子的影响。

资本主义国家中以第二国际和第二半国际[2]为急先锋的小资产阶级民主派，目前是资本主义的主要支柱，因为工商业中多数的或绝大部分的工人职员害怕一旦爆发革命会丧失由帝国主义特权所造成的比较优裕的小市民生活条件而仍然处在他们的影响之下。可是日益增长的经济危机到处都使广大群众的生活每况愈下。这种情况，加上在保存资本主义的条件下新的帝国主义战争不可避免这一点愈来愈明显，就使上述支柱愈来愈不稳固了。

占世界人口大多数的殖民地和半殖民地国家的劳动群众，从20世纪初起，特别是在俄国、土耳其、波斯和中国爆发革命后，已经觉醒过来，开始参加政治生活。1914—1918年的帝国主义战争和俄国的苏维埃政权，最终使这些群众成了世界政治的积极因素，成了用革命摧毁帝国主义的积极因素，尽管欧美有教养的庸人，包括第二国际和第二半国际的领袖在内，顽固地无视这一点。在这些国家中，站在最前列的是英属印度。在那里，工业和铁路的无产阶级愈壮大，英国人的恐怖行为愈凶残——他们愈来愈频繁地采取大屠杀（如在阿姆利则）[3]和当众拷打等暴行，革命的发展也就愈迅速。

3. 俄国阶级力量的对比

苏维埃俄国的国内政治形势是由以下事实决定的：我们在世界历史上第一次看到这里若干年来只有两个阶级存在——一个是无产阶级，它是由很年轻的但毕竟是现代化的大机器工业几十年来培养出来的；另一个是占全国人口大多数的小农。

俄国的大地主和大资本家并没有绝迹。但是他们已彻底遭到剥夺，作为阶级来说，在政治上已完全被粉碎。他们的残余分子则隐藏在苏维埃政权的国家工作人员中间。他们把阶级组织保存在国外，流亡的人数大约有150万—200万，拥有分属于资产阶级政党和“社会主义”（即小资产阶级）政党的日报达50种以上，残留了一点军队，同国际资产阶级有着千丝万缕的联系。这些流亡者目前正在大肆活动，妄图破坏苏维埃政权，使资本主义在俄国复辟。

4. 俄国无产阶级和农民

在这种国内形势下，俄国无产阶级作为统治阶级的当前主要任务，就是要正确地规定并实行一些必要的办法，以便领导农民，同农民结成巩固的联盟，通过许多渐进的过渡办法实现使用机器的社会化大农业。这项任务在俄国特别艰巨，因为我国很落后，而七年的帝国主义战争和国内战争又使我国经济遭到了严重的破坏。即使撇开这两个特点不谈，这项任务也是社会主义建设中极其困难的任务之一，是一切资本主义国家将来都会碰到的，也许只有英国例外。然而就拿英国来说，也不能忘记：英国小佃农阶级的人数虽然特别少，但由于英"属"殖民地的几亿人民在事实上遭受着奴役，英国职工中按小资产阶级方式生活的人数占极高的百分比。

因此，从世界无产阶级革命发展的整个进程来看，俄国所处的时代的意义，就是在实践中考验和检验掌握国家政权的无产阶级对待小资产阶级群众的政策。

5. 俄罗斯联邦无产阶级和农民的军事联盟

苏维埃俄国无产阶级和农民的正常关系的基础，是在1917—1921年这个时期建立的。当时，资本家和地主在整个世界资产阶级和所有的小资产阶级民主派政党（社会革命党和孟什维克）的支持下大举进攻，促使无产阶级和农民为保卫苏维埃政权而结成军事联盟，并把这种联盟固定下来。国内战争是最尖锐的阶级斗争形式，阶级斗争愈尖锐，一切小资产阶级的幻想和偏见在斗争烈火中就烧毁得愈迅速，而实践本身也就会愈加清楚地使人看到，甚至使农民中最落后的阶层看到：只有无产阶级专政才能拯救农民，而社会革命党人和孟什维克实际上不过是地主和资本家的奴仆。

无产阶级和农民的军事联盟曾经是而且不能不是他们巩固的联盟的初步形式，但是，如果没有这两个阶级的一定的经济联盟，军事联盟连几个星期也不能维持。当时农民从工人国家那里得到了全部土地和免遭地主富农蹂躏的保障；工人则在大工业恢复以前从农民那里借到了粮食。

6. 向建立无产阶级和农民的正常经济关系过渡

从社会主义的观点看来，只有完全恢复运输业和大工业，使无产阶级能够拿出为农民日常生活和改善经济所必需的产品来交换农民的粮食，小农和无产阶级的联盟才能完全正常和巩固。在我国经济遭到严重破坏的情况下，这是决不可能一下子做到的。对一个组织得尚不够完备的国家来说，为了能在反对地主的极端困难的战争中坚持下去，余粮收集制曾是最可行的办法。1920 年的歉收和饲料缺乏，使农民原来就困苦不堪的生活更加恶化，因此立刻改行粮食税就有绝对必要了。

适量的粮食税能使农民的境况立刻得到很大改善，同时能使农民从扩大播种面积和改进耕作中得到好处。

粮食税是从征收农民的全部余粮转到工农业之间实行正常的社会主义产品交换的一种过渡办法。

7. 苏维埃政权容许资本主义和租让制存在的意义和条件

粮食税自然意味着农民在完税以后有支配余粮的自由。既然国家还不可能拿出社会主义工厂的产品来交换农民的全部余粮，余粮的买卖自由也就必然意味着资本主义发展的自由。

但只要运输业和大工业仍掌握在无产阶级手中，在上述范围内这样做对于社会主义一点也不可怕。恰恰相反，在一个经济遭到极度破坏的、落后的小农国家里，受无产阶级国家监督和调节的资本主义(即**这个**意义上的“国家”资本主义)的发展是有益的和必要的(当然只是在某种限度内)，因为这样能**立刻**振兴农业。租让制更是如此，因为工人国家并不取消国有化，只是把一些矿山、林区、油田等租给外国资本家，以便从他们那里额外获得一些设备和机器来加速恢复苏维埃大工业。

我们把一部分贵重产品付给承租人，这无疑是工人国家向世界资产阶级交纳的一种贡赋；我们丝毫不掩饰这一点，但应当明确认识到，只要能够加速恢复我国的大工业，并切实改善工农生活状况，交纳这种贡赋对我们是有利的。

8. 我国粮食政策的成就

1917—1921 年间，苏维埃俄国的粮食政策无疑制定得很粗糙，很不完善，产生了许多舞弊行为。在执行上也犯过一些错误。但总的说来，这是当时条件下唯一可行的政策。现在，这一政策已完成了它的历史任务：在一个经济遭到破坏的落后国家中保全了无产阶级专政。它已逐渐完善起来，这是无可争辩的事实。在我们掌握全部政权的第一年（1918 年 8 月 1 日—1919 年 8 月 1 日），国家收集了 11 000 万普特粮食，第二年收集了 22 000 万普特，第三年超过了 28 500 万普特。现在，有了实际经验以后，我们计划收集并指望收集到 4 亿普特（粮食税为 24 000 万普特）。工人国家只有真正拥有充足的粮食储备，才能在经济上站稳脚跟，才能慢慢地但是不断地恢复大工业，才能建立正常的财政制度。

9. 社会主义的物质基础和俄罗斯电气化计划

社会主义的物质基础只能是同时也能改造农业的大机器工业。但是不能停留在这个一般的原理上。必须把它具体化。适应最新技术水平并能改造农业的大工业就是全国电气化。拟定俄罗斯联邦电气化计划这一科学工作，本是我们应当做的，现在我们已经完成了。在俄国两百多位优秀的学者、工程师和农艺师的参加下，这项计划业已编制出来，印成了厚厚的一大册，基本上已获 1920 年 12 月举行的全俄苏维埃第八次代表大会批准。现已准备好在 1921 年 8 月召开全俄电气技术人员代表大会[4]来详细审查这项计划，那时计划就将得到国家最后批准。电气化的第一期工程预计 10 年完成，共需 37 000 万个工作日。

1918 年，我国新建了 8 个电站（装机容量为 4 757 千瓦），1919

年新增数达 36 个(装机容量为 1 648 千瓦),而 1920 年达到 100 个(装机容量为 8 699 千瓦)。

不论这个开端对我们这个大国来说多么微不足道,但毕竟有了一个开端,工作已经做起来了,而且做得愈来愈好。俄国农民经过帝国主义战争,经过上百万人在德国当俘虏时对现代先进技术的了解,经过三年内战的艰苦锻炼,已经不是旧日的农民了。他们一月比一月更清楚更明白地看到,只有由无产阶级领导,才能使广大小农摆脱资本的奴役,走向社会主义。

10. 资本的同盟者“纯粹民主派”即第二国际和第二半国际、社会革命党人和孟什维克的作用

无产阶级专政不是结束阶级斗争,而是以新的形式、新的武器继续进行阶级斗争。只要阶级还存在,只要资产阶级在一个国家内被推翻后还在国际范围内用十倍的力量加紧向社会主义进攻,这种专政就是必要的。小农阶级在过渡时期不可能不多次动摇。过渡时期的困难,资产阶级的影响,必然使这些群众的情绪时常发生波动。无产阶级(它由于自己的根基即大机器工业遭到破坏而伤了元气,在某种程度上丧失了阶级特性)肩负着一项极其艰巨而伟大的历史任务,这就是:不为这种动摇所左右,把从资本桎梏下解放劳动的事业进行到底。

小资产阶级的动摇在政治上表现在小资产阶级民主派政党即第二国际和第二半国际政党的政策上,俄国的社会革命党和孟什维克党就是这样的政党。这两个现在在国外设有自己的总部并办

有各种报纸的政党，实际上已与整个资产阶级反革命派勾结在一起，并忠实地为他们效劳。

俄国大资产阶级的聪明的领袖们和其中为首的“立宪民主”党党魁米留可夫，十分明确地、直截了当地肯定了小资产阶级民主派即社会革命党人和孟什维克的这种作用。在谈到孟什维克、社会革命党人和白卫分子合力举行的喀琅施塔得暴动[5]时，米留可夫表示赞成“没有布尔什维克参加的苏维埃”这个口号（1921 年《真理报》第 64 号，引自巴黎《最新消息报》[6]）。他发挥这一思想时说：应该把社会革命党人和孟什维克“奉为上宾”，因为他们肩负着**第一个**把政权从布尔什维克手里**转移开**的任务。大资产阶级的首领米留可夫正确地吸取了历次革命的教训，深知小资产阶级民主派没有能力执掌政权，他们始终只能起掩饰资产阶级专政的作用，只能给资产阶级独揽政权充当台阶。

俄国无产阶级革命一再证实了 1789—1794 年革命和 1848—1849 年革命的这个经验，证实了恩格斯在 1884 年 12 月 11 日给倍倍尔的信中所说的话。恩格斯当时写道：

“……纯粹民主派……在革命关头……作为整个资产阶级经济、甚至封建经济的最后一个救生锚，在短时间内暂时起作用。……在 1848 年时也是如此：一切封建官僚从 3 月到 9 月都支持自由派，为的是镇压革命群众…… 不管怎样，在危机的日子和危机后的日子，我们唯一的敌人将是聚集在纯粹民主派周围的整个反动派，这一点，我认为是不能忽视的。”①（俄译文见弗·阿多拉茨基同志《马克思恩格斯论民主派》一文，载 1921 年 6 月 9 日《共产

① 参看《马克思恩格斯全集》第 1 版第 36 卷第 252—253 页。——编者注

主义劳动报》[7]第360号。德文原文见弗里德里希·恩格斯《政治遗教》一书1920年柏林版(《国际青年丛书》第12辑第19页))

尼·列宁

1921年6月13日于莫斯科克里姆林宫

1921年在莫斯科印成单行本

译自《列宁全集》俄文第5版第44卷第1—12页

2
对共产国际《关于策略问题的提纲》草案的意见[8]

(1)
给格·叶·季诺维也夫的信
(6月10日)

事情的实质在于,**在政治上**莱维许多方面**是正确的**。遗憾的是他干了一系列违反纪律的事,因此被开除了党籍。

塔尔海默和库恩·贝拉的提纲在政治上是根本不正确的。那是讲空话和玩弄左的把戏。

拉狄克摇摆不定,对"左派"的愚蠢行为作了一系列让步,从而把自己的草案初稿弄糟了。他的第一个"让步"最能说明问题。他的提纲的第1条《问题的范围》原来写的是(请注意)"争取工人阶级的大多数(**拥护共产主义原则**)"。后来改为(反而改坏了)"争取工人阶级的**有社会决定意义的部分**"。

妙极了!您瞧,似乎比塔尔海默之流和**库恩·贝拉**之流"更左",结果倒成了异乎寻常的蠢话。这样的行文削弱的正是争取工人阶级的**大多数**"拥护共产主义原则"的必要性。这真是荒唐之极。

为了夺取政权,**在一定的条件下**(包括已经争取到工人阶级的

大多数都拥护共产主义原则这一条件），是需要工人阶级的有社会决定意义的部分的大多数在有决定意义的地方**发起冲击**的。

这样来修改、改坏这一真理，即在论述共产国际关于争取工人阶级**拥护共产主义原则**的**总**任务的第1条中**削弱**必须争取工人阶级的**大多数**的原理，这是**库恩·贝拉**和塔尔海默头脑愚钝的典型表现（可恶极了，表面上装出一副了不起的样子，实际上该打屁股）。也是……拉狄克**易受别人影响**的典型表现。

拉狄克的提纲本来就非常冗长，没有重点，抓不住政治上的中心问题。而拉狄克**还**向其中掺水，把它糟蹋得不成样子。

该怎么办？我不知道。白费了很多时间和精力。

如果您不希望在代表大会上发生公开斗争（我会乐意地在会上狠狠敲打塔尔海默和**库恩·贝拉**，这样做**对事业是有好处的**），那么我建议：

（1）今天（既然布哈林坚决主张你们必须今天解决基本问题而不能再拖——其实往后拖更好）就用准确无误的表决否定塔尔海默和库恩·贝拉的根本不正确的提纲。要作记录。你们如果做不到这一点而采取宽容态度，就会把一切都弄糟的。

（2）把拉狄克未经“改善”的草案初稿作为基础，关于这种“改善”，我已举了一个例子。

（3）委托1—3人来压缩这个提纲草案，进行修改，使它（如果能做到的话！）不再没有重点，而是清楚地、明确地、毫不含糊地把下述内容作为中心思想切实突出出来：

共产党在任何地方都还没有争取到（工人阶级的）大多数，不仅是组织的领导，连共产主义原则都还没有得到这个大多数的拥护。而这是一切的基础。“削弱”这个唯一合理的策略的基础，是一种**罪恶的轻率行为**。

由此可以得出结论：在欧洲堆积着大量易燃物的形势下，革命有可能很快爆发，工人阶级也有可能在特殊的情况下轻而易举地取得胜利。但是，现在把共产国际的策略建立在这种可能性上是荒谬的；认为宣传的时期已经结束而行动的时期已经到来的写法和想法（以及塔尔海默和库恩·贝拉的种种无稽之谈，而拉狄克甚至在他的第一个草案①中**很多方面**就对他们作了让步——附带说明一下：**我还未能**完全把"改善的"草案同原草案进行核对）也是荒谬和有害的。

共产国际必须把策略建立在这样的基础上：始终不渝地、有步骤地争取**工人阶级的大多数**，首先是**在旧工会内部**。这样，无论事态怎样变化，我们都肯定能够取得胜利。至于遇上极其幸运的情况而在短时期内"取得胜利"，这是傻瓜也能办到的。

因此，无论在什么地方都必须采取《公开信》[9]的策略。这一点要讲得直截了当，清楚明确，因为对《公开信》朝库恩·贝拉那边的动摇是最有害、最可耻的，也是**最流行的**。用不着隐瞒。凡是不懂得必须遵循《公开信》的策略的人，都要在共产国际第三次代表大会闭幕后至迟一个月**开除**出共产国际。我曾经投票赞成让德国共产主义工人党[10]加入共产国际，现在清楚地看到这是一个错误，应该尽快地、彻底地改正这一错误。

与其像拉狄克那样长篇大论，意思含混，不如翻译《公开信》全文（如用德文，则援引全文），反复解释它的意思，而且把它作为一个范本来阐释。

---

① "不是诺言，而是行动"——拉狄克按库恩·贝拉的方式解释为："干吧"，"冲上去搏斗"。这是无稽之谈。不应该按库恩·贝拉的方式去**解释**言行**一致**。

我认为，策略问题的**总**决议应该就讲这些。

只有这样才会定下**调子**，使中心思想明确起来，不致模棱两可，使任何人都不可能作随心所欲的解释（像拉狄克那样）。

这样，拉狄克的草案初稿就会至少删去四分之三。

丢下提纲去写**小册子**并对它进行表决的做法该结束了。那样做，即使我们大家没有争论，也免不了犯局部性的错误。而如果没有重点，却有争论，我们就会犯**重大**错误，把全部事情弄糟。

再有，如果你们实在想加，可加上一些补充：根据这种策略，在细节上，作为例子，不是作为原则，恰恰是作为例子，还可作如此这般的补充。

其次。

笼而统之把塞拉蒂和莱维说成是“机会主义”，这是库恩·贝拉式的愚蠢。塞拉蒂有错误；错在哪里？应该讲得一清二楚，指明是在**意大利**问题[11]上而不是在总策略问题上。他错在同共产党人搞分裂，没有开除改良主义者屠拉梯之流。意大利同志们，只要不做到这一点，你们就是**自外于**共产国际。我们就开除你们。

而对意大利的共产党人，我们要提出最严肃的忠告和**要求**：只要你们还不能够坚定地、耐心地、巧妙地**说服**塞拉蒂派**工人**的大多数，把他们争取过来，就不要神气，就不要玩弄左的把戏。

“莱维事件”不在总策略问题上，而在对三月行动[12]的评价上，在德国问题上，布兰德勒说：是单纯防御。这是因为政府进行了挑衅。

就算这符合实际，就算事实是这样。

由此得出什么结论呢？

（1）一切号召进攻的喊叫都是错误的、荒谬的，可是这种喊叫多得不可胜数；

(2)既然政府进行挑衅，**企图**把共产主义的**小要塞**(共产党人得到多数人拥护的中心地区)拖进战斗，那么号召**总**罢工的策略就是一种**错误**。

(3)今后应该避免这种错误，因为右派在内战中以巧妙的手段杀害了两万工人以后，**德国**出现了一种特殊的形势。

(4)把几十万工人(布兰德勒说是**一百万**。是否吹牛？是否**自我陶醉**？为什么没有各州、各城市的统计数字???)的单纯防御说成是“暴乱”，而且是“巴枯宁式的暴乱”，这不仅是错误，而且是违反革命纪律的行为。由于莱维还有另外一些违反纪律的行为(要准确地、极为谨慎地列举出来)，所以他应该受到处分，被开除是罪有应得。

应当定出一个开除的**期限**，比如说半年。然后**允许**他重新申请入党，**如果**在此期间他守纪律，共产国际就建议吸收他。

(如果有头脑的人因为犯错误和违反纪律就被永远清除出党，而让那些遵守纪律的傻瓜养成由别人**在策略上**对他们作出让步的习惯，那么其结果必将是整个党垮台。)

(除了布兰德勒的小册子，我还什么都没有看过，这些意见只是根据莱维和布兰德勒的小册子写的。布兰德勒只证明了(如果可以说是证明的话)一点：三月行动不是“巴枯宁式的暴乱”[莱维这样**谩骂**，理应被开除]，而是几十万革命工人的英勇自卫。但无论多么英勇，由于政府从1919年1月起已通过挑衅杀害了两万工人，**今后**再也**不要**在政府的挑衅面前这样应战，要到全国的而不只是一个小地区的大多数工人都跟共产党走的时候再说。)

((1917年的七月事变[13]不是巴枯宁式的暴乱。谁要是作这样的评价，我们就把他开除出党。七月事变是英勇的**进攻**。可是我们当时得出这样的结论：下一次我们决不**过早地**发起英勇的进攻。过早地全面应战，——这就是三月行动的实质。不是暴乱，而是**错误**，这个错误由于几十万人在防御中表现英勇而减轻了。））

关于什麦拉尔，能否搞两三个**材料**？

如能为共产国际刊印有关各国的材料，哪怕每国**两**份（每份2—4页），那倒不错。否则塔尔海默和**库恩·贝拉**这两个傻瓜在歇斯底里地号叫，却**毫无事实根据**。

关于什麦拉尔和施特拉塞尔，都有些什么事实？

别忘了一件大事：一定要删去拉狄克提纲初稿中所有谈到“等待的党”、所有进行这种谴责的内容。一概不要。[14]

关于保加利亚、塞尔维亚（南斯拉夫？）和捷克斯洛伐克**这些**国家的问题，要具体地、专门地、清楚而明确地提出来。

如果我们两人在这方面意见不一致，我建议召开政治局会议。

列 宁

1921年6月10日

载于1965年《列宁全集》俄文第5版第52卷（非全文）

译自未刊印的《列宁文集》俄文版第41卷

（2）

两点建议[15]

（7月6日）

（1）删去什麦拉尔的姓名和该段整个结尾部分；

（2）委托委员会（或执行委员会）起草一封详细的**信**给捷克党，

要引出原话，切实地、准确地对什麦拉尔立场的**不正确之处**进行批评，并指出赖兴贝格《**前进报**》的编辑们应当在哪方面更加谨慎。

载于1958年《和平和社会主义问题》杂志第2期

译自《列宁全集》俄文第5版第44卷第55页

3

对《关于各国共产党的组织建设、工作方法和工作内容的提纲》草案的意见[16]

(1)

给奥·威·库西宁的信①

急

地址请问芬兰共产党员或共产国际

6月10日

库西宁同志：

看了您的文章(三节)和提纲非常高兴。

附上我对提纲的意见。

建议您立即找一位**德国**同志(真正的德国人)，由他**负责修订**(文章和提纲的)德文文本。这位同志也许还可以受您委托把您的文章**作为报告**在第三次代表大会上宣读(德国代表们听**德国人**讲话要方便得多)。[17]

我建议删去(提纲的)结尾部分。

关于宣传鼓动——特别是关于报刊和口头宣传，要写得尽量详细。

依我的意见，您一定要**亲自负责这次**代表大会的报告。这一

① 这封信的原文是德文。——编者注

点，我今天就写信告诉季诺维也夫。

致良好的祝愿！

您的 **列宁**

提 纲

(提纲第 6 点或)第 6 条，第 2 段最后一句

应写成：

“……不可避免地会在一定程度上从……那里把这种倾向继承下来……”

而下面一句应写成：

“……共产党**应当**通过系统的、顽强的组织工作，通过**多次的**改进和纠正，来**克服**这种倾向……”

(提纲第 7 点或)第 7 条：

要更加详尽地说明，西方大多数合法的党恰好没有做到这一点。不是**每个**党员都有**日常**工作(**革命**工作)。

主要的弊病就在于此。

最大的困难也就在于改变这种状况。

可是这是最重要的。

第 10 条。

要尽量详细。

要多谈些细节。

举例。

报纸的作用。

把“我们的”报纸同**一般的**资产阶级报纸作一对比。

为“我们的”报纸所做的工作。

举例:1912—1913年的俄国报纸。

同资产阶级报纸的斗争。揭露资产阶级报纸的卖身投靠、制造谣言,等等。

散发传单。

鼓动到户。

星期日游玩**等等**。

要非常非常详细。

第11条——也要非常非常详细。

第13条。提出工作报告,交各“支部”**讨论**。

关于敌对组织**特别是小资产阶级**组织(工党、各社会党等)的情况报告。

关于在没有参加组织或参加了黄色团体(包括第二国际和第二半国际)的无产阶级**群众中以及在非无产阶级劳动**阶层中的任务,要写得详细一些。

第26条和第27条。

这些与本题无关。

这不是“组织问题”。

最后就这个主题改写成一篇专题文章,比如用《革命时期的组织问题》这样的标题或其他标题,交《**共产国际**》**杂志**[18]发表。

或者(根据俄国和芬兰的经验)写成:《谈谈方兴未艾的革命和我们相应的任务问题》。

载于1958年《和平和社会主义问题》杂志第3期

译自《列宁全集》俄文第5版第44卷第13—15页

(2)

给奥·威·库西宁和威·克南的信[①]

致库西宁和克南两同志

1921 年 7 月 9 日

亲爱的同志们：

看了你们关于组织问题的提纲草案非常高兴。我认为搞得很好。只想补充两点：

(1)建议——各国党都建立一个由经过考验、富有经验的优秀工人组成的监察委员会；

(2)关于特务——在谈不合法的工作问题时专门写一段。内容大致如下：资产阶级必然要派遣特务和奸细打入秘密组织。必须极其周密地、坚持不懈地加以防范，特别要提倡这样一种防范办法，即把**合法**工作和不合法的工作巧妙地结合起来，配合起来，并且**通过**长期的**合法**工作进行考察（是否适合做不合法的工作）。

致共产主义的敬礼！

你们的 **列宁**[②]

载于 1958 年《和平和社会主义问题》杂志第 3 期

译自《列宁全集》俄文第 5 版第 44 卷第 56 页

---

① 见本卷第 18—20 页。——编者注

② 这封信的原文是德文。——编者注

4

关于法国共产党现状问题的讲话[19]

（6月17日）

我来得正好，恰巧库恩·贝拉正在讲话。我就是为反驳库恩·贝拉同志的观点而来的，因为我确实知道，只要库恩·贝拉一开口，他就要维护左派。我想弄清楚，他维护的究竟是谁。库恩·贝拉同志认为，共产主义就是维护左派。他搞错了。要义正词严地反对这种错误。应该直言不讳地说，如果说法国党内还有机会主义者（我相信是有的），而且如果说他们不是马克思主义者（对此不必怀疑），那么左派也在犯错误，他们希望成为我的朋友库恩·贝拉同志和某些法国同志那样的左派。库恩·贝拉同志认为只有机会主义错误，然而事实上也有左的错误。我手头有一份托洛茨基同志讲话的速记记录，他说，如果这样的左派同志今后仍然打算我行我素的话，他们就会扼杀法国的共产主义运动和工人运动（掌声）。我对此深信不疑。正因为如此，我才来反对库恩·贝拉同志的讲话，他在反对托洛茨基同志，却没有维护托洛茨基同志，而假定他想成为真正的马克思主义者的话，他本该这样做。

马克思主义就是要确定在某种具体的条件下应该采取怎样的政策。库恩·贝拉同志来跟我们谈冷静和纪律，就像他谈到《人道报》同一标题的文章一样[20]，原来，他才是一窍不通呢，这是赖不掉的。那些不懂得党不能像库恩·贝拉那样在法国军队在鲁尔进行动员这种危机时刻大讲空话的人,他们不是马克思主义者。

根据库恩·贝拉同志的想法,革命性要求处处维护左派。在欧洲最大的国家之一的法国,仅仅靠某一个党是无法进行革命的准备的。法国共产党人争取工会是最令我高兴的事情。当我打开某一张法国报纸(坦率地说,这种情况很少,因为我没有时间看报),"基层组织"这个词使我感到十分惊讶。我想,你们无论在哪本词典里都找不到这个词,因为这是一个地地道道的俄语词,它的一个词义是我们在反对沙皇制度、反对孟什维克、反对机会主义和资产阶级民主共和国的长期斗争中赋予的。正是我们的经验造就了这样的组织。正是这样的基层组织在议会党团中和工会或有工会存在的其他团体中集体地工作着。如果有些共产党员犯了这样或那样的、不如库恩·贝拉同志所办的蠢事那么严重的错误,我们是不会称赞他们的。

当我看到共产党的这项出色的工作时,当我看到工会和其他团体中的这些基层组织时,我说,只要左派别老干蠢事,法国革命就是指日可待的了。要是有人像库恩·贝拉同志那样说冷静和纪律并未证明行之有效,那是左派说的蠢话。我到这里来就是要向左派的同志们说明:如果你们听从这样的劝告,就会像马拉一样扼杀革命运动。我并不是要维护法国共产党,也没有说它是完全的共产党。都不是。洛佐夫斯基同志引用《人道报》的一个说法,说主要问题在于赔款的要求是正当的事情,从他自己的角度出发,他当然说得完全正确。但我们不允许这样提问题。

现在我们举另外一个例子,马塞尔·加香和其他人的例子,他们在法国议会中捍卫英法联盟并说这个联盟是和平的保障。[21]这是机会主义，容忍机会主义的党就不是共产党。当然我们应该在自己的决议中指出：某某事实应该突出，某某行为不能容忍，这是非共产主义的。但是不应该容忍非共产主义的行为。这里要进行具体的批判。要抨击机会主义。然而加香的讲话所表现出来的真正的党内机会主义却没有受到批判。人们不是批判他，而是批判他的这种说法，还提出了一些新的建议。托洛茨基同志在讲话中这样说（附摘自托洛茨基同志讲话的德文速记记录中的一段话①）。

因此，拉波尔特同志完全错了[22]，托洛茨基同志反对这个做法是完全正确的。法国共产党的行为也许并不完全是共产主义的行为，我愿意相信这一点。但是目前这种愚蠢的行为会断送法国和英国的共产主义运动。决不能依靠1919年适龄入伍者的力量来完成革命。托洛茨基同志重复这一点，他做得太对了。刚才还有一位卢森堡的同志指责法国共产党，说它对占领卢森堡不予以抵制。[23]他和库恩·贝拉同志一样认为，这是地理问题。不，这是政治问题。托洛茨基同志反对这个做法是完全正确的。这种愚蠢的做法很左、很革命，但它对法国运动的害处也很大。只有一个办法能阻碍共产主义在法国、英国和德国取得胜利——这就是犯左的错误。只要我们继续进行反对机会主义的斗争而且不出现过火行为，我们就对我们必胜充满信心。我们要公开地批评法国共产党，我们说，这不是共产主义政党，我们应该极其明确而公开地指出，鼓吹以掠夺者（我不想正式使用这个词）——不是一般意义上的掠夺者，而是些大掠夺者——剥削工人群众为目的建立英法联盟的马塞尔·加香在法国议会中所捍卫和提出的政策、某些报纸转载的他的某些讲话中所

---

① 在列宁的讲话速记记录中没有所引用的托洛茨基的这段话。——俄文版编者注

维护和阐述的政策，不是共产主义的政策，而是机会主义的政策。共产党的中央委员会不会赞同这个政策，其实我想共产国际代表大会同样不会赞同这个政策。但是无论是库恩·贝拉同志所维护的愚蠢说法，还是这位卢森堡的同志所维护的愚蠢说法，甚至是拉波尔特同志的愚蠢说法（尽管他讲得很精彩），我们也都不想容忍。我知道，在共产主义青年中间有一些真正的革命者。那么就请你们对机会主义者进行具体的批判，指出正式的法国共产主义运动的错误，但你们自己不要干蠢事！在群众越来越接近你们、你们走向胜利的时候，应当争取工会。多数的工会都在进行着出色的准备工作。如果我们把工会争取过来，那么这将是我们最伟大的胜利。资产阶级的官僚们再也无计可施了。工会中第二半国际的官僚领导人明显占多数。在工会中应该首先争取可靠的马克思主义的多数。到那时我们就不是依靠1919年适龄入伍者，也不是依靠库恩·贝拉所专长的那些蠢事开始进行革命，而是通过反对机会主义、反对左派干的蠢事的斗争来开始进行了。这也许不是一场斗争，而是对马塞尔·加香的法语发言的警告，是对传统和机会主义的公开斗争和对左派的愚蠢做法的警告。所以我认为，自己有责任在这里支持托洛茨基同志所说的全部重要内容并且声明，库恩·贝拉同志所坚持的政策不值得任何一个马克思主义者、任何一个共产党员同志去维护。要同这种政策作斗争。同志们，我也希望，这里所推举的委员会（这是明智的推举）完成对法国共产党的行为的分析之后，我们最终对这些想法会有一个简明的表述。

译自未刊印的《列宁文集》
俄文版第41卷

5

关于意大利问题的讲话

（6月28日）

同志们！我主要想答复一下拉查理同志的问题。他说："拿出具体事实来，不要讲空话。"好极了。但是，如果我们对意大利改良主义-机会主义倾向的发展作一番考察，那是什么呢，是空话还是事实呢？在你们的言论和你们的整个政策中，你们都忽略了对意大利社会主义运动具有重大意义的一个情况，这就是：已经有很长一段时间，不仅存在着这种倾向，而且存在着机会主义-改良主义集团。我还清清楚楚地记得伯恩施坦是在什么时候开始进行他的机会主义宣传的（这种宣传最后成了社会爱国主义，并导致第二国际的叛变和破产）。从那时起，我们不但知道有一个叫屠拉梯的人，而且知道他在意大利党内和意大利工人运动中所进行的宣传。他20年来一直是意大利工人运动的破坏者。由于时间不够，我没能详细研究有关意大利党的材料，但是我认为，意大利一家资产阶级报纸（我记不得是《新闻报》[24]还是《晚间信使报》[25]）关于屠拉梯和他的朋友们在艾米利亚雷焦召开代表会议[26]的报道是一份极其重要的文件。我把这篇报道和《前进报》[27]上所发表的对比了一下。这难道不是充分的证据吗？在共产国际第二次代表大会以后，当我们同塞拉蒂和他的朋友们争论时，我们曾经公开而明确地告诉他们我们对局势的看法。我们向他们声明，只要意大利党仍旧容忍像屠拉梯这样的人留在自己的队伍里，它就不能成为共产党。

这究竟是什么呢？是政治事实抑或依然不过是空话呢？我们在共产国际第二次代表大会以后曾公开告诫意大利的无产阶级“不要跟改良主义者、跟屠拉梯搞在一起”，而塞拉蒂却开始在意大利报刊上发表一系列反对共产国际的文章，并专门召开了改良主义者的会议[28]，——这一切难道都是空话吗？这比分裂还严重，这已经是在建立新的党了。除非瞎子才看不到这一点。这个文件对于这个问题有着决定性的意义。凡是参加艾米利亚雷焦代表会议的人都应当开除出党，因为他们是孟什维克——当然不是俄国的孟什维克，而是意大利的孟什维克。拉查理说：“我们懂得意大利人民的心理。”对于俄国人民，我个人不敢这样说，但这并不重要。拉查理说：“意大利社会党人很了解意大利人民的精神。”这是可能的，我不想反驳。但根据具体材料和顽固地不愿根除孟什维主义的事实来看，他们是不了解意大利的孟什维主义的。我们不得不说：必须批准（不管这是多么不幸）我们执行委员会的决议。容忍像屠拉梯这样的机会主义者和改良主义者留在自己队伍里的党，是不能加入共产国际的。

拉查理同志问道：“为什么要改变党的名称呢？这个名称蛮不错嘛！”但是我们不能同意这样的观点。我们知道第二国际的历史，它的衰落和破产。难道我们不知道德国党的历史吗？难道我们不知道德国工人运动最大的不幸就是直到战前还没有实行决裂吗？为此付出的代价是两万工人牺牲了生命，他们是被不断攻击和抱怨德国共产党人的谢德曼派和中派出卖给德国政府的[29]。

难道我们现在在意大利所看到的不是同样的情景吗？意大利

党从来就不是真正的革命党。它的最大的不幸，就是直到战前还没有同孟什维克和改良主义者决裂，而让他们继续留在党内。拉查理同志说："我们完全承认有同改良主义者决裂的必要；唯一的分歧仅仅在于我们并不认为必须在里窝那代表大会[30]上实行决裂。"但是，事实并非如此。我们并不是第一次讨论意大利的改良主义问题了。去年，当我们同塞拉蒂争论这个问题的时候，我们问他："对不起，为什么意大利党不立刻实行分裂，为什么要拖延？"塞拉蒂怎样回答我们呢？什么也没回答。弗罗萨尔有一篇文章，说"要做个灵活而聪明的人"。拉查理同志在引用这篇文章时，显然认为这是一个对他有利而对我们不利的论据。我认为他是弄错了。恰恰相反，这个绝妙的论据对我们有利而对拉查理同志不利。当拉查理将来不得不向意大利工人说明自己的行为和退避的理由的时候，意大利工人会怎样说呢？如果意大利工人认为我们的策略比冒牌共产主义左派（他们有时简直不是共产主义左派，而更像无政府主义）的曲线策略灵活和聪明，那么，你们将怎样回答他们呢？

塞拉蒂和他的党硬说，俄国人只希望别人模仿他们。这种无稽之谈是什么意思？我们的要求恰恰相反。单是熟记共产党的决议，在任何场合都使用革命的词句，这是不够的。我们预先声明，我们反对死背决议的共产主义者。真正共产主义的首要条件就是跟机会主义一刀两断。我们将开诚布公地同赞成这一点的共产主义者交谈，我们将非常自信地、毫无顾忌地对他们说："不要做蠢事；要聪明一点，巧妙一点。"但是我们只是对已经同机会主义者决裂了的共产主义者才这样说，而你们还谈不上同机会主义者决裂。因此，再说一遍：我希望代表大会批准执行委员会的决议。拉查理同志说："我们正处在准备时期。"一点不假。你们是处在准备时期。这个时期的第一个阶段就是同孟什维克决裂，就像我们在1903年同我们的孟什维克决裂一样。德国党当初没有同孟什维克决裂，使得整个德国工人阶级在德国革命史上长得令人厌烦的战后时期内一直遭受苦难。

拉查理同志说，意大利党正处在准备时期。这一点我完全同意。这个时期的第一个阶段就是要认真地、彻底地、毫不含糊和毅然决然地同改良主义决裂。这样，群众就会衷心拥护共产主义。第二个阶段决不是去重复革命口号，而是要采纳我们聪明和巧妙的解决办法。这种办法将永远是聪明和巧妙的，永远要反复重申，那就是：应当使革命的基本原则适应不同国家的特点。

在意大利进行革命和在俄国进行革命不会是一样的。意大利的革命将以另一种方式开始。但究竟是什么方式呢？咱们大家都不知道。意大利的共产主义者有时并不是地道的共产主义者。在意大利，在占领工厂[31]的时候，有没有出现哪怕一个像样的共产主义者呢？没有，那时的意大利还没有共产主义；可以说有某种无政府主义，决不能说有马克思主义的共产主义。马克思主义的共产主义还需要创立，还需要通过革命斗争的实践灌输给工人群众。这样做的第一步就是同那些和资产阶级政府合作了20多年的孟什维克一刀两断。在齐美尔瓦尔德和昆塔尔两次代表会议[32]上，我曾有机会稍微观察了一下莫迪利扬尼，他很可能是一个相当狡猾的政客，他不参加资产阶级政府而留在社会党中央机关，因为这样能给资产阶级带来更多的好处。但屠拉梯及其朋友们的全部理论观点和全部宣传鼓动工作却是同资产阶级合作。杰纳利的发言中所引证的许多话不是已经证明了这一点吗？是的，这就是屠拉梯筹划好的那条统一战线。因此，我应当告诉拉查理同志：像您所作的以及像塞拉蒂同志在这里所作的那样的讲话，都不是在为革命作准备，而是在破坏革命。（喊声："对！"鼓掌）

你们在里窝那获得了很大一个多数。你们获得 98 000 票，改良主义者获得 14 000 票，共产主义者获得 58 000 票。对于像在意大利这样一个具有一定传统、对分裂没有充分准备的国家里刚刚开始的真正的共产主义运动说来，上述数字是共产主义者的一次很大的胜利。

这是一次很大的胜利，也是一个有力的证据，说明意大利的工人运动将比我们俄国的运动发展得快。因为，如果你们知道有关我国运动的数字，你们就会明白，在 1917 年 2 月沙皇制度崩溃以后，在资产阶级共和国时期，我们同孟什维克相比还是少数。而这是经过 15 年的激烈斗争和分裂以后的情况。在我们这里，右翼没有得到发展，但也不像你们在轻蔑地谈到俄国时所想象的那样简单。在意大利，发展的情况肯定会完全不同。我们在同孟什维克进行了 15 年的斗争并推翻了沙皇制度以后开始工作的时候，拥护我们的人比你们那里要少得多。你们那里态度暧昧的、联合起来的中派分子有 98 000 人，而拥护共产主义的工人已经有 58 000 个。这是证据和事实，一定可以说服那些不愿闭眼不看意大利工人群众运动的人。任何事情都不是一蹴而就的。但是这已经可以证明，拥护我们的是工人群众，不是旧的领袖，不是官僚，不是教授，不是新闻记者，而是真正的被剥削阶级，是被剥削者的先锋队。这也表明你们在里窝那犯了严重错误。这是事实。你们拥有 98 000 票，但你们宁愿同 14 000 个改良主义者联合而不愿同 58 000 个共产主义者联合。你们本应当同共产主义者联合，即使这些共产主义者不是真正的共产主义者，即使他们不过是博尔迪加的拥护者——实际上并不是这样，何况博尔迪加在第二次代表大会以后已经十分诚恳地声明他放弃一切无政府主义和反议会主义。你们是怎么做的呢？你们宁愿和14 000个改良主义者联合，同58 000个共产主义者决裂。这就再好不过地证明塞拉蒂的政策对意大利是一个不幸。我们从来不想让塞拉蒂在意大利模仿俄国的革命。这是愚蠢的。凭我们的智慧和灵活性还不致做出这种蠢事。但是，塞拉蒂的行为却证明他在意大利的政策是错误的。也许他应当随机应变。这是他一年前在这里最爱说的一句话。他说："我们是善于随机应变的，我们不愿意盲目地模仿别人。这是愚蠢的。我们应当随机应变，找机会同机会主义分家。你们俄国人不善于这样做。在这方面我们意大利人比你们有本事。我们走着瞧吧。"而我们看到了什么呢？塞拉蒂可真会随机应变！他和58 000个共产主义者决裂了。现在，同志们到这里来说："如果你们把我们拒之门外，就把群众的思想搞乱了。"不，同志们，你们错了。意大利工人群众的思想现在已经搞乱了。假使我们对他们说下面这样的话，倒会对他们有好处。我们说："同志们，意大利的工人们，你们在共产国际和孟什维克之间挑选一个吧。共产国际永远不会要求你们盲目地模仿俄国人；而孟什维克，我们认识他们已经20年了，我们永远不能把他们当做邻居留在真正革命的共产国际里。"这就是我们要向意大利工人讲的话。结果是不容怀疑的。工人群众一定会跟我们走。（热烈鼓掌以示赞同）

载于1921年7月4日《共产国际第三次代表大会公报》第8号

译自《列宁全集》俄文第5版第44卷第16—22页

6

捍卫共产国际策略的讲话

（7月1日）

同志们！很遗憾，我必须克制自己，只进行自卫。（笑声）我说很遗憾，是因为听了特拉奇尼同志的发言和看了三个代表团的修正案[33]以后，我很想进攻。老实说，对于特拉奇尼和三个代表团所维护的观点，必须实行进攻。如果代表大会对这些错误，对这些“左的”愚蠢行为不坚决进攻，那么，整个运动必定要垮台。这一点我是深信不疑的。但是，我们是有组织有纪律的马克思主义者。我们不能满足于发言反对个别同志。我们俄国人对于这种左的言论已经腻味透了。我们是有组织的人。在制定计划的时候，我们应当有组织地进行工作，设法找到正确的路线。自然，我们的提纲是一种妥协，这一点对谁都不是秘密。但这又有什么不好呢？在已经是第三次举行代表大会并已制定出一定的基本原则的共产党人中间，实行妥协在一定条件下是必要的。我们这个由俄国代表团提出的提纲是经过极其周密的研究和准备的，是经过长时间斟酌并同各个代表团磋商的结果。它的目的是要确立共产国际的基本路线，特别是现在，当我们不仅正式谴责了真正的中派而且还把他们开除出党以后，这个提纲就更需要。事实就是这样。我应当捍卫这个提纲。既然现在特拉奇尼出来说，我们应当继续进行反中派的斗争，接着又讲到打算怎样进行斗争，那么我就要说，如果这些修正意见表示的是某种倾向，那就必须同这种倾向进行无情的斗争，否则就没有共产主义，就没有共产国际了。我感到奇怪的是，德国共产主义工人党竟没有在修正案上签字。（笑声）你们且听一听特拉奇尼所维护的东西和修正案所说的话吧！修正案一开头就说："第 1 页第 1 栏第 19 行'……大多数'应予删去。"大多数！这太危险了！（笑声）接下去说，应该用"目的"一词来代替"基本原则"一词。基本原则和目的是两个不同的东西。要说目的，那是连无政府主义者也会同意我们的，因为他们也主张消灭剥削和阶级差别。

我平生接触过、交谈过的无政府主义者不多，但毕竟见过不少。在目的问题上，我同他们有时可以谈得拢，但在原则方面却从来谈不到一块。原则不是目的，不是纲领，不是策略，也不是理论。策略和理论并不是原则。在原则上我们跟无政府主义者的区别在哪里呢？共产主义的原则是建立无产阶级专政，并在过渡时期使用国家强制手段。这就是共产主义的原则，但这不是共产主义的目的。提出这个建议的同志们搞错了。

第二，修正案提出"'大多数'一词应予删去"。请大家把整句话看一下：

"在很多国家内，革命的客观形势已经尖锐化，很多群众性的共产党已经成立，但是，不论在什么地方，这些党都还没有在真正的革命斗争中掌握对工人阶级的大多数的实际领导权——共产国际第三次代表大会正是在这样的条件下来重新研究策略问题的。"

可是他们想把"大多数"一词删去。我真不明白，假如我们连这样简单的问题都商量不好，那我们又怎么能够在一起工作，怎么能够领导无产阶级走向胜利呢？难怪我们在原则问题上不能取得一致了。请告诉我哪一个党现在掌握了工人阶级的大多数。特拉奇尼连想都没有想举个什么例子。实际上这样的例子根本不存在。

总之，应当用“目的”一词代替“原则”，而“大多数”一词应当删去。真是不胜感激！我们不会这样做的。甚至德国党这个最优秀的党之一也还没有争取到工人阶级的大多数。这是事实。我们面临极其艰苦的斗争，但是并不害怕说出这个真实情况，可是这里有三个代表团却想一开始就说假话，因为，代表大会假如删去“大多数”一词，那就表示代表大会喜欢假话。这是明摆着的事。

接下去有这样一个修正：“第4页第1栏第10行，《公开信》等字‘应予删去’。”今天我已经听到一个有同样看法的发言。那个发言有这样的看法是很自然的。发言的是德国共产主义工人党党员赫姆佩尔同志。他说：“《公开信》是一个机会主义的行动。”我在私下里也听到这种说法，我感到非常遗憾，非常可耻。经过这样久的讨论，代表大会上还有人说《公开信》是机会主义的，真是可耻之极！现在特拉奇尼同志又以三个代表团的名义出来说话，想要删去《公开信》一词。既然这样，我们为什么同德国共产主义工人党进行斗争呢？在我们的提纲里是这样说的：《公开信》是堪称楷模的政治行动。这是我们应当无条件地坚持的。说它堪称楷模，是因为它是采取切实办法争取工人阶级大多数的第一个行动。在欧洲，几乎所有的无产者都已经组织起来了，谁不懂得我们应当在那里争取工人阶级的大多数，谁就会被共产主义运动所淘汰；谁在三年的大革命中还没有学会这个本事，那他永远学不到任何东西。

特拉奇尼说，虽然俄国党很小，但我们还是在俄国胜利了。他不满意提纲对捷克斯洛伐克那样讲。这里有27条修正意见。如果我要对这些修正意见一一加以批判,那我就得像某些演说家那样至少讲三个钟头…… 会上有人说:在捷克斯洛伐克,共产党拥有30万—40万党员,必须争取多数,形成一支不可战胜的力量,并继续争取更多的工人群众。特拉奇尼摆出一副进攻的架势。他说:既然党已经有40万工人,那我们还要求什么呢?删去!(笑声)他害怕"群众"这个词,想把它去掉。特拉奇尼同志对俄国革命并不很了解。

过去我们在俄国的确是一个小党,但是,全国大多数的工农代表苏维埃在我们一边。(喊声:"对!")你们那里有这种事吗?俄国军队当时至少有1 000万人,几乎有一半在我们一边。难道现在军队的大多数在你们一边?请告诉我哪一个国家是这样?既然特拉奇尼同志的观点还有三个代表团赞同,这就表明共产国际内部还有点乱。因此,我们必须说:"不能这样下去了!应该作坚决的斗争!要不共产国际就完了。"(全场微动)

我虽然处于防御地位(笑声),但根据个人的经验我应当说,我讲话的目的和原则是捍卫我们代表团所提出的决议案和提纲。如果说一个字也不能改动,那自然是迂腐。我曾看过不少决议,我很清楚其中的每一行都可以作很好的修改。但这是咬文嚼字。如果说现在我还是宣布在政治方面一个字都不能改动,那是因为我认为,这些修改都具有十分明确的政治性质,会把人引入歧途,给共产国际带来危害。因此,我,我们大家,俄国代表团,应当坚持决不改动提纲一个字。我们不但谴责了我们的右派分子,而且把他们赶走了。但是,如果像特拉奇尼那样把反右派的斗争当儿戏,那么我们就应当说:"够啦!否则太危险了!"

特拉奇尼为进攻斗争的理论[34]辩护。赫赫有名的修正案阐述这个问题的篇幅长达两三页。我们没有必要去念它。我们知道那里面写的是什么。特拉奇尼已经把问题讲得很清楚了。他搬出“活跃的趋向”和“从消极转向积极”这些理由来为进攻理论辩护[35]。我们在俄国同中派作斗争已经有相当丰富的政治经验。还在 15 年前,我们就对我们的机会主义者和中派以及孟什维克进行过斗争;我们不但战胜了孟什维克,而且还战胜了半无政府主义者。

假如我们没有做到这一点,那么,我们的政权不用说三年半,恐怕连三个半星期也保不住,更不可能在这里召开几次共产国际代表大会了。“活跃的趋向”、“从消极转向积极”——这都是左派社会革命党人曾经用来反对我们的货色。现在他们都蹲在监牢里,在那里捍卫“共产主义的目的”,幻想着“从消极转向积极”。(笑声)像修正案那样进行论证是不行的,因为那里面既没有马克思主义,又没有政治经验,也没有论据。难道在我们的提纲里笼统地阐发过革命进攻理论吗?难道拉狄克或我们中间的什么人干过这种蠢事吗?我们在谈进攻理论时,都是针对某个具体的国家、具体的时期说的。

我们可以从我们反对孟什维克的斗争中举出一些例子来说明,还在第一次革命以前,就有人怀疑过革命政党是否需要进攻。如果哪一个社会民主党人——当时我们大家都是这样称呼的——怀疑这一点,我们就同他斗争,说他是机会主义者,说他对马克思主义和革命政党的辩证法一窍不通。难道党可以泛泛地争论是否容许进行革命的进攻吗?在我们这里要找到这样的例子,就要回顾一下 15 年前的事。只要有否认进攻理论的中派分子或伪装起来的中派分子，就必须立刻把他开除出党。这个问题是不会引起争议的。但是现在，在共产国际成立已经三年的今天，我们还在争论"活跃的趋向"、"从消极转向积极"的问题，真是太可耻了。

在这个问题上，我们和同我们一起制定这个提纲的拉狄克同志没有分歧。在德国，在真正的进攻还没有准备好以前就开始谈论革命进攻的**理论**，也许不完全正确。但三月行动毕竟是一个很大的进步，虽然领导者犯了错误，但这无关紧要。几十万工人英勇地进行了斗争。然而，不管德国共产主义工人党怎样勇敢地同资产阶级进行了斗争，我们仍然要重复拉狄克同志在一篇用俄文写的文章中关于赫尔茨所说的话。假如有人英勇地同资产阶级作斗争，即使他是无政府主义者，那当然是一件大事；但是，假如有几十万人同社会主义叛徒的卑鄙挑衅作斗争，同资产阶级作斗争，那就是真正的进步了。

对于自己的错误采取批评的态度是很重要的。我们一开始就是这样做的。在有几十万人参加的斗争过去之后，假如有人起来反对这个斗争，像莱维那样，那就应当把他开除出去。事实上已经这样做了。但是我们应当从这里吸取教训：难道我们作好了进攻的准备吗？（拉狄克："我们连防御的准备也没有作好。"）是的，当时进攻还只是报纸文章谈论的事。把这种理论应用到 1921 年德国的三月行动上是不正确的，这一点我们应当意识到；但从原则上说，革命进攻理论绝不是错误的。

我们在俄国取得了胜利，而且非常容易，因为我们在帝国主义战争期间已经为我们的革命作好了准备。这是首要的条件。当时我们有 1 000 万工人和农民武装起来了，而我们的口号是：立即媾和，无论如何要媾和。我们取得了胜利，是因为最广大的农民群众都有反对大地主的革命情绪。拥护第二国际和第二半国际的社会革命党人在1917年11月还是一个很大的农民党。他们曾要求采取革命手段，但是他们也跟第二国际和第二半国际的真正英雄们一样，没有足够的勇气来采取革命行动。1917年8、9月间我们曾说："在理论上，我们和过去一样，仍然同社会革命党人进行斗争，但是在实践上，我们却准备采纳他们的纲领，因为只有我们才能实现这个纲领。"我们这样说了，也这样做了。曾在1917年11月即在我们胜利以后反对过我们并把大多数社会革命党人选进立宪会议的农民，已经被我们争取过来了，虽然不像我过去所错误地预料的那样在几天之内争取过来，但不管怎样总是在几个星期之内争取过来了。差别并不很大。请告诉我在欧洲的哪一个国家你们能够在几个星期之内把那里的大多数农民争取到自己方面来？也许是意大利吧？（笑声）有人说，尽管我们是一个小党，我们仍在俄国取得了胜利。这样说只能证明他不理解俄国革命，也根本不懂得应当怎样准备革命。

我们的第一步，就是建立真正的共产党，这样才能知道我们是在跟谁交谈，可以充分信任谁。第一次和第二次代表大会的口号是："打倒中派！"如果我们没有在各个方面和在全世界范围内对我们在俄国称为孟什维克的中派分子和半中派分子实行清算的话，那我们就连共产主义的初步原理都不懂。我们的首要任务就是建立真正革命的党，同孟什维克决裂。但这只是预备班。我们现在已经在召开第三次代表大会了，可是特拉奇尼同志却还在弹老调，说预备班的任务是清洗、追查和揭露中派分子和半中派分子。真是不胜感激！这些事情我们已经做得很够了。我们在第二次代表大会上就已经说过中派是我们的敌人。我们必须继续前进。第二步就是要在建党以后学会怎样准备革命。在很多国家内,我们甚至还没有学会怎样进行领导。我们在俄国取得了胜利,不但是因为工人阶级的绝大多数站在我们一边(在1917年选举时,绝大多数工人拥护我们而反对孟什维克),而且因为有一半军队在我们夺得政权以后马上转到了我们方面来,十分之九的农民群众在几星期之内也转到了我们这一边;我们取得了胜利,是因为我们采纳了社会革命党的而不是我们的土地纲领,并且真正实现了这个纲领。我们取得胜利就在于我们实现了社会革命党人的纲领。这就是我们取胜这样容易的原因。难道你们在西欧能幻想这样的事吗?太可笑了!特拉奇尼同志和所有在修正案上签字的同志,请你们对比一下具体的经济条件吧!尽管大多数那样迅速地转到了我们一边,我们在胜利以后碰到的困难还是很大的。但我们还是闯过来了,因为我们不但没有忘记我们的目的,而且没有忘记我们的原则,没有容许那些只谈目的、只谈"活跃的趋向"和"从消极转向积极"而不谈原则的人留在我们党内。也许有人会责备我们竟把这些先生关在监狱里。但是,不这样做就不可能有专政。我们必须为实行专政作准备,而要作准备就得同这种空话、同这种修正案进行斗争。(笑声)在我们的提纲里处处提到群众。但是,同志们,应当懂得什么是群众。左派同志们,德国共产主义工人党滥用了这个词。而特拉奇尼同志和所有在修正案上签字的同志也不知道应当怎样理解"群众"这个词。

我已经讲得太久了。因此,我想只就"群众"这个概念再讲几句。"群众"这个概念是随着斗争性质的变化而变化的。在斗争初期,只要有几千真正革命的工人就可以说是群众了。假如党不仅能够使自己的党员投入斗争,而且能够使非党员也动起来,那就已经是争取群众的开始。在我们历次革命中,有过几千个工人就可以说是群众的情况。在我们运动的历史上,在我们同孟什维克斗争的历史上,你们可以找到很多这样的例子:在一个城市里,几千个工人就能使运动具有明显的群众性。如果几千个从未听说过政治、过着庸碌而又艰难的生活的非党工人开始采取革命行动,那么群众就已经在你们面前了。如果运动不断扩大和增强,那就会逐渐发展成真正的革命。在1905年和1917年的三次革命中,我们看到了这种情形,你们以后也会领悟到这一点的。当革命的准备已经很充分时,"群众"这个概念就不同了,这时,几千个工人已经不能说是群众了。这个词开始具有别的含义。群众这个概念发生了变化,它指的是大多数,并且不单单是工人的大多数,而且是所有被剥削者的大多数;革命者只能作这种理解,其他任何含义都是不可理解的。也许,一个小党,比如英国党或美国党,在认真研究了政治发展进程,熟悉了非党群众的生活和习惯之后,就能在有利时机掀起革命运动(拉狄克同志指出的矿工罢工是一个很好的例子[36])。假如这样的党能在这样的时机提出自己的口号,并使几百万工人跟着自己走,那么,群众运动就在你们的面前了。我决不否认,一个很小的党也能发动革命并把它进行到胜利结束。但是应当知道用什么方法把群众争取到自己方面来。为此,就必须扎扎实实地进行革命的准备。但是,有的同志却出来声明:要立刻放弃争取"大多数"群众的要求。必须向这些同志宣战。要是没有扎实的准备,你们无论在哪一个国家都不能取得胜利。即使一个很小的党也能领导群众跟自己走。在某些时候并不需要有大的组织。

但是,为了取得胜利,必须取得群众的支持。绝对的多数并不是任何时候都需要的;但是,为了取得胜利,为了保持政权,不仅需要工人阶级（这里说的“工人阶级”，是西欧讲的那种，即工业无产阶级）的大多数，而且需要农村居民中被剥削劳动群众的大多数。你们想到过这一点没有？我们在特拉奇尼的发言中能不能找到即使是这种思想的一点点痕迹呢？他的发言只谈“活跃的趋向”、“从消极转向积极”。他有没有提到粮食问题呢，哪怕是一个字也罢？可是工人要求有吃的，虽然他们很能吃苦、挨饿，——我们在俄国多多少少看到过这种情形。所以，我们不仅应当把工人阶级的大多数争取到我们这边来，而且应当把农村居民中被剥削劳动群众的大多数争取到我们这边来。你们做好了这件准备工作吗？几乎没有一个地方做到了这一点。

总之，再说一遍：我必须无条件地捍卫我们的提纲，我认为这是我的义务。我们不但谴责了中派，而且还把他们驱逐出党了。现在我们应当来反对我们认为同样危险的另一个方面。我们应当十分礼貌地向同志们说明真情（这一点在我们的提纲里是说得客气而委婉的），做到不伤害任何人。我们必须说：我们现在面对的是比讨伐中派更重要的另一些问题。对付中派这件事我们做得够多了，已经有点腻味了。现在同志们应当学会怎样进行真正的革命斗争。德国工人已经开始这样做了。在那里，几十万无产者英勇地进行了战斗。谁反对这场斗争，就应当把他立刻开除出去。但是这样做了以后，不应该海阔天空地清谈，而应该立即开始学习，从所犯的错误中学习怎样更好地组织斗争。我们不应该在敌人面前掩饰我们的错误。谁怕这样做，谁就不是革命者。相反，假如我们公开对工人说，“是的，我们犯了错误”，那么这就意味着我们今后不会重犯这种错误，我们一定会更好地选择时机。如果在斗争期间，大多数劳动者，不仅大多数工人，而且大多数被剥削和

被压迫的人，都站在我们方面，那么，我们就能真正取得胜利。（长时间热烈鼓掌）

载于1921年7月8日《共产国际第三次代表大会公报》第11号

译自《列宁全集》俄文第5版第44卷第23—33页

7
关于俄共策略的报告①

（7 月 5 日）

同志们！老实说，我没有可能很好地准备这个报告。我的论粮食税的小册子②的译本和关于俄国共产党策略的提纲③，这就是我所能系统地加以准备的一切。现在，我只想对这个材料作一些解释和说明。

要论证我们党的策略，我认为必须从说明**国际形势**开始。我们已经详细讨论了国际范围内资本主义的经济形势，大会也已就这个问题通过了一定的决议[37]。我在提纲中只是很简略地谈到这个问题，而且完全是着眼于政治的。我没有谈到经济基础，但是我认为，关于我们共和国所面临的国际形势，从政治上说，应当考虑到这样一个事实：现在无疑出现了一种均势，这是为了维护各自的领导阶级的统治而手执武器公开进行斗争的力量之间的均势，是资产阶级社会即整个国际资产阶级与苏维埃俄国之间的均势。当然，所谓均势，也只是从一定的意义上说的。我认为，仅仅是在军事斗争方面国际形势中出现了某种均势。当然，必须强调指出，这

① 列宁作报告用的是德语。——编者注

② 见本版全集第 41 卷第 192—233 页。——编者注

③ 见本卷第 1—10 页。——编者注

里所说的只是一种相对的均势,一种极不稳定的均势。资本主义国家也和那些到目前为止都被看做历史的客体而不是历史的主体的殖民地和半殖民地国家一样,积聚了很多易燃物。因此在这些国家里迟早会突然发生暴动、大的战斗和革命。这是完全可能的。近几年来,我们看到国际资产阶级直接同第一个无产阶级共和国进行斗争。这场斗争曾经是整个世界政治局势的焦点,而现在正是在这方面发生了变化。由于国际资产阶级扼杀我们共和国的企图未能得逞,目前出现了一种均势,自然,这是一种极不稳定的均势。

当然,我们很清楚,国际资产阶级现在比我们共和国强大得多,完全是由于各种情况的特殊组合他们才无法继续对我们进行战争。最近几个星期,我们在远东又看到了新的侵略尝试[38],毫无疑问,这种尝试今后还会有。对于这一点,我们党是没有任何怀疑的。我们在思想上必须明确:目前存在着一种不稳定的均势,我们应当利用这个喘息时机,注意目前形势的特点,使我们的策略适应这种特点,同时一分钟也不忘记武装斗争仍然可能突然发生。组织红军和加强红军的力量仍然是我们的任务。在粮食问题上,我们仍然应当而且首先应当考虑我们的红军。在目前国际形势下,既然还要防备国际资产阶级的新进犯和新入侵,我们就只能这样做。国际形势中出现某种均势的事实对我们的实际政策具有一定的意义,但这只是说明,我们必须承认,虽然革命运动向前推进了,但今年国际革命并没有像我们所期望的那样直线发展。

当初国际革命是由我们来开头的,我们这样做,并不是由于我们相信我们能够使国际革命的发展提前,而是因为有许多客观情况促使我们这样做。我们曾这样想:或者是国际革命将会援助我们，那我们的胜利就有充分的保证；或者是我们将做自己的一份小小的革命工作，即使遭到失败，我们为革命事业仍然尽了力量，我们的经验可供其他国家的革命借鉴。我们懂得，没有国际上世界革命的支持，无产阶级革命是不可能取得胜利的。还在革命以前，以及在革命以后，我们都是这样想的：要么是资本主义比较发达的其他国家立刻爆发或至少很快爆发革命，要么是我们灭亡。尽管有这种想法，我们还是尽力而为，做到不管出现什么情况无论如何都要保住苏维埃制度，因为我们知道，我们的工作不仅是为了自己，而且是为了国际革命。这一点我们是知道的，我们在十月革命以前、在十月革命刚胜利的时候以及在签订布列斯特-里托夫斯克和约时期，都一再表示了这种信念。这样想总的说来是正确的。

可是实际上运动并没有像我们所期望的那样直线地进展。直到目前，在资本主义特别发达的其他大国中，革命还没有到来。诚然，革命正在全世界发展，这一点我们可以满意地肯定下来。正因为如此，国际资产阶级不能扼杀我们，虽然他们在经济上和军事上比我们强大百倍。（鼓掌）

在提纲的第2条里，我对这种局面是怎样形成的以及我们应当从这里得出什么结论等问题作了考察。现在要补充的是，我从这里得出的最后结论是这样的：我们预言过的国际革命正在向前发展。但是，这种前进运动并不是我们所期望的那种直线运动。一眼就可以看出，在缔结和约以后，无论这个和约怎样不好，其他资本主义国家的革命没能爆发起来，尽管我们知道这些国家里革命的迹象很多很明显，甚至比我们所想象的要多得多和明显得多。现在出现了一些小册子，从中可以看到，近几年来和近几个月来，这种革命迹象在欧洲比我们所预料的要明显得多。那么现在我们应当怎么办呢？现在必须在先进的资本主义国家里为革命扎扎实实地进行准备，并深入研究它的具体发展情况。这就是我们应当从国际形势中得出的第一个结论。对于我们俄罗斯共和国来说，我们必须利用这一短暂的喘息时机，使我们的策略同历史的这种曲折发展相适应。这种均势在政治上很重要，因为我们清楚地看到，在许多西欧国家里，广大的工人阶级群众，很可能大多数居民，都已经被组织起来，正是在这些国家里，资产阶级的主要支柱恰恰就是工人阶级中那些加入第二国际和第二半国际的敌对组织。这一点我在提纲的第 2 条中已经加以说明，我想，在这里我应当谈一谈我们在策略问题的讨论中已经阐明了的两点。第一，争取无产阶级的大多数。在资本主义发达的国家里，无产阶级愈有组织，历史就要求我们愈加扎实地进行革命的准备，我们就应当愈加扎实地争取工人阶级的大多数。第二，在工业发达的资本主义国家里，资本主义的主要支柱恰恰是工人阶级中加入第二国际和第二半国际的那一部分。假如国际资产阶级不依靠这部分工人，不依靠工人阶级内部的这些反革命分子，那它要支撑下来是根本不可能的。(掌声)

这里我还想强调一下**殖民地运动**的意义。在这方面我们发现，一切旧的政党，第二国际和第二半国际的一切资产阶级和小资产阶级工人政党，都还有原来那种感伤的观点的残余，说什么它们无限同情被压迫的殖民地半殖民地人民。殖民地国家的运动仍然被看做一种无足轻重的和非常平和的民族运动。但事实并非如此。从 20 世纪初开始，这方面已经发生了很大变化：亿万人民——实际上是世界人口的绝大多数——现在已经成为独立的、积极的革命因素。十分明显，在未来的世界革命的决战中，世界人口的大多数原先为了争取民族解放的运动，必将反对资本主义和帝国主义。它所起的革命作用也许比我们所预期的要大得多。必须着重指出，我们已经首次在我们的国际内着手准备这个斗争了。自然，在这个广大的领域内，困难要多得多，但是不管怎样，运动在向前发展，殖民地国家的劳动群众——农民，虽然现在还很落后，但一定会在世界革命的以后各个阶段中起非常巨大的革命作用。（全场活跃以示赞同）

至于**我们共和国内部的政治形势**，那么，我必须从正确分析阶级关系入手。近几个月来，在这方面有一些变化，我们看到成立了一些新的、反对我们的剥削阶级组织。社会主义的任务是消灭阶级。站在剥削阶级队伍最前列的是大地主和工业资本家。在这里，破坏工作是轻而易举的，只消几个月，有时甚至几个星期或几天，就能彻底完成。我们在俄国已经剥夺了剥削者——大地主和资本家。在战争时期，他们没有自己的组织，他们只是作为国际资产阶级军事力量的走卒进行活动。现在，当我们击退了国际反革命势力的进攻以后，俄国资产阶级和俄国一切反革命政党都在国外建立了组织。流亡世界各地的俄国侨民有 150 万或 200 万人。他们差不多在每一个国家里都出版日报，所有的地主政党和包括社会革命党和孟什维克在内的小资产阶级政党都与外国资产阶级分子有着千丝万缕的联系，即从他们那里获得足够的金钱来维持出版物。我们可以看到，在国外，我国先前的所有政党都在通力合作。我们还看到，在国外，俄国的“自由”报刊，从社会革命党人和孟什维克的起到最反动的君主派的止，怎样在为大土地占有制辩护。这在某种程度上使我们易于完成我们的任务，因为我们可以比较容易地看出敌人的力量、他们的组织程度以及他们营垒中的政治派别。另一方面，这自然也增加了我们工作的困难，因为这些俄国反革命流亡者正用各种办法进行准备来同我们作斗争。这种斗争再一次证明，整个说来，统治阶级的阶级本能和阶级意识仍然比被压迫阶级的自我意识强烈，尽管在这方面俄国革命所做的工作要比过去的一切革命都多。在俄国，没有哪一个村庄的人民和被压迫者不曾受到震动。尽管这样，只要我们冷静地估量一下国外的俄国反革命流亡者的组织程度和他们的观点在政治上的鲜明程度，我们就会相信，资产阶级的阶级意识仍然比被剥削和被压迫者的阶级意识强烈。这些人采用各种办法，巧妙地利用各种机会，妄图通过这样那样的形式进攻和打垮苏维埃俄国。密切注视俄国反革命势力的主要意图、主要的策略手法、主要的派别，对我们是大有教益的，我想外国同志一定会这样做。俄国反革命势力主要是在国外活动，外国同志观测他们的活动不会有多大困难。在某些方面我们应该向这些敌人学习。这些反革命流亡者消息灵通，组织周密，善于谋划。我想，系统地比较和研究他们是怎样组织起来的，是怎样利用这种或那种时机的，从宣传的角度来看对工人阶级会有很大的教育作用。这不是抽象的理论，而是实际的政治。从这里可以看出敌人已经学会了什么。俄国资产阶级最近几年遭到了惨重的失败。有一句老话说得好：战败的军队善于学习①。这支战败的反动军队学会了很多东西，学得非常好。他们如饥似渴地学习，也确实获得了很大成绩。当我们一举夺得政权的时候，俄国资产阶级还没有组织起来，政治上还不成熟。现在，我认为他们已经达到了当代西欧的发展水平。我们必须估计到这一点，必

① 参看《马克思恩格斯全集》第1版第22卷第464页。——编者注

须改善我们自己的组织和方法，我们将全力做到这一点。战胜这两个剥削阶级对我们来说是比较容易的，我想，对将来其他国家的革命来说也不困难。

但是，除了剥削者阶级以外，一切资本主义国家——也许英国除外——几乎都存在着小生产者和小农阶级。现在，革命的主要问题就是要同这最后的两个阶级作斗争。为了摆脱这两个阶级，必须采取其他办法，不同于对付大地主和资本家的办法。对于大地主和资本家这两个阶级，我们可以干脆加以剥夺，把他们赶走。我们也已经这样做了。但是，对于最后两个资本主义阶级，也就是对于所有的国家都存在的小生产者和小资产者，我们却不能这样做。在多数资本主义国家里，这两个阶级是一个很大的少数，约占人口的30%—45%。如果加上工人阶级中的小资产阶级分子，那就会超过50%。对于他们，不能剥夺或驱逐，必须采取其他斗争方法。如果我们把国际革命看做一个统一的过程，从国际观点看来，现在在俄国开始的这个时期的意义实质上就是我们必须从实践上解决俄国无产阶级同最后一个资本主义阶级的关系问题。在理论上，一切马克思主义者已经很好地很容易地解决了这个问题。但理论和实践是两个不同的东西，从实践上解决这个问题和在理论上解决这个问题决不是一回事。我们很清楚，我们犯过很大的错误。现在我们想确定掌握国家政权的无产阶级应当怎样对待最后一个资本主义阶级，怎样对待资本主义的根深蒂固的基础即小私有制，怎样对待小生产者，——从国际观点来看，这是一个很大的进步。现在，实践已经向我们提出这个问题。我想我们一定能够解决这个课题。不管怎么说，我们现在创造的经验对于其他国家未来的无产阶级革命是会有用的，它们定能把解决这个问题的技术准备作得更好。

我在提纲里就是试图分析**无产阶级同农民的关系问题**。一个只有无产阶级和农民这两个阶级的国家,这在历史上还是第一次出现。农民占人口的大多数。自然,农民是很落后的。在革命的发展中,掌握政权的无产阶级同农民的关系实际上是怎样表现的呢?最初的形式是联盟,紧密的联盟。这是一项很困难的任务,但不管怎样这在经济上和政治上是做得到的。

在实践中我们是怎样处理这个问题的呢?我们和农民结成了联盟。我们是这样理解这个联盟的:无产阶级使农民摆脱了资产阶级的剥削、领导和影响,把他们争取过来,以便共同战胜剥削者。

孟什维克却这样推论:农民占大多数,而我们是纯粹的民主派,因此多数应当决定一切。但是由于农民不能成为一支独立的力量,那实际上只能意味着让资本主义复辟。口号都一样:和农民结成联盟。但我们这样提,意思是加强和巩固无产阶级。我们设法实现了无产阶级和农民之间的联盟,而且第一个阶段是军事联盟。三年内战造成了巨大的困难,但它在某些方面却使我们的任务易于完成。这听起来也许奇怪,但却是事实。对农民来说,战争并不是什么新鲜事。反对剥削者、反对大地主的战争他们是完全可以理解的。广大的农民群众是拥护我们的。尽管在发展水平上有很大差距,尽管我国农民多数不会读不会写,但我们的宣传却很容易为他们所接受。这证明广大群众(在最先进的国家里也一样)从自己的实际经验中学到东西比从书本上学到东西要容易得多。而我国农民容易接受实际经验,还因为俄国是这样辽阔广大,它的各个部分可以在同一个时间里处于不同的发展阶段。

反革命势力能够在西伯利亚和乌克兰暂时得逞,是因为资产阶级在那里得到了农民的支持，是因为农民反对我们。农民常常说："我们是布尔什维克，但不是共产主义者。我们拥护布尔什维克，因为他们赶走了地主；但我们不拥护共产主义者，因为他们反对个体经济。"反革命势力在西伯利亚和乌克兰能一度取得胜利，是因为资产阶级争取农民的努力获得了成功。但是没有多久农民就醒悟了。他们在短时间内就积累了实际经验，而且很快就改口了："是的，布尔什维克相当讨厌，我们不喜欢，但是他们总比白卫分子和立宪会议好。"在农民当中，立宪会议是一个骂人的字眼。不仅在觉悟的共产主义者当中是这样，就是在农民当中也是这样。他们从实际生活中体会到，立宪会议和白卫军是一回事，后者是紧跟着前者来的。孟什维克也利用和农民结成的军事联盟，但是他们没有想到，只有这种联盟是不够的。没有经济联盟，军事联盟就无法维持。我们不是光靠空气过活的；没有经济基础，我们和农民的联盟就绝对不能长期维持，经济基础是我们战胜我国资产阶级的基础，因为我国资产阶级是和整个国际资产阶级联合在一起的。

当然，我们和农民之间的这种经济联盟，基础是很简单的，甚至是粗糙的。农民从我们这里得到全部土地和对大地主作斗争的支持，而我们则应该因此得到粮食。这种联盟完全是一种新东西，它不是建立在通常那种商品生产者和消费者之间的相互关系上的。我们的农民对这一点的了解比第二国际和第二半国际的英雄们要清楚得多。农民心中想道："这些布尔什维克都是严厉的领导者，但他们毕竟是自己人。"这样，我们终于建立了新的经济联盟的基础。农民以自己的产品供给红军，而在捍卫自己的地产时得到红军的支持。第二国际的英雄们如奥托·鲍威尔之流总是忘记这一点，他们根本不了解实际情况。我们承认联盟最初的形式是很粗陋的，我们犯过很多很多错误。但是那时我们必须雷厉风行，必须绝对保证军队的供应。在国内战争时期，我们同俄国所有产粮区的联系都给切断了。我们的处境非常险恶。但是俄国人民和工人阶级在一无所有的情况下，全凭着争取胜利的顽强意志，居然经受住了这样深重的磨难和困苦，这几乎是一个奇迹。（全场活跃以示赞同。鼓掌）

国内战争结束以后，我们的任务毕竟不同了。如果国家的经济没有遭到七年连续不断的战争所造成的那样的破坏，无产阶级和农民的联盟也许能够比较容易地转到新的形式上去。可是，歉收、饲料缺乏等使国内本来就很严重的情况更加困难了。这使农民困苦到了无法忍受的地步。我们必须立即向广大农民群众表明，在决不离开革命道路的条件下，我们准备改变政策，使农民能够感到布尔什维克愿意不惜一切代价马上改善他们不堪忍受的状况。

这样，**我们在经济政策上作了改变**，把征粮制改成了实物税。这不是一下子想出来的。你们可以在布尔什维克的报刊上看到，一连好几个月刊载了许多建议，然而真正有效的方案却没有想出来。但这不要紧。重要的是我们完全是根据实际情况和由实际情况产生的必要性改变了我们的经济政策。歉收、饲料缺乏、燃料不足，这一切对于整个经济，包括农民经济在内，自然都有决定性的影响。如果农民不干活了，那我们就得不到木柴。而得不到木柴，工厂就不得不停工。由于严重的歉收和饲料缺乏，经济危机在1921年春季大大扩展了。这一切都是三年内战所造成的恶果。必须向农民表明，为了立刻减轻他们的困苦，我们能够而且愿意迅速改变我们的政策。我们常常说（在第二次代表大会上也说过），革命是要有牺牲的。有的同志在进行宣传时这样论证:我们是准备革命的,但革命不应过于艰苦。如果我没有弄错,那么这个论点是什麦拉尔同志在捷克斯洛伐克党代表大会[39]上讲话时提出来的。我是从赖兴贝格《前进报》上的一篇报道中看到的。那里大概有一个稍微偏左的派别。因此,不能认为这家报纸是不偏不倚的。不管怎样我应当说,如果什麦拉尔确实说过这话,那他就错了。在那次代表大会上,继什麦拉尔之后发言的一些人曾说:"对,我们将同什麦拉尔一道干,因为这样可以避免内战。"(笑声)假如这一切是真的,那我必须说,这样的鼓动不是共产主义的鼓动,不是革命的鼓动。自然,每次革命都会给进行革命的阶级带来巨大牺牲。革命不同于普通斗争的地方就在于投入运动的人要多出十倍百倍,就这一点讲,一次革命不仅仅对某些个人,而且对整个阶级都意味着牺牲。俄国无产阶级专政给统治阶级即无产阶级带来的牺牲和困苦在历史上是空前的,很有可能其他任何国家的革命将来也会是这样。

这里产生了一个问题:**我们怎样来分配这些生活困苦的负担呢**?我们代表着国家政权,在某种程度上我们能够分配这些负担,即把负担分摊在几个阶级身上,从而相对地改善居民中个别阶层的处境。但是我们应当根据什么原则行事呢?根据公平的原则还是根据多数的原则呢?不,我们应当讲求实际。我们应当以保住无产阶级政权为前提来进行分配。这就是我们唯一的原则。在革命开始的时候,工人阶级不得不忍受难以想象的困苦。现在我可以肯定地说,我们的粮食政策所获得的成就一年比一年大。一般说来,情况无疑是好转了。但是俄国农民从革命中获得的好处肯定要比工人阶级多。这是毫无疑问的。从理论上看,这自然表明我们的革命在某种程度上是资产阶级革命。当考茨基提出这个论据反对我们时,我们付之一笑。自然,如果不废除大土地占有制,不赶走大地主,不分配土地,那只能是资产阶级革命,而不是社会主义革命。然而,我们是唯一能把资产阶级革命进行到底并为进行社会主义革命创造有利条件的政党。苏维埃政权和苏维埃制度是社会主义国家的机构和制度。这些我们都已经建立了,可是农民和无产阶级在经济上的相互关系问题还没有得到解决。要做的事情还很多。这场斗争会得到什么结果,就看我们能否解决这个问题。总之,分配负担实际上是一个最棘手的问题。一般说来,农民的境况已经有所好转,而深重的苦难则落到了工人阶级身上,这正是因为工人阶级实行自己的专政。

我已经说过,1921 年春由于饲料缺乏和歉收,占我国人口多数的农民极为困苦。不和农民群众建立良好的关系,我们就不能生存。因此我们的任务就是要赶快帮助农民。工人阶级的处境非常艰难,他们非常痛苦。然而,有高度政治觉悟的人却懂得,为了工人阶级专政,我们应当作出最大的努力,不惜任何代价来帮助农民。这一点工人阶级的先锋队是理解的,但是,在这个先锋队里还有人不能理解,他们由于疲劳过度而不能理解这一点。他们认为这样做是错误的,还用上了机会主义这个字眼。他们说,布尔什维克竟然帮助农民,可是农民是剥削我们的,他们要什么有什么,而工人却饿着肚子。难道这就是机会主义吗?我们帮助农民,是因为不和他们结成联盟就不可能有无产阶级政权,就谈不上保持政权。在我们看来,起决定作用的动机是考虑怎样才有利于达到目的,而不是公平分摊。我们帮助农民,因为这是我们保住政权所绝对必需的。专政的最高原则就是维护无产阶级同农民的联盟,使无产阶级能够保持领导作用和国家政权。

为了达到这个目的，我们发现唯一的办法就是**改行实物税**，这是斗争的必然结果。这个年度我们将第一次实行实物税。这个原则还没有经过实践检验。我们必须从军事联盟过渡到经济联盟。从理论上看，只有实物税才能成为经济联盟的基础。从理论上看，只有这样做才能给社会主义社会建立真正牢固的经济基础。社会化的工厂把产品交给农民，农民则以粮食来交换。在小农占多数或至少占很大一个少数的国家里，这是社会主义社会生存的唯一可能的形式，是进行社会主义建设的唯一形式。农民以纳税形式提供一部分产品，另一部分产品则拿去同社会主义工厂的产品交换，或者说去进行商品交换。

这里我们碰到一个最棘手的问题。不言而喻，实物税意味着**贸易自由**。农民在完税之后，有权拿自己的余粮去自由进行交换。这种交换自由意味着资本主义的自由。我们公开说出这一点，并且着重指出这一点。我们决不掩饰。如果我们想掩饰，那我们的情况就很不妙了。贸易自由就是资本主义自由，然而这是资本主义的一种新的形式。这就是说，我们在某种程度上重新建立资本主义。我们完全是公开这样做的。这就是国家资本主义。但在政权属于资本的社会里的国家资本主义和无产阶级国家里的国家资本主义是两个不同的概念。在资本主义国家里，所谓国家资本主义，就是资本主义得到国家的认可并受国家的监督，从而有利于资产阶级而不利于无产阶级。在无产阶级国家里，做法相同，但是这有利于工人阶级，目的是为了和依然很强大的资产阶级抗衡和斗争。不言而喻，我们必须让外国资产阶级、外国资本获得承租权。我们在丝毫不取消国有化的条件下把矿山、森林、石油资源租给外国资本家，以便从他们那里得到工业品、机器等来恢复我们自己的工业。

自然，在**国家资本主义**问题上，我们大家并不是一下子就意见一致的。但是关于这个问题，我们可以十分高兴地指出：我们的农民进步了，他们完全懂得我们目前进行的斗争的历史意义。经常有一些很纯朴的农民从遥远的地方跑来对我们说："怎么回事？我国的资本家、说俄国话的资本家被赶走了，而外国资本家现在却要到我们这里来？"难道这还不能说明我们的农民已经进步了吗？对于有经济常识的工人是不需要解释为什么要这样做的。七年战争的破坏使我们的工业要很多年才能恢复。我们必须为我们的落后、我们的贫弱、我们正在学习和应当学习的东西付出代价。谁要学习，谁就得交学费。我们必须向大家、向每一个人讲清这个道理，只要我们能够在实践上证明这一点，那么广大的农民和工人群众就会拥护我们，因为这种办法能立刻改善他们的状况，能保证我们的工业得到恢复。是什么情况迫使我们这样做呢？我们并不是孤零零地生存在世界上。我们是……①生存在资本主义国家的体系中。一方面是殖民地国家，它们还不能帮助我们；另一方面是资本主义国家，它们是我们的敌人。现在形成了某种均势，很不可靠的均势。但我们还是应当考虑这个事实。我们要生存，就不应当闭眼不看这个事实。或者是立刻战胜整个资产阶级，或者是向他们交纳贡赋。

我们公开承认，我们决不隐讳，国家资本主义制度下的租让是向资本主义交纳贡赋。但我们赢得了时间，而赢得时间就是赢得

① 在德文速记记录中，此处有"作为世界经济的一员"字样。——俄文版编者注

一切，特别是在均势时期，当我们的外国同志正在扎实地进行革命准备的时候。革命准备得愈充分，胜利就愈有把握。可是在这以前我们不得不交纳贡赋。

现在我简单地谈一谈我们的粮食政策。毫无疑问，我们的粮食政策制定得很粗糙，不完善。但是，我们也可以举出已取得的成绩。说到这里，我还必须再一次着重指出，大机器工业是社会主义唯一可能的经济基础。谁忘记这一点，谁就不是共产主义者。我们应当具体地研究这个问题。我们不能像旧社会主义的理论家那样提出问题。我们应当根据实际提出问题。现代化大工业意味着什么呢？它意味着**全俄电气化**。瑞典、德国和美国已经接近实现电气化了，虽然它们还都是资产阶级国家。一位从瑞典来的同志告诉我，那里很大一部分工业和百分之三十的农业都已经电气化了。在资本主义更发达的德国和美国，我们看到电气化的规模还更大。大机器工业的含义不是别的，就是全国电气化。我们已经设立了一个由优秀的经济学家和技术人员组成的专门委员会。诚然，这些人在思想感情上几乎都反对苏维埃政权。这些专家都会走到共产主义的，不过不像我们那样要在20年的地下工作中不断地研究、温习和咀嚼共产主义的初步原理。

几乎所有的苏维埃政权机关都主张我们去请教专家。只要我们通过实践证明了这个办法可以提高我国的生产力，专家工程师们就会转到我们方面来。单从理论上向他们证明这一点是不够的。我们必须通过实践向他们证明这一点。如果我们不是依靠从理论上宣传共产主义，而是换一种方式，那么我们就能把这些人争取过来。我们说：大工业是使农民不再受穷挨饿的唯一手段。这是人人都同意的。但怎样才能做到这一点呢？在旧的基础上恢复工业，需要花的力气和时间太多了。我们必须使工业更加现代化，也就是说要向电气化过渡。电气化所需的时间要少得多。电气化计划我们已经制定好了。200多名专家都是兴致勃勃地从事这项工作，虽然他们并不是共产主义者，而且几乎所有的人无一例外都反对苏维埃政权。但是，他们从技术科学观点出发势必承认这是唯一正确的道路。当然，从计划到计划的实现还有很长一段距离。比较谨慎的专家说，完成第一期工程至少需要10年。据巴洛德教授计算，德国实现电气化只要三四年就够了。但对我们来说10年还嫌太少。我在提纲里举了一些具体数字，为的是让你们知道，直到目前为止，我们在这方面所能做的还多么有限。我所举的数字小得可怜，你们一看就知道，它们的宣传价值要大于科学价值。但是我们还得从宣传做起。参加过世界大战并在德国待过几年的俄国农民在那里都看到，要战胜饥饿，应当怎样按现代化方法从事经营。我们应当在这方面进行广泛的宣传。这些计划本身还没有多大实际作用，可是鼓动作用却很大。

农民看到，现在必须创新。农民懂得，在这件事情上，不能各行其是，而应当由整个国家一起来做。在德国当过俘虏的农民看到而且认识到，生活，文明的生活，应当以什么作为实在的基础。12 000千瓦是一个微不足道的开端。熟悉美国、德国或瑞典电气化情况的外国人听了也许会笑。但是，谁笑在最后，谁笑得最好。就算它是一个微不足道的开端吧。但是，农民已经开始懂得，必须大规模地进行新的工程，而且新的工程已经开始进行了。我们需要克服巨大的困难。我们打算和资本主义国家交往。只要资本家帮助我们实现我国的电气化，我们不应当因为要给他们几亿公斤石油而惋惜。

最后，我稍微谈一谈“**纯粹民主派**”。我要引用恩格斯在1884年12月11日给倍倍尔信中的一段话：

“纯粹民主派……在革命关头能够作为极端资产阶级政党（它在法兰克福就曾扮演过这种角色），作为整个资产阶级经济、甚至封建经济的最后一个救生锚……起作用。……在1848年时也是如此：一切封建官僚从3月到9月都支持自由派，为的是镇压革命群众……　不管怎样，在危机的日子和危机后的日子，我们唯一的敌人将是**聚集在纯粹民主派周围的整个反动派**，这一点，我认为是不能忽视的。”①

我们不能像某些理论家那样提出我们的问题。整个反动派，不单是资产阶级，还有封建势力，都聚集在“纯粹民主派”周围。德国同志比其他国家的同志都更清楚“纯粹民主派”标志着什么，因为考茨基以及第二国际和第二半国际的其他领袖都庇护这个“纯粹民主派”而反对凶恶的布尔什维克。如果我们不是根据言论而是根据行动来评断俄国社会革命党人和孟什维克，那么就会发现他们正是小资产阶级“纯粹民主派”的代表。在我国革命中，再就是在最近这次危机即喀琅施塔得暴动期间，他们都十分典型而清楚地表明，纯粹民主派是怎么回事。农民的骚乱来势很猛，工人中间也有不满情绪。他们已经筋疲力尽了。人的精力毕竟是有限的啊。他们已经饿了三年肚子，但不能四年、五年地饿下去。饿着肚子，政治积极性自然大受影响。社会革命党人和孟什维克表现如何呢？他们一直动摇不定，从而加强了资产阶级的力量。俄国的所有政党在国外组织起来的事实表明了目前的形势。俄国大资产

① 参看《马克思恩格斯全集》第1版第36卷第252—253页。——编者注

阶级最聪明的领袖们盘算着:“我们不可能在俄国立刻取胜。因此我们的口号应当是:‘没有布尔什维克参加的苏维埃’。”立宪民主党党魁米留可夫拥护苏维埃政权而反对社会革命党人。这听起来很奇怪。但是实践的辩证法就是这样的,我们在我们的革命中用了一种特殊的方法来研究这种辩证法,即从敌我双方各自怎样进行斗争的实践中研究这种辩证法。立宪民主党人拥护“没有布尔什维克参加的苏维埃”,因为他们对形势了解得很清楚,他们想骗一些人上这个圈套。聪明的立宪民主党人就是这样说的。当然不是所有的立宪民主党人都是聪明的,但是其中有一部分是聪明的,他们从法国革命中吸取了一些经验。现在他们的口号是:不惜任何代价坚决反对布尔什维克。整个资产阶级现在都帮助孟什维克和社会革命党人。社会革命党人和孟什维克现在是整个反动派的急先锋。今年春天我们已经有幸看到这种反革命合作的成果了。

因此,我们必须同这些分子继续进行无情的斗争。专政是一种激战状态。我们正处于这种状态。目前军事入侵是没有了,但是我们处境孤立。不过,从另一方面说,我们又不完全孤立,因为整个国际资产阶级现在已不能公开对我们发动战争了,因为整个工人阶级尽管大部分还不拥护共产主义,仍有相当的阶级觉悟,不允许进行武装干涉。资产阶级不得不考虑群众的这种情绪,尽管群众的思想还没有完全达到共产主义的水平。因此,资产阶级现在不能向我们进攻,虽然这并不是绝对不可能的。只要总的最终结果未定,可怕的战争状态就将继续下去。我们说:“在战争时期我们是像作战那样行事的,我们决不许诺任何自由和民主。”我们公开向农民说,他们必须作出选择:或是选择布尔什维克政权,那时我们可以在保住政权的前提下作一切可能的让步,然后领导他们走向社会主义;或是选择资产阶级政权。其他一切都是欺骗,都是十足的恶意煽动。我们必须同这种欺骗、同这种恶意煽动作最无情的斗争。我们的观点就是:暂时我们还要作重大的让步,要极其谨慎,这是由于存在着某种均势,由于联合起来的敌人比我们强,由于我们的经济基础太薄弱,而我们是需要有一个更强大的经济基础的。

关于我们的策略,关于俄国共产党的策略,我要向同志们说的就是这些。(长时间鼓掌)

载于 1921 年 7 月 14 日《共产国际第三次代表大会公报》第 17 号

译自《列宁全集》俄文第 5 版第 44 卷第 34—54 页

8
在有俄共(布)中央委员参加的德国代表团会议上的发言[40]

(7月9日)

(1)

我认为,中央委员会提出一些具体要求[41]是完全正确的。但是,怎么能够对一个在党外的人施加影响呢?[42]党员们声明,他们采取代表大会的立场。还需要作哪些声明呢?那就是声明不为《苏维埃》杂志[43]撰稿,停止派别活动。中央作出的保证也应记录下来。中央声明,它给反对派以批评的自由,并将遵守这项决定。因此,问题都说清楚了。我们是作为共产国际的成员在这里开会的,我们要求参加共产国际的人遵守纪律。由于莱维的问题,有人说党内会发生危机。我们曾经几次经历这样的危机,当时我们以完全公开的形式批评我们的一些同志。

说到这里,列宁回顾了他在翻阅《真理报》时想起来的俄国党历史上的一件事[44]。

因为这件事,孟什维克攻击过我们。我们当时回答说:可敬的反对派,你们可以扬扬得意,但是,党应当遵守纪律,不应当害怕揭露自己的缺点。如果我们闭口不谈我们的缺点,那是危险的。从这个意义上说，较为有益的做法是停止谈论危机，而作出一些决定，让大家口径一致地回答敌人：我们有真正的国际，它在纠正我们的错误；请给我们看看你们的国际吧。

(2)

不能容许使用类似的字眼。绝对不允许怀疑这里会有人执行不了代表大会的决定。这种想法应当受到谴责。[45]

(3)

塔尔海默的声明是十分明确的[46]；克南谈到莱维给中央委员会的信[47]。马尔察恩肯定莱维会服从代表大会的决定。看来可以促使他自行离开。是否有必要让那些赞同过莱维观点的人一定要用书面形式反对他呢？如果这样做会给今后的合作造成困难，为什么要坚持这样做呢？在俄国布尔什维克党内曾经发生过一些严重冲突，但我想不起有哪一次我们解决冲突是这样注重形式。如果同志们认为塔尔海默的声明是协议的基础，那就必须结束而且必须立即结束人人表态的做法。我们有执行委员会，它在进行监督并且可以采取组织措施。立即就作出书面声明反对莱维，这难道合适吗？我认为，只要我们有良好的愿望，总会找到恰当的方式，或者稍微等一等，而不要坚持那种会给事情带来麻烦的做法。中央声明马尔察恩和蔡特金应该进入中央局，这是完全正确的。这将有助于共同工作[48]。

(4)

最好有个文件能把讨论了一个半小时的情况以文字形式记载下来。我提议采纳季诺维也夫的建议[49]。

(5)

我提议表决应否把讨论的结果以书面形式记录下来。建议获得通过,两票弃权。这样,季诺维也夫的建议就通过了。

译自《列宁文集》俄文版第37卷
第304—305页

9

在德国、波兰、捷克斯洛伐克、匈牙利和意大利代表团联席会议上的讲话[①]

（7月11日）

（1）

昨天我看了《真理报》上的几篇报道，深信进攻的时机可能要比我们在代表大会上设想的更近，也明白了为什么青年同志们这么猛烈地抨击我们。关于这些报道，我下面再谈。现在我要说的是，总攻愈迫近，我们的行动就应当“更机会主义些”。现在你们大家都要回去了，你们要告诉工人们，说我们比第三次代表大会以前更明智了。你们不要不好意思，要说我们犯了错误，现在想在行动上更谨慎些；这样我们就能把群众从社会民主党和独立社会民主党那里争取过来，这些群众在客观上正被整个事态的发展推到我们方面来，但是他们害怕我们。我想举我们的例子来说明谨慎行事的必要性。

战争开始时，我们布尔什维克只坚持一个口号：国内战争，而且是残酷无情的国内战争。凡是不赞成国内战争的人，我们一概

① 列宁讲话用的是德语。——编者注

斥之为叛徒。但是1917年3月回到俄国以后，我们完全改变了立场。我们回到俄国同农民和工人一交谈，发现他们都主张保卫祖国。当然，他们的想法和孟什维克完全不同，我们不能把这些普通的工人和农民叫做坏蛋和叛徒。我们把他们的主张称为“真诚的护国主义”。关于这一点，我想干脆写一篇大文章，把全部材料公布出来。4月7日我发表了一篇提纲，说要谨慎和耐心。① 我们在战争开始时最初采取的立场是正确的，当时重要的是建立一个像样的、坚强的核心。我们后来采取的立场也是正确的，出发点是需要争取群众。那时我们已经反对立即推翻临时政府的主张。我曾写道：“我们应当推翻政府，因为它是寡头政府而不是人民政府，因为它不会给我们面包、和平。但是不能马上推翻它，因为它有工人代表苏维埃作为依靠，暂时还受到工人的信任。我们不是布朗基主义者，我们不想反对多数而靠工人阶级的少数来掌权。”②立宪民主党人是一帮机敏的政客，他们立即发觉我们的立场前后矛盾，把我们叫做伪君子。但是由于他们同时还把我们叫做间谍、叛徒、坏蛋和德国代理人，所以前一种叫法没有给人留下什么印象。4月20日爆发了第一次危机。米留可夫关于达达尼尔海峡的照会暴露了政府的帝国主义面目。武装的士兵群众随即涌向政府大厦，迫使米留可夫下台。领头的是一个叫做林杰的非党人士。这一次运动不是党组织的。我们当时是这样评价这次运动的：它略微超出了武装游行示威，而比武装起义又略差一些。在4月22日我们的代表会议上，左派要求立即推翻政府。相反，中央委员会则反对国内战争的口号。我们还指示外省所有的

① 参看本版全集第29卷第113—118页。——编者注

② 同上书，第133页。——编者注

宣传员，要他们驳斥那些说布尔什维克要进行国内战争的无耻谰言。我在 4 月 22 日写道："打倒临时政府"的口号是不正确的，因为如果没有人民大多数的支持，这个口号不是一句空话，就是一种冒险。①

我们不怕在我们敌人面前把我们的左派叫做"冒险主义者"。孟什维克看了兴高采烈，说我们垮台了。但是我们说，任何想比中央左一点的做法，哪怕只是稍左一点，都是愚蠢的；谁比中央左，谁就丧失了起码的理智。我们不会因为敌人对我们的失误幸灾乐祸而被吓倒。

我们现在唯一的战略是要进一步壮大力量，因此就要变得更聪明些，更明智些，"更机会主义些"，而且我们应当把这一点告诉群众。但是，一旦我们凭着自己的明智赢得了群众，接着就要采取进攻的策略，而且是名副其实的进攻。

现在谈谈那三篇报道：

(1)柏林市政工人罢工[50]。市政工人大多是些思想保守的人，属于社会民主党多数派和独立社会民主党，生活很有保障，但是他们也迫不得已举行罢工了。

(2)里尔纺织工人罢工[51]。

(3)第三件事最重要。在罗马为组织反法西斯斗争而举行了一次群众大会[52]，有代表各党派的 5 万名工人参加，其中有共产党人、社会党人，还有共和党人。5 000 名参加过战争的人穿着军服参加大会。没有一个法西斯分子敢在街上露面。这件事表明欧洲的易燃物比我们想象的多。拉查理称赞我们关于策略问题的决

① 参看本版全集第 29 卷第 319—320 页。——编者注

议。这是我们代表大会的一大成就。既然拉查理肯定这项决议，那么成千上万跟他走的工人也一定会站到我们这边来，他们的领袖就不能用恐吓使他们离开我们了。为要跃进，必得后退（“Il faut reculer，pour mieux sauter”）。而这一跃进是不可避免的，因为客观形势使人愈来愈不能忍受了。

总之，我们正开始采取新的策略。用不着急躁，我们不会延误时机的，倒是可能开始得过早。如果你们问，俄国能否支持这么久，我们的回答是：我们现在是同小资产阶级、同农民作战，这是一场经济战，对我们来说，它比上一场战争危险得多。但是正如克劳塞维茨所说，战争的要素是危险。而我们无时无刻不处在危险之中。我相信，只要我们谨慎行事，适时地作出让步，即使这场战争将持续三年以上，我们也会打赢。

概括起来说：

（1）我们大家要在整个欧洲一致宣布实行新策略，这样我们就能争取到群众。

（2）德国、捷克斯洛伐克、意大利这些主要国家里的进攻行动应当协调起来。这就必须有准备，必须经常配合行动。欧洲正孕育着革命，但是不可能事先拟定革命的日程表。我们在俄国不仅能够支持五年，还能支持更久。我们采取的战略是唯一正确的战略。我相信，我们将为革命夺得为协约国望尘莫及的阵地，这也将是在世界范围内取得胜利的开始。

（2）

什麦拉尔似乎对我的讲话感到满意，但他作了片面的解释。

我在委员会上说，为了找到正确的路线，什麦拉尔应当向左迈三步，而克雷比赫应当向右迈一步。遗憾的是什麦拉尔只字不提他要迈出这三步。他也只字不提他对形势的看法。说到困难，什麦拉尔只是重弹老调，没有讲出任何新东西。什麦拉尔说，我消除了他的忧虑。春天他曾担心共产国际领导会要求他采取不适时的行动，但是事实打消了他的担心。然而现在使我们忧虑的倒是另一件事，即在捷克斯洛伐克是否真的会为进攻作准备，还是仅限于摆困难。左的错误只不过是个错误，并不严重，而且容易纠正。如果错误涉及是否有采取行动的决心，那就决不是小错误，而是背叛了。这两类错误是不能相提并论的。那种认为只有别人行动起来以后我们再去进行革命的理论是根本错误的。

(3)

我认为，应当把这次代表大会所采取的退却比做 1917 年我们在俄国的行动，用以说明这种退却是在为进攻作准备。敌人会说，我们今天的调子同过去的不一样了。他们从这里是捞不到多少好处的，而只要我们向工人群众讲明，在什么意义上可以说三月行动是成功的，为什么我们批评它的错误，为什么我们说今后应当准备得更好，那他们是会理解我们的。我同意特拉奇尼的意见：什麦拉尔和布里安的解释不对。如果把协调行动理解为我们应当等待别的更富有的和人口更多的国家先采取行动，那就不是共产主义的解释，而简直是骗人。协调行动应当是使其他国家的同志知道什么时机行动有重大意义。对协调行动最重要的解释是：更好和更快地向好榜样看齐。**罗马**工人就是一个好榜样。

译自《列宁全集》俄文第5版
第44卷第57—61页

对人民委员会《关于苏维埃机关职员实行集体劳动报酬制的决定草案》的补充[53]

（1921 年 6 月 28 日）

（A）项

委托五人委员会充分收集材料，以便统计出莫斯科各中央机关目前实际发给的实物种类以及包括车马费等等在内的各种名目的现金报酬数额。

（D）项

实行工人和职员的集体供应制，必须遵守下列规定：

（1）每一个实行集体供应制的企业应同政府签订专门合同。

（2）根据这个合同，企业（由管理委员会和专门选出的人员出面）应保证不断缩减职工人数，提高职工生产效率，加强劳动纪律，直到达到正常的指标。对苏维埃职员来说，处、科等单位相当于工业部门的企业。

（3）凡未履行合同者，应予惩罚，直至取消一切供应。

载于 1932 年《列宁文集》俄文版第 20 卷

译自《列宁全集》俄文第 5 版第 44 卷第 62 页

人民委员会关于修缮大剧院的决定

1921 年 6 月 30 日

决　　定

人民委员会 1921 年 6 月 30 日会议**决定**：

从 1921 年预算内预贷**三亿**(300 000 000)卢布给最高国民经济委员会国家建筑工程总委员会，作为修缮大剧院的费用。

人民委员会主席

弗·乌里扬诺夫(列宁)

译自《列宁文集》俄文版第 38 卷
第 371 页

关于国家经济“计划”的几点想法

（1921 年 7 月 4 日）

到目前为止，我们大家的主要错误就是只作最好的打算，因而陷入官僚主义的空想。我们的各项计划，完成的只是极小一部分。现实生活和所有的人都嘲笑我们的计划。

必须彻底改变这种状况。

要作最坏的打算。我们已经有一些经验，虽然不多，但很实用。

粮食呢？弗鲁姆金说：最理想的是通过税收得到 15 000 万普特＋通过交换得到 5 000 万普特＋从乌克兰得到 4 000 万普特＝24 000 万普特。

应该作一年**总共**只得到 **20 000** 万普特的打算。

这么一个小得可怜的、叫人吃不饱的数字，该怎么处置呢？20 000 万:12＝1 667 万。

(α)军队按最低限额拨给，就是说，军队按最低员额来计算口粮。

(β)军队参加经济工作的计划订得小些，尽量小些。

有一个星期六军队出 60％的人参加义务劳动。

其余**三个星期六中有一个**出 50％的人（50％的军队）参加，等等。

(γ)职员的口粮要狠狠削减。

(δ)工人。

立即把优秀**企业**(必须是**企业**)按工业部门开出一个清单来。

现有企业关闭½到⅘。

余下的开两班。这只能是那些在我们得到最低限额的粮食(20 000万普特)和燃料(?)的情况下**燃料**和**粮食**仍**全年**够用的企业。

这一点应该立即**大体上**、大致上做到,最迟不超过一个月。

有燃料。

有交通人民委员部。

粮食无需算得那么细,那么准;**就假定为20 000万普特**。

工业方面要**按部门**和**省份尽快行动起来**(**决不要拖到“整个”方案下来以后**)。

而**主要的**是:

迫使70%的国家计划委员会委员**一昼夜**工作**14小时**(让科学道理暂且委屈一下吧:既然给了他们上等的口粮,就应该迫使他们工作)。

每个委员分别负责对**一些**企业进行“**全面监督**”(国家计划委员会条例上好像是这样说的?)。

假定我们需要(而且在一年只得到20 000万普特粮食的最坏情况下也能够)让**700**个大企业,包括工厂、机务段(铁路)、国营农场等等,从1921年10月1日到1922年10月1日全年不间断地开工。

700:35名国家计划委员会委员=**20**。

就算是30个吧(不是所有的国家计划委员会委员都能一天不

断地参加日常工作)。

务必要**对30个企业严格地进行监督**。你们要对此负责。

另外再对30—70个非重点企业顺便稍为照应一下,不是专门去管,而是偶尔**了解一下情况**。

所谓严格监督,就是要用脑袋**担保**合理地使用燃料和粮食,最大限度地收购燃料和粮食,最大限度地把它们运到,节约燃料(在工业、铁路等各个方面),节约粮食(**只**供养优秀工作人员),提高劳动生产率,**如此等等**。

其余的或者出租,或者随便交给谁,或者关闭,或者“丢弃”,**在情况没有根本好转以前**不去管它们。所谓根本好转就绝对不是20 000万普特粮食+X万普特燃料,而是30 000万普特粮食+150%X燃料。

这就是我对国家计划委员会的几点想法。

请考虑一下。然后我们谈谈。

列 宁

7月4日

载于1924年5月29日《劳动报》第120号

译自《列宁全集》俄文第5版第44卷第63—65页

就企业奖励问题向俄共(布)中央政治局提出的建议[54]

(1921年7月8日)

建议政治局

拨出一万金卢布作为奖金,奖给一批按商业原则办得出色的企业、部门、机关。

列　宁

1921年7月8日

载于1932年《列宁文集》俄文版第20卷

译自《列宁全集》俄文第5版第44卷第66页

关于战胜饥荒的措施和加强经济工作的意见[55]

（不晚于1921年7月9日）

如果歉收和饥荒地区的人口达到2 500万，是否应当采取一系列最革命的措施，从**该**地区征招大约50万名（甚至100万？）青年入伍？

目的：在一定程度上救济居民，因为我们这样做就供养了一部分饥民，而且寄粮回家也许还可以在一定程度上救济饥民。这是第一点。第二点：把这50万人安置到乌克兰去加强粮食工作，他们同粮食工作有切身利害关系，会深切地认识到和感受到乌克兰富裕农民大吃大喝是多么不合理。

乌克兰的收成据统计（拉柯夫斯基）约为55 000万—65 000万普特。除掉**15 000万**普特留种和**30 000万**普特（15×2 000万＝30 000万）作为口粮和饲料，平均尚有大约**15 000万普特**的剩余（55 000万—45 000万＝**10 000万**；65 000万—45 000万＝**20 000万**）。如果把从饥荒省份征招的军队派到乌克兰去，这个剩余部分就能**全部**收集起来（粮食税＋商品交换＋向富裕农民专门征收的救灾粮）。

在饥荒省份必须立即加强原料（皮革、角蹄和鬃毛等）的收集工作，同时规定，凡不交某种原料或柴火等物者，连一普特的种子或口粮也不给。①

为了加强彼得格勒、莫斯科、伊万诺沃-沃兹涅先斯克以及靠近两个首都的几个极其重要的工业中心的省、县、区三级经济委员会的工作，能否向这些经济委员会各派 2—4 名中央主管部门的负责工作人员？在挑选这些小组（譬如每组 4 人）的成员时，每个组都找同一个中央机关的同事，或是彼此十分了解的人，这样工作起来就会比较融洽。他们能否在这些经济委员会中经常工作，譬如说，每人每天一小时，总共每天三四小时？

抽调非经济系统各人民委员部的工作人员（全部或部分）从事经济工作，还可以采取下述办法：被调者把本部工作的$\frac{3}{4}$或$\frac{9}{10}$交给次要助手，只对他们进行监督。

在莫斯科（然后是其他地方）动员**所有**党的负责工作人员去从事**经济**工作时，采取如下的方式：

非经济系统人民委员部中的党的负责工作人员，每人都要做当地**基层的经济**工作，为此他应参加某个工厂委员会，或住宅委员会，或街道委员会，——总之是参加**不高于**上述级别的组织（以便从基层工作做起），并保证每天用于这方面工作的时间不少于两小时。工作中应把分配粮食、提高该部门经济的工作和供应燃料放在首位。

重要的是确切规定**每一个**工作人员的任务。

是否在莫斯科（也许还在彼得格勒？）在 1921 年 7 月 1 日进行党的负责工作人员登记的同时，也进行俄共全体党员的登记？要

① 列宁在手稿上把这一段文字删去了。——俄文版编者注

吸收省统计局参加这项工作。要取得有关党的情况的精确材料。[①]

载于1959年《列宁文集》俄文版第36卷

译自《列宁全集》俄文第5版第44卷第67—69页

① 列宁在手稿上把这一段文字删去了。——俄文版编者注

对人民委员会关于由中央消费合作总社组织商品交换的决定草案的意见[56]

（1921 年 7 月 15 日）

(1)下一次报告定在一个月后。

(2)通过**中央统计局**的全权代表检查报表格式和报表是否按规定分发到地方上,地方上是否按规定履行填写报表的义务。

限期一周。

(3)委托中央消费合作总社向人民委员会提出一系列关于更有力地同商品交换的无政府状态作斗争的决定。

限期一周。

(4)关于用什么去交换的问题,允许中央消费合作总社及其地方机构直至村商品交换点在开展业务时有较多的自由;用制度规定对流转快、流转额高的给予重奖。

限期一周提交小人民委员会[57]。

载于 1932 年《列宁文集》俄文版第 20 卷

译自《列宁全集》俄文第 5 版第 54 卷第 442 页

给中央消费合作总社代表大会的贺信[58]

（1921 年 7 月 16 日）

我代表人民委员会和俄共中央向中央消费合作总社代表大会表示祝贺。非常遗憾，我不能亲自出席会议来谈谈提到合作社面前的极其复杂的任务。

我相信，交流一下过去工作的经验，会有助于合作社配合国家总的经济建设计划解决它们所面临的任务。当前实际工作要取得成就，很大程度上取决于是否正确地规定城市工业和乡村农业在商品流转中的相互关系，取决于合作社能否始终不懈地努力排除发展商品交换的一切障碍并在商品交换领域占据首要地位，取决于能否收集到四散各处的商品物资并发掘新的货源。切实解决这些问题，是最终达到我们的目的——恢复农业，并在这个基础上巩固和发展大工业——的最好方法。

很多省份歉收已成定局，完成上述任务就难上加难。因此，大会必须特别注意新降临的灾难，并在解决目前一切问题时考虑到这场灾难的种种后果。

我确信，尽管在新的条件下进行工作的经验很少，苏维埃合作社一定能够同克服经济破坏这个总任务紧密结合起来，并在克服经济破坏的斗争中发挥最大的力量。

载于 1921 年 7 月 17 日《全俄中央执行委员会消息报》第 155 号

译自《列宁全集》俄文第 5 版第 44 卷第 70—71 页

给革命职业工会和产业工会第一次国际代表大会的贺信[59]

7月18日

李可夫同志：

烦请您把下面的话转告工会国际代表大会的代表们：

他们托您邀请我参加大会，我表示衷心的感谢。非常遗憾，我因病无法做到这一点，我必须遵照医生的嘱咐离开莫斯科去休假一个月。

请您向代表们转达我的祝贺和热烈的祝愿——祝愿大会获得成功。工会国际代表大会的意义极其重大，非言语所能形容。用共产主义思想争取工会会员的工作，正以不可阻挡之势在世界各国各地展开。尽管有曲折，有起伏，不平衡，要克服重重障碍，但是它的进展势不可挡。工会国际代表大会必将加速这一进程。共产主义一定会在工会中得到胜利。世界上没有一种力量能够挽救资本主义免于崩溃，能够阻挡工人阶级战胜资产阶级。

致热烈的问候。相信共产主义一定胜利。

尼·列宁

载于1921年《革命职业工会和产业工会第一次国际代表大会。速记记录》一书

译自《列宁全集》俄文第5版第44卷第72页

对《关于实行新经济政策的提纲草案》的修改意见[60]

给列·波·加米涅夫的便条

（1921年7月21日）

致加米涅夫同志

对您所拟的实行新经济政策的提纲草稿，我建议作如下修改：

1.——第1条中："灾难性的"（国民经济状况）一词改为"严重的"。

2.——同一条（下一句中）："灾难性状况"一词改为"严重的情况"。

3.——第2条第1点中：在"由于三年的战争环境"等词之后，加上"和国家的经济遭到极大的破坏"等字样。

4.——同一条第6点中："供应"一词之后，在括号内补充"无论是食品供应，还是工作服的供应"。

5.——第5条末尾："按现行的全国统一的供应办法供应"改为"调去做其他工作"。

6.——第6条第1点中："安心地"一词改为"正常地"。

7.——第 8 条中:在“需要”之前增加“为了恢复整个国民经济,特别是恢复货币流通”。

人民委员会主席

弗·乌里扬诺夫(列宁)

1921 年 7 月 21 日

载于 1932 年《列宁文集》俄文版第 20 卷

译自《列宁全集》俄文第 5 版第 44 卷第 73 页

就西伯利亚领导机构问题向俄共(布)中央提出的建议[61]

(1921年7月28日)

建议:

(1)暂时(即日,7月28日)按西伯利亚局的意见处理;

(2)西伯利亚局没有把其他两派的建议文本同时寄送中央,显然没有尽到对党的责任,决定给予警告。西伯利亚局本应事先正式向两派索取他们建议的文本上报中央;

(3)立即给鄂木斯克打电话,听取两派代表对本派建议的简要说明;

(4)将党代表会议延至8月15日举行;

(5)尽力设法派一名中央委员去参加8月15日的代表会议。

7月28日

载于1959年《列宁文集》俄文版第36卷

译自《列宁全集》俄文第5版第44卷第74页

俄共(布)中央政治局决定草案[62]

(1921年7月28日)

政治局一致通过的决定的草案:

1. 撤销政治局任命托洛茨基同志去乌克兰做粮食工作的决定。

2. 鉴于国际局势恶化(法国侵略政策的迹象;摩尔曼斯克"武装干涉尝试"的征兆,等等),兹决定托洛茨基同志应把更多的精力放在军事工作(加强军队的战斗准备)上。

3. 兹决定托洛茨基同志有权选择(为了不脱离中央的工作,须是距莫斯科不太远的)一个或几个军事部门管辖的国营农场;作为试验①,对这些农场实行扩大大型企业财务和物资方面的自主权的法律;这些农场租赁附近的工业企业,目的是把农业和工业结合起来并且建立一个经济整体,其特殊任务是自下而上地检验我们的法令是否正确和合理,分析雇用和使用非军事劳动力的条件,等等。为使这个试验认真地进行②,应该在这些企业和国营农场不具有任何特权地位的条件下进行试验。

如果有关机构自愿同意,其他部门的国营农场也可以为了同样的目的而实行租赁。③

① "作为试验"一词是列宁后来加的。——俄文版编者注

② "为使……进行"是列宁后来加的。——俄文版编者注

③ "应该在这些企业……而实行租赁"这段文字是列·波·加米涅夫手写的。第二个句子为维·米·莫洛托夫所加。——俄文版编者注

决定特别指出：

必须把军队进一步加紧转上经济工作的问题提到日程上来，并责成共和国革命军事委员会召开一些会议来专门讨论这个问题，对这项工作进行准备。

列　宁

7月28日

译自未刊印的《列宁文集》
俄文版第41卷

告国际无产阶级书[63]

（1921 年 8 月 2 日）

现在俄国的一些省份发生了饥荒，看来这次饥荒只是略轻于 1891 年的灾荒。

这是俄国的落后和七年战争——先是帝国主义战争，接着是各国地主资本家强加给工农的国内战争所造成的严重后果。

我们需要帮助。工农苏维埃共和国期待着劳动者的帮助，期待着产业工人和小农的帮助。

各国的工农群众也身受资本主义和帝国主义的压迫，但是我们相信，尽管失业和物价飞涨已使他们自己的处境非常困难，他们仍然会响应我们的呼吁的。

终生受资本压迫的人们是会理解俄国工人和农民的处境的，他们会理解到，或者凭被剥削劳动者的本能会感觉到必须帮助苏维埃共和国，因为它第一个担负起了推翻资本主义这一可望取得成果而又十分艰巨的任务。各国资本家都为此向苏维埃共和国进行报复，都为此在重新策划对苏维埃共和国发动进攻、进行武装干涉和施行反革命阴谋。

我们确信，各国工人和自食其力的小农一定会更加努力、更加奋不顾身地帮助我们。

尼・列宁

1921 年 8 月 2 日

载于 1921 年 8 月 6 日《真理报》
第 172 号

译自《列宁全集》俄文第 5 版
第 44 卷第 75—76 页

告乌克兰农民书

（1921 年 8 月 2 日）

今年第聂伯河右岸乌克兰地区获得了大丰收。但是伏尔加河流域却在闹饥荒，那里的工人和农民正遭到比 1891 年的大灾荒差不了多少的灾荒，他们期待着乌克兰农民的帮助。必须迅速帮助他们。必须大力帮助他们。希望每一个农民都能把自己的余粮分给伏尔加河流域受灾的农民，他们已经没有东西下种了。

每一个粮食充裕的县份至少应当选派两三个农民代表到伏尔加河流域去，既是运粮，同时也亲眼看看闹灾缺粮的情况，回来后好对乡亲们说明紧急援助的必要。

人民委员会主席

弗·乌里扬诺夫（列宁）

1921 年 8 月 2 日于莫斯科克里姆林宫

载于 1921 年 8 月 6 日《真理报》第 172 号

译自《列宁全集》俄文第 5 版第 44 卷第 77 页

关于“出版自由”

给加·米雅斯尼科夫的信[64]

1921年8月5日

米雅斯尼科夫同志：

今天才看完您的**两篇**文章。您在彼尔姆(似乎是彼尔姆?)组织中说了些什么，在哪一点上同它发生冲突，我不知道。关于这一点，我无从谈起。这件事将由组织局来处理，我听说组织局已选出一个专门委员会。

我要做的是另一件事，即把您的信当做资料性和政治性的文献来加以评价。

多么有趣的文献啊!

在我看来，《伤脑筋的问题》一文特别明显地表明了您的主要错误。我认为我有责任来尽力说服您。

您在文章的开头正确地运用了辩证法。是的，不懂得为什么“国内战争”的口号被“国内和平”的口号所代替的人，至少是很可笑的。是的，在这一点上您是对的。

但正因为您在这一点上是对的，所以我奇怪您怎么在作结论时竟忘记了您自己正确运用过的辩证法。

“……从君主派到无政府主义者都享有出版自由……” 妙得

很！但是，对不起，一切马克思主义者和一切考虑过四年来我国革命的经验的工人都一定会说：我们倒要弄弄清楚是**什么样的**出版自由？是干**什么**用的？是给**哪一个阶级**的？

我们不信奉“绝对的东西”。我们嘲笑“纯粹的民主”。

“出版自由”这个口号从中世纪末直到19世纪成了全世界一个伟大的口号。为什么呢？因为它反映了资产阶级的进步性，即反映了资产阶级反对僧侣、国王、封建主和地主的斗争。

世界上没有一个国家像俄罗斯联邦那样做了和正在做着那么多的工作来使群众摆脱**僧侣**和**地主**的影响。我们是世界上把“出版自由”**这个**任务完成得**最好的**国家。

在全世界，凡是有资本家的地方，所谓出版自由，就是**收买**报纸、**收买**作家的自由，就是**买通**、收买和炮制“舆论”**帮助资产阶级**的自由。

这是事实。

任何人任何时候都推翻不了。

而在我国呢？谁能否认资产阶级已被击溃**但还没有被消灭**呢？谁能否认它**已隐藏起来**呢？这是无法否认的。

在受到全世界资产阶级这个敌人包围的俄罗斯联邦提出出版自由，就是让资产阶级及其最忠实的奴仆孟什维克和社会革命党人有建立**政治组织**的自由。

这是千真万确的事实。

资产阶级（在全世界）还比我们强，强很多倍。**再**让它有建立政治组织的自由（＝出版自由，因为报刊[①]是政治组织的中心和基

① 在俄语中，“出版”和“报刊”是同一个词。——编者注

础)这个武器,那就是为敌人的活动开方便之门,就是帮助阶级敌人。

我们不愿意自杀,因而决不会这样做。

我们清楚地看到一个**事实**:“出版自由”**实际上**就是让国际资产阶级马上来收买成百成千的立宪民主党、社会革命党和孟什维克的作家,组织他们进行反对我们的宣传和斗争。

这是事实。“他们”比我们富有,能收买到比我们现有力量大十倍的“力量”。

不,我们决不会这样做,我们不会去帮助世界资产阶级。

您怎么会从阶级估量出发,即从估量**一切**阶级之间的关系出发,**堕落到**采取温情主义庸人的观点呢?这对我来说是一个谜。

在“国内和平还是国内战争”的问题上,在**我们**过去怎样争取和今后如何**继续**“争取”农民(站到无产阶级这方面来)的问题上,在这两个极其重要的、根本的、世界性的(=涉及世界政治的**实质**的)问题上(您的**两篇**文章是专门谈这两个问题的),您**能够**采取马克思主义的而不是小市民的、温情主义的观点。您在那两个问题上能够**切实地**、冷静地**估计一切**阶级的相互关系。

但突然间您却滚进了温情主义的深渊:

“……在我们这里有许多胡作非为和营私舞弊的现象,出版自由可以把它们揭发出来……”

据我对您那两篇文章的分析,您就是在这个问题上误入了迷途。您让一些可悲的、痛心的**事实压垮了**,失去了**冷静**估计力量的能力。

出版自由会助长世界资产阶级的**力量**。这是事实。“出版自由”**不会**用来**祛除**俄国**共产党**的许多弱点、错误、偏差、毛病（毫无疑问，毛病有的是），因为这是世界资产阶级所**不**愿意的。出版自由会成为**这个世界资产阶级**手中的武器。资产阶级并没有死，它还活着，正在一旁窥伺着我们。它已经**雇用了**米留可夫，而米留可夫又有切尔诺夫和马尔托夫在“忠心耿耿地”为他效劳（部分是由于愚蠢和对我们的宗派仇恨，而主要是由于他们的小资产阶级民主派立场的客观逻辑）。

您“本来要进这间屋子，结果却跑进了那间屋子”[65]。

您本想**医治**共产党，抓的却是一剂致人死命的**药**，——当然，杀人的并不是您，而是世界资产阶级（＋米留可夫＋切尔诺夫＋马尔托夫）。

您忘记了一件小事，一件极小的小事：世界资产阶级和**它的**收买报纸、收买**政治组织中心**的“自由”。

不，我们不会走这条路。**一千个**有觉悟的工人有**九百个**不会走这条路。

我们的毛病多得很。像1920年秋天和冬天在分配燃料和**粮食**方面所犯的（很大的错误！！）这样的错误（我们**共同的**错误，**劳动国防委员会**[66]、**人民委员会**和党中央都犯了错误）大大加重了我们的病情。

贫困和灾难很严重。

1921年的饥荒使这种情况急剧**恶化了**。

摆脱困境要费很大气力，但是我们一定能够摆脱，而且我们已经开始摆脱了。

我们一定能够摆脱，因为我们的政策在根本上是正确的，它估计到了**国际**范围内的**一切**阶级力量。我们一定能够摆脱，因为我们不粉饰太平。我们知道困难重重，我们看到了**一切**毛病。我们并没有慌张，而是在一步一步地、坚持不懈地医治这些毛病。

您已经慌张得不能自已，而且继续往下滑，已经到了似乎您不另组新党就得去自杀的地步。

决不可以慌张。

有没有党支部同党脱节的现象呢？有。有坏事，有祸患，有毛病。

有这些现象。而且毛病很严重。

我们看到了这一点。

但是不应当用“自由”（**给资产阶级的**）来医治，而应当用无产阶级的和党的办法来医治。

您谈到振兴经济，使用“自动犁”和其他机具，争取“影响”农民等等。这些意见包含着**许多**正确的、许多有益的东西。

您为什么不把这些问题**单独提出来谈**呢？我们是能够取得一致并在一个党内同心协力地工作的。这会带来很大好处，**不过不是一下子**带来，要**慢慢**来。

使苏维埃变得生气勃勃，吸收党外群众来参加工作，由**党外群众**来检查党员的工作——这是绝对正确的。这方面有**很多**工作可做，很多很多。

您为什么不在**这方面切实地**加以发挥，在给代表大会写的小册子中加以发挥呢？

为什么不去做这个工作呢？

为什么害怕做**吃力的**工作（通过中央监察委员会[67]、通过党的报刊、通过《真理报》来**讨伐**营私舞弊行为）呢？有些人对吃力的、艰苦的、见效慢的工作缺乏信心，于是慌张起来，另寻“捷”径：想到了“出版自由”(**给资产阶级的**)。

您为什么要坚持自己的错误,明显的错误,坚持“出版自由”这个不合乎党性的、**反无产阶级的**口号呢?您为什么不去做不那么“出风头的”(出资产阶级风头的)、吃力的工作,不去切实地反对和祛除营私舞弊行为、切实地**帮助**党外群众呢?

您在什么地方向党中央举出过**某种具体的**营私舞弊行为,某种具体的纠正和根除这种行为的**办法**呢?

没有。

一次也没有。

您看到这许多祸患和毛病,就陷入绝望,投入外人的怀抱,投入资产阶级的怀抱(**给资产阶级**“出版自由”)。而我还是奉劝:不要绝望,不要慌张。

我们以及同情我们的人——工人和农民——有的是力量,有的是充沛的活力。

我们的毛病治得不好。

我们没有很好地贯彻提拔党外群众、让他们来检查党员的工作的口号。

但是在这方面我们能够做得而且一定会做得比现在好一百倍。

我希望您经过冷静思考以后,不会因为爱面子而继续坚持明显的政治错误(“出版自由”),而会在定下神来、克服慌张心理之后,去从事切实的工作:帮助建立同党外群众的**联系**,帮助党外群众来**检查**党员的工作。

这方面要做的工作是很多的。通过这些工作,就可以(而且应当)医治毛病,慢慢地然而是真正地**医治**毛病,而不是被“出版自由”这个“闪烁不定”的鬼火迷惑住。

致共产主义的敬礼！

列　宁

载于1921年《辩论材料（米雅斯尼科夫同志的提纲、列宁同志的信、中央组织局的答复和决定以及莫托维利哈派的决议）》一书

译自《列宁全集》俄文第5版第44卷第78—83页

对费·埃·捷尔任斯基关于运输业问题的几点结论的意见[68]

（1921年8月8日）

第1点。应强调多想办法等等。

第2—4点。组织局应在鲁祖塔克同志参与下火速研究这些问题。

第5点。定出方案，并按苏维埃程序加以实施。

第6点。关于发展运输业的措施，关于加强党的机构同铁路部门的联系。

载于1959年《列宁文集》俄文版第36卷

译自《列宁全集》俄文第5版第44卷第84页

致托马斯·贝尔同志[①]

（1921 年 8 月 13 日）

亲爱的同志：

非常感谢您 8 月 7 日的来信。由于生病和工作繁忙，几个月来关于英国运动的材料我一点也没有看。

您告知的情况报道非常有意思。也许，这是大不列颠在**共产主义意义**上的真正群众性的无产阶级运动的**开始**。我担心英国到目前为止只有几个力量薄弱的宣传共产主义的团体（其中包括英国共产党[69]），而没有真正**群众性的**共产主义运动。

既然南威尔士矿工联合会在 7 月 24 日以 120 票对 63 票的多数决定参加第三国际，那么，这就可能是新时代的开始。（英国有多少矿工？超过 50 万？南威尔士有多少？25 000？1921 年 7 月 24 日的加的夫会议**真正**代表多少矿工？）

如果这些矿工所代表的已经不是微不足道的少数，如果他们同士兵联欢，并且开始了**真正的**“阶级战争”，那么，我们就应当尽一切可能来**发展**和巩固这个运动。

经济措施（如开办公共食堂之类）是好的，但是它在**目前，在**英国无产阶级革命胜利**以前**，并不特别重要。**目前**最重要的是**政治**斗争。

① 这封信的原文是英文。——编者注

英国资本家很狡猾、机灵、阴险。他们会**支持**（直接地或间接地）公共食堂，**借以**转移人们**对政治目的**的注意力。

重要的是以下两点（如果我没有错的话）：

（1）在英国的这个地区建立一个优秀的、真正无产阶级的、真正群众性的**共产党**，也就是一个能够在英国的这一地区的**整个**工人运动中**真正**成为**领导**力量的党（在你们国家的这一地区实行第三次代表大会所通过的关于党的组织和党的工作的决议）。

（2）开始为英国这一地区的工人阶级出版工人的日报。

一开始就不可把它当做商业性的企业（像资本主义国家的报业通常那样），不必用很大的资本，不要采取一般的通用的办法，而要使它成为**群众**进行斗争的**经济的和政治的**工具。

要让这个地区的矿工能够每天（假如愿意，开始时可以**一周一次**）为**自己的**日报（或周报）——即令篇幅很小很小，这无关紧要——捐献**半个便士**；不然**真正群众性的共产主义运动在英国的这一地区就不算开始**。

倘若共产党在这个地区不能募集到若干英镑来每日出版**小报**（它可能发展成真正**无产阶级的**共产主义报纸），倘若真的如此，并非**每一个**矿工都肯为这个小报付出一个便士，那就是说，那里并没有**实实在在地**、真正地拥护第三国际。

英国政府将采取非常狡猾的手段来扼杀这一类的所有创举。因此我们应该（在开始时）非常谨慎。报纸在开始时不要**太革命了**。如果你想用三个编辑，那么其中至少有一个应该**不是共产党员**。至少有两个应该是真正的工人。假如$\frac{9}{10}$的工人不买报，$\frac{2}{3}$ $\left(\frac{120}{120+63}\right)$的工人不愿专门给**自己的**报纸捐款（例如**一周**一个便士），那么这份报纸就不是工人的报纸。

如果您能就这个问题随便给我写几句,那我将非常高兴。我的英文不好,请原谅。

致共产主义的敬礼!

列　宁

载于 1927 年 1 月 21 日《工人周刊》第 205 号

译自《列宁全集》俄文第 5 版第 44 卷第 85—87 页

给德国共产党员的一封信[①]

（1921 年 8 月 14 日）

敬爱的同志们：

我本来打算写一篇详细的文章阐述我对共产国际第三次代表大会的教训的看法。可惜因为生病，直到今天还没能动笔。你们党——“德国统一共产党”(VKPD)[70]定于 8 月 22 日召开代表大会，这使我不得不赶紧写信，在几小时内写完，以免耽误此信发往德国。

据我看，德国共产党的处境特别困难。这是可以理解的。

首先而且主要的一点是，从 1918 年年底开始，德国所处的国际局势骤然加剧了国内的革命危机，推动无产阶级的先锋队立刻去夺取政权。在这同时，武装精良、组织严密、接受了“俄国经验”的德国资产阶级和整个国际资产阶级，咬牙切齿地向德国的革命无产阶级猛扑过来。成千上万优秀的德国儿女——德国的革命工人——遭到屠杀和虐杀，杀害他们的是资产阶级，是它的英雄诺斯克之流，它的直接的奴仆谢德曼之流，它的间接的和“精明的”（因而也是特别可贵的）帮凶——卑贱、动摇、迂腐和庸俗的“第二半国际”骑士们。武装的资产阶级给手无寸铁的工人设下圈套，大批屠杀他们；他们给工人领袖设下埋伏，有计划地逐个地加以杀害，其

① 这封信的原文是德文。——编者注

间还巧妙地利用了谢德曼派和考茨基派这两派社会民主党人的反革命叫嚣。而由于分裂过迟,由于受到同一帮卖身求荣的(谢德曼、列金、大卫之流)和毫无气节的(考茨基、希法亭之流)资本奴仆强求"统一"这种可诅咒的传统的束缚,德国工人直到危机来临之际还没有一个真正革命的政党。每一个诚实的、有觉悟的工人,这些曾经对 1912 年的巴塞尔宣言[71]信以为真而没有把它看做"第二"等和"第二半"等无赖们的"官样文章"的工人,都充满了对旧的德国社会民主党的机会主义的强烈仇恨,而这种仇恨,这种被压迫和被剥削群众中优秀分子的最崇高最伟大的感情,使得一些人失去了理智,使得他们不能冷静地思考并制定正确的战略来对付武装精良、组织严密、接受了"俄国经验"、得到了法英美三国支持的协约国资本家的卓越战略。这股仇恨驱使人们过早地发动了起义。

因此,从 1918 年年底起,德国的革命工人运动走上了一条特别艰难坎坷的道路。可是,运动一直在发展,而且正在勇往直前。德国的工人群众,被剥削劳动者的真正的多数,无论是参加旧的孟什维克(即为资产阶级效劳的)工会的,还是完全或几乎完全没有参加组织的,都正在逐渐向左转,这是无可争辩的事实。保持冷静和沉着,不断纠正过去的错误,坚持不懈地在工会内外争取工人群众的大多数,耐心地建设一个能够在任何转折关头真正领导群众的坚强而英明的共产党,给自己制定出能与最"有教养的"(被多年的经验特别是"俄国经验"教养出来的)先进资产阶级的最佳国际战略相匹敌的战略,——这就是德国无产阶级现在和将来所应做的事情,这就是德国无产阶级取得胜利的保证。

另一方面,由于糟糕的左派共产党人("德国共产主义工人党”,KAPD)和右派共产党人(保尔·莱维和他的杂志《我们的道路》即《苏维埃》)的退出,目前德国共产党的处境就更加困难。

从共产国际第二次代表大会以来,我们曾在国际场合三番五次地警告过“左派”即“德国共产主义工人党”。在还没有产生,至少在几个主要国家内还没有产生十分强大的、富有经验的和具有威信的共产党以前,只好容忍半无政府主义分子参加我们的国际大会,这样做在某种程度上甚至是有益的。其所以有益,是因为这些人可以作为没有经验的共产党员看得见的“应当引以为戒的例子”,其次是因为这些人自己还可以再学习。全世界无政府主义的分裂并不是昨天开始的,而是从 1914—1918 年的帝国主义战争一爆发就开始分裂成两派:一派拥护苏维埃、拥护无产阶级专政,另一派反对苏维埃、反对无产阶级专政。应当让无政府主义的这一分裂过程加速完成并彻底完成。在西欧,几乎没有人经历过什么大的革命;在那里,几次大革命的经验几乎全被遗忘了;而从愿意革命和谈论革命(包括通过关于革命的决议)转到脚踏实地地做革命工作,这是一个非常困难、缓慢和痛苦的转变。

不言而喻,只是在一定的限度内才可以容忍和应当容忍半无政府主义分子。在德国,我们已经容忍他们很久了。共产国际第三次代表大会已向他们提出了有明确期限的最后通牒。他们现在自动退出共产国际,那就更好。第一,我们就不用费事开除他们了;第二,可以让所有立场动摇的工人,让所有因痛恨旧社会民主党的机会主义而倾向于无政府主义的人非常具体、非常清楚地看到,通过确凿的事实看到:共产国际是有耐心的,它并不是不由分说一下子就把无政府主义者赶走,而是细心地听取他们的意见,帮助他们学习。

现在要尽量不去理睬德国共产主义工人党。我们同他们论战，只是替他们做广告。他们太愚蠢了，认真对待他们是错误的，对他们生气也不值得。他们在群众中没有影响，只要我们自己不犯错误，他们在群众中是成不了气候的。让这个小派别自生自灭吧；工人们自己会认识到这个派别是软弱无能的。让我们更加认真地宣传和贯彻共产国际第三次代表大会关于组织问题和策略问题的决定，而少跟德国共产主义工人党论战，少替他们做广告吧。左倾幼稚病正在消失，它一定会随着运动的发展完全消失。

同样，我们现在帮助保尔·莱维也是徒劳，我们同他论战也只是白白替他做广告。他正巴不得我们同他争论。在共产国际第三次代表大会作出决定以后，应当把他忘掉，应当根据我们第三次代表大会一些决定的精神，集中精力心平气和地（不闹无谓的纠纷，不进行论战，也不重提过去的争吵）做一些切实的和建设性的工作。我认为，卡·拉狄克同志的文章《第三次世界代表大会论三月行动和今后的策略》（载于1921年7月14日和15日德国统一共产党中央机关报《红旗报》[72]）有不少地方是违反第三次代表大会一致通过的上述那项共同决定的。这篇文章是一位波兰共产党员同志寄给我的。文章毫无必要地（而且对事业完全有害）出语伤人，不但伤了保尔·莱维（这倒不要紧），而且伤了克拉拉·蔡特金。而克拉拉·蔡特金自己在第三次代表大会期间在莫斯科已经同德国统一共产党中央订立了和衷共济、不进行派别活动的"和约"。这个和约我们大家都是赞成的。卡·拉狄克在发挥他那用得不当的论战热情时，竟撒下弥天大谎，硬说蔡特金想把"党的任何一项行动"（jede allgemeine Aktion der Partei）都"推迟"（verlegt）"到广大群众奋起的那一天"（auf den Tag, wo die grossen Massen aufstehen werden)。不言自明，卡·拉狄克同志的这种做法是对保尔·莱维再好不过的效劳。保尔·莱维正巴不得让争论无休止地拖下去，让更多的人卷入争论，让蔡特金参加争论而违反她自己所签订的并得到共产国际全体赞同的"和约"，从而迫使她离开党。卡·拉狄克同志的文章提供了一个如何从"左面"帮助保尔·莱维的极好范例。

这里我应当向德国同志们解释一下，我在第三次代表大会上为什么有很长一段时间替保尔·莱维辩护。第一，因为我是在1915年或1916年在瑞士通过拉狄克认识莱维的。那时莱维已经是一个布尔什维克了。而我对那些见到布尔什维主义**在**俄国取得胜利并在国际舞台上取得一连串胜利**以后才**拥护布尔什维主义的人不能不抱有某种戒心。当然，这不是很重要的原因，因为我本人对保尔·莱维的了解毕竟很少。非常重要的是第二个原因，那就是莱维对德国1921年三月行动的批评在很多方面**实质上是正确的**(当然，不是指他说的三月行动是"盲动"这个论断，保尔·莱维的这个论断是荒谬的)。

诚然，莱维千方百计地削弱和糟蹋自己的批评，扯出许多细枝末节(在这些细节上他显然不正确)，从而使自己和别人难于理解问题的**实质**。莱维那种批评方式是不能容许的，而且是有害的。莱维教训别人要采取慎重的、考虑周到的战略，自己却做得比任何一个毛孩子都愚蠢，他过早地、毫无准备地、荒唐而鲁莽地投入战斗，所以在"战斗"中失败是必然的(并且将在多年内损害他的工作或使他难于开展工作)，而这场"战斗"本来是可以而且应当取胜的。莱维的所作所为很像一个"有学问的无政府主义者"(如果我没有弄错的话，德语叫做 Edelanarchist)，而不像无产阶级共产国际的有组织的一员。莱维违反了纪律。

莱维的这一系列极端愚蠢的错误，使人很难把注意力集中在问题的实质上。而问题的实质，即说明**和纠正**德国统一共产党在1921年三月行动期间所犯的大量错误，无论过去和现在都具有重大的意义。为了分析和纠正这些错误(有人把这些错误推崇为马克思主义策略的精华)，在共产国际第三次代表大会期间，**必须**站在**右**翼的立场上，否则共产国际的**路线**就是**错误的**。

我替莱维辩护，而且应当替他辩护，因为当时我看到反对他的人毫不客气地叫嚷什么"孟什维主义"、"中派主义"，而不愿看到三月行动的错误以及分析和纠正这些错误的必要。这些人把革命的马克思主义弄得面目全非，把反对"中派主义"的斗争变成了可笑的游戏。这些人可能给整个事业带来极大的危害，因为"世界上没有哪个人能够损害革命的马克思主义者的威信，如果他们自己不损害的话"。

我对这些人说：就算莱维成了孟什维克吧。我本人对莱维了解不多，如果有谁能向我证明这一点，我决不固执己见。但目前还没有证实这一点。目前所能证明的，只是他**曾经丧失理智**。但光凭这点就把一个人称做孟什维克，这是幼稚和愚蠢的。造就一批有经验、有极高威望的党的领袖是一件长期的艰难的事情。但是做不到这一点，无产阶级专政、无产阶级的"意志统一"就只能是一句空话。在我们俄国，造就一批领导者曾经花了15年(1903—1917年)的工夫，这是同孟什维主义作斗争的15年，是遭受沙皇政府迫害的15年，是包括第一次革命(1905年)这场波澜壮阔的伟大革命的年代在内的15年。虽然如此，但我们仍有过最优秀的同志"丧失理智"这种不幸的事。如果西欧的同志们以为他们有充分的保障,不会发生这类“不幸的事”,那是幼稚的想法,我们不能不同这种想法进行斗争。

莱维违反了纪律,应当开除。应当**在**十分详细地分析和纠正1921年三月行动的错误这个**基础上**制定出策略。假如**在**这**以后**莱维仍然我行我素,这就证明开除他是正确的,这就将更有力、更令人信服地向立场动摇或信心不足的工人们证明:第三次代表大会关于保尔·莱维的决定是完全正确的。

我在代表大会上对莱维所犯错误的评价愈慎重,现在就愈有把握这样说:莱维迫不及待地证实了人们对他所作的坏的估计。我手头有一份他的杂志《我们的道路》第6期(1921年7月15日出版)。从杂志开头的编辑部声明中可以看出,第三次代表大会的决定保尔·莱维是知道的。但他对这些决定是怎样回答的呢?全是孟什维克的那一套,什么“大批地革出教门”(großer Bann)啦,“教会法”(kanonisches Recht)啦,什么他将“充分自由地”(in vollständiger Freiheit)“讨论”这些决定啦,等等。一个人失去了党员称号和共产国际成员的身份,还有什么比这更充分的自由呢!你们看吧,会有一些党员匿名给莱维的杂志写文章的!

最初是搞阴谋,放暗箭,破坏党的工作。

接着是讨论代表大会决定的实质。

这一手太漂亮了。

但是,莱维也就因此彻底毁掉了自己。

保尔·莱维希望继续争吵下去。

满足他的这种愿望会是战略上的极大错误。我要劝告德国同志们:禁止在党报上同莱维和他的杂志进行论战。不应当替他做广告。不要让他把战斗的党的注意力从大事转移到小事上去。在万分必要时，可在周刊、月刊或小册子上进行论战，而且尽可能不让德国共产主义工人党和保尔·莱维称心满意，即不点他们的名，而只称呼“某些想硬充共产党人的不太聪明的批评家”。

有人告诉我：在中央委员会（Ausschuß）最近一次扩大会议上，甚至左派分子弗里斯兰特也不得不激烈反对玩弄左的把戏和想把“讨伐中派”当做体育训练的马斯洛夫。这位马斯洛夫的行为不得体（说得温和一点），在这里，在莫斯科也有所表现。的确，德国党应该把这位马斯洛夫和他的两三个显然不愿意遵守“和约”而热心过头的同道者和战友派到苏维埃俄国来工作一两年。我们会替他们找到有益的事情做的。我们会把他们消化的。这对国际的和德国的运动显然会有好处。

德国共产党员无论如何要结束内部的争吵，要把双方的好斗分子除掉，要丢开保尔·莱维和德国共产主义工人党，要从事真正的工作。

要做的事情是很多的。

———

依我看，共产国际第三次代表大会有关策略问题和组织问题的决议标志着运动前进了一大步。应当尽一切努力使这两个决议切实得到贯彻。这是困难的事情，但这是可以做到而且应当做到的。

首先，共产党人应当向全世界宣告自己的原则。第一次代表大会这样做了。这是第一步。

第二步是建立共产国际的组织并制定加入共产国际的条件，即真正地同中派、同资产阶级在工人运动内部的直接和间接的代理人分离。第二次代表大会这样做了。

第三次代表大会应当着手进行切实的、建设性的工作，根据已经开始的共产主义斗争的实际经验具体地确定今后在策略方面和组织方面应该**怎样**开展工作。这第三步我们也已经做到了。我们在全世界已经有一支共产党人大军。这支军队还训练得不够，组织得不好。忽视这一事实或害怕承认这一事实都会使事业受到莫大的损害。我们必须极其仔细地、严格地检查自己的工作，研究自己运动的经验，采取切实步骤把这支军队好好加以训练，好好加以组织，并通过各种演习和作战、通过进攻和退却来考验它。不经过这种长期的艰苦的锻炼，胜利是不可能取得的。

1921 年夏季，国际共产主义运动中的"主要问题"在于，共产国际的某些优秀的、有极高威望的支部没有完全正确地理解上述任务，**稍微夸大了**"同中派主义的斗争"，**稍微超过了**限度而使这个斗争变成了游戏，使革命马克思主义的威信开始受到损害。

第三次代表大会的"主要问题"就在这里。

夸大的程度不大，但它非常危险。同这种夸大作斗争是很困难的，因为造成这种夸大的是一些真正优秀的、无限忠诚的分子，而没有他们也许根本就不会有共产国际。在《莫斯科报》发表（用德法英三种文字发表并有德奥意三国代表团签字）的策略修正案中，这种夸大表现得十分鲜明，尤其是因为这些修正写进了已经定稿的（作了长时间的多方面的准备才定稿的）决议草案，上述夸大就更加确定了。否决这个修正案也就**拨正了**共产国际的路线，战胜了夸大的危险性。

这种夸大如果不纠正，势必会断送共产国际。因为"世界上没有哪个人能够损害革命的马克思主义者的威信，如果他们自己不损害的话"。世界上没有哪个人能够阻碍共产党人战胜第二国际和第二半国际(而在20世纪的西欧和美国的条件下,在第一次帝国主义大战以后,这也就意味着战胜资产阶级),**如果**共产党人自己不阻碍自己的话。

但夸大,哪怕少许的夸大,就等于阻碍胜利。

夸大同中派主义的斗争,就等于**挽救**中派主义,**巩固**它的地位和它对工人的影响。

在第二次代表大会到第三次代表大会期间,我们已经学会了如何在国际范围内同中派主义进行胜利的斗争。这有事实作证明。今后我们是会把这种斗争(开除莱维和塞拉蒂党)进行到底的。

但是,我们**还没有**学会在国际范围内同夸大反中派主义斗争这种错误作斗争。但是,正如第三次代表大会的经过和结局所证明的,我们已经认识到我们的这个缺点。正因为我们意识到了自己的缺点,**我们就一定能克服它**。

到了那时,我们将是不可战胜的,因为西欧和美国的资产阶级在无产阶级内部没有支柱(通过第二国际和第二半国际中的资产阶级代理人造成的)就**无法**保持住政权。

第三次代表大会各项决定中根本的、主要的一点,就是为新的、日益具有决定意义的战斗——既有防御战,也有进攻战——作更周密、更扎实的准备。

"……假如意大利共产党能够始终不渝地、不屈不挠地反对塞拉蒂主义的机会主义政策,同时能够在工会中、在罢工中、在反对法西斯反革命组织的战斗中同无产阶级群众保持联系,把工人阶级所有组织的运动汇合起来,把工人阶级的自发行动变成准备周密的战斗,那么,共产主义在意大利就将成为一支群众性的力量……"

"……德国统一共产党今后愈是能够使自己的战斗口号适应实际形势,

愈是能够周密地研究实际形势，愈是能够团结一致、纪律严明地发动群众性的斗争，那它就愈是能够顺利地发动这种斗争……”

这就是第三次代表大会关于策略问题的决议中最重要的地方。

把无产阶级的大多数争取到我们方面来——这就是“最主要的任务”(关于策略问题的决议的第3节标题)。

当然，我们并不像第二半国际中那些庸俗“民主派”的骑士们那样，从形式上去理解争取大多数的问题。1921年7月间，罗马所有的无产者，不管是工会中的改良派无产者，或是塞拉蒂党内的中派无产者，都**跟着**共产党人反对法西斯分子，这就是**把**工人阶级的**大多数争取到**我们方面来了。

这还远不是决定性地争取到了大多数，而只是局部地、在一时一地争取到了大多数。但终究是争取到了大多数。这样的争取工作，甚至在无产阶级的大多数形式上还跟着资产阶级的领袖或执行资产阶级政策的领袖(第二国际和第二半国际的领袖就是这样一种人)走的时候，或者当无产阶级的大多数还动摇不定的时候，也是可以做到的。这样的争取工作，正在世界各地以各种形式不断地进行着。我们要更加扎实、更加周密地进行准备，我们决不放过资产阶级迫使无产阶级起来斗争的任何一个重大机会，我们要学会正确把握无产阶级**群众定会**和我们一道奋起战斗的时机。

那时，不管在我们伟大的进军中个别的失败如何惨重，个别的转折如何艰难，我们的胜利都是有保证的。

我们的策略手法和战略手法仍然比资产阶级卓越的战略稍逊一筹(就国际范围来说)，因为资产阶级从俄国的实例中学到了东西，不会让人打得“措手不及”了。但是我们的力量比他们大，而且大得多,我们正在学习策略和战略,我们已经从 1921 年三月行动的错误中吸取了教训,在掌握这门“科学”方面有了长进。我们必将完全攻下这门“科学”。

在大多数国家内,我们那些政党还远没有成为真正的共产党,还远没有成为真正革命和唯一革命的阶级的真正先锋队,还远不是个个党员都参加斗争、参加运动和深入到群众的日常生活中去。我们知道我们的这个缺点,我们在第三次代表大会关于党的工作的决议中已经非常清楚地指出了这个缺点。我们一定能克服这个缺点。

德国共产党员同志们!请允许我在结束这封信时表示我的愿望:愿你们 8 月 22 日召开的党代表大会坚决地和永远地结束同左的和右的脱党分子的无谓斗争。党内斗争该收场了!打倒所有那些还想直接或间接地继续进行这种斗争的人!我们现在远比过去更明确、更具体、更清楚地了解自己的任务;为了纠正错误,我们不怕公开指出自己的错误。我们现在要集中党的全部力量把党组织得更好,改进党的工作的质量和内容,同群众建立更密切的联系,为工人阶级制定出愈来愈正确、愈来愈切合实际的策略和战略。

致共产主义的敬礼!

尼·列宁

1921 年 8 月 14 日

载于 1921 年 8 月 22 日《红旗报》
第 384 号

译自《列宁全集》俄文第 5 版
第 44 卷第 88—100 页

新的时代和新形式的旧错误

（1921 年 8 月 20 日）

历史上每一次独特的转变，都使小资产阶级的动摇在形式上有所改变。小资产阶级的动摇总是发生在无产阶级周围，总是在一定程度上渗入无产阶级队伍。

小资产阶级的改良主义，也就是用民主主义和“社会”民主主义的动听词句和无法实现的愿望掩盖着的对资产阶级的卑躬屈膝。小资产阶级的革命主义，也就是口头上气势汹汹、夸夸其谈、不可一世，实际上则是涣散、无组织、无领导，是徒有其表。这就是小资产阶级动摇的两股“潮流”。在资本主义的老根没有挖掉以前，这两种现象是无法避免的。现在，由于苏维埃政权的经济政策有了某种改变，动摇的形式也改变了。

持孟什维克观点的人的基本论调是：“布尔什维克走回头路，又回到了资本主义，这样他们就完蛋了。革命毕竟是资产阶级性的，十月革命也不例外！民主万岁！改良主义万岁！”这种论调，不管是用纯粹孟什维克的口气讲还是用社会革命党人的口气讲，不管是像第二国际那样讲还是像第二半国际那样讲，实质都是一样的。

像德国“共产主义工人党”或我国那部分已经脱离党或正在脱离党的前工人反对派之类的半无政府主义者的基本论调是：“布尔

什维克现在不相信工人阶级了!”[73]据此提出的口号多少有点像1921年春天“喀琅施塔得的”那种口号。

马克思主义者的任务,就是要针对改良主义庸人和革命主义庸人的抱怨和慌乱,尽可能冷静和准确地估计实际的阶级力量并举出无可争辩的事实。

请回忆一下我国革命的几个主要阶段吧。第一个阶段可以说是纯粹政治活动的阶段,从10月25日起到1月5日解散立宪会议止。在这短短十个星期内,我们为真正彻底消灭俄国封建残余所做的工作,比孟什维克和社会革命党人在**他们**执政的八个月中(1917年2—10月)所做的要多百倍。孟什维克、社会革命党人以及国外的第二半国际的全体英雄们,当时都是反动势力的可怜的帮凶。无政府主义者有的茫然若失,袖手旁观,有的帮助我们。当时革命是不是资产阶级性的呢?当然是的,因为当时我们所完成的任务就是把资产阶级民主革命进行到底,因为当时“农民”内部还没有发生阶级斗争。但是同时我们又**超出了**资产阶级革命的范围,**为**社会主义的、无产阶级的革命做了很多事情:(1)我们空前地发挥了工人阶级**自己**运用国家政权的力量;(2)我们对市侩民主派的偶像即立宪会议和资产阶级的“自由”,如专供富人享受的出版自由,给予了使全世界都能感觉到的打击;(3)我们建立了苏维埃这种国家**类型**,这是继1793年和1871年之后向前迈进的一大步。

第二个阶段。布列斯特和约。反对和约的革命词句,也就是社会革命党人和孟什维克的半爱国主义的叫嚣以及部分布尔什维克的“左倾”空谈,喧闹一时。市侩们惊慌失措或幸灾乐祸地反复说:“既然同帝国主义讲和,那就完蛋了。”但是,社会革命党人和孟什维克是作为资产阶级掠夺工人的帮凶去同帝国主义讲和的。我们“讲和”，把一部分财物交给掠夺者，却是为了挽救工人政权，为了更沉重地打击这些掠夺者。我们当时听够了所谓我们“不相信工人阶级的力量”的谰言，但是我们没有上当受骗。

第三个阶段。1918—1920年，从反击捷克斯洛伐克军和“立宪会议派”到反击弗兰格尔的国内战争。战争开始时，我们的红军还没有建立起来。就物质力量来说，这支军队就是现在同协约国任何一国的军队相比，也还是微不足道的。虽然如此，我们还是在同称雄全世界的协约国的斗争中取得了胜利。在无产阶级国家政权领导下，工农联盟作为整个世界历史的成果，其地位被提升到了空前未有的高度。孟什维克和社会革命党人充当了君主派的帮凶，有的是公开的帮凶（部长、组织者、宣传家），有的是暗藏的帮凶（切尔诺夫和马尔托夫之流采取最“巧妙”和最卑劣的立场，他们好像是置身事外，事实上却在写文章反对我们）。无政府主义者也一筹莫展，无所适从，一部分人帮助我们，一部分人攻击军事纪律或散布怀疑情绪，破坏我们的工作。

第四个阶段。协约国被迫停止（能长久吗？）武装干涉和封锁。经济遭到了空前破坏的国家勉强开始恢复元气，现在才看到经济破坏的深度，才感受到难以忍受的苦难：工业停顿、歉收、饥荒和流行病。

在我们这场具有世界历史意义的斗争中，我们已经登上了最高的同时又是最困难的阶段。当前的和这一时期的敌人已经不同于昨天。当前的敌人已经不是得到全体孟什维克、社会革命党人和整个国际资产阶级支持而由地主们指挥的白卫分子。当前的敌人是一个大工业遭到破坏的小农国家中的日常经济现象。当前的敌人是小资产阶级自发势力，它像空气一样包围着我们，并很厉害地渗进了无产阶级队伍。无产阶级则丧失了阶级特性，也就是说，它失去了本阶级的生活常态。工厂既然停工，无产阶级也就软弱、分散、无力。而国内小资产阶级自发势力则得到整个国际资产阶级（仍在称雄全世界的）的支持。

这怎么不令人胆怯呢？特别是像孟什维克和社会革命党人、第二半国际的骑士、一筹莫展的无政府主义者以及“左倾”空谈家这样的英雄们。“布尔什维克回到了资本主义，布尔什维克完蛋了，他们的革命也没有超出资产阶级革命的范围。”这样的号叫，我们听得够多了。

不过我们已经习惯了。

我们并不轻视危险。我们正视这些危险。我们对工人和农民说：危险很大，要更加团结、沉着、冷静，要藐视和甩开那些持孟什维克观点和社会革命党观点的人，那些惊慌失措和喜欢空喊的人。

危险是很大的。敌人在经济上比我们强大得多，正像昨天他们在军事上比我们强大得多一样。我们知道这一点，这就是我们的力量所在。无论是在清除俄国封建制度、发挥工人和农民全部力量方面，还是在推动全世界反对帝国主义的斗争、促进摆脱了卑鄙庸俗的第二国际和第二半国际的国际无产阶级运动方面，我们都做了那么多的工作，以致惊慌失措的叫喊根本影响不了我们。关于我们的革命活动，我们已经非常充分地“证实它是正确的”；我们已经用事实向全世界证明，无产阶级的革命精神同孟什维克、社会革命党人的“民主主义”和用堂皇词句掩盖起来的胆小怕事的改良主义完全不同，靠它是能干出一番事业来的。

那些在伟大斗争开始之前就害怕失败的人，他们也可以自称为社会主义者，但这只是对工人的侮辱。

正因为我们不怕正视危险，所以我们能很好地运用自己的力量来进行斗争，能更清醒、更谨慎、更周密地权衡时机，能采取各种让步来加强我们的实力，分散敌人的力量（现在连头号傻瓜也看得见，“布列斯特和约”这个让步就加强了我们的实力，分散了国际帝国主义的力量）。

孟什维克叫喊说，实行粮食税、贸易自由、租让制和国家资本主义意味着共产主义的破产。外国有一个过去曾是共产党员的莱维，也随声附和这些孟什维克。当这位莱维所犯的错误还可以解释为是对德国“左派”共产党人所犯的一系列错误、特别是在 1921 年 3 月所犯的错误的一种反应时，是应该为他辩护的；当这位莱维不但不承认自己的错误，反而完全陷入孟什维主义立场时，那就不能为他辩护了。

对于那些大喊大叫的孟什维克，我们只要指出一点就够了：还在 1918 年春，共产党人就公开主张同国家资本主义结成联盟来反对小资产阶级的自发势力，并为这个主张辩护。这是三年前的事情！是在布尔什维克胜利的头几个月！那时布尔什维克就已经有了清醒的头脑。从那时到现在，没有人能否定我们对现实力量的清醒估计是正确的。

陷入孟什维主义立场的莱维劝布尔什维克（莱维“预言”资本主义会战胜布尔什维克，就和当年一切市侩、民主派和社会民主党人等等预言布尔什维克一旦解散立宪会议就会灭亡一样！）向**整个**工人阶级求救！原来是因为在此以前帮助布尔什维克的只是**工人阶级的一部分**！

在这里，莱维说的同半无政府主义者、空谈家说的非常相似，同前“工人反对派”里某些人说的也有几分相似，因为这些人都喜欢耸人听闻，说什么布尔什维克现在“不相信工人阶级的力量”了。无论孟什维克或无政府主义者都把“工人阶级的力量”这个概念变成偶像，不善于考虑它实际的具体的内容。他们不是研究和分析这些内容，而是一味唱高调。

第二半国际的先生们很想自称为革命家，实际上一到紧要关头就变成反革命分子，因为他们怕用暴力破坏旧的国家机构，他们不相信工人阶级的力量。我们过去这样评价社会革命党人及其同伙，并不是凭空说的。任何人都知道：十月革命实际上推出了新的力量、新的阶级；无产阶级的优秀代表现在管理着俄国，建立了军队，领导着这支军队，建立了地方管理等机关，管理着工业，等等。如果说在管理工作中存在着官僚主义的弊病，那么我们并不隐瞒这种祸害，而是揭露它，同它作斗争。谁要是由于同新制度下的弊病作斗争而忘记了新制度的内容，忘记了工人阶级建立了并领导着苏维埃类型的国家，那他简直就是不会思索，信口雌黄。

但是“工人阶级的力量”不是没有极限的。从工人阶级中涌现出来的新生力量现在还不多，有时非常少。尽管有各种法令、号召和鼓动，尽管有各种“提拔非党群众”的命令，但涌现出来的新生力量还是不多。在这种情况下，大谈什么“不相信工人阶级的力量”，就是堕落到说空话的地步。

没有一定的“喘息时机”，就不会有这种新生力量。这种力量只能慢慢地成长起来，不恢复大工业（更正确更具体地说，就是实现电气化），这种力量就**无从**产生。

一个处在经济遭到破坏的小农国家里的工人阶级，一个因丧失阶级特性而大伤元气的工人阶级，经过多次世所罕见的奋力拼搏之后，必须有一段时间让新生力量能够成长起来，能够赶上来，让破旧部分能够得到“修复”。建立起能够胜利地经受住 1917—1921 年考验的军事机构和国家机构是一件了不起的事情，这件事占用了并且耗尽了实际存在的（而不是存在于空喊家的高谈阔论中的）“工人阶级力量”。必须懂得这一点，并估计到工人阶级**新生**力量成长得**缓慢**是必然的，确切些说是不可避免的。

孟什维克叫喊布尔什维克实行“波拿巴主义”（说布尔什维克依靠军队和国家机构而不顾“民主”的意志），这再好不过地表明了资产阶级的策略，所以米留可夫支持这一策略、支持 1921 年春“喀琅施塔得的”口号是有道理的。资产阶级正确地估计到，**实际的**“工人阶级力量”现在由两部分组成，一是这个阶级的强大先锋队（即俄国共产党，这个党不是一下子而是 25 年来用实际行动给自己争得了唯一革命的阶级的“先锋队”这一角色、称号和力量的），一是因丧失阶级特性而大伤元气、最容易受孟什维克和无政府主义者动摇的影响的分子。

现在提出“多多相信工人阶级的力量”这个口号，**实际上**是在加强孟什维克和无政府主义者的影响。1921 年春天发生的喀琅施塔得事件非常清楚地证明了和表明了这一点。每一个觉悟的工人都应当来揭发和驱逐这些叫喊我们“不相信工人阶级力量”的家伙，因为这些空喊家实际上是资产阶级和地主的帮凶，他们扩大孟什维克和无政府主义者的影响，削弱无产阶级的力量，以利于资产阶级和地主。

如果冷静地研究一下“工人阶级力量”这一概念的实际内容，就会懂得“问题的实质”正在于此！

敬爱的先生们，为了真正把非党群众提拔到目前最主要的经济“战线”上去，到经济建设事业中去，你们做了些什么工作，干了些什么事情呢？这就是觉悟的工人应当向空喊家提出的问题。不论什么时候都可以这样而且应当这样来揭露空喊家，证明他们事实上不是帮助而是妨碍经济建设，不是帮助而是妨碍无产阶级革命，证明他们所实行的不是无产阶级的而是小资产阶级的意图，是在替异己阶级服务。

我们的口号是：打倒空喊家！打倒不自觉的白卫分子帮凶，这些重犯1921年春天倒霉的喀琅施塔得叛乱者的错误的家伙！要善于根据时局的特点和任务进行切实的实际的工作！我们需要的不是空话，而是实干。

冷静地估计一下时局的特点以及实际的并非幻想出来的阶级力量，我们就会知道：

无产阶级在军事、行政和一般政治的开创工作方面取得了世所罕见的成绩以后，进入了一个新生力量的成长缓慢得多的时期，这不是偶然的而是必然的现象，这不是由于什么人或什么党派的过错，而是由于客观原因。在经济工作中，建设必定更加困难、更加缓慢、更要循序渐进。这是由于经济工作在性质上不同于军事、行政和一般政治工作。这是由于经济工作有特殊的困难和需要更深厚的根基（如果可以这样说的话）。

因此，在这个新的更高的斗争阶段，我们确定自己的任务时务必慎之又慎。我们要把任务定得切实一些；我们要多作一些让步，当然是以无产阶级在保持统治阶级地位的条件下**可以**作的让步为限；尽快征收适量的粮食税，尽量使农民经济有较多的自由来发展、巩固和恢复；把不是我们绝对必需的企业租出去，包括租给私人资本家和外国承租人。我们需要无产阶级国家同国家资本主义结成联盟来反对小资产阶级自发势力。要巧妙地实现、按“七次量，一次裁”的原则来实现这一联盟。直接留给自己的工作领域不妨小一些，只留下绝对必需的。我们要把削弱了的工人阶级力量集中**在较小的领域里**，而使自己站得更稳些，并且不是一次两次而是反复多次用实际经验加以检验。我们只能一步一步地、一寸一寸地前进，否则像我们这样一支“军队”，在这样困难的道路上，在这样艰难和危险的情况下，现在是**无法**前进的。谁对这一工作“感觉乏味”，“没有兴趣”，“不能理解”，嗤之以鼻，或惊慌失措，或沉溺于大谈什么缺乏“过去的兴奋”和“过去的热情”等等，那最好是“解除他的工作”，让他告退，使他不致造成危害，因为他不愿意或者不善于考虑当前斗争阶段的特点。

国家的经济受到严重的破坏，无产阶级被多次几乎是超越人力的拼搏弄得筋疲力尽，我们就是在这样的条件下着手最困难的工作：给真正社会主义的经济奠定基础，建立工业同农业间正常的商品交换(确切些说是产品交换)。敌人还比我们强大得多；无政府状态的、粮贩的、个人之间的商品交换处处都在破坏我们的工作。我们清楚地看到目前的困难，我们将逐步地顽强地克服这些困难。要让地方更多地发挥首创精神和自主精神，要分派更多的力量到地方上去，要更加重视地方的实际经验。**只有**恢复工业的工作取得实际成就，对工农双方都有利的正常的国家产品交换建立起来，工人阶级才能治好自己的创伤，恢复自身的即无产阶级的“阶级力量”，农民才能坚定地信赖无产阶级的领导。只有取得这些成就，新生力量才会涌现出来，也许不会像我们每个人所希望的那样快，但一定会涌现出来。

把这项需要更缓慢、更谨慎、更坚定和更顽强地进行的工作担负起来吧！

1921 年 8 月 20 日

载于 1921 年 8 月 28 日《真理报》第 190 号

译自《列宁全集》俄文第 5 版第 44 卷第 101—109 页

俄共(布)中央政治局关于对外贸人民委员部进行调查的决定草案[74]

(1921年8月23日)

建议政治局作如下决定:

(1)报告要作。

(2)指定温什利赫特为报告人。

(3)报告要这样作:报告的**结论**应该是政治局就报告总结所作的各项决定。

(4)把保密部分分出来,在秘密会议上讲。

列 宁

8月23日

译自《列宁全集》俄文第5版第54卷第443页

就温格恩一案向俄共(布)中央政治局提出的建议[75]

(1921 年 8 月 26 日)

建议对此案要格外重视,对起诉的理由要查实,如果证据确凿(这一点看来毋庸置疑),就开庭公开审判,要尽快进行并处以枪决。

载于 1945 年《列宁文集》俄文版第 35 卷

译自《列宁全集》俄文第 5 版第 44 卷第 110 页

就生活服务项目收费问题给小人民委员会的信[76]

致小人民委员会主席基谢廖夫同志或副主席

1921年8月27日

基谢廖夫同志：

大量的申诉表明，实行收费制(对服务项目等等)往往使工人吃不消。

应当组织一个专门委员会，由

(1)全俄工会中央理事会出两人，

(2)彼得格勒和莫斯科的苏维埃各出代表一名，

(3)人民委员会出两名委员，

(4)小人民委员会主席(基谢廖夫同志)担任主席。

委员会的任务是：

全面考虑(并制定相应法令)如何使收费制同工人的工资以至整个生活水平相适应(规定工人可以免交，或诸如此类的措施；收费的期限和条件等等)。

人民委员会主席

弗·乌里扬诺夫(列宁)

附言：所有这些问题**必须**通过大人民委员会[77]讨论决定。

载于1945年《列宁文集》俄文版
第35卷

译自《列宁全集》俄文第5版
第44卷第111页

给叶·萨·瓦尔加的便条并附关于建立国际工人运动问题情报所的提纲[78]

（1921 年 8 月 31 日）

亲爱的瓦尔加同志：这里附上我的意见。如您认为有必要，我们可以再通过电话谈谈。

致敬礼！

列　宁

8 月 31 日

对叶·瓦尔加同志建立情报所方案的

初步修改意见或提纲

1. 在柏林或维也纳那种条件下以及在整个西欧、英国和美国，情报所应绝对公开，完全公开。

2. 情报所的所址设在柏林或维也纳，或哥本哈根，或克里斯蒂安尼亚①。

3. 情报所用于经济问题和社会问题的工作时间和出版物不应超过 20%（两者一共 20%）。80%用于政治问题。

① 今奥斯陆。——编者注

4. 至于政治部分,情报所的任务仅仅是收集有关公开的、能公开讨论的那些问题的客观材料。

5. 情报所应完全独立于各国共产党。

6. 情报所的正式名称应大致如下:社会运动研究所。

7. 原则性的指示下达给情报所的一个领导人(至多三个领导人)。

8. 领导人应根据口头的原则性指示制定详尽的、完全公开的工作细则,并把这个工作细则在这里即在莫斯科呈交**共产国际执行委员会**最后批准。

9. 提交报告——每周一次或两次。社会经济问题的附件每月一次或三个月一次。

10. 情报所绝对不要与俄国各使馆发生任何联系。

11. 情报所的规模一开始要小。对操德语的国家以及斯堪的纳维亚和各斯拉夫国家——只用德语。

对盎格鲁-撒克逊语族和罗曼语族这两组国家,只有在分别同它们的代表达成专门协议后才能把活动扩展到这些国家去。协议只能在莫斯科这里达成。

12. 情报所的工作报告,说得确切些是出版物,或者通讯,应由订户(报纸、图书馆等等)付款。

基本原则应该是这样的:情报所及其工作要做到使**各**派的工人报纸**家家**都**不得不**订阅情报所的出版物,为此花钱。假如做不到这一点,那就证明情报所毫无价值。

13. 瓦尔加同志的方案应作为工作细则的初步方案。[79]具体说,对这个方案必须作两点重要的修改:(1)第 3 条**移到上面去**;(2)政治部分要拟定得非常详细。

对第 2 点的一些意见如下:

(附件二)第 3 条和第 4 条:通讯来自工厂?

+工人们自己筹款?

+对**工会运动**问题,应从政治角度专门地和特别详细地加以研究。争取工会是极其重要的政治问题之一。

+工人合作社:**也是如此**(对第二部分的第 2 条)

+所有**过渡性的**政治**组织**(如美国的工农党[80])**特别**重要。

+传单? 分配? 传播?

+对 1914—1918 年大战的**态度**? **极为重要**。

第二部分第 1 条:"各革命的"(??)工人政党如德国共产主义工人党。

提法不对。它们**不是**革命的。应该说是:半无政府主义的,持无政府主义观点的,或靠近无政府主义的。

应当补充:全世界的无政府主义在爱国主义和国际主义问题上发生了分裂;**拥护**苏维埃制度,**反对**苏维埃制度。

(第 2 条)。第二国际和第二半国际各党——应**详尽得多**。

+在**实际**政策上对**本国的**殖民地——和对**帝国主义**的态度,——应**非常非常详尽**。

+所有和平主义的和小资产阶级民主派的团体和派别——应**详尽得多**。

其他等等。

列　宁

1921 年 8 月 31 日

译自《列宁全集》俄文第 5 版
第 54 卷第 443—445 页

给中央统计局的信

（1921 年 8—9 月）

1

给中央统计局局长的信和给秘书的指示

致中央统计局局长

抄 **6** 份送：

(1)波波夫
(2)克尔日扎诺夫斯基
(3—5)供**劳动国防委员会**委员阅
(6)备用

8 月 16 日

波波夫同志：

中央统计局的来信，特别是 8 月 3 日给我送来的日常工业统计材料，使我有充分的根据相信：我的指示（1921 年 6 月 4 日信）[①]

① 这封信没有找到。——俄文版编者注

根本没有执行；中央统计局的全部工作不正常，整个局办得不正常。

8月3日给我送来的日常工业统计材料是旧的，而且 multa non multum（数量很多，内容很少）！您在1921年6月11日的来信中想把中央统计局说得有别于“官僚主义机关”，其实它恰巧像“官僚主义机关”。

在《经济生活报》[81]第152号的附刊上，即在**7月**里，已经**刊载了比较**完备的材料！

1921年第一季度的材料，我已经从这份《经济生活报》上**知道了！**

中央统计局还**比不上**那些个人作者，这是官僚主义机关的典型。也许中央统计局一两年后能给科学工作提供大量材料，但我们需要的不是这种东西。

从我1921年6月4日写信以后过去快两个半月了，但是，一切依然如故。缺点仍然未改。您在6月11日的信中答应给的“进度计划”等等还是没有。

我再次提请您注意，这是不正常的，必须**加速改造**中央统计局的管理工作。

其中包括：

（1）中央统计局局长或主任应该同国家计划委员会**更**密切地配合，遵照国家计划委员会主席和主席团给予的**直接指示**和指定的课题进行工作。

（2）日常统计（无论工业或农业的）应当提供总结性的、对实践极为重要的材料（暂不对“完备的”材料作学院式的研究），在时间上**无论如何**不得迟于而必须**早于**我们的报刊。

必须善于撷取**对实践**重要而急需的东西，把对于纯学术研究有价值的东西搁在一边。

(3)要和国家计划委员会共同规定一种 index-number（指数），以便评价我国整个国民经济的状况；指数每月至少算一次，而且必须同战前的数字对比，其次同 1920 年的数字对比，并尽可能同 1917 年、1918 年和 1919 年的数字对比。

如不能得到准确的数字，应当提出近似的、大致的、初步的数字（每逢这种情况或类似情况要专门加以说明）。

为了进行实际工作，我们**必须**掌握数字，而中央统计局**应该比谁都更早地**掌握这些数字。至于核实数字，确定误差的百分比等等，可以搁置一段时间。

应该拿哪些数字作指数，这应该由中央统计局和国家计划委员会确定。（大致是：人口、领土、主要产品产量、运输工作的主要结果等项主要数字，即使定出 10—15 项数字也好，以便按照外国统计机关早已采用的办法算出这些“指数”来。）

(4)必须立刻根据我 6 月 4 日在“大致的项目表”中所列的八个问题收集材料并加以综合，不得有半点拖拉（因为两个半月来什么事也没有做是根本不能容许的），特别是要：

——立刻收集关于莫斯科的材料（莫斯科应该成为典范）；

——然后收集关于彼得格勒的材料；

——以及各省的材料（标出哪些省份办事迅速，不拖拉，不死守纯学术研究的旧习）。

中央统计局和各省统计局完全可以立即把现有力量的十分之九用来正确而迅速地研究这八个问题，而把十分之一的力量用于对完备的和包罗一切的材料进行纯学术的研究工作。既然没有别的选择，就应该把百分之九十九的力量用来研究在实践上为我们的建设所需要而且是迫切需要的东西，其余的等到适当的时候，等到我们有余力的时候再说。

(5)关于国民经济的**主要**问题，中央统计局应该每月向**劳动国防委员会**提出(必须早于报刊)**初步的**总结数字(而且必须同上一年度对比)。这些主要问题和主要数字(不论它们是否列入"指数")应当立刻整理出来。

请把这些问题开列出来并就其他几点作出答复，毫不迟延地送给我。

人民委员会主席

弗·乌里扬诺夫(列宁)

载于1933年《布尔什维克》杂志第17期

译自《列宁全集》俄文第5版第53卷第121—124页

2

给中央统计局局长或副局长的信和给秘书的指示

致中央统计局局长或副局长

抄送：

(1)中央统计局

(2)我

(3)国家计划委员会主席团(加上我的**请求**，**加上谢列达同志或斯特卢米林同志的结论**)

1921年9月1日

给我送来的没有注明日期的工作“计划”，归结起来是请求增拨一笔经费。

这在目前不行。

因此，必须**压缩整个**计划，使必要的工作能够靠现有的、**现在的**经费继续进行（并能更正常更迅速地完成）。

建议立刻进行压缩；至于增拨经费问题，推迟**到11月左右**再说。

建议把计划压缩到仅仅留下（在没有增加经费以前）**最必要的**工作。这些工作应当包括：

1. 关于国家分配粮食的月报。

必须和粮食人民委员部共同确定收集资料的表格，如：

(a)领取面包的人数（开始时，如果没有力量另行收集分发其他食物或非食物产品的材料，只收集有关面包的材料恐怕更稳妥些）

领取¼俄磅的
½俄磅的
¾俄磅的
1俄磅的，等等。

(b)按照他们的职业、工作等等加以分类。

(c)总计：一共有多少人领取面包，一共分发了多少面包。

莫斯科和彼得格勒的材料最急需；其次是莫斯科省、彼得格勒省和**最重要的工业省份**（伊万诺沃-沃兹涅先斯克、顿巴斯、巴库、乌拉尔等等），最后是其他各省。

2. 关于改为集体供应制的企业的月报。

目前这种企业还不多，可进行普遍考察（正像您的便函中第2页第1点所建议的）。以后这种企业增多了，就抽出其中的$\frac{1}{5}$或$\frac{1}{10}$作**详细**调查。

对改为集体供应制的全部企业暂作**简单的**调查。

您要这些企业上报的表报栏目太多（第2页末第2点），可以而且应当精简，只上报最重要的。

3. 精简供月报用的日常工业统计，把确定**产品的数量**（并且是最重要的产品）作为绝对必要的内容放在第一位。

这方面的材料每月都绝对需要。

其余的都不是绝对需要的，整理起来不用那么急，可根据中央统计局的人力和物力而定。

4. 燃料的生产、分配和消费。

每月绝对必须总结。

和燃料总管理局[82]共同制定项目表，现行表格尽量少改动。

5. 关于粮食人民委员部和中央消费合作总社商品交换情况的月报，要采用最简明的形式：每县发了哪些产品，发了多少，换取了多少粮食。

6. 计算苏维埃机关的工作当然是困难的，正如您在附件第1号第4节中所指出的那样。但是困难并不等于不可能。如果不能每个月，那么每两三个月汇报一次是绝对必要的，开始时哪怕只汇报"现有编制"的情况，把它同战前的编制或者同其他部门和其他省份等等的编制对比，把全体职员合理地加以分类（**大致**分成几类：负责的领导人员，纯办事人员，勤杂人员）。

应该把各省和其他单位的最大和最小的编制加以对比，首先是莫斯科和彼得格勒的。

最近一次苏维埃代表大会的决定[83]责成中央统计局**着手**对我们苏维埃机关的工作和职员人数等等作统计研究。

7. 从企业(工厂、国营农场)和**机关**中挑选**少数**典型，包括(α)最好的(模范的)、(β)中等的和(γ)最坏的，加以研究。

除上述七点外，其余一概压缩掉。

您对工作计划的制定办法和制定期限有何看法，请告诉我。

劳动国防委员会主席　**列宁**

载于1933年《布尔什维克》杂志第17期

译自《列宁全集》俄文第5版第53卷第150—152页

给《经济生活报》编辑部的信

9月1日

把《经济生活报》改为**劳动国防委员会**的机关报，不应该仅仅是一种简单的无意义的手续。

这张报纸应当成为战斗的机关报。第一，它不仅要经常提供有关我国经济的真实情况的资料；第二，它还要分析这些资料，科学地整理这些资料，为工业管理等等提供正确的结论；第三，它要**激励**经济战线上的全体工作人员，要设法使表报准时上报，表扬工作有成绩的人，把企业、机关或经济部门等等单位中工作马虎、落后无能的工作人员揭露出来让大家批评。

这张报纸提供了大量有关我国经济情况的极有价值的材料，其中包括统计材料。但是这些材料有两个缺点：一是带有偶然性，不完全和不系统；二是没有经过整理和分析。

现举例说明：

《七月的莫斯科附近煤田》（载于第188号）是一篇好文章，因为它对材料作了分析，同过去作了对比，把各个企业作了对比。但是分析不全面。没有阐明为什么一个企业（托瓦尔科沃矿场）解决了其他企业没有解决的任务。没有具体的结论。没有同全年作对比。

该报第190号第2版刊载了很多在该报版面上常常见到的详细统计材料，但是这些材料根本“没有经过消化”，带有偶然性，未经整理，毫无分析，没有对比（同过去和别的企业），等等。

为了使该报不仅在形式上而且在事实上成为**劳动国防委员会**的机关报，必须作如下改变：

（1）决不放过向有关机关上报表报不准时或表报不全的问题，把失职人员登上黑榜，同时通过有关人民委员部或**劳动国防委员会**办公厅**设法**使表报准时上报。

（2）非常严格地即非常认真仔细地整理要登载的一切统计材料，使之系统化，不断努力使材料便于对比，不断引用一些过去年代（月份等等）的材料，不断选择一些材料进行分析，说明失败的**原因**，**表彰**有成绩的或者至少是处在领先地位的企业，如此等等。

（3）建立地方通讯员网，其中既要有党员，**也要有非党群众**；要用更多的篇幅登载地方上来自工厂、矿山、国营农场、铁路机务段和工场等的通讯。

（4）出版专刊，刊载有关我国经济中一切重大问题的综合报道。这些报道绝对必须经过加工整理，并且要有全面的分析和具体的结论。

由于纸张缺乏，必须节约用纸。这想必是能够做到的。例如，把报纸的份数由44 000份减少到3万份（如分配合理，3万份完全够了：1万个乡每乡2份，1 000个县每县4份，100个省每省10份，余下5 000份都分发给图书馆、编辑部和少数机关）。这样我们就能省出足够的纸张，用于每月出版8期附刊（每期两版）。

这样，每月报道好多重大问题都够了（燃料；工业——可出两三期附刊；运输；粮食；国营农场等等）。

这些附刊必须就我国经济各个极其重要的方面提供综合性的统计材料，这些材料必须经过整理，有分析，有具体的结论。

日报上所载的全部统计材料(为数很多而又极不完整)必须同这种综合报道**配合**,删去繁复的细节。

由于在许多问题上《**经济生活报**》和**中央统计局**的资料来源相同,这种附刊应该(暂时)取代**中央统计局**的出版物。

(5)必须把全部日常统计材料分配给:(a)《**经济生活报**》的编辑人员、(b)**国家计划委员会**的委员、(c)**中央统计局**的领导成员或工作人员,使他们每个人都能"分管"国民经济的**一个**部门,并且**负责**:

(aa)按时收集表报和上报的资料;为得到这些材料进行有效的"斗争";索取补充材料,如此等等;

(bb)综合和分析资料;

(cc)作出具体的结论。

(6)《**经济生活报**》应注意租让和**出租**的企业,无论在上报表报方面,还是在实行监督和作出结论方面,应和其他企业**一视同仁**。

请召开由《**经济生活报**》编辑一人、中央统计局和国家计划委员会的代表各一人参加的会议,讨论这些问题和措施,并把会议的决定告诉我。

劳动国防委员会主席　**列宁**

附言:请这次会议讨论一下算出能反映我国国民经济一般状况的 index-number(指数)的问题。这种"指数"应该每月登载一次。

载于1923年11月6日《经济生活报》第31号

译自《列宁全集》俄文第5版第44卷第112—114页

关于欧洲工人的捐款[84]

（1921 年 9 月）

1

俄共(布)中央政治局决定

（9 月 2 日）

(1)委托执行委员会的俄国委员通过共产国际解决下述问题：对欧洲工人救济俄国饥民的捐款随时进行精确的统计，并经常发布关于这种捐款的消息。

(2)中央委员会特别重视在欧洲工人中正大力开展的捐献一天工资的宣传鼓动工作，认为这是救济饥民的最好形式之一。

(3)建议共产国际的俄国委员两周后向政治局提出关于这一宣传活动进展情况的报告。

译自《列宁全集》俄文第 5 版
第 44 卷第 115 页

2
致共产国际执行委员会书记

（9月3日）

准确地按时地得到外国工人为救济俄国饥民开展募捐活动的情况，对我们极为重要。昨天，政治局作出了有关这个问题的决定[①]，已给您寄去。我认为，应当指定专人负责一个或几个国家，让他们注意各个党派的工人报刊，抄下准确的数字，当然只限于：(1)募捐总数；(2)准确指出募来的是什么货币；(3)指明捐款收齐的日期；(4)指明消息摘自哪些报纸以及是哪些党派或组织在募捐。

一些党派或工会关于捐献一天工资的决定必须单独列出来。

务请回答我，执行委员会采取了什么具体措施，什么时候可望得到第一批汇总材料。

列 宁

载于1942年《列宁文集》俄文版第34卷

译自《列宁全集》俄文第5版第53卷第169—170页

① 见本卷第142页。——编者注

给维·米·莫洛托夫的便条并附俄共(布)中央政治局关于复照努兰斯的决定草案[85]

(1921 年 9 月 4 日)

莫洛托夫同志:

努兰斯蛮横已极。现提出一份决定草案,见背面。如果我们意见不一致,我要求明天召开政治局全体会议;届时我来。在这个问题上让步是不行的。

列　宁

9 月 4 日

现提出政治局决定全文如下:

"委托契切林起草一份答复努兰斯的照会,用声讨资产阶级和帝国主义的那种最严厉的措辞拒绝努兰斯的要求。强调指出努兰斯本人扮演着反革命的角色;着重指出,不经任何协商就派遣一个由间谍组成的所谓专家考察组来我国,这种建议带有公然侮辱人的性质;痛斥努兰斯要我们在 9 月 4 日把我们已经按时完成的秋播的情况填表寄给考察组的想法;痛斥七点建议,声明我们只同德国那样的国家的政府打交道,或者只根据预先明确商定的协议(当然不是同努兰斯这样的人协商)办事。要强调指出,既然努兰斯先生们**持这种态度**，那么我们连一秒钟也不会相信他们有助人的好意。”

载于1959年《列宁文集》俄文版第36卷

译自《列宁全集》俄文第5版第44卷第116页

对俄共(布)中央政治局关于给粮食人民委员部的指示的决定草案的补充[86]

(1921 年 9 月 5 日或 6 日)

补充:

(1)缩减享受供应(向国家领取粮食)的企业的数目。

(2)未经中央委员会特许,不得增加粮食配给额。

载于 1959 年《列宁文集》俄文版第 36 卷

译自《列宁全集》俄文第 5 版第 44 卷第 117 页

俄共(布)中央政治局关于动用黄金储备问题的决定草案[87]

(1921年9月)

1

9月7日草拟的决定

建议政治局作出决定:

委托全俄中央执行委员会主席团:

(1)撤销人民委员会关于拨款525万向阿姆斯特朗公司订货的决定。

(2)暂缓执行订购价值1 090万的油罐车的计划,并委托库尔斯基在一周内检查此项开支是否符合政治局以往所有涉及黄金储备的决定。

(3)委托库尔斯基对1921年8月以来所有动用黄金储备的拨款进行同样的检查。

(4)建议阿尔斯基(会同莫洛托夫)根据政治局的决定制定一种有关动用黄金储备的专项申报和逐项审查的正规表报格式。

(5)委托库尔斯基亲自根据单据查明,向阿姆斯特朗公司订货是否已开始拨款。如已开始,那么撤销人民委员会的决定和暂缓拨款将会造成什么法律后果。

列 宁

译自《列宁全集》俄文第5版
第44卷第118页

2

9月14日草拟的决定

关于黄金储备

委托阿尔斯基

亲自负责(如果外出,可转托另一位部务委员,但须经中央特许)

注意以下几点:

(1)黄金储备的一切支出要严格实行准确和迅速的登记;

(2)黄金储备的任何一项支出,未经政治局特许,无论是人民委员会、劳动国防委员会还是全俄中央执行委员会主席团都不得签署;

(3)每月1日和15日向政治局提交简要的书面报告。

译自《列宁文集》俄文版第37卷
第321—322页

俄共(布)中央秘密信件的草稿

(1921年9月9日)

毫无疑问,共产国际向资产阶级国家共产党提供津贴费自然完全是理所当然的、极其必要的,但有时却会因此出现一些胡作非为和极其恶劣的舞弊行为。

俄共中央在同这些舞弊行为进行无情斗争的同时,向所有在国外工作、住在国外或者相当清楚地(通过某种方式)了解这一工作情况的党员发出这封秘密信件。

中央声明,下述行为是极大的犯罪,为此将坚决把有关人员开除出党(此外还要追究其刑事责任和尽可能在报刊上公之于众)

——不仅是任何挥霍从共产国际收到的钱款的行为(用于支持以"左倾"或"革命性"相标榜的派别;用于保障自己或别人具有优于党的工作人员平均水平的生活条件等等);

——还有任何对中央隐瞒有关这些款项支出详细情况的行为,这是指用各种各样的方法,即直接或间接地逃避向中央十分及时地和绝对正确地报告从**共产国际**收到的并在国外花费的每一戈比的情况。

凡犯有这类隐瞒真情的错误的人,不论是蓄意隐瞒还是出于疏忽,中央都将把他们视做**窃贼**和**叛徒**,因为在国外乱花钱(更不用说挥霍无度了)所带来的害处要比叛徒和窃贼所造成的危害大得多。

凡向**共产国际**领取款项的人都应知道，他必须绝对准确地执行**共产国际执行委员会**的所有指示，特别是要准确地执行向俄共中央绝对详尽、迅速和正确地报告每一戈比开支情况的一切必要规定和条件。

中央责成在**共产国际执行委员会**中工作的俄共党员①立即起草一份关于从**共产国际执行委员会**领取的款项的开支办法以及这一开支的报告的极为详细的指示。

这个指示的要点应该是：

(1)认为加入**共产国际**的地方共产党②未经中央的批准和同意开支款项的行为是**盗窃行为**；

(2)凡领取款项的人，哪怕只是为了运送，都必须向**共产国际执行委员会**出具收据(或将收据寄来)，证明钱已收到并遵守开支规定；

(3)凡收到款项的人，都必须把每一戈比的开支情况告知居住在开支地点的两名以上的同志，其中至少有一人的身份应该是完全公开的，即不参加任何秘密活动；

(4)凡收到钱款的人，都必须至少3个月一次亲自(或者是上面第3条中提到的两名以上同志中的一位)到莫斯科，在莫斯科最详细地用书面形式报告每一戈比的开支情况；

“检查员”应该是：外交 ‖ (5)凡收到款项的人也都随时有责任向

① 说责成季诺维也夫岂不更好些？更好些！(列宁加的脚注)。——俄文版编者注

② 手稿上是党共产，列宁在上面标上1、2的数字，把这两个词的位置颠倒过来。——俄文版编者注

<table>
<tr><td>(α)使团成员
(β)病人
(γ)各种各样的人</td><td>由俄共中央发给特别委托书(或拥有**共产国际执行委员会**的委托书)的有权听取报告的人极为详细地报告每一戈比的开支情况;</td></tr>
</table>

(6)凡收到款项而未在规定期限之内提交报告的人,要被交付党审判,即使他甚至已被逮捕;而且没有党的判决,不能排除其盗窃的嫌疑;

(7)俄共中央会同(俄共)中央监察委员会任命一个特别委员会来极其严格地监督这些规定的执行情况(例如:索尔茨+库奇缅科+克里沃夫)。

译自1990年《苏共中央通报》
第4期

俄共(布)中央政治局关于自由出售莫斯科库存书籍的决定草案[88]

(1921 年 9 月 13 日)

(1)委托莫斯科苏维埃和政治教育总委员会[89]共同统计莫斯科库存书籍;

(2)授权政治教育总委员会从莫斯科各书库提取各图书馆所需书籍,但在分配时应充分考虑到莫斯科的需要。为此,政治教育总委员会应使莫斯科省政治教育委员会有可能了解情况并在三日内对政治教育总委员会的决定提出申诉意见。

(3)拟在莫斯科自由出售的书籍中,应将色情的和宗教内容的书籍剔除,送**造纸工业总管理局**造纸。

(4)外文书籍允许自由出售。

载于 1959 年《列宁文集》俄文版第 36 卷

译自《列宁全集》俄文第 5 版第 44 卷第 119 页

俄共(布)中央政治局关于莫斯科联合企业公司的决定草案[90]

(1921 年 9 月 13 日)

委托**劳动国防委员会**于星期三:

撤销专门委员会,理由是它对整个工作的指导不正确。

授权共和国革命军事委员会或它的几个成员同莫斯科苏维埃主席团协商签订合同。只有双方业已签订的合同中那些超出莫斯科苏维埃职权范围的条款,才能请示**劳动国防委员会**批准。

合同签订后抄送劳动国防委员会办公厅。

译自《列宁文集》俄文版第 37 卷
第 320 页

俄共（布）中央政治局关于组建国营托拉斯的决定草案[91]

（1921年9月14日）

委托波格丹诺夫同志立即把里杰尔和埃基巴斯图兹的工厂和矿山以及与它们有经济联系的所有厂矿组建成一个国营托拉斯。这一托拉斯在财政和经济上应有最大的独立性，不归西伯利亚、吉尔吉斯或其他地方行政当局领导，而直属最高国民经济委员会。

载于1959年《列宁文集》俄文版第36卷

译自《列宁全集》俄文第5版第44卷第120页

关于推荐人问题

给维·米·莫洛托夫的便条

（1921年9月15日）

莫洛托夫同志：

据各方面反映，有人碍于情面竟来者不拒地（在清党[92]工作中）担任推荐人。

建议发布一项中央委员会的通告（需经中央监察委员会和审查委员会[93]同意并签署）：

“只有与被推荐人在某一党组织内一起工作、亲自观察其工作一年以上的人，才准许担任推荐人”。[94]

列　宁

9月15日

载于1939年《无产阶级革命》杂志第1期

译自《列宁全集》俄文第5版第44卷第121页

关于清党

（1921年9月20日）

清党显然已经发展成为一项关系重大和极其重要的工作了。

有些地方的清党工作主要是依靠非党工人的经验和意见，以他们的意见为线索，尊重非党无产阶级群众代表的意见。这是最可贵、最重要的。如果我们真能**这样**自上而下、“不顾情面地”实行清党，那么革命的成就确实是会很大的。

因为现在革命的成就不可能和从前一样了。由于从军事战线转到经济战线，由于改行新经济政策，由于现在的情况要求首先提高劳动生产率和加强劳动纪律，革命的成就也必然改变自己的性质。在这样的时候，革命的主要成就表现为不辉煌、不显眼、不是一眼就能看出的内部改善，即劳动情况、劳动组织和劳动结果的改善；所谓改善，就是要抵制既腐蚀无产阶级又腐蚀党的小资产阶级自发势力和小资产阶级无政府主义自发势力的影响。要达到这样的改善，就必须把脱离群众的分子清除出党（自然，更不用说那些在群众眼中玷污了党的分子了）。当然，不是群众所有的意见我们都得照办，因为群众有时——特别是在过重的负担和难熬的痛苦把人折磨得疲惫不堪的年代——也受到那种一点也不先进的思想的支配。但是在评价人的时候，在揭露“混进党的”、“摆委员架子的”、“官僚化的”人的时候，非党无产阶级群众的意见以及在许多场合下非党农民群众的意见是极其宝贵的。劳动群众非常敏感，很会识别谁是忠诚老实的共产党员，谁是那些靠辛勤劳动过活、没有任何特权、根本不会“讨好领导”的人所厌恶的共产党员。

进行清党时，重视非党劳动者的意见是一件重要的事情。这样能使我们收到很大的效果，能使党成为比以前坚强得多的阶级先锋队，成为同本阶级有更紧密的联系、更能在重重困难和危险中引导本阶级走向胜利的先锋队。

我还要指出，把过去的孟什维克清除出党是清党的一部分任务。我看，1918年初以后入党的孟什维克，应当留在党内的大约不超过百分之一，并且对每个留在党内的都要反复进行审查。为什么呢？因为孟什维克这个派别在1918—1921年期间证明，他们有两个特点：第一，能巧妙地适应环境，“混到”在工人中占统治地位的派别里来；第二，能更巧妙地忠心耿耿为白卫分子效劳，口头上和它决裂，实际上为它效劳。这两个特点都是从孟什维主义的全部历史中产生出来的，只要回顾一下阿克雪里罗得的“工人代表大会”[95]和孟什维克在口头上和实际上对立宪民主党（以及对君主制）的态度等等就知道了。孟什维克“混到”俄国共产党里来，不仅仅是甚至主要不是由于他们奉行马基雅弗利主义[96]（虽然从1903年以来，孟什维克已表明他们是要资产阶级外交手腕的头等能手），而是由于他们要“适应环境”。一切机会主义者都有善于适应环境的特点（但并非任何一种适应环境都是机会主义），而孟什维克这帮机会主义者可以说是“从原则上”来适应在工人中占统治地位的派别的，他们改换保护色，像兔子一到冬天就变成白色一样。应该懂得并估计到孟什维克的这个特点。所谓估计到这个特点，就是说，要把1918年以后即在布尔什维克可望胜利以及后来必胜无疑的时候参加俄国共产党的孟什维克的大约百分之九十九都清除出党。

必须把欺骗分子、官僚化分子、不忠诚分子和不坚定的共产党员以及虽然“改头换面”但内心里依然故我的孟什维克从党内清除出去。

1921 年 9 月 20 日

载于 1921 年 9 月 21 日《真理报》第 210 号

译自《列宁全集》俄文第 5 版第 44 卷第 122—124 页

给瓦·弗·古比雪夫的信和美国来俄工人的保证书草稿[97]

（1921年9月22日）

古比雪夫同志：

给您寄上鲁特格尔斯和他的**全体**人员（包括每一个工人）必须呈交的（**如果**签订合同的话）保证书草稿。

如果您同意，请向他们提出。

请找一位**两种**语言都**精**通的可靠的**翻译**（参加一切谈判）。

需要订合同，而且要订得非常具体。

必须有**自己的律师**（共产党员）参与制定合同。

我看可把这种合同称做**租办**某些工厂等等的合同。

技术鉴定一定要由**斯琼克尔**和几位**有真才实学**的专家签字。

致共产主义的敬礼！

列　宁

企业的领导人和筹备者是否同意自己签署并设法使所有美国来俄人员都签署如下保证书：

1. 我们保证做到并**集体**担保，**来**俄的所有人员都有能力和决心自觉忍受在一个十分落后而经济又遭到空前破坏的国家中恢复工业时所不可避免的种种艰难困苦。

2. 来俄人员保证尽最大的努力进行工作，以超过资本主义标准的最高的劳动生产率和最严格的纪律进行工作，因为，不这样俄国就无法超过甚至无法赶上资本主义。

3. 我们保证毫无例外地把一切争执（无论争执的性质如何）交由俄国最高的苏维埃政权机关最后裁决，并认真执行它的一切决定。

4. 我们保证时刻想到我们周围的俄国工人和农民由于饥饿疲惫而存在着极端焦躁的情绪，并竭力帮助他们，以便建立友好关系，消除不信任和忌妒心理。

载于 1929 年 1 月 20 日《工商报》第 17 号

译自《列宁全集》俄文第 5 版第 44 卷第 125—126 页

关于工农检查院的任务、对任务的理解和执行的问题[98]

（1921年9月27日）

工农检查院的任务，不仅仅是甚至主要不是“捕捉”和“揭发”（这是法院的事，工农检查院虽然和法院密切有关，但决不等同），而是**善于纠正**。

善于及时地纠正，这才是工农检查院的主要任务。

要善于纠正，第一，必须**研究**并掌握各机关、企业、部门等等处理工作的情况；第二，必须及时地**作**一些必要的切实的改变，并真正贯彻下去。

各种不同的企业、机关、部门等等处理工作，有许多相同的或基本上相同的地方。工农检查院的任务是通过认真检查的实践培养出一批有经验的和懂行的领导人员，他们应能提出问题（如果善于正确地**提出**问题，那么单是这一点就可使视察获得成功，就有可能进行纠正），指导视察和检查工作，检查纠正的情况，等等。

例如，汇报工作是一切部门和各种机关的一项基本任务。工农检查院应该熟悉和掌握这项工作，善于在最短时间内进行检查（派人到有关的办公室去半小时，去一小时）：工作汇报了没有，汇报是否符合规定，有哪些缺点，怎样纠正等等。

怎样搞好汇报，怎样处罚过错，怎样“捕捉”欺骗行为，以及怎样检查实际执行情况等等，这些方法工农检查院都应该加以研究、归纳和总结。工农检查院应该有一份**清单**，把汇报**搞得**还可以的机关、部门和省份开列出来，即使这样的单位只占百分之一甚至千分之一也没有什么关系，只要能**始终**不断地进行坚持不懈的斗争来扩大采用范例的范围就行。工农检查院应该有一份反映这一斗争的**进程**以及我们在这一斗争中的成功和失败的日程表。

看了关于各个燃料机关的工作和 1921 年秋季燃料危机加重的情况的报告初稿以后，我确信工农检查院的工作**基点**摆得不对。在这个报告初稿里，既**没有**对情况的**研究**，**也没有纠正的办法**。

例如，拿 1921 年的三周突击运动[99]同 1920 年的作对比时光有一个总数。这样比是不对的，因为第一，没有考虑到粮食供应方面的差别（1921 年春季以及整个 1921 年上半年情况**特殊**，因为**改行**粮食税了）；第二，没有考虑到 1921 年的歉收。

达尼舍夫斯基指出：没有遭到歉收的省份完成了 1921 年三周计划的百分之百**以上**；歉收的省份没有完成任务，缺额很大。

而报告却没有对情况作任何**研究**。

工农检查院的报告初稿指出林业总委员会[100]的工作汇报有缺点，显然是正确的。这一点，达尼舍夫斯基也承认。这是证实了的。汇报是搞得不好。

然而正是在这个**主要**问题上，工农检查院完全不应该**停留**在报告初稿的“提法”上，什么“汇报搞得不好，汇报工作没有搞起来”。那么，工农检查院的同志在**纠正**这个缺点方面做了些什么呢？工农检查院许多著名的工作人员在 1920 年冬和 1921 年春**亲自**参加了**许多**研究燃料危机问题的讨论会和工作组。正好在

1921 年春天(似乎是在 1921 年 **3 月**),林业总委员会**更换了**领导。这就是说,1921 年 **3 月**,林业总委员会应该**按新方式汇报工作**。

达尼舍夫斯基这样做了。不过做得**不能令人满意**。他的汇报搞得不好。达尼舍夫斯基无疑有过错。

但是找出有过错的领导人,这只是工作的极小一部分。

工农检查院是否完成了自己的任务,尽到了自己的职责呢?**它是否正确地理解了自己的任务呢**?主要的问题就在这里。可是对这个问题只能作否定的回答。

工农检查院既然知道燃料的情况很紧急,知道木柴很重要,知道旧林业总委员会(洛莫夫时期)的汇报搞得不好,那它就应该:

在 1921 年 **3 月**提出**正式的**书面**意见**,说明应该**怎样**汇报工作;

在 1921 年 **4 月**检查新的领导(达尼舍夫斯基)是怎样**进行**汇报工作的,并**再次**提出正式的书面意见,说明应该怎样改进,否则事情就办不好;

在 1921 年 **5 月**再检查一次;

如此等等,**每月**都抓;

直到汇报作得还可以为止。

工农检查院本应该在 1921 年春天指定一位视察员(最好是**一个**人,而不是一个“部门”,虽然实际上工农检查院可能有一个“部门”专管林业或整个燃料业的视察工作或检查工作)专门抓林业总委员会的汇报工作,**研究**这项工作,每月向某一位院务委员报告或提出综合报告(有多少省份的汇报搞得还可以;把它们一一列举出来;有多少省份根本没有汇报,等等。采取了哪些措施?向俄共中央报告过没有？向全俄中央执行委员会报告过没有？这些措施的效果怎样?)。

达尼舍夫斯基的过错在于没有把汇报搞好。

工农检查院，也就是**这一位**负责的、我不知道姓名的**视察员**或检查员的过错，在于他**从 1921 年 3 月起**就没有尽到自己的职责。

目前的一个实际问题，一个应切实解决而不容用官僚主义态度应付的问题是：怎样**纠正**林业总委员会汇报工作的缺点？

由于在工农检查院的报告初稿中找不到这个极其重要的问题的答案(它本**应**提供答案)，我就自己来回答，但我可能答错，因为对情况没有研究。下面是我的建议，如有人提出更好的建议，我乐意修改。

(1)汇报(每两周一次)不要像现在这样邮寄，要用电报拍发；

(2)制定出一种由 7—9 个数字和字母编制的"电码"，以便用几行字就把统计结果交代清楚(采购了多少立方俄丈木柴；运出了多少；收到和发出了多少粮食和饲料，等等)；

(3)通过法律手续授权达尼舍夫斯基把那些不按时交汇报的人抓起来，

或者(如果不可能那样做，如果由于某种原因那样行不通)请求全俄中央执行委员会主席团把那些不按时交汇报的人**抓起来**；通过俄共中央实施有关指令；检查执行情况；

(4)采用亲自**到现场**直接进行**检查**的方法，看执行了没有？执行得怎么样？困难何在？

达尼舍夫斯基说，他派出了一批到全俄各地**巡视的**监察员，他们已经到了**各个**省份，下到了基层，起了督促作用，已使许多省份动了起来。

情况确实吗？达尼舍夫斯基没有受自己官员的蒙蔽吗？

很可能受蒙蔽了。

而工农检查院呢？它应该查明和了解这种情况。关于这一点，报告初稿一个字也没有提到。什么时候派出巡回监察员的？派了多少？他们的水平怎样？他们的工作有什么结果？如果情况不能令人满意，应怎样改进？问题的实质就在这里，而工农检查院的视察员恰巧回避了这一实质。

再说一遍，搞好汇报是一个主要问题。工农检查院没有研究清楚这个问题。工农检查院没有完成甚至显然**没有理解**下面这项任务：关注汇报工作，努力改进和切实改进这项工作。

> 工农检查院应该善于通过全俄中央执行委员会，通过俄共中央，通过各种途径，把工作“做到”党和苏维埃的最高一级机关中去，切实纠正汇报工作的缺点。

我详细谈了一个极其重要的(也是极其简单的)问题，即搞好汇报的问题，但今后还会有一些同样很重要的而且是更为棘手的问题，例如工作承包(检查完成情况，进行计算等)等问题。

报告初稿还**触及**到一个特别有意思的问题，——但同样只是触及，并没有认真动手解决。这就是起草人在报告初稿中所说的：“负责的领导人员工作忙得喘不过气来，而下属机构(被提到的是属于燃料总管理局的煤炭总委员会[101]和林业总委员会等)的业务部门却**充满了无事可做的工作人员**。”

我认为这种看法是可贵的，而且是绝对正确的，它不仅适用于燃料总管理局，也**适用于**所有的或者百分之九十九的机关和部门。

这种不良现象到处都有。

工农检查院本应该在 3 月新组织筹建时，或者最迟在 4 月新组织已建立时，正式提出书面建议，说明应该怎样纠正这种现象。

但没有做到。

应该怎样纠正这种不良现象呢？

我甚至一点都不知道。工农检查院应该知道，因为它的任务就是研究这种现象，把各个不同的部门拿来对比，提出各种切实的建议，通过实践加以检验，等等。

我在谈到"工农检查院"时，首先是指这个报告初稿的有关起草人。但是我很清楚，事情不仅同这一位起草人有关。

应该从工农检查院挑选几个，即使是两三个（两三个想必找得出来）极其认真而又精明干练的工作人员，让他们给视察员制定一项合理的工作计划，一开始哪怕先制定抓汇报的工作计划也行。工作宁可少抓一些，但要一抓到底。

报告初稿起草人提到了一大堆问题，但这些问题没有研究清楚，都是匆忙收集来的，没有任何用处。这是在玩"议会报告"游戏。我们需要的不是这个，而是去**切实地纠正缺点**。

研究得不够，这从第 52（39）个问题中就可以看出，那里只列举了一些模范的矿井。这正是劳动国防委员会工作组（斯米尔加和拉姆津）在 1921 年 9 月视察了顿巴斯以后得出的结论。这正是国家计划委员会所作的结论。

为什么我知道国家计划委员会和斯米尔加工作组的工作，而专门打报告反映燃料总管理局情况的**特派视察员**反而不知道呢？

工作安排不当。

具体怎样做，我提出以下建议作为我的结论：

（1）至少要着重抓汇报问题，并要一抓到底；

(2)把这一工作委托给一定的人,并把他们的名字告诉我;

(3)把受命检查林业总委员会工作的视察员的名字告诉我。

列 宁

1921 年 9 月 27 日

载于 1927 年 2 月 6 日《真理报》第 30 号和《全俄中央执行委员会消息报》第 30 号

译自《列宁全集》俄文第 5 版第 44 卷第 127—132 页

俄共(布)中央政治局关于远东共和国问题的决定草案[102]

(1921年10月7日或8日)

建议同意契切林的意见,并委托他以**批示草案**的形式拟定一项关于远东共和国的**明确**而简短的指示。

列　宁

载于1959年《列宁文集》俄文版第36卷

译自《列宁全集》俄文第5版第44卷第133页

关于考察党员负责干部的一条意见[103]

（1921 年 10 月 8 日）

应仔细研究如何摸清党员负责干部情况的问题，看每个人适合做哪一级的工作和什么性质的工作，即使先把莫斯科市和一个省的情况摸清也好。

载于 1959 年《列宁文集》俄文版第 36 卷

译自《列宁全集》俄文第 5 版第 44 卷第 134 页

致全俄电气技术人员第八次代表大会主席团[104]

（1921 年 10 月 8 日）

非常抱歉，我不能亲自来向大会祝贺。

关于《电气化计划》一书的意义，尤其是关于电气化本身的意义，我已经说过不止一次了。① 大机器工业及其在农业中的推广，是社会主义唯一的经济基础，是实现如下奋斗目标的唯一基础：使人类摆脱资本的桎梏，不再为了确定是英国强盗还是德国强盗、是日本强盗还是美国强盗等等在瓜分世界时占优势而让几千万人死于非命和变成残废。

工农苏维埃共和国已经开始有步骤有计划地实现我国的电气化。尽管我们所做的工作少得可怜，不值一提，尽管对于一个被地主资本家在四年帝国主义战争和三年国内战争中弄得满目疮痍的国家来说，对于一个全世界资产阶级正伺机把它征服和变成他们的殖民地的国家来说，实行电气化的困难大得难以置信，尽管我们电气化事业的进展慢得令人难受，但这项事业毕竟在向前进展。在你们大会的帮助下，在俄国全体电气技术人员以及全世界许多优秀的先进学者的帮助下，通过工人和劳动农民的先锋队的英勇

---

① 见本版全集第 40 卷第 157 — 161、348 — 357 页，第 41 卷第 282 — 283 页。——编者注

奋斗，我们一定能完成这项任务，我们一定能使我国电气化。

向全俄电气技术人员第八次代表大会祝贺，祝大会圆满成功。

人民委员会主席

弗·乌里扬诺夫（列宁）

载于1921年10月11日《全俄电气技术人员第八次代表大会公报》第3号

译自《列宁全集》俄文第5版第44卷第135—136页

俄共(布)中央政治局关于乌克兰种植甜菜问题的指示草案[105]

(1921年10月10日)

政治局关于在乌克兰拨出土地由工厂播种糖用甜菜和对糖厂附近农民实行强制轮种制及作物定额制问题的

指　示

1. 推行整个此项改革要极其慎重,采取任何步骤都必须经过实践检验,看播种甜菜能否确保合理经营和农民直接受益。

2. 在拨给工厂40万俄亩土地前,应当检查这个数字对于保证实际的、合理的、大规模的工厂经营是否真正必需。

工厂应负责使转交给它们的全部土地得到合理的耕作并用于工厂。

3. 在农民的土地上实行强制轮种制和作物定额制应只限于历来种植甜菜的地方。

4. 应严格注意使糖厂同种甜菜的农民的关系建立在真正自愿协商的基础上,但是要保证规定的甜菜地面积。

载于1959年《列宁文集》俄文版第36卷

译自《列宁全集》俄文第5版第44卷第137页

俄共(布)中央政治局关于社会保险的决定草案[106]

(1921年10月10日)

委托全俄工会中央理事会主席团会同最高国民经济委员会、卫生人民委员部和社会保障人民委员部研究解决在实行新经济政策条件下的工人保险问题。

载于1959年《列宁文集》俄文版第36卷

译自《列宁全集》俄文第5版第44卷第138页

关于拨给伊万诺沃-沃兹涅先斯克省口粮和资金问题的信[107]

致小人民委员会主席**基谢廖夫**同志
抄送:最高国民经济委员会主席
纺织企业总管理委员会主席
粮食人民委员部
伊万诺沃-沃兹涅先斯克省经济会议主席
科洛季洛夫同志

1921年10月10日

伊万诺沃-沃兹涅先斯克省经济会议向**劳动国防委员会**申请每月拨给该省4万份口粮和40亿卢布,以便22个纺织企业能够开工并生产出8 090万俄尺坯布和12 790万俄尺成品布。

由于伊万诺沃-沃兹涅先斯克省的大工业无论从经济上还是从政治上来看都特别重要,必须尽最大努力满足伊万诺沃-沃兹涅先斯克省经济会议的请求,即使影响其他地区也在所不惜。

请您明天召开会议,由您主持,参加会议的应有纺织企业总管理委员会(经最高国民经济委员会主席团同意)和粮食人民委员部,以及伊万诺沃-沃兹涅先斯克省经济会议的代表,必要时可以把财政人民委员部的代表找来,争取在明天,即10月11日,把问题提交给大人民委员会。

人民委员会主席

弗·乌里扬诺夫(列宁)

载于1933年《列宁文集》俄文版第23卷

译自《列宁全集》俄文第5版第44卷第139页

就指派中东铁路谈判代表问题向俄共(布)中央政治局委员提出的建议[108]

(1921 年 10 月 11 日)

急！建议立即进行书面表决,或者召开半小时的政治局会议。

建议:同意派**马尔赫列夫斯基**和**派克斯**(谁到大连,谁到赤塔,由契切林决定)。

雅罗斯拉夫斯基出席华盛顿会议[109]不合适,美舍利亚科夫——不很合适。建议:委托外交人民委员部和组织局(于 24 小时内)**另外**物色人选。

列　宁

10 月 11 日

载于 1959 年《列宁文集》俄文版第 36 卷

译自《列宁全集》俄文第 5 版第 44 卷第 140 页

关于同鲁特格尔斯小组达成协议问题的信[110]

1921年10月12日

莫洛托夫同志：

附上有关鲁特格尔斯一事的材料。

应由**劳动国防委员会**作决定。

建议**先**由中央委员会作决定，因为这是政治问题。政治局**有责任**过问，因为事关**黄金**支出。

请您让秘书同**全体**政治局委员通个电话，要每人确定**一个小时**，在星期五以前用它看完这份材料。每人都要看，以便在星期五作出决定。

让秘书登记时间，把材料依次传给每一位政治局委员阅读。

是个难题：

赞成的意见：如果美国人履行诺言，好处将是极大的。那么**60万**金卢布并不可惜。

反对的意见：他们会履行吗？**海伍德**是个半无政府主义者。伤感情绪多于实干精神。**鲁特格尔斯**可别陷入左倾。**卡尔弗特**最爱饶舌。我们没有任何切实的保证。这些痴心妄想的人在失业气氛下会招募来一帮"冒险家"，那些人会一吵了事的。那时我们交出去的60万金卢布就要损失**一部分**（因为他们无疑会糟蹋和挥霍

一部分)，而且**还有**损失**多达 100 万金卢布**的危险，因为根据第 8 条(该条的结尾)规定，我们有义务

“对各侨民运来的机器和劳动工具按其支出费用给予等价补偿”。

风险不小。

赞成者：伊·尼·斯米尔诺夫和马克西莫夫(乌拉尔的)——都是当地人，所以他们赞成。

反对者：马尔滕斯该是颇了解美国人的，所以他反对。

列　宁

请安排一下，让最高国民经济委员会主席团的全体委员在星期五 12 时至下午 4 时同中央委员会的秘书保持电话联系，听候要他们来中央的通知。

附言：此信亦请分发给全体政治局委员。

载于 1959 年《列宁文集》俄文版第 36 卷

译自《列宁全集》俄文第 5 版第 44 卷第 141—142 页

就鲁特格尔斯的建议给政治局委员的信

（1921年10月12日和15日之间）

我认为，鲁特格尔斯的建议按它现在这种样子目前不能采纳。但是想试试让他**改变小组的成分**（鲁特格尔斯＋海伍德＋卡尔弗特）。也改变财政方面的要求。可否这样决定：

> 中央委员会否决鲁特格尔斯同志现在这样的建议，也就是波格丹诺夫同志以及同他一道投赞成票的最高国民经济委员会主席团委员们的建议。
>
> 中央委员会（然后按苏维埃程序是**劳动国防委员会**）恳切希望鲁特格尔斯同志的小组不把这一次拒绝看成是彻底的拒绝，而能按照下列原则修改自己的建议：(α)改变小组即发起人中心小组的成分，增加5—8位著名的美国工会运动或其他工人组织的代表；(β)将我国政府的开支缩减到总数不超过30万美元；(γ)减少我方在中断合同时的开支，并写明数目。[111]

列　宁

载于1959年《列宁文集》俄文版第36卷

译自《列宁全集》俄文第5版第44卷第143页

十月革命四周年

（1921 年 10 月 14 日）

10 月 25 日（11 月 7 日）的四周年快到了。

这个伟大的日子离开我们愈远，俄国无产阶级革命的意义就愈明显，我们对自己工作的整个实际经验也就思考得愈深刻。

这种意义和这种经验可以极其简要地（当然是极不充分极不精确地）说明如下。

俄国革命直接的迫切的任务是资产阶级民主性的任务：打倒中世纪制度的残余，彻底肃清这些残余，扫除俄国的这种野蛮现象、这种耻辱、这种严重妨碍我国一切文化发展和一切进步的障碍。

我们有权引以自豪的是，从对人民群众的深远影响来看，我们所做的这种清除工作比 125 年多以前的法国大革命要坚决、迅速、大胆、有效、广泛和深刻得多。

不论是无政府主义者还是小资产阶级民主派（即孟什维克和社会革命党人，他们是国际上这一社会阶层的俄国代表）在资产阶级民主革命和社会主义革命（**即**无产阶级革命）的关系问题上，过去和现在都讲了不知多少糊涂话。四年来的事实已经完全证实，我们在这一点上对马克思主义的理解和对以往革命经验的估计是正确的。我们比谁都更**彻底地**进行了资产阶级民主革命。我们完

К четырехлетней годовщине Октябрьской революции

Надвигается четырехлетняя годовщина 25-го октября (7 ноября).

Чем дальше отходит от нас этот великий день, тем яснее становится значение пролетарской революции в России, тем глубже мы вдумываемся также в практический опыт нашей работы, взятой в целом.

В самых кратких — и, конечно, далеко неполных и неточных — абрисах это значение и этот опыт можно бы изобразить следующим образом.

Непосредственной и ближайшей задачей революции в России была задача буржуазно-демократическая: свергнуть остатки средневековья, смести их до конца, очистить Россию от этого варварства, от этого позора, от этого величайшего тормоза всякой культуры и всякого прогресса в нашей стране.

И мы вправе гордиться тем, что проделали эту чистку гораздо решительнее, быстрее, смелее,

1921 年 10 月 14 日列宁《十月革命四周年》
一文手稿第 1 页

全是自觉地、坚定地和一往直前地向着社会主义革命**迈进**，我们知道社会主义革命和资产阶级民主革命之间并没有隔着一道万里长城，我们知道**只有斗争**才能决定我们（最终）能够前进多远，能够完成无限崇高的任务中的哪一部分，巩固我们胜利中的哪一部分。这过些时候就会见分晓。其实现在我们已经看到，在对社会进行社会主义改造的事业中，对一个满目疮痍、苦难深重的落后国家来说，我们已经做了很多很多工作。

可是，我不准备多谈我国革命的资产阶级民主主义内容。马克思主义者应当懂得这一内容指什么。为了说明问题，我们举几个明显的例子。

我国革命的资产阶级民主主义内容，指的是消灭俄国社会关系（秩序、制度）中的中世纪制度，农奴制度，封建制度。

到 1917 年，俄国农奴制度究竟还有哪些主要表现、残余或遗迹呢？还有君主制、等级制、土地占有制、土地使用权、妇女地位、宗教和民族压迫。试从这些“奥吉亚斯的牛圈”[112]——顺便说一下，一切先进国家在 125 年和 250 年前以至更早以前（英国在 1649 年）完成**它们的**资产阶级民主革命时，都在很大程度上留下了没有打扫干净的奥吉亚斯的牛圈——试从这些奥吉亚斯的牛圈拿出任何一间来，你们都会看到，我们已经把它打扫得干干净净。从 1917 年 10 月 25 日（11 月 7 日）到解散立宪会议（1918 年 1 月 5 日）这**十来个星期**里，我们在这方面所做的工作，比资产阶级的民主派和自由派（立宪民主党）以及小资产阶级民主派（孟什维克和社会革命党人）在他们执政的**八个月里**所做的要多千百倍。

这些胆小鬼、空谈家、妄自尊大的纳尔苏修斯和哈姆雷特[113]总是挥舞纸剑，可是连君主制都没有消灭！我们却把全部君主制垃圾比任何人任何时候都更干净地扫除了。我们没有让等级制这个古老的建筑留下一砖一瓦（英、法、德这些最先进的国家至今还没有消除等级制的遗迹！）。等级制的老根，即封建制度和农奴制度在土地占有制方面的残余，也被我们彻底铲除了。伟大十月革命的土地改革“最终”会有怎样的结果，这个问题“可以争论”（国外有足够的著作家、立宪民主党人、孟什维克和社会革命党人来争论这个问题）。我们现在不愿把时间花在这些争论上，因为我们正在用斗争来解决这种争论以及与此有关的许多争论。然而有一件事实是无可争辩的：小资产阶级民主派与保持农奴制传统的地主“妥协了”八个月，而我们在几星期内就把这些地主连同他们的一切传统都从俄国的土地上彻底扫除了。

就拿宗教、妇女的毫无权利或非俄罗斯民族的被压迫和不平等地位来说吧。这些都是资产阶级民主革命的问题。小资产阶级民主派这些鄙俗之徒在这些问题上空谈了八个月。世界上**没有一个**最先进的国家**按照资产阶级民主**方针**彻底地**解决了**这些**问题。而在我国，这些问题已由十月革命后颁布的法律彻底地解决了。我们一向在认真地同宗教进行斗争。我们让**一切**非俄罗斯民族成立了**自己的**共和国或自治区。在我们俄国，妇女无权或少权这种卑鄙、丑恶、可耻的现象，这种农奴制和中世纪制度的可恶的残余已经没有了，而这种现象却在世界各国无一例外被自私自利的资产阶级和愚蠢的吓怕了的小资产阶级重新恢复了。

这都是资产阶级民主革命的内容。在150年和250年以前，这一革命（如果就同一类型的每一民族形式来说，可以说是这些革命）的先进领袖们曾向人民许愿，说要使人类排除中世纪的特权，排除妇女的不平等地位，排除国家对这种或那种宗教（即“宗教**思**

想”、“宗教信仰”）的种种优待，排除民族权利的不平等。许了愿，但没有兑现。他们是不可能兑现的，障碍在于要“尊重”……“神圣的私有制”。在我国无产阶级革命中，就不存在这种对倍加可恶的中世纪制度和对“神圣的私有制”的可恶的“尊重”。

但是，要巩固俄国各族人民所取得的资产阶级民主革命的成果，我们就应当继续前进，而我们也确实前进了。我们把资产阶级民主革命的问题作为我们主要的和真正的工作即**无产阶级**革命的、社会主义的工作的“副产品”顺便解决了。我们一向说，改良是革命的阶级斗争的副产品。我们不仅说过并且还用事实证明过，资产阶级民主改造是无产阶级革命即社会主义革命的副产品。顺便提一下，所有考茨基、希法亭、马尔托夫、切尔诺夫、希尔奎特、龙格、麦克唐纳、屠拉梯之流以及“第二半”马克思主义的其他英雄们，都不能理解资产阶级民主革命和无产阶级社会主义革命之间的**这种**相互关系。前一革命可以转变为后一革命。后一革命可以顺便解决前一革命的问题。后一革命可以巩固前一革命的事业。斗争，只有斗争，才能决定后一革命能比前一革命超出多远。

苏维埃制度就是由一种革命发展为另一种革命的明证或表现之一。苏维埃制度是供工人和农民享受的最高限度的民主制，同时它又意味着与**资产阶级**民主制的决裂，意味着具有世界历史意义的**新型**民主制即无产阶级民主制或无产阶级专政的产生。

让垂死的资产阶级和依附于它的小资产阶级民主派的猪狗们用数不清的诅咒、谩骂、嘲笑来攻击我们在建设**我们**苏维埃制度中的失利和错误吧。我们一分钟也没有忘记，我们过去和现在确实有很多的失利和错误。在缔造前所未有的**新型**国家制度这种全世界历史上新的事业中，难道能没有失利和错误吗？我们一定要百折不挠地努力纠正这些失利和错误，改变我们对苏维埃原则的实际运用远未达到尽善尽美的状况。但是我们有权自豪，而且我们确实很自豪，因为我们有幸能够**开始**建设苏维埃国家，从而**开创**全世界历史的新时代，由一个**新**阶级实行统治的时代。这个阶级在一切资本主义国家里是受压迫的，如今却到处都在走向新的生活，去战胜资产阶级，建立无产阶级专政，使人类摆脱资本的桎梏和帝国主义战争。

关于帝国主义战争，关于金融资本所实行的目前左右着全世界的国际政策（这种政策**必然**会引起新的帝国主义战争，必然会导致极少数“先进”强国变本加厉地压迫、抢劫、掠夺和扼杀各落后的弱小民族）的问题，从 1914 年起就成为世界各国全部政策中的基本问题。这是一个有关千百万人生死存亡的问题。这关系到在我们眼看着资产阶级正准备的、从资本主义中产生出来的下一次帝国主义战争中是否会有 2 000 万人死亡（而在 1914—1918 年的大战和附加的、至今还没有结束的“小”战中是 1 000 万人死亡），在这一不可避免的（如果有资本主义存在）未来战争中是否会有 6 000 万人残废（而在 1914—1918 年是 3 000 万人残废）。在这个问题上，我们的十月革命也开辟了世界历史的新纪元。资产阶级的奴仆和应声虫社会革命党人、孟什维克以及全世界所有的假“社会主义”的小资产阶级民主派，都嘲笑“变帝国主义战争为国内战争”这个口号。其实这个口号是唯一的**真理**，虽然听起来令人不愉快、粗暴、赤裸裸、无情，的确如此，但同无数极其精巧的沙文主义与和平主义谎言相比，终究是**一个真理**。这些谎言被戳穿了。布列斯特和约被揭露了。比布列斯特和约更糟糕的凡尔赛和约的作用和后果，一天比一天更加无情地被揭露出来。千百万人都在思考着昨天战争的起因和行将到来的明天战争的问题，他们愈来愈清楚地、明确地、必然地认识到一个严峻的真理：**不经过布尔什维克的斗争和布尔什维克的革命**，就不能摆脱帝国主义战争以及必然会产生这种战争的帝国主义世界（如果我们还用老的正字法，我就会在这里写上两个含义不同的“мир”①），就不能摆脱这个地狱。

让资产阶级和和平主义者、将军和市侩、资本家和庸人、一切基督教徒及第二国际和第二半国际的所有骑士们疯狂地咒骂这个革命吧。不管他们怎样不停地泄愤、造谣和诽谤，都不能抹杀一个具有世界历史意义的事实——千百年来奴隶们第一次公开地提出了这样的口号来回答奴隶主之间的战争：变奴隶主之间的分赃战争为各国奴隶反对各国奴隶主的战争。

这个口号千百年来第一次由一种模糊渺茫的期望变成了明确的政治纲领，变成了千百万被压迫者在无产阶级领导下进行的实际斗争，变成了无产阶级的第一次胜利，变成了消灭战争的第一次胜利，变成了全世界工人联盟对各国资产阶级联盟的第一次胜利，而资产阶级无论是和是战，无非都是牺牲资本奴隶的利益，牺牲雇佣工人的利益，牺牲农民的利益，牺牲劳动人民的利益。

这第一次胜利**还不是最终的胜利**。这次胜利是我国十月革命经历了空前的艰难、困苦和磨难，经历了很多重大的失败和错误以后取得的。难道一个落后国家的人民不经过失败和错误就能战胜世界上最强大最先进的国家所进行的帝国主义战争吗？我们不怕承认自己的错误，我们将冷静地看待这些错误，以便学会改正这些

---

① “мир”一词是现代俄语，有“和平”与“世界”两种含义。这两种含义在旧的俄语中是两个词，即“миръ”和“міръ”，前者意为“和平”、“和约”，后者意为“世界”。——编者注

错误。但事实总是事实:用奴隶**反对**一切奴隶主的革命来"回答"奴隶主之间的战争的诺言,千百年来第一次得到了**彻底的实现**……并且还在克服一切困难继续得到实现。

我们已经开始了这一事业。至于哪一个国家的无产者在什么时候、在什么期间把这一事业进行到底,这个问题并不重要。重要的是,坚冰已经打破,航路已经开通,道路已经指明。

"保卫祖国"即保卫日本反对美国侵略、或保卫美国反对日本侵略、或保卫法国反对英国侵略如此等等的各国资本家先生们,请继续玩弄你们伪善的把戏吧!第二国际和第二半国际的骑士先生们以及全世界所有和平主义的市侩庸人,请继续用新的"巴塞尔宣言"(仿照1912年巴塞尔宣言的式样)来"敷衍"反对帝国主义战争的斗争手段的问题吧!**第一次的布尔什维克革命**使地球上**一亿人首先**摆脱了帝国主义战争和帝国主义世界。以后的革命一定会使全人类摆脱这种战争和这个世界。

我们最后的一项事业,也是最重要最困难而又远远没有完成的事业,就是经济建设,就是在破坏了的封建基地和半破坏的资本主义基地上为新的社会主义大厦奠定经济基础。在这一最重要最困难的事业中,我们遭受的失败最多,犯的错误最多。开始这样一个全世界从未有过的事业,难道能没有失败没有错误吗?但是,我们已经开始了这一事业。我们正在进行这一事业。我们现在正用"新经济政策"来纠正我们的许多错误,我们正在学习怎样在一个小农国家里进一步建设社会主义大厦而不犯这些错误。

困难是巨大的。我们已经习惯同巨大的困难作斗争。我们的敌人把我们叫做"硬骨头"和"碰硬政策"的代表不是没有道理的。但是我们也学会了——至少是在一定程度上学会了革命所必需的另一种艺术：灵活机动，善于根据客观条件的变化而迅速急剧地改变自己的策略，如果原先的道路在当前这个时期证明不合适，走不通，就选择另一条道路来达到我们的目的。

我们为热情的浪潮所激励，我们首先激发了人民的一般政治热情，然后又激发了他们的军事热情，我们曾计划依靠这种热情直接实现与一般政治任务和军事任务同样伟大的经济任务。我们计划（说我们计划欠周地设想也许较确切）用无产阶级国家直接下命令的办法在一个小农国家里按共产主义原则来调整国家的产品生产和分配。现实生活说明我们错了。为了**作好**向共产主义过渡的**准备**（通过多年的工作来准备），需要经过国家资本主义和社会主义这些过渡阶段。不能直接凭热情，而要借助于伟大革命所产生的热情，靠个人利益，靠同个人利益的结合，靠经济核算，在这个小农国家里先建立起牢固的桥梁，通过国家资本主义走向社会主义；否则你们就不能到达共产主义，否则你们就不能把千百万人引导到共产主义。现实生活就是这样告诉我们的。革命发展的客观进程就是这样告诉我们的。

三四年来我们稍稍学会了实行急剧的转变（在需要急剧转变的时候），现在我们开始勤奋、细心、刻苦地（虽然还不够勤奋，不够细心，不够刻苦）学习实行一种新的转变，学习实行“新经济政策”。无产阶级国家必须成为一个谨慎、勤勉、能干的“业主”，成为一个精明的**批发商**，否则，就不能使这个小农国家在经济上站稳脚跟。现在，在我们和资本主义的（暂时还是资本主义的）西方并存的条件下，没有其他道路可以过渡到共产主义。批发商这类经济界人物同共产主义似乎有天壤之别。但正是这类矛盾在实际生活中能把人们从小农经济经过国家资本主义引导到社会主义。同个人利益结合，能够提高生产；我们首先需要和绝对需要的是增加生产。批发商业在经济上把千百万小农联合起来，引起他们经营的兴趣，把他们联系起来，把他们引导到更高的阶段：实现生产中各种形式的联系和联合。我们已经开始对经济政策作必要的改变。我们在这方面已经有了某些成就，虽然是不大的、局部的成就，但毕竟是确定无疑的成就。我们就要从这门新"学科"的预备班毕业了。只要坚定地、顽强地学下去，用实际经验来检验我们迈出的每一步，不怕已经开始的工作一改再改，不怕纠正我们的错误，仔细领会这些错误的意义，我们就一定会升到更高的班级。我们一定会修完整个"课程"，尽管世界经济和世界政治的情况使这一课程的学习比我们预期的时间要长得多，困难要多得多。不管过渡时期的苦难如灾荒、饥荒和经济破坏多么深重，我们决不气馁，一定要把我们的事业进行到最后胜利。

1921 年 10 月 14 日

载于 1921 年 10 月 18 日《真理报》
第 234 号

译自《列宁全集》俄文第 5 版
第 44 卷第 144—152 页

俄共(布)中央政治局关于调派亚·加·施略普尼柯夫去做粮食工作的决定草案[114]

(1921年10月14日)

同意组织局的决定;再次指出施略普尼柯夫同志向组织局表示拒绝服从的行为是完全不正确的;询问中央审查委员会和中央监察委员会,在不影响中央审查委员会工作的情况下,他们认为可以派施略普尼柯夫同志去做多长时间的粮食工作。

译自《列宁全集》俄文第5版
第44卷第153页

俄共(布)中央政治局关于处理巴库和阿塞拜疆的派别斗争的决定草案[115]

(1921 年 10 月 15 日)

(1)**立即**把古谢伊诺夫和阿洪多夫召来。

(2)严厉要求完全停止在巴库和阿塞拜疆的派别斗争。

(3)重申从事派别斗争的人要开除出党。

(4)委托由俄罗斯联邦派往阿塞拜疆的同志们检查执行情况。

(5)委托斯大林于星期一以前拟好关于在阿塞拜疆贯彻执行共产党的民族政策的指示草案。

(6)立即毫不含糊地重申关于波斯问题的决定。

载于 1958 年《苏共历史问题》杂志第 2 期

译自《列宁全集》俄文第 5 版第 44 卷第 154 页

新经济政策和政治教育委员会的任务

在全俄政治教育委员会第二次代表大会上的报告[116]

(1921 年 10 月 17 日)

同志们！我今天的报告，确切些说，今天的讲话，打算谈谈新经济政策，并且就我的认识谈谈这一政策向政治教育委员会提出的任务。我觉得，在某一代表大会上就大会讨论范围之外的问题作报告，要是只介绍党内或苏维埃共和国内的一般情况，那是极不妥当的。

苏维埃政权和俄国共产党的急剧转变

我决不否认作这种介绍的好处，也不否认讨论各种问题的好处，但是我仍然认为，我们大多数代表大会的主要缺点是同摆在它们面前的实际任务缺乏直接联系。所以我想联系新经济政策和围绕新经济政策来谈谈这些缺点。

关于新经济政策，我将简略地谈一谈。同志们，你们大多数是共产党员，虽然有些人还很年轻，但是都已经在我们革命初期为贯彻我们的总政策做了很多工作。正因为你们在这方面做过很多工作，所以你们不会看不出，我们苏维埃政权和共产党实行了多么急剧的转变，采取了一种被叫做“新的”经济政策，所谓新，是对我们先前的经济政策而言的。

可是实质上，它比我们先前的经济政策包含着更多的旧东西。

为什么会这样呢？因为我们先前的经济政策，如果不能说计划过（在当时的情况下，我们一般很少进行计划），那么在一定程度上也曾设想过（可以说是缺乏计划地设想），旧的俄国经济将直接过渡到国家按共产主义原则进行生产和分配。

如果我们回忆一下我们过去的经济文献，回忆一下共产党人在俄国夺得政权以前和刚刚夺得政权之后——例如在 1918 年初所写的东西（1918 年初的情况是我们对旧俄国的第一次政治袭击取得了巨大的胜利，建立了苏维埃共和国，退出了帝国主义战争，尽管退出时俄国已经不像样子，但总比听从帝国主义者、孟什维克和社会革命党人的劝告继续“保卫祖国”造成的破坏轻一些），如果回忆一下当时所写的东西，我们就会看到，在我们刚刚做完建立苏维埃政权这第一件事和刚刚退出帝国主义战争的初期，我们关于经济建设任务所说的，要比 1918 年下半年以及整个 1919 年和 1920 年所做的要小心谨慎得多。

1918 年全俄中央执行委员会论农民的作用

虽然当时你们并不都是党和苏维埃政权的积极分子，但是无论如何你们会知道而且当然知道这样一些决定，如全俄中央执行委员会 1918 年 4 月底的决定[117]。这项决定指出必须注意农民经济。决定是根据一个报告作出的，那个报告估计到了国家资本主义在一个农民国家的社会主义建设中的作用，强调了个人的、专人的负责制的意义，强调了这一因素在国家管理（它有别于建立政权的政治任务，有别于军事任务）中的作用。

我们的错误

1918 年初，我们曾经指望有一个相当的时期可以进行和平建设。缔结布列斯特和约之后，好像危险已经过去，可以着手和平建设了。结果我们大失所望，因为在 1918 年，随着捷克斯洛伐克军的叛乱和国内战争（它一直延续到 1920 年）的爆发，真正的军事危险向我们袭来了。当时在某种程度上由于军事任务突然压来，由于共和国在帝国主义战争结束时似乎已经陷于绝境，由于这一些和其他一些情况，我们犯了错误：决定直接过渡到共产主义的生产和分配。当时我们认定，农民将遵照余粮收集制交出我们所需数量的粮食，我们则把这些粮食分配给各个工厂，这样，我们就是实行共产主义的生产和分配了。

不能说我们就是这么明确具体地给自己描绘了这样的计划，但是我们差不多就是根据这种精神行事的。不幸这是事实。我说不幸，是因为经过一段不很长的试验我们终于确信，这种构想是错误的，是同我们以前关于从资本主义到社会主义的过渡的论述相抵触的，以前我们认为，不经过一个实行社会主义的计算和监督的时期，即使要走到共产主义的低级阶段也是不可能的。从 1917 年产生了接收政权的任务和布尔什维克向全体人民揭示了这一任务的时候起，在我们的理论文献中就明确地强调指出，要从资本主义社会走上接近共产主义社会的任何一条通道，都需要有社会主义的计算和监督这样一个过渡，一个漫长而复杂的过渡（资本主义社会愈不发达，所需要的过渡时间就愈长）。

战略退却

当我们不得不在国内战争激烈进行的情况下在建设方面采取必要措施的时候，好像把这一点遗忘了。而我们的新经济政策的实质正在于，我们在这一点上遭到了严重的失败，开始作战略退却："趁我们还没有被彻底打垮，让我们实行退却，一切都重新安排，不过要安排得更稳妥。"共产党人既然自觉地提出了新经济政策问题，他们对于在经济战线上遭到了惨败这一点就不可能有丝毫怀疑。当然，一部分人不免会在这个问题上陷于灰溜溜的、近乎惊慌失措的状态，而一旦实行退却，甚至会手足无所措。这是不可避免的事情。要知道，当红军撤退的时候，它避开敌人就是取得胜利的开始，而无论在哪一条战线上，每一次撤退都会使一些人惊慌一阵子。但不论在高尔察克战线上、邓尼金战线上、尤登尼奇战线上，或者在波兰战线上、弗兰格尔战线上，每当我们被痛打一顿（有时甚至不止一顿）之后，"一个挨过打的抵得上两个没有挨过打的"这句谚语都在我们身上得到了验证。我们挨过一顿打后，就开始从容地、有步骤地和谨慎地发起进攻。

当然，经济战线上的任务要比军事战线上的任务困难好多倍，但在战略的基本轮廓上是有相似之处的。在经济战线上，由于我们企图过渡到共产主义，到 1921 年春天我们就遭到了严重的失败，这次失败比高尔察克、邓尼金或皮尔苏茨基使我们遭到的任何一次失败都严重得多，重大得多，危险得多。这次失败表现在：我们上层制定的经济政策同下层脱节，它没有促成生产力的提高，而提高生产力本是我们党纲规定的紧迫的基本任务。

在农村实行余粮收集制，这种解决城市建设任务的直接的共产主义办法阻碍了生产力的提高，它是我们在 1921 年春天遭到严重的经济危机和政治危机的主要原因。所以必须采取某种从我们的路线和政策来看只能叫做最严重的失败和退却的步骤。而且不能说，这种退却和红军那种秩序井然地退到预先准备好的阵地上去的退却是一样的。诚然，阵地是事先准备好的。这一点可以查证，只要把我们党 1921 年春的决定[118]同我上面提到的 1918 年 4 月的决定对照一下就行了。阵地是事先准备好的，但是向这些阵地的退却（外省很多地方现在还在退却）非常混乱，甚至太混乱了。

新经济政策的含义

在这里，政治教育委员会要同这种现象作斗争的任务就提到了第一位。从新经济政策的角度来看，根本的问题就在于要善于尽快利用当前的形势。

新经济政策就是以实物税代替余粮收集制，就是在很大程度上转而恢复资本主义。究竟到什么程度，我们不知道。同外国资本家签订租让合同(诚然,已经签订的合同还很少,特别是同我们提出的建议相比),把企业租给私人资本家,这些都是直接恢复资本主义,是从新经济政策的根上萌发出来的。因为废除余粮收集制就意味着农民可以自由买卖完税后的剩余农产品,而实物税征收的只是他们产品中的一小部分。农民在全国人口和整个经济中占极大的比重,因此在这种自由贸易的土壤上不可能不滋长资本主义。

这是经济学初级读本教给我们的最基本的经济常识,而在我国,除此以外,每一个粮贩也都这样教我们,他们撇开经济学和政治学,出色地教我们认识经济。从战略上看,根本的问题在于谁能更快地利用这种新形势。全部问题在于农民跟谁走:跟无产阶级走呢,还是跟资本家走。无产阶级力求建成社会主义社会,而资本家则说:"我们回头吧,这样保险一些,别让他们用什么社会主义来打扰我们了。"

谁将取得胜利——是资本家还是苏维埃政权?

目前这场战争要解决的问题是:谁将取得胜利,谁能更快地利用目前形势,是我们从一个大门甚至几个大门(我们自己也不知道有许多大门,因为打开这些大门并没有和我们打招呼,而是违反我们的意愿的)放进来的资本家呢,还是无产阶级的国家政权。无产阶级的国家政权在经济上能够依靠什么?一方面是依靠人民生活状况的改善。在这方面应当想到农民。虽然我们遭到了像饥荒这样的严重灾难,人民在受灾的情况下生活状况仍有改善,而这种改善正是来之于经济政策的改变,这是无可争辩的,是大家都看得到的。

另一方面,如果资本主义得益,工业生产就会得到发展,无产阶级也会随着成长。资本家将得益于我们的政策,并创造出工业无产阶级。我们的无产阶级由于战争和极严重的经济破坏,已经丧失了阶级特性,就是说,它已经失去本阶级的生活常态,不再作为无产阶级而存在了。所谓无产阶级,就是在资本主义大工业的企业中生产物质财富的阶级。既然资本主义大工业已被破坏,工厂已经停产,无产阶级也就不存在了。它有时在形式上仍算做无产阶级,但它已经失去了经济根基。

恢复资本主义也就是恢复无产阶级,使他们在大机器工厂里生产有利于社会的物质财富,而不去做投机生意,不去制造打火机出卖,不去干其他一些不太有益但在我国工业遭受破坏的情况下必然存在的“活计”。

全部问题就在于谁跑在谁的前面?资本家如果先组织起来,他们就会把共产党人赶走,那就什么也不用谈了。必须清醒地看待这些事情:谁战胜谁?无产阶级的国家政权是不是能够依靠农民,对资本家老爷加以适当的控制,把资本主义纳入国家轨道,建立起一种受国家领导并为国家服务的资本主义呢?必须清醒地提出这个问题。在这方面各式各样的思想、各式各样的关于政治自由的议论我们可以找到很多,如果看一看国外的俄国即第二个俄国,更是如此。在国外,各种政党出版几十种日报,用世上所有的曲调来赞美政治自由。这一切都是废话、空话。我们必须善于抛弃这些东西。

斗争还将更加残酷

四年来我们经历了许多严峻的战斗，我们知道：进行严峻的战斗是一回事，而关于严峻战斗的空谈、特别是那些袖手旁观的人的空谈又是一回事。必须善于抛弃这种思想、这种空谈，而去思索问题的实质。而问题的实质是：不论目前还是今后，斗争都比同高尔察克和邓尼金作战更加激烈，更加残酷。因为那种军事斗争是司空见惯的。千百年来人们一直在打仗。用战争杀人的本领大有长进。

诚然，几乎在每一个地主的大本营里都有社会革命党人和孟什维克，他们高喊民权、立宪会议，叫喊布尔什维克破坏了一切自由。

完成军事任务毕竟要比完成现在摆在我们面前的任务容易些。军事任务可以用猛攻、袭击和热情来完成，可以直接依靠看到地主正向自己进攻的广大工农拼体力来完成。现在没有公开的地主了。弗兰格尔、高尔察克和邓尼金匪徒，一部分去见尼古拉·罗曼诺夫了，一部分则躲在国外安全的地方。人民看不见从前的地主和资本家那样明显的敌人。人民看不清楚，敌人就在我们中间，这个敌人就是原来的敌人，革命正面临一道深渊（以往的一切革命碰到这道深渊后都退回去了）。人民不会有这样的认识，因为他们是文盲，非常无知。各种特设委员会[119]需要多长时间才能用特殊手段扫除文盲，还很难说。

人民怎么会知道高尔察克、弗兰格尔和邓尼金垮台以后，在我们中间还存在着葬送了以往一切革命的敌人呢？要知道，如果资本家战胜我们，那就意味着恢复老样子。这一点已为以往一切革命的经验所证实。我们党的任务就是要使大家都认识到，存在于我们中间的敌人就是无政府状态的资本主义和无政府状态的商品交换。必须清楚地了解斗争的这个实质，并且使广大工农群众清楚地了解斗争的这个实质："谁战胜谁？谁将取得胜利？"无产阶级专政是一场最残酷最激烈的斗争，在这场斗争中，无产阶级要同全世界作战，因为全世界都支持高尔察克和邓尼金，反对我们。

现在，支持俄国资产阶级的世界资产阶级仍然比我们强大好多倍。我们并不因此而有丝毫的惊慌失措，因为过去他们的兵力也比我们强，然而这并不足以在战争中击溃我们，虽然他们拥有比我们强得多的炮兵和空军，在战争中击溃我们本当容易得多。也许反对我们的某个资本主义强国只要及时地再拼凑几个军，再借给高尔察克几百万金卢布，就能把我们打垮。

然而这还是无济于事。因为不论是开到阿尔汉格尔斯克的英国士兵，或是迫使舰队撤离敖德萨的法国水兵，都已深深地认识到他们是非正义的，我们是正义的。现在，反对我们的力量仍然比我们强大。要取得这场斗争的胜利，还必须依靠最终的力量源泉。而最终的力量源泉就是工农群众，就是他们的自觉性，他们的组织性。

或者是建立起一个无产阶级的有组织的政权，那我们就会取得胜利，而先进的工人和少数先进的农民是会理解这项任务，会在自己周围组织起人民运动的。

或者是我们不能做到这一点，那么在技术上比我们强大的敌人就一定会把我们打垮。

是最后的斗争吗？

无产阶级专政是一场残酷的战争。无产阶级在一个国家里取得了胜利，但是它在国际范围内仍然比较弱。它应当认识到战争还没有结束而把全体工农团结在自己的周围。我们常常在歌中唱道："这是最后的斗争"。可惜这有点不符合实际，可惜这并不是我们最后的斗争。或者你们能在这场斗争中把工农团结起来，或者你们得不到胜利。

我们目前所见到的这种斗争在历史上还不曾有过。但是农民和地主间的战争，从奴隶占有制初期起，在历史上已经发生过不止一次。这种战争曾多次发生，但一个国家政权反对本国资产阶级和各国联合起来的资产阶级的战争还从来没有过。

或者是我们能在无产阶级政权支持下发展小农的生产力，并在这个基础上把小农组织起来；或者是资本家控制小农，——斗争成败的关键就在于此。在以往几十次革命中也碰到过这种情形，但是像我们这样的战争世界上还从来没有见过。人民不可能有这种战争的经验。我们必须自己创造这种经验，在创造这种经验时，我们只能依靠工农的觉悟。这就是我们的格言，也是任务的最大困难所在。

我们不应该指望
直接采用共产主义的过渡办法

我们不应该指望直接采用共产主义的过渡办法。必须以同农民个人利益的结合为基础。有人对我们说:“同农民的个人利益结合,就是恢复私有制。”不对,我们从来没有废除过农民对消费品和工具的个人所有制。我们废除的是土地私有制,而农民并没有私有的土地,他们是在租来的土地上经营。在许多国家里都存在过这种制度。这在经济上并没有什么办不到的地方。困难在于如何同个人利益结合。必须使每个专家也从生产的发展中得到好处。

我们是否善于这样做呢?不,不善于!我们以为在一个无产阶级已丧失其阶级特性的国家里可以按共产主义的命令进行生产和分配。我们一定要改变这种办法,否则我们就不能使无产阶级认识这种过渡。历史上还从来没有提出过这样的任务。我们曾尝试用所谓正面攻击的办法来直接完成这项任务,但是失败了。这种错误在每次战争中都有,而人们并不把它们看做错误。正面攻击失败了,那我们就改用迂回的办法,采用围攻和对壕战。

同个人利益结合和个人负责的原则

我们说,必须把国民经济的一切大部门建立在同个人利益的结合上面。共同讨论,专人负责。由于不善于实行这个原则,我们每走一步都吃到苦头。整个新经济政策要求我们把这两者分得非常清楚、非常明确。当人民转到新的经济条件下的时候，他们马上就讨论起来：这会产生什么结果，应当怎样按新方式来做。开始做任何一件事之前都非经过大家讨论不可，因为几十年几百年来，人民一直被禁止讨论任何事情，而革命不经过一段普遍开群众大会讨论各种问题的时期，是不能得到发展的。

这造成了许多混乱现象。确实是这样，这是不可避免的，但是应该说这并不危险。我们只有及时学会区分哪些事需要开群众大会讨论，哪些事需要管理，才能使苏维埃共和国达到应有的水平。可惜我们还没有学会这样做，大多数代表大会离务实很远。

我国代表大会之多，超过世界上一切国家。任何一个民主共和国都没有像我们那样召开这么多代表大会，而且它们也不会允许这样做。

我们应当记住，我国是一个损失惨重和贫穷不堪的国家，必须使它学会如何开群众大会才不致像我前面所说的那样，把需要开群众大会讨论的和需要管理的混淆起来。一方面要开群众大会，一方面要毫不犹豫地进行管理，要比以前资本家管得更严。否则，就不能打败他们。应该记住，一定要比以前更严更紧地进行管理。

在红军里，经过好几个月开群众大会讨论的阶段之后，它的纪律已经不亚于旧军队的了。红军采取了连旧政府都没有采取过的直到枪决的严厉措施。市侩们在书刊上号叫："看啊，布尔什维克采用枪决的办法了。"我们应当说："是的，我们采用了，而且是完全有意采用的。"

我们应当说：或者是那些想毁灭我们的人、我们认为理应灭亡的人灭亡，这样我们的苏维埃共和国就会生存下来；或者相反，是资本家生存下来而共和国灭亡。在一个贫穷不堪的国家里，或者是那些不能振作起来的人灭亡，或者是整个工农共和国灭亡。在这里没有而且也不可能有其他的选择，而且也容不得有任何温情主义。温情主义是一种并不亚于战争中的利己行为的罪恶。现在谁不守秩序，不守纪律，谁就是把敌人放进我们的队伍中来。

所以我说新经济政策还有学习方面的意义。你们在这里讨论应当如何进行教育。你们应当得出结论说：我们这里决不容许有学得不好的人。到了共产主义，学习的任务会轻一些。可是现在，在灭亡的威胁下，学习不能不是一项严峻的任务。

我们是否能为自己工作？

过去在我们军队中有开小差现象。劳动战线上也有这种现象，因为你是为资本家工作，为剥削者工作，那时不好好干是可以理解的。但现在你是为自己工作，为工农政权工作。应该记住，现在必须解决我们是否能为自己工作的问题，不解决这个问题，我再说一遍，我们的共和国就会灭亡。所以我们要像在军队中说过的那样说：或者是让所有想毁灭我们的人灭亡，为此我们要采取最严厉的纪律措施；或者是拯救我们国家，使我们的共和国生存下来。

这就是我们应当采取的路线，这就是我们所以需要新经济政策的原因之一。

大家都去做经济工作吧！资本家将同你们在一起，外国资本家，即承租人和租借人，也将同你们在一起，他们将从你们那里攫取百分之几百的利润，他们将在你们那里大发横财。就让他们发财吧，但你们要跟他们学会做经济工作。只有这样，你们才能够建成共产主义共和国。从必须赶快学会做经济工作这个角度来看，任何懈怠都是极大的犯罪。必须向这门科学进军，向这门艰难、严峻、有时甚至是残酷无情的科学进军，否则就没有出路。

你们应当记住，现在包围着我们这个经过多年磨难而贫穷不堪的苏维埃国家的，不是会用自己高度发达的技术和工业来帮助我们的社会主义法国和社会主义英国。不是的！我们必须记住，现在它们的高度发达的技术和工业，全部都归反对我们的资本家所有。

我们必须记住，我们应当高度紧张地从事每天的劳动，否则我们就必然灭亡。

在目前的形势下，整个世界发展得比我们迅速。发展着的资本主义世界正调动一切力量来反对我们。问题就这样摆着！这就是我们必须特别重视这个斗争的原因。

由于我国文化落后，我们不能用正面攻击来消灭资本主义。如果我们的文化是另一种水平，那就可以比较直截了当地解决这项任务了。也许其他国家到了建设它们的共产主义共和国的时候会这样来解决这项任务。但是我们不能用直截了当的方式来解决问题。

国家必须学会这样经营商业，即设法使工业能满足农民的需要，使农民能通过商业满足自己的需要。办事情应能使每一个劳动者都拿出自己的力量来巩固工农国家。只有这样，我们才能建立起大工业。

必须使群众都深刻认识到这一点，不仅是认识，还要使他们把这种认识付诸实现。我认为政治教育总委员会的任务就是由此产生的。在任何一次深刻的政治变革以后，人民需要用很长时间来消化这种变革。因此这里有这样一个问题：人民是否已经理解了他们所得到的教训。非常遗憾，对这个问题只能回答：没有。如果他们已经理解了这些教训，那我们动手建立大工业就会迅速得多，早得多。

在解决了世界上最伟大的政治变革的任务以后，摆在我们面前的已是另一类任务，即可称为“小事情”的文化任务。必须消化这个政治变革，使它为人民群众所理解，使它不致仅仅是一纸宣言。

过时的方法

这些宣言、声明、布告和法令在当初是需要的。这些东西我们已经够多了。为了向人民表明我们要怎样建设和建设什么，要为哪些前所未有的新事物奋斗，这些东西在当初是必要的。但是，能不能继续向人民表明我们要建设什么呢？不能！要是这样，连一个最普通的工人也要取笑我们了。他会说：“你怎么老是向我们说你要怎样建设，让我们看看你的行动，——你会不会建设。如果不会，那我们就走不到一块，滚你的吧！”他这样说是对的。

应当从政治上描述伟大任务的时期已经过去，应当实际完成这些任务的时期已经到来。现在摆在我们面前的是文化任务，是消化那个应该而且能够得到贯彻的政治经验。或者是断送苏维埃政权所取得的一切政治成果，或者是为这些成果奠定经济基础。现在没有这种经济基础。我们应当做的正是这件工作。

提高文化水平是最迫切的任务之一。这正是政治教育委员会的任务,如果这样的委员会果真能为政治教育服务(“政治教育”是它给自己选的名称)的话。取名并不难,可是,工作做得怎么样呢?希望在这次大会以后我们能够得到这方面的准确材料。我们的扫除文盲委员会是1920年7月19日成立的。在出席这次大会之前,我特地看了一下有关的法令。是叫全俄扫除文盲委员会…… 而且是扫除文盲特设委员会。希望在这次大会以后我们能够得到说明有多少个省在这方面做了些什么工作的材料,希望能够得到准确的工作报告。但是,不得不成立扫除文盲特设委员会这个事实已经证明,我们好像是一些(怎样说得轻一点呢?)半野蛮人,因为,在一个不是半野蛮人的国家里,是耻于成立扫除文盲特设委员会的。在这样的国家里,文盲是在学校里扫除的。那里有像样的学校,人们在学校里学习。学习什么呢?首先是识字。如果这个起码的任务还没有完成,那么谈新经济政策是可笑的。

最大的奇迹

哪里谈得上是什么新政策呢?既然我们得采取特殊措施来扫除文盲,上帝保佑,那还是让我们设法维持旧的吧。这是很明显的。但是更明显的是,我们无论在军事方面或其他方面都创造了许多奇迹。我想,要是能够把扫除文盲委员会本身彻底扫除掉,那会是这些奇迹中最大的奇迹。我还希望不要产生如我在这里听说的要把它从教育人民委员部分出来的提案。如果我听说的是事实,如果你们仔细想想,那你们就会同意我的看法:必须成立一个扫除某些坏提案的特设委员会。

此外，仅仅扫除文盲是不够的，还需要建立苏维埃经济，而在这件事上，光能识字是无济于事的。我们需要大大提高文化水平。必须使每个人能够实际运用他的读写本领，必须使他有东西可读，有报纸和宣传小册子可看，必须合理分配这些书刊，使它们能到人民手里，不致中途散失，而现在人们读到的还不及一半，其余的都在办公室里派了用场，到达人民手里的恐怕还不到四分之一。我们必须学会利用我们现有的一点点书刊。

因此，由于实行新经济政策，应当不断宣传这样一种思想：政治教育务必要能提高文化水平。应当用读和写的本领来提高文化水平，应当使农民有可能用读写本领来改进自己的经营和改善自己国家的状况。

苏维埃的法律是很好的，因为它使每一个人都有可能同官僚主义和拖拉作风作斗争。在任何一个资本主义国家里，都没有给工人和农民提供这种可能。然而有人利用了这种可能性吗？几乎没有！不仅农民不会利用，就连相当多的共产党员也不会利用苏维埃的法律去同拖拉作风和官僚主义作斗争，或者去同贪污受贿这种道地的俄国现象作斗争。是什么东西妨碍我们同这种现象作斗争呢？是我们的法律吗？是我们的宣传吗？恰恰相反！法律制定得够多了！那为什么这方面的斗争没有成绩呢？因为这一斗争单靠宣传是搞不成的，只有靠人民群众的帮助才行。我们的共产党员至少有一半不会进行斗争，且不说还有一些人妨碍斗争。不错，你们中间99％都是共产党员，所以你们知道，我们现在正在处理这些妨碍斗争的共产党员，清党委员会在做这件事。但愿能从我们党内清除10万人左右。有人说20万人左右。我更喜欢后面这个数字。

我很希望我们能从党内赶走10万到20万混进来的人，他们不仅不会同拖拉作风和贪污受贿行为作斗争，而且妨碍同这些现象作斗争。

政治教育工作者的任务

我们将把一二十万人清除出党，这是一件有益的事情，但这只是我们应该做的工作的极小一部分。应当使政治教育委员会的全部工作都适应这个目的。文盲固然应当扫除，但仅仅识字还不够，还要有能教人们同拖拉作风和贪污受贿行为作斗争的文化素养。拖拉作风和贪污受贿行为是任何军事胜利和政治改革都无法治好的毛病。说实在的，这种毛病靠军事胜利和政治改革是治不好的，只有用提高文化的办法才能治好。这项任务就落在政治教育委员会的肩上了。

应当使政治教育工作者不用官僚的眼光来看待自己的任务。但有一种情况却常常可以看到，比如有人问，可否把省政治教育委员会的代表也吸收进省经济会议[120]。对不住，不必把你们编进什么机关去，你们要作为一个普通公民来完成自己的任务。你们一进什么机关就会官僚化。如果你们同人们打交道，从政治上教育他们，经验就会告诉你们，政治上有教养的人是不会贪污受贿的，但是在我们这里，这种行为却处处可见。人们会问你们：怎样才能消灭贪污受贿现象，防止执行委员会里有人贪污受贿呢？请你们教我们怎样才能做到这一点。如果政治教育工作者回答说："这事不归我们管”,“关于这个问题我们已经出了小册子和布告”,那么人们就会对你们说:“你们是坏党员。这事固然不归你们管,有工农检查院来管,可是你们也是共产党员呀!”你们给自己取了“政治教育”这个名称。当你们取这个名称时,就曾提醒你们,名称不要搞得太显眼,还是用一个普通一点的好。可是你们要用“政治教育”这个名称,而这个名称含义很广。你们没有把自己称为教人民识字的人,而用了政治教育这个名称。于是人们可以对你们说:“很好,你们教人民读书写字,搞经济运动,这些都很好。但是这些并不是政治教育,因为政治教育是要使一切事情都有结果。”

我们正在进行反对野蛮行为和反对贪污受贿这类毛病的宣传,我希望你们进行这项工作,但是,政治教育并不限于这种宣传,它意味着实际的结果,意味着教会人民怎样取得实际结果,并且不是以执行委员会委员的身份而是以普通公民的身份给人们示范。政治教育工作者由于在政治上比别人有修养,不仅会责骂一切拖拉现象(这在我们这里非常风行),并且能以行动表明怎样克服这一弊病。这是一种很难掌握的艺术。不普遍提高文化水平,不使工农群众比现在更有文化,就不能掌握这种艺术!我希望政治教育总委员会特别注意这项任务。

现在我把我所说的概括一下,把省政治教育委员会所面临的各项任务归纳一下。

三 大 敌 人

在我看来,现在每一个人,不论他的职务是什么,面前都有三大敌人，每一个政治教育工作者，如果他是共产党员的话（而政治教育工作者大多是党员），面前都摆着这三项任务。他们面前的三大敌人就是：（一）共产党员的狂妄自大，（二）文盲，（三）贪污受贿。

第一个敌人——共产党员的狂妄自大

所谓共产党员的狂妄自大，是指一个人置身于共产党内，还没有被清洗出去，就以为可以用共产党员的名义发号施令来解决他的一切任务。他以为，只要他是执政党的党员和某某国家机关的工作人员，就有资格谈论政治教育成就的大小。完全不是这么一回事！这只是共产党员的狂妄自大。要学会进行政治教育，这就是问题的所在，可是我们还没有学会，而且我们还没有正确解决这个问题的办法。

第二个敌人——文盲

至于第二个敌人——文盲，我可以这样说：只要在我国还存在文盲现象，那就很难谈得上政治教育。这并不是政治任务，这是先决条件，没有这个条件就谈不上政治。文盲是处在政治之外的，必须先教他们识字。不识字就不可能有政治，不识字只能有流言蜚语、谎话偏见，而没有政治。

第三个敌人——贪污受贿

最后，只要有贪污受贿这种现象，只要有贪污受贿的可能，就谈不上政治。在这种情况下甚至连搞政治的门径都没有，在这种情况下就无法搞政治，因为一切措施都会落空，不会产生任何结果。在容许贪污受贿和此风盛行的条件下，实施法律只会产生更坏的结果。在这种条件下不能搞任何政治，这里没有搞政治的基本条件。应该懂得，为了能向人民说明我们的政治任务，能向人民群众表明“我们必须力求完成的任务”（而这本是我们必须做到的！），就要提高群众的文化水平。必须达到一定的文化水平。否则就不能真正完成我们的任务。

军事任务和文化任务的区别

文化任务的完成不可能像政治任务和军事任务那样迅速。应当懂得，现在前进的条件已经和从前不一样了。在危机尖锐化时期，几个星期就可以取得政治上的胜利。在战争中，几个月就可以取得胜利，但是在文化方面，要在这样短的时间内取得胜利是不可能的。从问题的性质看，这需要一个较长的时期，我们应该使自己适应这个较长的时期，据此规划我们的工作，发扬坚韧不拔、不屈不挠、始终如一的精神。没有这些品质，甚至无法着手做政治教育工作。而政治教育的成果只能用经济状况的改善来衡量。我们不仅需要消灭文盲，消灭靠文盲这块土壤滋养的贪污受贿行为，而且应该使我们的宣传、我们实行的领导、我们的小册子真正为人民所接受，并且使这些工作的成果体现在国民经济的改善上。

这就是由于实行新经济政策而向政治教育委员会提出的任

务。我希望通过这次大会我们能够在这方面取得更大的成就。

载于1921年10月19日《全俄政治教育委员会第二次代表大会。大会公报》第2号

译自《列宁全集》俄文第5版第44卷第155—175页

俄共(布)中央政治局关于成立统一的租让事务委员会的决定草案[121]

(1921 年 10 月 17 日)

鉴于中立国资本家建议俄罗斯联邦把部分工厂和工业部门租让给他们,特委托托洛茨基、波格丹诺夫和策彼罗维奇(彼得格勒省委有权派其他同志替换他)同志组成一个委员会,替政治局起草一项关于撤销原有一切有关这个问题的委员会和建立一个统一的全面领导这项工作的委员会的决定。

载于 1959 年《列宁文集》俄文版第 36 卷

译自《列宁全集》俄文第 5 版第 44 卷第 176 页

给瓦·米·米哈伊洛夫的便条并附俄共(布)中央关于同鲁特格尔斯小组达成协议问题的决定草案[122]

10月19日

米哈伊洛夫同志：

现附上鲁特格尔斯小组对劳动国防委员会决定(即中央的决定)的答复。

我认为,这就等于**接受了**我们的条件。

因此,现附上**中央的决定**草案,并请**尽快**交政治局委员**传阅**。**要非常快**!

致共产主义的敬礼!

列　宁

鉴于发起人小组(鲁特格尔斯、海伍德、卡尔弗特同志)已接受**劳动国防委员会**10月17日决定中所提出的条件,中央作出如下决定并委托劳动国防委员会作出决定：

劳动国防委员会决定：

(1)确认同发起人小组已达成协议；

(2)建议波格丹诺夫同志立即拟出一份下达关于开始采购木柴和木材等物的紧急命令的电稿,并交劳动国防委员会主席签署；

(3)委托最高国民经济委员会主席团在两天内提出修改后的合同的最后文本，以便劳动国防委员会在星期五即 1921 年 10 月 21 日审批；

(4)10 月 22 日，星期六，即在劳动国防委员会于 10 月 21 日批准合同后，立即按合同规定付给鲁特格尔斯同志 5 000 美元。

以下内容不写入劳动国防委员会的决定。中央委托波格丹诺夫同志、古比雪夫的委员会和劳动国防委员会根据如下精神对合同进行修改：(1)**劳动国防委员会在最后**审批“组织委员会”名单**之前**和**之时**有权参与调整该委员会的增补人选；(2)苏维埃政权**各种各样**开支的**总**数**不超过** 30 万美元；(3)一旦解除合同，苏维埃政权**不承担**任何财务上的义务(或者只承担俄罗斯联邦法院或俄罗斯联邦**中央执行委员会**认为合理的义务)。

列　宁

载于 1959 年《列宁文集》俄文版第 36 卷

译自《列宁全集》俄文第 5 版第 44 卷第 177—178 页

对同美国救济署达成的关于向俄国寄送食物包裹的协议草案的意见[123]

同意。　列宁　10 月 19 日

(即使目的是**贸易**,我们也**应当**作这个尝试。因为我们只会得到救济饥民的好处并且有监督权;而且还有权在三个月内拒绝。因此,**不**应收运费和仓储费。)应经政治局批准指派我们的一名检查员前往**美国救济署**督办此事。此人既要忠实可靠,又要具备监督**一切**的本领。

载于 1959 年《列宁文集》俄文版第 36 卷

译自《列宁全集》俄文第 5 版第 44 卷第 179 页

给波兰共产党人的信

1921 年 10 月 19 日

亲爱的同志们：

从我们报纸上关于波兰共产主义运动发展情况的一些片断的消息来看，（尤其是）从某些极有名望的波兰同志提供的消息来看，波兰的革命正在成熟。

工人革命正在成熟，因为波兰社会党[124]（在俄国称为社会革命党和孟什维克；在欧洲称为第二国际和第二半国际）在全面崩溃。工会一个接一个地转向共产党人方面。游行示威等活动在增强。财政崩溃即将到来，它已经不可避免了。波兰资产阶级（和小资产阶级）民主派的土地改革的彻底失败，这个已成定局的、不可避免的失败，必然会把大多数农村居民——所有的贫苦农民——推到共产党人方面来。

由于财政崩溃和协约国（法国及其他国家）资本对波兰的无耻掠夺，对大国的幻想和民族幻想正在实际地破灭。这对于**群众**，对于普通工人和普通农民，是既看得见又感觉得出的。

如果这一切属实，那么波兰的（苏维埃）革命就一定胜利，而且会很快胜利。既然这样，就不要让政府和资产阶级用血腥镇压**为时过早的**起义的办法来扼杀革命。不要受人挑动。要等待高潮的到来，它会涤荡一切，给共产党人带来胜利。

如果资产阶级杀害 100—300 人，这无损大局。但是，如果资产阶级能借机制造大屠杀，杀害 1 万—3 **万**工人，那就**可能**使革命推迟，**甚至**推迟**若干年**。

如果政府需要进行议会选举，那就要尽力使工人革命和农民不满的浪潮**把议会夺取过来**。

不要上挑衅的当。

无论如何要使革命**孕育**到**完全**成熟。波兰**国内**苏维埃政权的胜利将是一次巨大的**国际性**胜利。我认为，如果说现在苏维埃政权赢得的国际性胜利已经达到 20%—30%，那么随着波兰**国内**苏维埃政权的胜利，共产主义革命的**国际性**胜利就将是 40%—50%，甚至可能是 51%。因为波兰与德国、捷克斯洛伐克、匈牙利毗邻，一个苏维埃的波兰将打破建立在凡尔赛和约基础上的**整个**秩序。

正因为如此，波兰共产党人肩负着具有世界意义的责任。要紧紧把住自己航船的舵；不要受人挑动。

对达申斯基之流毒打东巴尔是否值得回击？如果要回击，那就把达申斯基狠揍一顿，不开枪，不打伤，只揍一顿。这样做也许是值得的，因为工人能成功地教训这个坏蛋，振奋自己的精神，自己只牺牲 5—10 人（坐牢或被枪杀）。但是这样做也可能不值得，**我们的**东巴尔遭到了毒打，这件事对于在**农民**中间进行鼓动是不是**更有利**呢？也许，这要比给达申斯基几巴掌**更能**使**落后的**农民转而同情我们？要仔细地权衡一下。

致共产主义的敬礼！

列 宁

载于 1962 年 4 月 22 日《真理报》第 112 号

译自《列宁全集》俄文第 5 版第 44 卷第 180—181 页

关于物色货币流通问题的咨询人员

俄共(布)中央政治局决定草案[125]

(1921 年 10 月 20 日)

关于第 4 条:

委托财政人民委员部和财政委员会,以及所有与国内商业问题有关的同志,在最短时间内物色一批在资本主义商业方面有丰富的阅历和实际经验的人员以备货币流通问题的咨询。建议这些同志在两天内书面告知,能否完成和需要多少时间才能完成此项任务。

载于 1959 年《列宁文集》俄文版第 36 卷

译自《列宁全集》俄文第 5 版第 44 卷第 182 页

劳动国防委员会关于福勒式犁的决定草案[126]

（1921 年 10 月 21 日）

1. 责成最高国民经济委员会金属局局长马尔滕斯同志亲自贯彻**劳动国防委员会**关于福勒式犁的决定。

2. 建议马尔滕斯同志在一周内向**劳动国防委员会**提交一份书面建议，提出关于组织此项工作的计划和保证工作成功的具体措施。

3. 撤销三人特别小组，责令它在一周内把工作移交给马尔滕斯同志，并提出小组工作的书面总结。

4. 委托司法人民委员部在一周内查明金属局、尤其是三人特别小组以及其他机关在这项工作上的拖拉作风、管理不善和不正确态度。

报告呈交**劳动国防委员会**。

载于 1933 年《列宁文集》俄文版第 23 卷

译自《列宁全集》俄文第 5 版第 44 卷第 183 页

劳动国防委员会
关于向劳动国防委员会呈送
报告和图表问题的决定[127]

（1921 年 10 月 21 日）

委托由哥尔布诺夫、斯莫尔亚尼诺夫、阿瓦涅索夫（可以替换）和克鲁敏等同志组成的并吸收了中央统计局、国家计划委员会和有关主管部门参加的委员会，

于一周内向劳动国防委员会提交一个决定草案，要各主管部门每月向劳动国防委员会呈送统计材料和图表，特别是那种说明经济生活状况，对各种报告作了研究、进行了整理并作出了具体结论的统计材料和图表。

由哥尔布诺夫同志或斯莫尔亚尼诺夫同志负责召集并向劳动国防委员会汇报。[128]

载于 1933 年《列宁文集》俄文版
第 23 卷

译自《列宁全集》俄文第 5 版
第 44 卷第 184 页

给格·瓦·契切林的便条和在苏维埃政府关于承认外债的声明草案上的批注[129]

10月24日

契切林同志：寄上我的修改意见，请写上您的看法后退还。

（№1）包括远东共和国在内，我们不是15 000万，而是**13 000万**。

（№2）不是“作出让步”，而是作出**一系列的让步**。

（№3）**主要的是**：要**婉转**而又确切地说出**我们**对他们的要求。

致共产主义的敬礼！

列　宁

声明草案

据西欧报纸报道，各大国代表的布鲁塞尔会议提出，向俄国政府提供救济饥民的贷款要以俄国政府承认历届政府的外债为条件。这次会议的决定至今并没有通知俄国政府。俄国政府面对饥饿的人民群众，不愿拘泥于外交礼仪的细节，认为自己义不容辞应立即声明对布鲁塞尔会议决定的态度。英国首相劳合-乔治先生8月16日在英国议会的演说中曾把利用俄国饥荒迫使俄国承认沙皇政府外债的建议称做一条毒计。尽管如此，而且布鲁塞尔会议明明知道，由于俄国饥荒严重，靠苏维埃政府自身的力量无法拯救灾民于死亡，但仍然提出苏维埃政府必须承认旧债，以此作为向俄国提供切实救济饥民所不可缺少的贷款的条件。

俄国政府提请各国劳动群众和一切珍重博爱精神的人士注意布鲁塞尔会议的这种做法，同时声明，在一定条件下承认旧债的建议在目前情况下正符合俄国政府本身的意愿。苏维埃政府自成立之日起就把同其他大国进行经济合作作为自己政策的基本目标之一。它总是声明，它愿意向帮助它开发俄国的自然资源、恢复俄国的经济的外国资本家提供足够的利润。现在苏维埃政府注意到，美国总统和英国的大臣们在官方声明中经常表示，世界大战结束已经三年，但真正的和平仍未实现，人民群众日益贫困，国家的债务有增无已，经济破坏愈来愈厉害。

十分明显：撇开拥有 15 000 万人口的俄国，休想确立完全的和平；在俄 ‖ №1
国留有废墟，就无法消除经济破坏现象；不同苏维埃政府协商，俄国与世界其 ‖ 13 000
余部分的相互关系这样一个头等重要的世界问题就不可能解决。从所有国 ‖ 万
家、所有民族的长远利益和经常需要来看，俄国经济的恢复不仅对俄国而且对它们也是头等必要的。没有与其他国家的经济协作，俄国经济复兴的任务就极其艰巨，完成这一任务所需的时间必然长得多。

工农政府比任何别的政府更能胜任这项任务。照顾一些资本家集团的私利并不妨碍它进行恢复国民经济的工作。工农政权办事首先考虑广大人民群众的利益，实质上也就是整个社会的利益。以满足俄国全体劳动人民的需要为宗旨的工农政权，在胜利通过了国内战争各种严酷考验之后，为私人经营的积极性和私人资本提供了同工农政权合作开发俄国自然资源的可能性。苏维埃政府恢复了私营商业、小企业私有制和大企业承租权。

为了吸收外国资本参加俄国的经济工作，苏维埃政权给它们提供足够的利润以满足它们的需要。苏维埃政府走这条道路，就是力求与所有大国签署经济协定，而要做到这一点，归根结底必须在俄国和其他国家之间缔结正式和约。苏维埃政权以此作为本身的任务，但从其他大国得到的回答却是要求承认沙皇政府的旧债。

苏维埃政府声明，按照它的坚定的信念，任何民族都没有责任为自己戴了几世纪的枷锁付钱。但是俄国政府出于同其他大国完满达成协议的坚定
决心，愿意在这一最重要的问题上作出让步。它这样做也是照顾别国特别是 ‖ №2
法国为数众多的持有少量俄国公债的人士的愿望，对他们来说，俄国政府承 ‖ 作出一
认沙皇政府的债务是至关紧要的。基于上述考虑，俄国政府声明，它愿意向 ‖ 系列重
其他国家及其国民承认对沙皇政府 1914 年以前所借外债负有义务，但是必 ‖ 大让步
须给予它优惠条件，以保证它有履行上述义务的实际可能。

不言而喻,作出此项承诺的必要条件是,各大国同时必须无条件地结束一切危及苏维埃共和国的安全及其疆界的不可侵犯性的活动。换句话说,只有各大国与苏维埃共和国签订正式的普遍的和约,只有苏维埃共和国的政府得到其他大国承认,苏维埃共和国才能承担上述义务。

№3
相互间的要求
∨彼此之间的
∧对其他
国家的

为此目的,俄国政府建议尽快召开国际会议来执行上述任务,并研究其他国家∨和俄国政府∧双方的要求,拟定它们之间的正式和约。只有在召开这种会议以后,才能达到普遍的和解。华盛顿会议无论如何做不到这一点,因为未被邀请参加这个会议的俄罗斯共和国不会承认会议的决定。

在苏维埃政府成立四周年即将到来之际,所有的人都不得不确认:众多的国内外敌人的活动只不过是在俄国巩固了真正捍卫和代表俄国劳动群众利益和俄国独立的工农政权。武装干涉苏维埃俄国的新阴谋(协约国各国的主要报刊的大量材料都指出存在着这种阴谋),只能进一步加强俄国劳动群众同代表他们意志的工农政权之间牢不可破的联系。但是,这些阴谋一旦付诸实施,会进一步加重劳动群众的苦难,推迟俄国经济彻底恢复的时间,从而也会打击所有其他国家人民的经济利益。

俄国政府提出的建议,是它力求同一切国家保持和平并同它们建立牢固的经济关系的最好证明。实现这项建议,符合一切国家和民族的利益。

俄国政府坚定地希望,俄国和其他国家的经济关系和政治关系将由于它的这项建议而在最近的将来得到彻底的调整。

载于1945年《列宁文集》俄文版第35卷

译自《列宁全集》俄文第5版第44卷第185—188页

俄共(布)中央政治局关于纺织工业管理条例的决定草案[130]

(1927 年 10 月 27 日)

委托波格丹诺夫同志会同加米涅夫同志把这两份草案改写一下，彻底消除两份草案中都存在的烦琐手续，确立真正符合商业化条件的办事速度。

将两种建议文本对照印发政治局委员。

译自《列宁全集》俄文第 5 版
第 44 卷第 189 页

就吸收美国资本建厂问题
给瓦·米·米哈伊洛夫的便条[131]

10月28日

米哈伊洛夫同志：请**速**送政治局委员传阅（如大家都同意此稿，请在征得波格丹诺夫和契切林同意后今天就发出）。

鉴于克拉辛在华盛顿会议开始前赶往美国极其重要，

鉴于使美国资本从开发我国石油中获得好处也**同样**重要，**我建议今天就**给克拉辛复电（当然，用密码）：

"同意拨款10万美元作为'仿德胜'公司的勘察费用，条件是有我方工作人员和专家参加勘察，并向我方提供勘察的一切详细资料。我们认为吸收美国资本建造格罗兹尼的石蜡分离厂和输油管极其重要。请您尽力尽快促成此事，因为您赶在华盛顿会议开始前成行这一点特别重要。"

列　宁

载于1959年《列宁文集》俄文版第36卷

译自《列宁全集》俄文第5版第44卷第190页

在莫斯科省第七次党代表会议上关于新经济政策的报告[132]

（1921 年 10 月 29 日）

1
报　　告

同志们！在作关于新经济政策的报告以前，首先应该声明，我对这个题目的理解可能出乎在座许多同志的意料，或者说得确切些，我只能谈谈这个题目中的一小部分。对于这个问题，大家的主要兴趣可能在于了解和评价苏维埃政权最近一些有关新经济政策的法令和决定，这是很自然的。这类决定愈多，完善、整理这些决定并总结其执行情况的需要愈迫切，对于这个问题发生兴趣也就愈自然。根据我在人民委员会的所见所闻，现在已深感有这种需要。大家都希望知道现有的一些能说明新经济政策的成果的事实和数字，这同样也是很自然的。当然，这些事实经过查证核实的为数还很少，但是毕竟还有一些。毫无疑问，为了了解新经济政策，注意这些事实并试加总结，是绝对必要的。但是关于问题的这两个方面，我都不能谈，如果你们对这些感兴趣，我相信你们一定会找到谈这些问题的报告人。我感兴趣的是另一个问题，即策略问题，或者说（如果可以这样说的话），是我们随着政策的改变而采取的革命战略问题，以及对下述情况的估计，即这个政策同我们对我们任务的一般理解符合到什么程度，另一方面，今天党内的认识和觉悟同实行新经济政策的必要性适应到什么程度。我想谈的，就只是这个专题。

我感兴趣的首先是这样一个问题：在评价我们的新经济政策时，在什么意义上可以说过去的经济政策是错误的；说它错误是否正确；最后，如果正确，那么在什么意义上可以认为这种评价是有益的和必要的？

我认为，这个问题对于估计今天我们党内在目前经济政策的一些最根本问题上意见一致的程度是有意义的。

党现在是否应该把注意力只放在这个经济政策的一些具体问题上，还是至少有时也应该把注意力放在如何估计实行这个政策的一般条件上，放在如何使党内的觉悟、兴趣和注意力适应于这些一般条件上？我认为目前的情况是：我们党内有很多人对新经济政策还不那么清楚；我们如果对过去的经济政策的错误没有明确的认识，就不能顺利完成自己的任务，即给新经济政策打基础并最终确定新经济政策的方向。

为了说明我的看法，为了回答在什么意义上可以说（而且我认为应该说）我们过去的经济政策是错误的这个问题，我想拿日俄战争中的一个事件来作比喻。我认为，这个事件会帮助我们更确切地认识像在我国所发生的这种革命中不同的政治办法和手段的相互关系。我说的这个例子，就是日本乃木将军攻克旅顺口这个事件。使我对这个例子感兴趣的主要一点，就是攻克旅顺口经历了两个完全不同的阶段。第一阶段是多次猛烈的强攻，结果都失败了，使这位著名的日本统帅付出了极大的牺牲。第二阶段是不得不对这个要塞改用非常艰苦、非常困难而缓慢的地地道道的围攻，而过了一些时日，正是用这种方法完成了攻克要塞的任务。我们看一看这些事实，就会很自然地提出一个问题：在什么意义上可以说这位日本将军对旅顺口要塞采取的第一种战法是错误的呢？强攻要塞是否错误？如果是错误的，那么日军为了正确完成任务，应该在什么条件下承认这是错误，应该认识到这个错误有多大？

当然，乍看起来，答案是再简单不过了。既然对旅顺口的多次强攻毫无结果（这是事实），既然进攻者的牺牲非常大（这也是无可争辩的事实），那么，显而易见，对旅顺口要塞采取直接强攻的战术是错误的，这已无需任何证明了。但是从另一方面也不难看出，完成这种包含很多未知数的任务时，如果不作适当的实际试探，就很难有绝对的把握——哪怕是相当大的把握——大致准确或完全准确地确定用什么战法来攻克敌人要塞。不实际试探一下要塞的实力，即工事坚固程度、守军情况等等，这是无法确定的。不经过试探，就是一个优秀的统帅（乃木将军无疑算得上）也无法解决用什么正确战法攻克要塞的问题。从另一方面说，胜利结束整个战争这个目的和前提，也要求从完成这项任务的多种方法中选择速决战法；同时，事情很可能是这样的：即使牺牲极大，如果这对于用强攻拿下要塞是必要的话，那也还是得多于失。因为这样就能把日军腾出来，调到其他战场上去作战，就能在敌人即俄军把大批兵力调到这个远方战场以前，在把大批兵力训练得更好，在俄军或许变得比日军强好几倍以前，完成一项最重要的任务。

如果看一看整个战役的发展和日军作战的条件，我们就应得出这样的结论：对旅顺口的多次强攻不仅说明日军不惜巨大牺牲，作战非常英勇，而且还说明在当时的情况下，即在战役初期，这是唯一可能的而且是必要的和有益的做法，因为不用强攻要塞这一实际行动来检查一下兵力，不试探一下抵抗的力量，是没有理由采取比较长期比较艰苦的战斗方式的，要知道这种战斗方式仅仅由于时间长就蕴含着许多别的危险。从整个战役来说，我们也不能不把由强攻和冲击组成的战役第一阶段看做是必要的和有益的阶段，因为，我再说一遍，日军不经过这种试探，就不可能摸清这次战斗的具体条件。日军在对敌要塞进行强攻的阶段结束时情况是怎样的呢？成千上万的士兵被打死了，就是再死上几千士兵，用这种战法要塞还是拿不下来。当时的情况就是这样。当时有一部分人，或者说大多数人，已得出结论：必须放弃强攻而改用围攻。既然在战术上犯了错误，那就必须加以纠正。同这一错误战术有关的一切都应认为有碍于作战，需要作出调整：必须停止强攻而改用围攻，变更军队部署，重新分配作战物资。至于改变个别作战方法和作战行动，那就更不待说了。必须坚决地、明确地承认过去的做法是错误的，不要让它阻碍新战略和新战术的发展，阻碍作战行动的发展。这时作战行动必须完全用另一种方式来进行，而且如我们所知道的，新的作战行动取得了全胜，尽管时间比预料的长得多。

我认为，这个例子可以用来说明我国革命在解决经济建设领域里的社会主义任务时所处的境况。在这方面，十分明显地分为两个时期。一个是从（大致是从）1918 年初到 1921 年春的时期，另一个是从 1921 年春开始的现在这个时期。

你们回想一下我们党从 1917 年底到 1918 年初所作的各种正式的和非正式的声明就可以发现，我们那时已认为，革命的发展、斗争的发展的道路，既可能是比较短的，也可能是漫长而艰辛的。但是，在估计可能的发展道路时，我们多半（我甚至不记得有什么例外）都是从直接过渡到社会主义建设这种设想出发的，这种设想也许不是每次都公开讲出来，但始终是心照不宣的。我特意重新翻阅了过去写的东西，例如1918年3、4月间所写的关于我国革命在社会主义建设方面的任务的文章[①]，我确信当时我们真有过这样的设想。

那时正好是这样一个时期，当时，一项根本任务，政治上需要先行完成的任务，已经完成了，那就是夺取了政权，建立了苏维埃国家制度来代替从前的资产阶级议会制，接着又完成了退出帝国主义战争这项任务，而且大家知道，为了退出帝国主义战争，我们作出了惨重的牺牲，签订了十分屈辱的、条件极其苛刻的布列斯特和约。在和约签订以后，从1918年3月到夏天这段时期，军事任务似乎已经完成了。但是后来事变表明：情况并非如此；1918年3月，我们在完成了退出帝国主义战争的任务之后，只是接近了国内战争的开端。从1918年夏天起，由于捷克斯洛伐克军的叛乱，国内战争愈来愈迫近。那时，1918年3、4月间，在谈论我们的任务时，我们就已把搞斗争的行动方式同渐进过渡的方法作过对比，前者主要是用于剥夺剥夺者，而这项任务正是1917年底和1918年初革命头几个月的主要特点。那时我们已经不能不承认，我们在组织计算和监督方面的工作远远落后于剥夺剥夺者方面的工作。这就是说，我们所剥夺的要比我们所能计算、监督、管理等等的多得多。因此便提出由实行剥夺、由破坏剥削者和剥夺者的政权的

① 见本版全集第34卷第73—77、150—188、264—293页。——编者注

任务转向组织计算和监督的任务，转向所谓平凡的经济任务即直接从事建设的任务。那时我们已经在许多问题上都需要后退。例如 1918 年 3、4 月间出现了专家报酬这样的问题：专家报酬的标准不符合社会主义的关系而符合资产阶级的关系，也就是说，不符合劳动的艰辛程度或特别艰苦的劳动条件而符合资产阶级习惯和资产阶级社会的条件。给专家以这种非常高的、资产阶级式的报酬，原先并没有列入苏维埃政权的计划，甚至不符合 1917 年底所颁布的许多法令。但是在 1918 年初，我们党就直截了当地指出，我们在这方面应该后退一步，应该承认要作某种"妥协"（我这里用的是当时所用的字眼）。全俄中央执行委员会 1918 年 4 月 29 日的决定承认有必要在总的工资制度中实行这一变动[133]。

当时我们把建设工作、经济工作提到首位，只是从一个角度来看的。当时设想不必先经过一个旧经济适应社会主义经济的时期就直接过渡到社会主义。我们设想，既然实行了国家生产和国家分配的制度，我们也就直接进入了一种与以前不同的生产和分配的经济制度。我们设想，国家的生产和分配同私营商业的生产和分配这两种制度将互相斗争，而斗争所处的环境是：我们将建立起国家的生产和分配，逐步夺回敌对制度在这两个领域中的阵地。我们说，现在我们的任务与其说是剥夺剥夺者，不如说是计算、监督、提高劳动生产率和加强纪律。这是我们在 1918 年 3、4 月间说的，但是当时根本没有提出我们的经济同市场、同商业的关系问题。当 1918 年春我们同一部分曾反对签订布列斯特和约的同志论战而提出国家资本主义问题时，并没有说我们要退到国家资本主义上去，而是说我们俄国如果有国家资本主义作为占统治地位的经济制度，那我们的处境就会好一些，我们完成社会主义的任务就会快一些。我希望你们特别注意这一情况，因为我觉得，为了了解我们经济政策有什么转变以及怎样评价这个转变，这是必要的。

现在我举一个例子，它可以更具体、更清楚地说明我们当时的斗争是在什么样的条件下展开的。不久以前，我在莫斯科看到一份私人办的《广告小报》[134]。在我们先前的经济政策执行了三年以后，这份《广告小报》给人一种十分特殊、十分新奇的印象。但从我们经济政策所采取的一般方法来看，这里又没有什么可奇怪的。在举这个虽然很小但却相当有代表性的例子时，需要回想一下，在我们整个革命中，斗争是怎样发展的，它的任务是什么，它的方法是什么样的。在1917年底颁布的头一批法令中，有一条关于国家垄断广告业务的法令。这条法令意味着什么呢？它意味着：争得国家政权的无产阶级设想，向新的社会经济关系过渡尽可能采用渐进的办法——不取消私人报刊，而使它们在某种程度上服从国家的领导，把它们纳入国家资本主义轨道。法令规定国家垄断广告业务，也就是设想还保留私营报纸而把它作为一种常规，还保留需要私人广告的经济政策，也保留私有制，即保留许多需要刊登广告的私营企业。关于垄断私人广告业务的法令就是这样，而且也只能这样来理解。关于银行业的一些法令也有与此相似的地方，为了不使例子复杂化，我就不谈它们了。

那么，在苏维埃政权成立后头几个星期里颁布的这项垄断私人广告业务的法令命运如何呢？它的命运是这样的：很快就被踢开了。现在我们回想起斗争的发展和从那以后的斗争条件，一想到我们那么天真，竟在1917年底大谈国家垄断私人广告业务，真是可笑。在进行殊死斗争的时期，哪会有什么私人广告！我们的敌人——资本主义世界——对苏维埃政权这项法令的回答是：继续进行斗争，把斗争推向白热化，把斗争进行到底。法令设想，苏维埃政权、无产阶级专政已经非常巩固，因此任何其他经济都不可能再存在，所有私人企业主和个体业主都非常清楚必须服从苏维埃政权，我们国家政权在什么地方布置斗争，他们就会在什么地方应战。当时我们说，你们还可以保留私人报刊、私人经营企业的权利以及为这些企业提供服务所必需的刊登广告的自由，我们只规定国家对广告征税，只规定把广告业务集中在国家手中，对私人广告制度本身不但不去破坏，而且相反，由于信息业务的适当集中，只会让你们得到某些好处。然而事实表明，我们不得不在完全不同的战场上进行斗争。我们的敌人资本家阶级用完全否认整个国家政权来回答它的这项法令。当时根本谈不上什么广告，因为残留在我们制度中的一切资产阶级资本主义势力当时已经全力以赴地投入夺取政权基础的斗争。当时我们向资本家建议："你们服从国家的调节吧，服从国家政权吧，那么一切符合居民的旧利益、旧习惯、旧观点的东西就不会被完全消灭，而是通过国家的调节逐渐地加以改变。"但是他们却向我们提出了我们本身的生死存亡问题。资本家阶级所采取的策略就是迫使我们进行殊死的无情的斗争，因而我们对旧关系的破坏比原来设想的要彻底得多。

关于垄断私人广告业务的法令没有得到任何结果，它依然是一纸空文。实际生活，即资本家阶级的反抗，迫使我们的国家政权把全部斗争转移到另一个完全不同的方面，不是把斗争放在我们在1917年底曾天真地研究过的那些琐碎得可笑的问题上，而是放在生死存亡的问题上——粉碎整个职员阶级的怠工，击退得到全世界资产阶级支持的白卫军。

我认为，这一小段关于广告法令的插曲，对我们了解旧的策略是否错误这个基本问题提供了有益的启示。当然,我们现在从后来历史的发展这个背景上来评价事件,不能不认为这个法令是天真的,而且从某种意义上说是错误的,但是同时其中也有正确的成分,即国家政权(无产阶级)在向新的社会关系过渡时曾试图通过一种可以说是最能适应当时存在的关系的途径,尽可能采用渐进的办法,不作大的破坏。而我们的敌人资产阶级却施展一切手段,迫使我们采取殊死斗争的极端做法。从敌人方面说,这在战略上是否正确呢?当然是正确的,因为资产阶级如果不在这方面通过直接的搏斗来试一下自己的力量,怎么会突然服从一个崭新的、从来没有过的无产阶级政权呢?资产阶级回答我们说:"对不起,可敬的先生们,我们要和你们谈的根本不是什么广告问题,而是我们能否再找到一个弗兰格尔、高尔察克和邓尼金,国际资产阶级是否会来帮助他们解决问题,解决的也决不是你们要不要有国家银行的问题。"关于国家银行,正如关于广告问题一样,我们在 1917 年底写了很多东西,它们在很大程度上都成了废纸。

当时资产阶级用正确的(从他们的利益来看)战略回答了我们:"我们首先要为这样一个根本问题进行斗争:你们是否真的是国家政权,抑或这只是你们的错觉。这个问题当然不能靠法令,而要靠战争、靠暴力来解决。这种战争很可能不仅仅是我们这些被赶出俄国的资本家进行的战争,而是所有得益于资本主义制度的人进行的战争。如果事实表明这同其余的世界有相当的利害关系,那么国际资产阶级就会支持我们这些俄国资本家。"资产阶级这样做,从维护他们利益的角度看是做得对的,只要他们还有一线希望用最有效的手段——战争来解决这个根本问题,他们就不可能也不应当接受苏维埃政权为了用比较渐进的办法过渡到新制度而对他们作出的局部性让步。“根本不要过渡，根本不要新制度！”——这就是资产阶级的回答。

这就是事态发展成我们现在所看到的样子的原因。一方面，无产阶级国家在 1917—1918 年在人民意气风发的条件下进行了轰轰烈烈的斗争，取得了胜利；另一方面，苏维埃政权试行了一种经济政策，起初打算实行一系列渐进的改变，打算比较慎重地向新制度过渡，这一点也表现在我所举的那个小小的例子里。但是，苏维埃政权从敌人的阵营得到的回答却是：决心进行残酷的斗争，以确定苏维埃政权作为一个国家能否在世界经济关系体系中站住脚。这个问题只能用战争来解决，而且既然是国内战争，它就是非常残酷的。斗争愈艰巨，实行慎重过渡的余地就愈小。我已经说过，资产阶级按照这种斗争逻辑来行动，从他们方面来说是正确的。而我们能说些什么呢？我们只能说：“资本家先生们，你们吓不倒我们。你们在政治方面已经连同你们的立宪会议被打垮了，现在我们在这方面要再次把你们打垮。”我们不能不这样做。采用任何其他的行动方式，从我们方面说，都等于完全交出我们的阵地。

回想一下我们斗争的发展条件你们就会懂得，这种看来似乎不正确和偶然的改变意味着什么，为什么我们依靠普遍高涨的热情和政治上的稳固统治能够轻而易举地解散了立宪会议，又为什么在这同时我们却必须试用一系列的措施来逐渐地慎重地实行经济改造，最后，为什么斗争的逻辑和资产阶级的反抗迫使我们改用内战这样一种最极端的、拼命的、不顾一切的斗争方式，从而使俄国遭受了三年的破坏。

到 1921 年春天已经很清楚了：我们用“强攻”办法即用最简单、迅速、直接的办法来实行社会主义的生产和分配原则的尝试已告失败。1921 年春天的政治形势向我们表明，在许多经济问题上，必须退到国家资本主义的阵地上去，从“强攻”转为“围攻”。

如果这种转变引起某些人的埋怨、悲泣、颓丧和不满，那么应该指出，失败并不危险，危险的是不敢承认失败，不敢从失败中得出应有的结论。军事斗争比社会主义同资本主义的斗争要简单得多，我们所以战胜了高尔察克之流，是因为我们敢于承认自己的失败，敢于从失败中吸取教训，把没有做完和做得不好的工作再三重做。

在社会主义经济反对资本主义经济这场复杂得多、困难得多的斗争中也应该这样。敢于承认失败，从失败的经历中学习，把做得不好的工作更仔细、更谨慎、更有步骤地重新做过。如果我们有人以为承认失败会像放弃阵地那样使人颓丧气馁，那就应该说这样的革命者是一钱不值的。

我希望除个别情况外，谁也不能说在三年国内战争的实践中锻炼出来的布尔什维克是这种人。无论过去和将来，我们的力量都在于，我们对最惨重的失败也能给予十分冷静的估计，从失败的经历中学习应该怎样改进我们的活动方式。因此应当直言不讳。这一点，不仅从理论真理来看，而且从实践来看，都是重要的和值得注意的。如果昨天的经验教训没能使我们看到旧的方式方法的不正确，那么我们今天就决不可能学会用新的方式方法来完成自己的任务。

所以提出改行新经济政策的任务，是因为经过了在空前困难的条件下，在国内战争的条件下，在资产阶级强迫我们采用残酷斗争的形式的条件下直接进行社会主义建设的试验之后，到 1921 年春天情况已经很清楚：不是直接进行社会主义建设，而是要在许多经济领域退向国家资本主义；不是实行强攻，而是进行极其艰苦、困难和不愉快的长期围攻，伴以一连串的退却。要动手解决经济问题，也就是说，保证经济转到社会主义的基础之上，就必须这样做。

我今天不能用数字、总结或事实来说明这种退回到国家资本主义的政策给了我们什么好处。我只举一个小小的例子。你们知道，顿巴斯是我国经济几大中心之一。你们知道，我们在那里有一些原来是资本主义的大企业，它们已达到西欧资本主义企业的水平。你们也知道，我们在那里的任务是先恢复大工业企业，因为我们靠数量不多的工人恢复顿巴斯的工业比较容易。但是在春天改变政策以后，我们今天在那里看到了什么呢？我们在那里看到了相反的情况——生产发展得特别顺利的是租给农民的小矿井。我们看到，国家资本主义的关系有了发展。农民矿井的生产情况很好，他们把开采的煤拿出大约30%作为租金交给国家。顿巴斯生产的发展表明，与今年夏天的惨状相比，目前情况已经普遍有了显著的好转，在这方面，小矿井生产的好转以及它们按国家资本主义原则经营这一点起了不小的作用。我不能在这里分析全部有关材料，但你们从这个例子里还是可以清楚地看到政策的改变所取得的某些实际结果。经济生活的活跃（这是我们绝对需要的）和生产率的提高（这也是我们绝对需要的），这些，我们通过局部退回到国家资本主义制度已经开始得到了。至于今后的成绩如何，将取决于我们的本事，取决于我们今后执行这一政策的正确程度。

现在回过头来阐发一下我的基本思想。今年春天我们改行新经济政策，退回到采用国家资本主义的经营手段、经营方式和经营方法，这种退却是否已经够了，以致可以停止退却而开始准备进攻呢？不，实际表明退得还不够。理由如下。如果按我开头所讲的那个比喻(战争中的强攻和围攻)来说,那么我们还没有重新部署好军队,还没有重新分配好作战物资,如此等等。一句话,我们还没有作好新战役的准备,而根据新的战略和战术,新战役将按另一种方式进行。既然我们现在正在转向国家资本主义,那么试问,是不是应该设法使适合于以前的经济政策的活动方式现在不来妨碍我们呢?不言而喻,而且我们的经验也证明,我们应该做到这一点。今年春天我们说过我们不怕退回到国家资本主义,我们还说过我们的任务就是把商品交换这一形式固定下来。自 1921 年春天以来,我们制定了一连串法令和决定,写了大批文章,进行了大量宣传工作和立法工作,这一切都是在适应发展商品交换的需要。商品交换这个概念包括一些什么内容呢?这个概念所设想的建设计划(如果可以这样说的话)是怎样的呢?它设想,在全国范围内,或多或少要按照社会主义方式用工业品换取农产品,并通过这种商品交换来恢复作为社会主义结构唯一基础的大工业。结果怎样呢?现在你们从实践中以及从我国所有的报刊上都可以清楚地看到,结果是商品交换失败了。所谓失败,是说它变成了商品买卖。如果我们不想把脑袋藏在翅膀下面,如果我们不想硬着头皮不看自己的失败,如果我们不怕正视危险,我们就必须认识到这一点。我们应当认识到,我们还退得不够,必须再退,再后退,从国家资本主义转到由国家调节买卖和货币流通。商品交换没有得到丝毫结果,私人市场比我们强大,通常的买卖、贸易代替了商品交换。

你们要努力适应这种情况,否则买卖的自发势力、货币流通的自发势力会把你们卷走的!

这就是为什么我们处于目前这种境地,仍然不得不退却,以便在日后最终转入进攻。这就是为什么目前我们大家都应该认识到以前的经济政策所采取的方法是错误的。我们必须了解这一点，以便弄清目前问题的关键在哪里，我们当前的转变的特点是什么。对外任务目前不是我们的迫切任务。军事任务也不是我们的迫切任务。现时摆在我们面前的主要是经济任务，而且我们应该记住，眼下还不能直接过渡到社会主义建设。

我们在三年内还没有能搞好我们的工作(经济工作)。我国的经济破坏和贫困是这么厉害，文化是这么落后，要在这样一个短时期内完成这项任务是不可能的。但是一般说来，过去的强攻并不是毫无影响和毫无益处的。

现在我们处于必须再后退一些的境地，不仅要退到国家资本主义上去，而且要退到由国家调节商业和货币流通。这条道路比我们预料的要长，但是只有经过这条道路我们才能恢复经济生活。必须恢复正常的经济关系体系，恢复小农经济，用我们自己的力量来恢复和振兴大工业。不这样我们就不能摆脱危机。别的出路是没有的。但是，我们中间有人对实行这一经济政策的必要性还认识得不够清楚。例如，当你说到我们的任务就是使国家变成一个批发商或者学会经营批发商业，说到我们的任务就是经商做买卖的时候，就觉得非常奇怪，有些人甚至感到非常可怕。他们说："共产党员居然说出这种话来，说什么现在要把商业任务，把最平常、最普通、最庸俗、最微贱的商业任务提上日程，这样共产主义还能剩下什么呢？人们看到这种情况万念俱灰，说了一声'唉，一切都完了！'这有什么不应该呢？"我想，只要看一看自己的周围，就能发现这种情绪；这种情绪是非常危险的，因为它一旦蔓延开来，就会蒙蔽许多人的眼睛，使人难于清醒地理解我们当前的任务。1921年春季，我们在经济方面实行了退却，而且现在，秋季，乃至于

1921年到1922年的这个冬季，我们还要继续退却。如果我们对自己、对工人阶级、对群众隐瞒这一点，那就等于承认我们根本没有觉悟，等于没有勇气正视现状。要是这样，我们就无法进行工作和斗争。

如果一支军队已经确信不能用强攻方式拿下要塞，但仍然表示不同意撤出旧阵地，不去占领新阵地，不改用新方法来完成任务，那么对于这样的军队应当说：只学会了进攻而没有学会在某些困难条件下为了适应这种条件必须实行退却，是不会取得战争胜利的。自始至终全是胜利进攻的战争在世界历史上是从来没有过的，即或有过也是例外。就普通的战争来说，情况就是这样。而在决定整个阶级的命运、决定是社会主义还是资本主义这个问题的战争中，是否有合理的根据设想第一次解决这个课题的人民一下子就能找到唯一正确无误的方法呢？有什么根据作这样的设想呢？毫无根据！经验证明恰恰相反。在我们所完成的任务中，没有一项是不经过反复而一次完成的。失败了再来，一切重新做过，相信一项任务总有办法可以完成，即使做得不能绝对正确，至少也能差强人意。我们过去是这样工作的，今后还应该这样工作。如果面对眼前的情况我们的队伍不能齐心一致，这是最令人痛心的，这说明在我们党内有一种非常危险的颓丧情绪。相反，如果我们敢于直截了当地说出甚至是痛苦的严重的真实情况，那么我们就一定能学会、绝对能学会如何战胜一切困难。

我们必须立足于现有的资本主义关系。我们害怕这样的任务吗？或者说这不是共产主义的任务吗？如果这样，那就说明我们不懂得革命斗争，不懂得革命斗争的性质，不懂得革命斗争是一种最紧张的斗争，伴有许多我们决不可以漠视的急剧转变。

现在我作几点总结。

我来谈一个很多人都关心的问题。既然现在，即 1921 年秋季和冬季，我们又一次退却，那么究竟要退到什么时候为止呢？我们时常直接或间接地听到这样的问题。这个问题使我想起签订布列斯特和约时所听到的一个类似的问题，我们签了布列斯特和约以后有人问我们："你们对德帝国主义作了这样那样的让步，到底要让到哪年哪月为止呢？有什么东西能保证到时候停止让步呢？你们这样做不是使处境更加危险了吗？"当然，我们是增加了自己处境的危险性，但是不应当忘记一切战争的基本规律。战争的要素是危险。在战争中你无时无刻不被危险包围着。什么是无产阶级专政呢？无产阶级专政是一场战争，是一场比过去任何战争更残酷、更持久和更顽强得多的战争。在这场战争中，时时处处都有危险。

我们的新经济政策所造成的情况，如小型商业企业的发展、国营企业的出租等，都意味着资本主义关系的发展，看不到这一点，那就是完全丧失了清醒的头脑。不言而喻，资本主义关系的加强，其本身就是危险性的增强。你们能给我指出什么没有危险的革命道路、没有危险的革命阶段和革命方法吗？危险的消失就意味着战争的结束，无产阶级专政的终止。当然，此时此刻我们谁也不作这样的梦想。这个新经济政策所采取的每一个步骤都包含着许许多多的危险。我们在今年春天说，我们要用粮食税代替余粮收集制，要颁布法令，规定交纳粮食税以后剩下的粮食可以自由买卖。当时我们这样做，也就是使资本主义得到发展的自由。不明白这一点，就等于根本不懂得基本的经济关系，根本不可能认清形势和正确行动。当然，斗争方法改变后，发生危险的条件也改变了。在解决建立苏维埃政权和解散立宪会议的问题时，危险来自政治方面。这种危险是微不足道的。在全世界资本家所支持的国内战争的时期到来后,出现了军事上的危险,这种危险就比较严重了。而在我们改变了我们的经济政策后,危险就更大了,因为整个经济是由大量经营管理方面的日常的琐事构成的,而人们对这些琐事习以为常,不太注意,这就要求我们聚精会神、全力以赴,这就非常明确地提出了学会用正确方法来克服这种危险的必要性。资本主义的恢复、资产阶级的发展和资产阶级关系在商业领域的发展等等,这些就是我们目前的经济建设所遇到的危险,就是我们目前逐步解决远比过去困难的任务时所遇到的危险。在这一点上切不可有丝毫的糊涂。

我们必须懂得:目前的具体条件要求国家调节商业和货币流通,我们正应当在这方面发挥我们的作用。我们目前经济现实中的矛盾比实行新经济政策以前要多:居民中某些阶层即少数人的经济状况有了部分的、些许的改善,但是另一些阶层,即大多数人,他们得到的物质资料同他们的基本需要则完全不相适应。矛盾增加了。不难理解,在我们经历大变革的时候,要一下子消除这些矛盾是不可能的。

最后,我想强调一下我的报告中的三个主题。第一个是一般性问题:我们应当在什么意义上承认在新经济政策以前的一个时期内我们党所实行的经济政策是错误的?我举了某次战争中的一个例子,力求用它来说明由强攻转为围攻的必要性,说明开头实行强攻的必然性以及认识到强攻失败后采取新的战法的意义的必要性。

其次,到 1921 年春天才明确起来的第一个教训和第一个阶段,就是在新的道路上发展国家资本主义。在这方面现在取得了一些成绩,但也产生了从未有过的矛盾。我们还没有掌握这个领域。

第三个是，自从 1921 年春天我们不得不从社会主义建设退到国家资本主义之后，我们看到，调节商业和货币流通的问题已提上日程。不管我们怎样觉得商业领域距离共产主义很遥远，但正是在这个领域我们面临着一项特殊任务。只有完成了这一任务，我们才能着手解决极其迫切的经济需要问题。也只有这样，通过一条比较漫长然而比较可靠的、也是目前我们唯一走得通的道路，我们才能保证大工业有恢复的可能。

这就是我们在新经济政策问题上应该看清的主要之点。我们在解决这一政策的种种问题时，应当认清基本的发展路线，以便对现时我们在经济关系中所看到的表面上的混乱现象有清楚的认识。当前，在看到旧事物的破坏同时，我们还看到了新事物的仍很孱弱的幼苗，也常常看到我们的一些活动方式还不适应新的条件。我们既已提出提高生产力和恢复作为社会主义社会唯一基础的大工业的任务，我们就应当努力做到正确地对待这一任务，并且务必完成这一任务。

2

总 结 发 言

同志们！在回答纸条上提出的意见以前，我想先说几句，答复在会上发言的几位同志。我觉得必须指出拉林同志发言中的一点误解。他竟把我所说的调节问题同调节工业的问题扯在一起。要就是我说得不确切，要就是他理解错了。这显然是不对的。我说的是调节商业和货币流通，并把这种调节同商品交换作对比。还应当指出的是，如果我们关心我们的政策、决定、宣传和鼓动，要使我们的宣传、鼓动和法令有所改进，那就不应该漠然无视最近的试验所取得的成果。1921年春天我们谈论商品交换对不对呢？当然是对的，你们大家都知道这一点。说商品交换作为一种制度已经不适应实际情况，实际情况奉献给我们的不是商品交换而是货币流通、现金交易，——这样说对不对呢？这也是毫无疑问的，事实证明了这一点。这也是对斯图科夫和索凌两位同志说我虚构一些错误的答复。这就是证明我们确实犯了错误而不是虚构错误的明显事实。

今春以来这个时期我们实行经济政策的经验表明，1921年春谁也没有对新经济政策表示异议，无论在代表大会上，在代表会议上，或者在报刊上，全党都一致同意这一政策。旧日的争论对于这个一致同意的新决定丝毫也没有影响。当时作出这一决定的根据是：我们通过商品交换就能比较直接地过渡到社会主义建设。现在我们清楚地看到，在这方面还需要通过商业，走一条迂回的道路。

斯图科夫和索凌两位同志怨气冲天，说有人在大谈错误，说难道不虚构错误就不行吗？当然，如果是虚构错误，那将是非常糟糕的。但是，如果像哥尼克曼那样避而不谈实际问题，那也是完全不对的。哥尼克曼的发言几乎通篇都是谈这样一个问题："历史现象形成什么样就是什么样。"当然，这是不容争辩的，这是我们大家都知道的共产主义的基本常识，历史唯物主义的基本常识，马克思主义的基本常识。我们且按这种方式来判断一下。谢姆科夫同志的发言是不是一种历史现象呢？我肯定这也是一种历史现象。那么"这种历史现象形成什么样就是什么样"恰好证明这里既没有虚构错误,也没有不正确地希望或者纵容党员颓丧、惶恐和情绪低落。斯图科夫和索凌两同志非常担心,认为一承认错误,不管是怎样承认,是全部还是局部,是直接还是间接,都是有害的,因为这样做会使人普遍颓丧,情绪低落。而我举一些例子正是要说明,问题的实质在于,承认错误目前是不是有实际意义,在发生了并且是必不可免地发生了问题以后,现在是不是应当作某种改变?我们一开始是进行强攻,只是在这以后才转为围攻,这是大家都知道的。现在妨碍我们实行自己的经济政策的,是把在别的情况下也许是出色的而在现时却是有害的那些做法错误地搬过来。几乎所有发言的同志都完全回避了这个问题,可是问题的全部实质就在于此,也仅在于此。在这里,我最好的同盟者是谢姆科夫同志,因为他在大家眼前奉献了这个错误。如果谢姆科夫同志没有出席会议,或者如果他今天没有发言,那确实会使人产生这样的印象:莫非错误是列宁虚构的?但谢姆科夫同志的话说得很明确:"您讲国营商业干什么呢?在监狱里又没有人教过我们做生意!"谢姆科夫同志,是这样,在监狱里没有人教过我们做生意!可是,在监狱里有人教过我们作战吗?在监狱里有人教过我们管理国家吗?调解各人民委员部之间的争执,协调它们的活动,这种非常讨厌的玩意儿又有谁在什么时候什么地方教过我们呢?在任何地方也没有人教过我们这些东西。在监狱里在最好的情况下也没有人教我们学东西,而是我们自己学习马克思主义,学习革命运动史等等。从这一点说,很多人没有白坐监狱。当有人对我们说"在监狱里没有人教过我们做生意"的时候,从这句话正好看出他们对我们今天进行党的斗争和活动的实际任务存在着错误的理解。而这恰恰是这样一种错误:把适用于"强攻"的做法硬搬到"围攻"时期来。在谢姆科夫同志身上暴露了在党的队伍里存在的错误。必须认识到这个错误并加以纠正。

军事上和政治上的热情是一种公认的巨大的历史力量，曾经起过伟大的作用，并将对国际工人运动有深远的影响。如果我们依靠这种热情，再有相当的文化水平和稍微完好的工厂，能够直接进行社会主义建设，那么，我们就不会来搞商业核算和生意经这套讨厌的玩意儿了。那时这一套就不需要了。可是现在我们必须搞这一套。为什么呢？因为我们正在领导而且必须领导经济建设。经济建设促使我们不仅需要采取出租这种不愉快的手段，而且需要搞做买卖这套讨厌的玩意儿。这种不愉快的情形会使人意志颓丧，情绪低落，这是可以料到的。可是这究竟是谁的过错呢？不正是那些情绪低落、意志颓丧的人的过错吗？既然国际国内的全部经济政治条件给我们造成了这样一种经济现实，即不是商品交换而是货币流通变成了事实，既然需要我们致力于调节目前的商业、目前这种情况很糟的货币流通，那我们共产党人怎么办呢，能说这跟我们无关吗？如果这样，那是一种极有害的颓丧情绪，极严重的绝望情绪，会使我们一事无成。

我们目前的工作环境并不完全是由我们自己造成的，它还和经济斗争以及我们同其他国家的相互关系有关。这一切的结果是我们在今年春天提出了出租问题，而现在又必须提出商业问题和货币流通问题。借口“在监狱里没有人教过我们做生意”来回避这一问题，那就等于陷入不可容忍的颓丧情绪，就等于不执行自己的经济任务。如果用强攻方式能拿下资本主义商业这块阵地，而且在一定条件下（工厂完好，有高度的经济和文化水平）采取“强攻”即直接建立商品交换，没有犯任何错误，那是痛快得多。可是现在的错误恰恰在于我们不愿意了解采用其他办法的必要性和必然性。这不是虚构出来的错误，也不是历史上的错误，而是能够帮助我们正确理解当前能够做什么和必须做什么的一个教训。如果党面对自己的任务竟然说“在监狱里没有人教过我们做生意”、我们不需要商业核算等等，那党能完成自己的任务吗？有很多东西在监狱里都没有人教过我们，我们只得在革命以后学。我们学了，并且学得很有成效。

我想，学会了解商业关系和经商是我们的责任。而只有开门见山地指明这个任务，我们才能开始有成效地学并最终学会。我们不得不退这样远，因为商业问题成了党的一个实际问题，成了经济建设的一个实际问题。是什么迫使我们转而采用商业原则呢？是周围的环境，是目前的条件。所以必须这样做，是为了使大工业迅速恢复并且尽快同农业结合起来，以便实现正常的产品交换。在工业比较发达的国家里做到这一点要快得多。可是在我国就要通过一条迂回漫长的道路，但我们所追求的目的最终是能达到的。现在我们必须把实现今天和明天向我们、向必须领导整个国家经济的党提出的任务作为方针。现在已经谈不上商品交换了，因为商品交换这个战场已经从我们手里给夺走了。不管这使我们多么不愉快，但这是不容置疑的事实。那是不是应该说，我们再没有别的事情可做了呢？绝对不是。我们应该学习。应该学习由国家调节商业关系。这项任务是困难的，但决不是无法完成的。我们一定能完成这一任务，因为过去那些对我们来说同样是新的、必需的和困难的任务我们都完成了。搞合作商业是一项困难的任务，但决不是无法完成的，只是需要对这项困难的任务有清楚的认识，认真下功夫。我们的新政策归结起来就是这样的。目前已有少数企业开始实行商业核算制度，按自由市场的价格支付工资，改用金卢布结算。但是这样的经营单位为数极少，大多数企业的情况还很混乱，工资与生活条件极不适应；部分企业已经不再靠国家供给，一部分企业还要部分地靠国家供给。出路在哪里呢？唯一的出路在于我们要学会，要适应环境，要能恰当地解决也就是根据当前的条件来解决这些问题。

以上是我对几位就我今天的讲话发言的同志的答复。现在我来简短地回答一下递上来的几张条子。

其中有一张说："您拿旅顺口作例子，但是您不认为被国际资产阶级包围的我们可能就是旅顺口吗？"

是的，同志们，我已经指出：战争的要素是危险；不估计到可能遭到失败，就不能进行战争。如果我们遭到失败，当然就会陷入旅顺口那样的悲惨境地。在我的全部讲话中，我指的是国际资本主义这个旅顺口，它已经被包围，而且不仅仅被我们这支大军所包围。在每个资本主义国家里，包围这个国际资本主义旅顺口的大军都在日益成长壮大。

有一张条子问："如果一两年后爆发社会革命，那革命后我们会马上采取什么样的策略？"要是能够回答这样的问题，那么干革命就易如反掌了，我们就能在世界各地干成许许多多的革命了。这样的问题是无法回答的，因为我们不仅不能肯定一两年后会发生什么事情，甚至不能肯定半年以后会发生什么事情。提出这样的问题同预卜战斗双方谁将陷入旅顺口要塞的悲惨境地一样，都是徒劳无益的。我们只知道一点：国际旅顺口要塞最终一定会拿下来，因为能够夺下这一要塞的力量正在世界各国成长壮大。而我们的基本问题是，应当怎样做才能在我们目前所处的极端困难的条件下保住恢复大工业的可能性。我们不应当规避商业核算，而应当懂得，只有在这个基础上才能创造起码的条件，使工人不仅在工资方面，而且在工作量等方面得到满足。只有在商业核算这个基础上才能建立经济。成见和怀旧则妨碍进行这项工作。如果我们不估计到这一点，就不可能以应有的方式来实行新经济政策。

有人提出这样的问题："我们退到哪儿为止？"还有几张条子也提出同样的问题：我们退到什么时候为止？我料到会产生这个问题，所以在我的第一次讲话中已就这点讲了几句。这个问题是某种颓丧情绪的反映，是完全没有根据的。我们在签订布列斯特和约时也听到过同样的问题。这个问题提得不对，因为只有进一步实行我们的转变，才能提供回答这一问题的材料。我们什么时候学会了，什么时候为扎实地转入进攻作好了准备，我们就什么时候停止退却。对这个问题不可能作出更多的回答。退却是非常不愉快的事，但是人家揍你的时候，是不管你愉快不愉快的。军队经常撤退，谁也不会感到奇怪。谈论我们到底退到什么时候为止是谈不出什么好办法来的。我们为什么要瞎想一些得不出任何结果的方案呢？我们倒是应该去做具体的工作。应该细心地研究具体的条件和情况，应该确定可以利用什么地形站住脚，——利用一条河、一座山、一片沼泽或某个车站？因为我们只有在可以利用某种地形站住脚时，才能转入进攻。不应当陷在颓丧情绪里，不应当用慷慨激昂的鼓动来规避问题，这种鼓动用得适当是非常可贵的，可是在当前的问题上它只会带来害处。

载于1921年11月3日和4日
《真理报》第248号和第249号

译自《列宁全集》俄文第5版
第44卷第191—220页

《按商业原则办事》一文提纲[135]

（1921年10—11月）

《按商业原则办事》短文提纲

这能否作为口号？

“商业”？ ＝资本主义。

（α）“国家资本主义”。它的长处。

（β）战争状态曾排斥了“商业”。

（γ）在向“共产主义”过渡时往往（由于军事上的考虑；由于几乎是赤贫的状况；由于错误，由于一系列错误）没有经过社会主义的一些中间阶段（共产主义**和**社会主义）。

（δ）“计算和监督”？

（ε）**应当收回成本**。

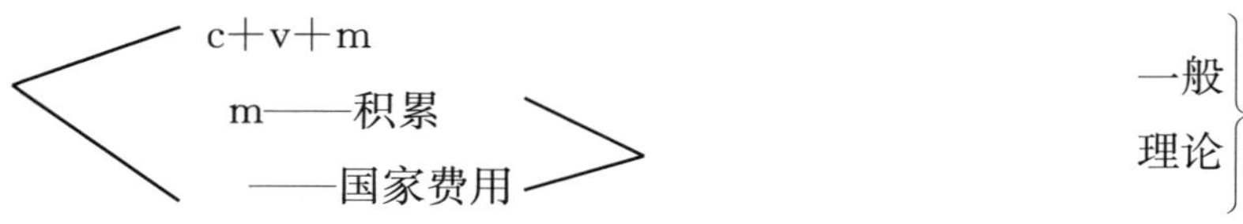

“战争”＝无产阶级专政。

不同形式：

（α）1917年10月25日—1918年1月5日的政策

（β）世界政治。布列斯特和约。

（γ）国内战争。

（δ）同“经济危机”**即**同小资产阶级自发势力作战？同战后

的纪律松弛现象作战？同经济崩溃作战？同无能现象作战？

战争胜利的条件：极度紧张。

商业原则＝

＝极度紧张

＝尽量缩减企业数量，使企业集中

＝检查结果

＝“经营有方”。

或者——或者：

或者：100 000＋500 000

16ч.$\frac{1}{4}$ф.给农民？①

或者：极度紧张，缩减，“施加压力”（？）

令人讨厌的是：懒惰，办事马虎，零星的投机倒把，盗窃，纪律松弛。

为什么不是“经营有方”？ ——贸易自由

——国家资本主义

——货币制度。

载于1959年《列宁文集》俄文版第36卷

译自《列宁全集》俄文第5版第44卷第473—474页

① 这些数字的意思弄不清楚。——俄文版编者注

一篇文章或讲话的两份纲要[136]

（1921 年 10 月和 11 月 5 日之间）

1

（1）新经济政策和认真学习（经营管理）

（2）—— ——用“棍子”、用**铁的**纪律、“用认真的态度”来“**教**”

同战争比较。

同 1918 年 4 月 29 日比较

（3）“退却”——战败的军队在学习

（4）资本家和商人会把小资产阶级联合起来？

“战争的要素是危险。”

2

争取“以改良方式”过渡的**可能性**——或者换句话说，争取经过初步接近的道路、经过跳板、经过阶梯走向目标的可能性。

（正面攻击可能取得全面胜利，也可能取得局部胜利＝争取接近和过渡、“改良”、使资产阶级服从等有把握的可能性。）

“**批发商**”，“**国家资本主义**”。

为农民**市场**、农民的**消费服务**；寻求消费者；满足他们的需要；进行计算；获取赢利；商业核算。总结＝以认真的态度即从切身体验中、从效果中“**学习**”。

“正面攻击”是错误呢，还是试探地基和清扫地基呢？从历史上看，二者都是。

从放弃正面攻击而采取其他方法的现在来看，必须强调它的作用和错误。

政治变革以及在文化上（和经济上）消化这种变革。

载于1933年《列宁文集》俄文版第23卷

译自《列宁全集》俄文第5版第44卷第475—476页

论黄金在目前和在社会主义完全胜利后的作用

（1921 年 11 月 5 日）

庆祝伟大革命的纪念日，最好的办法是把注意力集中在还没有完成的革命任务上。现在，有一些根本性的任务革命还没有完成，要完成这些任务需要把握某种新的（同至今革命已经做到的相比）事物，在这种时候用上述办法来庆祝革命特别适当而且必要。

目前的新事物，就是我国革命在经济建设的一些根本问题上必须采取“改良主义的”、渐进主义的、审慎迂回的行动方式。这一“新事物”无论在理论上或实践上都引起了许多问题和疑虑。

理论问题是：在革命总的说来是胜利推进的条件下，在同一个领域里，在采取了许多最革命的行动之后，又转而采取非常“改良主义的”措施，这该怎样解释呢？这里有没有“放弃阵地”、“承认失败”或诸如此类的事情呢？我们的敌人，从半封建的反动分子到孟什维克或第二半国际的其他骑士们，当然说有。要是他们不假托各种理由或者不要任何理由就发出这样的叫嚣，那他们就不成其为敌人了。一切政党，从封建主到孟什维克，在这个问题上的惊人的一致，不过再一次证明所有这些政党对无产阶级革命来说确实是“反动的一帮”（顺便说一句，这正像 1875 年和 1884 年恩格斯给倍倍尔的信中所预见的一样[①])。

但是,在朋友中间也有某种……“疑虑”。

我们要恢复大工业,组织大工业和小农业间的直接产品交换,帮助小农业社会化。为了恢复大工业,我们实行了余粮收集制,从农民那里借来一定数量的粮食和原料。这就是我们在1921年春天以前的三年多时间内所实行的方案(或方法、制度)。从直接和彻底摧毁旧社会经济结构以便代之以新社会经济结构的意义上说,这是完成任务的一种革命办法。

1921年开春以来,我们提出(还不是“已经提出”,只是刚刚“提出”,并且还没有充分意识到这一点)完全不同的、改良主义的办法来代替原先的行动的办法、方案、方法、制度。所谓改良主义的办法,就是不**摧毁**旧的社会经济结构——商业、小经济、小企业、资本主义,而是**活跃**商业、小企业、资本主义,审慎地逐渐地掌握它们,或者说,做到有可能**只在**使它们活跃起来的**范围内**对它们实行国家调节。

这是完成任务的另一种完全不同的办法。

与原先的革命办法相比,这是一种改良主义的办法(革命这种改造是最彻底、最根本地摧毁旧事物,而不是审慎地、缓慢地、逐渐地改造旧事物,力求尽可能少加以破坏)。

有人问,既然你们试用革命方法以后承认这种方法失败而改用改良主义方法,那岂不证明你们是在宣布革命就是根本错误的吗?那岂不证明根本不应该从革命开始,而应该从改良开始,并且只限于改良吗?

---

① 见《马克思恩格斯文集》第3卷第411页;《马克思恩格斯全集》第1版第36卷第252—253页。——编者注

孟什维克和类似的人所作的就是这样的结论。但这种结论，不是政治上饱经“风霜”的人的诡辩和骗人伎俩，就是“初出茅庐”的人的幼稚无知。对于一个真正的革命者来说，最大的危险，甚至也许是唯一的危险，就是夸大革命作用，忘记了恰当地和有效地运用革命方法的限度和条件。真正的革命者如果开始把“革命”写成大写，把“革命”几乎奉为神明，丧失理智，不能极其冷静极其清醒地考虑、权衡和验证在什么时候、什么情况下、什么活动领域要善于采取革命的行动，而在什么时候、什么情况下、什么活动领域要善于改用改良主义的行动，那他们就最容易为此而碰得头破血流。要是真正的革命者失去清醒的头脑，异想天开地以为“伟大的、胜利的、世界性的”革命在任何情况下、在任何活动领域都一定能够而且应该用革命方式来完成一切任务，那他们就会毁灭，而且一定会毁灭(是指他们的事业由于内因而不是由于外因而失败)。

谁“异想天开”要这么干，那他就完了，因为他想在根本问题上干蠢事，而在激烈的战争(革命就是最激烈的战争)中干蠢事是要受到失败这种惩罚的。

凭什么说“伟大的、胜利的、世界性的”革命能够而且应该只采用革命的方法呢？这是毫无根据的。这样说是完全错误、绝对错误的。如果站在马克思主义立场上，从纯理论原理来看，这种说法的不正确是不言而喻的。我国革命的经验也证实了这种说法的不正确。从理论上看，在革命时期也和在其他任何时期一样，都会干出蠢事来。这是恩格斯说的[①]，他说得对。应该尽量少干蠢事，尽快地纠正已经干了的蠢事，尽量冷静地考虑：在什么时候，哪些任

① 参看《马克思恩格斯文集》第3卷第364页。——编者注

务可以用革命方法完成，哪些任务不能用革命方法完成。从我们自己的经验看：布列斯特和约就是一个决非革命行动而是改良行动的例证，这种行动甚至比改良行动更糟，因为这是倒退行动，而改良行动通常是缓慢地、审慎地、逐渐地前进，而不是倒退。我们在缔结布列斯特和约时的策略的正确性，现在已得到充分的证实，大家都很清楚，一致公认，因此对这个问题用不着多讲。

我国革命充分完成了的只是资产阶级民主性的工作。我们完全有权以此自豪。在我国革命中，无产阶级的或者说社会主义的工作可以归纳为三大项：(1)通过革命手段退出世界帝国主义战争；揭露两个世界性的资本主义强盗集团的大厮杀并使这场战争**打不下去**；从我们方面说，这一点已经完全做到了；但是要从各方面都做到这一点，只有靠几个先进国家的革命。(2)建立苏维埃制度这一实现无产阶级专政的形式。有世界意义的转变已经完成。资产阶级民主议会制时代已经终结。世界历史的新的一章——无产阶级专政的时代已经开始。只不过苏维埃制度和无产阶级专政的各种形式还要靠许多国家来改进和完善。在这方面我们还有很多很多事情没有完成。如果看不到这一点，那是不可饶恕的。我们的工作还得不止一次地补做、改做或重做。今后在发展生产力和文化方面，我们每前进一步和每提高一步都必定要同时改善和改造我们的苏维埃制度，而现在我们在经济和文化方面水平还很低。我们有待于改造的东西很多，如果因此而“面有愧色”，那就荒谬绝顶了（如果不是比荒谬更糟的话）。(3)从经济上建设社会主义制度的基础。在这方面，最主要最根本的工作还没有完成。而这是我们最靠得住的事业，——无论从原则来看或从实践来看，也无论从俄罗斯联邦的现状来看或从国际方面来看，都是最靠得住的事业。

既然在打基础上最主要的工作还没有完成，那就应该把全部注意力放在这上面。这里的困难在于过渡的形式。

我在1918年4月《苏维埃政权的当前任务》一文中曾这样写道："仅仅一般地做一个革命者和社会主义拥护者或者共产主义者是不够的。必须善于在每个特定时机找出链条上的特殊环节，必须全力抓住这个环节，以便抓住整个链条并切实地准备过渡到下一个环节；而在这里，在历史事变的链条里，各个环节的次序，它们的形式，它们的联接，它们之间的区别，都不像铁匠所制成的普通链条那样简单和粗陋。"①

当前，在我们所谈的这个活动领域里，这样的环节就是在国家的正确调节（引导）下活跃国内**商业**。在历史事变的链条中，在1921—1922年我国社会主义建设的各种过渡形式中，商业正是我们无产阶级国家政权、我们居于领导地位的共产党"**必须全力抓住的环节**"。如果我们**现在**能紧紧"抓住"这个环节，那么不久的将来我们就一定能够掌握**整个**链条。否则我们就掌握不了整个链条，建不成社会主义社会经济关系的基础。

这看起来很奇怪：共产主义与商业?! 这是两种风马牛不相及、毫不相干、相去甚远的东西。但是，如果**从经济上**认真考虑一下，就会知道这二者之间的距离并不比共产主义同小农的、宗法式的农业的距离更远。

我们将来在世界范围内取得胜利以后，我想，我们会在世界几个最大城市的街道上用黄金修建一些公共厕所。这样使用黄金，

① 见本版全集第34卷第185页。——编者注

对于当今几代人来说是最“公正”而富有教益的，因为他们没有忘记，怎样由于黄金的缘故，在1914—1918年“伟大的解放的”战争中，即在为了解决是布列斯特和约坏些还是凡尔赛和约坏些这个重大问题的战争中，曾使1 000万人死于非命，3 000万人变成残废；怎样又是由于黄金的缘故，不知是在1925年前后还是在1928年前后，是在日美之间还是在英美之间的战争中，或者在诸如此类的战争中，一定还会使2 000万人死于非命，6 000万人变成残废。

但是，无论上述那种使用黄金的办法多么“公正”，多么有益，多么人道，我们仍然说：要做到这一点，我们还应当像1917—1921年间那样紧张、那样有成效地再干它一二十年，不过工作的舞台比那时要广阔得多。目前在俄罗斯联邦仍然应当爱惜黄金，卖黄金时要卖得贵些，用黄金买商品时要买得便宜些。和狼在一起，就要学狼叫。至于要消灭所有的狼（在一个合理的人类社会里理应如此），那我们就要照俄国一句精辟的俗话去做：“上战场别吹牛，下战场再夸口……”

假定……**假定**在千百万小农旁边没有电缆纵横的先进的大机器工业，——这种工业按其技术能力和有组织的“上层建筑”以及其他伴生的条件来说，能够比从前更迅速更便宜更多地向小农提供优质产品——那么商业就是千百万小农与大工业之间唯一可能的经济联系。就世界范围来说，这种“假定”没有的东西**已经有了**，这个条件已经具备了，但是，某一个国家，而且是最落后的资本主义国家之一，在试图马上直接实现即实际建立工业和农业之间的这种**新的**联系时未能用“强攻”方法完成这项任务，现在就不得不采取一系列缓慢的、渐进的、审慎的“围攻”行动来完成这项任务。

掌握商业，引导商业，把它控制在一定的范围内，这是无产阶级国家政权能够做到的。现在举一个小例子，一个小小的例子。在顿巴斯，一方面由于国营大矿井劳动生产率提高，另一方面由于把小矿井出租给农民，经济已经开始活跃，虽然活跃的程度还很小，但无疑是活跃了。这样一来，无产阶级国家政权额外得到了一些为数不多的煤(对于先进国家来说，这个数量是微不足道的，然而在我国一贫如洗的情况下却是很可观的)。我们所得到的煤，假使成本是100%，而我们卖给国家机关是按120%，卖给私人是按140%(附带声明一下，这些数字完全是我随便举的，因为第一，我不知道确切的数字，第二，即使知道，我现在也不会公布)。看来我们**已开始**掌握——哪怕是规模极小——工农业之间的**流转**，掌握批发商业，掌握这样的任务：抓住现有的落后的小工业或被削弱被破坏了的大工业，在**目前的**经济基础上使商业活跃起来，使中等的普通的农民(他们是农民的多数，农民群众的代表，自发势力的体现者)感到经济上的活跃，利用这一点来更有步骤、更顽强、更广泛、更有效地进行恢复大工业的工作。

我们决不会受本能地轻视商业的"感情社会主义"或旧俄半贵族半农民的宗法情绪的支配。各种过渡经济形式都可以利用，而且既然有利用的必要，就**应该**善于利用它们来巩固农民同无产阶级的联系，立即活跃我们这个满目疮痍、受尽苦难的国家的国民经济，振兴工业，为今后采取各种更广泛更深入的措施如电气化等创造条件。

只有马克思主义才精确地正确地规定了改良同革命的关系，然而，马克思只能从一个方面，只能在无产阶级还没有在哪一个国家取得第一次稍微巩固、稍微持久的胜利的情况下看到这种关系。

在这种情况下，正确关系的基础就是把改良看做无产阶级的革命阶级斗争的副产品。就整个资本主义世界来说，这种关系是无产阶级革命策略的基础，是一个起码常识，而第二国际卖身求荣的领袖们以及第二半国际半是迂腐、半是装腔作势的骑士们却歪曲和抹杀这种起码常识。无产阶级哪怕在一个国家取得胜利以后，在改良同革命的关系中就出现了某种新东西。从原则上说情况还和从前一样，但在形式上发生了变化。这种变化马克思本人当时是预见不到的，我们只有根据马克思主义的哲学和政治学说才能认识到。为什么我们能够正确地实行布列斯特的退却呢？因为我们已前进了相当远，有退却的余地。从1917年10月25日到签订布列斯特和约时为止，我们**在几个星期之内**以令人头晕目眩的速度建立了苏维埃国家，通过革命手段退出了帝国主义战争，完成了资产阶级民主革命，**即使**作了签订布列斯特和约这个大倒退，我们仍然保留了充分广阔的阵地，可以利用"喘息时机"再胜利前进，反击高尔察克、邓尼金、尤登尼奇、皮尔苏茨基、弗兰格尔。

无产阶级取得胜利以前，改良是革命的阶级斗争的副产品。取得胜利以后，改良在国际范围内仍然是一种"副产品"，但对取得胜利的国家来说，如果经过极度紧张的斗争，实力显然不足以用革命手段来实行某种过渡，那么改良又是一种必要的、合理的喘息时机。胜利提供了很多"后备力量"，我们即使被迫退却也能坚持下去，无论在物质方面或精神方面都能坚持下去。所谓在物质方面坚持下去，就是保持兵力的充分优势，使敌人不能彻底打垮我们。所谓在精神方面坚持下去，就是不使自己精神沮丧，组织瓦解，仍保持对情况的清醒估计，保持饱满的精神和坚强的意志，退得虽远但退得适度，能及时停下来并重新转入进攻。

我们已经退到了国家资本主义。但我们退得适度。现在我们正退到由国家调节商业。但我们会退得适度的。现在已经有一些迹象可以使人看到退却的终点了，可以使人看到在不很久的将来停止这种退却的可能性了。这次必要的退却进行得愈自觉，愈协调，成见愈少，那么，我们就会愈快停止退却，而随后的胜利进击就会愈有把握，愈迅速，愈波澜壮阔。

1921 年 11 月 5 日

载于 1921 年 11 月 6—7 日《真理报》第 251 号

译自《列宁全集》俄文第 5 版第 44 卷第 221—229 页

人民委员会关于1922年财政计划和纸币发行计划的决定草案

1[137]

(1921年11月5日)

(1)委托财政委员会在星期二以前即11月15日以前以金卢布为单位计算出包括粮食税、燃料收入等等在内的各项收入总额；

——以金卢布为单位计算出各人民委员部在支出预算中的份额(绝对数字)——并与战前同类数字(5年或10年的平均数)以及1919年和1920年的概数对比。

(2)提出纸币发行量为24 000万金卢布和3亿金卢布的两个方案。

(3)将总预算(包括物资和货币)的分配额同**劳动国防委员会**粮食计划的口粮分配数字作一对比。

(4)立即开始根据本计划(按发行纸币24 000万金卢布的方案)编制预算。

(5)任务交给国家计划委员会？交给中央统计局？或者交给一个扩大的委员会？

(6)期限——12月20日。

(7)能否公布财政委员会的一些**根据**？

特别是战前卢布的计算(折合成商品),

等等。

载于1959年《列宁文集》俄文版
第36卷

译自《列宁全集》俄文第5版
第44卷第230页

2[138]

(1921年11月18日)

(1)委托财政委员会和国家计划委员会按目前财政委员会采用的一般原则完成收支的计算以及人民委员会11月5日决定中交办的对照表。

(2)用综合报告形式提出这些计算结果,以此作为确定1922年国家预算的初步数据。

载于1945年《列宁文集》俄文版
第35卷

译自《列宁全集》俄文第5版
第44卷第231页

同蒙古人民共和国代表团的谈话[139]

（1921 年 11 月 5 日）

蒙古代表团的第一个问题："列宁同志，您怎样看待在我国建立人民革命党这件事？我们的主要任务是什么？"

列宁同志向我们代表团阐述了我国所处的国际局势，并指出，由于蒙古人民共和国所处的地理位置，一旦战争发生，帝国主义列强将力图侵占我国，并把它变成进攻其他国家的军事跳板。列宁同志指出：因此，对你们国家任何一个劳动者来说，唯一正确的道路就是同苏维埃俄国的工人、农民结成联盟，为国家独立和经济独立而斗争。孤立地进行这一斗争是不行的。因此，建立一个蒙古阿拉特[140]的党是他们的斗争取得胜利的条件。

蒙古代表团的第二个问题："民族解放斗争能否取得胜利？"

列宁同志回答说：

"我本人参加革命运动 30 年，根据亲身的经验知道，任何一个民族要摆脱国内外的奴役者是多么困难。然而，尽管蒙古是一个畜牧业国家，居民的大多数是游牧的牧民，但它已在自己的革命中取得了巨大的胜利，而主要的是通过建立自己的人民革命党巩固了这些胜利。这个党的任务是使自己成为一个群众性的党，而又不被异己分子所侵蚀。"

蒙古代表团的第三个问题:"人民革命党是否应当改变为共产党?"

列宁同志回答说:

"我不提倡这样做,因为一个党不可能'改变'为另一个党。"列宁同志解释了共产党的实质,说它是无产阶级政党,然后指出:"革命者还需要在自己的国家建设、经济建设、文化建设方面做大量的工作,才能从牧民中形成无产阶级群众,然后无产阶级群众才能帮助人民革命党'改变'为共产党。简单地换一块招牌是有害的、危险的。"

列宁同志向我们代表团广泛地阐述了关于蒙古人民共和国的非资本主义发展的可能性和必要性的思想。保证向非资本主义发展的道路过渡的主要条件是加强人民革命党和政府的工作,以便通过这些工作以及通过党和政权的影响的加强而发展合作社,形成经营和民族文化的新形式,以便使阿拉特团结在党和政府的周围为国家的经济发展和文化发展而奋斗。阿拉特蒙古的新的非资本主义的经济体系只能由党和政府影响下建立起的新经济结构的一些成分积累而成。

载于 1934 年乌兰巴托出版的《蒙古人民革命党第九次代表大会(1934 年 9 月 28 日—10 月 5 日)》一书

译自《列宁全集》俄文第 5 版第 44 卷第 232—233 页

在普罗霍罗夫纺织厂工人庆祝十月革命四周年大会上的讲话[141]

（1921 年 11 月 6 日）

简 要 报 道

（全场起立，鼓掌多时）回顾以往的四年，我们看到，除俄国无产阶级外，世界上任何一个国家的无产阶级都没有对资产阶级取得彻底的胜利。我们所以能够取得这样的胜利，完全是因为农民和工人知道，他们是为自己的土地和政权而斗争的。对邓尼金、弗兰格尔和高尔察克的战争是历史上劳动人民战胜压迫者的第一场战争。我们取得胜利的另一个原因，是协约国无法派出足够数量的忠于它的军队来进攻俄国，因为法国的士兵和英国的水兵都不愿意来压迫自己的弟兄。

四年来我们创造了闻所未闻的奇迹：一个饥饿的、力量弱小的、遭到严重破坏的国家竟打败了自己的敌人——几个实力强大的资本主义国家。

我们为自己争得了前所未有的、谁也料想不到的、巩固的国际地位。现在还有一项巨大的任务，就是搞好国民经济。我们所取得的一切成就表明，我们依靠的是世界上最神奇的力量——工人和农民的力量。这使我们相信，到下一年十月革命节的时候，我们将在劳动战线上取得胜利。

载于 1921 年 11 月 9 日《真理报》第 252 号

译自《列宁全集》俄文第 5 版第 44 卷第 234 页

在哈莫夫尼基区工人、红军士兵和青年庆祝十月革命四周年大会上的讲话

（1921 年 11 月 7 日）

（乐队奏《国际歌》，齐声鼓掌）同志们！我不能像那些在莫斯科参加过或亲自进行过某种斗争的同志那样，给你们叙述一些对你们有教育意义的和有趣的回忆，因为我当时不在莫斯科，所以我只想简单讲几句，表示祝贺。

前面有一位同志在结束自己的讲话时，号召工人自己在工会和苏维埃机关中加紧工作，全力以赴地进行工作，我也想对这个号召表示支持。

同志们，四年来我们经历了前所未闻的斗争。假定四年前有人对我们说，外国工人不会很快发动世界革命，我们必须进行三年残酷的国内战争，那时恐怕谁也不会相信我们能够把这场战争坚持下来。可是，尽管受到四面八方的进攻，我们还是经受住了这种进攻。我们所以能够如此，并不是因为出了什么奇迹（因为聪明人是不相信奇迹的），而是由于派来进攻我们的军队不可靠。如果英国人不撤出阿尔汉格尔斯克，法国水兵不撤出敖德萨，如果那些穿上军装被派来攻打我们的外国工人不变成同情苏维埃政权的人，那么就是现在，我们也难保不遭到进攻。不过，我们并不怕这一

点,因为我们知道,在每个国家里我们都有许多同盟者。方才那位同志号召你们齐心协力地工作是正确的,我全力支持他的号召,因为你们都知道,我们在最困难的关头遇到了饥荒,全世界的资本家都想趁此机会迫使我们忍受他们的盘剥。但是我们有了工人群众,也就有了能同他们作斗争的保证。

就拿给农民贷放种子这件事来说吧。你们都知道,余粮收集制已为粮食税所取代,现在你们可以看到,征收粮食税和贷放种子的工作进行得非常好。

前几天我们讨论了如何帮助灾区农民进行春播的问题。我们发现,国家掌握的种子,即使用来播种相当于 1921 年的春播面积,也是远远不够的。为此国家必须有 3 000 万普特谷物,可是我们的粮食税只能征收到 1 500 万普特,其余的 1 500 万普特必须向国外购买。最近我们看到,英国资产阶级正在掀起一个撕毁同苏俄签订的通商条约的运动,但是英国工人反对。我们知道,现在正在同其他国家签订条约,不管购买 1 500 万普特谷物多么困难,我们是一定能够做到的。

我们看到,世界其他所有国家现在都发生了工业危机,大批工人失业。在可耻的凡尔赛和约压迫下的德国已被长期夺去了在国际上立足的资格。德国被凡尔赛和约压得连生意都不能做。协约国虽然签订了前所未闻的凡尔赛和约,但是它们自己也在走向灭亡。

我国的经济状况却在日益好转。

我希望你们能够响应前面那位同志的号召,加强我们国内的工作。应该懂得,这样做非常必要,因为我们工作是为了改善农民经济,而这是需要付出比过去多得无比的精力的。我们相信我们

一定能做到这一点。（鼓掌。乐队奏《国际歌》）

载于1950年《列宁全集》俄文第4版第33卷

译自《列宁全集》俄文第5版第44卷第235—237页

在电力三厂(原“狄纳莫”厂)工人庆祝十月革命四周年大会上的讲话

(1921 年 11 月 7 日)

简 要 报 道

列宁同志用鲜明的例子证明,劳动人民愈来愈清楚地认识到苏维埃政权的意义,深信这样的政权是劳动者自己的政权。

列宁同志说:“带枪的人过去在劳动群众的印象中是可怕的,现在已经不可怕了,因为他是红军的一员,是劳动群众的保卫者。”(列宁同志的讲话在雷鸣般的掌声中结束)

载于 1921 年 11 月 11 日《真理报》第 254 号和《全俄中央执行委员会消息报》第 253 号

译自《列宁全集》俄文第 5 版第 44 卷第 238 页

俄共(布)中央政治局关于工会文化部同政治教育委员会的相互关系问题的决定草案

(1921 年 11 月 8 日)

确认全俄工会文化教育工作第一次代表会议的决议不符合俄共第十次代表大会关于政治教育总委员会与全俄工会中央理事会相互关系问题的决议(第 2 条)。[142]

原则上批准各省政治教育委员会代表大会的决议[143],委托政治教育总委员会与全俄工会中央理事会协商,在一个月内拟出详细的实施细则,包括具体地确定把两个机构的工作"统一起来"的方式和工会及其机关"使用"政治教育总委员会的"机构和力量"的方式。

译自《列宁全集》俄文第 5 版
第 44 卷第 239 页

就对外贸易垄断问题给瓦·米·米哈伊洛夫的批示[144]

（1921 年 11 月 9 日）

米哈伊洛夫同志：建议送政治局委员传阅。

我个人的意见是：整个地**否决**弗·米柳亭的这个根本不能用的、毫无根据的计划。

我建议：**否决**。

列　宁

11 月 9 日

载于 1959 年《列宁文集》俄文版第 36 卷

译自《列宁全集》俄文第 5 版第 44 卷第 240 页

俄共(布)中央政治局关于乌克兰粮食工作的决定草案[145]

给瓦·米·米哈伊洛夫的便条

11月9日

米哈伊洛夫同志:

请送政治局委员传阅后退我。

建议政治局作出如下决定:

政治局指示乌克兰共产党中央委员会:在乌克兰将粮食全部收齐,100%收齐,对于俄罗斯联邦具有绝对重要的意义。给我们运来5 700万普特也同样是绝对重要的。政治局要求:立即制定出一系列强有力的措施来实现这一目的,并将作出的一切决定上报。

关于粮食的收集情况和向俄罗斯联邦运送情况的简要汇总材料,每月用电话报告两次。

列 宁

载于1959年《列宁文集》俄文版第36卷

译自《列宁全集》俄文第5版第44卷第241页

关于接受国联药品和防疫器材一事的批语[146]

（1921年11月12日）

提交**政治局**。

如果没有不可接受的条件就可以**得到**药品，看来可以同意。

列　宁

11月12日

载于1959年《列宁文集》俄文版第36卷

译自《列宁全集》俄文第5版第44卷第242页

关于党的机关同司法侦查机关的相互关系

给维·米·莫洛托夫的便条[147]

（1921年11月）

1

11月14日的便条

莫洛托夫同志：这件事情况如何？

第4条和第5条，依我看是**有害的**。

请简要写上您的意见退给我。

列　宁

11月14日

2
11 月 19 日的便条

1921 年 11 月 19 日

莫洛托夫同志：

我将这个问题转交政治局。

一般说来，这类问题由组织局决定是不正确的，因为这**纯粹**是政治问题，完全是政治问题。

因此，这个问题应另行处理。

请您要秘书将**旧**稿和**新**稿打在一张纸上。

(1)照我看，第 4 条应取消。

(2)对共产党员更要追究**法律**责任。

(3)党委作“结论”**必须**上报中央机关，**并由中央监察委员会审查**。

列　宁

载于 1959 年《列宁文集》俄文版第 36 卷

译自《列宁全集》俄文第 5 版第 44 卷第 243 页

对关于对诬告的处分的法令草案的补充[148]

（1921年11月14日和24日之间）

建议补充加重处分的措施：

(α)不少于若干年；

(β)凡作出明显虚假的**书面**供词或回答的（或在一定条件下回避问题的），都按德国对待违背誓言的办法处理，只不过这里没有誓言。

列 宁

载于1945年《列宁文集》俄文版第35卷

译自《列宁全集》俄文第5版第44卷第244页

对关于实行报纸收费的法令草案的意见[149]

（1921 年 11 月 15 日）

必须补充一些关于（**严格**）控制免费的条文，

或者另拟细则（关于免费问题专列一条）加以规定。

列　宁

11 月 15 日

载于 1959 年《列宁文集》俄文版第 36 卷

译自《列宁全集》俄文第 5 版第 44 卷第 245 页

《新经济政策问题(两篇老文章和一篇更老的跋)》一书序言[150]

(1921 年 11 月 16 日)

1919 年春天,我向彼得格勒工人作了一次报告。报告照例作了记录。记录照例记得很不好,——也许不是记得不好,而是我照例讲得不好。不管是记得不好还是讲得不好,报告还是照例出版了。

我对这几个"不好"和"照例"都非常清楚、深有感触,当时就为报告(如果我没有记错的话,它是用《苏维埃政权的成就和困难》①这个书名出版的)写了下面这篇跋,寄给彼得格勒的同志们。

"跋

在我费了不少力气修改我这篇讲话记录以后,我必须向所有那些想把我的讲话都记录下来发表的同志提出恳切的请求。

我的请求是:绝不要信赖我的讲话记录,无论是速记记录也好,或是别的什么记录也好;绝不要到处去找我的讲话记录;绝不要发表我的讲话记录。

① 见本版全集第 36 卷第 35—66 页。——编者注

如果需要,可以发表我的讲话报道,而不要发表我的讲话记录。关于我的讲话,我在报上见到过令人满意的报道,但一次也没有见到过稍微令人满意的记录。我不打算来分析,为什么会是这样,是我讲话太快,还是我的语句结构有毛病,还是别的什么原因,但事实总是事实。我的讲话记录,无论是速记记录或是别的什么记录,我还一次也没见到过有哪一篇是令人满意的。

宁可要一篇好的讲话报道,而不要一篇不好的讲话记录。因此我请求:绝不要发表我的任何一篇讲话记录。**尼·列宁**　1919年4月17日"①

我把这篇跋寄往彼得格勒时附了这样一句话:"请彼得格勒的同志将下列意见当做我的讲话的**序**或**跋**来发表,哪怕是用最小的铅字也行。**列宁**　4月17日"②

读者可以看出,我是多么慎重地请求、几乎是用恳求的口吻请彼得格勒的同志们把这几句话刊印出来,"哪怕是用最小的铅字也行"。以季诺维也夫同志为首的彼得格勒同志们照例……(怎样才能说得缓和一点呢?)"糊弄了"我。彼得格勒的同志们照例特别喜欢不顾一切地显示他们的独立自主精神,甚至于可以不履行作者的请求,而一个作者的请求,在各个国家,在各个共和国,包括苏维埃共和国(独立自主的彼得格勒除外),是一切人、一切同志和公民都必须履行的。在得知彼得格勒的同志们没有履行我的请求后,我狠狠地埋怨了季诺维也夫同志一顿。但他照例回答说:"事情已经做了,现在也无法挽回了。再说我们怎能发表您**诋毁**自己小册

①　见本版全集第36卷第66页。——编者注

②　同上书,第65页。——编者注

子的跋呢。”这样,除了……“独立自主”,又加上一套狡猾的手腕,而我完全被置于受愚弄的地位。

最近,出版我讲得不好或(也许是“和”)记得不好的讲话这种事又要发生了,这是指我在全俄政治教育委员会第二次代表大会上和莫斯科省党代表会议上的两篇讲话①。由于有过痛苦的经验教训,我这次决定少采取“恳求”的方式。我从自己的档案中把我在1919年4月17日写的那篇旧的序言找出来,作为我的两篇文章的序言发表。上述两篇讲话,由于以上原因,不再重新发表。

让真理取得胜利吧。晚澄清总比不澄清好。真理取得胜利有多方面的含义:彼得格勒的同志们将因过分的“独立自主”和狡猾手腕而受到惩罚,虽然他们的过失并不大;读者最终会非常明确而具体地知道,我那些讲话的记录不行到什么程度;对我关于我们“新经济政策”方面当前一项主要任务的看法发生兴趣的人们,可以看到完全准确的、我确实想说和确实说过的原话。

尼·列宁

1921年11月16日

载于1930—1931年《列宁全集》俄文第2、3版第27卷

译自《列宁全集》俄文第5版第44卷第246—248页

① 见本卷第191—212、227—244页。——编者注

一本有才气的书

(1921 年 11 月 22 日)

这是愤恨欲狂的白卫分子阿尔卡季·阿韦尔琴科写的一本书:《插到革命背上的十二把刀子》,1921 年在巴黎出版。看一看刻骨的仇恨怎样使这本极有才气的书有些地方写得非常好,有些地方写得非常糟,是很有趣的。当作者写的是他所不熟悉的题材时,就没有艺术性。例如描写列宁和托洛茨基家庭生活的那个短篇就是这样。亲爱的阿韦尔琴科公民,愤恨有余,可就是写得不像!我可以告诉您,列宁和托洛茨基在各方面,包括家庭生活方面,缺点很多。不过要写得好,就必须了解他们。而您却不了解他们。

然而这本书中很大一部分作品写的是阿尔卡季·阿韦尔琴科非常熟悉、亲身体验过、反复思考过和感受很深的题材。他以惊人的才华刻划了地主和工厂主那个生活富裕、饱食终日的旧俄罗斯的代表人物的印象和情绪。在统治阶级的代表人物的心目中,革命就是这样,也只能是这样。烈火般的仇恨有时候——甚至往往——使阿韦尔琴科的小说精彩到惊人的程度。有些描写经历过和经历着内战的儿童的心理的作品,例如那篇《军靴践踏下的小草》,简直令人叫绝。

然而,作者真正满怀激情之处,还是在他谈到吃的时候。旧俄罗斯的阔佬们怎样大吃大喝，怎样在彼得格勒（不，不是在彼得格勒，而是在彼得堡）花 14 个半卢布或者 50 个卢布吃一顿小吃，等等。作者描写这一切的时候，简直馋涎欲滴。这才是他所熟悉的、亲身体验过和感受很深的东西，这才是他决不会出错的领域。情况之熟悉和感情之真挚是无与伦比的。

最后一个短篇《被粉碎的世界的残余》描写了两个人物。一个在克里木的塞瓦斯托波尔，当过参议员，“富有，慷慨，交游很广”，“现在在弹药库当短工，干卸炮弹和分炮弹的活”。另外一个从前是“维堡区数一数二的大冶金工厂”的厂长，“现在是一家委托商店的雇员，近来已经稍有经验，能够对拿来寄售的旧女大衣和长毛熊皮童大衣估价了”。

这两个老头子回忆了往事，回忆了彼得堡的落日、街道和戏院，当然还有“熊”、“维也纳”和“小雅罗斯拉维茨”等餐馆的美味佳肴。他们边回忆边感叹：“我们对他们做了什么呢？我们妨碍了谁？”…… “这一切对他们有什么妨碍？”…… “他们为什么把俄国搞成这个样子？”……

这是为什么，阿尔卡季·阿韦尔琴科不明白。看来，工人和农民不难明白这一点，他们不需要解释。

我看，有几篇小说值得转载。应该鼓励有才气的人。

载于 1921 年 11 月 22 日《真理报》第 263 号

译自《列宁全集》俄文第 5 版第 44 卷第 249—250 页

就同施泰因贝格签订合同问题给人民委员会经济委员会的信

1921年11月23日

致列·波·加米涅夫
抄送：欣丘克同志

昨天人民委员会把关于同施泰因贝格签订合同的问题[151]转给了您的委员会。今天哥尔斯基在《消息报》的文章中计算了一下，施泰因贝格靠10万公斤糖精将赚得1 940**亿**苏维埃卢布（而每公斤他只花60万卢布，也就是说，全部10万公斤花费**600亿**卢布；利润率为1 940:600=323％）。

如果哥尔斯基的计算不错，那么利润是极其巨大的。要是把超过250％的利润算做超额利润的话，那么在超额利润中好像也应有俄罗斯联邦的一份吧？

能不能：

（1）讲讲价钱，把100％或200％算做超额利润，使我们能从超额利润中单独得到一份？

（2）取得特别的保证，使我们自己人（尤其是中央消费合作总社的人）能**学会**贸易的方法和组织贸易？

（3）取得特别的保证，使我们这些傻子**在**向聪明人学到本领**以后**能尽早解除合同。

我看，即使讨价还价一百次，审查一百次，合同还是要订的，因为傻子要学习**就得**付出高昂的代价。

请答复。

劳动国防委员会主席　**列宁**

载于1945年《列宁文集》俄文版第35卷

译自《列宁全集》俄文第5版第44卷第251页

向俄共(布)中央政治局提出的两项建议

给维·米·莫洛托夫的便条

供表决(用传阅的办法)

1921年11月26日

莫洛托夫同志:能否试一下,由政治局通过电话决定两个问题:

(1)任命索柯里尼柯夫为财政人民委员部部务委员兼财政委员会委员,**条件是**他仍然担任**土耳其斯坦局主席**,必要时应当**去**土耳其斯坦,直到把那里完全整顿好为止。(这一点如得不到多数同意,那我就不得不提请政治局全体会议讨论。)

(2)今天我们匆忙地否决了我的建议[152],我也曾同意放弃。但现在看来我放弃得太仓促了,现在我重申原议:

责成(1)皮达可夫;(2)鲁希莫维奇;(3)波格丹诺夫(或他的副手斯米尔加)于两周内向政治局提出关于各省经济会议同省内直属莫斯科中央部门的大企业之间的相互关系的方案(或条例,或提纲)。

[我们自己是制定不出这个方案的。这是一个**普遍性**问题。必须征求**所有**人民委员部的意见。要尽快再研究一下。从顿涅茨

克省经济会议开始。]

列　宁

载于1959年《列宁文集》俄文版第36卷

译自《列宁全集》俄文第5版第44卷第252页

关于劳动国防委员会增设副主席的问题

给亚·德·瞿鲁巴的信和
给俄共(布)中央政治局委员的便条

(1921年11月28日和30日)

11月28日

瞿鲁巴同志:我的方案已经成熟:

除李可夫担任的劳动国防委员会副主席一职(在人民委员会有表决权)外,增设一名有同等权力的劳动国防委员会第二副主席。由瞿鲁巴担任该职,解除其粮食人民委员的职务。

两位副主席的权力:在人民委员会和**劳动国防委员会**有表决权;主席不在时行使主席职权。在参加所有的部务委员会和机关方面具有人民委员会主席的**全部**权力,并有权(包括在以上权力中)**就统一和指导**各经济人民委员部的工作**问题**对各该部的人民委员及其部务委员等人的实际工作下达应立即执行的指示(事先征得有关部门的人民委员的同意)。

以上是我考虑的**全俄中央执行委员会**的正式决定。[153]

任务——实际统一、督促和改进**整个经济工作**,特别要**同国家**

银行(在贸易方面)和**国家计划委员会保持联系并通过它们进行**。

亲自了解经济系统各部人民委员、**全体**部务**委员**以及地方和区域主管经济工作的主要干部(10—100 名)的特点和工作情况。

亲自参加有关的人民委员部、国家计划委员会、国家银行、中央消费合作总社**等部门**的部务委员会的**重要**会议,并由劳动国防委员会副主席**亲自**抽查一些**最重要的**和大家特别瞩目的职能。

这些职务设置多久"要看情况":也许 3—4 年,也许 30 年。

目的之一:培养出一批精通业务的检查指导人员来检查和**安排**中央和地方所有经济机构的全部经济工作。

副主席**通过**现有的各个人民委员部的**机构**进行工作,只有**劳动国防委员会办公厅**才是他们**自己的**机关(劳动国防委员会办公厅设主任 4—5 人,各有助理 1—2 人,每个助理有秘书 1—2 人)。

由劳动国防委员会办公厅主任、助理和秘书组成整个**劳动国防委员会**和**劳动国防委员会**两位副主席所共有的**唯一的**机构。

请至迟于**星期三**答复我。**此信退回**。

致共产主义的敬礼!

列　宁

各位政治局委员:这个**初步**方案我已征得亚·德·瞿鲁巴的同意,请全体政治局委员一阅。我想明天即 12 月 1 日提交政治局。

列　宁

11 月 30 日

译自《列宁全集》俄文第 5 版
第 44 卷第 253—254 页

对俄共(布)中央政治局关于成立外高加索共和国联邦的决定草案的修改意见[154]

给斯大林的便条

11月28日

斯大林同志:我基本上同意您的意见。但我认为在措辞上应稍作变动。

(1)承认建立外高加索共和国联邦在原则上是绝对正确的,也是绝对应该实行的,言外之意是立刻实行还为时过早,就是说,需要一定的时间来进行讨论、宣传并由苏维埃自下而上地实施。

(2)建议格鲁吉亚、亚美尼亚和阿塞拜疆的中央委员会(通过高加索局)把联邦问题提交全党和**工农群众**广泛讨论,大力进行建立联邦的宣传并通过每个共和国的苏维埃代表大会来**实施**;如果有很多人反对,应准确而及时地报告俄共中央政治局。

列　宁

载于1923年《俄国共产党(布尔什维克)第十二次代表大会。1923年4月17—25日。公报》一书(非全文)

译自《列宁全集》俄文第5版第44卷第255页

在莫斯科省第一次农业代表大会上的讲话[155]

（1921 年 11 月 29 日）

同志们，首先请允许我代表人民委员会向大会表示祝贺。非常遗憾，我不能给你们的大会作一个本来应该作的详细的报告并出席大会听取一些报告，特别是听取那些来自各地、直接从事农业、从发展农业中直接受益、能够提出一些重要的具体意见的代表们的发言。因此，除一般地表示祝贺外，我只能简单地谈谈你们这次大会的重大意义。

同志们，你们大家都知道，目前整个形势所提出的一个基本问题，作为我们共和国对内对外政策首要问题之一提出来的一个基本问题，就是发展整个经济，首先是发展农业。一切迹象表明，在熬过了帝国主义战争的艰苦岁月以后，在经过了胜利的国内战争以后，现在在农民群众中正在发生极其深刻的变化。农民群众已经深深地认识到再也不能按旧方式来经营了。我们当前的基本任务是，把以前只有少数农民才办到的事，把借助我们不发达的农艺学向农民群众传授得很不够的知识，真正变成千百万农民的财富。一连串的迹象表明，农民从来没有像现在这样深刻、广泛和敏锐地感到需要改造农业，提高农业经营水平，所以我们的主要任务就是要多开你们这样的代表大会，并使这些代表大会的成果能在最近的将来产生实际效益。

今年我们遭到的最大灾难，就是许多省份发生饥荒，发生旱灾，而且在今后一年甚至几年内看来还可能发生旱灾。因此，不仅是农业，而且是整个国民经济的基本任务在于：无论如何要使农业得到极大的改善和发展，并且要立即付诸实现。只有务农的群众自己认识到发展生产的必要性，才能做到这一点。只有把已经开始广泛采取的改进措施在所有省份毫无例外地推广开来，只有这样，我们才能战胜饥荒，改善农民经济。农艺师的数量同全体农民群众相比毕竟很少，他们的工作如果不同农业的实际任务结合起来，就不会富有成效。像你们这样的代表大会应当在各省都开，而且应当对农民群众产生影响。这是目前最基本的需要，我甚至可以说是政治上的需要，因为既然我们所处的国际形势已经改善，一切政治问题就都集中到了一个方面，就是无论如何要提高农业生产率。农业生产率的提高必定带来工业情况的改善，因而也会改善对农民经济的供应——日用品和生产工具、机器的供应，没有这些，工农群众的生活就不可能有保障。

同志们，你们在会上都听了奥新斯基同志关于总的经济政策的报告，我听说你们还听了梅夏采夫同志关于土地规划问题的报告。我再说一遍，对我们来说，最宝贵的是那些直接从事农业的人、农民经济的代表们所提出的具体建议。对我们来说，非常重要和宝贵的是你们带来的可供最广大群众分享的经验。莫斯科省毕竟具有一种近乎特殊的地位，因为莫斯科省的农民可以较方便地同中央政权机关的工作人员和农艺师们交流经验；代表大会所制定的措施，所提供的经验，其意义将远远超出莫斯科省的范围。如果不充分利用农艺师的帮助，那将会产生严重的危险。因此，莫斯科省的种田人、莫斯科省的农民必须把自己在改善农业状况方面所取得的经验和成就看做是在这方面迈出的头几步，并把它们介绍给全体农民。我想提请你们注意的就是，希望你们将在会上总结的经验和得出的结论，不仅能帮助你们在生产中继续前进，而且希望你们把自己的经验和意见介绍给边远省份的农民。

会上提出的所有问题，如独立田庄[156]问题，一句话，同土地规划有关的一切问题，对于比你们省大得多的范围都是有意义的，了解你们对这个问题的意见，对我们这些在中央机关工作的人是十分重要的。我们想在实践经验的基础上来解决这些问题。最重要、最根本的一点，就是要使我们的农民群众认识到改善农民经济的必要性，并且由你们自己对已经采取的具体步骤进行全面的讨论。你们在会上发表的意见我们是会给予重视的，我们将在采取具体措施时考虑你们的经验。在此，我再说一遍，你们的经验应该让远离中央的边远省份都知道。在你们大会的工作中，我们认为特别重要的正是这一点。

在结束我的讲话时，我再次代表人民委员会向大会表示祝贺，祝大会圆满成功。（鼓掌）

简要报道载于 1921 年 11 月 30 日
《真理报》第 270 号

译自《列宁全集》俄文第 5 版
第 44 卷第 256—259 页

对成立工资基金审定委员会的建议的修改意见[157]

（1921 年 11 月 29 日）

建议作如下修改：

将第 2 条第 1 款的开头改为："根据人民委员会 11 月 10 日决定成立的**工资委员会**（加米涅夫、施米特和普列奥布拉任斯基）仍保留，委托它对工资基金委员会进行监督……（以下如原文）……未经**工资委员会**许可不得提高工资标准。"

列　宁

11 月 29 日

载于 1959 年《列宁文集》俄文版第 36 卷

译自《列宁全集》俄文第 5 版第 44 卷第 260 页

对最高国民经济委员会关于经济政策的提纲的意见[158]

（1921 年 11 月 29 日）

关于经济政策的提纲

（草　　稿）

（1）初步总结一下按新经济政策原则进行的实际工作，我们就能清楚地看出俄国国民经济所面临的亟待解决的一系列基本问题。

国 营 工 业

（2）在工业企业、联合公司、经济机关和预算机关、供应机关之间建立正确的相互关系，是国营工业能否取得成绩的根本问题。国家既是企业和全部产品的全权主人，就应当依靠有全权在规定的计划范围内安排生产并有相当大的权力（视国家供应量的大小而定）销售自己产品的企业和联合公司。在管理形式迅速改变的时期，死板的、形式主义的预算程序会大大阻碍我国国民

不是已经有了（好像是 1921 年 5 月？）关于提高“**大企业**”自主权的决议吗？[159] 这是比较确当的。应当根据**实际经验**加以具体化。

<table>
<tr><td>经济的发展，而且只会导致苏维埃官员对工业实行完全不应有的独断专行。摆脱这种状况的出路就在于鼓励和发扬国营工业<u>领导者</u>的首创精神和自主精神。</td><td>第 2 条行文太一般化。空洞。</td></tr>
<tr><td>(3)国营工业当前的主要任务是增加产量，降低成本。这两项任务只有在下述情况下才得以完成：对企业实行严格的经营管理，精确考虑生产中的一切因素，使管理合理化（狠狠地精减臃肿的机构，对保留的部分付给更好的报酬，抛弃官僚主义的工作程序等等）。</td><td>第 3 条也太一般化和空洞。

加上：
例如承租者变卖国家财产的问题。

注意
特别是对第 5 条和第 6 条。</td></tr>
</table>

对工业的供应

(4)经验证明，只有在企业中建立粮食储备才有可能采取新的经营方式。因此，不仅必须努力建立两个月的粮食储备，还应保证我国国民经济主要部门的供给，直到新粮下来。工业拨款也是如此。企业应当知道它每月有多少资金，以便及时采取措施防止工作不均衡和中断。

(5) 由于国家供应不足和市场的存在，企业只好实行国家供应和市场采购相结合的物资供应制度。这两种供应间的比例依该工业部门在国民经济总体系中的重要程度和国家物资的多少而定。那些产品与国家利害攸关的工业部门（矿物燃 |

同中央消费合作总社保持一定的关系？

料、军事工业等等）必须仍由国家充分供应。与此同时，企业和各级国民经济委员会应当注意到粮食税法的本意（逐步减少粮食税）而建立自己的批发商业机构。

中央和地方

（6）由于工业复兴和工业实行经济核算制原则，中央同地方、企业同经济机关的相互关系问题正在起本质的变化。只有新经济政策才为取消总局管理体制（国家管得过细和过分的垂直领导）奠定了牢固的基础。中央仍然负责规划、生产计划、国家供应、拨款、调节和监督。而管理以及与之有关的一切职能则移交给地方。在省国民经济委员会和该省境内的企业之间也建立类似的关系。直属中央部门或工业局的企业应同有关的省经济会议协商进行工作。

工　　会

这些"旧"任务应当规定得详尽些。参加的**形式**。有发言权。候选人名单。更好地考察他们。**学习**管理等等。

工人消费合作社应当……

参加的形式：
有发言权。
考察。
候选人。

（7）除了和经济机关共同参与工业管理，除了讨论生产计划、配足经济机关人员、研究工资问题等任务，现实还向工会提出一系列新的任务。在存在交换的情况下，商品流通过程具有巨大的意义。国家有本事掌握商业，还是将被迫把这个阵地交给私人资本，这在颇大程度上决定着工人群众的福利。因此，应当加强工会同消费合作社的联系。工人应当学会做生意，使之有利于自己，有利于国家。现实向工会提出的另一项重大的新任务，是工人阶级有组织地参加财政方面的工作。规定税目和建立国家垄断等工作都不能够也不应当在没有工会参加的情况下进行。

（8）小资产阶级自发势力的危险性无条件要求工会和经济机关组成联合战线进行斗争，制止进一步的退却。为此必须通过每一个工人所能理解的具体问题大力加强群众工作。

合 作 社

(9)为了同潮水般涌来的私营商业进行斗争,为了让消费合作社垄断全国的零售商业业务,必须消除如下各种因素:在经济上或心理上阻碍合作社充分发挥主动性;阻碍筹措股金和专款以建立商业业务所必需的流动资金;禁止合作社使用基层社向资产阶级出售奢侈品所得的商业利润(见中央消费合作总社理事会关于禁止基层社向非社员出售商品的决定)。为此: ||| 　§ b. 　怎么一回事??

(a)必须取消强迫入社的做法。既然国家已不再通过分配来保证**全体居民**的供应,这种做法就失去了根据;它人为地扩大了事实上未入社的农民在合作社机关中的代表名额;它成了妨碍居民和干部自觉入社的因素;它成了不信任消费合作社机构和不交纳股金的主要原因。但是必须保留一个地区只能有一个消费合作社的原则,因为这是保证不致产生搞投机倒把的消费合作社以及便于领导和监督的一项措施。 　这未必 || ?? ||正确吧

(b)必须取消国家机关和合作社机关对(各级)合作社从事商业业务的权利加以某种限制(与私人相比)的各项决定。

对 外 贸 易

(10)必须把对外贸易人民委员 ||

对外贸易人民委员部是坚决反对的。中央消费合作总社在11月27日或28日有一个**新的**决议。[160]

应考虑这个决议。

部变成专管调节俄罗斯联邦在国外的贸易活动、监督进出口活动、制定和实施共和国的关税政策的机关。应当授予国家各总管理机构和中央管理机构、中央消费合作总社和各省消费合作总社(征得中央消费合作总社的同意)自由进入国外市场的权利。为了统一各总管理机构和托拉斯在国外市场的活动,可以将上述组织按商业股份公司的原则组成一些公司。

财　　政

(11)恢复我国的货币流通现在成为经济问题的中心。在币值急剧下降的情况下谈不上合理经营和使经济能赢利,谈不上正常的预算。工业的利益严正地要求在这方面采取果断的行动。只有法定的贬值才能改善我国的货币流通,因此应当立即着手为实行这个措施作准备。

(12)为了发展、整顿信贷业务,必须开设合作银行和私营银行。那时国家银行的任务将只是起银行的银行的作用,这是完全适合当前情况的。拖延实行这些措施会造成种种极可怕的、严重危害国民经济的信贷投机。

是否加上:

(αα)关于农业问题。

更多地支持农民在经营上的主动性。

(ββ)更加注意帮助贫苦农民组织起来。可以成立这种或那种形式的、"附属于工会的"联合组织,也可以成立专门的合作社,如此等等。

载于1933年《列宁文集》俄文版第23卷

译自《列宁全集》俄文第5版第44卷第477—481页

对资源利用委员会主席的报告的意见[161]

（1921 年 11 月 30 日）

就利用委员会的决定向**劳动国防委员会**提出申诉的情况是很少的：可能不到百分之一。

国家计划委员会想要**取消**利用委员会（有关的人民委员部希望不受监督，也都支持这样做），而不是将该委员会整个交给国家计划委员会。如果将它整个交给国家计划委员会，剩下有不同意见的就只有第 2 条，再加上：应当将财政人民委员部的**一部分**（纸币分配等等）也划归国家计划委员会。

（目前利用委员会的机构约有 500 人。核定编制是 800 人。如果交给财政人民委员部，编制将不变。）（编制定得无法再缩减了。）

（总的说，财政委员会作了肯定的结论，即赞成该项计划。）

载于 1945 年《列宁文集》俄文版第 35 卷

译自《列宁全集》俄文第 5 版第 44 卷第 482 页

俄共(布)中央政治局关于全俄肃反委员会的决定草案初稿[162]

(1921 年 12 月 1 日)

第一:缩小权限

第二:逮捕权再缩小些

第三:期限短于一个月

第四:加强法院工作或全交法院审理

第五:名称

第六:通过**全俄中央执行委员会**实行更加放宽的措施。

载于 1959 年《列宁文集》俄文版第 36 卷

译自《列宁全集》俄文第 5 版第 44 卷第 261 页

俄共(布)中央政治局关于统一战线的策略的决定草案[163]

(1921年12月1日)

(1)赞同季诺维也夫、拉狄克和布哈林三人提出的路线:由共产国际的各共产党提出同第二国际的工人共同行动的一系列建议。委托三人于两天内写出一份准确地阐述这条路线的决议草案,分送给政治局委员。

(2)委托布哈林同志写一篇总结俄国共产党内布尔什维克同孟什维克进行斗争和联合的经验的文章,并将该文送政治局审阅。[164]

译自《列宁全集》俄文第5版
第44卷第262页

关于俄共历史的意见

给尼·伊·布哈林的便条

(1921年12月1日)

布哈林同志:

鉴于中央今天给您出了一个题目,现在我把我的意见寄给您。我曾经思考过这个题目,并且拟了如下的大纲:

(1)列举发生争论、分歧和分裂的**问题**。

(2)分裂时期和统一时期的交替。

(3)孟什维克拥有多数的时期和布尔什维克拥有多数的时期的交替(也许可以用图表说明?)

请简略地谈谈您的意见。

列　宁

12月1日

您的文章是拿它做**主线**,还是拿类似的东西做主线?

分歧问题一览表

(按时间顺序排列)

1903.10.　　组织问题:党章第1条。

1904.	“地方自治运动。”
1905.5.	对待革命、罢工斗争、武装起义的态度。
1905.8.	抵制还是参加国家杜马?
1905.10.	
1905.12.	起义。
1906.1—3.	抵制还是参加国家杜马?
1906.4—5.	对待第一届国家杜马的态度。
1906.7.	对待武装起义的态度。
1906.9.	对待游击斗争的态度。
1907.1—2.	第二届杜马的选举:是左派联盟还是同立宪民主党联合?
1907.4.	第二届国家杜马。
1909—10.	取消主义。
1911.	中央全会。
	统一还是分裂?
1912.	分裂。(取消主义。)
1913.	“罢工热潮”等等。
1913.	对待第三届国家杜马①的态度。
1914.	对待帝国主义战争的态度。
1917.2—3.	对待二月革命的态度。
1917.5.	联合内阁。
1917.7.	苏维埃第一次代表大会。
1917.9.	科尔尼洛夫叛乱和民主会议。

① 这里看来是指第四届国家杜马。——俄文版编者注

1917.10.

苏维埃政权。

恐怖手段。

布列斯特和约。

阴谋和国内战争。

1918. 国内战争。孟什维克的态度。

1919. 国内战争。孟什维克的态度。

1920.

1921.

布尔什维克同孟什维克的斗争：
（数量对比的变化）

1903. **代表大会**——$\frac{20}{24}$——44 票[165]（一个党）。

1905. 两个代表大会[166]。Za（Zirka＝差不多是）（两个党）。

1906. 斯德哥尔摩代表大会。确实（票数）**一个**党。

1907. 伦敦代表大会。确实（票数）**一个党**。[167]（国家杜马党团。）

1911—12. **工人的捐款**（引自论取消主义的文集）[168]（一个党和两个党）。

1917.6. 全俄苏维埃第一次代表大会。

1917.11. ⎧150（?）万。⎫ **立宪会议的选举**。
⎩900 万。[169]⎭

$\frac{150\text{万}}{900\text{万}}$

载于1924年《布尔什维克》杂志
第7—8期合刊

译自《列宁全集》俄文第5版
第44卷第263—265页

就批判"集体主义者"纲领问题给俄共(布)中央政治局委员的信[170]

12月2日

致政治局委员

我刚刚把《我们是集体主义者》(即前进派[171]、波格丹诺夫派和无产阶级文化派[172]等)这个纲领全部看了一遍,最后得出的结论是:把它编成小册子,加上**极为详尽**的批判,还要有一篇关于波格丹诺夫在1917年的政治言论的文章以及其他材料,**刊印**2 000—3 000本,这样做对我们无疑是有益的,也是必要的。

建议约**几位作者**为这本小册子写稿,由布哈林编辑,委托他给各个作者分派任务,在两周内把他们的稿子收上来,**汇总送政治局审阅**。(这样做**对国外**也是必要的。)

(1)中央委员会关于无产阶级文化协会的通告。

(2)《我们是集体主义者》。

(3)《**真理报**》上布哈林的文章。

(4)**还要有几篇**分析纲领的**文章**。

列　宁

载于1959年《列宁文集》俄文版第36卷

译自《列宁全集》俄文第5版第44卷第266页

关于“活的联系”的一封信

（1921 年 12 月 3 日）

致叶努基泽、卡尔宾斯基、捷尔任斯基、
扎卢茨基、米哈伊洛夫、莫洛托夫等同志

亲爱的同志：

从人民委员会接待室处理申诉和控告的实践中看得很清楚，在特别重大而紧急的情况下，采用“活的联系”即**亲自**同一些在地方上有相当地位的党内同志联系很有好处。这样可以减少在采用通常的层层照转办法时不可避免的拖拉现象，而且还可以更好地发挥应有的作用。

混进苏维埃政权和党内的“一窝”富农在萨拉托夫省（新）叶兰县搞恐怖活动的案件可以作为一个例子。用上述“同志间的”联系办法向伏尔加河流域全俄肃反委员会全权代表查询，**十天内**就收到了回电，说“已采取一切措施来清查罪犯”。另外几件事也收到了类似的效果。

但是要推行这种办法，就必须充分了解各地的负责工作人员究竟是谁。因此有一个请求：每个省从本省执行委员会和肃反委员会等部门中挑选一两名你们认为特别适合做这种“催逼”工作的、可靠的并具备相当资历的同志，火速拟好名单，送沃兹德维任卡 4 号**人民委员会接待室**。

人民委员会主席 **弗·乌里扬诺夫(列宁)**

附言:这些同志的忠诚必须有充分保证:要有尽可能详尽的担任党和苏维埃工作的履历介绍,并要由**几位**老党员对他们的绝对正直**亲自**作保。

弗·乌里扬诺夫(列宁)

1921 年 12 月 3 日

载于 1933 年《列宁文集》俄文版第 23 卷

译自《列宁全集》俄文第 5 版第 44 卷第 268—269 页

关于同意大利契托-契涅马电影公司谈判的一封信

1921年12月5日

致对外贸易人民委员部——列扎瓦同志
财政人民委员部——阿尔斯基同志
最高国民经济委员会——波格丹诺夫同志
教育人民委员部——利特肯斯同志
沃耶沃金同志

意大利契托-契涅马电影公司的全权代表、共产党员卡罗蒂同志已来到莫斯科。我国驻意大利代表处已同他进行过初步谈判，商讨了关于在俄国拍摄和购买影片以及在意大利发行这些影片的租让问题。

卡罗蒂同志有一份留有充分余地可作必要修改的合同草案，这份草案可以作为同他谈判的基础。

据对外贸易人民委员部驻意大利全权代表的报告，契托-契涅马公司是意大利一家实力雄厚的电影企业，由意大利贴现银行提供资金，关于它的情况在对外贸易人民委员部财务计算局当有材料可查。

我认为这件事极为重要**而且紧急**。

委托你们立即开会研究卡罗蒂同志的建议，弄清此事的全部情况，并代劳动国防委员会草拟一个相应的决定。

召集会议并于12月7日星期三向劳动国防委员会提出报告——由沃耶沃金同志负责。

人民委员会主席

弗·乌里扬诺夫（列宁）

载于1959年《列宁文集》俄文版第36卷

译自《列宁全集》俄文第5版第44卷第270—271页

对俄共(布)中央政治局关于磨粉厂问题的决定草案的补充[173]

(1921 年 12 月 5 日)

责成粮食人民委员部在磨粉厂管理局(根据最高国民经济委员会的指示)保留一个基本的专家小组,并在最高国民经济委员会的监督下完成大型磨粉厂的检修计划。

载于 1959 年《列宁文集》俄文版第 36 卷

译自《列宁全集》俄文第 5 版第 44 卷第 272 页

对统一战线提纲的意见[174]

（1921 年 12 月 6 日）

季诺维也夫同志：

提纲草稿已阅，我不反对。

关于布尔什维主义历史那一段应作补充和局部改动。说只在1910 年才分裂是不对的。应当说，1905 年春和 1912 年 1 月曾两次同孟什维克正式分裂，这中间，1906 年和 1907 年，然后是 1910 年，还穿插有半统一和统一，这不仅是由于斗争出现变故，也是由于基层的压力，基层要求以亲身的经验来检验。

关于这一点，我认为有必要在某一页中更准确更具体地谈一谈。

列　宁

12 月 6 日

载于 1945 年《列宁文集》俄文版第 35 卷

译自《列宁全集》俄文第 5 版第 44 卷第 273 页

论法国共产党的土地问题提纲

（1921 年 12 月 11 日）

关于刊载在 1921 年 11 月 19 日《农民呼声报》[175]（«La Voix Paysanne»）第 95 号上的署名“法国共产党中央（Le comité directeur）”的**土地问题提纲**，我可以发表的意见如下：

我认为这个提纲的基本思想是完全正确的，是符合共产国际历次代表大会决定的精神的，而且表达得非常恰当。这些基本思想就是：(1)为了避免新的帝国主义战争，必须进行革命；(2)和平主义思想和威尔逊思想已破产；(3)在土地问题上必须制定一个向共产主义过渡的“过渡措施纲领”（un programme transitoire），以适应农民向农业社会化的**自愿**过渡，同时又能**迅速**改善大多数农村居民即雇佣工人和小农的状况；(4)立刻没收即无偿地（sans indemnité）剥夺未耕地（les terres arables en friche）和用移民、佃农或雇佣工人的劳动耕种的土地（les terres mis es en valeur par les colons，fermiers ou salariés）；(5)把这些土地交给现在耕种这些土地的全体劳动者，让他们按照新土地法的规定建立“生产合作社”（coopératives de production）；(6)绝对保证“耕种自己土地的小私有者”（les petits propriétairesexploitant eux-mêmes）有永久（和继承）使用他们土地的权利；(7)必须保证农业“生产不中断和增产”（“continuité et augmentation de la production”）；(8)必须采取一系列措施，不断地"对农民进行共产主义教育"("éducation communiste de la classe paysanne")。

我完全同意提纲中的这些基本思想，对整个提纲只能提出下面几点意见：

1. 提纲的第一部分是谈"战争或革命"这个问题的。这里还谈到"最近发生的事件已经粉碎了和平主义思想和威尔逊思想"("les événements des dernières années ont tué l'idéologie pacifiste et wilsonienne")，这是讲得十分正确的。

要彻底打破这种和平主义的幻想，依我看，不仅应该一般地谈战争，而且应该专门谈 1914—1918 年的大战和现在酝酿着的、大概英法都会参加的美日战争的帝国主义性质。

毫无疑问，只有无产阶级革命才能消灭而且一定能消灭一切战争。但是，以为无产阶级革命只要在一个国家——例如在法国取得胜利，就立刻会并且一定会消灭一切战争，那就是和平主义的幻想了。

俄国的经验明显地驳倒了这种幻想。这一经验表明：只有通过革命才能退出帝国主义战争，俄国的工人和农民从自己的革命中获益极大，**尽管**各国资本家迫使他们进行了**国内战争**。反动战争，特别是帝国主义战争(从法国方面来说，1914—1918 年的大战也是帝国主义战争，凡尔赛和约特别清楚地证明了这一点)，是罪恶的、破坏性的；而革命战争，即捍卫被压迫阶级而反对资本家的战争，捍卫被极少数国家的帝国主义者压迫的各民族而反对压迫者的战争，捍卫社会主义革命而反对外国侵略的战争，则是合理的，正义的。法国工农群众对这一点认识得愈清楚，则法英等国资本家用战争来扑灭法国工农革命的必然尝试也就愈不能得逞，愈不能持久。在当今的欧洲，在苏维埃俄国已经战胜了援助邓尼金、高尔察克、弗兰格尔、尤登尼奇和皮尔苏茨基的**一切**资本主义国家之后，在凡尔赛和约放肆地无耻地摧残德国的时候，法国资本家为了反对胜利的法国社会主义革命而进行的国内战争只能是非常短促的，法国工农打赢这场战争要比俄国工农容易千百倍。但是分清帝国主义战争和革命战争是绝对必要的，前者是瓜分资本主义赃物的战争，是扼杀弱小民族的战争，而后者是抵御反革命资本家、挣脱资本家枷锁的战争。

基于上述考虑，我认为把提纲中关于“战争或革命”问题的那一段话大致改成下面这样会更正确些：

最近几年所发生的事件，揭穿了和平主义思想和威尔逊思想完全是谎言和骗局。必须彻底粉碎这种谎言。1914—1918年的大战，不仅从德国方面来说，而且从法国方面来说，都是帝国主义的、掠夺性的、反动的战争；比布列斯特-里托夫斯克和约更野蛮更卑鄙的凡尔赛和约特别清楚地证明了这一点。在美国同日本（或者同英国）之间酝酿着的、在资本主义存在的条件下不可避免的新战争，必然会把资本主义的法国也卷进去，因为法国已陷进我们这个帝国主义时代的一切帝国主义罪行、兽行和卑鄙勾当里去了。要么是一场或几场“保卫”法帝国主义的新战争，要么是社会主义革命，除此以外，法国工农没有其他选择的余地。反革命资本家提到国内战争（即他们强加给苏维埃俄国的国内战争）如何艰苦，这是吓不倒法国工农的。当法国封建主扼杀18世纪法国大革命的时候，法国工农曾对他们进行了合理的、正义的革命战争。今后，当法国资本家变成流亡者而组织外力来侵犯社会主义的法兰西共和国的时候，法国工农也一定会对他们进行同样合理的、正义的革命战争。法国工农一定会比较容易地击溃本国的剥削者，因为被卑鄙的凡尔赛和约弄得残破不堪、苦难深重、相互敌视的**整个**欧洲会直接间接地站在他们一边。

2. 我认为提纲的第二部分有两个论断不正确。一个是:“法国即将到来的革命(cette révolution que nous devons faire)……在某种程度上将是一场为时过早的革命”(sera en quelque sorte une révolution avant terme)。另一个是:

“马克思主义理论家所说的财产集中在农业中并没有按常规那样进行”(La concentration de la propriété annoncée par les théoriciens du marxisme ne s'est pas produite avec régularité dans l'agriculture)。

这是不正确的。这不是马克思的观点,不是马克思主义的观点,而是那些在1914年把第二国际弄到可耻的破产地步的**冒牌**“马克思主义”“理论家”的观点。这是那些从1914年起就投靠“自己”国家的资产阶级的假马克思主义者的观点。对于这些假马克思主义者,不是别人而正是茹尔·盖得在很久以前就巧妙地讽刺过。他在反对米勒兰时写道,将来的米勒兰们在瓜分资本主义赃物的未来战争中将站在“自己”国家的资本家方面。

马克思对农业集中过程的形式并没有持简单化的片面的看法。《资本论》第3卷就是一个证据。恩格斯在上一世纪90年代反对当时法国土地纲领的一篇文章[①]也是一个证据。马克思并没有认为只有在最后一个农民也被剥夺的条件下无产阶级革命才是“适时的”。让海德门、列诺得尔、王德威尔得、休特古姆之流和屠拉梯、塞拉蒂这帮先生去这样解释马克思的观点吧。

① 见《马克思恩格斯文集》第4卷第507—531页。——编者注

我奉劝删去这两个不正确的、不必要的、败坏法国共产党人声誉的论断。没有必要用这两个论断来证明他们在实践上和理论上都很重要和正确的基本思想：在**小农经济**的条件下，直接实行(l'application immédiate)**完整的**共产主义是**极其**错误的（决不只是在法国如此，在有小农经济的一切国家都是如此）。

与其提出这两个不正确的论断，不如详细谈谈为什么法国农民在战时发的财不能长久保持，为什么这些农民在战时挣的钱贬值，为什么大银行对法国工人和农民的压榨都在加重，表现在哪些方面，如此等等。

3. 提纲接着说，根据战前统计，法国有 570 万个农户（exploitations rurales)；其中土地在 10 公顷以下的小农户有 485 万，在 10 公顷以上的农户有 85 万。提纲说，这些数字说明法国的土地分配多么不均。提纲说："但是这些数字并没有给人以准确的概念（"mais ils(ces chiffres)ne fournissent aucune précision"……)：自耕农耕种的土地面积和作为资本主义利润源泉的土地面积的比例关系如何"（……"sur le rapport qui existe entre l'étendue des terres travaillées par leurs propriétaires et des terres source de profit capitaliste"）。

第一，在法国（也和其他任何一个资本主义国家一样），自耕农耕种的土地**也**是"资本主义利润的源泉"。在法国共产党的提纲中如果谈谈这种利润的不同形式，那要比说什么财产集中在农业中没有"按常规那样"（"avec régularité"）进行，在理论上会更正确，在实践中会更有益。

第二，说法国的土地统计很糟，比德国、美国、瑞士和丹麦都差，说它没有**准确地**指明实行资本主义经营的土地**面积**，这个评价是公正的。提纲接着指出，使用雇佣工人的农场的土地有时不到10公顷，而自耕农农场的土地有时却“在二三十公顷以上”（“des fermes de 20,30 hectares et au-dessus”），这一点也是说得对的。

关于实行资本主义经营的土地面积，即使根据法国的土地统计，也可以得到虽不十分准确但毕竟**相近的**概念。我手头没有孔佩尔-莫雷尔的著作，也没有其他材料，但是我记得，法国统计是把拥有40公顷以上土地的农户列了出来的。把这些材料引出来，让法国小农更清楚地看到法国的资本家和地主从工人和小农手中夺走了多少土地，会大有裨益的。在土地问题提纲中，可以（而且我认为也应该）用法国土地统计中的数字（和孔佩尔-莫雷尔的数字——当时他还是一个社会党人，没有替资本家及其掠夺性战争（1914—1918年）和掠夺性凡尔赛和约辩护）使人更清楚地看到，法国农村居民中有多么大的一个多数会从无产阶级革命中立刻得到很大的好处。

4. 提纲中有几段谈到必须提高农产品的产量，谈到新式机械（des machines modernes）的意义，其中特别谈到脱粒机（les batteuses）和机动犁（les charrues à tracteur）等机械。我最后一点意见就是关于这几段的。

提纲中谈的这一切都是绝对正确的，而且从实践说也是必要的。不过我觉得不应该停留在十分普通的资本主义技术的范围内。应该更进一步。应该稍微谈谈法国有计划地完全地实行全国电气化的必要性，谈谈如果不推翻资产阶级政权，如果无产阶级不取得政权，就绝对不可能实行**有利于工人和农民**的全国电气化。在法国的文献中有不少说明电气化对法国的意义的材料。我只知道，在根据我国政府的要求而编制的俄国电气化计划中只引用了一小部分这样的材料，而战争结束后法国解决电气化问题的技术准备已经有了很大的进展。

依我看，无论从理论的角度说，或者从实践和宣传的角度说，提纲中都绝对应该谈到（至于共产党的出版物，那更应该多谈）下面几个问题：现代的先进技术迫切要求**全国**（**和许多邻国**）按照**统一**的计划实行**电气化**；这在目前是完全可以办到的；实行电气化，受益最大的是农业，特别是农民；只要存在资本主义和生产资料私有制，那么全国和许多国家的电气化，第一，不可能迅速而有计划地进行，第二，**不可能**给工人和农民带来**好处**。在资本主义制度下实行电气化，必然会加强**大银行**对工人也对**农民**的**压榨**。不是哪一个"狭隘的马克思主义者"，而是现时正以爱国主义者身份向资本家摇尾乞怜的利西斯（Lysis）本人，早在战前就已证明，法国实际上是一个**金融寡头**的国家。

法国具有实行电气化的优越条件。在法国无产阶级取得胜利的情况下，不用考虑大地主和资本家的私有制而有计划地实行电气化，特别是**小农**会从中得到**巨大的**好处。在存在着资本家政权的情况下，电气化必然不会有计划地迅速实行，即使实行了，也只会使农民重新遭到盘剥，使农民遭到"金融寡头"的掠夺而重新沦为奴隶。

这就是我对于总的说来我认为完全正确的法国土地提纲所能提出的几点意见。

尼·列宁

1921年12月11日

载于1922年《共产国际》杂志第20期

译自《列宁全集》俄文第5版第44卷第274—281页

给东方各民族宣传及行动委员会的信[176]

（不早于1921年12月17日）

亲爱的同志们：

衷心祝贺你们的报纸即将出版。非常遗憾，由于健康不佳，我不能亲自撰文。希望你们报纸的出版将有助于更迅速和更广泛地吸引东方劳动者中的优秀代表。现在整个西方文明的命运在很大程度上取决于能否吸引东方劳动群众参加政治生活。

致良好的祝愿和敬礼！

俄罗斯联邦人民委员会主席　**列宁**

载于1957年4月22日《真理报》第112号

译自《列宁全集》俄文第5版第44卷第282页

关于清党和入党条件

给彼·安·扎卢茨基、亚·亚·索尔茨和全体政治局委员的信

（1921 年 12 月 19 日）

致扎卢茨基、索尔茨和全体政治局委员

在清党问题上，我认为公布出来的许多事实充分证明，清党工作总的说来取得了巨大的成绩，虽然我们也犯了相当多的局部性的错误。我认为，在党代表会议的总结中，这两种情况都应该强调指出。我看，不必规定第二次清党的日期，这样，在哪一方面都不致束缚自己的手脚。

我倒主张党代表会议通过一项决定，把入党条件规定得更严些：工人（以前在大工厂里至少当过十年普通雇佣工人，现在又至少工作了两三年的人，才能算做工人）的预备期为一年半，其余的人为三年。

在特殊情况下，如果对党的忠诚和共产主义的坚韧精神得到充分的证明，处理本问题的各级党组织都以五分之四的多数确认，预备期可以缩短一半。

除留党察看一定时期的和犯了可耻罪行而被开除的以外，这次清党中被开除出党的人重新入党时，预备期同上。

请你们把这封短信给最接近的同志们看一看，如果不麻烦的话，请把意见简要地写一下，哪怕就在这封信上划出哪些你们同意，哪些你们不同意也行，寄给福季耶娃交我。

列　宁

载于1945年《列宁文集》俄文版第35卷

译自《列宁全集》俄文第5版第44卷第283—284页

对俄共(布)第十一次代表会议关于清党的决议草案的意见[177]

(1921年12月22日)

对扎卢茨基起草的关于清党的决议草案,我想提两点意见。

(1)关于第3部分第1条,扎卢茨基建议在6个月内暂时停止发展党员。我认为这是不对的。我倒主张不要停止发展,而要规定更严格的条件,就是说,规定较长的预备期。如果有人认为对于真正的工人一年半的预备期太长,那么可以缩短,甚至缩短到9个月或者照托洛茨基的建议缩短到半年也未尝不可。但是,依我看,如果规定这样短的预备期,必须在决定接收的党组织中取得法定多数的同意,例如,要求有不少于五分之四的多数同意才能缩短预备期,而且,不只是在一个党组织(接收党员的基层支部)里,而是要在几个组织里都有五分之四的多数,以便相互审查(例如,除基层支部外,还要有省党委等等)。我丝毫不反对让真正的工人能更容易入党,但是,如果不提出非常严格的条件来确定什么人能算是大工业的工人,那么,马上又会有一大批乌七八糟的人来钻这个空子。至于红军战士,我认为必须规定更严格的条件,因为第一,他们大多不是工人,而是农民;第二,这些人太年轻,还需要在实践中加以考察。

(2)在第4部分第1条,扎卢茨基建议修改原定的在共青团中进行工作的计划。我觉得，关于这一点，必须规定更严格的条件，要审查准备吸收入党的共青团员，第一，是否确实认真学习并学有所成，第二，是否有长期从事真正的实际工作（经济、文化等工作）的资历。

列　宁

载于1959年《列宁文集》俄文版第36卷

译自《列宁全集》俄文第5版第44卷第285—286页

就全俄苏维埃第九次代表大会

Российска

1921 年 12 月列宁填写的
俄共(布)第十一次全国代表会议代表登记表

有了这种内容的大会决议就方便了，我们可以印成各种文字大量散发了。

列　宁

载于1950年《列宁全集》俄文第4版第33卷

译自《列宁全集》俄文第5版第44卷第287—288页

全俄苏维埃第九次代表大会文献[179]

（1921 年 12 月）

1

关于共和国的对内和对外政策

全俄中央执行委员会和人民委员会的工作报告

（12 月 23 日）

（热烈欢呼。高呼:“乌拉!”、“我们的领袖列宁同志万岁!”、“国际无产阶级的领袖列宁同志万岁!”。掌声经久不息）同志们!现在我来作关于共和国国外和国内形势的报告。我们苏维埃政权已经整整一年没有遭到俄国和外国资本家的侵犯,至少没有遭到大规模的侵犯。我在这种情况下作工作报告还是第一次。我们是第一年获得虽然极不充分但终究是某种程度的喘息机会,总算能用一点力量来完成我们主要的和基本的任务——恢复被战争破坏的经济,医治剥削者统治阶级给俄国造成的创伤,为社会主义建设奠定基础。

谈到我们共和国所面临的国际形势问题,首先必须重复一句以前讲过的话,就是在国际关系中已经形成某种均势,这种均势虽然极不稳定,但终究是一种均势。现在我们都看到这种均势了。

我们中间有些人从一开始就参加了革命,他们知道并且亲眼看到我们冲破帝国主义阵线时所遇到的闻所未闻的困难,现在看到这样的局面都感到非常奇怪。大概当时谁也没有料到而且也不可能料到形势会发展成现在这个样子。

当时我们设想(现在提起这一设想并不是多余的,因为这对于我们、对于我们在主要经济问题上作出切实的结论都是有益的),未来的发展不会那么复杂和曲折,像后来那样。那时我们设想,并对工人阶级、对俄国和其他各国的全体劳动者说:要摆脱这场该死的罪恶的帝国主义大厮杀,除了革命没有别的出路;我们通过革命摆脱帝国主义战争,也就是为各国人民摆脱这场罪恶的大厮杀开辟了一条唯一可能的出路。当时在我们看来(并且也不可能有别的看法),这是一条明确、笔直和最容易走的道路。事实表明,其他各国人民并没有走上这条笔直的道路,尽管只有这条道路才确实引导我们摆脱了帝国主义的种种联系,摆脱了帝国主义的罪恶,摆脱了继续威胁着世界其他各国的帝国主义战争,但是其他各国人民至少不像我们期望的那样快就走上这条道路。当我们现在最终看到结局成了这样,看到唯一的社会主义苏维埃共和国生存在疯狂仇视它的帝国主义列强的包围之中的时候,我们不禁要问:结局怎么会成这样呢?

可以毫不夸大地回答说:结局成了这样,是由于我们对事变的认识基本上是正确的,是由于我们对帝国主义的大厮杀和帝国主义列强之间的错综复杂关系的看法基本上是正确的。正是由于这个缘故,才形成了我们现在所看到的这种奇怪的局面,这种不稳定的、难以理解的但在某种程度上又是不容置疑的均势:在经济上军事上比我们强大得多而且对我们的公然敌视往往达到疯狂程度的列强，虽然从四面包围着我们，但我们还是看到，它们三年来为之耗费了这么多人力物力的勾当，企图一下子直接扼杀苏维埃俄国的勾当，并没有得逞。如果我们给自己提出一个问题：结局怎么会成这样，一个无疑极其落后极其软弱的国家，一个受到世界上头等的强国公然敌视的国家，怎么竟能顶住对它的进攻？——如果我们分析一下这个问题，就清楚是怎么回事了：原来我们在最根本的问题上是正确的。原来我们的预见和估计是正确的。事实表明，我们虽然没有获得我们所指望的、我们视为全部政策基础的全世界劳动群众迅速而直接的支持，但是我们获得了另一种支持，获得了许多非直接的和非迅速的支持。全世界工农劳动群众、甚至最敌视我们的强国中的工农劳动群众都支持和同情我们，正是这一点成了最根本的最有决定意义的因素，使敌人对我们的一切侵犯归于失败，使我们所宣布的、我们明文规定并在我们共和国范围内已经实现的各国劳动者的联盟对各国发生了影响。尽管在其他国家还存在着资本主义制度的情况下这种支持还很不稳定（当然，这一点我们应该清楚地看到，应该直率地承认），但是应当指出，这种支持现在已经可以依靠了。这种同情和支持已经对敌人的入侵产生影响。我固然不能说，三年来我们所遭到的、给我们带来了空前的经济破坏和苦难的入侵不会再发生（在这一点上必须极其小心谨慎），但是，我们的敌人再要发动这种入侵毕竟是非常困难了。所以会形成现在这种乍看起来令人奇怪、难以理解的局势，归根结底原因就在这里。

我们只要十分冷静地估计一下对布尔什维主义和社会主义革命的同情，我们只要考察一下国际形势，算一算有多少力量（不管这些力量拥护正义事业还是拥护非正义事业，拥护剥削阶级还是拥护劳动群众,我们现在不来考察这一点,而是试着估计一下这些力量在国际范围内是怎样组合的),我们就会看到,这些力量的组合基本上证实了我们的预见,证实了我们的估计:资本主义正在瓦解;战争结束后(结束这次战争的先是布列斯特-里托夫斯克和约,后来是凡尔赛和约,——我不知道这两个和约哪个更坏),随着时间的推移,即使在战胜国,憎恨和厌恶战争的情绪也愈来愈强烈。战争过去得愈久,不仅劳动者看得愈来愈清楚,连战胜国资产阶级中的许多人也看得愈来愈清楚:资本主义正在瓦解;经济危机在全世界造成了不堪忍受的状况;尽管取得了这样那样的胜利,出路却没有。这就是为什么我们在经济上、政治上和军事上比其余一切强国弱得多,但有一点我们比它们强,那就是我们知道并且正确地估计到,从帝国主义的这种混乱局面中,从这种流血纷争中,从那些使强国愈陷愈深而不能自拔的矛盾中(且不说别的,光提一下汇率的矛盾就够了),正在产生什么和必将产生什么。

我们看到,同任何社会主义思想(更不必说"可怕的布尔什维主义")一点也不沾边的最温和的资产阶级的代表人物怎样在改变腔调,甚至像有名的著作家凯恩斯这样的人也在改变自己的腔调。凯恩斯的著作已译成各种文字,他本人参加过凡尔赛谈判,是全心全意为自己的政府效劳的,但后来连他也不得不放弃和离开这条道路,尽管他还在咒骂社会主义。再说一遍,他根本不提,甚至连想都不愿意想到布尔什维主义。他向资本主义世界说:"你们的所作所为正在把你们引向绝境",他甚至向他们提出类似废除一切债务那样的建议。

先生们,好极了!你们早就应该学习我们的榜样了。

就在几天前我们看到报上有一则简讯,说资本主义政府一位老练的、极其精明能干的领袖劳合-乔治似乎也开始提出同样的办法，而美国却像是在回答他似的，说什么：对不起，我们自己的还得全部要回来。看到这种情况，我们心里想：这样一个简单的办法，那些先进的头等强国战后竟讨论了这么多年，他们的情况是不大妙。这种事我们做起来是再容易不过了，难道我们过去克服的是这样的困难！（鼓掌）既然他们在这样的问题上都乱得不可开交，那么我们说，尽管我们丝毫没有忘记我们还处在危险中，尽管那些国家在经济上和军事上哪一个都强过我们，它们沆瀣一气，经常地公开地对我们表示仇恨，但我们不怕他们的这种宣传。可是，只要我们对地主资本家的存在是否合理表示一点不同的看法，他们就不高兴，说这是罪恶的宣传。这一点我怎么也弄不明白，因为类似的宣传在所有与我们经济观点不同的国家里都在合法地进行。在所有这些国家里，公开进行着一种宣传，说布尔什维主义是恶魔，是罪犯，是篡权（他们再也找不到合适的字眼来形容这个怪物了）。不久前，我会见了克里斯坦森，他曾经是美国总统的候选人，代表美国工农党竞选的。同志们，请不要把这个名称弄错。它同我们俄国所说的工农的党完全不同。在美国，这是一个彻头彻尾的资产阶级政党，一个公然坚决敌视任何社会主义的政党，一个被各资产阶级政党公认为很体面的政党。他出生在丹麦，现在是美国人，他在竞选总统时获得了约 100 万张选票（这在美国就相当可以了）。就是这样一个人告诉我，他在丹麦，在一些“穿得像我这样的”（他话是这么说，但他穿得很讲究，一副资产阶级的派头）人士中间，刚一开口说布尔什维克不是罪犯，“就差一点被人打死”。人们对他说，布尔什维克是恶魔，是篡权者，在体面的社会里怎么会想到谈论这种人呢？看，我们是处在怎样一种宣传气氛中啊！

虽然如此，我们看到还是形成了某种均势。这是不取决于我们的胜利的客观政治形势。它说明我们估计到了造成帝国主义战争的那些矛盾的深度，说明我们比过去任何时候、比其他任何强国都估计得正确。其他强国虽然取得了这样那样的胜利，虽然拥有极大的实力，但是至今没有找到而且也找不到出路。这就是国际形势的本质，也就是造成现在我们所看到的这种局面的原因。我们现在面临着某种极不稳定但毕竟是确定无疑、不容置辩的均势。这种均势能否长久保持下去，我不知道，而且我认为无法知道。因此，我们必须慎之又慎。我们的政策应遵循的第一条戒律，从我们政府一年来的活动中所得出的第一个教训，全体工人农民都应当好好领会的一个教训，就是要时刻戒备，要记住我们是被那些公开表示极端仇恨我们的人、阶级和政府包围着的。必须记住，我们随时都有遭到入侵的危险。我们要竭尽所能来防止这种灾难发生。我们在帝国主义战争中遭受了其他任何一国人民也未必遭受过的苦难。接着，我们又遭受了各国统治阶级的代表为保卫流亡者的俄国——地主资本家的俄国而强加在我们身上的国内战争的苦难。我们知道，我们非常清楚地知道，战争会给工农带来空前的浩劫。因此我们在这个问题上必须慎之又慎。我们可以作最大的让步和牺牲，只要能保住我们用高昂的代价换来的和平。我们可以作最大的让步和牺牲，但也不是不讲原则，没有止境。让芬兰、波兰、罗马尼亚那些玩火的、幸而为数不多的主战派和侵略集团的头子们好好注意到这一点吧！（鼓掌）

谁只要能像一个政治家那样理智一点、慎重一点谈问题，他就会说，在俄国除了苏维埃政府，没有也不可能有一个政府能够向我国原有的以及曾经被并入俄罗斯帝国的各民族作出这样的让步和牺牲。没有也不可能有一个政府能够像我们这样清楚地意识到并明确地告诉大家：旧的俄国即沙皇俄国、主战派的俄国对俄国境内各民族的态度是罪恶的、不能容忍的，它激起了被压迫民族理所当然的对抗和愤怒。没有也不可能有一个政府能够这样公开地承认这种情况，能够进行这种反沙文主义的宣传，承认旧的俄国即沙皇俄国和克伦斯基俄国的罪恶，反对使用暴力把其他民族并入俄国。这不是一句空话，这是一个简单的政治事实，是谁都清楚的、根本不容置辩的事实。任何民族只要不对我们进行阴谋活动，从而给自己套上绳索，使自己受帝国主义的奴役，只要它们不帮助别人来扼杀我们，我们是不在乎形式的。我们不会忘记，我们是革命者。（鼓掌）但是有些事实确凿而雄辩地证明，在战胜了孟什维克和社会革命党人的俄国，一个没有任何武装的最小的民族，不管它多么弱小，都绝对可以放心而且应当放心：我们对它除了和平的愿望，没有任何别的企图；我们一直在不懈地宣传历届旧政府的旧政策是罪恶的政策；我们不惜以巨大的牺牲和让步为代价，无论如何都要同过去属于俄罗斯帝国而现在不愿同我们在一起的各个民族和睦相处，我们这种愿望始终是坚定不移的。这一点我们已经证明了。不管周围的人如何起劲地咒骂我们，我们还将证明这一点。我们认为，我们已经很好地证明了这一点，现在我们要向全俄工农代表大会即向俄国全体千百万工农群众说，今后我们将用一切力量来维护和平，我们将不惜作出巨大的让步和牺牲来保住和平。

但这有一个限度，超过限度是不行的。我们决不允许嘲弄和约，决不允许破坏我们的和平建设。我们无论如何也不容许这样做，我们要团结得像一个人一样保卫自己的生存。（鼓掌）

同志们，我现在讲的对你们来说是明白易懂的，而且你们也不能期待向你们作政策报告的任何人会有其他的讲法。你们知道，我们的政策就是这样，也只能是这样。但遗憾的是，现在地球上有两个世界：一个是资本主义旧世界，它陷入了困境，却永远不会退让；一个是正在成长的新世界，它还很弱，但一定会壮大起来，因为它是不可战胜的。这个旧世界有自己一套旧的外交，这种外交无法相信可以直截了当地开诚布公地谈问题。旧的外交认为，那一定是在耍什么手腕。（鼓掌和笑声）很久以前，这个在经济上和军事上都无与匹敌的旧世界的一位代表——一位美国政府的代表布利特到我国来，建议我们同高尔察克、邓尼金媾和，媾和条件对我们非常不利。我们说，我们非常珍惜俄国工农的血，他们流血流得太久了，虽然媾和条件对我们极为不利，我们还是准备接受，因为我们相信，高尔察克和邓尼金一定会从内部瓦解的。我们直截了当地说明了这一点，没怎么使用讲究的外交辞令，可是他们却认定我们准是在骗人。于是，这位同我们围坐一张桌子进行了和善会谈的布利特，刚一回国就受到攻击，被迫辞职。我感到惊奇的是，他怎么没有按照帝国主义的惯例被拉去服苦役，因为他竟暗中同情布尔什维克。（笑声，鼓掌）结果，我们原来提出的是对我们较不利的和约，而得到的却是较有利的和约。这是一个小小的教训。我知道，我们是学不会旧的外交的，正像我们不能脱胎换骨一样，但是这一时期在外交方面我们所给予的、为其他强国所接受的教训总不会一点印象没有留下，大概总有人会记住的。（笑声）我们说俄国的工人农民最珍惜和平的好处，但是他们在这方面只能作有一定限度的退让，这一直率的声明意味着他们连一分钟一秒钟也没有忘记，他们在帝国主义战争和国内战争中遭受了怎样的苦难。我们要以代表大会、全体工农群众、整个俄国的名义提醒这一点，不管人们怎样看待它，怎样按照旧的外交习惯猜测这里面有什么外交手腕，但我相信，这个提醒绝对不会不留下一点印象，总会起一点作用的。

同志们，关于国际形势问题，我认为必须谈的就是这些。现在已经达到了一定程度的不稳定的均势。从物质上说来，我们在经济和军事方面是无比弱的；但从精神上说来，我们比谁都强，当然，我所讲的精神不是指抽象的精神，而是指各国实际的阶级力量的对比。这一点已经受过实际的考验，这不是用言论而是用事实来证明的。这已经得到一次证明了。如果历史会以某种方式重演的话，也许还会得到不止一次的证明。所以我们暗下决心，我们既已着手进行和平建设，就要用一切力量不间断地把它进行下去。与此同时，同志们，你们又要时刻戒备，要像保护眼珠一样保护我们国家和我们红军的防御能力，要记住，削弱保卫我国工农及其胜利成果的防御能力，是丝毫不能容许的。（鼓掌）

同志们，上面我简略地谈了谈国际形势中最本质的东西，现在我来谈谈在我国和西欧资本主义国家里开始出现了怎样的经济关系。这里最大的困难是：我们同资本主义国家若没有一定的相互关系，我们就不可能有稳固的经济关系。事态非常清楚地表明，它们同样也不可能有稳固的经济关系。我们此刻并没有什么利他主义的思想，而是更多地考虑在列强敌视我们的情况下我们应该如何继续生存下去。

但一般说来，社会主义共和国在资本主义包围中生存，这样的事情是否可能呢？无论在政治上或军事上，这似乎都是不可能的。但是在政治上和军事上又都已经证明这是可能的，这已经成为事实了。可是在贸易方面呢？在经济流转方面呢？俄国这个落后的经济遭到破坏的农业国同一批先进的工业发达的资本主义国家建立联系，互相帮助，这是否可能呢？人家不是威胁说，要用铁丝网把我们包围起来，因而任何经济关系都不可能存在吗？“他们没有被战争吓倒，那我们就用封锁来征服他们。”

同志们，这四年来我们受过很多威胁，而且是非常可怕的威胁，所以无论哪一种威胁我们都不会害怕。至于封锁，经验表明：现在还不知道究竟谁吃的苦头更大，是被封锁者还是封锁者自己。过去这一年我们没有受到极凶残的暴力侵害，相对而言总算能喘一口气了，这是我能向大家作这样一个时期的工作报告的第一年。经验表明，在这一年里无疑谁都不承认我们，不理睬我们，宣布同我们没有什么往来。就让他们按资产阶级的看法去说没有往来吧，反正往来是有的。这就是我认为可以毫不夸大地向你们报告的 1921 年这个报告年度内的一个主要收获。

我不知道外交人民委员部向苏维埃第九次代表大会的报告今天是否已经分发或者即将分发给你们。我认为，这个报告的缺点是太长，很难看完。这也许是我个人的弱点，不过我相信，你们大多数人和所有关心政治的人，虽然不能很快看完，但总会把它看完的。即使不整个看完，而只是略微浏览一下，翻上一遍，也能看出俄国身上挂满了（如果可以这样说的话）许多十分正常的固定的贸易关系、商务代表处和通商条约等等。诚然，我们还没有得到法律上的承认。这也还是很重要的，因为如我前面所说，不稳定的均势遭到破坏的危险即重新发动侵略的危险变得更严重了。然而，事实总是事实。

1921 年是我们同国外进行贸易的头一年，这一年我们前进了一大步。这部分地同运输问题有关，而运输是我们整个经济的主要基础,也可以说是最主要的基础之一。这同进出口有关。请允许我举几个最简单的数字。我们一切难以置信的困难,我们的困难的整个重心和关键,在于燃料和粮食,在于农民经济,在于降临到我们头上的饥荒和灾难。我们很清楚,这一切都同运输问题有关;这一点应当指出,也应当让来自各地的所有同志都知道,并且向地方上的所有同志反复说明,我们应该用全副精力去战胜粮食和燃料的危机。由于上述原因,我们的运输——对外联系的物质手段仍然很困难。

这一年我们运输方面的组织工作有了起色,这是毫无疑问的。1921 年我们内河船队的运输量大大超过了 1920 年。1921 年每条船的平均运量是 1 000 普特/俄里,而 1920 年只有 800 普特/俄里。组织工作方面无疑是有进步的。应当指出,我们现在第一次开始得到国外的帮助:订购了几千台机车,而且已经接到第一批——瑞典的 13 台,德国的 37 台。这是一个微不足道的开端,但总算有了一个开端。我们还订购了好几百辆油罐车,其中约有 500 辆已经在 1921 年运到。我们买这些东西都非常贵,贵得不得了,但这终究说明,先进国家的大工业在帮助我们,资本主义国家的大工业在帮助我们恢复我国经济,虽然这些国家是由那些对我们恨之入骨的资本家领导的。他们通过各国政府联合起来,而这些政府仍然不断地在自己的报刊上研讨同法律上承认苏维埃俄国有关的情况,布尔什维克政府是否合法。它们经过再三的探讨,认为这个政府是合法的,但是不能承认。我没有权利隐瞒他们还没有承认我们这个令人不快的事实,但是应当告诉你们,我们的贸易关系还是在发展。

所有这些资本主义国家都处在这样的境地:它们敲诈我们,逼我们付出高价,但不管怎样还是在帮助我们的经济。怎么会这样呢?为什么它们违背自己的意志,违背报刊上一再重申的主张呢?它们的报刊发行量之多、势力之大、对对方的仇恨之深是我们的报刊无法相比的。这些国家宣布我们是罪犯,但还是在帮助我们。结果,它们在经济上同我们分不开了。结果正像我已经对你们说过的,从大局来看,我们的估计比它们的正确。这并不是因为它们没有人会作正确的估计,相反地,这种人他们比我们多,而是因为他们既然往死路上走,就无法作出正确的估计。因此,我想再告诉你们一些数字,说明我国对外贸易的发展情况。我只举几个可以记住的最简单的数字。拿 1918、1919 和 1920 这三年来看,我们的进口量略高于 1 700 万普特,而 1921 年已达 5 000 万普特,比前三年的总数还多两倍。我们的出口量在头三年总共是 250 万普特,而在 1921 年一年中就有 1 150 万普特。这个数字是微不足道的,非常非常小,小得可笑,任何内行人一看就会说这个数字是极可怜的。这就是这些数字所能说明的问题。但毕竟有了一个开端。有人曾企图直接扼杀我们,这我们已经领教过了;有人曾威胁我们说,只要我们还是现在这个样子,他们就要采取一切手段不容许同我们往来,这种威胁我们听了好几年了;可是我们毕竟看到,有人比这种威胁更厉害。我们毕竟看到,他们对经济发展的估计是不正确的,而我们是正确的。开端已经有了。我们现在应当把全部注意力、全部精力、全部心思都用在经济的发展上,使这种发展继续下去。

我再举一个小小的例子来说明我们在 1921 年是如何进步的。在 1921 年,第一季度进口量约 300 万普特,第二季度是 800 万普特,第三季度是 2 400 万普特。我们毕竟是在前进。这些数字虽然微乎其微，但毕竟是在逐渐增长。我们看到，在空前困难的1921年，这些数字仍然有所增长。你们知道，像饥荒这样的灾难使我们吃了多大的苦头，它使我国的整个农业、工业和全部生活继续遭到多么痛苦的磨难。但是，尽管我们是一个被战争破坏得这么厉害的国家，是一个由于几次战争以及沙皇和资本家的统治而遭到深重灾难的国家，我们现在毕竟走上了能够不顾人们对我们一直采取的敌视态度而改善我们境况的道路。这就是基本的因素。这就是为什么不久前我们在看到华盛顿会议的消息时，在听到敌视我们的列强不得不在明年夏天召开第二次会议并邀请德国和俄国参加讨论真正和约的条件的消息时，我们说我们的条件是一清二楚的，这些条件我们已经说过并且公布出来了[180]。我们还会遭到许多人的敌视吗？这是没有疑义的。但是我们知道，封锁我们的那些国家的经济状况很脆弱。有一种力量胜过任何一个跟我们敌对的政府或阶级的愿望、意志和决定，这种力量就是世界共同的经济关系。正是这种关系迫使它们走上这条同我们往来的道路。它们沿着这条路走得愈远，今天我在1921年的工作报告中只能用一些可怜的数字向你们描绘的那种前景就会展现得愈广阔愈迅速。

现在我应该讲讲我们国内的经济状况。这里首先要讲的主要问题就是我国的经济政策问题。1921年这一报告年度内，我们的主要工作是开始实行新经济政策，在这方面采取初步的措施，学会实行新措施，使我们的立法工作、行政机关都能适应这一要求。你们从报刊上看到了许多事实和报道，知道这方面的工作是怎样开展起来的。你们当然不会要求我在这里再举一些事实或数字。这里只需要弄清楚，我们大家看法最一致的基本问题是什么，从我国整个革命和未来一切社会主义革命（即世界范围的社会主义革命）最本质最根本的问题来看，最本质的东西是什么。

这个最根本最本质的问题就是工人阶级同农民的关系，就是工人阶级同农民的联盟，就是经过大工厂长期艰苦而有成效的锻炼的先进工人是否能够搞好工作，把那些被资本主义和地主、被自己贫困而粗陋的旧经济压得透不过气来的农民群众吸引到自己方面来，向他们证明，只有同工人结成联盟而不管在这条道路上会遇到多大的困难（困难很多，我们不能闭眼不看），只有这样才能使农民摆脱地主资本家的世世代代的压迫。只有巩固工农联盟，人类才能普遍摆脱像不久以前的帝国主义大厮杀那样的祸害，摆脱我们现在所看到的资本主义世界中的奇怪的矛盾，即为数极少的几个最有钱的强国被财富噎得要死，而地球上广大的居民却贫苦不堪，无法享受现有的文明和利用那些由于流通不畅而没有出路的丰富资源。

失业是各先进国家最主要的灾难。要摆脱这种状况，受过工厂、工厂剥削、工厂团结这种艰苦的然而是最扎实最实在的锻炼的工人阶级，除了和农民结成巩固的联盟，没有其他出路。在我们共和国最艰苦的年代，我们实行过工农的政治联盟和军事联盟。1921 年我们第一次实行了工农的经济联盟。在这一方面我们的工作还做得非常不好。必须公开指出这一点。应该看到这个缺点而不是加以掩饰，应该全力改正这个缺点，而且应该懂得这一联盟是我们新经济政策的基础。要处理好工人阶级和农民之间的关系，能够想象的只有两条道路。如果大工业很发达，能够立刻供给小农足够的或者比从前多的产品，从而在农民提供的农产品同工业品之间建立正常关系，那么农民就会十分满意，基本上是非党群众的农民就会在事实面前承认这种新制度比资本主义制度好。说到能够立刻用一切必需品满足农民需要的发达的大工业，那么这种条件是存在的。就世界范围来说，这种能给全世界提供一切产品的发达的大工业是有的，可是人们却只会用它制造枪炮弹药和其他武器，而且在 1914—1918 年使用得非常成功。那时工业为战争服务，它给人类提供了如此充足的产品，以致至少使 1 000 万人死亡，2 000 万人残废。这是我们有目共睹的，20 世纪的战争毕竟不是从前的战争了。

这次战争以后，甚至在战胜国，在那些最仇恨最排斥社会主义的人当中，在那些对任何一点社会主义思想都深恶痛绝的人当中，也有许多人大声疾呼，明确指出世界上即使没有可恶的布尔什维克，恐怕也不允许再来一次这样的战争。这是一些最富有的国家的代表人物讲的。请看，这个强大的先进的大工业是为什么服务的吧。它在为制造残疾的事业服务，没有工夫向农民供应产品。但是，我们还是有理由说，就世界范围而论，这种工业是有的，世界上有些国家是拥有能够立刻向亿万落后的农民提供产品的先进大工业的。我们就是在这个基础上作出自己的估计的。你们通过对日常生活的观察比任何人都更清楚，我国本来就很薄弱的大工业究竟还留下了什么。就拿顿巴斯这个大工业的主要基地来说吧，它在国内战争中遭到这么严重的破坏，又遇到这么多帝国主义政府（乌克兰有过多少这样的政府啊！），结果不能不使我国大工业只剩下了一丁点残骸。加上又遇到 1921 年歉收这样的灾荒，那就不难理解，虽然大工业转到国家手里，靠它供给农民产品的尝试还是没有成功。既然这一点办不到，那么在农民和工人之间，即在农业和工业之间，除了交换，除了商业，就不可能有别的经济联系。问题的实质就在这里。用粮食税代替余粮收集制，这就是我们经济政策的实质。这是非常简单的道理。既然没有一个能够组织得立刻用产品满足农民需要的发达的大工业，那么，为了逐渐发展强大的工农联盟，只能在工人国家的领导和监督下利用商业并逐步发展农业和工业，使其超过现有水平，此外没有任何别的出路。现实迫使我们非走这条路不可。我们新经济政策的基础和实质全在于此。

在我们把主要的注意力和主要的力量放在政治任务和军事任务上的时期，我们不能不以最快的速度行动，带着先锋队勇往直前，因为我们知道这支先锋队是会得到支持的。在伟大的政治变革中，在我们抗击占优势的世界列强这一进行了三年的极其伟大的事业中，我们纯粹是靠政治热情和军事热情来保证工农联盟的，因为每个农民都知道、感到、觉察到，他们的敌人是他们的世仇，是得到其他政党的代表人物多方帮助的地主。正因为如此，这个联盟才这样牢不可破，不可战胜。

在经济领域，联盟就应当建立在另一种基础之上。这里有必要改变联盟的实质和形式。在共产党和工会中，或者在仅仅同情苏维埃政权的人们中，不论什么人忽视了改变联盟的实质和形式的必要性都会倒霉的。这种忽视在革命中是不能允许的。联盟的形式所以必须改变，是因为政治上和军事上的联盟不可能在经济领域中也这样简单地延续下去，况且我国还没有大工业，它已经被任何一个国家都闻所未闻的战争破坏了。要知道，甚至那些比我们富得多、在战争中有得无失的国家，直到如今也还没有把工业振兴起来。改变工农联盟的形式和实质经事实证明是必要的。我们在政治和军事时期前进得太远，超越了工农纯经济的联盟许可的限度。当时我们为了战胜敌人应该这样做，也有权利这样做。我们做得很成功，因为在当时那个战场上，即在政治和军事的战场上，我们战胜了自己的敌人。可是在经济的战场上，我们却遭到了一连串失败。用不着害怕承认这一点，相反地，只有不怕承认自己的失败和缺点，只有敢于正视真实情况，即使是最可悲的真实情况，我们才能学会如何争取胜利。对于在前一方面即在政治、军事方面的功绩，我们有权引以自豪。这些功绩已作为具有世界意义的胜利载入史册，这一胜利还将在各个领域里发扬光大。但是在经济领域，在我向你们作工作报告的这个年度里，我们才开始走上新经济政策的道路，我们在这方面才迈出一步。同时，我们在这方面刚开始学习就犯了无数的错误，总是往后看，迷恋过去的经验；过去的经验是很好的、宝贵的、了不起的、有世界意义的，可是它不能解决现实情况要求我们解决的经济问题。现实的情况是我国大工业已被破坏，这就要求我们首先学会建立目前非建立不可的经济联系。这种联系就是商业。这对共产党员是一种很不愉快的发现。这种发现很可能是非常不愉快的，甚至肯定是不愉快的，但是，如果我们只从愉快不愉快考虑，那我们就会降到我们大家在克伦斯基临时政府时代已经见得很多的“准”社会党人的水平。这种“社会党人”现在在我们共和国里未必还享有什么威望。我们的力量一向在于我们能够考虑到实际的对比关系，不管这种对比关系令我们多么不愉快我们都不怕。

既然就世界范围来说存在着大工业，那么直接过渡到社会主义无疑是可能的。这个事实没有人能够否认，正像没有人能够否认以下情况一样：大工业不是在最繁荣最富有的战胜国奄奄一息、制造失业，就是专门制造杀人的弹药。我们是在国家落后这种情况下投入革命的，因此现在没有我们所必需的发达的工业，那我们该怎么办，撒手不干吗？灰心丧气吗？不。我们要做艰巨的工作，因为我们走的道路是正确的。毫无疑问，只有走人民群众结成联盟的道路，农民和工人的劳动才会是为自己的劳动而不是为剥削者的劳动。但要在我国的情况下实现这一目标，就必须建立那种唯一可能的经济联系，以经济为中介的联系。

这就是我们退却的原因，这就是我们必须退到国家资本主义、退到租让制、退到商业上去的原因。在我们现在这种经济遭到破坏的情况下，不作这样的退却，我们就不能恢复同农民应有的联系；不作这样的退却，我们就有革命的先头部队向前跑得太远而脱离农民群众的危险。革命的先头部队就不会同农民群众结合，那样就会葬送革命。我们应当特别清醒地看到这一点，因为我们所说的新经济政策首先是而且主要是出于这种考虑才实行的。这也就是为什么我们都一致地说，我们要认真地和长期地（当然，正如我们已经正确指出的，并不是永远）执行这个政策。我们采取新经济政策是由于我国贫困，经济遭到破坏，我们的大工业伤了元气。

下面我想举一些极小的数字来说明：不管我们多么困难，不管我们犯了多少错误（我们犯的错误是非常多的），但我们的事业还是在向前发展。同志们，我手头没有国内商业发展情况的总数字，我想只举出中央消费合作总社三个月的贸易额数字。中央消费合作总社 9 月份的贸易额是 100 万金卢布，10 月份是 300 万金卢布，11 月份是 600 万金卢布。这些数字就绝对数来说，仍旧是小得可怜的。这一点应当坦率地承认，因为对这一点发生任何错觉都是有害的。这些数字是微不足道的，但是在我们现在这种经济遭到破坏的情况下，它们确凿地说明，情况是在向前发展的，我们是可以抓住这个经济基础不放的。尽管我们工会、共产党和管理机构犯了许许多多的错误，但我们还是相信，这些错误我们能够纠正，而且已经在逐渐纠正；我们相信，走我们这条道路一定能恢复农业和工业的关系。既然恢复大工业这样困难，那么即使在小农经济这个阶段上和暂时在小工业的基础上，我们也应当提高而且能够提高生产力。我们应当作出成绩来。我们已经开始取得成绩。但是必须记住：在这里，工作速度和工作环境已经不同了；在这里，要取得胜利比较困难。在这里，我们不能像我们过去在政治和军事方面那么迅速地达到自己的目的。在这里，我们不能凭借热情，大步跃进，而且期限也不同，要以几十年来计算。在经济战中，在我们邻国不是援助而是敌视我们的环境中，我们要取得胜利就得用这么长的时间。

但我们的道路是正确的，因为这是其他国家早晚必然要走的道路。我们已经开始沿着这条正确的道路前进了。不过我们必须仔细权衡我们每一个细小的步骤，注意我们每一个细小的错误，这样我们就能通过这条道路达到自己的目的。

同志们，我现在应该稍微谈谈农业这个主要的部门。不过我想，关于这个问题，你们会听到一个比我所能作的要详细得多、充实得多的报告，关于饥荒问题也是如此，加里宁同志会向你们说明这个问题。

同志们，你们都很清楚，1921 年的饥荒使我们遭到了多么难以置信的困难，旧俄国就有的这种灾难必然使我们也无法幸免，因为摆脱这种灾难的唯一出路只能是恢复生产力，但不是在旧的、贫困的、狭小的基础上，而是在新的基础上，在大工业和电气化的基础上。只有如此，我们才能摆脱贫困和连年不断的饥荒。但是，对于这项工作来说，我们用来衡量政治胜利和军事胜利的那种时间尺度，一眼就能看出是不适用了。我们虽被敌对国家所包围，但终于突破了它们的封锁，就是说，不管援助多么微小，我们总还是得到了一点。救援物资共有 250 万普特，这就是我们从国外得到的全部援助，这就是外国大发慈悲能给挨饿的俄国的全部援助。我们已收到约 60 万金卢布的捐款。这个数字太小了。由此也可看出，欧洲资产阶级对待我们的饥荒是多么自私。你们大家大概知道，外国许多政界要人在刚刚得到饥荒的消息时曾经堂而皇之地声称，利用饥荒重提旧债问题是魔鬼的行径。我不知道魔鬼是否比现代帝国主义更可怕。但我知道，事实恰恰是，尽管我们闹饥荒，他们还是企图按特别苛刻的条件向我们索讨旧债。我们并不拒绝还债，并且郑重声明我们准备实事求是地讨论这个问题。但是如果根本不估计到、不考虑到双方的要求，不对问题作任何实事求是的讨论，就想让我们在这个问题上听从别人摆布，我们是永远不会、绝对不会同意的，这一点你们大家都清楚，不会有什么疑问。

我应当告诉大家，最近几天我们在救灾方面获得了相当可观的成绩。你们大概在报上已经看到，美国已拨款 2 000 万美元来救济俄国灾民，条件大概和美国救济署的相同。几天前克拉辛来电说，美国政府已经正式提出，它保证我们能在三个月内得到用这 2 000 万美元买的粮食和种子，如果我们方面同意为同一目的再花 1 000 万美元(2 000 万金卢布)的话。我们立即表示同意，回了电报。看来可以这样说，我们在明年头三个月能保证给饥民提供 3 000 万美元即 6 000 万金卢布的粮食和种子。这当然不够，根本抵不上我们所遭到的可怕的灾荒。这一点你们大家很清楚。但是不管怎么说，这毕竟是一种援助，对于减轻极其严重的贫困和饥荒无疑会起一定的作用。在向受灾地区供应种子和扩大播种面积方面,既然我们在秋季取得了一定的成绩,明春就可望取得更大的成绩。

今年秋季,我们大约在受灾省份播了75%的秋播地,在部分歉收省份播了102%,在产粮省份播了123%,在消费省份播了126%。这至少说明,不管我们的情况多么困难,但在扩大播种面积和抗灾方面我们还是给了农民一些帮助的。就目前的条件看,我们现在有根据预期在明春播种时给予农民重大的帮助。这样说一点也不过甚其词,也不怕说错。再讲一遍,这种帮助无论如何是不够的。我们根本无力满足全部需要。这一点应该坦白承认。因此,我们更应当尽力多给一些帮助。

关于这一点,我应当谈谈有关我们粮食工作的一些总结数字。总的说来,粮食税减轻了全体农民的负担。这是用不着证明的。问题不仅在于拿了农民多少粮食,而且在于实行粮食税以后农民觉得心里更有数了,经营的兴趣提高了。实行了粮食税,勤劳的农民在提高生产力方面是大有可为的。总的来说,根据报告年度内征收粮食税的结果,我们应该说,只有竭尽一切努力才不致落空。

以下就是我根据粮食人民委员部最近提供的材料能够告诉你们的一些极简单的总结数字。我们至少需要23 000万普特粮食,其中1 200万普特用来救济灾民,3 700万普特用做种子,1 500万普特作为储备粮。但是我们能够得到的粮食是:粮食税10 900万普特,磨坊税1 500万普特,收回贷出的种子1 250万普特,商品交换得到1 350万普特,从乌克兰得到2 700万普特,从国外输入3 800万普特(说3 800万,是预计从我刚才向你们介绍的那笔交易中可得到3 000万,另外再买800万普特),总计21 500万普特。

这样，还是有缺口，并且一普特的储备粮都没有。而我们能不能再从国外买到粮食还不知道。我们为了尽量减轻挨饿农民的负担，现在把粮食计划定得非常紧。我们在中央苏维埃机关长期以来一直在想方设法把征粮计划尽量定得高些。据我们1920年的统计，由国家供养的人员为3 800万，现在这个数字已减到800万。我们在这方面作了多大的压缩！但由此只能得出一个结论，就是粮食税一定要百分之百地收上来，就是说无论如何要全部收齐。我们丝毫没有忘记，这对备受苦难的农民是一个很大的负担。我很清楚，地方上那些历尽做粮食工作的艰辛的同志比我更了解，现在要保证把粮食税百分之百收齐是怎样一个任务。但是，作为1921年我们工作报告所总结的一条经验，我应当代表政府对你们说：同志们，我们必须完成这项任务，必须迎着困难上，必须战胜这个困难。不这样做就不能保证我国运输业和工业的最基本最起码的需要，就不能维持最低限度的、绝对必需的预算，而没有这个条件我们就无法在目前这种受敌人包围和国际均势极不稳定的环境中生存下去。

我们受过帝国主义战争和国内战争的折磨，遭到过各国统治阶级的攻击，如果不尽最大努力，就没有而且也不可能有摆脱我们今天的境况的出路。因此我们不要害怕令人痛苦的真实情况，应该十分明确地指出并用代表大会名义向地方上的所有工作人员说明："同志们，苏维埃共和国能否生存下去，我们恢复运输业和工业的、要求极低的计划能否实现，全看我们能否完成粮食计划。因此，把粮食税百分之百征齐是绝对必要的。"

说到计划，我现在要谈谈我们国家计划的实际执行情况。先从燃料谈起，从工业的粮食、我们整个工业生产的基础谈起。关于我们国家计划委员会所做的工作，大概你们今天已经拿到了材料，要不就是日内可以拿到。你们将会看到关于电气技术人员代表大会的报告。这个报告提供了极其重要而丰富的材料，即俄国最优秀的科学技术人员对恢复我国大工业的计划的审查意见。这个计划是唯一经过科学审查的计划，对恢复大工业来说是时间最短又最迫切的计划，而完成的时间至少需要 10—15 年。我已经说过，并且还要不厌其烦地说，现在我们在实际工作中必须考虑到的期限已经同我们过去在政治和军事工作方面所看到的不同了。共产党和工会的很多领导工作人员已经懂得了这一点，但是必须使大家都懂得这一点。顺便指出，在明天就会发给你们的克尔日扎诺夫斯基同志的那本小册子即关于国家计划委员会的工作的报告中，你们可以看到，我们整个国家计划的问题是怎样经过工程师和农艺师的集体思考提出来的。你们可以看到，工程师和农艺师们处理事情不像我们大家通常那样从一般的政治观点和经济观点出发，而是从集体的经验出发，并且考虑到我们能退让到什么限度。你们在这本小册子里可以找到从工程师和农艺师的角度对这个问题的解答，尤其宝贵的是，你们在这本小册子里可以看到他们怎样根据计算来解决运输业和工业的问题，而这是我们整个国家计划机关在报告年度内的一项工作成果。当然，我不能在这里向你们转述这本小册子的内容。

我只想简略地谈谈燃料计划的执行情况，因为在 1921 年这个报告年度的初期，我们在这方面遭到了极大的挫折。正是在这方面，我们由于 1920 年底情况有所好转而在计算上犯了极其严重的错误，致使我国运输业在 1921 年春季遭到了深重的危机，这个危机不仅是由于物资不足，而且是由于我们对发展速度估计不正确引起的。当时就感觉到了我们的错误，我们把政治军事斗争时期取得的经验用来解决经济任务了。这是一个极大的错误，根本性的错误。同志们，我们直到现在还时时刻刻在重犯这种错误。现在我们有很多错误。必须指出，我们如果觉察不到这些错误，不坚决设法克服这些错误，就不能切实改善我们的经济。由于吸取了教训，1921 年下半年的燃料计划就定得很谨慎，我们认为这里不能容许有丝毫的浮夸，并竭力同浮夸作斗争。领导我们各燃料采购机构的斯米尔加同志把截至 12 月底的统计数字告诉了我，这些数字虽不完全，但从中可以看出，我们在这里还有缺口，不过已经不大，而且这种缺口说明我们燃料预算的结构已有改善，即技术人员所说的燃料结构矿物化了，就是说俄国在矿物燃料供应方面已取得很大成就。也只有以矿物燃料为基础，能够成为社会主义社会基础的大工业才能牢牢地站住脚。

1921 年下半年开始时，我们的燃料计划目标是这样的。如果把 270 万立方俄丈的木柴折合成 7 000 卡的标准燃料（我们通常都是这样折合的，在将要发给你们的克尔日扎诺夫斯基的小册子第 40 页上也是这样折合的），我们预计可以得到燃料 29 700 万普特。现在的数字说明，我们已经得到将近 23 400 万普特。我应该提请你们注意，这还差得很多。在报告年度内，我们对燃料部门的木柴采购工作很重视。但是正是这项工作同农民经济的状况关系最大。正是在这里，全副重担都落在农民和他们的马匹身上。在这里，燃料、饲料等的缺乏对工作影响很大，这就是出现匮缺的原因。这就是为什么现在，在冬季燃料采购运动开始之际，我还要说：同志们，请你们把尽最大努力完成这一任务的口号带到地方上去。在燃料预算方面，我们的指标已降到为振兴工业所绝对必需的最低限度，不管情况怎样困难，这个最低限度的指标无论如何要完成。

其次，我们预计煤可以采到 14 300 万普特，结果采到了 18 400 万普特。这是我们燃料矿物化的成绩和进步，是顿巴斯和其他许多机构的进步，这些地方许多同志都在忘我地工作，为改善大工业作出了实际的成绩。我给你们举几个有关顿巴斯的数字，因为顿巴斯是我们整个工业的基地和大中心。我们预计石油可以采到 8 000 万普特，合标准燃料 12 000 万普特。泥炭预计采到 4 000 万普特，合标准燃料 1 900 万普特，结果采到 5 000 万普特。全部加起来我们预计得到 57 900 万普特，但是我们能够得到的，看来不会超过 56 200 万普特。总起来说，燃料方面还有差数。固然差数不怎么大，大概 3%—4%，但毕竟有差数。无论如何应当承认，这对大工业是一个直接的威胁，因为原定的最低指标有一些完不成。我想，这个例子首先向你们说明我们计划机关的工作没有白干，说明我们完成我们计划的日子快到了。同时这个例子又说明，我们刚刚开始前进，在这方面我们的经济状况还非常困难，所以我们代表大会自始至终都应贯彻的、应由大会代表带到各地去的一个基本口号、基本战斗号召就是：不论在工业工作方面或农业工作方面，我们都还需要鼓足干劲，不管这有多困难。除了在这方面加紧工作，没有别的办法可以拯救共和国，可以保持、保全和巩固工农政权。我们已经取得不少成绩，这一点顿巴斯的例子使我们看得特别清楚。在顿巴斯，许多同志在无限忠诚地、卓有成效地工作着，如大工业方面的皮达可夫同志和小工业方面的鲁希莫维奇同志，鲁希莫维奇同志已第一次使小工业能生产出一些东西来了。在大工业方面，采煤工人的采掘量已经达到战前水平，这是我们以前没有过的事情。顿巴斯的全部产量，拿 1920 年来说是 27 200 万普特，而 1921 年是 35 000 万普特。这个数字同战前最高数字 17 亿普特相比还是微乎其微的。但总算有了一些东西。这说明我们正脚踏实地地前进。我们在恢复大工业方面毕竟前进了一步。为了恢复大工业，我们是不惜作出牺牲的。

关于冶金工业也讲几句。我们这方面的情况特别严重。我们现在的冶炼量就那么一点，也许只达到战前的 6%左右。你们看，帝国主义战争和国内战争把俄国破坏到何种程度，使它穷困到何种程度！当然我们正在前进。我们正在建立像南方钢铁托拉斯[181]这样的工业中心，那里的梅日劳克同志也在无限忠诚地工作着。不管我们的情况多么艰难，我们在这方面仍然取得了巨大的成绩。1921 年上半年，我们每月炼生铁 7 万普特，10 月份 13 万普特，11 月份 27 万普特，几乎增加了三倍。由此可见，我们没有任何理由惊慌失措。我们不能不看见，我所举的数字说明我们的生产水平低得可怜，但是我们毕竟可以用这些数字来表明，不管 1921 年多么困难，不管压在工农阶级身上的担子多么沉重，我们毕竟在前进，我们毕竟走上了正确的道路，只要竭尽全力，我们就可望取得更大的进步。

我想再告诉你们一些有关电气化成就的材料。可惜，我们现在还没有很大的成绩。我本来预计我能够以苏维埃政权建立的第二个大电力中心的发电来向第九次代表大会祝贺的。第一大电力中心是沙图拉电站，第二个中心即新的中心是卡希拉电站，我们原来预计它正好能在 12 月发电。[182]卡希拉电站第一期工程完工后可以发电 6 000 千瓦，这对我们莫斯科现有的 18 000 千瓦是很大的支援。由于有种种障碍，这个电站不能在 1921 年 12 月发电了。

但这个电站在短期内，顶多不超过几星期就能发电。你们大概已经注意到几天前登在《经济生活报》上的一份报告，署名的是莱维工程师，他是全俄电气技术人员第八次代表大会上有名望的工作人员之一，也是我国最有名望的工作人员之一。我只从他的报告中给你们举几个简单的数字：1918 年和 1919 年，我们合计建成 51 个电站，装机容量为 3 500 千瓦；1920 年和 1921 年合计建成 221 个电站，装机容量为 12 000 千瓦。如果拿这些数字同西欧相比，那当然显得太渺小，太可怜。可是它们表明，即使处在任何国家都未遇到过的困难条件下，我们的事业还是能够向前发展。农村中小型电站的广泛建立起了相当重要的作用。应该坦白地说，这方面往往有些分散，但分散也有分散的好处。这些小型电站在农村中造成了现代新的大工业的中心。这些中心虽然很小，但是毕竟能向农民表明，俄国不会停留在手工劳动上，不会永远使用简陋的木犁，而会迈向另一个时代。农民群众正逐渐意识到我们应当而且能够使俄国立足于另一种基础之上。我已经说过，这方面的时间要以几十年来计算，但是工作已经开始了。认识到这一点的农民群众愈来愈多，部分原因正在于我国小电站比大电站增加得快。我们有一个大电站来不及在 1921 年投入生产，但到 1922 年初就会有两个大电站投入生产，一个是莫斯科附近的卡希拉电站，另一个是彼得格勒附近的乌特金湾电站[183]。在这方面，无论如何我们已走上了一条保证我们能向前发展的道路，只是我们要和从前一样努力来完成自己的任务。

现在再简略地谈谈我们的另一成绩，泥炭采掘工作的成绩。1920 年我国的泥炭采掘量达 9 300 万普特，1921 年已达 13 900 万普特。这也许是我们唯一大大超过战前水平的部门。在泥炭方面，我们拥有取之不尽的资源，世界上没有一个国家比得了。但是过去开采有很大困难，而且现在也还有一些困难，因为一般说来这种劳动很艰苦，在俄国尤其艰苦。泥炭总委员会的拉德琴柯、缅施科夫和莫罗佐夫三位同志煞费苦心发明的泥炭水力开采法减轻了这种劳动。在这方面已经取得很大成绩。1921 年共有两台泥炭泵。这种用水力开采泥炭的机器可以使工人摆脱苦役般的劳动，而过去这种苦役劳动在泥炭开采中是不可避免的。现在我们又在德国订了 20 台这种机器，到 1922 年就可以拿到手。我们同一个先进的欧洲国家的合作已经开始了。现在我们已经有了发展泥炭采掘业的可能，不发展这个行业是不行的。俄国沼泽多，泥炭蕴藏量比任何地方都丰富。过去只有少数工人从事而且也只有少数工人能够从事开采泥炭的工作，现在已经有可能把这种苦役般的劳动变成比较正常的劳动了。目前我们同现代化的先进国家德国已有实际的合作，因为那里的工厂已在制造减轻这种劳动的器械，大概 1922 年就可以使用。这种情况我们应当加以注意。在这方面我们是大有可为的，只是我们大家必须明确并且宣传一个思想：只要我们加紧努力，只要实现了劳动机械化，俄国就比其他任何国家更有可能摆脱经济危机。

在我国经济政策方面，我现在还想强调一下事情的另一面。在评价我国的新经济政策时，人们对一件可能特别重要的事情注意得不够。当然，新经济政策的实质是无产阶级同农民的联盟，是先锋队无产阶级同广大农民群众的结合。由于实行了新经济政策，生产力已经开始提高了，而这正是现在无论如何都必须马上做的事。但是，新经济政策还有另一个方面，就是提供了学习机会。新经济政策是我们开始真正学习经济管理的一种形式，但是在这方面直到现在我们还做得非常糟糕。当然,一个领导劳动群众的共产党人或工会工作者很难设想,目前商业竟是我国经济生活的试金石,是无产阶级先头部队同农民结合的唯一可能的环节,是促使经济开始全面高涨的唯一可能的纽带。只要看一下任何一个在国家和法院监督下做生意的商人(我国的法院是无产阶级的法院,它能够监督每一个私人企业主,使我们的法律决不会像资产阶级国家定的那样管不住他们;不久前莫斯科就有这样一个例子[184],而且你们大家都很清楚,我们还要多处理一些这样的案例,要严厉惩办私人企业主先生们的违法行为),我们就会看到,这帮商人、这帮私人企业主为了百分之百的利润还是能把事情办成的,比方说,他们可以给工业搞到原料,可是共产党员和工会工作者却往往办不到。这就是新经济政策的意义。学习吧!这种学习是非常严肃的,我们大家都应该完成这个学业。这种学习是非常严酷的,它不同于学校里的讲课和参加某种考试。这是在贫困的情况下,在空前艰难困苦、饥寒交迫的情况下提出的一个艰巨而严峻的经济斗争问题。但这是真正的学习,是我们必须完成的。谁要想丢开这项任务,谁要是不予重视,认为与己无关,那就是共产党员和工会工作人员那种极其罪恶极其危险的狂妄自大的表现。同志们,我们这些管理苏维埃俄国的人犯这个毛病都很厉害,应该十分坦率地承认这一点,以便克服这种缺点。

我们着手解决经济建设任务时搬用了自己昨天的经验,我们的根本错误就在于此。在这里,我给你们引用一句法国成语:人们的缺点通常同他们的优点有联系。一个人的缺点仿佛是他的优点的延续。优点如果延续得过了头,表现得不是时候,不是地方,就成了缺点。你们当中几乎每个人在个人生活中以及在其他方面,大概都见过这种情形。现在在我国革命、我们党、我们党的极主要支柱工会的全部发展中，在苏维埃俄国的整个管理机构中，我们也看到了这种仿佛是我们优点的延续的缺点。我们最大的优点就是我们在政治和军事方面采取了具有世界历史意义的行动，这已作为两个时代的更迭载入世界史册。不管我们还要经受什么样的磨难，谁也不能把我们的这一成果夺回去。我们摆脱了帝国主义战争，摆脱了灾难，完全是由于我们进行了无产阶级革命，完全是由于苏维埃制度代替了旧制度。这一点是夺不回去的。这是一个无可争议、不容置辩、抹杀不了的优点，不管我们的敌人费多大劲，怎样强攻，都是无法夺走的。但正是这个优点，如果延续得不是地方，就会变成最危险的缺点。

政治任务和军事任务可以在工人农民现有觉悟水平上通过激发他们的热情来完成。他们都懂得帝国主义战争在扼杀他们；用不着把他们提高到新的觉悟水平和新的组织水平就可以懂得这一点。热情、强攻、英雄主义曾帮助我们完成了这些任务。它们一直是并且将永远是革命伟业和革命能够创造伟业的明证。我们就是靠这些取得了政治上和军事上的胜利。但是这个优点现在成了我们最危险的缺点。我们老是向后看，以为经济任务用同样的办法也能完成。但错误正出在这里。在情况已经发生变化、我们应该去完成另一种任务的时候，是不能够向后看，试图用昨天的办法来解决问题的。不要作这样的尝试，那是不会成功的！我们应当认识到这是错误的。党和工会的一些工作人员，不管是作为苏维埃工作人员还是作为昨天的战士，往往规避费力的、艰苦的、长年的经济工作，规避这种需要坚韧不拔、经受严重考验、进行长期奋斗、具有严细而顽强的作风的经济工作，用“我们过去做过大事”这类话来敷衍搪塞。这些人使我想起了关于鹅的寓言。鹅夸口说，它们“拯救过罗马”[185]。但农夫用竿子回答它们说：“别提你们的祖先了，你们做了些什么呢?”在1917、1918、1919、1920这几年中，我们英勇地成功地完成了我们的政治任务和军事任务，从而开辟了世界历史的新纪元，这是谁也不否认的。这是我们的功劳。无论在党内或工会里都没有人企图把它夺走。但是现在摆在苏维埃和工会工作人员面前的是另一种任务。

现在你们是被阻碍你们而不是帮助你们的资本主义列强包围着。现在你们是在生活贫困、经济破坏、挨饿受灾的情况下进行工作。你们或者是学会用另一种速度来工作，把工作看成几十年而不是几个月的事情，依靠那疲惫不堪的、不可能在日常工作中以革命的英雄的激情来工作的群众，——你们要么学会这样工作，要么理所当然地让人把你们称为鹅。任何一个工会工作人员或政治工作人员如果笼统地说：是我们工会、是我们共产党在进行管理，——那也对。在政治和军事方面我们是干得不错，可是在经济方面我们就干得很糟。应该承认这一点并做得好一些。任何一个工会，如果它笼统地问工会是否应该参加生产，那我就要说：别再空谈啦。(鼓掌)如果您担任的是负责工作，是个有威望的人，是党的工作人员或者工会的工作人员，那最好还是切实地回答我：您在什么地方把生产搞好了，搞了几年，您手下有多少人，一千还是一万，把您派去做经济工作的人员的名单交给我，我讲的做经济工作是一干到底，而不是抓了20件，然后因为没有时间一件也没有干到底。我们苏维埃有一股风气，做经济工作往往不是一干到底，一连几年都不夸成绩，不怕向那些能获得100%甚至更高的利润的商人学习，而是去写有关原料的漂亮决议，说什么我们是共产党、工会和无产阶级的代表。对不起，请问什么叫无产阶级？无产阶级是在大工业中从事劳动的阶级。可是大工业在哪里呢？这是什么无产阶级呢？你们的工业在哪里呢？它为什么停工了呢？是因为没有原料？那你们搞到了原料吗？没有。你们就去靠写决议搞原料吧，那你们就会出洋相，人们就会说这是干蠢事，可见你们很像那些祖先拯救过罗马的鹅。

现在历史赋予我们的任务是：在很长的时期内进行缓慢的、艰巨的、困难的经济工作，以便最终完成极其伟大的政治变革。历史上伟大的政治变革总是需要经过漫长的道路才能被消化。一切伟大的政治变革都是靠身后有群众自发地半自觉地跟着走的先头部队的热情来解决的。在受沙皇、地主、资本家压迫的社会中，发展方式也不能不是这样。这部分工作，即政治变革，就我们完成的情况来看，它的世界历史意义是不容争辩的。然而，继伟大的政治变革之后，出现了另一项任务，我们必须理解到这项任务就是：必须消化这个变革，加以贯彻，而不是借口苏维埃制度不好、借口要改造这个制度而推卸自己的责任。我们有很多人喜欢任意改造一切，结果遭到了我从来没有见过的大灾难。我们的机关在组织群众方面有缺点，这一点我很清楚，不论你们哪一位给我指出十个缺点，我马上可以再给你们指出一百个。但是，问题不在于用迅速改组来改进机关工作，而在于需要消化这个政治改革，以达到更高的文化经济水平。问题就在这里。不是实行改造，相反应当帮助克服苏维埃制度和整个管理体制中的许许多多缺点，以帮助千百万人。应该让全体农民群众帮助我们消化我们取得的极伟大的政治成就。在这方面应该清醒，并且认识到，这个成就虽已取得，但还没有同日常经济生活以及群众生活条件融为一体。这件工作要做好几十年，需要花费极大的气力。这种工作不能用我们进行军事工作的那种速度和在那种条件下来进行。

在结束报告之前，我还想针对我们的一个机关即全俄肃反委员会来谈一谈这个教训：缺点有时是我们优点的延续。同志们！你们当然都知道，俄国的流亡者以及同他们一起生活的帝国主义国家统治阶级的许多人士对这个机关是何等深恶痛绝。当然啰！因为这个机关是对付我们的强大无比的敌人对苏维埃政权不断进行的阴谋和破坏活动的利器。他们这些资本家地主还保留着各种国际联系，还有各种国际援助，他们得到比我们强大得多的国家的援助。你们从这些阴谋的始末就可知道这些人是怎样行动的。你们知道，对付他们，除了采用无情的、迅速的、紧急的、得到工人农民支持的镇压手段以外，没有其他办法。这是我们全俄肃反委员会的优点。我们要经常强调这一点，因为我们还会直接间接地听到（我们从国外就经常听到）一些俄国人的叫嚣，他们知道"肃反委员会"这个词儿在各种语言中怎么叫，把它看做俄国式野蛮行为的范例和典型。

俄国和外国的资本家先生们！我们知道你们不会喜爱这个机关。这是不消说的！过去，当你们试图扼杀我们的时候，当你们从四面八方进犯我们的时候，当你们在俄国策划阴谋、不惜采用各种罪恶手段来破坏我们的和平建设的时候，它比谁都更善于粉碎你们的阴谋诡计。除了通过能够洞察阴谋者的一举一动、能够立即采取惩治手段而不是说服办法的机关来作回答以外，我们没有别的回答。只要世界上还存在不愿意向工农拱手交出自己的地主权利、自己的资本家权利的剥削者，没有这样的机关，劳动者的政权就不可能存在。这一点我们很清楚，但是同时我们也知道，一个人的优点可能变成他的缺点。我们知道，我们现在的环境绝对地要求把这个机关的活动限制在纯政治的范围之内，使它集中力量来执行环境和条件能够帮助它完成的那些任务。如果反革命势力还像过去那样干（我们不能证明敌人在这方面的心理已经发生变化，我们没有这样的根据），那我们是会作出应有的回答，让他们知道我们的厉害的。苏维埃国家准许外国代表以援助的名义来到我国，而这些代表却来帮助推翻苏维埃政权，这种情况是有过的。我们不会落到这种地步，因为我们会重视和利用全俄肃反委员会这样的机关。这一点我们可以向所有的人、向任何人保证。但同时我们又肯定地说，必须改革全俄肃反委员会，规定它的职能和权限，使它只限于执行政治任务。我们当前的任务是发展民事流转，这是新经济政策的要求，而这样就要求加强革命法制。显然，在军事进攻的情况下，在苏维埃政权被人掐住脖子的时候，如果我们把这项任务放在第一位，那我们就是书呆子，就是把革命当儿戏，而不是干革命。我们的政权愈趋向稳固，民事流转愈发展，就愈需要提出加强革命法制这个坚定不移的口号，就愈要缩小那些对阴谋者的袭击给予回击的机关的活动范围。这就是政府在报告年度内经过试验、观察和思考而得出的结论。

同志们，最后我应该指出，我们今年正在执行而过去一直执行得很不好的一项任务——即使在极端贫穷和经济遭到严重破坏的情况下也要把工人和农民结成牢固的经济联盟，现在我们已经把它摆到了正确的位置上，我们采取的路线是正确的，这是毋庸置疑的。这项任务不仅是俄国的，也是全世界的。（热烈鼓掌，经久不息）

现在暂时还只由我们单独执行的任务好像纯属俄国的任务，

其实这是一项将会提到一切社会主义者面前的任务。资本主义正在走向灭亡,它在灭亡过程中还会使几千万几万万人遭到难以置信的苦难,但是没有任何力量能够使它免于覆灭。以工农联盟为基础的新社会必然到来。或早或迟,早 20 年或迟 20 年,它总归会到来。我们努力实现我们的新经济政策,这也就是在帮助这个社会创造工农联盟的形式。我们一定会完成这个任务,一定会建立起一个十分牢固的、世界上任何力量都动摇不了的工农联盟。(热烈鼓掌,经久不息)

载于 1921 年 12 月 23 日《全俄苏维埃第九次代表大会。速记记录》公报第 1 号

译自《列宁全集》俄文第 5 版第 44 卷第 291—329 页

2

在非党代表的会议上的讲话[186]

（12 月 26 日）

（1）

同志们！我们决定继续谈下去，——我想，对这一点我们不会有异议——我只是想说一下，现在已经将近八点半了，我们在这里可以谈到九点半，甚至更晚一些。应当选择我们最关心的问题来谈。会上有位同志说是土地问题，我必须说：让我们把时间分配在一些对你们最有意义的问题上吧。我认为，我在这里的任务就是多听多记。至于我想讲的，已在代表大会上对你们讲过了。我尽力记下哪一个省、哪一个县，对哪一件事意见最多。我想应当这样来分配时间：在谈完劳动和畜力运输义务制[187]问题以后，考虑一下还有哪些看来是最重要的问题，让各省有时间也谈谈对这些问题的意见。我在这里的任务是尽可能详细地记录，以便了解非党代表在这里谈了些什么。至于这里提出的一个个问题，我无论怎样也是很难回答的，因为，没有材料，我就不能在会上马上回答。因此我建议挑选一些大家认为最重要的问题，像谈劳动和畜力运输税那样由各地的同志来发表意见，我将把地方同志的每条意见记下来。

(2)

同志们,关于这个问题[188],我很难说点什么,因为这里提出的所有问题,我都一一记下了,也记下了哪个省提出了哪些意见。但是,没有有关机关的准确材料,我就不能立刻回答这里所提出的问题。刚才代表劳动人民委员部讲话的那位同志有一份已颁布的法令和说明,所以很容易回答如何通过实施这项法令来减轻负担。而我没有有关人民委员部的材料,无法对这里提出的一些问题作出任何明确的回答。

这里还收到几张条子。一张条子是基辅来的一位乌克兰同志写的,他问我为什么从未去过乌克兰?乌克兰太远,去一趟不容易。

有位同志问,因承担劳动和畜力运输义务制而死亡的马匹由谁负责赔偿。我记下了这个问题。有位同志已经对此作了原则的回答。

还有两张条子提到粮食税和穷苦农民买不起棉布的问题。目前各省农民遇到许许多多诸如此类的困难,这是可以想见的。没有有关部门的材料,我不能马上回答这类问题。

我们能否提供援助,能提供多少援助?我再说一遍,现在不能作出回答。我觉得,这里就劳动和畜力运输税问题所谈的最重要的一点,就是铁路木柴采委会[189]滥用职权和处事失当,我把记录匆匆翻了一遍(我对在座的每一位同志的发言都作了简要的记录），据我看，这是最主要的。意见最多的是铁路木柴采委会分派的工作太重，让人吃不消，分配和指派工作有许多不当之处，特别是在这些工作直接损害农户的时候。所有这些意见我都记下了，我也记下了最后一次三周突击运动期间从中央把所有同志派往各地这件事。我已要求收集关于燃料工作处事失当和滥用职权的情况的确凿材料，还要求收集一批报告。我已经开始收到这方面的信件，但是，近来由于生病，我在代表大会上也只能作个一般的报告，因此，我必须讲明，我不能亲自研究对这些问题的答复。这件事将委托另外一位暂时代我的同志去办，然而所有这些在最近一次三周突击运动期间收集到的材料我们一定会汇总起来。我认为对铁路木柴采委会处事失当和滥用职权提出的意见，总的说来无疑是正确的。劳动人民委员部的同志谈了劳动和畜力运输税问题。为什么决定实行劳动和畜力运输税，主要原因之一就在于如果不对劳动量作出合理的规定（目前正在这样做：在法律上规定六天的工作量），如果不在法律上作这样合理的规定，省林业委员会和铁路木柴采委会滥用职权的现象就难以避免，同这些现象作斗争也非常困难。如果在法律上像现在这样明确地宣布需要干多少个劳动日，大家就会知道有一个条例规定了在这些天内应完成多少工作，工作量有多大，这样，同滥用职权的现象作斗争就会容易得多。当然，在省里县里同林业委员会和铁路木柴采委会作斗争，尤其是在这些机关中如一位同志指出的那样混进了许多旧职员、从前的地主和原来的林业把头的时候，是一件很困难的事情。各地必须更加严格地监督这个问题，我们则要安排更多的非党农民同志进中央执行委员会，以便人们在申诉无效的情况下可以去找他们，而他们本人就在这里即在中央执行委员会的会议上提出这个问题并要求对错误进行追究。这些措施无论如何在本次代表大会上一定要实行。中央执行委员会中来自非党农民的委员的人数，我听所有参加代表大会的同志讲，肯定要增加。中央执行委员会中非党农民委员愈多，就愈容易用这个办法去更有效地同铁路木柴采委会滥用职权的行为作斗争。我再说一遍，会上提的所有意见我都作了记录，我一定把每条意见转达给有关的人民委员部或国民经济委员会，以便采取措施。在没有向有关人民委员部查询的情况下，我要马上对每个具体问题作出回答当然做不到。

(3)

为了不致对加里宁同志的话发生误解，我请求他给我两分钟来解释一下[190]。我相信，加里宁同志无意把这样的想法强加给我，即我曾经提议把祈祷书烧掉。显然，我从来不曾提出也不可能提出这种事。你们知道，按照我国宪法，按照我们共和国的根本法，每个人的宗教信仰自由是绝对有保障的。

有位同志提到维亚特卡省一部分县的情况极其严重，我再补充几句。这些县属于饥荒地区。现在我们把希望主要寄托在美国政府建议我们缔结的一项条约上。我们在日内即将签订这一条约。根据这项条约，美国政府将提供 2 000 万美元。我们再拿出 1 000 万，总共是 3 000 万美元，相当于 6 000 万金卢布。这是一笔可观的数目。春播地如果不能全部种上，至少大部分能够种上。此外，我们正派人去加拿大。我们想，还可再动用部分黄金储备稍

微多购一些种子。当前最主要的问题当然是饥荒和饲料缺乏。春播任务必须尽可能全部完成。我们将全力以赴。(鼓掌)

载于1933年《列宁文集》俄文版第23卷

译自《列宁全集》俄文第5版第44卷第330—334页

3

代表大会通过的关于经济工作问题的指令[191]

（12 月 28 日）

全俄苏维埃第九次代表大会审议了各人民委员部关于报告年度经济活动的报告和总结，现提出以下指示，作为对苏维埃代表大会关于几个经济工作问题的决定的补充和概括，要求中央一级和地方各级苏维埃机关坚定不移地贯彻执行：

1. 苏维埃代表大会要求认识到，一切经济机关的主要而迫切的任务是：大量供给农民为提高农业生产和改善劳动农民生活所必需的商品，并且务必在最短期间取得扎实的成绩。

2. 一切工业管理机关都不应忽视这一最主要的目的，当然也不允许丝毫削弱百分之百地满足红军需要的任务，这是为了保持苏维埃共和国的国防力量而应提到首位的任务。

3. 工人生活的改善也应当服从同一目的，就是说，一切工人组织（首先是工会）都有责任关心如何搞好工业以便能迅速而充分地满足农民的需要，而且产业工人工资的提高和生活的改善都应直接取决于这方面所获得的成绩的大小。

4. 财政人民委员部的工作也必须服从同一目的，苏维埃第九次代表大会责成财政人民委员部以最大的努力和最快的速度来减少然后再完全停止纸币的发行，并在金本位制基础上恢复正常的货币流通。必须坚定不移地用税收取代纸币的发行，不得有丝毫拖拉。

5.所有管理国内商业和对外贸易的机关，如中央消费合作总社、对外贸易人民委员部等，都应当把实现这个目的放在首位。苏维埃代表大会和受它委托的苏维埃政权领导机关，将完全根据这些单位在促进工农业间的流转方面是否迅速收到实际效果来衡量它们的成绩。苏维埃代表大会命令更广泛地利用私营企业来采办和运输原料，来大力发展商业，同时认为国家机关的作用是进行监督和指导，要求对任何阻碍生机勃勃的事业的拖拉作风和官僚主义严惩不贷。

6.苏维埃第九次代表大会要求管理经济工作的各个机关远比以前更加用心更加尽力地吸收一切比较优秀的非党工人和农民参加本部门的国家工作。

代表大会确认：我们在这方面落后了；这方面的工作不够经常，没有坚持不懈地做下去；通过这方面的工作来扩充经济工作人员和国家工作人员的队伍是绝对必要的；特别是对于在发展经济中作出成绩的人，应当更加经常地授予劳动红旗勋章并发给奖金。

苏维埃代表大会要求所有经济机关以及不完全是政府机构的各种阶级组织注意，更坚持不懈地吸收专家参加经济建设工作是绝对必要的。所谓专家是指科学技术人员以及那些在经营商业、组织大企业、监督经济业务等方面具有实际工作经验和知识的人员。俄罗斯联邦的中央机关和地方机关都应经常关心改善专家的生活待遇，关心由他们指导的培训广大工人农民的工作。

7.苏维埃第九次代表大会要求司法人民委员部狠抓两件事：

第一，要让共和国人民法院严格监督私营工商业者的活动，既不允许对他们的活动作任何限制，又要让他们始终不渝地遵守共和国的法律，有半点偏离都要严加惩处，并要教育广大工农群众独立地、严厉地、切实地监督他们遵守法纪。

第二，要让人民法院加倍注意对官僚主义、拖拉作风和经济工作上的指挥失当进行司法追究。审判这类案件是必要的，这样可以提高人们过问这种目前很难对付的坏事的责任心，可以引起工农群众对这一重大问题的注意，可以达到取得更大经济成就的实际目的。

第九次代表大会认为，在最短期间从工人农民中培养出各方面的专家，是教育人民委员部在新时期的任务。代表大会建议大力加强学校教育工作和社会教育工作同整个共和国、同本区本地的迫切的经济任务之间的联系。苏维埃第九次代表大会特别指出，在执行苏维埃第八次代表大会关于宣传全俄电气化计划的决定方面做的工作非常不够，因此要求每个电站动员一切适当的人力经常举办座谈会、讲座，上实习课，向工人农民介绍电的常识、电的意义和电气化计划；一个电站也没有的县份，应该尽快办起电站，即使是小型的也好，让它们成为当地进行上述宣传教育的中心和鼓励这方面的首创精神的中心。

载于1921年12月30日《全俄中央执行委员会消息报》第295号

译自《列宁全集》俄文第5版第44卷第335—338页

关于英国工党的政策

（1921年12月27日）

（致契切林同志
抄送：拉狄克同志和全体政治局委员）

关于英国工党的那份电报表明克拉辛过于天真。我认为现在应该同时采取两个措施：(1)在报刊上发表几篇不同署名的文章，嘲笑所谓的欧洲民主派在格鲁吉亚问题上的观点；(2)立刻委托一位擅长辛辣讽刺的记者代契切林起草一份异常客气的照会答复英国工党。在这份照会里应极其透彻地说明，关于要我军撤出格鲁吉亚并在该地进行全民投票的建议，如果能普遍施行于世界各民族，那是完全合理的，而且可以认为提出这种建议的人不是疯子，也没有被协约国收买。为了使英国工党的领袖们想一想国际政治中的现代帝国主义关系意味着什么，我们特请英国工党关注如下问题：第一，把英军撤出爱尔兰并在该地进行全民投票；第二，在印度照此办理；第三，日军也撤出朝鲜；第四，在一切驻有任何帝国主义大国军队的国家都照此办理。照会要非常客气地表达这么一个意思：凡是愿意考虑我们这些建议和研究国际政治中帝国主义关系体系的人，都能理解我们向英国工党提出的这些建议是"很有意思的"。总之，照会草案应该用特别客气而又非常通俗（10岁小孩也能懂)的语言把英国工党那些愚蠢的领袖讥讽一番。

建议政治局讨论一下,要不要把这封信抄一份给克拉辛。我个人赞成这样做。

列　宁

载于1930年1月21日《真理报》第21号

译自《列宁全集》俄文第5版第44卷第339—340页

关于工会在新经济政策条件下的作用和任务的提纲草案[192]

（1921年12月30日—1922年1月4日）

俄共中央全会1921年12月28日审议了关于工会在新经济政策条件下的作用和任务的问题。会上听取了鲁祖塔克、安德列耶夫、施略普尼柯夫三位同志的报告（原定的卢托维诺夫同志的报告由于没有及时通知报告人而没有作）。经过交换意见，决定把鲁祖塔克和安德列耶夫两位同志的提纲草稿（加上列宁同志的补充）交给由他们两人组成的委员会，委托该委员会拟出提纲草案，提交政治局审批。

（**在**委员会和政治局批准该草案**后**对这段话还要补充几句。）

草　　案

1. 新经济政策和工会

新经济政策使无产阶级的状况、因而也使工会的状况发生了一些重大的变化。发生这些变化，是由于目前共产党和苏维埃政权在从资本主义向社会主义过渡的整个政策上实行特殊的过渡办法，在许多方面采取和以前不同的方式，用所谓“新的迂回方法”来夺取一些阵地，实行退却，以便更有准备地再转入对资本主义的进攻。比如说，现在不但容许而且还发展由国家调节的自由贸易和资本主义，而另一方面，国营企业也在改行所谓经济核算，实际上就是在相当程度上实行商业的和资本主义的原则。

2. 无产阶级国家中的国家资本主义和工会

无产阶级国家在不改变其本质的情况下，可以容许贸易自由和资本主义的发展，但只是在一定限度内，而且要以国家调节（监察、监督、规定形式和规章等等）私营商业和私人资本主义为条件。这种调节能否成功，不仅取决于国家政权，而且更取决于无产阶级和全体劳动群众的成熟程度以及文化水平等等。即使这种调节十分成功，劳资之间阶级利益的对立无疑还是存在的。因此，今后工会最主要的任务之一，就是在无产阶级同资本作斗争时从各方面全力维护无产阶级的阶级利益。这项任务应当公开提到一个极重要的地位，工会的机构应当作相应的改组、改变或扩充，应当设立，或确切些说，应当着手设立罢工基金等等。

3. 改行所谓经济核算的国营企业和工会

国营企业改行所谓经济核算，同新经济政策有着必然的和密切的联系，而且在最近的将来，这种企业即使不会成为唯一的一种，也必定会是主要的一种。在容许和发展贸易自由的情况下，这实际上等于让国营企业在相当程度上改行商业的即资本主义的原则。由于迫切需要提高劳动生产率，使每个国营企业扭亏为盈，由于必然会产生本位利益和过于热衷本位利益的现象，这样做难免造成工人群众同国营企业的经理即管理人员或同企业主管部门在利益上的某种对立。因此，即使在国营企业中，工会也义不容辞应维护无产阶级和劳动群众的阶级利益，使之不受雇用他们的人侵犯。

4. 无产阶级在承认土地工厂等的私有制、由资本家阶级掌握政权的国家中进行的阶级斗争同在不承认土地和多数大企业的私有制、由无产阶级掌握政权的国家中进行的阶级斗争之间的重大区别

只要阶级存在，阶级斗争就不可避免。在从资本主义到社会主义的过渡时期，必然存在着阶级。俄共纲领十分明确地指出：我们现在还只是在采取最初步骤从资本主义向社会主义过渡。因此共产党也好，苏维埃政权也好，工会也好，都应当公开承认：只要工业和农业的电气化还没有完成（哪怕是基本完成），只要小经济和市场统治的一切根子还没有因此而被铲除，阶级斗争就会存在，而且不可避免。因此，目前我们决不能放弃罢工斗争，不能在原则上同意实行用强制的国家调解代替罢工的法律。

另一方面，在资本主义制度下，罢工斗争的最终目的显然是破坏国家机构，推翻现有的、阶级的国家政权。而在我们这种过渡型的无产阶级国家中，罢工斗争的最终目的只能是通过同这个国家的官僚主义弊病，同它的错误和缺点，同资本家力图逃避国家监督的阶级野心等等作斗争，来巩固无产阶级国家和无产阶级的国家政权。因此，无论共产党、苏维埃政权或工会都决不能忘记，而且也不应当向工人和劳动群众隐瞒：在无产阶级掌握国家政权的国家里采取罢工斗争，其原因只能是无产阶级国家中还存在着官僚主义弊病，在它的机构中还存在着各种资本主义旧残余，这是一方面；另一方面，是由于劳动群众政治上不开展和文化上落后。既然法院和其他一切国家机关都是由劳动者自己在阶级基础上建立的，而把资产阶级排除在选民之外，那么，解决劳资之间、受雇者和雇用者之间的冲突，应当愈来愈多地采取由劳动者直接投诉国家机关这种正常的方式。

5. 恢复工会的自愿入会制

把所有工人强行登记为工会会员的做法，既不符合工业社会化实际达到的水平，也不符合群众的觉悟水平。此外，强制入会的做法还使工会产生了某种程度的官僚主义弊病。必须在相当长的时期内坚决恢复自愿入会的做法。对工会会员决不能要求具有一定的政治观点；在这一点上，也和对待宗教的问题一样，工会应当是非党的。对于无产阶级国家中的工会会员，只应要求他们懂得同志纪律，懂得工人团结起来捍卫劳动者的利益和忠于劳动者政权即苏维埃政权的必要性。无产阶级国家应当从权利上和物质上鼓励工人参加工会组织。但是工会如果不尽义务，就不应当有任何权利。

6. 工会和企业管理

无产阶级取得国家政权以后，它的最主要最根本的需要就是增加产品数量，大大提高社会生产力。这项在俄共纲领上已经明确提出的任务，今天由于战后的经济破坏和饥荒而变得格外紧迫了。因此，在恢复大工业方面必须尽速取得尽可能扎实的成绩，没有这个条件，劳动摆脱资本桎梏这整个解放事业就不可能获得成功，社会主义就不可能获得胜利。但是要取得这样的成绩，在俄国目前的环境下，又绝对需要把全部权力集中在工厂管理机构手中。这些通常按个人管理制原则组成的管理机构，在享有最大的机动自由、极其严格地检查在提高生产和扭亏增盈方面的实际成绩、十分认真地选拔最优秀最能干的行政管理人员等等条件下，应当独立地处理规定工资数额以及分配纸币、口粮、工作服和其他种种供应品的工作。

在这种情况下，工会对企业管理进行任何直接干预都必须认为是绝对有害的，不能允许的。

但是把这一无可争辩的真理解释成工会不得参加社会主义的工业组织和国营工业的管理，那就完全错了。在以下几种严格规定的形式下，工会的参加是必要的。

7. 工会的作用和工会怎样参加无产阶级国家的经济机关和国家机关

无产阶级是正在从资本主义向社会主义过渡的国家的阶级基础。在一个小农占极大优势的国家里，无产阶级只有非常巧妙地、谨慎地和逐渐地同绝大多数农民结成联盟，才能顺利完成过渡这一任务。在我国，国家政权的一切政治经济工作都由工人阶级觉悟的先锋队共产党领导，工会应当是国家政权最亲密的和不可缺少的合作者。工会一般说来是共产主义的学校，尤其应当是全体工人群众以至全体劳动者学习管理社会主义工业（以后也逐渐管理农业）的学校。

根据这些原则，应当为工会参加无产阶级国家经济机关和国家机关规定以下几种基本形式：

（1）工会用推荐候选人、提供咨询的方式参与一切经济机关以及同经济有关的国家机关的人事安排；工会也参加这些机关，但不是直接参加，而是通过由它们推举并经共产党和苏维埃政权批准的领导人选来参加，这些人选包括最高一级国家机关的委员、经济部门的委员、工厂管理机构的委员（在实行这种集体管理制的单位），还有行政管理人员及其助手，等等。

（2）工会最重要的任务之一，就是从工人和一般劳动群众中提拔和培养行政管理人员。目前这种工业行政管理人员，完全称职的我们有几十个，比较称职的有几百个。但是不久我们就需要有几百个完全称职和几千个比较称职的行政管理人员。工会应当远比现在更细致更坚持不懈地系统登记一切有能力担任这种工作的工人和农民,从各方面切实认真地检查他们学习管理工作的成绩。

(3)工会参加无产阶级国家一切计划机关的工作同样重要。除了参加一切文化教育工作和生产宣传工作之外,工会的这一活动应当能够更广泛更深入地吸引工人阶级和劳动群众参加国家的整个经济建设,使他们熟悉经济生活的整个情况,熟悉工业从采购原料到销售产品的全部工作,使他们更具体地了解国家统一的社会主义经济计划和实现这一计划同工农的实际利害关系。

(4)在建设社会主义和参加工业管理方面,工会工作的一个必要组成部分就是制定工资标准和供给标准等。特别是纪律审判会应当不断加强劳动纪律,不断改进加强劳动纪律和提高生产率的文明工作方法,但决不可干涉人民法院和管理机构的职权。

以上列举的工会在社会主义经济建设中几项最重要的职能,当然还应当由工会和苏维埃政权的有关机关作出详细规定。最重要的是,工会要自觉地坚决地放弃对管理工作进行没有准备的、外行的、不负责任的、危害不浅的直接干预,而去进行顽强的、切实的、预计需要做许多年的工作:**实地训练**工人和全体劳动者**管理**全国的国民经济。

8. 联系群众是工会一切工作的基本条件

联系群众,也就是联系大多数工人以至全体劳动者,这是工会任何一项工作取得成绩的最重要最基本的条件。工会组织及其机关从下级到最上级,应当培养出一批负责同志,并在多年的实践中加以考察,这些负责同志不一定都是共产党员,他们应当生活在工人群众之中,非常熟悉他们的生活,能够在任何时候任何问题上正确无误地判断群众的情绪,判断他们真正的需要、愿望和想法,能够不带半点虚假拔高成分来确定群众的觉悟程度,确定这样那样的旧偏见和旧残余对他们的影响有多大,能够用同志的态度对待群众、关心满足群众的要求,以此赢得群众的无限信任。对于一个人数不多的共产党来说,对于一个作为工人阶级的先锋队来领导一个大国在暂时没有得到较先进国家的直接援助的情况下向社会主义过渡的共产党来说,最严重最可怕的危险之一,就是脱离群众,就是先锋队往前跑得太远,没有"保持排面整齐",没有同全体劳动大军即同大多数工农群众保持牢固的联系。一家拥有优良发动机和第一流机器的上等工厂,如果发动机和机器之间的传动装置坏了,那就不能开工,同样,如果共产党和群众之间的传动装置——工会位置摆得不正或工作得不正常,那我们的社会主义建设就必然遭殃。这个道理,仅仅加以解释、提醒、论证是不够的,还应当从组织上把它落实到工会的一切机构中,落实到工会的日常工作中。

9. 在无产阶级专政下工会处境的矛盾

按照以上的论述,工会各项任务之间就产生了一系列矛盾。一方面,工会的主要工作方法是说服教育;另一方面,工会既然是国家政权的参加者,就不能拒绝参加强制。一方面,工会的主要任务是维护劳动群众的利益,而且是最直接最切身这种意义上的利益；另一方面，工会既然是国家政权的参加者和整个国民经济的建设者，就不能拒绝实行压制。一方面，工会应当按照军事方式来工作，因为无产阶级专政是一场最残酷、最顽强、最激烈的阶级战争；另一方面，正是工会最不宜采用专门适合军事的工作方法。一方面，工会要善于适应群众，适应群众当时的水平；另一方面，工会又决不应当姑息群众的偏见和落后，而要坚持不懈地提高他们的水平，如此等等。

这些矛盾不是偶然的，而且不是在几十年的时间内所能消除的。因为第一，这是一切学校所固有的矛盾。而工会是共产主义的学校。没有几十年的时间，休想使大多数劳动者达到高度发展水平，从而能把成人"学校"的痕迹和回忆统统抹掉。第二，只要资本主义和小生产的残余还存在，在整个社会制度中这些残余和社会主义幼芽之间的矛盾就不可避免。

由此可以得出两个实际结论。第一个结论：工会要有效地进行工作，仅仅正确地理解工会的任务、仅仅有适当的机构设置是不够的，还必须有特殊的机智，善于在各种具体场合用不同的方式对待群众，在文化、经济和政治方面把群众提高一步，而又能尽量减少摩擦。

第二个结论：上述种种矛盾必然会引起冲突、不协调和摩擦等现象。因此必须有一个相当权威的上级机关及时地解决这类问题。这种机关就是共产党和各国共产党的国际联合组织共产国际。

10. 工会和专家

关于这个问题的基本原则已经在俄共纲领中阐明。但是,如果不经常注意事实,不看这些原则贯彻到什么程度,那么这些原则还会停留在纸上。最近就有这样的事实:第一,不仅在乌拉尔的而且在顿巴斯的社会化矿山中,都发生了工人打死工程师的事件;第二,莫斯科自来水厂总工程师弗·瓦·奥登博格尔自杀。①

造成这种现象,共产党和整个苏维埃政权的责任当然要比工会大得多。但是现在的问题不是要确定政治责任的大小,而是要作出一定的政治结论。我们一切领导机关,无论是共产党、苏维埃政权还是工会,如果不能做到像爱护眼珠那样爱护一切勤恳工作、精通和热爱本行业务的专家(尽管他们在思想上同共产主义完全格格不入),那么社会主义建设事业就不可能取得任何重大的成就。在没有达到共产主义社会最高发展阶段以前,专家始终是一个特殊的社会阶层,我们应该使专家这个特殊的社会阶层在社会主义制度下比在资本主义制度下生活得更好,不仅在物质上和权利上如此,而且在同工农的同志合作方面以及在思想方面也如此,也就是说,使他们能从自己的工作中得到满足,能意识到自己的工作不再受资本家阶级私利左右而有益于社会。这一切我们还不能很快办到,但无论如何一定要办到。如果某个主管部门在保障专家的各种需要、鼓励优秀的专家、维护他们的利益等方面工作无计

① 请看 1922 年 1 月 3 日《真理报》关于此事的报道:((援引该报第 4 版“新闻栏”报道的全文))。**193**

划，没有取得实际效果，那么，谁也不会承认这个部门办得还不坏。工会应当不是着眼于本部门的利益，而是着眼于劳动和国民经济整体的利益，来进行所有这些工作（或者经常参加各部门的有关工作）。在专家问题上，工会担负着一项极其艰巨的任务，就是要经常教育广大劳动群众同专家建立正确的相互关系，只有这样做才能收到真正重大的实际效果。

11. 工会和小资产阶级对工人阶级的影响

工会只有把极广大的非党工人群众联合起来，才算是真正的工会。这样一来，作为资本主义残余和小生产的上层建筑的政治影响，必然会在工会中相当稳固地存在，在一个农民占极大优势的国家里尤其如此。这是一种小资产阶级的影响，也就是说，一方面是社会革命党—孟什维克（第二国际和第二半国际各党在俄国的变种）的影响，一方面是无政府主义的影响。只有在这些流派中还有那么一些人不是出于自私的阶级动机而是在思想上维护资本主义，继续相信他们所鼓吹的一般的"民主"、"平等"和"自由"具有超阶级的含义。

正是应当用上述社会经济原因而不是用个别集团的作用，更不是用个别人物的作用，来解释为什么我们工会中还存在着现在这种小资产阶级思想的残余（有时甚至是复苏）。因此，共产党和领导文化教育工作的苏维埃机关以及工会中的全体共产党员，都应当更加重视同工会中的小资产阶级的影响、思潮和倾向进行思想斗争，尤其是在新经济政策不能不在某种程度上加强资本主义的时候。为了对抗资本主义的加强，加紧抵制小资产阶级对工人阶级的影响是十分必要的。

完

同提纲一并讨论。

把它交给莫洛托夫，**不用重抄**。

供发表的提纲，即先提交给委员会然后提交给政治局的提纲草案到此结束。

建议政治局作出专门决定通过鲁祖塔克同志草案中的一项决定，行文如下：

政治局委托组织局成立一个隶属中央组织局的专门委员会，从加紧抵制小资产阶级的即社会革命党—孟什维克的和无政府主义的影响和倾向出发，来审查和更换工会运动的领导人（如有可能也包括所有的党员工作人员）。该委员会应该在俄共第十一次（例行）代表大会召开前完成（哪怕是基本完成）自己的工作，并向党代表大会提出工作报告。[194]（不供发表）

列　宁

1922 年 1 月 4 日

载于 1922 年 1 月 17 日《真理报》第 12 号（略有修改）

译自《列宁全集》俄文第 5 版第 44 卷第 341—353 页

俄共(布)中央政治局关于弗·瓦·奥登博格尔案件的决定草案

(1922年1月4日)

致莫洛托夫同志并转**政治局**

鉴于1922年1月3日《真理报》的简讯关于**奥登博格尔**的自杀和对此案的调查报道极不充分(或许是意犹未尽?),建议政治局作出决定:

(1)责成莫斯科苏维埃呈请全俄中央执行委员会主席团批准将委员会结论中提到的人全部交付**法庭审判**;

(2)责成全俄中央执行委员会主席团立即予以批准,并

(3)——在**所有**苏维埃报刊上公布;

(4)责成司法人民委员部特别用心、妥善和声势浩大地审理这个案件(由库尔斯基同志和一位指定的公诉人亲自负责);

(5)责成组织局设立党的特别法庭。把自来水厂整个**党支部**交付该法庭审判。(按罪行轻重,部分人开除出党或留党察看,部分人给予严重警告。)审判要声势浩大地、公开地进行。

+(6)指示《消息报》和《真理报》:发表一批有分量的文章,评论这个令人气愤的案件。

列　宁

1922年1月4日

还有一项决定草案：

凡是在苏维埃企业中发生的工程师（和专家）被害事件，连同调查结果，都必须呈报政治局（（由最高国民经济委员会和全俄工会中央理事会等单位通过**劳动国防委员会**呈报））。[195]

附言：此案令人气愤，要狠敲警钟。

载于1959年《列宁文集》俄文版第36卷

译自《列宁全集》俄文第5版第44卷第354—355页

俄共(布)中央政治局关于新经济政策的指示草案[196]

(1922年1月9日和12日之间)

草　　案

政治局向一切经济机关指出,现在,在1921年12月党代表会议[197]和苏维埃第九次代表大会以后,新经济政策已经十分清楚、十分明确地规定下来了。

因此,必须尽一切努力让新经济政策尽可能迅速而广泛地在实践中试行。一切有关新经济政策问题的一般讨论、理论探讨和争论,都应当移到争论俱乐部[198]去进行,部分移到报刊上去进行。在人民委员会、劳动国防委员会和一切经济机关中必须毫不留情地肃清这类现象。必须把各种委员会的数量精简到最低限度,要求各有关部门在最短期限(一两天)内写出书面修正意见或另提方案,以此代替委员会的工作。尽可能彻底地取消各种“委员会的讨论”,把最高经济委员会变成纯粹编纂和汇集政府经济法规的机关。最高经济委员会应当加快而不是延缓工作的总进程。

政治局要求财政人民委员部集中一切力量尽速增加税目,增加税收入库,并切实修正总预算。一切有关货币政策和用现金税代替粮食税等等问题的讨论,应该部分移到争论俱乐部去进行,部分移到报刊上去进行。

政治局坚决要求全体人民委员在实际试行新经济政策时要雷厉风行，杜绝官僚主义和拖拉作风。政治局坚决要求让负责人员中有尽可能多的办事迅速、提高了产量和扩大了国内外贸易额的人受到奖励。这一要求首先是对对外贸易人民委员部提出的，其次是对国家银行（特别是它的贸易部）、中央消费合作总社和最高国民经济委员会提出的。

政治局通过以后，即向各人民委员部全体部务委员和全俄中央执行委员会主席团全体委员宣布并要求每个人签名。

载于1942年《列宁文集》俄文版第34卷

译自《列宁全集》俄文第5版第44卷第356—357页

关于给下诺夫哥罗德无线电实验室拨款问题的意见[199]

（1922年1月12日）

（关于多夫加列夫斯基提出的给下诺夫哥罗德无线电实验室拨款5万金卢布的申请。）

我赞成，并请莫洛托夫同志提交政治局表决。请政治局委员们注意到下诺夫哥罗德无线电实验室的特殊重要性，注意到它已经作出的巨大贡献和它在最近的将来在军事和宣传方面能给我们带来的巨大好处。

列 宁

载于1959年《列宁文集》俄文版第36卷

译自《列宁全集》俄文第5版第44卷第358页

致达吉斯坦劳动者[200]

（1922 年 1 月 12 日）

礼物收到了，谢谢。这是达吉斯坦劳动群众发挥创造主动性的结果。

祝你们在恢复达吉斯坦经济的艰巨事业中获得成功。

俄罗斯联邦人民委员会主席　**列宁**

载于 1922 年 1 月 14 日《全俄中央执行委员会消息报》第 10 号

译自《列宁全集》俄文第 5 版第 44 卷第 359 页

对电影事业的指示[201]

（1922 年 1 月 17 日）

教育人民委员部应当对所有影片的放映组织监督，并形成制度。在俄罗斯联邦上映的所有影片，都应在教育人民委员部登记编号。对每一份放映计划都应规定一定的比例：

（1）专为做广告和赢利的娱乐性影片（当然，不能有黄色和反革命的内容），以及

（2）纯属宣传性质的题为《各国人民生活点滴》的影片，例如：英国在印度的殖民政策、国际联盟的活动、柏林的饥民等等。不仅要放映电影，而且也要放映有宣传意义并附有适当文字说明的照片。必须使私营电影院将相当一部分收入以租金形式上交国家。要给企业主扩大片目和上映新片的权利，使企业主能从制作和生产新影片中得到好处，但一定要经过教育人民委员部审查并保持娱乐片同题为《各国人民生活点滴》的宣传片之间的比例。在上述范围内，应给他们广泛的主动权。宣传教育片要送给老一辈马克思主义者和著作家检查，以免重复过去不止一次发生过的那种宣传效果适得其反的可悲怪事。要特别注意在农村和在东部地区兴建电影院的工作，在这些地方电影院还是新鲜事，因而我们的宣传将会特别有效。

载于 1925 年《电影周刊》杂志
第 4 期

译自《列宁全集》俄文第 5 版
第 44 卷第 360—361 页

关于施泰因贝格在租让企业中行使职权问题

给维·米·莫洛托夫并转
俄共(布)中央政治局的信

(1922 年 1 月)

1. 1 月 17 日的信[202]

1922 年 1 月 17 日

致莫洛托夫同志并转政治局

附上列扎瓦关于向施泰因贝格实行租让的材料。

请于星期四将这个问题提交**政治局**,以便**人民委员会**在星期五按苏维埃程序通过中央委员会提出的决定。

指定两人就这个问题向政治局作报告:亚·德·瞿鲁巴和人民委员会中多数的代表。

事关紧要,我极为担心人民委员会中的多数(反对瞿鲁巴的)又犯“共产党员的狂妄自大”那样的错误:唯恐会做买卖的商人赚钱,而一心只**关注**让共产党员占多数,认为这些人大部分虽然唱得有点刺耳,但好在滴酒不进[203]。

我注意到第5条：**三个共产党员**（是经商的门外汉吧？我知道只有两个共产党员表现出有经商的本领：**别洛夫**（国营百货公司）和**谢尔盖·马雷舍夫**）要**教**两个商人**做生意**。

我担心这个“多数”将会像谢德林提到的产科医生[204]。

或许把第5条改成这样：授予作为董事长的施泰因贝格**单独**决定一切的权力，而董事会中的多数只有**了解一切**和向我们申诉施泰因贝格活动的权力，**但不能中止施泰因贝格的活动**（就是说，在形式上，三比二的多数保留撤销施泰因贝格的决定的权力，而我们将对施泰因贝格**说**，没有**劳动国防委员会**的**特别**决定我们不会撤销他的决定）。

至于三个共产党员，我们要用中央委员会的专门决定责成他们学习并在三年左右学成，否则就要不客气地把他们赶走。

列　宁

2. 1月23日的信

致莫洛托夫同志（并转政治局委员）
致瞿鲁巴同志和列扎瓦同志，并请作出结论

劳动国防委员会今天要开全体会议。为了不耽误事情，也许可以用电话来通过关于向施泰因贝格实行租让的下述建议（政治局的决定，劳动国防委员会必须执行）：“采纳列扎瓦的委员会的建议，并作这样的补充：施泰因贝格作为董事长可以单独决定问题，董事会（三个董事，一个施泰因贝格，一个资本家）多数的决定只能转呈劳动国防委员会，而不能中止执行施泰因贝格的命令。”[205]

这个补充应在劳动国防委员会通过,但不写入董事会章程。这样,我们把这个决定通知施泰因贝格,一方面为这个不是从共产主义小册子上懂得经商的人创造条件,使他能真正按商业规律办事,另一方面,一旦施泰因贝格有不法行为,我们又保证自己能够通过劳动国防委员会取消自己的决定,而无须对公司的章程作任何修改。我认为,有这样的保障就足够了。

列　宁

载于1959年《列宁文集》俄文版第36卷

译自《列宁全集》俄文第5版第44卷第362—363页

关于改革人民委员会、劳动国防委员会和小人民委员会的工作问题[206]

给亚·德·瞿鲁巴的信

（1922 年 1—2 月）

1. 1 月 24 日的信

1922 年 1 月 24 日

瞿鲁巴同志：

我们昨天在电话中已经谈过，而且您又答应严格遵守医生规定的作息时间，所以我们应当详细谈谈整个工作制度，好好考虑一下这个问题。

人民委员会和劳动国防委员会最根本的缺点是对执行情况缺乏检查。可恶的官僚主义积习**使我们陷入**滥发文件、讨论法令、乱下指示的境地，生动活泼的工作就淹没在这浩如烟海的公文之中了。

聪明的怠工分子故意把我们拖入这个公文的泥潭。大多数人民委员和其他大员却不自觉地“往绞索套里钻”。

您应该利用医生给您严格规定的作息时间，**无论如何**从忙乱中、从各种委员会的纠缠中、从讨论和起草文件中摆脱出来，**周密地考虑一下**工作制度，**作一番彻底的改革**。

改革我们的令人厌恶的官僚主义的工作，同官僚主义和拖拉作风进行斗争，**检查执行情况**，这正应该是您的工作的重点。

检查执行情况，检查工作的实际效果——这就是您的基本的和主要的任务；为此，可以成立一个小型机构（4—6人），由受过严格考验和考察的助手（办公厅主任、他的几位助手、一位秘书等）组成。

为此，我认为必须：

（1）把一切琐碎问题交给小人民委员会以及**劳动国防委员会**的办公会议去解决，以减轻**人民委员会**和**劳动国防委员会**的负担。

这已经开始了。但是，如果不注意、不督促、不检查、不拿三根鞭子抽打，在我们这可恶的、奥勃洛摩夫式的风气[207]下，两个星期就会“松下来”。

办公厅主任应该养成（像**人民委员会**和**劳动国防委员会**的秘书处一样）严格把关的习惯，不让那些琐碎问题提到人民委员会和劳动国防委员会来，要使所有问题都先经过三次过滤（向有关人民委员部查询；要它们及时答复；对法律编纂局也照此办理，如此等等）。

必须同哥尔布诺夫①一起拟定一个关于提出和处理问题的书面**条例**，并且每月**至少**检查一次，由**您亲自**检查，看这个条例是否遵守了，目的是否达到了，即文牍主义和拖拉作风是否有所减少，人民委员们考虑问题是否较前周密，责任心是否有所加强，是否

① +1名法律编纂员+小人民委员会1名代表。

不再乱发匆匆炮制的指示，而是慎重地、长期坚持地、切实地检查执行了没有和有什么经验，建立起个人负责制（我们的上层机关即各人民委员部及其各部门实际上都存在着根本无人负责的现象，怠工分子很会钻这个空子，结果养成了危害事业的奥勃洛摩夫习气）。

我知道这**非常**难办。但是正因为难办，您就应该**全力**以赴。

因此

(2)尽量少开会。规定每星期人民委员会1次＋劳动国防委员会1次，每次两小时。

(3)最高经济委员会。赶快结束它下属的**一切**小组委员会的工作，替代的办法是，要求人民委员们自己（分别）指定**负责**人拟定草案，经人民委员批准，由人民委员在**最短**期间亲自征得一切"有关"人民委员的同意，然后提交劳动国防委员会或人民委员会。

设立最高经济委员会**只是**为了做协调工作（法律编纂工作）并由您和加米涅夫尽速审核（**盖章**）。

只是为了这一点。

不是为了空谈。

不是为了讨论。

(4)除最高经济委员会以外，任何委员会您都不应参加，坚决不参加。

(5)撤销多如牛毛的委员会，替代的办法是正式要求在最短期间提出**书面意见**。

(6)您应该这样摆脱**危害我们大家**的忙乱状况，使自己能定下心来考虑**整个**工作——

———而主要的是要集中精力检查执行情况，同官僚主义和拖拉作风进行斗争。

请您把这个问题周密考虑一下，并写信告诉我。

致共产主义的敬礼！

列　宁

载于1928年《列宁文集》俄文版第8卷

译自《列宁全集》俄文第5版第44卷第364—366页

2. 2月15日的信[208]

1922年2月15日

瞿鲁巴同志：

我认为您是正确的。

应取得政治局同意，然后开始“精简”：

(1)成员：您所提出的**5**人，加上非主管部门的2人（别洛夫+？）=7人。‖大致上

(2)国家预算中规定的拨款先报财政人民委员部和工农检查院；

只有提出申诉时才报小人民委员会；

其余照您的意见办。

再仔细考虑一下，然后用书面形式阐述**精简**小人民委员会的这些**原则**，征求小人民委员会主席的意见，由政治局通过这些**原则**，然后迅速把它们制定成新的条例。

也许，还要对委员会的权限加以限制？加强实际检查的作用？

使**全部**工作更直接地受劳动国防委员会副主席领导？

致共产主义的敬礼！

列 宁

载于1945年《列宁文集》俄文版第35卷

译自《列宁全集》俄文第5版第44卷第366—367页

3. 2月20日的信

2月20日

瞿鲁巴同志：

再谈谈工作改革问题。

我打算这样制定工作计划：

(1)把人民委员会和劳动国防委员会的工作节奏加快十倍，就是说，要使人民委员们不敢把琐事带到这两个委员会来，而是自己解决，自己**负责**；

(2)让人民委员会办公厅(它现在有四分之三的人无事干)对此负责，贯彻这一要求；

(3)小人民委员会也要这样做，而且要**大大**精简机构；

(4)您要把小人民委员会的一部分委员和工作人员以及人民委员会办公厅的一部分工作人员留归您亲自指挥，利用他们去**检查实际执行情况**(您可以委托某某人：你到下面去走走看看，读读材料，检查检查，如有敷衍塞责的现象你要负责)。

(5)您(和李可夫)**首先**要每天抽出一小时，健康情况允许则抽出两小时，来亲自检查工作：不是把大员而是把部务委员**和级别更低的**做实际工作的干部甲、乙、丙叫来（或者您自己下去）——检查工作，寻根究底，诱导他们，教导他们，狠狠尅他们。要研究人，要发现**有才干的**工作人员。现在关键就在这里；不然的话，一切命令和决定不过是些肮脏的废纸而已。

请给我回信。让我们好好考虑一下，与中央委员们商量商量，赶快把这个（或者别的）计划**定下来**。

您的 **列宁**

附言：布留哈诺夫不顶用。应当另找一人。是否暂且在那里建立一个“三人小组”，要得力一些的。

载于1928年《列宁文集》俄文版第8卷

译自《列宁全集》俄文第5版第44卷第367—368页

4. 2月20—21日的信[209]

瞿鲁巴同志：送上我的补充意见。建议在星期四以前征得**全体**人民委员和**全体**小人民委员会委员的**简短回答**。

您的 **列宁**

专门通过一项补充决定指出：

小人民委员会的主要任务应该是严格监督各人民委员部：(1)遵守各项法律；(2)不逃避责任，不把一大堆多余的问题不必要地推给小人民委员会解决，而是自己解决问题，自己承担责任，或者按照一般程序由两个或两个以上的人民委员部协商解决；(3)检查各人民委员部的各种命令和行动是否合法、恰当、迅速；通过这种检查和坚决精简官员人数的办法同官僚主义和拖拉作风作斗争。

载于1928年《列宁文集》俄文版第8卷

译自《列宁全集》俄文第5版第44卷第368页

5. 2月21日的信

瞿鲁巴同志：我们似乎还有根本的分歧[210]。在我看来，主要的是把工作重心从草拟法令和命令（在这方面我们愚蠢到了麻木不仁的程度）转到**选拔人才**和**检查执行情况**上。问题的关键就在这里。

小人民委员会不适于做这项工作吗？就算是吧。那么**您和李可夫**就应当把十分之九的时间放在这上面（指望工农检查院和办公厅主任除执行**简单的**任务外还能做更多事情是**可笑的**）。我们所有的人都陷在“各部门”的官僚主义臭泥潭里。要想经常不断地同这种现象作斗争，就需要有很高的威信、智慧和魄力。各部门是一堆粪土，法令是一堆粪土。发现人才，检查工作——这才是一切。如果您＋李可夫用十分之九的时间来抓这项工作，而让办公厅主任（有时也可以让小人民委员会委员）做你们的助手，这样也许还能对付。

请把关于小人民委员会的草案再寄我一份。

列　宁

载于1928年《列宁文集》俄文版第8卷

译自《列宁全集》俄文第5版第44卷第368—369页

6. 2月27日的信

致亚·德·瞿鲁巴

关于劳动国防委员会和人民委员会以及小人民委员会的工作的指示草案

这些机关的主要缺点是忙于琐事。这样它们不仅不能同官僚主义作斗争,反而陷进了官僚主义。

产生这一祸害的原因是:(1)办公厅主任软弱无力;(2)人民委员们不善于摆脱琐事和官僚主义事务的纠缠;(3)人民委员们(特别是怂恿他们的各部门的官僚)希望把自己的责任推给人民委员会;(4)——最后的,也是主要的——负责工作人员没有认识到:现在已经到了同浩如烟海的公文作斗争,不信任这些公文,不信任永无休止的"改组"的时候了;当前的首要任务不是颁布法令,不是改组,而是**选拔人才**,建立**个人对所做的工作负责的制度**,**检查实际工作**。不这样做,就无法克服窒息着我们的官僚主义和拖拉作风。

小人民委员会、劳动国防委员会和人民委员会应该尽一切力量使自己摆脱杂乱烦琐的事务,使各人民委员部习惯于自己解决各种琐事并对这些事情严格负责。

人民委员会办公厅的主要任务应该是保证切实做到：减少小人民委员会、劳动国防委员会和人民委员会的事务，使人民委员们更多地自己（单独或共同）解决问题，并对问题负责；把工作重心移到检查实际执行情况上去。

为了同样目的，人民委员会副主席李可夫同志和瞿鲁巴同志应该尽一切力量使自己摆脱各种琐事和各种委员会的纠缠；努力防止把他们（两位副主席）卷进应该由人民委员们解决的事务中去；每天最少抽出两三小时亲自去结识一些最重要的（然后是所有的）人民委员部的负责工作人员（不是大员），以便考核和选拔人才；利用人民委员会办公厅和一部分小人民委员会委员以及工农检查院去检查实际工作和工作成绩；一句话，他们应当成为国家工作的实际指导者，而我们最缺少的就是这样的人。

不信任法令、机构、“改组”和大员，特别是共产党员中的大员；通过对人的考核和对实际工作的检查同腐败的官僚主义和拖拉作风作斗争；毫不留情地赶走多余的官员，压缩编制，撤换不认真学习管理工作的共产党员，——人民委员和人民委员会、人民委员会主席和副主席的工作方针就应该是这样。

列　宁

2月27日

载于1928年《列宁文集》俄文版第8卷

译自《列宁全集》俄文第5版第44卷第369—370页

为查对戛纳决议给格·瓦·契切林的信

（1922 年 1 月 26 日）

契切林同志：

1. 如果可以的话，请把您收到的博诺米建议[211]的正式文本寄来（我认为研究他们拟定的条件的措辞很重要）。

2. 是否哪一家有影响的协约国报纸刊登过原先在我国报纸上登载过的第 1 条条文，即写有“所有制”字样的，而不是像博诺米寄来的正式文本中那样好像只写着“制度”一词的。[212]

如果可以的话，我想请您委托罗斯塔社国外部查对一下，是否哪一家外国报纸上有“所有制”这种字样，如果有，能否将这份报纸寄给我。

列　宁

载于 1959 年《列宁文集》俄文版第 36 卷

译自《列宁全集》俄文第 5 版第 44 卷第 371 页

就委派米·伊·加里宁视察乌克兰问题向俄共(布)中央政治局提出的建议[213]

（1922 年 1 月 27 日）

致莫洛托夫并转全体政治局委员

请将以下建议提交政治局表决:马上派加里宁同志前往乌克兰产粮最多的几个省巡视,以便为饥民募捐。要特别仔细地为他的视察作好技术准备,要搞照片、电影和灾区难民的现身说法等等,以便为募捐进行有效的宣传。要求以下人员亲自负责对整个视察作出切实有效的安排:

1. 加里宁——负责政治方面;

2. 政治局特别指定和批准的一位有实际经验的同志——该同志要能真正把这项工作办理好,组织好。

要求加里宁和全体视察人员最迟三日后起程。

列　宁

载于 1945 年《列宁文集》俄文版第 35 卷

译自《列宁全集》俄文第 5 版第 44 卷第 372 页

关于采纳“非党人士”的宣传计划的建议

（1922年1月27日）

致莫洛托夫同志并转全体政治局委员

我认为，“非党人士”在今天的《真理报》上阐述了一项十分正确而及时的计划。[214]

我建议成立一个委员会来立即研究并迅速贯彻这项计划。委员会成员可大致如下：莫洛托夫（中央书记处或组织局可指定别人代替），以及雅科温科、泰奥多罗维奇和这位“非党人士”本人。

列　宁

载于1959年《列宁文集》俄文版第36卷

译自《列宁全集》俄文第5版第44卷第373页

给热那亚会议代表团副团长和全体团员的指示草案

1922年2月1日

致莫洛托夫同志并转政治局委员

建议批准给热那亚会议[215]代表团副团长和全体团员的如下指示：

1. 全体团员一般都必须对会议将要提出和可能出现的所有政治问题和财政问题作好准备。此外，每一个团员还必须分别就某个极其重要的外交问题和某个极其重要的财政问题作专门的特别详细而周密的准备。

由契切林和李维诺夫负责将这类问题分配给全体团员（像鲁祖塔克这样有病的人等等除外）。

2. 每一个团员，在2月22日（同中央政治局）开会前，都必须就外交和财政方面所有重大问题写出阐述我们的观点和政策的非常简短的提要（最多两三页，用电报文体）。

3. 契切林和李维诺夫应负责事先收集好各种文字的全部有关资料以及俄文的系统的文件汇编，并发给团员。

4. 鉴于财政问题特别重要又特别困难，契切林和李维诺夫应同财政人民委员部、国家计划委员会、亚·德·瞿鲁巴商定财政问题专家的名单和专家分工的计划。限期一周。

5. 全体团员必须**非常熟悉**凯恩斯的书(《和约的经济后果》)以及资产阶级和资产阶级和平主义者的有关书籍和**书籍的有关章节**(如兰辛论战争和1918年和约的"帝国主义"性质等)。应当这样准备:在发言和声明中简要阐述**共产主义的**观点时要附带说明,虽然我是共产党人,持有某种某种共产主义观点,但我愿意为在座的听众引用一些非共产党人的话,并按照资产阶级的观点提出废除一切债务的必要性等问题(见第6条和第7条)。

6. 我国代表在会上的发言和声明一共多少次应事先计算好,不论会议的进展和结局如何,甚至在会议很快破裂的情况下(当然,我们要尽力防止这一点),我们最后都能简要而明确地阐明共产主义(对国际关系问题和经济问题)的全部观点,并详细地阐明资产阶级和资产阶级和平主义者对帝国主义 мир(既指世界,又指和平)①不可调和的矛盾的观点。

7. 十分可能,甚至毫无疑问,参加会议的所有资产阶级代表将立即形成一个心照不宣而又很牢固的同盟,既利用格鲁吉亚问题,又使用小资产阶级和大资产阶级外交界和民主派惯用的各种责难来攻击我们。对此我们必须事先作好准备,到时候一定要先发制人(除了我们要分化各国、促使它们争吵这一基本任务以外)。先发制人主要采用隐蔽方式,例如采用"暗示"(或从有关的著作中引用资产阶级的言论)的方式影射帝国主义关系中最忌讳和最不光彩的问题(朝鲜问题,阿姆利则事件,在印度公开鞭打革命者,劳合-乔治在戛纳就"杀人犯"问题反对白里安的发言,等等)。

① 俄语 мир 一词有"和平"和"世界"两种含义。——编者注

8. 鉴于我们的专家,特别是其中一些持孟什维克观点的人,经多次证实总想欺骗我们(而且欺骗经常得逞),把出国之行变成休养,变成加强白卫分子间的联系的手段,中央建议只从最可靠的专家中选派极少数人,而且每一个人都要有一个有关的人民委员和几个共产党员的书面担保。人数无论如何不得超过 45 名。专家和整个代表团的名单于一周半后提请中央委员会审批。这一条由李维诺夫、越飞和契切林三位同志亲自负责。他们还要负责挑选一个能禁止熬夜等荒唐行为的秘书长。

对于给出席热那亚会议代表团的**指示**提纲草案,我建议增加以下内容:

9. 戛纳条件第 1 条,我国代表在发言和声明中尤其应当多引用。而且第一,只引用《小巴黎人报》所载的文本,即有"所有制"字样的,而不是仅仅用"制度"一词的。第二,在解释这个用词和这一条时应当尽量展开来谈,说明它的意思包含着承认共产主义所有制必然取代资本主义所有制,而"我们之间"现在存在着争论的只是取代的时间问题和方式问题——是按 1917—1920 年俄国的方式呢,还是按劳合-乔治采取的 1921 年爱尔兰那种或 1922 年埃及那种"半截子革命"方式。[216]

列　宁

译自《列宁全集》俄文第 5 版
第 44 卷第 374—376 页

关于参加三个国际的代表会议问题

给尼·伊·布哈林和
格·叶·季诺维也夫的信

(1922 年 2 月 1 日)

致布哈林和季诺维也夫同志

要事先考虑好,究竟由哪些口齿特别锋利的人代表共产国际去出席同第二国际和第二半国际举行的代表会议[217]。还要事先考虑好这次会上的策略和战略的基本问题。

会上要讨论的问题清单应事先考虑好,并且一定要同参加会议的每一方磋商拟定。就我们方面来说,我们列入这个清单的,应当只是一些直接涉及工人群众如何采取实际共同行动的问题,而且是当事三方每一方报刊的正式声明中都认为没有争议的问题。我们必须详尽论证,为什么为了统一战线我们只提出这样的问题。如果黄色分子先生们提出诸如对孟什维克的态度、格鲁吉亚问题等等有争议的政治问题,我们则应采取这样的策略:(1)声明问题清单须经与会三方一致同意才能确定;(2)声明我们提出自己的问题清单时,出发点仅仅是使工人群众在行动上达到即使在目前政治上存在着根本分歧的情况下也可以立即达到的一致;(3)声明我们完全同意提出关于对孟什维克的态度问题、关于格鲁吉亚的问题，以及第二国际和第二半国际提出的任何其他问题，但必须有一个条件，即他们同意提出下列问题：(1)第二国际和第二半国际对待巴塞尔宣言的叛徒立场；(2)这些党派通过它们所支持的资产阶级政府参与杀害卢森堡、李卜克内西和德国其他共产党人的事件；(3)这些党派对待第二国际和第二半国际所支持的资产阶级政党在殖民地杀害革命者的叛徒立场，等等。这些问题和诸如此类问题的清单我们应当事先准备好，还应当对其中一些极其重要的问题事先准备好提纲和发言人。

我们必须找机会正式声明，在我们看来，第二国际和第二半国际不过是参与同全世界反革命资产阶级结成联盟但并非始终如一而在动摇不定的组织，而我们来商讨统一战线问题，是为了在群众的直接行动中达到可能达到的实际的一致和为了揭露第二国际和第二半国际整个立场在政治上是错误的，正如他们（第二国际和第二半国际）来同我们开会是为了使群众在直接行动上达到实际的一致和为了从政治上揭露我们的立场是错误的一样。

列　宁

载于1959年《列宁文集》俄文版第36卷

译自《列宁全集》俄文第5版第44卷第377—378页

关于反对战争的问题

（1922 年 2 月 4 日）

致布哈林、季诺维也夫和莫洛托夫同志
（并转政治局委员）

昨天登载的来自汉诺威的消息说，国际五金工人联合会把反对战争的问题提上议事日程，而且通过了用罢工来回答战争的决议。[218]鉴于这种情况，我提出以下建议：

1. 在《真理报》和《消息报》上刊登一些文章，追述一下巴塞尔宣言的遭遇，并且详细说明五金工人在重干极其幼稚的蠢事，即背叛社会主义的行径。

2. 在即将召开的共产国际执行委员会扩大会议上提出反对战争的问题，并通过详尽的决议，说明只有预先就有准备、久经考验并有严密的秘密组织的革命政党，才能有效地进行反战斗争，而且斗争的方法不是组织反战罢工，而是在交战的军队中建立革命支部，使它们作好进行革命的准备。

列　宁

载于 1929 年 1 月 20 日《真理报》
第 17 号

译自《列宁全集》俄文第 5 版
第 44 卷第 379 页

俄共(布)中央政治局关于热那亚会议的决定草案

(1922 年 2 月 4 日)

致莫洛托夫同志(并转政治局委员)

请注意《路标转换》杂志[219]第 13 期上 Ю. 克柳奇尼科夫写的《热那亚会议》一文。我建议:

1. 同我代表团团员共同讨论一下吸收克柳奇尼科夫担任专家的问题。

2. 责成整个代表团设法在我们的报刊上发表几篇与克柳奇尼科夫的文章同一主题的文章,只是要写得更详细、更周密,把问题阐述得透彻而全面。

3. 责成每一个希望作为专家出国或我们打算指定担任这一职务的人,在十天内从他所选定的专业的角度,撰写出一篇详细阐明俄国对外关系问题的文章。其中那些没有任何保密性的文章(或文章的某些章节)应立即在我们的报刊上发表。

4. 责成契切林和李维诺夫在一星期后把按照第一、二两点分配文章题目的情况和作者姓名报告政治局。

列　宁

载于 1959 年《列宁文集》俄文版第 36 卷

译自《列宁全集》俄文第 5 版第 44 卷第 380 页

关于登载介绍帕尔乌斯小册子的电讯

（1922年2—3月）

1

致莫洛托夫同志（并转政治局委员）

（2月4日）

建议追查是谁最近在报上登载了介绍帕尔乌斯作品的电讯[220]。

在查明责任者之后，建议给予罗斯塔社该部负责人以严重警告处分，并撤掉负有直接责任的记者的职务，因为只有十足的笨蛋或白卫分子才会把我们的报纸变成替帕尔乌斯这样的恶棍作广告的工具。

列　宁

载于1945年《列宁文集》俄文版第35卷

译自《列宁全集》俄文第5版第44卷第381页

2

在格·瓦·契切林来信上写给尼·彼·哥尔布诺夫的批示

（2月27日）

这里有替帕尔乌斯宣传的内容吗？有还是没有？

哥尔布诺夫同志：

对刊登这份电讯的人应给予处分。请弄清是谁的责任并告诉我（请将政治局决定草案给我）。

列　宁

2月27日

译自《列宁文集》俄文版第38卷第416页

3

俄共（布）中央政治局决定

（3月11日）

确认登载这样的电讯是不恰当的，因为它起着替帕尔乌斯作广告的作用。各党报和苏维埃报纸的编辑部今后不得再刊登这样的电讯。

译自《列宁全集》俄文第 5 版
第 44 卷第 381 页

俄共(布)中央给出席热那亚会议的苏维埃代表团的指示草案[221]

(1922 年 2 月 6 日)

现提出中央的指示草案如下：

在批准专家名单以前，中央建议列入名单的人员在一周内拟出**整个**热那亚会议的**纲领**和**策略**的提要(按本人的专长分题)。所有人民委员必须在两天内给自己推荐的专家作出**书面**鉴定和担保。如果专家在欧洲出丑，他们和人民委员都要承担责任。

作为对关于热那亚会议的指示的阐述和补充，**我提出下列各点**：

1. 中央不事先规定我们代表团采取相应行动的形式和时间，但它认为代表团绝对必须就所有根本性问题阐述全面、独立、完整的纲领。

2. 这个纲领应当是资产阶级和平主义的，但是，我们代表团要及时地、明确地声明，我们之所以在这里不提出唯一符合我们观点的共产主义纲领(扼要说明是怎样的纲领)，是因为我们希望提请持有完全不同的立场的其他代表团注意，在英国和其他资本主义国家里，一些具有资产阶级观点的人已经就部分问题提出了许多治标的办法和改良主义性质的措施。在一定条件下，这种治标的纲领总还能够缓和一下当前的严重局势的(要确有把握地摆脱这种局势,只有同资本主义所有制的一切原则彻底决裂)。

3. 这个纲领的要点大致如下:

(1)废除一切债务;

(2)把“爱尔兰式的”解决办法应用于一切殖民地、附属国和附属民族;

(3)彻底修改凡尔赛条约;

(4)对于那些受战争破坏最严重、自力振兴的条件最差但又可能提供大宗粮食和原料因而对世界经济至关重要的国家,按优惠条件给予贷款;

(5)为一些国家的货币制度规定统一的国际金单位,并规定这种金单位的实施办法;

(6)协调一些国家制止通货膨胀和货币贬值的措施(举出其中几条);

(7)协调一些国家克服燃料危机的措施,以及在统一规划的电气化基础上最合理、最节约地利用能源的措施;

(8)同样,为了能保证原料和粮食的运输,对于改组和改善国际运输业的最迫切的措施也要进行协调。

如此等等。

4. 这样的纲领应在发言中加以阐发,如不可能,则用三四种欧洲文字印发给代表和报界(即使是提纲挈领式的也好)。(无论如何要印出来。)

5. 只有那些能够阐发、论证、捍卫(从某一方面)这样的纲领并**证明确实具有这种能力的**人才允许担任专家。专家应当**用自己的**

名义向欧洲发表自己的纲要和提纲。((对这样的纲领将会有不同的反响:第三国际的报刊会说,这种"说服"的尝试是无害的,但也几乎是无益的,因为**需要的是革命**;——第二国际和第二半国际的报刊则会说,那我们就拭目以待,看他们要说些什么吧。))

译自《列宁全集》俄文第5版
第44卷第382—384页

就俄共(布)中央给出席热那亚会议的苏维埃代表团的指示给格·瓦·契切林的信[222]

2月7日

契切林同志：

您所作的大量推测，依我看，根本上都是不正确的，并且可以说，都是由于热衷论战而引起的。

指示中并没有说，无论对方提什么要求我们都决不以任何形式**提出**我们的反要求。

代表团团长(这次也包括副团长)的权力看来非常大，几乎相当于专制君主的权力。

您的(特别是克拉辛的)信表现出(确切点说，曾经表现出)惊慌失措。这比什么都危险。我们丝毫不怕破裂，因为明天我们会有一个更有利的会议。孤立、封锁现在吓不倒我们，武装干涉也如此。

我们要提出一个内容广泛的议程，要暗示我们有自己的包含有许多一般性措施的"治标"纲领。

他们若是拒绝呢？

听便！(一有机会我们就用代表团某个团员的名义发表我们的内容广泛的纲领。这个团员甚至可以辞职——当然，要取得中央的同意。)

如果你们不喜欢内容广泛的纲领,那我们就提出窄一些的:我们也可以采用分期付款的办法!

我们甚至同意内容极为狭窄的纲领,只是决不接受任何对我们不利的东西。我们决不屈服于最后通牒。如果你们只愿意"做生意",那就来吧!但是,没有看到的货色我们是不买的,而且不把"要价"**一分一厘**都算清楚我们也决不成交。

我要讲的就是这些。

应当把我们的大炮全部准备好、部署好,至于哪些用来示威,哪些用来开火,以及在什么时候开火,我们随时都来得及作出决定。

致共产主义的敬礼!

列 宁

译自《列宁全集》俄文第5版第44卷第385—386页

向俄共(布)中央政治局提出的两项建议

给维·米·莫洛托夫的便条

(1922年2月11日)

莫洛托夫同志:

请把下列两项建议提交政治局在电话中表决:

(1)在政治局根据国家计划委员会提出的最终结算作出新的决定以前,暂不公布政治局关于统一的粮食税额的决定。

(克尔日扎诺夫斯基昨天向我大诉其苦,说他们进行这项结算的工作量很大,他说甚至不听取一下他的意见就突然中断了这项工作。我请求给他三四天时间,在这以前不要发表。)

(2)停止出版《**合作事业报**》[223]。关于材料的使用问题同《**经济生活报**》协商解决。

列　宁

载于1945年《列宁文集》俄文版第35卷

译自《列宁全集》俄文第5版第44卷第387页

关于加强格鲁吉亚红军问题

给格·康·奥尔忠尼启则同志的信[224]

（1922年2月13日）

谢尔戈同志：

在格鲁吉亚苏维埃代表大会上通过一项必须加强**格鲁吉亚**红军的决定并**真正**付诸实现，是绝对必要的。

如果农民反对，那至少也要通过一个哪怕是极笼统的决定，承认"必须加强格鲁吉亚红军的必要性，号召一切政权机关和全体劳动群众来做这项工作"，如此等等。

但**在行动上**无论如何要**立刻**发展和加强格鲁吉亚红军。开始时只有一个旅也行，甚至再少一点也可以。要有2 000—3 000红军学员，其中1 500人是共产党员，**一旦需要**就可以把这些学员（作为干部）扩编成一支军队，——这是绝对必要的。

有关执行这一任务的军事技术方法，斯大林也许会作详细的补充[225]。

我只谈问题的政治方面：谁不执行这项任务，我们就**坚决**把他开除出党。这里是不能开玩笑的。这在政治上是绝对必要的。这件事您本人和整个格鲁吉亚中央委员会要对全党负责。

盼复。

您的　**列宁**

2月13日

这封信既是给谢尔戈同志，也是给格鲁吉亚共产党全体中央委员的。

载于1925年马·德·奥拉赫拉什维利《列宁和外高加索联邦（材料汇编）》一书

译自《列宁全集》俄文第5版第44卷第388—389页

在尼·列·美舍利亚科夫信上作的批注和俄共(布)中央政治局的决定草案

(1922年2月14日)

……现在谈谈《合作事业报》。

(1)完全由共产党员组成的中央消费合作总社理事会说,这份报纸是需要的,这样,合作社就能完成艰巨的、新的组织工作,完成要它经商的任务。 ??

(2)组成报纸编辑部的全是共产党员:我、萨拉比亚诺夫、施韦佐夫、库图佐夫-伊利姆斯基等。

?? (3)西方合作社工作者代表团已启程来俄国。报纸停办会被旧的合作社工作者所利用,并给合作社工作造成困难。

哈——哈!! (4)报纸停办会被热那亚会议所利用。

(5)到现在为止报上还没有出现过任何与苏维埃政权或共产主义唱反调的东西……

尼·美舍利亚科夫

1922年2月11日

致莫洛托夫同志并转政治局

鉴于美舍利亚科夫同志的理由显然站不住脚,我建议:

(1)委托中央消费合作总社理事会把《合作事业报》由日报改为**周报**;

(2)把腾出来的人力和资金全部用来改进总社的工作——检查和帮助地方合作社发展正当的商业;

(3)关于第2条的执行情况每月向政治局汇报一次;

(4)加强《经济生活报》的撰稿工作。[226]

列　宁

2月14日

载于1959年《列宁文集》俄文版第36卷

译自《列宁全集》俄文第5版第44卷第390—391页

关于俄共(布)中央统计处和登记分配处的工作问题

给维·米·莫洛托夫的信

1922年2月14日

莫洛托夫同志：

在填了最近一次俄共党员统计[227]的调查表即登记表以后，我确信中央委员会的统计工作(大概还有整个登记分配工作)搞得很糟。

或者在您那里主管统计工作的是个蠢货，或者在这两个“处”里(如果这两个中央机关是这样叫的话)是一些蠢货和书呆子占据重要岗位，而您显然又没有时间去管他们。

1. 应当撤掉统计处处长的职务。

2. 应当**彻底**整顿这个处和登记分配处。

否则，我们本身(“在同官僚主义作斗争时……”)就是在自己的鼻子底下制造最可耻而又最愚蠢的官僚主义。

中央委员会拥有巨大的权力，具有极大的潜力。我们负责分配20万—40万党的工作人员的工作，并且通过他们来分配千百万非党人员的工作。

可是这个宏伟的共产主义事业却被死气沉沉的官僚主义彻底败坏了！

党员统计工作必须在一个月内全部结束。

统计材料的整理工作要尽量抓紧，也在一个月内结束。

然后，把中央统计处十分之九的人员以及中央登记分配处同样多的人员解除职务，并着手重建这两个处。

您**自己**应当**摆脱**琐碎事务(把它们交给助手和助手的助手去办)，全力去抓**政治书记**的工作，并**负责指导**组织、登记等工作。

对“负责工作人员”不是进行过统计吗？显然，结果同样等于零，也许比零更坏，结果是负数。

请写个条子给我，或者打个电话来，让我们比较详细地谈谈这个问题。

需要的是几**百**张(在开始的时候)党的最重要的工作人员的登记卡，按宣传员、行政管理人员、鼓动员、教员等分类，并附有某某人(4—6 人)对他们的工作(比方说，担任最后 5 项职务期间)的**鉴定**。可是我们却去追求几万几十万张卡片，尽搞些官僚主义的琐碎事务，而**不学习**怎样分配人员。

致共产主义的敬礼！

列　宁

载于 1959 年《列宁文集》俄文版第 36 卷

译自《列宁全集》俄文第 5 版第 44 卷第 392—393 页

就热那亚会议问题
给格·瓦·契切林的信

1922年2月15日

契切林同志：

克拉辛2月13日的来电(收文c字第1466号)引用劳合-乔治的话说："如果苏维埃政府拒绝承认戛纳决议，整个会议就**受到**破裂的威胁，**至少也**会使彭加勒更有借口退出……"

这种说法"威胁"多于实言！

要知道，据我国报纸报道，所有的英国报刊都曾多次声称，**过去**和**现在都没有要求**以承认戛纳条件作为被邀参加热那亚会议的**先决条件**，并说法国人持相反意见是不对的。

为了**准确地**和**正式地**核实事实，必须把全部资料收集起来。

我认为有三个事实是无可争辩的：

(1)在邀请我们时，并**没有**要求明确地、正式地声明我们**承认**戛纳条件。

(2)我们在答复中**没有**作这样的声明，而他们并**没有通知**我们说我们的答复**不完满**。

(3)英国**所有的**资产阶级报刊在同法国人争论时都**承认**无需

以承认戛纳条件作为先决条件。

致共产主义的敬礼！

列 宁

载于1959年《列宁文集》俄文版第36卷

译自《列宁全集》俄文第5版第44卷第394页

关于对沙季洛沃燕麦托拉斯贷款问题

给维·米·莫洛托夫并转俄共(布)中央政治局委员的信[228]

(1922年2月17日)

致莫洛托夫同志并转政治局委员
抄送:奥新斯基同志

奥新斯基同志写信给我说,政治局将取消在原来的预算外追加的一切贷款,其中也包括对沙季洛沃燕麦托拉斯的贷款。我曾多少过问过这件事,必须说,就我所知,这件事非常重要,无论如何要作为特殊情况给予扶持。遗憾的是,奥新斯基没有举出这笔贷款的数额。请您让奥新斯基、索柯里尼柯夫和瞿鲁巴在明晨以前就此事写几行简要的汇报,并于明天在政治局里再研究一下这个问题。如果瞿鲁巴和索柯里尼柯夫两位同志提供的材料不能完全说明问题,就请奥新斯基来参加会议。

列　宁

载于1959年《列宁文集》俄文版第36卷

译自《列宁全集》俄文第5版第44卷第395页

关于司法人民委员部在新经济政策条件下的任务

给德·伊·库尔斯基的信[229]

抄送:(1)莫洛托夫并转政治局委员

(2)亚·德·瞿鲁巴

(3)李可夫(等他来到后)

(4)叶努基泽同志并转全俄中央执行委员会主席团成员

请特别注意:不得复制,传阅时必须签字,不得外传,不得泄露给敌人。

1922年2月20日

库尔斯基同志:

司法人民委员部的工作看来还完全不适应新经济政策。

以前,苏维埃政权的战斗机关主要是陆军人民委员部和全俄肃反委员会。现在战斗性**特别**强的职能则由司法人民委员部承担。遗憾的是,看不出司法人民委员部的领导人和主要工作人员已经理解了这一点。

加紧惩治苏维埃政权的政治敌人和资产阶级代理人(**特别是**

孟什维克和社会革命党人)；由革命法庭和人民法院采取最迅速、**最符合革命要求的**方式加以惩治；在莫斯科、彼得格勒、哈尔科夫和其他一些最重要的中心城市必须安排一批**示范性**审判(在从速从严惩治方面，在法院和报刊向人民群众**说明**这些审判的意义方面作出示范)；通过党对人民审判员和革命法庭成员施加影响，以改进审判工作和加紧惩治；——这一切应当经常地、坚持不懈地进行，并且必须执行汇报制度(汇报要简明扼要，用电报文体，但要实事求是，准确无误，并且一定要用统计数字说明司法人民委员部怎样惩办和怎样学习惩办在我们队伍中占多数的、只会讲空话和摆架子而不会工作的"共产主义"坏蛋)。

司法人民委员部在保证**新经济政策**实施方面的战斗职能同样重要，因而它在这方面的软弱无能和精神不振更加令人愤慨。现在看不出他们已经理解到：我们过去承认和今后也要承认的只是**国家**资本主义，而国家就是我们，就是我们有觉悟的工人，就是我们共产党员。因此，应当认为有些共产党员是毫无用处的共产党员，他们不**像我们那样理解国家概念和国家任务**，根本不理解自己的任务是限制、制止、监督、当场抓住犯罪行为，是狠狠地惩办**任何超越国家资本主义范围的资本主义**。

在这方面，正是司法人民委员部和人民法院肩负着战斗性特别强、责任特别重大的任务。然而看不出他们对此有所理解。报纸上对滥用**新经济政策**的现象议论纷纷。这种现象多不胜数。

可是，对惩办滥用新经济政策的坏蛋的**示范性审判**，什么地方有过议论呢？没有，因为并没有进行过这类审判。司法人民委员部"忘记了"：这是它的事情；没有能督促、推动、整顿人民法院的工作，没有能教会它们**无情地（直至枪决）和迅速地惩办**滥用新经济政策的人，而这正是司法人民委员部的职责。**它**要对此负责。在这方面一点也看不到司法人民委员部的生气勃勃的工作，因为它根本没有这样做。

审判的教育意义是巨大的。我们是否关心过这件事呢？是否考虑过实际效果呢？没有，而这却是整个司法工作的起码常识。

对共产党员的惩办应比对非党人员加倍严厉，这同样是起码常识，而司法人民委员部对此同样漠不关心。

沙皇时代是根据胜诉的百分比来撤换或提升检察官的。我们从沙皇俄国学到了最坏的东西，也就是简直要把我们窒息死的官僚主义和奥勃洛摩夫习气，可是**高明的东西**却没有学到手。对司法人民委员部的每一个部务委员和每一个工作人员进行鉴定应当依据他的履历，先问问他：在你监禁的共产党员中有几个判刑比犯同样过失的非党人员更重？你监禁了多少个犯有官僚主义和拖拉作风罪过的官僚主义者？你把多少个滥用**新经济政策**的商人判处了枪决，或者处以其他并非儿戏的（像在莫斯科在司法人民委员部鼻子底下经常发生的那样）惩罚？你无法回答这个问题吗？——那就是说你是个不干正事的人，这种人由于"共产党员的空谈"和"共产党员的狂妄自大"应当驱逐出党。

目前正在制定新的民法。司法人民委员部在"随波逐流"，这种情况我看得出来。可是它是应当**同**潮流作斗争的。不要因袭（确切点说，不要被那些昏庸的资产阶级旧法学家所愚弄，他们总是因袭）陈旧的、资产阶级的民法概念，而要创造新的。不要受"因职责关系"沿用"适合欧洲"的行动方式的外交人民委员部的影响，而要同这种行动方式**作斗争**，制定**新的**民法，确定对"私人"契约的新的态度，等等。我们不承认任何“私人”性质的东西，在我们看来，经济领域中的**一切**都属于**公法**范畴，而不是什么私人性质的东西。我们容许的资本主义**只是**国家资本主义，而国家，如上所述，就是我们。因此必须：对“私法”关系更广泛地运用国家干预；扩大国家废除“私人”契约的权力；不是把罗马法典，而是把**我们的革命的法律意识**运用到“民事法律关系”上去；通过一批示范性审判来经常地、坚持不懈地表明应当**怎样**动脑筋、花力气做这件事；通过党来抨击和撤换那些不学习这个本事和不愿理解这一点的革命法庭成员和人民审判员。

如果司法人民委员部不立即振作起来，不立即全力以赴地承担起战斗任务，走上新的轨道，就会在热那亚会议面前（也在全世界面前）声誉扫地。

建议您：

1. 向司法人民委员部全体部务委员宣读我的信；

2. 召集100—200名从事民法、刑法和国家法实际工作的人，都要共产党员，向他们宣读我的信；

3. 禁止乱谈此事（此信），违者给予党纪处分，因为向敌人泄露我们的战略是愚蠢的；

4. 让一些在法院和司法人民委员部工作的、完全同意本信精神的共产党员就这些问题在报刊上发表一些文章，作一些公开的专题报告；

5. 组织全体部务委员（尽可能也包括在司法人民委员部系统担任重要职务的其他共产党员）分工**负责**：

（1）新**民**法的各个部分（这是**特别**重要**和最为**重要的）

（2）刑法的各个部分

(3)国家法
和政治法的各个部分 } 迫切性稍小

(4)在上述中心城市安排和进行若干有声势的、**有教育意义的**示范性审判

(5)对人民法院和革命法庭进行切实有效的而不是有名无实的监督,使它们真正能够既对苏维埃政权的政治敌人**加紧惩治**(如果不加紧惩治,司法人民委员部就是**头号罪犯**),也对**滥用新经济政策的人加紧惩治**。

做生意吧,发财吧!我们允许你这样做,但是我们将**加倍**严格地要求你做老实人,呈送真实准确的表报,不仅要认真对待我们共产主义法律的条文,而且要认真对待它的**精神**,不得有**一丝一毫**违背我们的法律,——这些就应当是司法人民委员部在**新经济政策**方面的基本准则。如果司法人民委员部不能够使我们这里的资本主义成为“训练有素的”、“循规蹈矩的”资本主义,如果司法人民委员部不能用一批示范性审判证明它**善于**抓住违反以上规定的行为,并且不是用罚款一两亿这样一种蠢得丢人的“共产党员的愚笨”办法,而是**用判处枪决的办法**来**进行惩办**,那么,司法人民委员部就毫不中用,那时我就认为自己有责任要求中央撤换司法人民委员部的负责工作人员。

司法人民委员部全体部务委员按上述任务分工的情况,请尽快通知我,使我能十分准确地知道(除人民委员负责**全盘**工作外)究竟是谁负责**民**法(其次是刑法等等)的某某部分,谁负责进行示范性审判(每一个部务委员都应当通过安排和进行**若干**示范性审判来显显**身手**),谁负责切实监督某个省或莫斯科某个区的革命法庭和人民法院以及法院侦查人员等等的工作。

不是把“各部分”分隔开来，也不是就此采取官僚主义的不闻不问态度，而是要使每一个参加部务委员会的**共产党员**都亲自负责某一项生动的革命工作，——这就是人民委员应当做到而且应当证明他能够做到的事。

人民委员会主席

弗·乌里扬诺夫（列宁）

附言：在报刊上丝毫不得提到我的信。谁要愿意，可以用自己的名义发表文章，不要提到我，而且要多举一些具体材料！

译自《列宁全集》俄文第5版
第44卷第396—400页

就俄罗斯联邦民法典问题给俄共(布)中央政治局的信

(1922 年 2 月 22 日)

致莫洛托夫同志并转政治局委员

请注意,据哥尔布诺夫同志告诉我,昨天在人民委员会里把民法典弄得糟透了。我在给库尔斯基的信①中提出的那些警告,实际上没有引起重视。责成全俄中央执行委员会主席团按照我给库尔斯基的信中提出的意见的精神对此事加以研究。在没有连同我的初步意见再次提交政治局以前,无论如何不予批准。立即成立一个由三名确能正确理解这项工作并提出必要的修改和补充的法学家组成的委员会。委托该委员会在短期内向政治局提出修改和补充草案。该委员会的主要任务定为:研究如何能够对一切私营企业无例外地都进行监督(事后监督),并废除一切与法律条文和工农劳动群众利益相抵触的合同和私人契约,从这一方面来充分保障无产阶级国家的利益。不要盲目抄袭资产阶级民法,而要按我们的法律的精神对它作一系列的限制,但不得妨碍

① 见本卷第 435—440 页。——编者注

经济或商业工作。

列　宁

1922 年 2 月 22 日

载于 1937 年《布尔什维克》杂志
第 2 期

译自《列宁全集》俄文第 5 版
第 44 卷第 401 页

关于批准拉姆津教授出国治疗的建议[230]

（1922年2月23日）

致莫洛托夫同志

我在最近一次会议记录中看到，政治局否决了国家计划委员会关于发给拉姆津教授出国费用的申请。我认为绝对有必要建议改变这个决定，批准国家计划委员会的申请。拉姆津是俄国优秀的燃料专家。关于他的工作，我不仅从书籍里，而且从克尔日扎诺夫斯基和斯米尔加的报告里知道得很详细。顺便说一下，斯米尔加曾私下告诉我，当他们一起到巴库去的时候，拉姆津把许多出色的专家表示要怠工的事告诉了斯米尔加。所有这些事实加在一起使我毫不怀疑：第一，拉姆津是热工学这门专业最出色的学者，在基尔什之后，我国还没有这方面的人才，而热工学对整个国民经济有巨大意义；第二，他是一位绝对真诚地为苏维埃政权效力的人。他的病很重，依我看，舍不得花钱迅速彻底地为他治疗，不仅是错误，而且是犯罪。

建议政治局通过下述决议：完全批准国家计划委员会关于发给拉姆津教授出国治疗和进行油田谈判的费用的申请，并责成克列斯廷斯基在收到柏林医生的答复后立即报告这一笔款子对于彻底治疗是否够用。

列　宁

载于1959年《列宁文集》俄文版第36卷

译自《列宁全集》俄文第5版第44卷第402—403页

对共产国际执行委员会第一次扩大全会关于参加三个国际的代表会议的决议草案的意见[231]

给俄共(布)中央政治局委员的信

(1922年2月23日)

致莫洛托夫同志
(并转政治局委员)

对于季诺维也夫送来的关于共产国际参加拟议中的世界所有工人政党的代表会议问题的决议草案,建议作如下修改:把“工人群众在存在着根本政治分歧的情况下仍有可能立即达到的行动上的一致”后边的几句话删去,直到“工人群众要求行动一致”这个短句为止。由这个短句开头的那一句改为:“觉悟的工人虽然深刻认识到这些政治上的分歧,但仍然同大多数工人一道,愿意并要求在亟待解决的、同工人有直接利害关系的实际问题上一致行动。任何一个真诚的人现在都不会怀疑这一点”,如此等等。

我要提的第二条修改意见是:对开头为“只要从议程上取消一切有争论的问题,而挑出无争论的问题”的那一句,修改补充如下:“只要把最有争论的问题在一段时间内搁置起来,而挑出最无争论的问题来，那么，双方，或者确切些说，参加代表会议的所有三个国际联合组织，自然可以指望他们的观点最终会取得胜利。”

我要提的最主要的修改意见是：删去把第二国际和第二半国际领袖称做世界资产阶级走狗的那一段。这等于使用“公鹅”[232]这样的字眼。为了图痛快，把坏蛋们再臭骂一顿，却让极重要的实际工作去冒失败的危险，这是非常不明智的。对这些坏蛋，我们现在和将来都可以在别的场合骂上千百次。如果在扩大的执行委员会会议上还有人不明白统一战线的策略将有助于我们打倒第二国际和第二半国际的领袖们，那么应当为这些人补办一些通俗的讲座。也许还必须为他们写一本特别通俗的小册子，并用外语出版，比方说，如果法国人还不能领悟马克思主义的策略，就用法语出版。最后，宁可使这个决议不是一致通过，而是多数票通过（我们以后会通过专门的、详尽的和通俗的讲解来帮助投反对票的人开窍），也不要为了几个犯政治幼稚病的人而冒毁掉重要的实际工作的危险，这些人明天会治好自己的幼稚病的。

列　宁

译自《列宁全集》俄文第5版
第44卷第404—405页

俄共(布)中央关于出席热那亚会议的苏维埃代表团的任务的决定草案[233]

(1922年2月24日)

仅供政治局委员传阅

中央委员会决定草案

1. 中央认为,李维诺夫同志在提纲中对(出席热那亚会议的我方代表团)所面临的形势和任务的估计是正确的。

2. 中央批准副团长契切林同志拥有代表团团长的全部权力。

3. 万一契切林同志生病或离开,其权力依次转交给以下两个三人小组之一:(一)李维诺夫、克拉辛、拉柯夫斯基;(二)李维诺夫、越飞、沃罗夫斯基。

4. 关于承认夏纳条件问题,我方代表团应竭力回避。如果回避不成,如果直接向我们提出最后通牒,那就把克拉辛的方案提出来试一试:“所有国家都承认它们的国债,并负责赔偿由本国政府的行动造成的损失。”

如果这也不行,那就准备破裂,同时明确声明我们准备承认私人债务,但是我们不愿意躲躲闪闪,而要指出,我们认为这些债务,和我们的其他全部债务一样,已经被我们的反要求抵销了。我们不允许在我们与所有资产阶级国家之间有一个最高仲裁,因为争执是在两种不同的所有制之间进行的。

如果不得不破裂，也要十分明确地指出，破裂的根本的和唯一的原因是一小撮私人资本家如厄克特之流贪得无厌，而各国政府正在为他们效劳。

还可以对这些资本家作一个最大限度的让步：给他们优先承租权（即如果我们要把他们原有的产业全部或部分地按某种条件租让给某个人，那么，我们保证按同等条件优先租让给原先的所有者）。

5. 考虑到资产者可能竭力不让我们充分阐述自己的纲领，我们必须努力做到，在第一次发言时就阐述纲领，即使不能充分阐述，也要讲一下，或者提一下，哪怕是点一下也好（随即公布较详尽的内容）。

6. 我们的纲领应不隐瞒我们的共产主义观点，但只限于最一般地和扼要地提一提这些观点（比如用附属句的方式），并直率地声明，我们认为在这里宣传我们的观点是不适宜的，因为我们是来签订贸易协定，是来谋求同另一个阵营（资产阶级阵营）中的和平主义部分达成协议的。

我们应当把第二国际和第二半国际式的以及诸如凯恩斯式的和平主义和半和平主义的小资产阶级民主派看做并称做那一阵营的和平主义部分（或者另外再专门选一种客气的称呼）。

我们在热那亚的主要政治任务之一，如果不说是唯一的主要政治任务的话，就是把资产阶级阵营的这一翼从整个阵营中划出来，努力迎合这一翼，并且公开宣布，在我们看来，可以而且欢迎同他们签订贸易协定，甚至签订政治协定（把它当做资本主义向新制度和平演变的不多的机会之一。我们共产党人对此虽然不大相信，但是作为一个大国的代表，面对着跟自己敌对的占多数的其他大国，我们同意并认为有义务帮助试验一下）。

要想尽一切办法加强资产阶级的和平主义一翼，哪怕能给这一翼在竞选中增添一线胜利的希望也好；这是第一；第二，分化在热那亚会议上彼此联合起来对付我们的资产阶级国家。这就是我们在热那亚会议上的双重政治任务。绝对不是充分阐述共产主义的观点。

7. 尽一切努力详细阐述和广泛宣扬（如果不能通过发言，就通过报刊）在俄国和在欧洲恢复国民经济的计划，——按照国家计划委员会的材料的精神并以这些材料为基础。

8. 如果资产阶级阵营在热那亚会议上向我们提出最后通牒，要求不得涉及和平主义问题，只限于谈贸易问题，那么我们应当表示遗憾，但是应当接受这个最后通牒，并说明我们参加这个会议有两个目的：和平主义的目的和贸易的目的。现在只剩下一个目的了。

9. 中央在把详细研究如何阐述和平主义纲领的任务交给代表团时，仅给予一般的指示：要尽量广泛地阐述这一纲领，以便加深国际资产阶级的和平主义阵营同暴虐的资产阶级、侵略的资产阶级、反动的资产阶级的阵营之间的裂痕。

10. 在贸易和租让问题上（包括借款问题）可以提出北方的森林等作为主要担保。我们不做有损我国权利的事。未经中央委员会来电特许，不得签署条约。

列　宁

译自《列宁全集》俄文第 5 版
第 44 卷第 406—408 页

给维·米·莫洛托夫并转俄共(布)中央政治局委员的便条和关于致意大利照会的决定草案

（1922 年 2 月 24 日）

致莫洛托夫同志并转政治局委员

依我看，在读过契切林、越飞、克拉辛和李维诺夫的便条以后，热那亚会议问题已经清楚了。

现提出一份决定草案。

设想：全体政治局委员试**用书面方式**达成一致意见。如果不行，就全体集中，**单独**（不带秘书）开一小时会。

然后同代表团一起开一两个小时的会，就了结了。

列　宁

2 月 24 日

建议作出如下决定：政治局委托契切林同志给意大利发一份照会，不妨长一些，要非常客气，但又要**大加**挖苦，说破坏首批“条件”之一即破坏 3 月 8 日开会的并不是我们，我们建议：(1)确认 3 月 8 日开会;(2)如果多数反对,我们就提出抗议,并建议 3 月 15 日开会。[234]

列 宁

译自《列宁全集》俄文第 5 版
第 44 卷第 409 页

关于热那亚会议问题的建议

给约·维·斯大林和列·波·加米涅夫的便条

（1922年2月25日）

1

致斯大林和加米涅夫同志

请就在这张便条上写上：

1. 你们是否同意契切林的意见，把答应给的款项立即付给土耳其人？[235]

2. 我看了契切林关于热那亚会议代表团主席团的建议。我坚决表示异议并坚持我原先的建议。[236]

请你们就在这张便条上写下你们对以上两点的意见，由秘书转交给我。

列　宁

2

致斯大林和加米涅夫同志

今天我在报上看到意大利关于推迟召开热那亚会议的声明。

我坚决维护我昨天送去的建议:委托契切林尽快发出一份用词极其辛辣的照会,建议把会期就定在 3 月 15 日①。照会发出以前,草稿送政治局委员审阅。

盼复(由秘书转)。

列　宁

载于 1959 年《列宁文集》俄文版第 36 卷

译自《列宁全集》俄文第 5 版第 44 卷第 410 页

① 见本卷第 450—451 页。——编者注

给德·伊·库尔斯基的信并附对民法典草案的意见

1922年2月28日

库尔斯基同志：

关于您2月23日对我的信①的复信(第255号)。

我争取同您面谈，但不能保证，因为身体不好。

希望您根据我的信开过负责工作人员会议**以后**，把会议的实际结果写信告诉我。特别重要的是要实地检查一下：**实际上**做了些什么？实际上得到了什么结果？人民法院和革命法庭的成绩如何？对此如何估计和检查？

滥用**新经济政策**的案件审判了多少？

有罪判决有多少，判了什么刑罚(指总的情况而不是个别情况)？

如此等等。

致共产主义的敬礼！

列　宁

特别紧急和重要的是：

关于民法典，我不能去推敲各条的措辞。健康状况不许可。

① 见本卷第435—440页。——编者注

仅提出以下几点意见：

(1)司法人民委员应当紧紧盯住并**亲自**检查：民法典的每个重要部分都由谁负责。

(2)西欧各国文献中和经验中所有**保护**劳动人民利益的东西一定要吸收进来。

(3)但不能仅限于此(这是最重要的)。不要盲目地跟着外交人民委员部走。**不要迎合“欧洲”，而要在加强国家对“私法关系”和民事案件的干预方面有所突破**。究竟应当怎样做到这一点，我说不上来，因为我既不能研究问题，也不能钻研法典，即使个别法典也罢。但是应该做到这一点，这在我是很明确的。现在我们面临的危险是在这方面**做得不够**，而不是做“过了头”，这在我也是非常明确的。正是在热那亚会议召开以前，不能乱了步调，不能畏缩不前，不能放过**扩大**国家对“民事”关系的干预的任何一点可能。又及。

列　宁

载于1945年《列宁文集》俄文版第35卷

译自《列宁全集》俄文第5版第44卷第411—412页

对全俄中央执行委员会关于工农检查人民委员部的决定草案的意见[237]

给约·维·斯大林的信

（1922年2月28日和3月16日之间）

全俄中央执行委员会决定(草案)

全俄中央执行委员会**决定**：

(1)

责成工农检查人民委员部对一切社会团体、私人团体、机关和企业的活动无例外地都进行监督，看它们是否履行对国家机关承担的义务。

(2)

为执行此项任务，授权工农检查人民委员部：

(3)

1.对于以拨款、补贴和贷款方式由国家发放给上述团体、企业和机关的或根据与国家签订的合同而提供给它们的一切资金和物资，实行事后监督，并检查它们履行义务的一切活动……

致斯大林同志

不妥。

(1)不是"责成"，而是**说明**现行法律及其在某方面的欠缺。

(2)不仅从这个角度,还要从法制角度,从为新的法律收集材料的角度,以及从其他许多角度来看。

(3)不仅是"由国家发放的"。

要非常快!!

要再改写一遍。要考虑得极其周密。要写得非常详尽。要写得整个看起来不是一个新的法令,而是**旧**法令的说明和综合。由**人民委员会**通过,如有人不满,则**由全俄中央执行委员会批准**。

快!**快**!!

请改写后将**这份**草案和新的草案**一并**送给我。

列　宁

载于1959年《列宁文集》俄文版第36卷

译自《列宁全集》俄文第5版第44卷第413—414页

政论家札记[238]

论攀登高山,论灰心的害处,
论贸易的好处,论对孟什维克的态度等等

(1922 年 2 月底)

一

打 个 比 方

假定有一个人正在攀登一座还没有勘察过的非常险峻的高山。假定他克服了闻所未闻的艰险,爬到了比前人高得多的地方,不过还没有到达山顶。现在,要按照原定的方向和路线继续前进不仅困难和危险,而且简直不可能。他只好转身往下走,另找别的比较远但终究有可能爬到山顶的道路。我们假想的这位旅行家正处在世界上还不曾有人到过的高处,从这样的高处往下走,也许比上山更危险、更困难,因为容易失足,难于看清踩脚的地方,也没有往上攀登、直奔目标时那种特别高昂的情绪,如此等等。现在必须给自己系上绳子,花好几个钟头用丁字镐凿出台阶或可以拴牢绳子的地方;必须像乌龟那样慢慢移动,并且是向后退,向下爬,离目标愈来愈远,而且他还无法知道这极其危险和折磨人的下山何时才能结束，是否能找到一条比较可靠的绕行的道路，可以沿着这条路更大胆、更迅速、更直接地再次向前走，往上爬，登上山顶。

一个人尽管已经登上前人未曾到过的高度，但处于这样的境地，也会有霎时的灰心，这样假定恐怕是很自然的。如果他能够听到下面有人从安全的地方用望远镜远眺这种极危险的下山而发表的一些议论，那么灰心的时候就会更多、更沉重。这种极危险的下山甚至不能叫做（像“路标转换派”说的）“有制动器控制的下山”，因为使用制动器要有设计周密、经过试验的车辆，有事先修好的道路，有早经试验合格的车辆部件。可是，在这里既没有车辆，也没有道路，什么也没有，根本没有什么早经试验合格的东西！

来自下面的议论是幸灾乐祸的。有些人公开表示幸灾乐祸，高声嘲笑说：看，他就要摔下来了，活该，看你还发疯！有些人则完全仿效犹杜什卡·戈洛夫廖夫[239]，竭力把幸灾乐祸的情绪隐藏起来。他们举目望天，神情忧伤。真叫人伤心，我们的忧虑竟得到了证实！我们耗费毕生精力来拟定一个攀登这座高山的合理计划，我们不是要求过在计划没有定好以前先不要攀登吗？我们曾经激烈地反对走这条现在连疯子本人也放弃了的道路（看呀，看呀，他后退了，下来了。他花了好几个钟头作准备，好让自己能够挪动那么一俄尺！可是，当我们不断要求稳重和谨慎的时候，我们却遭到了最难听的辱骂！），我们曾经严厉地斥责这个疯子，警告大家不要模仿他，不要帮助他。我们这样做，完全是出于对攀登这座高山的宏伟计划的爱护，是为了不让人败坏这个宏伟计划的声誉！

幸亏在我们的比喻中所假想的这位旅行家听不到这些登山计划的“真正的朋友”的声音，否则他也许要恶心了。而人一恶心，据说就不能头脑清醒，脚步稳健，尤其是在那么高的地方。

二
不用比喻

比喻不是证据。任何比喻都是有缺陷的。这是无可争辩的、人所共知的道理。但是,我们仍不妨把这些道理重提一下,以便更清楚地看到任何比喻的含义的界限。

不仅同1789年和1793年相比,而且同1871年相比,俄国无产阶级在自己的革命中都达到了极高的高度。必须尽可能清醒、明确和清楚地认识到:我们“完成了”什么,还没有完成什么。这样就会使人头脑清爽,既不会出现恶心,也不会产生错觉或灰心失望。

我们“干净利落地”“完成了”资产阶级民主革命,这在世界上是从未有过的。这是任何力量都无法夺回去的一个极其伟大的胜利。

我们通过革命手段退出了最反动的帝国主义战争。这也是世界上任何力量都无法夺回去的一个极其伟大的胜利。这个胜利特别宝贵,因为只要资本主义继续存在,不久的将来必然还会爆发反动的帝国主义大厮杀;而20世纪的人是不那么容易再度满足于“巴塞尔宣言”之类的东西的,虽然在1912年和1914—1918年叛徒们即第二国际和第二半国际的英雄们曾用“巴塞尔宣言”糊弄了自己和工人。

我们建立了苏维埃这种国家类型,从而在世界历史上开辟了一个新的时代即无产阶级政治统治的时代,它取代了资产阶级统治的时代。这也是无法夺回去的,虽然只有靠几个国家的工人阶级的实际经验才能“完成”苏维埃这种国家类型的建设。

但是，我们连社会主义经济的基础也没有建设完成。仇视我们的垂死的资本主义势力还有可能把这夺回去。必须清楚地认识到这一点，公开地承认这一点，因为再也没有什么比产生错觉（和冲昏头脑，特别是在极高的地方）更危险的了。承认这一痛苦的真理根本没有什么"可怕"，也决不会使人有正当的理由可以有一丝一毫的灰心失望，因为我们向来笃信并一再重申马克思主义的一个起码的真理，即要取得社会主义的胜利，必须有几个先进国家的工人的共同努力。可是，我们暂时还是孤军作战，而且是在一个落后的、经济破坏比别国更厉害的国家里，但我们做了很多事情。此外，我们还保存了无产阶级的革命力量这支"军队"，保存了这支军队的"机动能力"，保持了我们清醒的头脑，使我们能够冷静地估计到应当在什么地方、什么时候退却和退多远（为了更有力地跃进），应当在什么地方、什么时候和用什么方法把没有做成的事重新做起来。如果有些共产党员以为，不犯错误，不实行退却，不一再重做那还没有做成和做得不对的事情，就可以完成像奠定社会主义经济基础（尤其是在一个小农国家里）这样一桩有世界历史意义的"事业"，那就必须说这样的共产党员肯定已经完蛋了。有些共产党员既不陷入错觉，也不灰心失望，一直保持着机体的活力和灵活性，准备再一次"从头开始"向最困难的任务进军，这样的共产党员就没有完蛋，而且很可能不会完蛋。

我们尤其不容许有丝毫灰心失望，也没有理由灰心失望，因为我们虽然处于经济破坏、贫困、落后和饥荒的情况下，但是，我们毕竟在为社会主义创造条件的**经济**领域内**开始前进了**。而世界上与我们并存的一些比我们先进、比我们富裕千百倍、在军事上强大千百倍的国家，却在"**它们的**"、为它们所歌颂的、它们所熟悉的、经过几百年考验的资本主义经济领域内**继续倒退**。

三

论捉狐狸;论莱维;论塞拉蒂

据说,捉狐狸最可靠的方法是这样的:在一定范围内把侦察到的狐狸用系着许多小红旗的绳子围起来,绳子要稍高于积雪。狐狸害怕这种显然是人为的即"人类的"设置,只在用小红旗筑成的"围墙"稍微打开一个缺口的时候才从那里跑出来,而猎人就在那里守候它。对于这种人人都要追捕的野兽来说,谨慎似乎是一种最好的品质。可是在这里"优点的延续"却成了缺点。狐狸被捉,正是由于它过分谨慎。

应当坦白承认,我在共产国际第三次代表大会上也因过分谨慎而犯了一个错误。在这次大会上,我站在最右翼一边。我满以为这是唯一正确的立场,因为当时有一大批"有威信的"代表,以德国、匈牙利和意大利的很多同志为首,采取了一种过"左的"和左得不正确的立场,他们往往不是冷静地考虑形势并不那么有利于立刻采取和直接采取革命行动,而是使劲挥舞小红旗。出于谨慎,即生怕这种无疑是不正确的左倾把共产国际的全部策略引到错误的方向上去,我当时曾竭力替莱维辩护,推测说莱维丧失理智(我当时并没有否认莱维丧失理智)也许是因为对左派的错误过分害怕,还说常有这样的情形:丧失了理智的共产党员,以后又"恢复了"理智。我针对"左派"的攻击而发,说莱维即使是孟什维克,这种假定也仍然不能解决问题。例如,俄国孟什维克同布尔什维克斗争15

年(1903—1917 年)的整个历史证明：总的说来，孟什维克是绝对不正确的，他们事实上是资产阶级在工人运动中的代理人。俄国的三次革命也证明了这一点。这是无可争辩的事实。但是这个无可争辩的事实并不排除另一个事实，即在**个别**场合孟什维克是对的而布尔什维克是错的，例如 1907 年在抵制斯托雷平杜马的问题上就是如此。

从共产国际第三次代表大会到现在已经有八个月了。看来，我们当时同“左派”的争论已经过时了，已经由现实生活解决了。在莱维的问题上我当时是不对的。因为莱维已经确实证明，他走上孟什维克的歧途不是偶然的，不是暂时的，不仅仅是因反对“左派”极危险的错误而“矫枉过正”，而是由来已久的，有深厚根源的，是出于他的本性。莱维在共产国际第三次代表大会之后，没有像一个因愤恨左派的某些错误而暂时丧失理智的人所应该做的那样，诚恳地承认必须重新申请入党，而是开始卑鄙地诬蔑党，暗地里陷害党，就是说，实际上是在替第二国际和第二半国际的资产阶级代理人效劳。德国共产党人为了回答这一点，最近又从自己党内开除了几位暗中帮助保尔·莱维干这种高尚勾当的老爷，这当然是完全正确的。

共产国际第三次代表大会以后，德国共产党和意大利共产党的发展证明，它们已经认识到左派在这次大会上所犯的错误，并且逐渐地、慢慢地、但一直不断地在加以纠正。它们正忠诚地贯彻执行共产国际第三次代表大会的决定。把欧洲议会主义的、只是薄薄涂上一层革命色彩而实际上是改良主义的旧型的党改造成为一个真正革命的、真正共产主义的新**型**的党，这是一件非常困难的事情。法国的例子大概再清楚不过地证明了这一点。在日常生活中改变党的工作**方式**，改造党的日常工作，使党成为革命无产阶级的先锋队，使党不但不脱离群众，而且日益接近群众，唤起他们的革命意识，发动他们参加革命斗争，这是一件最困难但又最重要的事情。1921 年和 1922 年初，欧美许多资本主义国家都处在两个革命战斗白热化时期的间隙，欧洲共产党人如果不利用这个间隙（大概是非常短促的）对本党的整个机构和全部工作实行这种根本的、内部的、深刻的改造，那将是他们的一桩极严重的罪行。幸而这种担心没有根据。在欧洲和美洲，建立真正的共产党，建立无产阶级真正革命的先锋队的工作，已经不声不响地、不惹人注目地、悄悄地、慢慢地但是扎实地开始了，而且这种工作还在进行。

甚至从观察捉狐狸这样一件平凡的事情中得出的政治教训，也并不是没有益处的：一方面，过分谨慎会犯错误；另一方面又不应忘记，如果只凭“热情”或只是挥舞小红旗而不冷静地考虑客观情况，那就会犯无法纠正的错误，就会在困难虽大但灭亡决非不可避免的情况下遭到灭亡。

保尔·莱维现在特别想在资产阶级面前——**因而**也是在资产阶级的代理人第二国际和第二半国际面前——大献殷勤，所以他再版了罗莎·卢森堡的那些恰恰犯有错误的著作。对此我们可以用俄国一个很好的寓言里的两句话来回答：鹰有时比鸡飞得低，但鸡永远不能飞得像鹰那样高。罗莎·卢森堡在波兰独立的问题上犯过错误，在 1903 年对孟什维主义的评价上犯过错误，在资本积累的理论上犯过错误，在 1914 年 7 月犯过同普列汉诺夫、王德威尔得、考茨基等一起主张布尔什维克和孟什维克联合的错误，1918 年在监狱里所写的著作中也犯有错误（不过她已在 1918 年底 1919 年初即出狱以后纠正了自己的很大一部分错误）。虽然犯了这些错误，但她始终是一只鹰，不仅永远值得全世界的共产党人怀念，而且她的生平和她的**全部**著作（德国共产党人延缓她的全集的出版太久了，他们在艰苦斗争中遭到空前惨重的牺牲也只能使他们在某种程度情有可原）对教育全世界好几代共产党人来说都将是极其有益的。罗莎·卢森堡说："1914 年 8 月 4 日以后，德国社会民主党已是一具发臭的死尸。"这句名言将和她的名字一起载入世界工人运动史册。可是，在工人运动后院粪堆上的保尔·莱维、谢德曼、考茨基及其同伙这群鸡，自然会因这位伟大的共产党人的错误而欣喜若狂。各有所好嘛。

谈到塞拉蒂，只能把他比做一个臭蛋，它绷裂时，既响又特别……刺鼻地臭。他先在"自己的"代表大会上提议通过一个愿意服从共产国际代表大会决定的决议[240]，接着把一位老头子拉查理派到共产国际代表大会上来，最后用马贩子的卑鄙手段欺骗了工人。这真是太妙了。意大利共产党人在给意大利造就一个革命无产阶级的真正政党的同时，现在又将让工人群众看到一个搞政客骗术和孟什维主义的实例。这个实例是有益的，会**使人产生反感**，它的效果虽然不会立刻表现出来，不经过反复多次的具体的教训不会表现出来，但最终一定会表现出来。不要脱离群众；要不厌其烦地向普通工人做艰苦的工作，即通过实践揭露塞拉蒂的欺骗行为；不要相信那种过于简单容易却又极其危险的解决问题的办法：凡是塞拉蒂说"a"的地方，就偏说"负α"；要始终不渝地教育群众树立革命的世界观和采取革命的行动；要在实践中切实利用法西斯主义给人们所上的极好的（虽然为此付出的代价很高）生动具体的课。这样做了，意大利共产主义的胜利就有了保证。

莱维和塞拉蒂有典型意义不是由于他们本身，而是由于他们是小资产阶级民主派极左翼的最新标本，是“他们的”阵营即跟我们阵营对立的国际资本家阵营的最新标本。在“他们的”阵营中，从龚帕斯到塞拉蒂，无不对我们的退却、对我们的“下山”、对我们的新经济政策幸灾乐祸，欣喜若狂，或者洒下几滴鳄鱼的眼泪。让他们去幸灾乐祸吧。让他们去演练丑角吧。各有所好嘛。我们决不会陷入错觉，也不会灰心失望。不怕承认自己的错误，不怕三番五次地作出努力来改正错误，这样，我们就会登上山顶。从龚帕斯到塞拉蒂的国际联盟的事业是日暮途穷的事业。

载于1924年4月16日《真理报》第87号和《全俄中央执行委员会消息报》第88号

译自《列宁全集》俄文第5版第44卷第415—423页

关于《政论家札记》一文的几点设想

第10页现在是：(1)把莱维分子开除出去是完全正确的。(2)由于认识到在第三次代表大会上自己所犯的错误，德国和意大利的左派发展情况甚好。(3)总结＝狐狸的教训。(4)莱维和罗莎·卢森堡。(5)塞拉蒂＝只是一只狐狸，小兽。(6)第二国际和第二半国际。

载于1959年《列宁文集》俄文版第36卷

译自《列宁全集》俄文第5版第44卷第423页

就民法典问题
给亚·德·瞿鲁巴的信

1922年3月1日

瞿鲁巴同志：

关于民法典问题，我在看了**主要**条文以后，认为比较慎重和正确的做法是：

目前只限于郑重地宣布一下，而对法典本身还得更加细致地加工。

请您设法让全俄中央执行委员会主席团和政治局通过此建议。[241]

劳动国防委员会主席 **列宁**

载于1945年《列宁文集》俄文版第35卷

译自《列宁全集》俄文第5版第44卷第424页

就财政人民委员部的提纲给俄共(布)中央政治局的信

致莫洛托夫同志并转政治局委员

1922年3月3日

依我看,索柯里尼柯夫的提纲(《财政纲领的基本原则》)写得不错,但太理论化了。

有一点(第12条的开头)我正在专门研究,弄清后另外写信给您。

其余的,我建议送国家计划委员会、普列奥布拉任斯基和克拉斯诺晓科夫征求意见。然后摘要刊印(用货币税代替实物税等问题**暂时**删去)。

就问题的实质而论,我认为关键有二:

(1)如何找到一些聪明而又厉害的人去**鞭策**各人民委员部(加上莫斯科苏维埃,加上彼得格勒苏维埃)。请你们切实地狠狠地缩减编制;

(2)如何教我们的官"**商**"(包括对外贸易人民委员部、莫斯科商业局、彼得格勒商业局等等)学会做生意,办事不拖拉。

是否请全俄中央执行委员会主席团通过以下决定:

各人民委员部加上莫斯科苏维埃和彼得格勒苏维埃必须在一

周内提出一项决定草案，规定对职员（所有与经济工作有关的职员）改行按营业额和利润分成的制度，如有亏损、办事不力和失职等情况，应予严惩，对贸易方面的质询必须在3—6小时内作出答复，违者至少监禁五年。

拨款10万金卢布作为对决定的最佳方案的奖金，这项奖金在该决定的**成效**经过一年的检验之后**按收效的百分比**发给（收效100%，奖给100%；收效1%，奖给1%）。

列 宁

载于1942年《列宁文集》俄文版第34卷

译自《列宁全集》俄文第5版第44卷第425—426页

就对外贸易垄断制和外贸工作问题给列·波·加米涅夫的信[242]

1922年3月3日

加米涅夫同志：

我同您、斯大林和季诺维也夫那次关于对外贸易人民委员部以及关于克拉辛和索柯里尼柯夫的路线的谈话之后，我又想了很久。

我的结论是，克拉辛无疑是正确的。在对外贸易垄断制方面，我们现在不能超出列扎瓦在提纲中一直建议实行的让步了。不然，外国人会把一切贵重物品都买走，运走。

索柯里尼柯夫在这个问题上和在他的全部工作中都犯了极大的错误，如果中央不及时纠正他的路线，不能使纠正后的路线得到切实贯彻，那么他的错误准会毁掉我们的。这个错误就是不切实际，热衷于刻板公式（这是索柯里尼柯夫这个有才华的记者和想入非非的政治家的老毛病）。索柯里尼柯夫提出从国外进口粮食的法令草案就是一例。法令中只顺带指出："保证"（即保证从俄国运出的那些据说是去换粮食的贵重物品能够真正全部用于换取粮食）另议。

这简直是幼稚！

问题的整个关键就在于保证，而索柯里尼柯夫却把这个关键

“撇在一边”，用空话或善良的愿望来搪塞。

能有什么样的切实的保证呢？

抵押吗？

请想一想这意味着什么：

(1)我想在国外购买 10 万金卢布的粮食。我把**这笔钱**存入国家银行作为抵押吗？

那么，老一套的拖拉作风(如果我们不去“教育”对外贸易人民委员部及其一伙抛弃拖拉作风的话)就会依然如故。

其次，怎样能“保证”我在向国外汇 10 万金卢布时不弄虚作假扣下 2 万金卢布不汇出呢？审核价格吗？谁审核？怎样审核？官僚主义的空想！

索柯里尼柯夫的草案证明，我们亲爱的、有才华的、最宝贝的索柯里尼柯夫同志在贸易实践上一窍不通。如果放手让他去做，他会把我们毁掉的。

以为实行**新经济政策**会终止使用恐怖手段，那是极大的错误。我们还会重新采取恐怖手段，采取经济方面的恐怖手段的。

外国人现在已经在行贿收买我们的官员，并“运走俄国仅存的一点东西”。他们一定会运走的。

垄断是一种客气的警告：我亲爱的，总有一天，我会为此把你们绞死。

外国人知道布尔什维克说这话不是开玩笑，外国人是会认真对待的。

因此：

(1)绝对不得破坏对外贸易垄断制；

(2)明天就通过列扎瓦的提纲；

（3）立即（我们已丧失了大量时间）用全俄中央执行委员会主席团的名义发表一项强硬、冷酷和严厉的声明：在经济方面我们不再作更多的退让，凡是蓄意欺骗我们（或者逃避垄断，如此等等）的人，将遭到恐怖手段的回击；不必用这个词，但要“委婉地、客气地暗示”。

如果这事不通过全俄中央执行委员会主席团来办，也可以用其他办法（用我的信？这是下策！），但**必须**办成，而且要快。下面给您举个例子。

莫斯科省经济会议提出用苏维埃卢布购买罐头（或者一般食品）。同对外贸易人民委员部交涉了两个星期。对外贸易人民委员部表示反对。

交易没有做成。

结论是什么呢？

授权省经济会议吗？这意味着由一批不中用的对外贸易人员“复制”一个不中用的对外贸易人民委员部，而这些对外贸易人员百分之九十将会被资本家**收买**。

另一个结论：不再搞法令游戏（有过一个必不可少的**用法令进行宣传的阶段**；这对革命成功曾经是需要的。**这已成过去的事了**）。

无论对法令还是对机关都丝毫不要信赖。要做的就是检查实际情况和**严格教育**工作拖拉的人。

聪明人应当只做这种事。而其余的事交给……**其余的人**。

如果是我就提出建议，请全俄中央执行委员会主席团立即通过下述决定：

鉴于在用苏维埃卢布购买食品的（某项）交易中拖拉作风严重，兹命令国家政治保卫局（**要吓唬一下！**）查明责任者，凡属莫斯科省经济会议的关押 6 小时，凡属对外贸易人民委员部的关押 36 小时（当然，全俄中央执行委员会委员不在此列，因为我们有近似议员豁免权的规定）。

然后，委托报刊对这两部分人加以嘲笑，**羞辱他们**。因为可耻的是：身为莫斯科人（就在莫斯科！）却不会同拖拉作风作斗争。应当挨板子。

他们竟“不会”打电话说：

> “现有一笔有利的紧急交易。我们要求对外贸易人民委员部 3 小时后答复。电话稿抄报莫洛托夫并转中央委员会，抄报瞿鲁巴和叶努基泽并转人民委员会和全俄中央执行委员会。”

3 小时后没有答复呢？那就把这几句话用电话上告。

而白痴们却去奔走、交涉了两个星期！应当让干这种事的人**尝尝铁窗的滋味**，而且不得有例外。干蠢事的莫斯科人关押 6 小时。干了蠢事而且又是负“中央机构责任”的对外贸易人员关押 36 小时。

应当这样也只应当这样**教训**他们。否则，无论是地方的还是中央的苏维埃工作人员都学不出本事。我们不能搞自由贸易，这会葬送俄国的。

我们可以对我们的官吏改行分成制：做成一笔交易，给你一定的提成（按百分比）；不干事就去坐牢。我们能学会这么做的。

还要撤换对外贸易人民委员部的人。对我们的国营托拉斯也作同样处理，在这些国营托拉斯“当领导”的，都是一些圣洁的全俄中央执行委员会委员和“赫赫有名的”共产党员，而他们却被生意人愚弄。

命令财政人民委员部：要么你通过国家银行把这些圣洁的共产党员从国营托拉斯赶出去（不给贷款；把办事误期、办不了事的人交法院审判），要么你整个财政人民委员部和国家银行毫无用处，只会讲空话和摆弄公文。

这样就要改革人民委员会和劳动国防委员会的工作（我已写信给瞿鲁巴并拟定了相应的指示的草案①）**以及政治局**的工作；否则，非完蛋不可。

务请将此信转交政治局委员和莫洛托夫**按密件**传阅，每个人都要写上意见，三言两语也好，然后退我。

您的　**列宁**

载于1959年《列宁文集》俄文版第36卷

译自《列宁全集》俄文第5版第44卷第427—430页

① 见本卷第405—406页。——编者注

就索柯里尼柯夫的建议写给俄共(布)中央政治局委员的意见[243]

(1922 年 3 月 5 日)

致政治局委员

索柯里尼柯夫没有击中目标。有什么保证人家不会把一切贵重物品**运走**呢?

根本没有。

现在有人在偷窃;确实如此;让我们来**学习捉拿**偷窃的人,而不要为有钱的外国人进行偷窃提供方便吧。

列 宁

3 月 5 日

载于 1959 年《列宁文集》俄文版第 36 卷

译自《列宁全集》俄文第 5 版第 44 卷第 432 页

附　　录

关于共产国际第三次代表大会的材料

（1921 年 6—7 月）

1

对共产国际《关于策略问题的提纲》草案的初步意见

（不晚于 6 月 10 日）

1. 争取工人的大多数

2. 明确支持《公开信》

3. 着重提出在工会中争取大多数（反对左派）

4. **农业工人**的斗争[不是如拉狄克说的同小农在一起，而是走在他们前面]

5. 对挑动的回答？

译自《列宁全集》俄文第 5 版
第 44 卷第 435 页

2

笔记和发言提纲[①]

(6月22日—7月12日)

(1)

(1)事实?公布?

(2)"左吗"?**不**。 {匈牙利侨民? / "左派" / "巨大的功绩"}

(3)论据?
鼓动的方法? }

(4)克雷比赫?

(5) 向左迈三步
+向右迈一步 }}

(6)军国主义的

(7)粮食政策

(8)**季诺维也夫**的建议。

① 列宁的笔记和发言提纲是用德、英、俄、法四种文字写的。——编者注

(2)

(1)合法的党

“反资本主义的党”?

“苏维埃制度之友协会”?

(α)只有立宪方法

(β)与共产党人的

区别何在?

(2)接收新党员须有五分之四的多数同意

被剥削者,群众和普通人

(3)“见习人员”

罗兰-霍尔斯特

“俄国人立场**左**吗”(?)

具体表现	?

(3)

(1)什麦拉尔的书。

(2)什麦拉尔对匈牙利革命的态度。

(3)1920 年 9 月。什麦拉尔在代表大会上的讲话。

1920 年 12 月我们**有意识地**把运动停了下来。

我们(在布拉格)曾在地下室里工作。

1921 年 3 月 6 日 反斗争

1921 年 5 月 15 日代表大会

58 名被开除的中派分子在代表大会后。

(4)

德国共产主义工人党评我的专题报告

党不能不受到经济基础的影响

无论是国内的
还是国外的

西欧资本主义力量增强(由于租让制)

靠代表大会(目前)的政策无法与之斗争。

我们的机会主义者会说:**由于**俄国的革命,再不会有任何罢工了。

我的讲话提纲

你们的建议是什么?不要租让?不要贸易?不要坚持作更谨慎的准备?

对同志们的回答:

(1) **170** 亿金卢布
租让所得 60 亿:10=**6 亿**

(2) 国家利益起着过大的作用?

"……为革命作**更扎实的**准备,更**谨慎的**准备……"

国际政策过分依从俄国**国家**政策的利益……	
国家资本主义的“纯概念”	I. 此与彼

III:你们的建议是什么?①

搞贸易与 干 革 命

II. “左吗”?

我们的立场 1907 年

IV. 怎样作更扎实和更谨慎的准备?

德国人已经作了

意大利人正打算作

捷克斯洛伐克人 { 向左迈三步
向右迈一步

(5)

{ 第一阶段:同中派领袖**和**中派分子决裂。
第二阶段:**学习**如何运用马克思主义的策略。
第三阶段:胜利。

不是迂腐的、不是刻板的想法

① 列宁在手稿上把这句话删去了。——俄文版编者注

什么是“群众”？

(α)几千人

(β)大多数……

有个别场合孟什维克是正确的 ？

就是有大多数**也还不够**。

“谨慎的、缓进的”策略——是责备吗？

和俄国的情况不同……

争取大多数——

(6)

关于拉查理的讲话

改良主义者(屠拉梯之流)在

艾米利亚雷焦举行的代表会议——— 1920年10月

在里窝那举行的代表大会 1921年1月15日

13%	单位千		
	14 票	改良主义者	18票(单位百万)
	98 票	统一主义者	120票(单位百万)
	58 票	共产主义者	58票(单位百万)①

14
58
72

在里窝那分裂，时机不合适

① 列宁在手稿上把右栏的数字删去了。——俄文版编者注

1te Stufe: los von d. Zentr. Kämpfen in Elementen
2te Stufe: Lernen die Anwendung der marxistischen Taktik
3te Stufe: Siege.
nicht pedantisch, nicht starr gedacht.

Was ist „Masse"?
(α) einige Tausend
(β) die Mehrheit....

Es giebt einzelne Fälle, wo die Menschewiken Recht haben

Aber die Mehrheit noch nicht genügend.

„vorsichtige, zögernde" Taktik ein Vorwurf?

Nicht so, wie in Russland:....

Gewinnen die Mehrheit —

1921 年 6 月 22 日—7 月 12 日列宁在共产国际
第三次代表大会上写的《笔记和发言提纲》手稿第 5 页
（按手稿缩小）

"我们的无产者将无法理解……"

他(拉查理)对我们的策略提纲感到满意 ‖ 注意

我们——俄国人——将永远是"灵活而聪明的人"(弗罗萨尔文章中的话)。

(7)

阶级斗争

(哈雷)　　3月16日

17日

18日

19日

分区领导的号召

在**曼斯菲尔德**

和在**哈雷**

两处都对工人们**提出警告**:"同志们,不要受人挑动",总之大意如此。

《红旗报》上是否重申,不详。

(据**克南**报告。)

(8)

1点05分

拉狄克:

托洛茨基

马尔托夫(**在引经据典!!**)

第二半国际的瓦解和第三国际

“对长期斗争的**理解**是

各不相同的”(?)

第二半国际的决议

在1点30分以前是“开场白”。|||

发言次序

英国
意大利
捷克
德国

教训:消极的政策,即半中派的政策——**意大利**和**捷克斯洛伐克**运动的领袖们。

“**相反的**例子,**相反的**错误:三月行动”。

德国统一共产党的历史

害怕叛乱

卡普叛乱=**无所作为**

德国共产党。

不能只作鼓动,

应当行动,引导……

引证? 书?
论题?
条件

左派行动迟钝
右派(官吏)“害怕积极行动”

{{意大利问题和**右派分裂出去**

左派只剩下自己,——和他们的**基本错误**。

主要错误——从作“通常的”鼓动突然转为无准备的猛攻。

右派完全不对，
左派把自己的错误(进攻)变成了理论……

(9)

注意

罗维奥(彼得格勒)。搞些玩具
(7岁)

赖兴贝格：……妨碍资本主义经济的复兴(!?)
……“气氛缓和了”
进攻，而且是应当的……
(我们的责任是在**1920年**8月20日也发动**进攻**。)

公开信是机会主义的(!!)
大批工人**因此**而死亡！“推翻制度”!!!

((库恩·贝拉))**注意**
库恩·贝拉论《**公开信**》
党作好革命**准备**
为了原则
大多数(特拉奇尼?)
在**捷克斯洛伐克**
“400 000”
吸引**群众**?

德国
提纲
第7页

在俄国，是在**党**很小的情况下**取得胜利**的……

((特拉奇尼))

((进攻……))

理论{"活跃的趋向"}

("从消极转向积极"……)

译自《列宁全集》俄文第5版第44卷第436—450页

3

《关于意大利问题的讲话》提纲[①]

（6 月 28 日）

讲话提纲：

（1）“拿出事实来，不要讲空话”……

以羡慕的心情（invidia? envie）

（2）

{(a)自伯恩施坦主义开始以来的历史（1899—1900）}

(b)在艾米利亚雷焦举行的代表会议？（1920 年 10 月）？

[派别 政党]

（3）党曾经是好的？

———[不比德国社会民主党好]

① 讲话见本卷第 26—31 页。——编者注

(4)仅仅是时机问题吗？　当时？

(5)“灵活而聪明的人”　弗罗萨尔

我们关于策略的几项决议(草案)是好的：反对“无政府主义偏向”

拉查理：
“准备时期……”

(6)在里窝那，无论与改良主义者相比还是与共产党人相比，他们都是多数

(7)羡慕——愿意“模仿”，**但不是盲目地**

(8)认识意大利运动的**特点**，做**灵活而聪明的人**，这是共产党人一定能学会的。[1]

载于1959年《列宁文集》俄文版第36卷　　译自《列宁全集》俄文第5版第44卷第452—453页

① 列宁在手稿上把第7点和第8点删去了。——俄文版编者注

4

一篇拟写文章的提纲[244]

（不晚于 7 月 11 日）

一篇关于第三次代表大会的文章

（α）等待（是指一个国家吗？）。**不是指捷克吗**？

（β）准备**总攻**（更强大的）

？ ‖ 说列宁会**帮助**我们（什麦拉尔）

退却是**痛苦的**，然而只能退却！！
我是否消除了什麦拉尔同志的**忧虑**？

（1）**什麦拉尔**向右迈三步

克雷比赫向左迈一步[245]

（2）“帮助”？

（3）“忧虑”

（4）左的错误

右的**背叛**。

载于 1959 年《列宁文集》俄文版
第 36 卷

译自《列宁全集》俄文第 5 版
第 44 卷第 454 页

5

《在德国、波兰、捷克斯洛伐克、匈牙利和意大利代表团联席会议上的讲话》提纲[①]

（不晚于7月11日）

（1）

讲话提纲

1. “中欧”的经济基础。

“欧洲的巴尔干化”。

＋　从军事上考虑协调几个中欧国家的革命

（大致是：德国＋捷克斯洛伐克＋意大利）

协调的困难和“赌注”的大小

2. 更扎实地进行准备＝**共产国际**第三次代表大会的**主旨**。

有共产党。但还不是今天。别干“左的蠢事”。更谨慎地进行准备。

德国1921年3月所犯的错误。

3. 今天愈“机会主义些”，明天愈有把握（**重新**或**还要**更多地）集合起群众。

---

① 讲话见本卷第65—70页。——编者注

4. 为什么是这样？ { 德国 1921 年 3 月
捷克斯洛伐克
意大利 }

5. 同俄国对比

1917 年 4 月 4 日

1917 年 4 月 21 日

中央关于 1917 年 4 月 21 日事件的决议。

6. 不要怕说我们从莫斯科回来**变成另外一种**人了，变得谨慎些、明智些、机会主义些、“右一些”了。

这＝唯一正确的战略。

7. 罗马的运动

（7 月 7 日）

柏林市政工人罢工　　**三件**

里尔纺织工人罢工。　　**事实**①

8. 为要跃进，必得后退。

9. 可能是**明天**。可能过**两三**个月。

可能过两三**年**。

10. “左的蠢事”和明天的**背叛**。

11. 不要急躁，不要怕“延误时机”。这种怕是没有道理的和有害的。

注意：**库恩·贝拉**的含蓄的意见。

“行动”可以在这一时刻或那一时刻“刹车”，**但**在**革命**宣传上应当是**毫不妥协的**。

① 列宁在手稿上把这几个字删去了。——俄文版编者注

12. 帮助俄罗斯联邦??

战争的要素是危险。

我们有	政治上的 军事上的 经济上的	危险

怎样才能“帮助”我们?

13. 总结:

(1)(α)大家同心同德:**就像从头开始一样**,重新去做

(2)(β)**更谨慎地对待群众**

(3)(γ)更扎实地进行准备

(4)(δ)协调几个中欧国家的行动

大致是**三个:德国+捷克斯洛伐克+意大利**

(ε)认清而且不怕承认左的错误,为的是**明天**不发生**背叛**,为的是明天**一定胜利**!!

(2)

讲 话 提 纲:

(1)你们愈是“机会主义些”,就愈能迅速地**重新**(因而**更多地**)把群众集合在自己周围。

(2)为什么是这样?(**德国** 1921 年 3 月、**捷克斯洛伐克**、**意大利**)。

(3)同俄国 1917 年 4 月 4 日和 1917 年 4 月 21 日的情况对比。

中央关于 1917 年 4 月 21 日事件的决议。

(4)不要怕说**我们大家**(在共产国际第三次代表大会后)从莫斯科回来变得谨慎些、聪明些、明智些、"右一些"了。**这在战略上是正确的**。

(5)现在愈右,明天就愈有把握:为要跃进,必得后退。可能是"明天",但也可能过两三年。不要急躁。

(**补 5**)协调**几个**"中欧"国家的行动是必要的。

经济上的考虑和"中欧"的经济"基础"。

欧洲的巴尔干化。

{ **德国**+**捷克斯洛伐克**+**意大利** }
{ 大致上 }

(再补 5)"左的蠢事"是小错误,**背叛**是大错误。

(6)帮助俄罗斯联邦??

总结:(7)大家同心同德。**就像从头开始一样**去接近工人。谨慎些。这样猛攻就将更加有力。协调行动。**准备得愈扎实**,胜利就愈有把握。

载于 1958 年《苏共历史问题》杂志第 5 期

译自《列宁全集》俄文第 5 版第 44 卷第 455—457 页

6

在德国、波兰、捷克斯洛伐克、匈牙利和意大利代表团联席会议上作的笔记

（7月11日）

（1）战略退却——现在（在国际范围内）

就像1917年4月在俄国那样。

（2）承认？

我们的1917年4月

（有些可笑的？
我认为拉狄克**不对**）　“……好的解释……”

（3）协调行动

—（α）意味着等待？不是

—+（β）意味着“统计”？在某种意义上**是的**

+（γ）意味着：**更好地和更普遍地以及更快地**向**好榜样**看齐：**大体上**照罗马的榜样。

载于1959年《列宁文集》俄文版第36卷

译自《列宁全集》俄文第5版第44卷第458页

论“丧失阶级特性”的小册子的提纲[246]

（1921 年 6 月）

（1）托姆斯基。

（2）施略普尼柯夫。

哥尔茨曼。

（3）柯秀尔，

安德列耶夫。

（4）帕纽什金。

（5）“创始人”的信……[247]

（6）“对什么都不抱希望。”我不相信任何人。

（7）是无产阶级还是小资产阶级知识分子？

（8）｛任人唯亲“制度”
指靠坏的专家
等等。

（9）前“工人反对派”同孟什维克（唐恩）和社会革命党人的联系（彼得格勒；1921 年 5 月 31 日季诺维也夫在中央委员会的说法）。

（10）“一党”制和用瓦解它的办法进行的斗争。

(11)布尔金是一例

(12)莫斯科的“政治交易所”。

载于 1959 年《列宁文集》俄文版
第 36 卷

译自《列宁全集》俄文第 5 版
第 44 卷第 459 页

《关于实行新经济政策的提纲草案》和列宁的修改意见

(1921 年 7 月 21 日)

1. 在党的第十次代表大会上和全国代表会议上确定了我们新经济政策的基本原则。但是必须指出，苏维埃机关在直接的经济活动中贯彻已经制定出来的指示，党和苏维埃的广大工作人员执行有关的法令并领会经济政策的新原则，这些都过于缓慢，并未以[灾难性的]**严重的**国民经济情况所要求的速度进行。[这种灾难性状况][①]**这种严重的情况**由于粮食危机而变得格外严重了。因为粮食危机使许多经济部门的情况甚至比 1920 年底更急剧地恶化了。党的机关和苏维埃机关应当采取果断措施来摆脱目前的局面，而这只有大力地、认真地贯彻已经制定出来的党的指示才有可能。

注 意
①
②

2. 迄今为止我们的经济政策主要具有下列特征：

(a)苏维埃国家不得不直接管理大量的各种类型的企业，而国家掌握的原料和粮食远远不敷这些企业的需要，这种情况的直接后果是不可能合理地经济地利用国家所提供的物资并由此造成这些物资的分散。对企业的供应分散到了各种机关，没有同企业的生产率直接联系起来。结果产生了多头领导和无人负责现象。这种供应方法和现行的劳动报酬办法，使得生产者不关心也不可能去关心自己劳动的成果和改进生产方法。由于三年的战争环境**和国家的经济遭到极大的破坏**，不可能制定并实行一个能包括和协调国民经济各部门的统一的经济计划。为了防止国民经济进一步衰退，必须根据下列原则进行调整：③

国家，即最高国民经济委员会和地方机关，把一定数量的大型

---

① “灾难性的”和“灾难性状况”这两处修改，列宁标上了号码①②，我们将它们移至版心的右边。——俄文版编者注

企业或者因为某种缘故国家认为重要的企业以及它们的辅助企业集中在自己的直接管理之下，同时，各个互为补充的企业应该广泛实行联合的原则。

(b)这些企业的经营严格实行经济核算的原则，即生产上的一切费用完全从生产出来的产品中得到补偿。

(c)最高国民经济委员会及其地方机关开办和经营企业只有在下述条件下才能容许，即根据全国计划，这些企业能够从全国性机关或其他来源(自行采购，自由市场等等)得到原料、粮食和资金的充分供应。

(d)为了补充国家提供的物资的不足，企业(或其领导机关)有权销售一部分自产产品，以便从国内或国外购到短缺的供应品，其中原料和燃料由企业机关自行采购，而粮食通过中央消费合作总社采购。

(e)对工人的各种供应都包括在工资之内，而且上述这类企业的工人工资应达到一定的数额，应能使工人把自己的利益同生产结合起来，并激发首创精神去提高生产率。但无论如何，他们的工资额都不要低于中等生活费标准。无论是给各个工人还是给各类工人(搞承包的，实行计件的等等)分配供应品，都要与他们取得的生产成绩相适应。

(f) **④** **无论是食品供应，还是衣服和其他的供应**

(f)对工人的供应工作由所有供应机关通过工厂管理部门和行政管理部门进行。这些部门只有向上级机关提出保证才能得到必要的东西。工厂管理部门在分配时必须遵守工会和粮食人民委员部为各单位所规定的标准。拨出一批实物和现金由工厂管理部门直接支配，用于意外情况和超出奖励标准的人，工厂管理部门应就它们的使用作出报告，供事后监督。(本条的表决结果是2:2)

4. 未列入上述各类的所有其他企业，应当根据最高国民经济委员会关于租赁的法令和细则所规定的原则，出租给合作社、协作社、其他联合组织以及私人。对那些不能开工，专靠苏维埃经济机关维持的企业，苏维埃机关应当毫不犹豫地、坚决地贯彻这一出租法令，从而帮助国家机构卸掉小企业小工厂这些包袱。

⑤ ||| 5. 没有租出去而国家又不负责管理的企业应当关闭，工人和职员分配到开工的企业中去，剩下的没有工作的人员[按现行的全国

统一的供应办法供应]调做**其他工作**。 |||

6.（1）应该为手工业和小工业创造条件，使手工业者、手艺人能够[安心地]**正常地**发展自己的生产和自由支配自己劳动的产品。 ⑥

（2）在发展与组织小工业和手工业方面，必须明确地、坚定地走小生产者合作化的道路。凡是在经营上和技术上适宜的地方，都要把按合作制组织起来的手工业同大工业企业联合起来。

（3）必须首先给那些为大工业和农民经济的需要服务的或者按国家分配的任务为消费合作社进行生产的小工业和手工业部门创造最优惠的条件。

（4）所有苏维埃政权机关应该千方百计鼓励手工业合作社的发展和自愿的联……①

7. 地方经济机关（最高国民经济委员会的）应当立即将它们管理的企业同样分成归它们管理的企业和出租的企业，对几类特殊企业也相应地采用上述一切原则。

8. 由于歉收，现在已经清楚，预计能征收到的粮食税在许多地区满足不了国家对粮食的需要。不足之数可以在国内市场上用发展商品交换的办法来补足；另一方面，为了[我们的货币流通]**恢复国民经济，特别是恢复货币流通**，也需要发展城乡之间的商品交换。因此，应当采取措施通过国家和合作社的渠道发展商品交换；同时，我们不应受地方流转范围的限制，只要可能和有利，我们就改用货币形式的交换。

9. 同样，为了提高和稳定我国的卢布，必须采取一系列回笼货币的措施，依据的原则是：在国家目前这种物资状况下，甚至到了国民经济的主要部门已振兴的时候，国家在国民经济领域里也不能给任何人无偿提供任何经济服务。在一系列拟采取的措施中，必须注意开办借贷储蓄银行，鼓励信贷合作社，在公用企业中改行收费原则，等等。

10. 为了发展同国外的贸易关系，经济机关应有权参加贸易合同的签订和履行，同时在对外贸易人民委员部的驻外机构中要有自

① 此处在打字时显然漏掉了原稿中的几行字，其中包括（5）、（6）两项。——俄文版编者注

己的代表处。

11. 在目前改变经济政策的时候，国家计划委员会担负的特别重大的任务是，迅速制定总的经济计划，并使工业的利益同农业、运输业、粮食业等等协调起来。为此，国家计划委员会的任务最主要的应该是在最短时期内根据生产尽量密集、有经营能力和集中的原则正确挑选出一批主要的、有生命力的工业企业和工业部门，并要为决定性的生产部门和经济部门指出明确的主攻方向。与此同时，既应考虑到地区的专门需要，也应考虑到实行办联合企业的原则的好处。

12. 在实现上述整个经济政策时，必须严格地划分各种苏维埃经济机关的职能和权限。劳动国防委员会应当是经济政策的总领导，它通过“国家计划委员会”规定统一的经济计划，以协调经济系统各人民委员部的计划，并监督整个经济计划及其各个部分的完成情况。

最高国民经济委员会是通过业务工作执行劳动国防委员会批准的计划和工业方面总的经济指令的机关（相当于人民委员部）。

所有工业管理机关在执行劳动国防委员会下达的生产任务时，对于如何根据上述经济原则合理管理委托给它们的企业在法律上负有无可推卸的个人责任；在这种条件下，取消工农检查院的事先监督。

译自《列宁文集》俄文版第 20 卷
第 112—116 页

粮食估算

（1921年9月）

莫斯科可收到：

	乌克兰除外	乌克兰	总计
粮食税……	17 000—18 000	3 000—4 000(自留 6 000)	20 000—22 000
磨坊税……	2 000— 2 500	1 700—2 000	3 700— 4 500
商品交换…	1 000— 2 000	1 000—2 000	2 000— 4 000

共计 25 700—30 500

布留哈诺夫同志，您有不同意见吗？

总数，至少（经布留哈诺夫和拉柯夫斯基两人**削减**后）＝25 700 万普特。为更加谨慎起见再扣除 10%：25 700－2 600＝**23 100** 万普特。

这样我们就过得去了

每月可有：23 100÷12＝1 900。

	乌克兰除外	乌克兰
粮食税…………	18 000 18 000	4 000(＋自留 6 000)
磨坊税…………	2 500 2 500	1 700

商品交换……	1 000(?)		1 000(?)
	1 000		
	21 500	+	6 700=28 200
	21 500	+	6 700=28 200

载于1945年《列宁文集》俄文版第35卷

译自《列宁全集》俄文第5版第44卷第460页

关于南方钢铁托拉斯的札记[248]

（1921 年 10 月 11 日以后）

这**三个**工厂的工人（矿工和冶金工人都在内）至少（在夏季）为 21 000 人（约数）。

10 月 1 日约 **30 000** |||

共产党员约 **500** |||

目前**每月**工资：216 000

+200 000 煤

+200 000 加班费

每月（12 小时）=616 000 卢布

每个采煤工=90 万到 150 万

每个专家（至多）=250 万到 300 万

+被盗的或用于救济的达 1 000 万

1 金卢布=4 万 75 金卢布=300 万苏维埃卢布

到 1922 年 1 月 1 日给每一个专家增加到：

每月至多**4 000**万

=1 000金卢布。

“商业经理”=

这三个厂的**总管理机构**

（南方钢铁托拉斯）

=……主管人的助手

（大商人）

（（相当于高级的、最高级的专家））

市场销售=他的主要任务。

载于1933年《列宁文集》俄文版第23卷

译自《列宁全集》俄文第5版第44卷第461—462页

《十月革命四周年》一文提纲[①]

（1921 年 10 月 14 日以前）

文 章 提 纲：

在资产阶级革命和无产阶级革命之间没有固定不变的界限……

资产阶级革命：
- 5. 宗教
- 4. 王朝
- 1. **封建主**
- 3. 家庭
- 2. **土地**

无产阶级革命：
- 苏维埃政权
- 工人阶级和农民的“力量”
- 国家政权机构的利用
- 国内战争（教训，“学习”）
- 共产国际……

“战争的要素是危险。”

国家资本主义会把小资产阶级联合起来（后者**恰恰是**缺少联

① 该文见本卷第 180—188 页。——编者注

合)并推翻无产阶级专政。

“……军队去联合”?……

我们正在为社会主义经济奠定基础(仅仅是基础)。

载于1959年《列宁文集》俄文版第36卷

译自《列宁全集》俄文第5版第44卷第463页

《新经济政策和政治教育委员会的任务》报告提纲[①]

(1921年10月17日以前)

新经济政策和政治教育委员会的任务

1. 不是直接按共产主义原则行事,而是"采取迂回接近的办法"。
2. 失败和退却——为了新的进攻。
3. 谁善于尽快利用,是资本家还是我们?
4. "同个人利益结合"……　农民、工人、专家,
   在如何对待他们方面干了很多蠢事。
5. 向承租者和资本家**学习**。
   严峻的、**残酷无情的**科学。
6. 无论如何要**提高生产**。

你们未编入任何机关?未编入甚至更好。

7. **识字**。扫除文盲,而不是想入非非和把扫除文盲委员会扫除掉。
   1920年7月19日。
   开一张不光彩的清单,把文盲多的省县列出来。
8. **提高文化水平**
   (在每一次伟大的政治变革以后,都要用很长时间来"消化","吸

---

① 报告见本卷第191—212页。——编者注

收”，学会利用，把粗粗草建的工程搞完善。）

9. 加强法制……教会人们**靠文化素养**为法制而斗争，同时丝毫不忘记法制在革命中的界限。**现在**的祸患不在于此，而在于有**大量**违法行为。

10. 专门谈一谈**贪污受贿**问题。谁为反贪污受贿的斗争做了什么事情。

补 10。官僚主义和拖拉作风。

11. 生产宣传，介绍一些让农民一看**就明白的**经济方面的成绩，善于介绍、宣传和**关注**成绩。

12. 经济**建设中的实际成绩**———这是实质之所在。一切都要用它来检验。

四项戒条：

13. 总结

三大敌人：
共产党员的**狂妄自大**——
这就是敌人
(1)不要卖弄聪明，不要摆共产党员的架子，不要以大话掩盖疏忽大意、无所作为、奥勃洛摩夫习气和落后；

文盲 { (2)要扫除文盲；

贪污受贿 { (3)要同贪污受贿现象作斗争；

总结 { (4)要用经济建设的**实际**成绩来检验自己的一切工作，使你的话不致成为空话。

载于 1924 年《青年近卫军》杂志
第 2—3 期合刊

译自《列宁全集》俄文第 5 版
第 44 卷第 464—465 页

同阿·马·高尔基谈话时记的要点[249]

（1921年10月17日以前）

巴尔的摩的教授杰罗姆·戴维斯	（高尔基） 29 000印张 战争时期的科学著作： 100万美元

（1）格鲁姆-格尔日迈洛：炉膛

（2）燃料，水分解

（3）维尔纳茨基：地壳的构造

（4）库尔斯克＋克里木两个磁力异常区。

在我们这边的编辑人员有：

（经济学方面）奥萨德奇

（自然科学）平克维奇

（数学）斯切克洛夫

（天文学）伊万诺夫

（解剖学）通科夫

外科学？

接见**平克维奇**（星期六以前在此地，在莫斯科）。

通过高尔基去找。

载于 1933 年《列宁文集》俄文版第 23 卷

译自《列宁全集》俄文第 5 版第 44 卷第 466 页

呈送劳动国防委员会的图表[①]

（1921 年 10 月 21 日）

（这些图表一般应按月上报。个别情况例外，另行规定。）

1. 粮食

2. 国内商业

中央消费合作总社

3. 私营商业

4. 工业

5. 煤

6. 石油

7. 木柴

8. 页岩

9—14. 主要工业部门　6—12

9—20. 收成

6—12. 各种收成或主要谷类收成

4—6. 一年两三次

4—6. 种类，合计

① 关于呈送图表的决定，见本卷第 221 页。——编者注

运输

1　铁路长度

1　机车数

1　车厢数

1　旅客/俄里

1　普特/俄里

1　水路运输;船舶数

1　水路运输;普特/俄里

1　公路运输

1　汽车数

1　普特/俄里数

$\overline{\overline{20}}$—$\overline{\overline{38}}$

出口业

6—12

国营农场

6—12

集体农庄

6—12

银行业

4—8

货币流通

4—8

劳动义务制

6—12

工会

4—8

会员人数及其他

国民教育

20—40

56—104

邮电人民委员部

6—12

卫生人民委员部

6—12

社会保障人民委员部

6—12

陆军人民委员部

6—12

工农检查人民委员部

4—8

司法人民委员部

6—12

民族事务人民委员部

6—12

内务人民委员部

4—8

苏维埃代表大会

其他代表大会

$$\overline{\overline{40}}—\overline{\overline{88}}\left\{\begin{array}{l}9—20\\20—38\\40—88\\\underline{\underline{56}}—\underline{\underline{104}}\end{array}\right.$$

<u>总计＝125</u>—<u>250</u>

载于1933年《列宁文集》俄文版第23卷

译自《列宁全集》俄文第5版第44卷第467—469页

《在莫斯科省第七次党代表会议上关于新经济政策的报告》提纲[①]

（1921 年 10 月 29 日以前）

我讲的题目：**不是**新经济政策，**而是**对我们改行新经济政策这一革命策略和战略的评价。

在改行“新的”政策以前我们的经济政策错了吗？错了还是没错？如果错了，错在哪里？为什么？接着谈谈：承认错误有无实际意义？

举例：面对旅顺口的乃木。

强攻和围攻。

在什么意义上说强攻是错误的？（这种理解是否抹杀强攻者的英勇精神？是否抹杀**强攻的益处**？没有。如果能从错误中学习，如果能从中得到锻炼，那么，错误常常是有益的。）

在什么时候和什么条件下指出强攻是错误的才有益（甚至必要）？

1918 年 3 月 11 日
和 1918 年 4 月 29 日 几则引证。

① 报告见本卷第 227—244 页。——编者注

举个小例子:报纸上的广告。

我们知道,看到,说过:需要向"德国人""学习",需要组织性、纪律性、提高劳动生产率。

什么是我们所不知道的?这项工作的社会经济**基础**是什么?是**以**市场、商业**为基础**还是**反对**这个基础?

1921年春:退到国家资本主义上去。

以及————"商品交换"。

如果拿出租这个"国家资本主义"的例子来说,那么,已经有了无可置疑的成绩。(当然,在这方面也有一大堆局部性的错误和不像话的事情。)

举例:顿巴斯的小矿井(上交国家30%)。

但是商品交换要求(尽管**没有说出来**,但还是要求)**不通过**商业而直接向社会主义的产品交换过渡,向社会主义的产品交换迈步。

结果是:现实生活**使**商品交换**失败了**,以**买卖**取代了它。

从建设社会主义这场战争的革命策略和战略的角度来看,这意味着什么呢?

意味着又后退了一步,又一次退却。

而且这还不是最后的退却。甚至不是(为所有人)充分认识到的退却。

承认"错误"的益处和**必要性**就在于此!主张国家成为一个批发商,提醒防止"共产党员的""狂妄自大",其益处和必要性也在于此。

我们还要退多久？

不知道。这是无法知道的。

这种退却有无危险？这样做是否会增强敌人的力量？

“战争的要素是危险。”是有危险。是会增强。但是，任何其他的战略不仅会增强敌人的力量，而且**会使他们获胜**。

不要怕多次重做和承认自己的错误。这是“**颓丧**”吗？是“**放弃阵地**”吗？

狂妄自大！

消化（在文化上和经济上）伟大的政治变革和军事变革的成果。

工会要参加组织生产和参加管理吗？

参加还是不参加？

参加！

按老一套吗？

不。

一种工具有人会用，有人却不会用。

最后，四点结论。

三 个 主 题：

（开始时指出这三个主题，结束时重提一下）

（α）在改变策略时对“错误”的理解（强攻和围攻；进攻和退却）。

（β）从直接进行社会主义建设退到国家资本主义上去。

（γ）从国家资本主义退到由国家调节商业和货币流通。

ε?‖（δ）这方面的一系列结论：第一次把事情做坏了，第二次重做就应当聪明一些，谨慎一些，稳一些，例如工会参加组织生产和参加管理这件事就如此。切忌共产党员的狂妄自大！

δ?‖（ε）在伟大的政治变革和军事变革以后，要用很长时间在文化上和经济上消化它们。我们已经面临这项任务了。

载于1933年《列宁文集》俄文版第23卷

译自《列宁全集》俄文第5版第44卷第470—472页

对俄共(布)第十一次代表会议关于巩固党的决议草案的修改意见[250]

(1921 年 12 月 22 日)

第 3 部分第 1 条

不是停止,

而是**从严掌握**

或者是一年半和三年

或者是九个月和**一年半**,但要在**好几个党组织**中有 $\frac{4}{5}$=80%的成员同意。

第 4 部分,**第 1 条**

强调必须

(1)学习

(2)具有从事一系列实际工作以及公益活动和生产活动(各种政治活动和社会活动)的资历。

载于 1932 年《列宁文集》俄文版第 20 卷

译自《列宁全集》俄文第 5 版第 44 卷第 483 页

在全俄苏维埃第九次代表大会上《关于共和国的对内和对外政策》的报告的提纲[①]

（不晚于 1921 年 12 月 23 日）

政府的工作报告

α 1. 题目：俄罗斯联邦的国内外形势，报告年度的总结和今后一年的任务。

注意：

β ＋**未遭侵犯、没有战争的**第一个报告年度。

2. 国际形势：不稳定，但存在着某种均势（我在**共产国际**第三次代表大会上的报告提纲[②]）。 γ

3. 难以置信的事成为事实：社会主义共和国处在资本主义的包围之中。

国际革命的道路更加漫长，更加曲折。但**道路是正确的**，否则就不会有现在的局面（社会主义共和国处在资本主义的

① 报告见本卷第 331—365 页。——编者注
② 见本卷第 1—10 页。——编者注

包围之中）。

4. 这种均势的因素是：

I　(α)我们顶住了各国的进攻

II 5. (β)我们同**所有**国家的工人和**劳动者**的团结比资本主义各国之间的团结、**勾结**，力量更大、更强、更雄厚。

III 6. (γ)**战争的后果：资本主义的瓦解正日益加深和加剧**，有国内的（经济危机，**货币问题**），也有“国外的”，也就是说被帝国主义压迫的各国人民的压力，而这大约是全世界人口的$^{5}/_{7}$：殖民地和半殖民地有10亿人；**此外**，还有受凡尔赛和约压制的战败国人口达**25 000万人**。

总之＝我们比一切国家弱（在物质上；在军事上；在目前），**我们又比一切国家强**。怎样强？为什么强？因为世界的经济和政治由于战争影响在战后的发展**正如我们所预见的那样**。

7. 当前破坏均势的危险是：

(α)**波兰**
(β)**罗马尼亚**　}主战派　(γ)**芬兰**

美　国	10 000(万)		
英　国	4 000		
法　国	4 000	**华盛顿会议**（四个帝国主义强国的同盟）	
日　本	6 000		
	24 000	略少于**25 000万**＝全世界人口的$^{1}/_{7}$。	

8. 一系列通商条约
　或发展中的贸易关系：
　　同英国
　　　瑞典
　　　德国
　　　挪威
　　　其他国家

1921 年从国外进口新机车？

关于运输：

向国外订购**机车**　　1 000 台瑞典的
　　　　　　　　＋　　700 台德国的。

1921 年到货的有**13台瑞典的**＋**37台德国的**

订购**油罐车** 500 辆加拿大的＋1 000 辆英国的。

正在运往新罗西斯克途中和已到货的 196＋304＝**500** 辆。

　订购价值 1 550 万金卢布的备件等。

　已到货 **60%**，价值 900 万卢布。

运输：

在运输部门：**燃料**和**粮食**不足。

　组织工作有所改进：

　1920 年——**833 000** 普特/俄里（每台机车一昼夜的平均运输量）
　1921 年——**1 014 000**

　　1920 年：56 700 万普特（内河运输量）
　　1921 年：60 600 万

9. 贸易关系和**对外联系**＝我国大工业的振兴。谈谈**国内**形势。

俄国的对外贸易：

	进口量（单位万普特）	出口量（单位万普特）
进口量		
三年(1918,1919,1920)＝	1 730	250
1921年一年(11个月)＝	5 000	1 160
1921年第一季度	290	50
1921年第二季度	840	210
1921年第三季度	2 420	290

10. 国内形势。谈谈**所谓**“新经济政策”。

11. 可以说，向前跑得太远，先锋队有脱离群众的危险。恢复大工业的工作拖延下来了。

12. 既然存在着大量的小农，那么这样的国家要过渡到社会主义就必须：

要么最迅速地恢复大工业，或者有繁荣的大工业，以便满足农民对产品的需要，

要么通过**商业**使无产阶级国家同大量的小农**结合起来**，**建立联系**，结成**经济**联盟。

13. 我们曾试图实现第一种可能性，但没有成功。如果否认这一点，加以掩饰，害怕承认它，那是错误的。

由于战争和贫穷，我们曾经不得不试行最革命的方法，尽量限制商业，实行余粮收集制和最大限度的国家分配，否则我们就不能赢得战争，就不能“**粉碎**”资产阶级的抵制和“挑衅”。现在我们已经将**其**粉碎，**迫使资产阶级屈服**。我们可以而且应当实行比较**循序渐进的过渡**。

14. 过去我们**在经济上**没有得到农民充分的支持；工农经济联盟不够牢固，这与他们在军事上和政治上牢固的联盟**是不相适应的**。

目前我们在实行**战略退却**，它将在不久的将来给我们提供一个比较宽阔的进攻正面，使我们同千百万小农、同农民群众在经济上极其牢固地**结合起来**，使**我们的联盟**——**工农联盟**，即**我们整个苏维埃革命**、我们整个苏维埃共和国的**基础**——**立于不败之地**。

15. 我们在退（我们不怕承认这一点；退并不可怕，可怕的是产生错觉和自我欺骗。害怕真理将招致灭亡）

———向何处？

退到国家资本主义（租让制）上去 退到合作制的资本主义上去 退到私人资本主义上去	**注意** 还要退到 商业上去

16. 这个退却任务的实质是：同农民经济**结合起来**，**满足**其最迫切的经济需要，**建立牢固的经济联盟**，首先**提高生产力**，**恢复大工业**。

商业，工农业间的流转（在国家的监督下）。

17. 中央消费合作总社及其最近三个月的贸易额。

中央消费合作总社。国内商业的增长：

中央消费合作总社的贸易额	金卢布（单位万）	支出（全部）占贸易额的百分比	谷类饲料的采购量（单位万普特）
1921年 9月— 360亿卢布	100		8月——50
10月—1 160亿卢布	300	23.25%	9月——230
11月—2 270亿卢布	600	13%	10月——150
		12%	11月——270
			12月的10天——110

18. **饥荒和抗灾**。

比较顺利地完成了供应1921年秋播种子的任务。

美国救济署，国外工人的援助。

加里宁的、加米涅夫的、奥新斯基的详细报告。

已收到260万普特，约63万金卢布。

加里宁。

注意 **补**18。**改进农民的种植业**。

在国家设立的育种场里纯种的数量是：

1921 年——6 万普特

预计 1922 年——30 万

发给 15 个受灾省份的种子数………………1 200 万普特

已播面积(在**上述省份**?)……………………360 万俄亩

=1920 年秋播面积的 75%

局部受灾地区………………………………102%

产粮地区……………………………………123% 秋播总

消费地区……………………………………126% 面积

再补 18。粮食税总数。**有缺口**。我们将从国外购买粮食，但仍然会**有缺口**。

尽一切努力，集中全力……

---

19. 好转的征兆尽管微弱，但毕竟是有了：

燃料：

单位百万普特	总计	顿巴斯每个采煤工的采煤量
顿巴斯 1920 年——272.6	466	1921 年上半年——1 631 普特
1921 年——350.0	536	1921 年 11 月——**3 400** 普特
		运往伏尔加河
石油 23 300 万普特		1920 年 10 300

25 500 万普特　　1921 年　　16 690

泥炭　1920 年：　9 300 万普特

1921 年：　13 900 万普特

木柴

泥炭水力开采管理局：1921 年——$2\frac{1}{2}$台泥炭泵——110 万普特泥炭

拉德琴柯	(α)	1922 年——20 台泥炭泵，达 1 000 万普特
莫罗佐夫		（在德国订购了 10 台）
缅施科夫	(β)	泥炭水力开采管理局的发明：
克拉松		找到了一种能在几小时内**使泥炭人工脱水**的方法。
基尔皮奇尼科夫		

已在**德国**订购了工厂设备，它能使泥炭脱水，并制成“燃烧时热效率同最好的燃料石油一样高的”**泥炭粉**。

---

20. **冶金工业**（？）**南方钢铁托拉斯**。

生铁

单位万普特

战前	25 700
1920 年	620
1921 年	740

南方钢铁托拉斯：

——**生铁**每月平均冶炼量（单位普特）

1921 年上半年	69 700
10 月	131 900
11 月	270 800

鲁特格尔斯的企业？

纳杰日金斯基工厂(加一倍??)

+西伯利亚的煤

乌拉尔 {哈默的援助和他承租的企业} ? {100万普特粮食，其中90万普特供给乌拉尔}

---

21. **纺织工业**?①

单位千普特

棉纱……1920年：825

1921年：1 080(=战前的6.1%)

---

22. **工业企业农场总管理局**?

	1919年	1922年	
工业企业办的国营农场的数目…………	233个	1 080个	
它们拥有的土地……	44 000俄亩	202 000俄亩	
它们拥有的耕地……	5 000俄亩	130 000俄亩	增加了25倍
未耕作的土地的百分比………………	74%	21%	

---

23. **电气化**。关于电气技术人员第八次代表大会的工作报告——克尔日扎诺夫斯基的小册子[251]——**卡希拉电站和乌特金湾电站**即将于1922年春季竣工

① 列宁在手稿上把这一条删去了。——俄文版编者注

载于《**经济生活报**》[252]：

	电站	单位千瓦
1918 年和 1919 年…………	51 个	3 600
1920 年和 1921 年…………	221 个	12 300

	电站	单位千瓦
1920 年：	136 个	9 500
1921 年：	85 个	2 800

24.“新经济政策”还有一个极其重要的方面：**学习**经营管理，——“经济核算”——工厂管理部门和工会之间更加正确的相互关系。

工会能够而且应当学会：不仅学习立即动手去抓，而且要学习用心观察，仔细了解，对结果反复加以权衡和考虑。

我们已开始更加认真地学习，我们大家，党、国家机关和工会，不是那么喧嚷地，而是更加用心、更加费心、更加认真地学习建设经济、管理经济企业、恢复和经营大工业、理顺无产阶级国家与农民的正确关系。

{ 商人 与 ||| 狂妄自大 { 工会 与 共产党 }}

{一个人的缺点仿佛是他的优点的延续。}

25.在政治变革以后要用很长时间（小生产者愈多，文盲愈多，时间就愈长）**消化**这个变革。

文化工作和经济工作。

"是小事"吗？是的，**现在**关键就在于这些小事。

从世界上最伟大的**政治**高潮

完成资产阶级民主革命
退出帝国主义战争
苏维埃政权

× 到世界上最伟大的**经济**成就。

学习的渴望
校内和校外的学习
以及学习经济振兴

×**这需要 10 年时间**。

以下数字可粗略表现出学习的渴望的增长情况：

	1920 年	1921 年
农村阅览室……	34 000 处	37 000 处(＋10％)
在职业技术学校学习的…………	47 000 人	95 000 人(＋100％)
在工人预科(学习的)………	17 000 人	41 000 人(＋143％)

注意 **全俄肃反委员会**：

补 25。加强全俄肃反委员会的法制观念并对其进行改革。

26. 总结。**在这部分**。

几周、几个月的任务。

我们的任务＝世界性的任务：大工业(人口中的少数)

和亿万落后的小农。

我们**一定会解决**这项**任务**:社会主义在全世界的最终胜利。

载于1933年《列宁文集》俄文版第23卷

译自《列宁全集》俄文第5版第44卷第484—493页

《关于工会在新经济政策条件下的作用和任务的提纲草案》的要点[①]

（1921 年 12 月 28—30 日）

1

1. 新经济政策标志着苏维埃政权实现从资本主义向社会主义的过渡这一活动发展的新时期（和新转折），它要求重新研究工会的作用和任务，并考虑这方面的一系列新情况。

(1)产生资本主义并容许它存在

(2)国营企业实行新的原则

(3)以另一种速度、通过另一些途径、用“新的迂回方法”实行整个过渡。

2.　2. 私营的资本主义企业。维护工人阶级的利益。

5.　3. 维护的主要方式不是罢工（但决不是一概不使用这种手段），而是向工人国家的机关申诉。

① 草案初稿见本卷第 376—387 页。——编者注

3.　4. 国营企业“不亏损”，“有赢利”。
也是维护工人阶级的利益。

4.　5. 在资产阶级掌握政权的国家中和在工人阶级掌握政权的国家中阶级斗争（只要有阶级存在，现在和将来都会有阶级斗争）的根本区别（罢工及其作用）。

6. 对企业管理的态度。　{{全部权力}}
个人管理制和不干预。

与6有关。要作出成绩就必须拥有全部权力。
发放工作服、各种供应品和纸币，以及规定发放的数额，均由工厂管理机构负责。

形式——个人管理制。
不干预。

7. 学习管理。
关键在于：

(α)参加各机关的工作。　＋生产宣传

(β)有发言权。

(γ)充分交流情况和讨论。　＋计划工作

(δ)推荐候选人，登记，评议，调动他们的工作。　＋从采购原料到销售

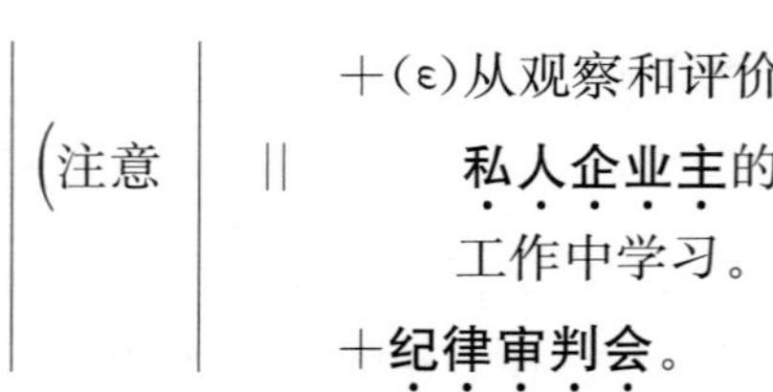

与7有关 分配供应品

制定(参加制定) +不是发表宣言

标准 +不是制定“重大政策”

讨论出租问题

与7有关:工会在无产阶级国家的经济机关和国家机关中的作用。

1 (1)参加经济机关和国家机关的人事安排

(讨论候选人;有发言权)

(2)并参加上述机关(当部务委员,当专家的助手或相反)

2. (3)从工人中培养行政管理人员

{几十个好的和几百个还不错的
几百个优秀的和几千个还不错的。}

(4)系统登记并拟定候选人名单。

3. (5)包括参加计划机关的工作。

(6)参加国家机关对所有工业问题和工业管理问题的讨论。

4. (7)生产宣传。

5. (8)系统地熟悉工业从采购原料到销售产品的全部工作。

6.　(9)包括：

制定工资率和供给标准。

纪律审判会应同管理机构的权限，同共产党和苏维埃政权的作用真正区别开来……

与6有关　(10)纪律审判会不应变成一般的法庭。

7.　(α)无产阶级＝从**资本主义**向**社会主义**过渡的国家的阶级支柱。

(β)工会＝共产党领导的国家政权在其**一切**经济工作中的合作者。

(γ)共产主义的学校，特别是**学习管理的学校**。

总结：学习管理。重点不是制定一般的或重大的政策（这由共产党和苏维埃政权负责），而是进行实际的、切实的工作，**教**群众怎样管理。

8.　两种矛盾的职能的必然结合：

与14有关？ {说服与强制
维护与压制}

{既按照军事方式
又不按照军事方式}

这是实际生活的矛盾。关键全在于此。

8.　9.　**联系群众**。

生活在**群众**之中。

了解**情绪**。

了解**一切**。

理解群众。

善于接近。

赢得群众的**绝对**信任

领导者不脱离所领导的群众，先锋队不脱离整个劳动大军。

与8有关？10. 善于把说服与强制结合起来。

与 14 有关？

补 5？ 11. 改为**自愿**入会制。

权利和义务。

共产主义的学校：

愚昧状态和党的水平之间的梯级。

12. 对专家的态度。

避免两种极端。

杀害与自杀（**奥登博格尔**？）。

举例。可耻的事。

与 14 有关？13. 不讨好群众，不脱离群众。

14. 联合组织，——解决冲突——解决矛盾：

{共产党
+共产国际}

15. 更换上层领导，把不适合的人调往其他部门。

9： (1)说服与强制……

(2)维护与压制……

(3)考虑到偏见和落后——不姑息,不讨好,而是提高……

(4)既按照军事方式——又不按照军事方式……

(αα)一切**学校**的矛盾(共产主义的学校)

(ββ)过渡时期的矛盾。

两个具体结论:(1)机智;(2)共产国际。

10:**工会和专家**。

(1)在乌拉尔和顿巴斯发生的打死工程师的事件。

(2)奥登博格尔的自杀。

(3)共产党和苏维埃政权的责任比工会大。

(4)问题不在于责任。

工会担负的一项最艰巨、最经常性的工作。

(5)要像爱护眼珠那样——否则就等于零。

11:　小资产阶级民主派(**社会革命党人和孟什维克以及无政府主义者**)的独特的作用——工会运动中最后一批**在思想上**维护资本主义的人。

同他们进行斗争并逐步**根除**他们的主要场所。

2

1. 新经济政策和工会。

2. 国家资本主义和工会。

3. 国营企业的经济核算制和工会。

4+? { 4. 在资本家掌握国家政权的国家中和在无产阶级掌握国家政权的国家中阶级斗争的根本区别。
5. 维护无产阶级阶级利益的方法。 } 4.

5. 改为自愿入会制。

6. 工会对企业管理的态度。

7. 工会在无产阶级国家经济活动中的作用。

8. 联系无产阶级群众是工会的主要任务和基础
“共产主义的学校”。

9. 在从资本主义到社会主义的过渡时期工会任务的矛盾方面。

(8+10+13)

9. **在无产阶级专政下工会处境的矛盾。**

与9有关。10. 解决这些矛盾的方法。

10. 11. 工会和“专家”。

11. 12. 更换工会领导成员问题。

载于1958年《共产党人》杂志
第6期

译自《列宁全集》俄文第5版
第44卷第494—500页

《政论家札记》一文的两个提纲[253]

（1922 年 1—2 月）

1
文 章 提 纲
（1922 年 1 月）

（a）“登山家”……在喜马拉雅山。

（b）莱维和塞拉蒂＋第二国际和第二半国际。

（c）不用比喻。

（d）“共产党员的妄自尊大”。

| 过分醉心于行政手段。
| 引证托多尔斯基书中的话，第 61—62 页。[254]

关于工会的决议。 用法令来进行宣传的阶段

（e）西欧无产阶级的“统一战线”和英国的选举。

对孟什维克的态度。

6. 结论中，**共产主义的**观点

简要地

资产阶级及其主动性

详细地

7. 不光彩的事实(朝鲜)以及由于他们可能会和大概会在格鲁吉亚问题上发动“攻势”而产生的一些难题,这从根本上说是很重要的。

8.①

2

1922 年 1 月和 2 月

《政论家札记》一文提纲和开头:

§ I: 论攀登高山②。**“打个比方”(1—4)**。

§ II: **“不用比喻”(4—8)**。

任何比喻都是有缺陷的③。

高于以前的一切革命。

不朽的成就。

((α)) 资产阶级民主革命(“离婚和农奴主皮·亚·索罗金”)。《经济学家》杂志[255]第 1 期④

列入标题:

论热那亚会议,论俄军撤离格鲁吉亚,论孟什维克的合法化,论捉狐狸,等等。

§

“纯粹民主派——他们就是农奴主”(同样是辩证法)。

§

“理想的三驾马车”:马尔托夫、切尔诺夫和无政府主义者。它

① 列宁在手稿上把这个提纲整个删去了。——俄文版编者注

② 列宁在手稿上把这句话删去了。——俄文版编者注

③ 列宁在手稿上把这一段和下一段删去了。——俄文版编者注

④ 见本版全集第 43 卷第 23—32 页。——编者注

((β))退出帝国主义战争[1]。

((γ))苏维埃国家。

对于资本家是“理想的”：理想上纯粹的，——愚蠢的，——学究气的，——毫无用处的——学理主义的，——方便的，——有权威的（对于在工人阶级中传播资产阶级思想是理想的），——软弱无力的，——夸夸其谈的，等等。

|| **注意**：

什么时候可以认为社会主义经济的基础**业已奠定**呢？当能够保证同农民进行产品交换的时候。当能够**从经济上**满足农民需要的时候!!

‖ 注意

退却

退到商业上去：从经济上来说，这是怎么一回事？**联系**。

（9月）（10月）（11月）（12月）

注意：**中央消费合作总社 100—300—600—1 600**[2]＝“为社会主义创造条件的经济”……

退到国家资本主义**上去**。

（同1918年4月相比）

注意：数亿金卢布的**利润**即使“理想的三驾马车”（马尔托夫＋切尔诺夫＋戈尔德曼）也摧毁不了。

① 列宁在手稿上把这一条和下一条删去了。——俄文版编者注

② 见本卷第527页。——编者注

我们的法院和"国家(注意)资本主义"。不是 15 000 万卢布,
而是监狱
+
和驱逐出境。

§ **关于国家资本主义的概念**。辩证地运用这个概念。

III:莱维和塞拉蒂:"街垒那一边"最左的人。

§ IV:
目前:
党的状况:
党内有
伊·尼·斯米尔诺夫
争论俱乐部
波谢
诗人,
而党外有:莱维和塞拉蒂。

IV:共产党员的狂妄自大或共产党员的妄自尊大①。

俄语向英语方面发展。

新经济政策,——共产党,——工会,——苏维埃,——工人合作社,等等。②

店员(要精明,诚实,内行等等)

和共产党员的狂妄自大

(同 1918 年 4 月相比。)

---

① 这两个词列宁用的俄文是:комчванство 和 комспесь。——编者注

② 这里列宁用的都是缩写词:Нэпо,——ком,——проф,——сов,——рабкооп,етс。——编者注

§ **用谁的双手来建设共产主义**？

引证托多尔斯基书中的话，第 61—62 页。

‖一百个资产者对一百个共产党员。‖

“……谁过分醉心于行政手段……他就……”

（我们多数人**没有充分**运用行政手段。）

关于工会的决议，决议的“精神”

和对待决议的“共产党员妄自尊大”的态度。

用法令进行宣传的阶段和其他阶段。

文化工作，**“为文化而文化”和小事**……19 世纪 80 年代？

……对小资产阶级民主派的政党和流派……

V：对孟什维克（＋社会革命党人和**无政府主义者**）的态度和统一战线。

§ 1. 博诺米和爱尔兰＋格鲁吉亚。

我们的法律草案，而社会民主党先生们，在你们德国呢？**还有其他资产阶级政党呢**？

{不少于 5 年
驱逐出境
枪决}

两条世界性的战线和“中间派”，即“**半布尔什维克**”，对比**印度教徒**-托尔斯泰主义者。

英国的选举。

‖‖ 无情的斗争……和……**联盟**！！

大致是：

(α)论灰心的害处和论商业的好处。

(β)论社会主义经济的基础。

(γ)韦谢贡斯克的榜样。

(δ)论“理想的三驾马车”。

(ε)纯粹民主派——他们就是农奴主。

(ζ)论格鲁吉亚和热那亚会议。

(η)论国家资本主义的概念。

(θ)论统一战线。英国的选举。

(ι)用法令进行宣传的阶段。

(χ)奥勃洛摩夫习气。

(λ)为文化而文化和小事。

(μ)“共产党员的狂妄自大和妄自尊大”。店员。

(ν)两条战线和中间派;印度教徒-托尔斯泰主义者。

(ξ)政策和行政手段。

(ο)论对孟什维克的态度。孟什维克的合法化。

载于1959年《列宁文集》俄文版第36卷

译自《列宁全集》俄文第5版第44卷第501—505页

对小人民委员会工作条例草案的意见

（1922 年 2 月）

……

10. 除第 5 条规定的以外，小人民委员会的一切决定性的决定，即解决实质性问题的决定，都送人民委员会。而一切局部性事件性的决定，如进行各种调查，收集必要的材料，把各种事项送有关部门处理，对各部门向小人民委员会提出的各种询问给予答复，以及人民委员会的行政工作和总务工作，都由小人民委员会用自己的名义最后决定，不交给大人民委员会。

俄语不这么说

不这么说，改为**事务性的**或**属于事务性的**——**这样较好**。

＋建议增添：凡同莫斯科苏维埃有关的一切问题必须邀请其代表参加讨论。

＋必须邀请**一切**有关的人民委员部参加。

载于 1945 年《列宁文集》俄文版第 35 卷

译自《列宁全集》俄文第 5 版第 44 卷第 506 页

俄共(布)党员全国统计调查表

1922年2月13日

俄共中央统计处

"A"表第38号

俄共(布)党员

全国统计调查表

1922年

全世界无产者,

联合起来!

1. 党支部所在地:市/村 莫斯科 县/乡 莫斯科河南岸区

省/区域 克里姆林第一区。

2. 党支部所在企业(机关、部队)的名称

人民委员会,党证第224332号

3. 签发党证的党组织名称 莫斯科河南岸区党委会

4. 姓 乌里扬诺夫(列宁)。 5. 名和父名 弗拉基米尔·伊里奇。

6. 性别 男。7. 年龄 生于1870年;足龄:52岁。

8. 操何种语言 俄语。9. 还能流利地说哪几种语言:没有一种能说得流利。

10. (a)有何宗教信仰(信念)?(有,无)是什么教:无。

(b)如不信教,从几岁开始:从16岁。

11. 被调查人的家庭人口(不包括本人):

需赡养的:两人

工作的: 两人

12. 教育程度:(a)是否识字;识字。(b)如曾经学习或正在学习,在下面填明:____

表一 学历

学校类型(两年制乡村小学;四年制城市小学;职业技术学校;汽车专业夜校;航空训练班;中学;大学;党校)。 社会教育应注明“自学”,“家庭教育”	学习了多少年	中学是否毕业(毕业或未毕业,某年级肄业,或正在学习)
13	14	15
a. 1887 年在古典中学毕业 b. 作为法律系校外生 c. 于 1891 年通过大学毕业考试	8 年(中学)	中学毕业。作为校外生通过大学毕业考试

16. 如愿学习,想学什么(识字,科学,艺术,手艺——指明哪一种):____

表二 社会出身和民族

与被调查人的关系	主要职业或工作,职务,级衔	在行业中的地位(有雇工的业主;单干的业主;雇工;“自由”职业者;房产主;家庭主妇)	民族
17	18	19	20
1. 祖父…… 2. 父亲…… 3. 母亲……	不知 国民学校校长 —		

21. 从几岁起靠自己的劳动生活:从 27 岁起(大约);当雇工还是自己经营(请划线标明):写作。

22. (a)1917 年以前的主要职业和专长：写作。

(b)从事这项职业多少年：约 20 年(1897—1917 年)。

23. 1914 年以前的主要生活来源：写作和党的津贴。1914—1917 年：同上。

表三　从 1917 年至本次调查前工作经历

<table>
<tr><th rowspan="3">工作时期</th><th colspan="2">工作地点</th><th rowspan="3">工作种类</th><th rowspan="3">雇用，选举，任命</th><th colspan="4">工作时间</th></tr>
<tr><th rowspan="2">曾经工作三个月以上和目前工作所在的企业(机关、部队)的名称</th><th rowspan="2">市或省</th><th colspan="2">起讫日期</th><th colspan="2">共计</th></tr>
<tr><th>年月</th><th>年月</th><th>年</th><th>月</th></tr>
<tr><td>24</td><td>25</td><td>26</td><td>27</td><td>28</td><td>29</td><td>30</td><td>31</td><td>32</td></tr>
<tr><td rowspan="5">A. 从 1917 年到担任现职前</td><td>a …………</td><td>…………</td><td>……</td><td>……</td><td>……</td><td>……</td><td>……</td><td>……</td></tr>
<tr><td>b …………</td><td>…………</td><td>……</td><td>……</td><td>……</td><td>……</td><td>……</td><td>……</td></tr>
<tr><td>c …………</td><td>…………</td><td>……</td><td>……</td><td>……</td><td>……</td><td>……</td><td>……</td></tr>
<tr><td>d …………</td><td>…………</td><td>……</td><td>……</td><td>……</td><td>……</td><td>……</td><td>……</td></tr>
<tr><td>e …………</td><td>…………</td><td>……</td><td>……</td><td>……</td><td>……</td><td>……</td><td>……</td></tr>
<tr><td rowspan="2">B. 调查时：</td><td>a. 从 1917 年 10 月起任人民委员会主席</td><td>莫斯科</td><td></td><td>任命</td><td>从 1917 年 10 月 25 日起</td><td></td><td>4</td><td>3</td></tr>
<tr><td>b. …………</td><td>…………</td><td></td><td>……</td><td>……</td><td>……</td><td>……</td><td>……</td></tr>
</table>

33. 最近一月的工资：(现金)：工资级别：17，基本工资：…………卢布，全部工资　4 700 000 卢布[256]。

表四 党内经历

党派名称	党内地位(“职业革命者”,党委委员,党委书记,组织员,鼓动员,宣传员,战斗员,技术员,普通党员)	工作地点(市,省)	党龄		
			入党(年月)	脱党(年月)	党龄合计(年月)
34	35	36	37	38	39
俄共(布)	职业革命者,中央委员	莫斯科	1895年(实际上)	—	约27年

表五 革命经历

参加的活动	次数
40	41
1.经济罢工……	—
2.政治罢工……	—
共计……	
3.街头政治游行示威……	—
4.学生运动……	(1887年)
5.地下小组……	
6.秘密的群众集会和群众大会……	多次
7.五一游行示威……	多次
8.武装起义和游击活动……	—
9.党的代表会议……	几乎全部
10.党的代表大会……	

42.狱中经历:(a)监禁:1年2个月;行政流放:3年___月;

定居流放___年___月;国外政治流亡:约10年……月;逃脱次数:___

43.(a)您在1921年读过哪些报刊(请列举其名称):各种。

(b)按期阅读,偶尔阅读,从不阅读:不按期阅读。

(c)如果从不阅读,为什么(没有报纸,没有时间,没有兴趣)____

(d)如果阅读,在哪里(家里,工作地点,图书馆,阅览室,报栏):家里。

44. (a)从何时起您是工会会员:从 19……年起

(b)目前您是否参加工会工作(参加,未参加)　未参加。

(c)如果参加,是何种工作:____

表六　在部队任军事人员和政治委员的经历

何种军队	兵种和专业(步兵,骑兵,炮兵,工兵,工程兵)	最高的军衔和军阶(列兵,连长)	服役时间				作战次数		负伤次数		获奖次数
			起讫日期		总计						
			年月	年月	年月		互射等	白刃格斗	火器伤	白刃伤	
45	46	47	48	49	50	51	52	53	54	55	56
1. 沙皇军队 2. 白军 3. 绿军 4. 红军	均无										

57. 如果没有在部队工作过,是否参加过普遍军训(参加过,未参加过)

未参加过。

58. 何时复员　19____年____月____

59. (a)如果您是城市居民或工人,是否与农村还保持某种联系(保持,未保持)____ ____

(b)何种联系(自己经营或与其他人合伙经营田地、菜园、养蜂场等)____

(c)您以何种形式参加这种经营(亲自劳动,出钱):____

附注:

莫斯科市 ……………………………………………… 1922 年 2 月 13 日

弗·乌里扬诺夫(列宁)

影印件载于 1926 年 И.Г.拉济扬《俄共(布)党员弗·伊·乌里扬诺夫(列宁)的"个人档案"》一书

译自《列宁全集》俄文第 5 版第 44 卷第 509—514 页

注释

1 这是有关共产国际第三次代表大会的一组文献。在本卷《附录》里还收有一组有关这次代表大会的材料。

共产国际第三次代表大会于1921年6月22日—7月12日在莫斯科举行。出席大会的有来自52个国家的605名代表,他们分别代表48个共产党、8个社会党、28个青年团、4个工团组织、2个反对派共产党(德国共产主义工人党和西班牙工人共产党)以及13个其他组织。参加代表大会的俄共(布)代表共72人,列宁是代表团团长。代表大会议程共22项,其中包括:世界经济危机与共产国际的新任务;共产国际执行委员会的工作报告;德国共产主义工人党问题;意大利问题;共产国际的策略;红色工会国际同共产国际的关系;俄共(布)的策略;共产国际和共产主义青年运动;妇女运动;关于共产党的组织和共产国际的组织等。

列宁领导了大会的全部筹备工作和大会的进行,并被选为大会名誉主席。他参与了大会主要决议的制定,在大会上作了关于俄共(布)策略的报告、关于共产国际策略问题和关于意大利问题的讲话,并在一些代表团的会议上多次发言。

代表大会的中心议题是适应国际共产主义运动发展的新条件制定共产国际的策略并研究共产国际的组织问题。在大会上,列宁除了关注同中派危险作斗争外,还非常关心同"左的"教条主义和宗派主义作斗争。代表大会奠定了共产党策略的基础,提出了争取群众到无产阶级方面来、建立工人阶级的统一和实现统一战线策略的任务。——1。

2 第二国际和第二半国际即伯尔尼国际和维也纳国际。第一次世界大战一开始,第二国际就遭到了破产。战后,持社会沙文主义、机会主义和中派主义立场的各国社会民主党领袖于1919年2月在伯尔尼召开代表会议，成立了伯尔尼国际，也称第二国际。1921年2月，在革命群众压力下退出了伯尔尼国际的中派社会党，在维也纳召开代表会议，另外成立了维也纳国际，通称第二半国际（正式名称是社会党国际联合会）。1923年5月，在革命斗争浪潮开始低落的形势下，伯尔尼国际同维也纳国际合并成为社会主义工人国际。——2。

3 指1919年4月13日在印度旁遮普的重要工业中心阿姆利则发生的大惨案。这天，该市人民举行和平集会，抗议英国殖民当局的专横暴虐。英国殖民当局出动军队向与会群众开枪，结果打死了约1 000人，打伤了2 000多人。阿姆利则大屠杀激起了印度人民的反抗浪潮。在旁遮普和其他一些省份接连爆发了人民起义。——3。

4 指全俄电气技术人员第八次代表大会。

全俄电气技术人员第八次代表大会是在苏维埃政权下召开的首次电气技术人员代表大会，于1921年10月1—9日在莫斯科举行。代表大会是根据1921年2月8日人民委员会的专门决定召开的，目的是"为了全面讨论同实现俄罗斯电气化计划有关的技术经济问题并发动广大人民群众积极参加国民经济电气化的工作"。参加代表大会的有来自俄国102个城市的893名代表以及475名特邀来宾，在他们中间有国内最著名的科学家、经济工作人员和专家，还有许多电气工业企业的工人。列宁被选为代表大会的名誉主席。

代表大会的全体会议和分组会议共听取了200多篇报告和发言，其中有格·马·克尔日扎诺夫斯基关于俄罗斯国家电气化委员会工作的报告，阿·费·约飞关于物质结构的最新理论的报告，米·瓦·舒莱金关于发展无线电报和无线电话的报告，列·康·拉姆津关于俄罗斯燃料产地和燃料供应的报告，亨·奥·格拉夫季奥关于运输业电气化的报告，弗·费·米特克维奇关于电流的本质的报告，亚·亚·哥列夫关于北美电气化新方案的报告等。列宁对代表大会上的报告给予了高度评价（见本卷第352—353页）。代表大会通过了关于俄罗斯联邦电气化总计划的决议，关于全国各地区（南方、西北、西伯利亚、乌拉尔、土耳其斯坦、东南)电气化的决议,关于供应农村电力的决议,关于俄国金属工业任务的决议,关于石油工业电气化和发展石油工业的决议,关于宣传电气技术知识的决议以及其他决议。代表大会的建议在俄罗斯国家电气化计划的进一步具体化和实施的过程中得到了考虑。——7。

5　喀琅施塔得暴动是1921年2—3月间在俄国波罗的海海军要塞喀琅施塔得发生的反革命叛乱。这一叛乱是社会革命党人、孟什维克、无政府主义者和白卫分子在外国帝国主义者支持下策动的。卷入叛乱的有约27 000名水兵和士兵。当时波罗的海舰队中参加过十月革命的水兵大都上了国内战争的前线,新补充的水兵多半来自农民,不少人受到小资产阶级无政府主义的影响。所以这次叛乱反映了农民对战时共产主义政策的不满和他们在政治上的动摇。叛乱分子的首领提出了“没有共产党人参加的苏维埃”的口号,指望由小资产阶级政党掌握政权,这实际上意味着推翻无产阶级专政并为公开的白卫统治和复辟资本主义创造条件。2月28日和3月1日,叛乱分子的首领召开大会,通过决议,要求让所谓“左派社会主义政党”自由活动,取消政治委员,允许自由贸易,改选苏维埃。3月2日,叛乱分子逮捕了舰队指挥人员,占领了喀琅施塔得,给彼得格勒的安全造成了严重威胁。俄共(布)中央和苏维埃政府为平定叛乱采取了紧急措施。3月2日宣布彼得格勒特别戒严。3月5日重组第7集团军,由米·尼·图哈切夫斯基任司令,负责平息叛乱。正在开会的俄共(布)第十次代表大会派出克·叶·伏罗希洛夫等约300名有军事经验的代表加强第7集团军。经过激烈的战斗,叛乱于3月18日被彻底粉碎。——9。

6　《最新消息报》(«Последние Новости»)是立宪民主党的机关报(日报),1920年4月—1940年7月由流亡国外的白俄分子在巴黎出版;帕·尼·米留可夫任主编。——9。

7　《共产主义劳动报》(«Коммунистический Труд»)是俄共(布)莫斯科委员会和莫斯科工农代表苏维埃的机关报(日报),1920年3月18日创刊。1922年2月7日起改称《工人莫斯科报》,1939年3月1日起改称《莫斯科布尔什维克报》,1950年2月19日起改称《莫斯科真理报》。——10。

8　共产国际第三次代表大会关于策略问题的提纲是由俄国代表团负责起草的。1921 年 6 月 1 日，卡·伯·拉狄克送给了列宁一份按照库恩·贝拉和奥·塔尔海默的建议修改过的提纲草案和库恩、塔尔海默两人拟的提纲草案。列宁在装材料的信封上写了自己对提纲的初步意见(见本卷第 477 页)，然后又写了这里收载的信，对提纲提出了详细的修改意见。提纲草案根据列宁的指示改写后，在有各国代表团参加的预备会议上讨论了几次，最后以俄国代表团的名义提交代表大会。6 月 30 日，拉狄克在大会上作了关于共产国际策略问题的报告。7 月 1 日，列宁在大会上作了捍卫共产国际策略的讲话(见本卷第 32—42 页)。提纲于 7 月 12 日由代表大会一致通过。——11。

9　指德国统一共产党中央委员会致德国社会民主党、德国独立社会民主党、德国共产主义工人党及一切工会组织的"公开信"(载于 1921 年 1 月 8 日《红旗报》)。在这封信中，德国统一共产党中央委员会号召德国一切工人组织、工会组织和社会党组织采取共同行动来反对日益猖獗的反动势力和资本对劳动者生活权利的进攻。共产党人提出的共同行动的纲领包括以下要求：提高战争伤残者的抚恤金，消灭失业现象，由垄断组织出资来改善国家财政状况，由工厂委员会监督现有全部粮食、原料和燃料，所有停工企业开工，由农民苏维埃和农村雇农组织共同监督播种、收获和销售全部农产品，立即解除一切资产阶级的军事化组织的武装并予以解散，建立工人自卫组织，大赦全部在押政治犯，立即恢复同苏维埃俄国的贸易和外交关系。"公开信"提出的共同行动的建议，遭到了社会民主党和工会右翼领导的拒绝。——13。

10　德国共产主义工人党由被德国共产党第二次代表大会(1919 年 10 月)开除出党的无政府主义"左派"分子组成，1920 年 4 月在柏林成立。为了促使德国所有共产主义力量联合起来和争取德国共产主义工人党中的无产阶级优秀分子，共产国际执行委员会于 1920 年 11 月暂时同意该党作为同情政党加入共产国际，同时向该党提出同德国统一共产党合并和支持其一切行动的要求。共产国际第三次代表大会作出决议，要该党在一定期限内并入德国统一共产党，否则就要取消它作为共产国际同情政党的资格。由于没有执行共产国际的这项决议，该党被认为自行退出共产国际。该党后来蜕化成为宗派小集团，于 1927 年解散。——13。

11 指意大利社会党对改良主义者的态度问题。意大利社会党于 1919 年 10 月加入共产国际。该党代表参加了共产国际第二次代表大会的工作，但代表团团长扎·梅·塞拉蒂当时持中派立场，在代表大会以后反对同改良主义者决裂。由于这个原因，在该党第十七次代表大会上发生了分裂：左派于 1921 年 1 月 21 日声明退出社会党，并在同一天召开会议，组成意大利共产党，通过了无条件接受加入共产国际的条件（21 条）的决议（参看注 30）。

在发生上述事件之后，共产国际执行委员会决定把意大利社会党开除出共产国际，只承认意大利共产党是共产国际在意大利的成员。为了抗议共产国际执行委员会的这一决定，意大利社会党派出了由康·拉查理、法·马菲和里博迪组成的代表团出席共产国际第三次代表大会。

这次代表大会专门就意大利问题进行了讨论，列宁在会上讲了话（见本卷第 26—31 页）。代表大会于 1921 年 6 月 29 日通过了如下决议："意大利社会党没有把艾米利亚雷焦改良派代表会议的参加者及其支持者开除出党以前，不能成为共产国际的成员。如果这个最后通牒性的先决要求被接受的话，第三次代表大会将委托执行委员会采取必要的步骤，把业已清洗了改良主义分子和中派分子的意大利社会党同意大利共产党合并，使之成为一个统一的共产国际支部。"但是，这个决议未能得到执行。

1922 年 10 月，在法西斯势力向工人阶级进攻和改良主义者背叛的情况下，意大利社会党在该党第十九次代表大会上开除了改良主义者。同年，共产国际第四次代表大会决定接受意大利社会党加入共产国际。但是这个决定没有实现。意大利社会党内部拥护第三国际的"第三国际派"（塞拉蒂、马菲等加入了该派）在 1923 年 4 月该党非常代表大会上未能获得多数，并且于 1924 年 2 月被开除出党。1924 年 8 月，"第三国际派"（约 4 500 人）加入了意大利共产党。——14。

12 三月行动指1921年3月德国中部工人的革命斗争。德国统一共产党在德国中部地区影响很大。德国政府当局为了镇压这里的革命运动，于3月18日派遣公安警察和国防军进入这个地区，占领了一些重要企业，以挑动工人进行过早的没有准备的起义。德共梅泽堡专区党组织于3月21日号召进行总罢工以回答这个挑衅。罢工在几天之内扩展到整个德国中部，并在许多地区变成了工人反对反动派的武装斗争。德国统一共产党中央也于3月25日宣布全德总罢工。德国中部地区工人的这次斗争坚持到4月1日，终因敌我力量悬殊而被镇压下去。一百多名工人惨遭屠杀，几千名工人被投入监狱。

德国统一共产党中央在三月行动中犯了许多错误，主要是在敌我力量十分悬殊的情况下没有指明这次斗争的防御性质，也没有在全国范围内把大多数工人群众争取到自己方面来。共产国际第三次代表大会讨论了德国的三月行动，指出了德国统一共产党的错误，同时也确认三月行动是几十万无产阶级群众反对资产阶级的英勇斗争。

保·莱维对三月行动持反对态度，于1921年4月初出版了题为《我们的道路。反对盲动主义》的小册子，把德国无产者的斗争称为“巴枯宁式的暴乱”，并鼓动工人指责共产党人。鉴于莱维粗暴地破坏党的纪律，德国统一共产党中央委员会于4月15日决定把他开除出党，并要求他交出国会议员当选证书。4月29日，共产国际执行委员会批准了德国统一共产党中央委员会的这一决定。——14。

13 1917年七月事变是俄国1917年二月革命后，继四月危机和六月危机而发生的又一次危机，是达到全国性危机的一个新的重要的阶段。

俄国资产阶级临时政府所组织的前线进攻以惨败告终，激怒了彼得格勒的工人和陆海军士兵。1917年7月3日(16日)，由第一机枪团带头，自发的游行示威从维堡区开始，并有发展成为反对临时政府的武装行动的趋势。鉴于当时俄国革命危机尚未成熟，布尔什维克党不赞成搞武装行动。7月3日(16日)下午4时，党中央决定劝阻群众。但是示威已经开始，制止已不可能。在这种情况下，当夜，布尔什维克党中央又同彼得堡委员会和军事组织一起决定参加游行示威，以便把它引导到和平的有组织的方向上去。当时正在内沃拉村休息的列宁，闻讯后于7月4日(17日)晨赶回彼得格勒。7月4日(17日)这天参加游行示威的共50多万人。列宁在克舍辛斯卡娅公馆的阳台上向游行的水兵发表了演说,要求群众沉着、坚定和警惕。示威群众派代表要求苏维埃中央执行委员会夺取政权,遭到社会革命党、孟什维克领袖的拒绝。军事当局派军队镇压和平的游行示威,示威群众在市内好几个地方同武装的反革命分子发生冲突,死56人,伤650人。在人民意志表达以后,布尔什维克党于5日发表了停止游行示威的号召书。莫斯科、下诺夫哥罗德等城市也发生了反政府的游行示威。临时政府在孟什维克和社会革命党所领导的中央执行委员会的支持下,随即对革命人民进行镇压。7月5—6日(18—19日),《真理报》编辑部和印刷厂以及布尔什维克党中央办公处所被捣毁。7月6日(19日),临时政府下令逮捕列宁。工人被解除武装。革命的彼得格勒卫戍部队被调出首都,派往前线。七月事变后,政权完全转入反革命的临时政府手中,苏维埃成了它的附属品,革命和平发展时期告终,武装起义的任务提上了日程。列宁对七月事变的评述,见《三次危机》(本版全集第30卷)、《俄国革命和国内战争》(本版全集第32卷)。——15。

14　可能是指卡·伯·拉狄克提出的关于共产国际策略问题的提纲初稿中的下述内容:“他们(即拉狄克所说的许多国家共产党内的中派集团)看到共产国际要建立的只是真正革命的群众性的党,便掀起了骇人听闻的叫嚣,说什么共产国际陷入了宗派主义。德国的莱维集团、捷克斯洛伐克的什麦拉尔集团等就是这样干的。这些集团的性质是十分明显的。这是一些用共产主义的词句和理论掩饰其消极等待革命的政策的中派集团。当捷克斯洛伐克工人的大多数已经站在共产主义立场上的时候,什麦拉尔集团却迟迟不建立捷克斯洛伐克共产党。”——16。

15　这两点建议是针对《关于策略问题的提纲》草案中关于捷克斯洛伐克共产党的那一部分提出的。提纲起草委员会根据列宁的建议对提纲的这一部分作了修改。

第二点建议中谈到的博·什麦拉尔的立场的不正确之处是指他在捷克斯洛伐克共产党成立大会上所作报告中的错误(参看本卷第53

页）。该报告摘要发表在《前进报》上。

《前进报》(«Vorwärts»)于1911年5月在赖兴贝格（即利贝雷次）创刊（日报），当时是奥地利社会民主党左派的机关报。第一次世界大战开始时被查封。战后由捷克斯洛伐克社会民主党（左派）复刊。从1921年起成为捷克斯洛伐克共产党（德意志人部分）的机关报。在该报周围形成了以卡·克雷比赫为首的捷克斯洛伐克“左派”。——16。

16 这是列宁对奥·威·库西宁起草的《关于各国共产党的组织建设、工作方法和工作内容的提纲》草案两次提出的意见。1921年6月6日，库西宁把他写的论组织问题的文章的一部分和作为该文基本论点的提纲寄给了列宁。6月10日，列宁写了回信。库西宁按照列宁回信中的指示对提纲进行了修改，并于6月17日和21日将修改过的提纲分两次寄给了列宁。看来列宁再次审阅了这一提纲。库西宁于6月27日将提纲第三稿寄给了列宁，德国统一共产党人威·克南也参加了提纲的修订。在7月9日给库西宁和克南的信中，列宁提出自己对提纲的最后意见和补充，库西宁和克南接受了列宁的意见。这一提纲先经起草委员会讨论，7月12日由共产国际第三次代表大会略加修改后通过。——18。

17 关于组织问题的报告是德国统一共产党人威·克南于1921年7月10日在共产国际第三次代表大会上宣读的。——18。

18 《共产国际》杂志（«Коммунистический Интернационал»）是共产国际执行委员会的机关刊物，1919年5月1日创刊，曾用俄、德、法、英、中、西班牙等各种文字出版，编辑部由参加共产国际的各国共产党代表组成。该杂志刊登理论文章和共产国际文件，曾发表列宁的许多篇文章。随着1943年5月15日共产国际解散，该杂志于1943年6月停刊。——20。

19 这是列宁在共产国际执行委员会扩大会议上就法国共产党现状问题发表的讲话。

法国共产党是在1920年12月举行的法国社会党图尔代表大会上

发生分裂后成立的，并加入共产国际。该党成分复杂，社会民主党传统在党内有很大影响。

1921年5月，法国政府颁布法令，动员1919年的适龄公民入伍，以占领未按凡尔赛条约支付战争赔款的德国的部分领土。追随法国共产党的法国共产主义青年联合会领导人要求法共号召新兵不听从政府动员，并提出了“总罢工”、“革命起义”等“左”的口号。鉴于当时的形势，法共没有这样做，极“左”分子指责党犯了机会主义错误。

1921年6月16日，法共中央书记斐·洛里欧在共产国际执行委员会扩大会议上作了关于法国共产党现状的报告。法国共产主义青年联合会总书记M.拉波尔特和卢森堡共产党代表Э.赖兰德、青年共产国际执行委员会代表Я.列卡伊在发言中都从“左”倾立场出发批评了法国共产党的政策。列·达·托洛茨基在发言中驳斥了这些人对法国共产党政策的攻击。他说，当然可以因为党没有非常果断地为革命作准备而批评它，但是要求党“在不具备应有的经济和政治形势时完成革命……这是十足的废话”。

在6月17日的会议上，国际工会理事会领导人索·阿·洛佐夫斯基、德国共产主义工人党代表A.施瓦普、共产国际执行委员会书记库恩·贝拉、德国共产党代表奥·塔尔海默等人在发言中都谴责法国共产党的政策，并提出了一些“左”的要求。列宁在这一讲话中对这些“左”倾观点进行了抨击。——22。

20 指库恩·贝拉对吕·奥·弗罗萨尔为1921年5月5日《人道报》撰写的社论《冷静与纪律》所进行的批评。社论以法国共产党的名义对法国军队因德国不支付赔款而出兵占领德国一些城市的做法提出抗议。鉴于局势严重，社论号召共产党员保持冷静，遵守纪律。

库恩·贝拉指责法国共产党没有采取果断的行动，称该党的立场为机会主义立场并要求该党开展“革命的、共产主义的鼓动”，用“革命的语言”说话。——22。

21 马·加香在答复法国共产主义青年联合会代表团提出的号召公开抵制征兵的要求时说，将在伦敦就德国履行支付赔款义务的问题举行会议，会议的决议可能改变事态的进程。会议于 1921 年 4 月 29 日—5 月 5 日举行，德国政府接受了会议的要求，答应履行赔款义务。——23。

22 M.拉波尔特在发言中说，为防止爆发新的战争，法国共产主义青年联合会认为，必须号召 1919 年的适龄公民不去征兵站报名并且通过革命工团主义者委员会组织总罢工和起义以支持这一号召。拉波尔特指责法国共产党在动员问题上不能坚持"正确、果断的立场"。——24。

23 指卢森堡共产党代表 Э.赖兰德。他在发言中指责法国共产党在法国军队占领卢森堡时没有采取革命的行动。——24。

24 《新闻报》(«La Stampa»)是意大利资产阶级报纸，1897 年起在都灵出版。——26。

25 《晚间信使报》(«Corriere della Sera»)是意大利资产阶级报纸，1876 年在米兰创刊。——26。

26 指 1920 年 10 月 10—11 日在艾米利亚雷焦召开的意大利社会党改良派即所谓社会主义积聚派的代表会议。这个代表会议拒绝无条件地接受加入共产国际的条件(21 条)，并通过了一项否认用革命手段夺取政权和建立无产阶级专政的决议。列宁对艾米利亚雷焦代表会议的评价，详见《论意大利社会党党内的斗争》一文(本版全集第 39 卷)。

列宁提到的关于艾米利亚雷焦代表会议的报道发表于 1920 年 10 月 11 日和 12 日的《晚间信使报》(标题分别是：《艾米利亚雷焦代表大会反对布尔什维克的热烈发言。屠拉梯、莫迪利扬尼和杜果尼的讲话》和《艾米利亚雷焦社会党人代表大会。"中派"反对最高纲领主义的尖锐发言》)和 1920 年 10 月 13 日的《前进报》(标题是：《罗马报纸论艾米利亚雷焦会议》)。——26。

27 《前进报》(«Avanti!»)是意大利社会党中央机关报(日报)，1896 年 12 月在罗马创刊。第一次世界大战期间，该报采取不彻底的国际主义立场。1926 年该报被贝·墨索里尼的法西斯政府查封，此后在国外不定期地继续出版。1943 年起重新在意大利出版。——26。

28 看来是指1920年11月20—21日在佛罗伦萨召开的意大利社会党统一派（扎·梅·塞拉蒂、阿·巴拉托诺等人）代表会议。这个代表会议反对同改良主义者决裂，主张附带这个保留条件接受加入共产国际的条件（21条）。——27。

29 指1919年1月德国右翼社会民主党人领导的政府对革命工人的镇压。德国1918年十一月革命胜利后，政权落在右翼社会民主党人领导的临时政府手里。德国资产阶级力图把革命镇压下去。1919年1月初，艾伯特政府把属于左翼独立社会民主党人的柏林警察总监埃·艾希霍恩免职，意在挑动工人举行为时过早的反政府武装起义。1月6日，为回答政府的挑衅，柏林工人举行了总罢工。但是领导起义的革命行动委员会中的独立社会民主党人采取了叛卖策略，他们与艾伯特政府商谈以"和平方式"解决"冲突"，从而使政府赢得了时间。艾伯特政府在作了充分准备之后，于1月8日中断谈判，声称总清算的时刻已经到来。陆军部长、右翼社会民主党人古·诺斯克领导的反革命军队随即对柏林革命工人进行残酷镇压，包括卡·李卜克内西和罗·卢森堡在内的大批共产党人惨遭杀害。——27。

30 指1921年1月15—21日在里窝那举行的意大利社会党第十七次代表大会。这次代表大会就加入共产国际的条件（21条）和根据这些条件将改良主义者开除出意大利社会党的问题展开了激烈的争论。党内三个主要派别都就这个问题提出了自己的决议案。以菲·屠拉梯为首的改良主义者继续坚持艾米利亚雷焦代表会议（见注26）的立场，反对接受21条。他们的决议案只得到14 000多票，被代表大会否决。以扎·梅·塞拉蒂为首的统一派采取了中派立场，以反对同改良主义者决裂作为接受21条的附加条件，认为应按照各国的历史条件和当地条件来应用21条。统一派的有条件地接受21条的决议案以98 000多票获得大会通过。以阿·博尔迪加为首的拥护共产国际的共产主义者坚持无条件接受加入共产国际的条件，主张同改良主义者决裂。他们的决议案得到了58 000多票，被否决。大会表决之后，共产主义者宣布退出意大利社会党，并于当天召开了意大利共产党成立大会。——28。

31 指1920年意大利工人占领企业的运动。1920年9月，在意大利冶金工会同厂主联合会发生冲突时，冶金工人根据工会倡议占领了企业，对企业自行管理。由此开始，运动从都灵和米兰迅速扩展到整个皮埃蒙特，以后更进一步蔓延到整个北意大利和全国，并且从冶金和机械制造企业扩展到了其他工业部门。西西里岛和其他一些地方的农民也开始占领土地。这一运动规模宏大，并且能够继续向前发展，但是意大利社会党和工会的改良主义领导人通过一项决定，要求运动不得扩大，不得转为革命，而只应局限在工会范围内；同时决定同厂主开始谈判。这一决定给意大利工人运动以很大的打击，占领企业的运动遂以失败告终。——29。

32 指1915年9月5—8日在瑞士齐美尔瓦尔德举行的国际社会党第一次代表会议和1916年4月24—30日在瑞士昆塔尔举行的国际社会党第二次代表会议。——29。

33 指德国、奥地利和意大利三国代表团对俄国代表团提交共产国际第三次代表大会的关于策略问题的提纲草案联合提出的修正案。修正案于1921年7月1日发表在德文版《莫斯科报》上。

《莫斯科报》(«Moskau»，«Moskow»，«Moscou»)是共产国际第三次代表大会的会刊，用德、英、法三种文字在莫斯科出版。德文版出了50号，英文版出了41号，法文版出了44号。——32。

34 进攻斗争的理论(进攻的理论)是德国统一共产党中央在1921年4月8日通过的一份提纲里提出来的。这个“理论”的中心点是：为了避免失败，尽管客观条件没有具备，也必须从防御转入进攻，进攻的行为“即使遭到失败，也是将来取得胜利的前提条件和革命政党争取群众的唯一可行的手段”。这一“理论”在匈牙利、捷克斯洛伐克、意大利、奥地利和法国的“左派”中也有不少拥护者。列宁在共产国际第三次代表大会的几次讲话中都指出了这一理论的错误。代表大会赞成列宁提出的关于耐心准备和把工人阶级的大多数争取到共产主义运动方面来的建议。——36。

35 翁·特拉奇尼是这样讲的:“我们认为,‘进攻的理论’这个说法可以理解为共产党发挥巨大积极性的趋向。这一说法强调的是共产党的活跃的趋向,应该用这一趋向来代替到目前为止统治着几乎所有参加第三国际的共产党的那种战略趋向。我们认为,我们使用‘进攻的理论’这一公式表示从消极的时期转入积极的时期。”(见《共产国际第三次代表大会。速记记录》1922年俄文版第239页)——36。

36 卡·伯·拉狄克在《关于共产国际策略的报告》中谈到英国矿工罢工时说:“我想把这样一个**具体策略**原理作为我的报告的重点:站在群众运动之外就不是**共产党**,即使是再小的一个党,它也必须站在国内群众运动的前列;在这种战斗进行的时刻,它必须把一切力量都投入到这场运动中来。我认为,英国的例子向我们证明,我们的年轻的和不大的共产党还没有做它们在这方面应当做到的最重要和最简单的事情。”(见《共产国际第三次代表大会。速记记录》1922年俄文版第210—211页)

*英国矿工罢工*发生于1921年4—6月。1921年3月24日,英国政府通过一项法令,停止国家在战时实行的对煤矿的管制。3月31日,矿主以同盟歇业相威胁,向工人发出最后通牒,要求将工资降低30%,有些地区降低50%。4月1日,矿工们开始罢工,参加人数达百万以上。政府在罢工的第一天就宣布全国处于紧急状态,并派军队进驻煤矿区。一些主要工业部门的工人和运输业的工人决定于4月15日举行声援罢工。但是,改良主义的领袖们在这一天取消了罢工。英国工人把工会领袖们破坏罢工的这一天称为“黑色的星期五”。矿工们又继续进行了9个星期的斗争,于6月底被迫复工。——40。

37 指共产国际第三次代表大会通过的提纲《世界形势和我们的任务》。——43。

38 1921年5月26日,符拉迪沃斯托克的白卫分子在日本干涉军的支持下推翻了远东共和国滨海州公署,而把以旧官吏和工厂主梅尔库洛夫兄弟为首的大资产阶级代表扶上了台。滨海地区随即处在资产阶级专政和恐怖制度之下,滨海地区南部则成了帝国主义继续对远东进行武装干涉的基地。

远东共和国人民革命军先后在瓦·康·布柳赫尔和伊·彼·乌博列维奇的指挥下击溃了白卫军，于 1922 年 2 月 14 日解放了哈巴罗夫斯克，10 月 25 日解放了符拉迪沃斯托克。日本被迫从远东共和国撤出了自己的军队。——44。

39 指捷克斯洛伐克社会民主党(左派)代表大会，也就是捷克斯洛伐克共产党成立大会。这次代表大会于 1921 年 5 月 14—16 日在布拉格举行。出席大会的有 569 名代表，代表 35 万多名党员。大会在热烈掌声中通过了关于加入共产国际的决议。大会主要报告人是博·什麦拉尔。——53。

40 德国代表团的这次会议是在共产国际第三次代表大会 1921 年 7 月 9 日全体会议前召开的。列宁主持了会议，并用德语作了发言。原属莱维集团的德国党内前反对派的代表克·蔡特金、保·诺伊曼和亨·马尔察恩参加了会议。在代表大会 7 月 9 日的全体会议上，德国统一共产党中央委员会和俄国代表团联名提出了一项关于德国问题的决议。前反对派成员提出了一个不付表决、只备列入记录的声明。代表大会一致通过了《三月事件和德国统一共产党》这一决议。——62。

41 指奥·塔尔海默在发言中以德国统一共产党中央委员会的名义提出的要求：全体共产党员要按照共产国际第三次代表大会制定的策略路线工作，德国统一共产党内的前反对派成员要停止给保·莱维的《苏维埃》杂志撰稿、作为议会党团成员服从中央决定、停止一切派别活动并声明莱维应当交出国会议员当选证书。前反对派成员享有在党的刊物上进行批评和自由讨论的权利。德国统一共产党中央认为，上述各点应当成为今后同前反对派共同工作的基础。——62。

42 这是针对弗·黑克尔特的发言说的。黑克尔特说："关于莱维的国会议员当选证书是一个特殊问题。莱维声明，除非得到曾经声明赞同他的那 8 位朋友的同意，他才放弃中央局和他当选的选区授予他的当选证书。既然蔡特金、马尔察恩和诺伊曼同志都在座，那么，我们要求他们对莱维施加影响，使他放弃当选证书，就是理所当然的。"——62。

43 《苏维埃》杂志(«Sowjet»)是由德国社会民主党人保·莱维主编的月刊,1919年6月—1921年6月在柏林出版,同年7月1日起改称《我们的道路》。1922年底停刊。——62。

44 指俄国社会民主工党(布)彼得堡委员会少数委员(谢·雅·巴格达季耶夫等)的冒险主义策略。在1917年的四月游行示威的日子里,他们违背党在这一时期采取的革命和平发展方针,提出了立即推翻临时政府的口号。俄国社会民主工党(布)中央委员会批评了他们的这种行为。——62。

45 这是针对保·诺伊曼的发言说的。诺伊曼说:"弗里斯兰特硬说,没有任何证据表明'右派'会履行他们现在提出的诺言。我则持这样一种看法,即鉴于某些中央委员的思想观点,我们不相信他们能够执行代表大会的决议。怎么可以担保中央委员们能执行在这里通过的决议呢?"——63。

46 列宁指的是奥·塔尔海默的如下声明:应当吸收所有忠实地站在共产国际第三次代表大会决议立场上的人参加党的工作;为了消除保·莱维在党内的影响,前反对派成员应当声明,莱维保留他的国会议员当选证书并未得到他们的同意。——63。

47 指保·莱维为拒绝交出国会议员当选证书给德国统一共产党中央的信。——63。

48 在1921年8月德国共产党耶拿代表大会上,克·蔡特金被选进德国统一共产党中央委员会。——63。

49 指格·叶·季诺维也夫的下述建议:把奥·塔尔海默的声明以及前反对派的意见以文字形式记载下来,并由代表团的成员签字。——64。

50 1921年7月初,柏林市政企业的工人和职员决定宣布罢工,要求提高工资。多数工人(约8万人)赞成罢工。但是改良主义者阻止了这次罢工。通过工人和职员的代表同社会民主党人主持的柏林市政府进行谈判，工人和职员的工资略有增加。——67。

51 1921年7月初，法国里尔的纺织工人由于工厂主降低工资而宣布罢工。罢工遍及北部、孚日两省，罢工人数达6万。9月上半月，法国北部地区工人宣布总罢工，其他地区工人也一度响应。法国政府派军队进入北部地区，同时又在工人和工厂主谈判中充当调停人。尽管工人们十分坚定，但由于工会领导人的改良主义策略和当时不利的经济条件，这场罢工还是失败了。——67。

52 指1921年7月6日罗马工人举行的抗议法西斯暴行的群众大会。参加大会的约有5万名工人，包括5 000名身着军服的人民突击队员。在大会上讲话的无政府主义者、共产党人、工团主义者、共和党人和社会党人一致声明，是结束法西斯分子和白卫军的暴行的时候了，是向暴徒和政府表明无产阶级已决定要像一个人那样捍卫自己的权利、保卫工人的家园和机关的时候了。——67。

53 《关于苏维埃机关职员实行集体劳动报酬制的决定草案》在人民委员会1921年6月14、21、24、28日和7月8日会议上都讨论过。所谓集体劳动报酬制与企业实行的集体供应制精神一致。而集体供应制的实质就是废除个人凭卡、凭证供应的制度和实物奖励制度，对工人及其家属的全部供应只采用工资的形式，但工资的数额是按整个企业确定的，就是说对该企业全体职工来说是集体地规定的。国家发给每个企业的工资总额，在职工人数缩减时并不降低。6月18日，列宁签署了劳动国防委员会《关于某些国营企业的职工实行集体供应制的决定》。6月24日，人民委员会决定，莫斯科和彼得格勒的苏维埃机关职员从7月1日起，共和国其他地区不早于9月1日改行集体劳动报酬制，同时成立一个负责修订草案的委员会。它在修订中要"根据即使是少数概略的统计资料确切地算出苏维埃机关职员缩减后的人数以及他们的现金和实物报酬是多少。应达到的标准是至少缩减一半，尽可能缩减三分之二。委员会的指导方针应是保证使苏维埃机关的劳动效率达到令人满意的程度"。6月28日，人民委员会根据阿·巴·哈拉托夫和拉·约·金兹堡的报告通过了《关于苏维埃机关职员实行集体劳动报酬制的决定》，其中(A)项根据列宁的补充建议进行了修改，(D)项采用了列宁的表述。决定的最后文本于7月8日由人民委员会通过。——71。

54 列宁的这个建议是就俄共(布)中央政治局1921年7月7日的决定写的。这个决定是根据阿·谢·基谢廖夫《关于加速扭转企业和机关经营中的亏损现象的报告》通过的。决定“责成苏维埃机关更加坚决地执行扭转各企业以及苏维埃机关经营亏损的措施”。——76。

55 列宁的这些意见看来是为1921年7月9日俄共(布)中央政治局会议讨论战胜饥荒的问题准备的。这次会议根据1921年伏尔加河流域及乌克兰南部发生饥荒的情况，通过了必须抽调尽可能多的共产党员从事粮食工作的决定。——77。

56 人民委员会1921年7月15日会议听取了列·米·欣丘克和尼·巴·布留哈诺夫有关由中央消费合作总社组织商品交换的两个报告，并就两个报告通过了一项决定。列宁的意见写进了决定。——80。

57 小人民委员会是俄罗斯联邦人民委员会所属的一个常设委员会，1917年11月成立。设立小人民委员会是为了减轻人民委员会的负担。小人民委员会预先审议应由人民委员会决定的问题，自身也决定某些财政经济问题。小人民委员会一致作出的决定，经人民委员会主席签署，即具有人民委员会决定的效力。如遇意见分歧，则把问题提交人民委员会解决。小人民委员会的主席、副主席、成员由人民委员会从人民委员和副人民委员中任命，全俄工会中央理事会的代表也参加小人民委员会。1930年，小人民委员会被撤销。——80。

58 列宁的贺信是在中央消费合作总社代表大会第1次全体会议上宣读的。

中央消费合作总社代表大会(全俄中央消费合作总社第三次代表大会)于1921年7月16—23日在莫斯科举行。参加代表大会的有来自俄国各地区的384名代表，其中有表决权的代表250名，有发言权的代表134名。代表大会就有关报告通过了关于中央消费合作总社的活动和消费合作社的前途、关于中央消费合作总社及工人合作社的商业和商品交换活动、关于国家对外贸易的现状和前景以及合作社在外贸工作中的作用、关于合作社援助歉收地区等决定。列宁当选为代表大会名誉主席。——81。

59　1921 年 7 月 19 日，在革命职业工会和产业工会第一次国际代表大会第 17 次会议上，宣读了列宁的贺信。

革命职业工会和产业工会第一次国际代表大会于 1921 年 7 月 3—19 日在莫斯科举行。出席大会的有来自世界各大洲的 41 个国家的 380 名代表。大会的议程是：临时国际工会理事会（1920 年 7 月成立）的报告；世界经济危机和工会的任务与策略；工会、党、红色工会国际和共产国际；工会、工厂委员会和车间代表；工会和工人对生产的监督；失业；国际职业生产联合组织；组织问题；妇女在生产和工作中的作用。这次代表大会是红色工会国际的成立大会。大会通过了红色工会国际章程和一系列决议，选举了工会国际中央理事会。——83。

60　俄共（布）第十次全国代表会议对实行新经济政策作了初步总结，向党的机关和各经济部门提出了按新的原则大力改革全部工作的任务。1921 年 7 月 6 日，最高国民经济委员会主席团通过了一个决定（即《最高国民经济委员会提纲》），其中规定了改革经济领导工作的措施。7 月 10 日，列宁审定了这一决定，把它分送给格·马·克尔日扎诺夫斯基、尼·巴·布留哈诺夫、安·马·列扎瓦等进行讨论。7 月 11 日，最高国民经济委员会主席团批准了列宁修改过的这个提纲草案。7 月 12 日和 16 日，人民委员会和俄共（布）中央政治局分别对最高国民经济委员会的提纲进行了审查。政治局成立了中央的审定委员会。委员会以原提纲为基础提出了提纲的新方案，这里收载的列宁的修改意见就是对这个新方案提的，新方案的全文见本卷第 499—502 页。

7 月 23 日，俄共（布）中央审定委员会的提纲草案在各工会中央委员会共产党党团、莫斯科省工会理事会主席团和彼得格勒各工会代表的联席会议上进行了讨论。会议以这个提纲为基础，成立了专门委员会与党中央审定委员会共同对提纲作了最后的修订。8 月 9 日，俄共

(布)中央全会通过了这个提纲。同一天,人民委员会将这个提纲作为《人民委员会关于实行新经济政策原则的指令》予以批准。——84。

61 列宁的这些建议是针对俄共(布)中央西伯利亚局和西伯利亚革命委员会《关于西伯利亚苏维埃机关和党的机构的组织形式》的提纲提出的。提纲认为有必要在西伯利亚建立区域一级的苏维埃领导中心,下设相应的经济、军事部门和全俄肃反委员会的代表机构,同时也建立区域一级的党的领导中心。西伯利亚局和西伯利亚革命委员会认为这两个领导中心均应按任命原则成立。

呈送提纲时所附的报告书中说,这一问题要提交即将召开的西伯利亚区域第四次党代表会议讨论,预计会上有两派代表发言:一派认为没有必要建立西伯利亚区域一级的领导中心;另一派则认为有必要建立,但应由选举产生。1921 年 7 月 29 日,俄共(布)中央组织局基本上批准了西伯利亚局的提纲。列宁在手稿上删去了建议的第 4、第 5 两条。——86。

62 列宁所拟的这一决定草案,一式两份。列宁在其中一份上写了给维·米·莫洛托夫的批示,请他把决定草案分送给列·达·托洛茨基和其他政治局委员传阅。列宁同时还给莫洛托夫写了一封信。列宁在另一份上注明:"副本,7 月 29 日已寄给 **莫洛托夫**。"

在这里发表的这份决定草案中,有政治局委员作的补充和列宁后来加上的字句。文献上有表决记录:"同意"——列宁、列·波·加米涅夫、维·米·莫洛托夫;"反对"——列·达·托洛茨基。

1921 年 8 月 9 日,俄共(布)中央全会批准了列宁对托洛茨基工作安排的建议。受全会的委托,劳动国防委员会在 8 月 12 日的会议上讨论了军队的劳动任务问题并成立了专门委员会以研究这一问题。8 月 16 日,人民委员会听取了专门委员会的报告并批准了提交的决定草案。——87。

63 《告国际无产阶级书》是列宁为伏尔加河流域和乌克兰南部约 3 300 万人遭受饥荒而向国际无产阶级发出的呼吁书。列宁的呼吁得到各国工人和劳动群众的广泛响应。1921 年 8 月，在共产国际的倡议下，成立了临时国外援俄委员会。法国、捷克斯洛伐克、德国、荷兰、意大利、挪威、奥地利、西班牙、波兰、丹麦等国的共产党组织和工会组织都参加了募捐运动。法国革命工会号召工人捐献一日工资，法国作家阿·法朗士捐出了他在 1921 年获得的诺贝尔奖金。自募捐运动开始起至 1921 年 12 月 20 日止，为援助俄国饥民，各国共产党组织共采购了 312 000 普特食品，募集了 100 万金卢布现款。阿姆斯特丹国际的各工会组织共采购了 85 625 普特食品，募集了 485 000 金卢布现款。——89。

64 列宁的信是针对加·伊·米雅斯尼科夫给俄共(布)中央委员会的报告书、他的文章《伤脑筋的问题》以及他在彼得格勒和彼尔姆党组织内的多次发言而写的。米雅斯尼科夫在上述材料和讲话中要求恢复企业中的工人代表苏维埃作为带领工人战胜经济破坏的指挥员，组织农民联合会并给予它以工农检查院的权力(如同工会一样)，给予从君主派到无政府主义者的一切政治派别以言论和出版自由。他主要在彼尔姆省莫托维利哈区进行他的宣传和组织活动。1921 年 7 月 29 日，俄共(布)中央组织局召开会议讨论了米雅斯尼科夫的问题，认为他的言行具有反党性质，决定成立一个由尼·伊·布哈林、彼·安·扎卢茨基、亚·亚·索尔茨组成的专门委员会来审查他的活动。8 月 22 日，中央组织局根据委员会的报告，认定米雅斯尼科夫的提纲违背党的利益，责成他不得在党的正式会议上宣读，同时决定把他从彼尔姆调回中央。但是米雅斯尼科夫拒绝服从中央决定，返回莫托维利哈后继续进行其活动。1922 年 2 月 20 日，俄共(布)中央政治局批准了委员会关于将米雅斯尼科夫开除出党的决定。——92。

65 *本来要进这间屋子，结果却跑进了那间屋子*这句话出自俄国作家亚·谢·格里鲍耶陀夫的喜剧《智慧的痛苦》第 1 幕第 4 场，意为主观上要做某一件事，结果却做了另外一件事。——95。

66 *劳动国防委员会*是苏俄人民委员会的机关，负责指导经济系统各人民委员部和国防主管部门的活动，1920 年 4 月在工农国防委员会的基础上成立。根据全俄苏维埃第八次代表大会通过的条例，劳动国防委员会享有俄罗斯联邦人民委员会直属委员会的权利。它在地方上的机关是各级经济会议。劳动国防委员会的成员包括人民委员会主席(兼劳动国防委员会主席),陆军、交通、农业、粮食、劳动、工农检查等人民委员,最高国民经济委员会主席,全俄工会中央理事会主席和中央统计局局长(有发言权)。列宁是第一任劳动国防委员会主席。劳动国防委员会存在到 1937 年 4 月。——95。

67 中央监察委员会是俄共(布)的最高监察机关。1920 年 9 月 22—25 日召开的俄共(布)第九次全国代表会议通过了成立中央监察委员会的决定。1921 年 3 月 8—16 日召开的俄共(布)第十次代表大会选出了首届中央监察委员会。——96。

68 俄共(布)中央全会于 1921 年 8 月 8 日研究了运输业状况,批准了费·埃·捷尔任斯基关于运输业问题所作的结论。这里收载的是列宁对捷尔任斯基的结论的意见,列宁的意见同时被全会批准。

结论的第 1 点说的是一切党政机关都必须找出加强运输业和支援运输业的办法。结论第 2—4 点说的是选派负责人员加强交通人民委员部、向俄共(布)各省委发布关于运输状况的通告信、在俄共(布)中央组织指导处下设立运输组以领导运输业中党的工作。结论第 5 点规定把满足运输业的需要所必不可少的企业移交给交通人民委员部。——99。

69 英国共产党由英国社会党左翼、苏格兰社会主义工人党的大部分、爱尔兰社会主义者、社会主义工人党共产主义统一小组、南威尔士共产主义委员会以及其他一些社会主义团体联合而成,于 1920 年 7 月 31 日—8 月 1 日在伦敦举行的成立大会上建立。1921 年 1 月,在利兹召开的统一代表大会上,以威·加拉赫为首的共产主义工人党(基本上由苏格兰的车间代表运动的参加者组成)和工人社会主义联盟加入了英国共产党。1921 年春,以拉·帕·杜德为首的独立工党左翼也加入了英国共产党。英国共产党的建立至此乃告完成。——100。

70 德国统一共产党是在 1920 年 12 月 4—7 日于柏林举行的德国共产党

和德国独立社会民主党左翼的统一代表大会上成立的。德国独立社会民主党左翼同德国共产党合并，是德国革命运动发展中的一个重要里程碑。由于这一合并，德国共产党当时成了共产国际中仅次于俄共（布）的最大的支部。德国无产阶级最有声望的领袖恩·台尔曼随同德国独立社会民主党左翼一起加入了德国共产党。

列宁的信中说的德国统一共产党将要召开的代表大会，于 1921 年 8 月 22—26 日在耶拿举行。这次代表大会听取和讨论了关于共产国际第三次代表大会、关于党的当前任务、关于工会的活动、关于苏维埃俄国的形势和援助它的措施等报告。代表大会在决议中赞同共产国际第三次代表大会的各项决定，并承认共产国际第三次代表大会提纲中对德国统一共产党中央委员会在 1921 年三月行动中所犯的错误的批评是正确的。代表大会恢复了党原来的名称——德国共产党。——103。

71　巴塞尔宣言即 1912 年 11 月 24—25 日在巴塞尔举行的国际社会党非常代表大会一致通过的《国际局势和社会民主党反对战争危险的统一行动》决议，德文本称《国际关于目前形势的宣言》。宣言谴责了各国资产阶级政府的备战活动，揭露了即将到来的战争的帝国主义性质，号召各国人民起来反对帝国主义战争。宣言斥责了帝国主义的扩张政策，号召社会党人为反对一切压迫小民族的行为和沙文主义的表现而斗争。宣言写进了 1907 年斯图加特代表大会决议中列宁提出的基本论点：帝国主义战争一旦爆发，社会党人就应该利用战争所造成的经济危机和政治危机，来加速资本主义的崩溃，进行社会主义革命。——104。

72　《红旗报》(«Die Rote Fahne»)是斯巴达克联盟的中央机关报，后来是德国共产党的中央机关报，由卡·李卜克内西和罗·卢森堡创办，1918 年 11 月 9 日起在柏林出版。该报多次遭到德国当局的迫害。1933 年被德国法西斯政权查禁后继续秘密出版。1935 年迁到布拉格出版；从 1936 年 10 月至 1939 年秋在布鲁塞尔出版。——106。

73　这里的口号与工人反对派在 1920—1921 年工会问题争论期间提出“要更多地信任工人阶级的力量”的蛊惑性口号是类似的。

工人反对派是俄共(布)党内的一个无政府工团主义集团,主要代表人物是亚·加·施略普尼柯夫、谢·巴·梅德维捷夫、亚·米·柯伦泰等。工人反对派作为派别组织是在1920—1921年的工会问题争论中形成的,但是这一名称在1920年9月俄共(布)第九次全国代表会议上即已出现。工人反对派的纲领则早在1919年就已开始形成。在1920年3—4月举行的俄共(布)第九次代表大会上,施略普尼柯夫提出了一个关于俄共(布)、苏维埃和工会之间关系的提纲,主张由党和苏维埃管政治,工会管经济。在1920年12月30日全俄苏维埃第八次代表大会俄共(布)党员代表、全俄工会中央理事会党员委员及莫斯科工会理事会党员委员联席会议上,施略普尼柯夫要求将国民经济的管理交给工会。将工人反对派的观点表达得最充分的是柯伦泰在俄共(布)第十次代表大会前出版的小册子《工人反对派》。它要求把整个国民经济的管理交给全俄生产者代表大会,由各生产者选举出中央机关来管理共和国的整个国民经济;各个国民经济管理机关也分别由相应的工会选举产生,而且党政机关不得否决工会提出的候选人。工人反对派曾一度得到部分工人的支持。1920年11月,在俄共(布)莫斯科省代表会议上,它的纲领获得了21%的票数。1921年初,在全俄矿工第二次代表大会共产党党团会议上则获得30%的票数。由于党进行了解释工作,工人反对派的人数到俄共(布)第十次代表大会时已大大减少,它的纲领在这次代表大会上得票不足6%。第十次代表大会批评了工人反对派的观点,并决定立即解散一切派别组织。但施略普尼柯夫、梅德维捷夫等在这次代表大会后仍继续保留非法组织,并且在1922年2月向共产国际执行委员会递送了一份题为《二十二人声明》的文件。1922年俄共(布)第十一次代表大会从组织上粉碎了工人反对派。——116。

74 这个草案写在全俄肃反委员会副主席约·斯·温什利赫特给俄共(布)中央的信上。温什利赫特的信中说:"经全俄中央执行委员会最近一次会议决定,将在9月会议上听取对对外贸易人民委员部进行调查的委员会的报告。请指示:(1)总的说来是否应该作这样一个报告;(2)如果应该,那么按什么精神作。"列宁的建议在俄共(布)中央政治局1921年

8月25日会议上通过。——125。

75 列宁的建议是在接到西伯利亚革命委员会主席伊·尼·斯米尔诺夫1921年8月26日的电报后通过电话口授的。来电说:曾窜据蒙古的白卫军首领罗·费·温格恩男爵已被俘获,准备以叛国罪将其交付全俄中央执行委员会最高法庭西伯利亚分庭审判。8月29日,俄共(布)中央政治局通过了列宁的建议。

对温格恩的审判于9月15日在新尼古拉耶夫斯克(现称新西伯利亚)举行。叶·米·雅罗斯拉夫斯基担任公诉人,前律师博哥柳博夫担任辩护人。法庭查明了温格恩及其帮凶的一系列严重罪行。根据法庭判决,温格恩被枪决。——126。

76 苏俄在战时共产主义时期实行过生活服务项目(包括城市交通在内的交通运输、住房、邮递和报纸等)免费的办法。服务项目收费是从1921年7月逐步实施的:7月9日开始实行铁路和水路运输收费;7月18日起实行邮递收费;8月5日起实行商品(包括食品)收费;8月25日规定了市政公用事业收费的办法。列宁的信是对这些收费问题而写的。

1921年下半年,人民委员会采取了一系列措施改善工人的物质状况,诸如:实行按照劳动的数量和质量付酬的新原则,以现金报酬代替实物报酬,实行有保障的劳动报酬(按商品卢布计算)等等。到1921年底,工人的实际工资已有所增加。——127。

77 这里指1917年11月在人民委员会之下设立了小人民委员会(见注57)。以后,人们有时就把人民委员会叫做大人民委员会,以区别于小人民委员会。——128。

78 关于在国外建立合法的情报机构的设想,是列宁在1921年8月13日给格·叶·季诺维也夫的信中提出的。按照列宁的意见,这个机构应当系统地科学地收集图书和报刊资料,并按国际帝国主义和国际工人运动这两个根本的和主要的问题对资料进行整理(见本版全集第51卷第226号文献)。共产国际执行委员会主席团于8月17日对此问题进行了讨论,并委托叶·萨·瓦尔加负责此项工作。不久,瓦尔加将他拟定的《在共产国际执行委员会内建立情报组织》的草案送给列宁。草案规定建立情报所，以便为共产国际执行委员会提供必要的材料。草案谈到了对情报所工作方法的一些设想，拟定了编写社会经济报告和编写政治形势报告的两个工作细则。这里收载的是列宁对瓦尔加的草案提出的修改意见（修改意见和给瓦尔加的便条都是用德文写的）。列宁在1921年9月1日给瓦尔加的信（见本版全集第51卷第291号文献）也谈到了这个问题。设立情报所的计划没有实现。——129。

79 叶·萨·瓦尔加的《在共产国际执行委员会内建立情报组织》的草案包括两个附件：《关于编写社会经济报告的工作细则》和《关于编写该国政治形势报告的工作细则》。第一个工作细则规定：

1. 编写报告的目的——对该国革命运动的发展作动态描绘，并作出分析。

2. 决定革命发展的四个因素：

(1)共产党——革命运动的动力；

(2)无产阶级——革命群众；

(3)统治阶级——敌人；

(4)小资产阶级中间阶层。

报告应当说明各种力量的分布情况。

3. 出发点应该是说明无产阶级和中间阶层的经济状况、社会地位。

4. 报告应包括一篇简要的综合评论（5—10页）和一份详尽的附件。

第二个工作细则包括下面几部分：一、各个共产党；二、各个非共产主义的无产阶级政党；三、各资产阶级政党；四、武装力量的组织。

列宁在正文中所说的瓦尔加工作细则（附件二）第一部分（《各个共产党》）中的第3条和第4条，说的是关于合法的和不合法的党支部、传播党的书刊、宣言、小册子、书籍和关于党的地下书刊出版的问题。——130。

80 工农党（农工党）是由美国激进的工人和农民团体联合组成的政党，1920年7月在芝加哥成立。资产阶级自由派的改良主义组织“四十八人委员会”也曾加入该党。该党在竞选纲领中提出了实行被压迫民族自决原则和美国政治制度民主化等重大要求。工农党要求承认苏维埃俄国，不再对它进行武装干涉。1924 年以后，该党大多数组织陆续停止活动。——131。

81 《经济生活报》(«Экономическая Жизнь»)是苏维埃俄国的报纸(日报)，1918 年 11 月—1937 年 11 月在莫斯科出版。该报最初是最高国民经济委员会和经济系统各人民委员部的机关报，1921 年 7 月 24 日起是劳动国防委员会机关报，后来是苏联财政人民委员部、国家银行及其他金融机关和银行工会中央委员会的机关报。1937 年 11 月 16 日《经济生活报》改为《财政报》。——133。

82 燃料总管理局是 1921 年 5 月由 1918 年 12 月设立的燃料总委员会(其前身是最高国民经济委员会燃料局)改组而成的，伊·捷·斯米尔加被任命为局长。1923 年 7 月被撤销。——137。

83 指全俄苏维埃第八次代表大会(1920 年 12 月 22—29 日)《关于苏维埃建设的决议》。——138。

84 这里收载的两个文献是列宁为了及时地准确地掌握外国工人救济俄国饥民募捐活动的进展情况而写的。其中列宁起草的决定于 1921 年 9 月 2 日获俄共(布)中央政治局通过；9 月 3 日的信于 9 月 27 日得到共产国际执行委员会书记马·拉科西的答复，复信表示列宁的建议将付诸实施。除此以外，列宁还在 9 月 24 日写信给格·叶·季诺维也夫，对《真理报》应如何报道国际无产阶级救济俄国饥民的募捐情况提出了具体意见(见本版全集第 51 卷第 401 号文献)。关于外国工人救济俄国饥民募捐活动，参看注 63。——142。

85 帝国主义者借口救济俄国饥民成立了一个以法国前驻俄大使约·努兰斯为首的“救济灾民可能性研究委员会”。委员会的成员都是法国、英国和比利时的前外交官，以及其企业在俄国被收归国有的外国大老板。1921 年 9 月 4 日，努兰斯委员会致电外交人民委员部，要求准许它派 30 名专家到苏维埃俄国按专门提纲进行实地考察。为此，列宁拟定了这个决定草案。

9月6日,根据列宁的意见拟定的致努兰斯的照会草案,经俄共(布)中央政治局稍作修改后通过。9月8日,《全俄中央执行委员会消息报》发表了外交人民委员部答复努兰斯的照会。照会揭露了努兰斯委员会收集情报的企图,断然拒绝其进入苏维埃共和国的要求。——144。

86 根据当时粮食供应紧张和必须救济饥民的情况,俄共(布)中央政治局于1921年9月6日通过了关于给粮食人民委员部的指示的决定。指示规定从1921年10月起缩减由国家供应的人口的数量并建立粮食储备。这里收载的是列宁对这个决定草案的补充意见。——146。

87 这是列宁就动用黄金储备问题拟定的两个决定草案。第一个草案于1921年9月7日送给了工农检查人民委员斯大林。第二个草案被全部写进了俄共(布)中央政治局9月14日关于这个问题的决定。中央政治局的这个决定还明确指出:"如阿·奥·阿尔斯基同志外出,责成奥·尤·施米特同志提出报告。"关于这个问题,还可参看列宁1921年9月5日给阿·奥·阿尔斯基的信(本版全集第51卷第323号文献)。——147。

88 这一决定草案于1921年9月13日由俄共(布)中央政治局通过。草案中的第4条被列宁删去,未写入政治局的决定。10月15日在政治局的会议上又一次讨论了出售书籍的问题。政治局重申了9月13日的决定,并规定了具体贯彻这项决定的实际措施。这次会议特别强调要防止各种反苏维埃书刊进入书籍交易。——152。

89 政治教育总委员会是根据人民委员会《关于共和国政治教育总委员会的法令》、在教育人民委员部社会教育司的基础上成立的。这一法令是根据列宁的指示(见本版全集第39卷第439—440页)制定的,1920年11月12日由列宁签署,公布于1920年11月23日《全俄中央执行委员会消息报》第263号。政治教育总委员会是教育人民委员部的总局级机构,在行政上和组织上归它领导,但在涉及工作的思想内容的问题上则直接归俄共(布)中央领导。政治教育总委员会统一和指导全国的政治教育和宣传鼓动工作,领导群众性的成人共产主义教育(扫除文盲、学校、俱乐部、图书馆、农村阅览室)以及党的教育(共产主义大学、党校)。政治教育总委员会的主席一职一直由娜·康·克鲁普斯卡娅担任。1930 年 6 月,政治教育总委员会改组为教育人民委员部群众工作处。——152。

90 这个决定草案全部写进了俄共(布)中央政治局 1921 年 9 月 13 日关于《共和国革命军事委员会莫斯科联合企业公司章程》的决定。

共和国革命军事委员会莫斯科联合企业公司是在军事部门所辖的几个国营农场和它们为使工农业结合而承租的附近几个工业企业的基础上于 1921 年秋建立的,这些联合起来的企业构成了一个经济整体,负有自下检查已通过的有关经济问题法令是否正确、合理的任务。

根据 9 月 14 日劳动国防委员会通过的决议精神制定的《莫斯科联合企业公司章程》于 9 月 24 日由莫斯科经济会议批准。——153。

91 这个决定草案由俄共(布)中央政治局于 1921 年 9 月 14 日通过。——154。

92 指俄共(布)第一次清党。这次清党是在实行新经济政策后资本主义分子及其在党内的代理人有所活跃的情况下,根据俄共(布)第十次代表大会《关于党的建设的决议》进行的,目的是从党内清除非共产主义分子,纯洁党的队伍。因为是在全党进行,所以也称总清党。清党工作经过长期的和细致认真的准备。1921 年 6 月 25 日,中央委员会和中央监察委员会通过了《关于党员审查、甄别和清党问题的决议》(载于 1921 年 6 月 30 日《真理报》第 140 号),把征求党内外劳动群众对被审查党员的意见作为清党的一项必要条件,同时规定了成立地方审查委员会的程序。7 月 7 日,中央政治局批准了中央清党领导机构——中央审查委员会(见注 93)成员名单。7 月 27 日,中央委员会在《真理报》上发表了致各级党组织的信,阐明了清党的任务和方法,提出以下清党方针:对于工人,在呈交证件、鉴定方面应放宽一些;对于农民,应严格区分富农和诚实的劳动农民;对于“摆委员架子的”和担任享有某种特权职务的人应从严；对于旧官吏、资产阶级知识分子出身的人，应特别注意审查；对原属其他政党尤其是孟什维克和社会革命党人的人，应进行最细致的审查和清洗。这次清党从1921年8月15日开始，到俄共（布）第十一次代表大会（1922年3月）召开前夕结束。清党期间，一般停止接收新党员。俄共（布）第十一次全国代表会议和俄共（布）第十一次代表大会先后对清党工作进行了初步总结和最终总结。清党结果，共有159 355人被除名（占党员总数的24.1％，不包括布良斯克、阿斯特拉罕两省和土耳其斯坦的材料）。在开除出党和退党的人中，工人占20.4％，农民占44.8％，职员和自由职业者占23.8％，其他人员占11％。——155。

93 指中央审查委员会。

中央审查委员会是根据俄共（布）中央委员会和中央监察委员会1921年6月25日的决定、旨在清党期间为领导各地审查委员会的工作而设立的，由5人组成，其成员的党龄不得短于7年。根据俄共（布）中央政治局1921年7月7日的决定，中央审查委员会由以下人员组成：彼·安·扎卢茨基、亚·加·施略普尼柯夫、M.И.切雷舍夫、亚·亚·索尔茨和马·费·施基里亚托夫。中央还批准维·米·莫洛托夫、叶·阿·普列奥布拉任斯基和H.O.列别捷夫为候补委员。后来谢·巴·梅德维捷夫和尼·基·安季波夫被增补为候补委员。中央审查委员会曾在党的第十一次代表会议和第十一次代表大会上作过清党总结的报告。——155。

94 列宁的这一建议在中央委员会的决定中得到了体现。据俄共（布）中央委员会1921年9月份的总结报告，中央委员会曾通过两个涉及在审查期间介绍俄共党员情况的办法的决定。第一个决定指出："只有与被推荐人一起工作或在某一党组织内对其工作进行观察，因而认识他一年以上的同志才有权推荐。"第二个决定谈到推荐人必须对被推荐人负责。——155。

95 指非党工人代表大会。召开非党工人代表大会的主张是帕·波·阿克雪里罗得于1905年夏首次提出的，得到了其他孟什维克的支持。这一主张概括起来说就是召开各种工人组织的代表大会，在这个代表大会上建立社会民主党人、社会革命党人和无政府主义者都参加的合法的“广泛工人政党”。这实际上意味着取消俄国社会民主工党而代之以非党的组织。召开“工人代表大会”的主张也得到了社会革命党人、无政府主义者以及立宪民主党人和黑帮工人组织（祖巴托夫分子等）的赞同。1907 年俄国社会民主工党第五次（伦敦）代表大会谴责了这种主张（参看《苏联共产党代表大会、代表会议和中央全会决议汇编》1964 年人民出版社版第 1 分册第 201—202 页）。

与布尔什维克一起反对召开非党工人代表大会的有波兰和拉脱维亚社会民主党人。列宁对孟什维克召开非党工人代表大会思想的批判，见《革命界的小市民习气》、《孟什维主义的危机》和《知识分子斗士反对知识分子的统治》、《气得晕头转向（关于工人代表大会问题）》等文（本版全集第 14 卷和第 15 卷）。——157。

96 马基雅弗利主义是指一种为达到目的而不择手段、无视一切道德规范的政治主张。尼·马基雅弗利是意大利政治思想家，1498—1512 年在佛罗伦萨共和国历任要职。他反对意大利政治分裂，主张君主专制，认为君主为了达到政治目的可以采取任何手段，包括背信弃义、欺骗、暗杀等。——157。

97 1921 年，美国的技术援助苏俄协会所联系的一些美国工人表示愿意到苏维埃俄国参加经济建设，这些工人有不少是十月革命前到美国去的俄国侨民。这个问题由苏俄在美代表路·卡·马尔滕斯反映给了苏维埃政府。人民委员会和劳动国防委员会曾不止一次讨论这个问题，6 月 22 日劳动国防委员会批准了《关于美国工业侨民的决定》。该决定认为，“根据商定的保证美国工人团体和技术水平高的农业工人有一定程度的经济自主权的条件，向他们出租某些工业企业或成批企业的办法来发展这些企业是适宜的。”（见《列宁文集》俄文版第 20 卷第 202 页）劳动国防委员会还认为必须调整外国工人入境的规定，以利于吸引他们参加国内建设，提高生产力。8 月 11 日，苏俄政府给技术援助苏俄协会拍发了一份由列宁和格·瓦·契切林签署的电报，指出前来俄国的人必须对需要克服的困难有所准备，并建议他们先派代表对居住地和承租的林场、矿山、工厂等进行实地考察。

1921 年下半年，以荷兰工程师、共产党员塞·鲁特格尔斯、美国工人运动著名活动家威·海伍德和美国工人赫·卡尔弗特为首的美国工人小组同苏维埃政府就把西伯利亚库兹涅茨克煤田的一部分交给他们开发和在当地筹建工业侨民区问题进行了谈判。9 月 19 日，列宁接见了美国工人团体的代表，同他们进行了谈话，随后拟定了正文中谈到的《保证书草稿》。关于与鲁特格尔斯小组签订合同的情况，参看注 110。——159。

98 《关于工农检查院的任务、对任务的理解和执行的问题》是就工农检查院技术工业局燃料处处长 Д.Г.洛尼诺夫关于燃料状况和燃料机关工作情况的报告初稿而写给工农检查人民委员斯大林的一封信。信中的思想在《我们怎样改组工农检查院》、《宁肯少些，但要好些》等文章（见本版全集第 43 卷）中得到了进一步的发挥。

工农检查院（工农检查人民委员部）是苏维埃俄国的国家监察机关，1920 年 2 月由国家监察人民委员部改组而成，享有人民委员部的一切权力和职责。它的主要任务是：监督各国家机关和经济管理机关的活动，监督各社会团体；同官僚主义和拖拉作风作斗争，检查苏维埃政府法令和决议的执行情况等。工农检查院在工作中依靠广大的工人、农民和专家中的积极分子。根据列宁的意见，1923 年俄共（布）第十二次代表大会决定成立中央监察委员会—工农检查院这一党和苏维埃的联合监察机构。1934 年工农检查院被撤销，分设党的监察委员会和苏维埃监察委员会。——161。

99 指 1921 年 5—6 月间开展的采伐和运输木柴的三周突击运动。——162。

100 林业总委员会是 1918 年 12 月设立的，隶属于最高国民经济委员会。1921 年 2 月改名为森林工业中央管理局，卡·克·达尼舍夫斯基被任命为局长。1922 年 8 月，森林工业中央管理局脱离燃料总管理局，从 1922 年 10 月 1 日起作为总局一级机构直属最高国民经济委员会主席团。——162。

101　煤炭总委员会于1918年8月设立，隶属最高国民经济委员会燃料局。1921年11月改名为煤炭工业中央管理局，归燃料总管理局领导。——165。

102　这一决定草案是就俄罗斯社会主义联邦苏维埃共和国外交人民委员格·瓦·契切林1921年10月7日给俄共(布)中央政治局的请示信而拟的。契切林在信中说：远东共和国政府请求政治局对以下问题作出决定：(1)日美两国在不承认俄罗斯联邦的情况下承认远东共和国是否可取；(2)是否接受外国人向远东共和国提供国家贷款的建议；(3)远东共和国是在形式上还是在实际上独立而不附属于俄罗斯联邦。外交人民委员部认为对这些问题应作如下回答：(1)它们承认远东共和国是可取的，但不得将远东共和国的结构在条约中固定下来；(2)在维护远东共和国主权的条件下外国贷款是有益的；(3)远东共和国仅在形式上不附属于俄罗斯联邦。10月8日，政治局通过了列宁的建议。10月10日，俄共(布)中央政治局批准了契切林提出的给远东共和国的指示草案。

远东共和国是1920年4月6日在东西伯利亚和远东地区成立的民主共和国，首都在上乌金斯克(现称乌兰乌德)，后迁到赤塔。政府领导人是布尔什维克亚·米·克拉斯诺晓科夫、彼·米·尼基福罗夫等。苏维埃俄国政府于1920年5月14日正式承认远东共和国，并提供财政、外交、经济和军事援助。远东共和国是适应当时极为复杂的政治形势而成立的，目的是防止苏维埃俄国同日本发生军事冲突，并为在远东地区消除外国武装干涉和白卫叛乱创造条件。为了领导远东地区党的工作，成立了俄共(布)远东局(后改为俄共(布)中央远东局)。这个特别党组织的任务之一就是保证俄共(布)中央和俄罗斯联邦人民委员会对远东共和国的对内对外政策起决定性作用。在远东大部分地区肃清了武装干涉者和白卫军后，远东共和国国民议会于1922年11月14日作出加入俄罗斯联邦的决定。1922年11月15日，全俄中央执行委员会宣布远东共和国为俄罗斯联邦的一部分。——168。

103　1921年10月8日，俄共(布)中央全会根据维·米·莫洛托夫关于负责工作人员的登记分配办法的报告作出了一项决议。列宁的这条意见写入了该决议。——169。

104 这是列宁给全俄电气技术人员第八次代表大会的贺信。在代表大会10月9日上午的会议上，宣读了这封贺信。

列宁在贺信原件上批了几句话，对发贺信这种"排场"是否需要、有无实际益处表示怀疑（见本版全集第51卷第462号文献）。关于全俄电气技术人员第八次代表大会，见注4。——170。

105 俄共（布）中央政治局于1921年10月10日听取了克·格·拉柯夫斯基、弗·雅·丘巴尔和格·伊·彼得罗夫斯基关于这个问题的报告后通过了列宁提出的指示草案。——172。

106 这个决定草案由俄共（布）中央政治局于1921年10月10日通过。11月15日，人民委员会批准了《关于从事雇佣劳动人员的社会保险的法令》。——173。

107 列宁的这封信是在1921年10月10日收到伊万诺沃-沃兹涅先斯克省执行委员会主席的呈文后写的。来文申请每月拨给伊万诺沃-沃兹涅先斯克纺织工人4万份口粮和40亿卢布。10月11日人民委员会审议了这个问题，决定在完成生产计划的条件下予以批准。——174。

108 列宁的建议写在格·瓦·契切林1921年10月10日给俄共（布）中央政治局的信上。契切林在信中请求从速指派代表就中东铁路问题同中国谈判，认为迟迟不派代表会给即将召开的华盛顿会议（见注109）以对该铁路实行国际共管的口实。外交人民委员部建议派尤·约·马尔赫列夫斯基为此项谈判的代表。契切林还通知说，日本方面已同意，远东共和国和日本的代表在大连举行的会议（1921年8月26日—1922年4月16日）讨论某些问题时，俄罗斯联邦的代表可以参加。他建议派A.K.派克斯出席这个会议。此外，契切林还建议派叶·米·雅罗斯拉夫斯基和尼·列·美舍利亚科夫为出席华盛顿会议的远东共和国代表。

政治局当天通过了列宁的建议。10月13日，俄共(布)中央政治局批准A.A.亚济科夫为出席华盛顿会议的远东共和国代表。10月18日，人民委员会会议研究了关于指派马尔赫列夫斯基为出席大连会议的俄罗斯联邦的全权代表、派克斯为与中国政府谈判的俄罗斯联邦的全权代表的问题。——176。

109 华盛顿会议又称太平洋会议，是帝国主义国家对战后远东和太平洋的殖民地和势力范围进行再分割的一次会议，于1921年11月12日—1922年2月6日在华盛顿举行。会议是美国发起的，参加的国家有：美国、英国、日本、法国、意大利、中国、比利时、葡萄牙和荷兰。会议讨论了限制海军军备和远东、太平洋问题，签订了三个条约，即：英、美、日、法关于共同维护缔约各方在太平洋区域岛屿属地和领地的权利的《四国条约》，美、英、日、法、意关于按一定比例(5∶5∶3∶1.75∶1.75)限制各自海军力量的《五国公约》和按所谓“门户开放”原则共同掠夺中国的《九国公约》。这些条约总称为华盛顿体系，是凡尔赛体系的补充。

这次会议没有邀请苏维埃俄国和远东共和国出席(远东共和国的代表于1921年12月到达华盛顿，但未被允许出席会议)。对此，苏俄外交人民委员部于1921年7月19日和11月2日向有关各国政府提出抗议，声明不承认会议所通过的任何决定。1921年12月8日，苏俄外交人民委员部对会议讨论中东铁路问题提出了抗议。——176。

110 以塞·鲁特格尔斯为首的美国工人和工程师小组于1921年8月底抵达苏维埃俄国(参看注97)。9月23日，劳动国防委员会讨论了鲁特格尔斯小组关于将纳杰日金工厂和库兹涅茨克煤田的一批企业交由他们经营的建议并通过决定，认为可以签订合同，并责成由最高国民经济委员会、劳动人民委员部和农业人民委员部的代表组成的委员会最后拟订合同的条款。列宁参加了同鲁特格尔斯小组的谈判，对合同的条款提出了不少建议(见本卷第214—215页)。同鲁特格尔斯小组的协议于10月20日签订。10月21日和25日劳动国防委员会和人民委员会先后批准了这一协议。11月间，苏维埃政府同该小组签订了合同。按照合同，美国工人应随带一定数量的生产工具、器材和食品，而苏维埃政府则拨款30万美元从国外购买机器和工具。根据这个合同,在库兹涅茨克煤田的一部分地区内建立了直属劳动国防委员会的"库兹巴斯自治工业侨民区"(见本卷第159—160、179页)。——177。

111 以列宁的这些建议为基础,俄共(布)中央政治局于1921年10月15日就塞·鲁特格尔斯的建议问题作出了决定,劳动国防委员会于1921年10月17日通过了《关于同鲁特格尔斯小组协议的条款的决定》。——179。

112 奥吉亚斯的牛圈出典于希腊神话。据说希腊西部厄利斯的国王奥吉亚斯养牛3 000头,30年来牛圈从未打扫,粪便堆积如山。奥吉亚斯的牛圈常被用来比喻藏垢纳污的地方。——181。

113 纳尔苏修斯是希腊神话中的一个孤芳自赏的美少年。后来人们常用纳尔苏修斯来比喻高傲自大的人。

哈姆雷特是英国作家威·莎士比亚的同名悲剧中的主人公,是内心矛盾、犹豫不决、耽于幻想而不能坚决行动的人的典型。——181。

114 这一决定草案于1921年10月14日由俄共(布)中央政治局通过。政治局在听取了中央监察委员会和中央审查委员会关于派亚·加·施略普尼柯夫从事粮食工作问题的结论后于10月27日决定:"确定施略普尼柯夫同志从事粮食工作的期限为两个月,自出发之日起算。"——189。

115 列宁的建议写进了俄共(布)中央政治局1921年10月15日通过的决定。

由于巴库党组织的工作人员和阿塞拜疆中央机关的工作人员之间在执行民族政策方面出现了某些分歧,俄共(布)中央委员会指示阿塞拜疆和巴库党的工作人员要极其慎重地对待穆斯林居民的日常生活和精神生活的特点,并建议阿塞拜疆以及格鲁吉亚和亚美尼亚共产党的全体工作人员在他们的一切活动中考虑到这一点,力求在工作中齐心协力,不要在党组织内形成任何派别。

斯大林根据政治局的决定拟定的关于在阿塞拜疆贯彻执行共产党

的民族政策的指示草案，由俄共(布)中央政治局于10月17日批准。

第6条指的是俄共(布)中央政治局1921年10月3日关于巴库工作人员不得违反苏维埃政府对波斯(伊朗)的政策的决定。——190。

116　这是列宁在全俄政治教育委员会第二次代表大会1921年10月17日下午的会议上作的报告。在本卷《附录》里还收有这个报告的提纲。

全俄政治教育委员会第二次代表大会于1921年10月17—22日在莫斯科举行。出席大会的有307名代表，其中有表决权的代表193名，有发言权的代表114名。列宁当选为代表大会的名誉主席。代表大会的主要任务是批准1922年的工作计划，制定在新经济政策条件下开展群众鼓动工作的方式和方法。

政治教育委员会是根据人民委员会1920年11月12日由列宁签署的《关于共和国政治教育总委员会的法令》成立的，直接隶属于地方各级(乡、县、省)国民教育部门。各地政治教育委员会的工作受政治教育总委员会的指导。——191。

117　看来是指全俄中央执行委员会1918年4月29日的决议。这个决议表示完全赞同列宁关于苏维埃政权的当前任务的报告中的基本论点，决定委托全俄中央执行委员会主席团同报告人一起用这些论点编成一个简要的提纲，作为苏维埃政权的基本任务予以公布。——193。

118　看来是指俄共(布)第十次代表大会(1921年3月)《关于以实物税代替余粮收集制的决议》(参看《苏联共产党代表大会、代表会议和中央全会决议汇编》1964年人民出版社版第2分册第105—107页)和其他有关决定。——195。

119　指全俄扫除文盲特设委员会。

全俄扫除文盲特设委员会是根据人民委员会1920年7月19日的法令成立的，隶属于教育人民委员部。委员会的任务是实施人民委员会1919年12月26日关于在8—50年内扫除文盲的法令。委员会由5人组成，其成员由教育人民委员部提名，人民委员会批准。在扫盲委员会之下还设立一个有俄共(布)中央农村工作部、妇女工作部、共青团中央、全俄工会中央理事会、革命军事委员会总政治部和普遍军训部等单位的代表参加的常设会议。全俄扫除文盲特设委员会和各省、县的特设委员会在筹建扫盲学校、培训师资、出版识字课本和教学计划等方面做了大量工作。到1921年10月止,受到识字教育的人数达480万,红军中的文盲人数已降至5%(沙皇军队中的文盲达65%),海军则完全扫除了文盲。全俄扫除文盲特设委员会存在到1930年9月。——198。

120 省经济会议是劳动国防委员会的地方机构,根据全俄苏维埃第八次代表大会(1920年12月)《关于地方经济管理机构的决议》成立,隶属于省苏维埃执行委员会。成立省经济会议是为了协调经济系统各人民委员部(最高国民经济委员会、农业人民委员部、粮食人民委员部、劳动人民委员部和财政人民委员部)所属地方机关的工作。省经济会议由省国民经济委员会主席、粮食委员、劳动局长、财政局长、土地局长和省工会理事会主席组成,省执行委员会主席兼任省经济会议主席。——208。

121 这一决定草案由俄共(布)中央政治局于1921年10月17日通过。——213。

122 俄共(布)中央政治局于1921年10月20日通过了列宁起草的决定草案。文件末尾的几条建议写入了同鲁特格尔斯小组签订的协议。关于谈判情况,见本卷第159—160、177—178、179页。——214。

123 拟同美国救济署签订的向俄国寄送食物包裹的协议草案,于1921年10月18日送俄共(布)中央政治局各位委员传阅和表决。列宁的这些意见写在传阅文件时所附的信上。括号里那段话是针对斯大林阅后批注的意见写的。斯大林认为这是贸易而不是慈善事业,因此应当征收从国境到分发仓库的运费和仓储费。10月19日,政治局批准了这个协议草案。

美国救济署(1919—1923年)是美国为救济欧洲各国遭受第一次世界大战灾祸的难民而设立的机构,署长是赫·胡佛。1921年以前,它除在欧洲其他国家活动外，也曾在安·伊·邓尼金统治下的南俄和高加索活动。在伏尔加河流域和乌克兰南部发生饥荒后，根据苏维埃政府同美国代表胡佛在里加签订的协议，美国救济署于1921年10月1日—1923年6月1日在苏俄进行了救济饥民的活动，主要是发放儿童和成人口粮，也供给一部分衣物和药品。从美国寄送食物包裹和物品包裹是按纯商业原则进行的（有一部分免费）。苏维埃政府在接受美国救济署的援助的同时，抵制了它干涉苏维埃俄国内政的企图，并对它的活动实行了监督。——216。

124　波兰社会党是以波兰社会党人巴黎代表大会（1892年11月）确定的纲领方针为基础于1893年成立的。这次代表大会提出了建立独立民主共和国、为争取人民群众的民主权利而斗争的口号，但是没有把这一斗争同俄国、德国和奥匈帝国的革命力量的斗争结合起来。该党右翼领导人约·皮尔苏茨基等认为恢复波兰国家的唯一道路是民族起义，而不是以无产阶级为领导的全俄反对沙皇的革命。从1905年2月起，以马·亨·瓦列茨基、费·雅·柯恩等为首的左派逐步在党内占了优势。1906年11月在维也纳召开的波兰社会党第九次代表大会把皮尔苏茨基及其拥护者开除出党，该党遂分裂为两个党：波兰社会党"左派"和波兰社会党"革命派"（"右派"，亦称弗腊克派）。

波兰社会党"左派"反对皮尔苏茨基分子的民族主义及其恐怖主义和密谋策略，主张同全俄工人运动密切合作，认为只有在全俄革命运动胜利的基础上才能解决波兰劳动人民的民族解放和社会解放问题。在1908—1910年期间，主要通过工会、文教团体等合法组织进行活动。该党不同意孟什维克关于在反对专制制度斗争中的领导权属于资产阶级的论点，可是支持孟什维克反对第四届国家杜马中的布尔什维克代表。第一次世界大战爆发后，该党持国际主义立场，参加了1915年的齐美尔瓦尔德会议和1916年的昆塔尔会议。该党欢迎俄国十月革命。1918年12月，该党同波兰王国和立陶宛社会民主党一起建立了波兰共产主义工人党（1925年改称波兰共产党，1938年解散）。

波兰社会党"革命派"于1909年重新使用波兰社会党的名称，强调通过武装斗争争取波兰独立，但把这一斗争同无产阶级的阶级斗争割裂开来。从第一次世界大战开始起，该党的骨干分子参加了皮尔苏茨基站在奥德帝国主义一边搞的军事政治活动(成立波兰军团)。1917年俄国二月革命后，该党转而对德奥占领者采取反对立场，开展争取建立独立的民主共和国和进行社会改革的斗争。1918年该党参加创建独立的资产阶级波兰国家，1919年同原普鲁士占领区的波兰社会党和原奥地利占领区的加利西亚和西里西亚波兰社会民主党合并。该党不反对地主资产阶级波兰对苏维埃俄国的武装干涉，并于1920年7月参加了所谓国防联合政府。1926年该党支持皮尔苏茨基发动的政变，同年11月由于拒绝同推行"健全化"的当局合作而成为反对党。1939年该党解散。——215。

125 这个决定草案是在俄共(布)中央政治局1921年10月20日会议上写的。这次会议讨论了财政人民委员部关于吸收它的代表参加劳动国防委员会、区域和省的经济会议并拥有表决权的申请。政治局否决了财政人民委员部的申请，通过了列宁的建议。手稿上最后一句话已被删去，没有写进决定。

正文中提到的财政委员会是指俄共(布)中央委员会和人民委员会的财政委员会。这是根据列宁的建议在俄共(布)第十次代表大会后不久建立的，任务是研究在转向新经济政策时的财政政策问题。财政委员会主席是叶·阿·普列奥布拉任斯基。——219。

126 这一决定草案由劳动国防委员会于1921年10月21日通过。

生产福勒式自动犁(一种用固定式发动机牵引的耕犁)的问题是1919年提出的。最高国民经济委员会金属局局务委员会于1920年5月承担了这项生产任务。该委员会事先未考虑现有原材料情况就制定了庞大的生产计划，而负责统管这种耕犁生产的以工程师M.И.温克索夫为首的三人特别小组只限于编写报告和同各部门进行公文往来，而未将生产的真实情况报告劳动国防委员会和人民委员会，结果发生了严重的拖拉现象。

1921年11月11日，劳动国防委员会会议讨论了生产福勒式犁的工作报告，还讨论了司法人民委员部关于在执行劳动国防委员会决议过程中的拖拉现象的调查报告。会议作出了停止生产这种耕犁的决定，批准了司法人民委员部的结论，建议司法人民委员部查明责任者，交法庭审判。莫斯科军事法庭随后审理了这一案件。法庭于1922年1月初宣布，对最高国民经济委员会和农业人民委员部一些工作人员玩忽职守的起诉，证据确凿，但考虑到这些同志在恢复经济工作中的功绩，决定免于惩处。根据法庭的建议，劳动国防委员会对最高国民经济委员会主席团和农业人民委员部部务委员会给予警告。关于这个问题，可参看列宁1921年11月9日给瓦·亚·阿瓦涅索夫的信和同年12月23日给彼·阿·波格丹诺夫的信（本版全集第52卷第22、177号文献）。——220。

127　根据列宁的提议，劳动国防委员会于1921年10月21日讨论了关于向劳动国防委员会呈送报告和图表的问题。列宁在会上作了报告，并提出了这里收载的决定草案。会议通过了这个决定，并且成立了由尼·彼·哥尔布诺夫等人组成的委员会，来拟定劳动国防委员会有关的决定草案。11月2日，劳动国防委员会全体会议讨论了委员会拟定的决定草案，委托帕·伊·波波夫、格·马·克尔日扎诺夫斯基和哥尔布诺夫对草案作最后审定。这个决定经同司法人民委员协商后，由列宁签署，发表于1921年12月1日《经济生活报》第270号。——221。

128　劳动国防委员会的决定通过后，各部门和地方即开始按决定要求编制呈送劳动国防委员会的图表。这种图表有年度的（1919年和1920年）和月份的（1921年和1922年各月）两种，一式两份：一份送劳动国防委员会，一份送俄共（布）中央委员会。

列宁十分关心这项工作。他在《呈送劳动国防委员会的图表》（见本卷第513—516页）中列出了必须编制图表的各主要国民经济部门。1921年11月9日，他在审阅了关于顿涅茨克煤炭装车情况的图表后写信给瓦·亚·斯莫尔亚尼诺夫，提出把这份图表作为范本（见本版全集第52卷第23号文献）。1922年1月17日，列宁审阅了呈送劳动国防委员会的部分图表后，再次写信给斯莫尔亚尼诺夫，对它们的格式表示基本同意，但是为了醒目起见又提出了若干补充意见（同上，第 238 号文献)。——221。

129 这个批注是列宁对外交人民委员格·瓦·契切林所拟的关于布鲁塞尔会议决议的声明草案的修改意见。布鲁塞尔会议于 1921 年 10 月 6—8 日召开,参加会议的有比利时、英国、德国、丹麦、意大利、西班牙、中国、拉脱维亚、荷兰、波兰、罗马尼亚、法国、捷克斯洛伐克、瑞士、瑞典、爱沙尼亚、日本等 19 个国家的代表以及国际红十字会和美国救济署的代表。会议讨论的主题是救济俄国饥民,但是会议借口缺乏灾情资料而没有对这个问题作出任何实际决定。会议通过了英国代表团提出的决议。这个决议建议各国政府只有在苏维埃俄国承认前政府的外债的条件下才向苏俄提供救灾贷款,还提出让粮食提供者取得"广泛监督的保证"、允许派经济专家委员会对苏俄经济状况进行"研究"等作为向俄国饥民提供援助的条件。10 月 27 日,俄共(布)中央政治局讨论了关于承认前政府的外债问题,决定基本上采用契切林拟的声明,并按列宁的意见加以修改。苏维埃政府关于承认外债的声明于 10 月 28 日送交英国、法国、意大利、日本和美国政府。——222。

130 列宁的这一决定草案是在 1921 年 10 月 27 日俄共(布)中央政治局讨论纺织工业管理条例草案时提出和通过的。纺织工业管理条例草案修改定稿后于 11 月 3 日由政治局批准。——225。

131 1921 年 10 月 19 日,列·波·克拉辛从伦敦发电报,汇报了他同为大型石油公司服务的美国仿德胜建筑公司谈判的情况。这个公司表示愿意承担格罗兹尼石蜡分离厂和格罗兹尼—黑海输油管的建筑工程,条件是由该公司的工程师进行勘察。克拉辛建议为此拨出所需的款项。列宁在便条中拟的给克拉辛的复电稿由俄共(布)中央政治局于 10 月 28 日批准。——226。

132 这是列宁在莫斯科省第七次党代表会议上就新经济政策问题作的报告和总结发言。在本卷《附录》里还收有报告的提纲。

莫斯科省第七次党代表会议于 1921 年 10 月 29—31 日在莫斯科举行。出席会议的有 637 名代表,其中有表决权的代表 353 名,有发言权的代表 284 名。会议议程包括下列问题：国内外形势；省经济会议的报告；俄共（布）莫斯科委员会的工作总结报告；检查委员会的报告；监察委员会的报告。代表会议还听取了关于莫斯科市和莫斯科省清党工作的报告。

列宁在大会的第 1 次全体会议上作了关于新经济政策的报告，并在总结发言中回答了弗·戈·索凌、英·尼·斯图科夫、尤·拉林、谢·莫·谢姆科夫、С.Л.哥尼克曼等人的意见（索凌、斯图科夫和拉林的发言见 1921 年 11 月 4 日《真理报》第 249 号的报道）。会议通过的决议表示完全拥护新经济政策。——227。

133 看来是指全俄中央执行委员会作为决议通过的《关于苏维埃政权的当前任务的提纲》。该提纲的第 4 条指出："苏维埃政权在一定情况下不得不后退一步，或者说同资产阶级倾向实行妥协。例如，对许多资产阶级专家付给高额薪金，就是这种后退和对巴黎公社原则的背离。"（见本版全集第 34 卷第 258 页）——232。

134 《广告小报》（«Листок Объявлений»）是苏俄的一份私人办的出版物，1921 年 10 月—1922 年 2 月在莫斯科出版。——233。

135 这篇文章没有写成。——251。

136 两份纲要中，第一份纲要的个别论点写进了《新经济政策和政治教育委员会的任务》的提纲（见本卷第 509—510 页），并在全俄政治教育委员会第二次代表大会的报告和在莫斯科省第七次党代表会议上的报告（见本卷第 191—212、227—244 页）中作了阐述。第二份纲要中的论题在《论黄金在目前和在社会主义完全胜利后的作用》一文（见本卷第 255—263 页）中得到了充分的阐述。——253。

137 1921 年 11 月 5 日，人民委员会会议讨论了 1922 年财政计划和纸币发行计划草案，并就这个问题通过了以列宁的建议为基础的决定。建议的第 2、4、5、6 条在手稿上被划去，未写入决定。——264。

138 列宁的这两个建议写入了人民委员会 1921 年 11 月 18 日通过的决定。

人民委员会的决定初步批准了“财政委员会提出的按人民委员部分列的支出预算数字”，建议各人民委员部“加速编制预算，务必在12月1日前完成”，并责成财政委员会和国家计划委员会“在一周内完成包括货币和物资在内的收入计算”。——265。

139　列宁同蒙古代表团的谈话于1921年11月5日在克里姆林宫进行。谈话记录是根据波·扎·舒米亚茨基和代表团团员策伦道尔吉的回忆整理的，最初发表在蒙古人民革命党第九次代表大会（1934年9—10月）的会议记录中。

蒙古代表团由蒙古人民革命政府财政部长、蒙古人民党中央委员会主席丹增（团长），蒙古人民革命军总司令、军事部长苏赫-巴托尔，外交部副部长策伦道尔吉等组成，主要目的是与苏维埃俄国签订友好协定。代表团于1921年11月2日到达莫斯科。苏蒙协定于1921年11月5日签订。——266。

140　阿拉特是蒙古语劳动者的音译，旧指受蒙古封建贵族压迫的农牧民，我国清代文献中译为“平人”。——266。

141　1921年11月6日，普罗霍罗夫纺织厂（即普罗霍罗夫三山纺织厂）为庆祝十月社会主义革命四周年召开了两千人参加的大会。大会由亚·米·柯伦泰致开幕词。列宁作为该厂工人选出的莫斯科苏维埃的代表出席了大会并发表了讲话。在大会上讲话的还有该厂及其他工厂的工人。——268。

142　全俄工会文化教育工作第一次代表会议通过的《工会文化工作的作用与任务的决议》说，工会的文化工作是整个工会运动的有机的组成部分，而工会运动是按通常的工会方式由有关的工会机关来领导的，“必须坚决抛弃由教育人民委员部有关工作部门的所谓专家来代替代表机关的倾向和做法”。这种使工会文化工作摆脱政治教育总委员会影响的提法是与俄共（布）第十次代表大会《关于政治教育总委员会和党的宣传鼓动任务的决议》相抵触的（参看《苏联共产党代表大会、代表会议和中央全会决议汇编》1964年人民出版社版第2分册第90页）。

关于工会文化部与政治教育委员会的相互关系问题，曾两次提到俄共(布)中央政治局讨论。1921年10月27日，政治局研究了娜·康·克鲁普斯卡娅提出的问题后决定："建议全俄工会中央理事会在四天内拟定并分发提纲，以便政治局在下星期四(11月3日)最后解决这个问题。"11月8日，政治局基本上通过了这里收载的列宁提出的决定草案。

全俄工会文化教育工作第一次代表会议于1921年9月26日—10月1日在莫斯科举行。出席会议的有173名代表，其中有共产党员119名，非党群众51名，孟什维克1名，社会革命党人1名，无党派社会主义者1名。列入会议日程的有13个问题，其中包括：全俄工会中央理事会文化部、教育人民委员部及其各总局和无产阶级文化协会的工作报告；各地(顿巴斯、彼得格勒、巴库)的报告；新经济政策与教育；工会的政治教育工作；青年中的文化工作等等。会议确定了改进工会教育工作的途径以及实行新经济政策后开展工作的新的形式和方法(私人企业和租出企业中的文化工作等)。——274。

143　指全俄政治教育委员会第二次代表大会通过的《关于政治教育总委员会的报告的决议》。该决议规定了中央及地方政治教育委员会同工会文化部的相互关系。决议指出："工会经常陷入一种完全错误的观点，认为各种形式的教育工作都应当是工会的事情，工会比教育人民委员部的机关能更好地进行教育工作。这种观点是错误的，是出于对工会任务的错误理解。主张这种观点，必然会得出结论：国家的一切职能，所有人民委员部的工作都要交给工会去做。"决议还规定了把政治教育总委员会和全俄工会中央理事会文化部的思想政治工作及文化教育工作统一起来的具体措施：文化部长(或部务委员)参加政治教育总委员会的常务委员会，政治教育总委员会主席参加全俄工会中央理事会文化部的部务委员会；政治教育总委员会和全俄工会中央理事会文化部共同制定参加工会的工人的政治教育工作计划；建立为参加工会的工人服务的统一的政治教育机构网，以便最有效地利用人力物力和克服工作中的重叠现象；文化委员会在其工作中应当执行政治教育委员会的指示，不仅对全俄工会中央理事会文化部负责，而且也对相应的政治教育委员会负责。——274。

144 这个批示写在格·瓦·契切林给俄共(布)中央政治局的信上。契切林在信中汇报了1921年10月28—31日在里加举行的波罗的海经济会议的情况。这个会议提出了苏维埃俄国对外贸易非国有化问题,参加会议的俄罗斯联邦代表团团长弗·巴·米柳亭也提出一个对外贸易非国有化的计划。11月10日,政治局按照列宁的建议否决了米柳亭的建议。

此后,从1921年底开始,在整个1922年内,俄共(布)的领导层中就对外贸易垄断制问题展开了一场辩论。关于这场辩论,参看《就对外贸易垄断制和外贸工作问题给列·波·加米涅夫的信》(本卷第470—474页)和《就对外贸易垄断问题给约·维·斯大林并转俄共(布)中央委员的信》、《关于对外贸易垄断》等著作(本版全集第43卷)。——275。

145 列宁提出的俄共(布)中央政治局关于乌克兰粮食工作的决定草案,于1921年11月10日由政治局通过。——276。

146 这是列宁在格·瓦·契切林给俄共(布)中央政治局的信上的批语。契切林在信中说:卫生人民委员部和对外贸易人民委员部就国际联盟建议向卫生人民委员部提供药品和其他防疫器材一事提出询问,为此他请求政治局在原则上决定:在俄罗斯联邦未参加国际联盟的情况下,苏维埃机关可否与国际联盟的某一个委员会接触。1921年11月17日,政治局责成契切林接受国际联盟防疫委员会的建议,但是要草拟一个不致使这一行动被解释成苏维埃俄国承认国际联盟为全权国际组织的声明。——277。

147 列宁的第一个便条是因司法人民委员部不同意俄共(布)中央1921年6月16日关于党的机关与司法侦查机关的相互关系的通告信而写的。司法人民委员部请求从中央委员会的通告信中删去第4条和第5条。第4条规定,司法机关必须将待审的共产党员交由党委委托的人员保释。第5条规定,党委必须在向它介绍案情后三天内就案件的实质作出结论,从而使党委的决定成为党对法庭的指示并预先决定法庭的审判结果。

作为对第一个便条的答复,列宁收到了中央组织局11月11日关于批准通告信的决定和维·米·莫洛托夫的信。信中说,通告已经修改,问题可以认为已经解决。但是这些修改并没有触及通告信的主要缺陷,因此列宁又写了第二个便条。

在列宁参加下,俄共(布)中央政治局于11月24日讨论了行政司法机关与党委的相互关系问题。政治局责成德·伊·库尔斯基按照党员因一般刑事案件交法庭审判时应加重判刑和"消除任何利用执政党地位得以从轻处理的可能性"的精神,在一周内对整个通告信进行全面修改。12月8日,政治局基本上通过了库尔斯基的建议,并成立一个委员会对通告信进行审定。1922年1月初,俄共(布)中央颁布了《关于党委与司法侦查机关的相互关系问题》的通告信,废除了6月16日的通告信。——278。

148 列宁的补充意见写入了人民委员会关于对诬告的处分的法令。该法令于1921年11月24日由列宁签署,12月1日在《全俄中央执行委员会消息报》上颁布。——280。

149 这是列宁对人民委员会关于实行报纸收费法令草案提的意见。这个法令于1921年11月28日被批准,它废止了苏俄一度实行的报纸免费的做法(参看本版全集第41卷第390—392页),规定无论个人、社会团体或国家机关和企业无例外地均须交纳报费。根据列宁的意见而写的法令第8条,要求教育人民委员部在两周内拟定并公布对教育机构网合理分配报纸和向劳动群众供应报纸进行监督的细则。——281。

150 列宁写的这篇序言当时曾排好版了,但没有发表。列宁看过它的校样,并在上面写了批语:"请改正并给我**再送一次**校样。列宁。11月16日。"

小册子《新经济政策问题(两篇老文章和一篇更老的跋)》没有出版。1921年,作为《鼓动宣传通报》第22—23期合刊的附刊,出版了一本书名为《尼·列宁:新经济政策问题(两篇老文章)》的小册子。小册子所收的两篇文章是《十月革命四周年》和《论黄金在目前和在社会主义完全胜利后的作用》。——282。

151 1921年11月21日，最高国民经济委员会将拟同П.Б.施泰因贝格签订的关于皮革原料的收购和贸易的租让合同提请人民委员会批准。人民委员会经过多次讨论，于1922年1月10日否决了租让合同。人民委员会会议委托专门任命的一个委员会拟定关于按合股原则组织国内皮革原料采购的条例，并责成该委员会探求吸收施泰因贝格参加皮革原料的采购的方式。关于这个问题，见本卷第395—397页。——287。

152 列宁指的是他在俄共(布)中央政治局会议讨论顿巴斯工作人员中的意见分歧问题时提的建议。1921年11月27日，俄共(布)中央政治局通过了列宁提出的两项建议。——289。

153 根据列宁的这个意见方案，俄共(布)中央政治局于1921年12月1日通过决定，解除亚·德·瞿鲁巴的粮食人民委员职务，批准他担任劳动国防委员会第二副主席，在劳动国防委员会和人民委员会有表决权。12月2日，全俄中央执行委员会通过了任命瞿鲁巴为劳动国防委员会第二副主席的决定。——291。

154 列宁的这个修改意见于1921年11月29日被俄共(布)中央政治局通过。草案中"需要一定的时间"几个字是根据斯大林的建议修改的，原来是"需要几周的时间"(见《斯大林全集》第5卷第185—186页)。

列宁在1921年初就指出了加强外高加索各共和国之间的经济协作和成立区域性经济机构的必要性。外高加索各共和国在1921年采取了一系列经济上统一的步骤：4月，各共和国共产党中央委员会批准了统一管理外高加索铁路的方案；6月，各共和国签订了成立统一的对外贸易人民委员部的协定；8月，俄共(布)中央高加索局通过了建立高加索经济局的决定。1921年11月2日，在俄共(布)中央高加索局全体会议上通过了成立外高加索联邦的决定。俄共(布)中央高加索局为外高加索各共和国的统一而采取的措施，遭到了格鲁吉亚部分领导人(波·古·姆季瓦尼等)和阿塞拜疆某些领导人的反对。但高加索局在建立联邦的问题上也有些操之过急。列宁的修改意见就是针对这些情况提出的。

根据俄共(布)中央政治局的决定进行了必要的工作以后，1922年

3月12日在梯弗利斯召开了外高加索各共和国中央执行委员会代表会议，批准了各共和国之间的联盟条约。1922年12月13日，在巴库召开了外高加索苏维埃第一次代表大会，正式成立了外高加索社会主义联邦苏维埃共和国。1922年12月30日，外高加索联邦同俄罗斯联邦、乌克兰和白俄罗斯一起组成了苏维埃社会主义共和国联盟。根据1936年苏联宪法，阿塞拜疆、亚美尼亚和格鲁吉亚都作为独立的加盟共和国加入苏联，外高加索社会主义联邦苏维埃共和国不复存在。——293。

155 列宁的这个讲话由1921年11月30日的《真理报》第270号作了简要报道。向省级报纸供稿的刊物《报纸臂助》1921年第35期将讲话缩编为短文《百般设法提高农业生产率》，署名尼·列宁。《列宁全集》过去的版本刊载的是《真理报》的简要报道和《报纸臂助》的短文。《列宁全集》俄文第5版首次按速记记录刊印了这篇讲话的全文。

莫斯科省第一次农业代表大会于1921年11月28—30日在莫斯科工会大厦圆柱大厅举行。出席会议的有300多名代表——农民和土地机关的工作人员。大会听取了副农业人民委员恩·奥新斯基关于在农业方面推行新经济政策的报告和П.А.梅夏采夫关于实行新经济政策后土地规则的形式的报告。代表们对报告展开了热烈的讨论。——294。

156 独立田庄是20世纪初俄国实行斯托雷平土地改革时从村社土地划出成为退社农民私有财产的地块。按照斯托雷平土地法令，给退社农民划出的独立田庄必须在一个地方。独立田庄与独立农庄的不同之处是农民的宅院不须迁移。许多农民得到独立田庄后又将其卖掉。在1907—1916年建立的独立田庄和独立农庄为农户总数的10.3%，占村社份地总额的8.8%。独立田庄比独立农庄多一倍。1917年十月革命后，随着执行全俄苏维埃第二次代表大会通过的土地法令和苏维埃农村中土地的重分，独立田庄已不复存在。——296。

157 俄共(布)中央政治局于1921年11月26日决定成立一个委员会，研究粮食人民委员部关于口粮定额问题的建议，并查明有无必要成立一个工资基金审定委员会。委员会拟了一个草案，建议撤销工资委员会，另外成立一个附属于劳动国防委员会的中央工资基金委员会。这里收载的是列宁对草案的修改意见。委员会的草案按照列宁的意见修改后于12月1日由俄共(布)中央政治局通过。

手稿上有一处笔误：工资委员会是根据人民委员会1921年11月1日(而不是11月10日)的决定成立的。——297。

158 关于经济政策的提纲是最高国民经济委员会副主席伊·捷·斯米尔加起草，供最高国民经济委员会、国家计划委员会、全俄工会中央理事会和中央消费合作总社的工作人员讨论用的。列宁的意见送给了斯米尔加。——298。

159 指俄共(布)第十次代表会议通过的《关于经济政策问题的决议》。该决议规定要“扩大每个大企业在支配资金和物资方面的独立程度和首创精神”。为了执行这个决议，劳动国防委员会于1921年8月12日通过了《关于恢复大工业、提高和发展生产的措施的基本原则的决定》。根据这个决定，一些有技术装备和配置适当的大企业按经济核算原则组成了专门的联合公司，还有一些单个的大型企业也实行了经济核算。9月8日《全俄中央执行委员会消息报》第199号发表了人民委员会《关于扩大国营企业在提供资金和支配物资方面的权力的法令》。——298。

160 可能是指中央消费合作总社理事会第四次会议(1921年11月15—21日)《关于中央消费合作总社的组织建设、采购活动和财务状况的决议》。——302。

161 这是列宁对劳动国防委员会俄罗斯联邦资源利用委员会主席列·纳·克里茨曼的报告所提的意见。该报告陈述了将该委员会移交给国家计划委员会或财政人民委员部这样两个改组方案。

第2条说的是不应将资源利用委员会划归国家计划委员会，因为“国家计划委员会是一个咨询机构，不能(也不应当)作出最后决定”。用括号括起来的最后一句话说的是改组资源利用委员会的第二方案，即将它移交给财政人民委员部。——303。

162 全俄肃反委员会(全称是全俄肃清反革命和怠工非常委员会)是根据人民委员会1917年12月7日(20日)的决定,为了同反革命、怠工和投机活动进行斗争而成立的。领导人是费·埃·捷尔任斯基。在国内战争和外国武装干涉时期,它在同反革命破坏活动作斗争和保卫苏维埃共和国的国家安全方面发挥了巨大作用。随着苏维埃国家转入和平经济建设,列宁建议改组全俄肃反委员会,缩小它的职权范围。这是列宁为此拟定的俄共(布)中央政治局决定草案的初稿。

1921年12月1日,俄共(布)中央政治局通过决定,责成由列·波·加米涅夫、德·伊·库尔斯基和捷尔任斯基组成的委员会在五天内依据列宁草案初稿中提的六个方面讨论这个问题,即"(1)缩小全俄肃反委员会的权限;(2)缩小逮捕权;(3)规定一个月期限以便全面进行各项工作;(4)加强法院;(5)讨论更改名称的问题;(6)按照放宽的精神制定总的条例,通过全俄中央执行委员会实行"。随后,俄共(布)第十一次全国代表会议在有关的决议中指出:"在革命过程中和在国家政权所执行的经济政策的基础上建立起来的新型关系,应当在法律上得到体现,并受到司法程序的保护……　应将苏维埃共和国的司法机关提到应有的高度。全俄肃反委员会及其所属机关的职权和活动范围应适当地缩小,其本身也应改组。"(参看《苏联共产党代表大会、代表会议和中央全会决议汇编》1964年人民出版社版第2分册第142—143页)1921年12月27日,全俄苏维埃第九次代表大会通过了《关于全俄肃反委员会的决议》,责成全俄中央执行委员会主席团"按照改组全俄肃反委员会及其机构、缩小它们的权限和加强革命法制原则的方针修订全俄肃反委员会及其机构的章程"。1922年1月23日,俄共(布)中央政治局研究了全俄肃反委员会的改组问题,规定了由全俄肃反委员会改组而成的内务人民委员部国家政治保卫局的基本任务和职能。2月6日,全俄中央执行委员会主席团通过了关于改组全俄肃反委员会的决议。——304。

163 列宁的这个决定草案是在俄共(布)中央政治局1921年12月1日讨论工人统一战线的策略问题时写的,当时被会议通过。以列宁的建议为基础,共产国际执行委员会制定了《关于工人统一战线和关于对参加第二国际、第二半国际和阿姆斯特丹工会国际的工人以及对支持无政府工团主义组织的工人的态度》的提纲(载于1922年《共产国际》杂志第20期)。俄共(布)第十一次全国代表会议(1921年12月19—21日)对这个提纲表示同意。共产国际执行委员会第一次扩大的全体会议(1922年2月21日—3月4日)和共产国际第四次代表大会(1922年11月5日—12月5日)讨论和批准了这个提纲。——305。

164 尼·伊·布哈林关于俄共历史经验的文章没有发表,但有关的问题在共产国际执行委员会关于工人统一战线提纲的第19条中作了阐述(参看《苏联共产党代表大会、代表会议和中央全会决议汇编》1964年人民出版社版第2分册第133—134页)。——305。

165 这是布尔什维克和孟什维克在俄国社会民主工党第二次代表大会上拥有票数的对比:布尔什维克拥有24票,孟什维克拥有20票,总共是44票。——308。

166 指1905年4—5月布尔什维克在伦敦召开的俄国社会民主工党第三次代表大会和差不多同时孟什维克在日内瓦召开的全俄党的工作者第一次代表会议。——308。

167 指俄国社会民主工党第四次代表大会和第五次代表大会的情况。这一时期布尔什维克和孟什维克处在形式上统一的党内,有一个中央委员会,定期召开代表会议。在第四次代表大会上,布尔什维克拥有46票,孟什维克拥有62票,孟什维克占优势;在第五次代表大会上,布尔什维克拥有105票,孟什维克拥有97票,布尔什维克占优势。——308。

168 指列宁和格·叶·季诺维也夫、列·波·加米涅夫于1914年出版的文集《马克思主义和取消主义》。文集引用了拥护布尔什维克的工人和拥护孟什维克的工人分别为各种目的捐款的数额(见本版全集第25卷第307—315页)。——308。

169 这是孟什维克和布尔什维克在1917年11月的立宪会议选举中所得票数的对比。列宁在《立宪会议选举和无产阶级专政》一文(见本版全集

第38卷)中更详细地谈到了这个问题。——308。

170 列宁在这封信里提出的建议被俄共(布)中央政治局于1921年12月3日通过。文中提到的中央委员会关于无产阶级文化协会的通告,是指俄共(布)中央委员会的信《关于无产阶级文化协会》(载于1920年12月1日《真理报》第270号)和1921年11月22日俄共(布)中央政治局关于无产阶级文化协会的决议。信和决议发表于1921年《俄共(布)中央通报》第36期。

文中提到的《我们是集体主义者》是一份反映某些知识分子代表人物观点的匿名的纲领性材料,在全俄无产阶级文化协会第二次代表大会(1921年11月在莫斯科举行)前夕出现。作者在这个纲领中怀疑十月革命的社会主义性质,反对共产党和苏维埃政府的政策,在哲学上为马赫主义的即波格丹诺夫的"理论"辩护,在政治问题上支持工人反对派的观点。无产阶级文化协会第二次代表大会的共产党党团谴责了"集体主义者"的纲领,同他们划清了界限。——310。

171 前进派是俄国社会民主工党内的一个反布尔什维主义的集团。它是在亚·亚·波格丹诺夫和格·阿·阿列克辛斯基的倡议下,由召回派、最后通牒派和造神派于1909年12月在卡普里党校的基础上建立的。该派在日内瓦出版过《前进》文集等刊物。前进派在1910年一月中央全会上与取消派-呼声派以及托洛茨基分子紧密配合行动。他们设法使全会承认"前进"集团为"党的出版团体",并得到中央委员会对该集团刊物的津贴,在全会以后却站在召回派-最后通牒派的立场上尖锐抨击并且拒绝服从全会的决定。1912年党的布拉格代表会议以后,前进派同孟什维克取消派和托洛茨基分子联合起来反对这次党代表会议的决议。由于得不到工人运动的支持,前进派于1913年实际上瓦解,1917年二月革命后正式解散。——310。

172 无产阶级文化派是无产阶级文化协会的代表人物。

无产阶级文化协会是十月革命前夕在彼得格勒成立的独立的无产阶级文学艺术活动组织。十月革命后在国内各地成立分会。各地协会最多时达1 381个,会员40多万。1918年春,亚·亚·波格丹诺夫及其拥护者逐渐从思想上和组织上控制了协会，他们仍继续坚持协会对共产党和苏维埃国家的“独立性”，否认以往的文化遗产的意义，力图摆脱群众性文教工作的任务，企图通过脱离实际生活的“实验室的道路”来创造“纯粹无产阶级的”文化。波格丹诺夫口头上承认马克思主义，实际上鼓吹马赫主义这种主观唯心主义哲学。列宁在《关于无产阶级文化》（见本版全集第39卷）等著作中批判了无产阶级文化派的错误。无产阶级文化协会于20年代初趋于衰落，1932年停止活动。——310。

173 俄共（布）中央政治局在1921年12月5日的会议上研究了最高国民经济委员会对劳动国防委员会决定将原属最高国民经济委员会管理的磨粉厂移交粮食人民委员部一事提出的申诉。这是列宁对政治局决定草案的补充意见。政治局批准了劳动国防委员会的决定，并建议小人民委员会通过列宁提出的补充决定。——315。

174 这是列宁对共产国际执行委员会关于工人统一战线提纲草案第19条提的意见。这一条按列宁的意见作了修改。关于这个问题，见本卷第305页。——316。

175 《农民呼声报》（«La Voix Paysanne»）是法国劳动农民中央联合会机关报，每周出版一次，1920—1937年由法国共产党在巴黎出版。——317。

176 这是列宁给东方各民族宣传及行动委员会的回信。该委员会在来信中请列宁为即将出版的《红色东方》周报撰写文章。

东方各民族宣传及行动委员会是1920年9月在巴库举行的东方各民族第一次代表大会选举产生的。该委员会的任务是支持和联合东方各民族的解放运动。——324。

177 对俄共（布）第十一次代表会议关于清党的决议草案的意见是由秘书根据列宁的电话口授记录下来的。

俄共（布）第十一次代表会议于1921年12月19—22日举行。出席会议的有表决权的代表125名，有发言权的代表116名。列宁因病没有参加这次代表会议。代表会议议程如下：党在恢复经济方面的迫切任务；工业；农业；合作社；清党的初步总结；共产国际问题。

会议讨论清党的总结后通过了《关于根据审查党员的经验巩固党的问题的决议》（参看《苏联共产党代表大会、代表会议和中央全会决议汇编》1964 年人民出版社版第 2 分册第 144—148 页）。该决议在俄共各区域委员会、区域局和省委员会的联席会议上作了最后的修订后，由中央委员会和党的第十一次代表大会批准。会议对共产国际关于工人统一战线的提纲表示赞同。——327。

178 列宁信中的建议由俄共（布）中央政治局于 1921 年 12 月 22 日通过。——329。

179 这是有关全俄苏维埃第九次代表大会的一组文献。在本卷《附录》里还收有列宁《在全俄苏维埃第九次代表大会上〈关于共和国的对内和对外政策〉的报告的提纲》。

全俄苏维埃第九次代表大会于 1921 年 12 月 23—28 日在莫斯科举行。出席大会的代表共 1 993 名，其中有表决权的代表 1 631 名，有发言权的代表 362 名。代表中有共产党员 1 850 名，非党人士 139 名，其他政党和教派的代表 4 名。大会议程是：全俄中央执行委员会和人民委员会关于共和国的对内对外政策的报告；救济饥民的报告；关于新经济政策的初步总结的报告；关于工业状况的报告；关于恢复农业经济的报告；关于合作社的报告；关于财政和预算的报告；关于红军建设的报告；关于苏维埃建设的报告；选举全俄中央执行委员会。列宁为代表大会的筹备作了大量工作，并领导了大会的进行。

代表大会听取了列宁代表全俄中央执行委员会和人民委员会所作的报告后，对苏维埃政府的对内对外政策表示赞同。代表大会总结了 1921 年头 10 个月实行新经济政策的经验，认为恢复和发展农业是当前第一位的任务。大会决定采取组织长期农业信贷和扩展商品流转等提高农业生产率的措施，并准许村团自由选择任何一种土地使用的形式，包括合作社的、公社的、独立农庄的等形式。大会还决定在全俄中央执行委员会和省、县执行委员会之下设立各级农业委员会以开展

1922 年的农业生产运动。代表大会对恢复煤炭、石油、冶金工业和生产日用品的指示表示赞同。大会还批准了人民委员会关于电气化的法令，通过了列宁起草的《经济工作问题的指令》。大会制定了救灾工作的具体措施，号召全国工人农民尽一切力量救济伏尔加河流域的饥民、特别是儿童，并对援助了俄国饥民的外国工人和国际人士表示感谢。代表大会还决定改组全俄肃反委员会。大会在关于红军和红海军的决议中表示赞同裁减武装力量，并提出了加强军队和提高其军事素质的措施。代表大会根据列宁的建议通过了《关于俄罗斯联邦国际地位的宣言》，呼吁邻国和其他国家同苏维埃共和国和平友好相处。代表大会选出了由 386 名委员和 127 名候补委员组成的新的全俄中央执行委员会，其中首次包括了阿塞拜疆、格鲁吉亚和亚美尼亚各共和国的代表。——331。

180 大概是指苏维埃政府于 1921 年 10 月 28 日发表的《关于承认债务的宣言》。该宣言载于 10 月 29 日《全俄中央执行委员会消息报》第 243 号（见本卷第 222—224 页）。——343。

181 南方钢铁托拉斯是 1921 年 9 月成立的，隶属于乌克兰国民经济委员会。参加这一托拉斯的有彼得罗夫斯科耶工厂、马克耶夫卡工厂和尤佐沃工厂以及附属于它们的全部矿场，另外还有乌克兰、北高加索和克里木的一系列其他大型冶金企业。托拉斯在恢复国内钢铁冶炼业方面起了重大的作用，1929 年被撤销。——356。

182 这里指的是国营沙图拉电站和国营卡希拉电站。

沙图拉电站于 1918 年初开工兴建，第一期工程于 1920 年 7 月 25 日投产，装机容量为 5 000 千瓦。全部工程于 1925 年完成。该电站以列宁的名字命名。

卡希拉电站于 1919 年 2 月开工，第一期工程于 1922 年 6 月 4 日投产，装机容量为 12 000 千瓦。由于卡希拉电站将向莫斯科一些最大的工厂供电，并且是实现国家电气化计划的首批工程之一，列宁对它十分重视。他直接参与解决各种问题，经常检查工程所需的材料、劳力、燃料和设备的供应情况（见本版全集第 50 卷第 530 号文献和《附录》第 48 号文献;第51卷第87号文献;《列宁文集》俄文版第23卷第14—29页)。——356。

183 *乌特金湾电站*即彼得格勒附近的红十月电站。它的第一期工程的装机容量为10 000千瓦,于1922年10月8日投产。——357。

184 指1921年12月15—18日在莫斯科对35个私人企业主,茶馆、面包坊及制鞋作坊老板进行的审判。他们被指控违反苏维埃劳动法典。一些大企业的工人,包括党员和非党员,担任起诉人。十几名被告被法庭判处巨额罚款或不剥夺自由的强制劳动。——359。

185 *鹅拯救过罗马*出自古代传说:公元前390年高卢人夜袭罗马城南的卡皮托里城堡时,神殿里的鹅群首先被惊动;它们的叫声唤醒了守兵,罗马城才得以保住。列宁引用的是俄国作家伊·阿·克雷洛夫借用这一传说写的寓言《鹅》。——361。

186 这是列宁在1921年12月26日晚召开的全俄苏维埃第九次代表大会非党代表会议上的三次讲话。会议讨论了两个问题:劳动和畜力运输税问题与土地问题。列宁的前两次讲话是在讨论劳动和畜力运输税问题时作的,第三次讲话是在讨论土地问题时作的。会议由米·伊·加里宁主持。列宁对会议发言作的简要记录,参看《列宁文稿》人民出版社版第17卷第634—639页。——366。

187 *劳动和畜力运输义务制*和下面提到的*劳动和畜力运输税*是苏维埃俄国为动员群众参加社会劳动和征调民间畜力车辆参加物资运输而相继实行的制度。

劳动和畜力运输义务制是根据国防委员会1919年11月19日的决定实施的。决定规定:所有未应征入伍的30—50岁的男性公民和18—40岁的女性公民都有义务参加采伐木柴和装卸燃料;所有拥有畜力运输工具的人都有义务运送燃料、粮食和军用物资;这些劳动按固定标准付酬。人民委员会1920年2月的法令把劳动和畜力运输义务制的运用范围扩大到某些建筑和道路工程以及救灾工作。由于劳动和畜力运输义务制常使居民负担过重或不均，不利于居民特别是农村居民发挥经营主动性，人民委员会于1921年11月30日通过法令，用劳动和畜力运输税代替了劳动和畜力运输义务制。按照这个法令，居民均须负担劳动和畜力运输税，即参加运输燃料和粮食，参加国家重要工程的建设以及为军队需要支差等。这些劳动是无偿的，但每年不多于6天，并且参加了这种劳动后其他义务劳动一概免除。城市居民可以交纳货币顶替劳动。在1923年，劳动和畜力运输税除救灾工作外均以货币交纳。1923年底，由于实行了统一的农业税，调整了所得税和财产税，劳动和畜力运输税被取消。——366。

188 指当时有一位代表要列宁就"为苏维埃机关支差"的问题讲几句话。——367。

189 铁路木柴采委会即铁路木柴采办委员会，领导采办木柴并将其运到火车站的工作。当时木柴是工业企业和铁路运输所需的一种主要燃料。——367。

190 指米·伊·加里宁的以下发言：中央执行委员会中非党农民的代表现在要由原来的5名增至20名，"有些同志讲，我们是按胡子的长短来选举的。请原谅，同志们，但是对于农民来说，胡子是有重要意义的。一个大胡子农民有他自己的心理和思想。在我身边就坐着农民彼特鲁什金，这可以作为最好的例子。假使列宁同志说：'我要把所有的祈祷书拿来一把火烧掉。'而我想了解一下非党农民的意见，就问彼特鲁什金：假使我把祈祷书烧掉，农民会采取什么态度呢？他会说：管它哩，烧掉算了。他是青年人，如果我再问一个大胡子农民，他会说：这要等一等看。对于我们，这就很重要。"——369。

191 这个文件是列宁在1921年12月25日起草的。手稿第1页上有列宁的批语："福季耶娃或值班秘书：请抄7份，分送(1)莫洛托夫、(2—6)全体政治局委员和(7)加里宁，作为第九次代表大会决议草案。还请莫洛托夫征询有关人民委员的意见。12月25日。"12月26日，俄共(布)中央政治局批准了这个文件。——371。

192 《关于工会在新经济政策条件下的作用和任务的提纲草案》这一文件是从俄共(布)第十次代表大会到第十一次代表大会期间在改组工会方面积累起来的经验的总结。文件写于1921年12月30日—1922年1月4日。列宁原打算在1921年12月31日提交政治局批准，由于文件没有写完而改变了计划。列宁在12月30日给扬·埃·鲁祖塔克、安·安·安德列耶夫和维·米·莫洛托夫的电话稿里谈到了这件事(见本版全集第52卷第200号文献)。

《提纲草案》先交委员会成员(安德列耶夫和鲁祖塔克)和政治局委员讨论，在讨论过程中作了修改和补充。1922年1月12日，俄共(布)中央政治局审议了《提纲草案》，作为基础予以通过，并决定将它连同所有的修正意见一起交给由列宁、格·叶·季诺维也夫、安德列耶夫和尼·伊·布哈林组成的审定委员会最后核准，然后以中央名义发表。提纲最后文本于1月17日作为俄共(布)中央的决定(提交党的第十一次代表大会的中央关于工会问题的提纲草案)在《真理报》上公布。俄共(布)第十一次代表大会委托专门委员会对提纲草案作了一些修改，然后予以通过(参看《苏联共产党代表大会、代表会议和中央全会决议汇编》1964年人民出版社版第2分册第154—164页)。

在本卷《附录》里收有《〈关于工会在新经济政策条件下的作用和任务的提纲草案〉的要点》。——376。

193 莫斯科自来水厂总工程师弗·瓦·奥登博格尔于1921年11月30日夜自杀。12月7日，莫斯科苏维埃主席团同俄共(布)莫斯科委员会协商后任命亚·亚·索尔茨、尼·尼·奥弗相尼科夫、米·斯·奥里明斯基组成委员会以调查奥登博格尔工程师的死因。1922年1月3日《真理报》"新闻栏"刊登的报道说，调查委员会确认"死者不仅是一个精通业务的工作人员，而且是一个高度忠于职守的人。奥登博格尔自杀是由于处境恶劣使他无法进行日常工作。自来水厂三人特别小组个别成员不是协助改善莫斯科自来水厂的状况，反而极力阻碍该厂的日常工作，使之复杂化。工农检查人民委员部高级视察员谢苗诺夫工程师，作为这个三人小组的成员，对于奥登博格尔采取了粗暴、挑剔和官僚主义的态度。这个人民委员部的另一名高级视察员、前自来水厂办事员马卡罗夫-泽姆良斯基不断迫害奥登博格尔，而阿列克谢耶夫给水站的工人叶拉金和梅尔库洛夫竟毫无根据地把自来水厂技术上的混乱和职员同党支部关系不好归罪于奥登博格尔。所有这些不能不影响死者的精神状态。委员会认为马卡罗夫-泽姆良斯基不仅不能担任工农检查院的职务，而且也根本不能担任苏维埃的公职，因为他是一个混入苏维埃政权的坏分子，一个阴谋家和在自来水厂职工中声名狼藉的骗子。委员会认为，也不能允许工农检查院高级视察员谢苗诺夫继续担任工农检查院的工作，不能允许他与莫斯科自来水厂再有任何关系。委员会还认为，必须把叶拉金和梅尔库洛夫调离莫斯科自来水厂，转到其他企业"。——385。

194 促使列宁提出成立专门委员会来审查和更换工会领导干部的建议的原因是：工会领导干部中夹杂许多出身孟什维克和社会革命党人的分子，以及按照俄共(布)第十一次全国代表会议关于清党问题的决议必须提高工会领导干部的党龄(参看《苏联共产党代表大会、代表会议和中央全会决议汇编》1964年人民出版社版第2分册第145—146页)。俄共(布)中央政治局通过了列宁的建议。专门委员会于1922年1月20日成立，其成员是：米·巴·托姆斯基、安·安·安德列耶夫和谢·伊·瑟尔佐夫。俄共(布)第十一次代表大会听取了专门委员会的工作报告，通过了关于审查和更换工会的领导组织的决议(同上书，第164—165页)。——387。

195 这里收载的两个决定草案于1922年1月5日由俄共(布)中央政治局通过。

弗·瓦·奥登博格尔自杀一案由全俄中央执行委员会最高法庭于3月8—14日进行了很有声势的审判。尼·瓦·克雷连柯担任公诉人。法庭判处对此案负有责任的党员负责干部季·伊·谢杰尔尼科夫监禁一年，判处有悔改表现的其他四人公开谴责和剥夺担任苏维埃负责职务权利三年。——389。

196 关于新经济政策的指示草案由俄共(布)中央政治局于1922年1月12日审议并基本通过，于1月16日最后批准。——390。

197　指1921年12月19—22日举行的俄共(布)第十一次全国代表会议。——390。

198　争论俱乐部是俄共(布)的一种机构。俄共(布)莫斯科委员会争论俱乐部于1921年8月成立,主席是莫斯科委员会常务委员会委员英·尼·斯图科夫。根据俄共(布)莫斯科委员会书记处和常务委员会1921年12月29日的决议,莫斯科各区随后也成立了争论俱乐部。争论俱乐部的任务是讨论有关党的建设、苏维埃建设、苏维埃共和国的经济政策以及其他方面的问题。然而,俄共(布)莫斯科委员会争论俱乐部的讲坛不久就被各种派别集团用来宣传自己的观点。中央监察委员会讨论了争论俱乐部问题。它在决定中指出,"最近俱乐部中的争论具有煽动的非党的性质","在俱乐部参加者中"造成"灰心失望的情绪",建议莫斯科委员会"密切注意俱乐部的工作"。1922年2月20日中央政治局讨论了争论俱乐部问题,建议莫斯科委员会重新审查俱乐部管理委员会的组成,并采取措施使争论俱乐部成为"讨论广大群众所关心的问题的名副其实的俱乐部"。——390。

199　俄共(布)中央政治局于1922年1月20日研究了给无线电建设增加拨款的问题。政治局同意列宁的意见,批准了财政人民委员部对这个问题的结论。

下诺夫哥罗德无线电实验室是十月社会主义革命后建立的第一批科学研究机构之一,于1918年8月由米·亚·邦契-布鲁耶维奇和B.M.列辛斯基创办。列宁非常关心该实验室的工作,曾多次给予支持。——392。

200　《致达吉斯坦劳动者》是列宁给达吉斯坦苏维埃社会主义自治共和国人民委员会主席卡尔克马索夫的回信。卡尔克马索夫在来信中报告该共和国已开始采矿,并把两普特水银作为礼物送给了列宁。——393。

201　《对电影事业的指示》是人民委员会办公厅主任尼·彼·哥尔布诺夫根据列宁口授作的记录,于1922年1月27日作为指示发给了教育人民委员部(摄影和电影局当时属于教育人民委员部)。这个文件有两种稿本，一种是原始记录，另一种是写成指示形式的记录。两种稿本于1925年分别发表于Г.博尔强斯基的《列宁和电影》一书和《电影周刊》第4期。这里收载的是比较完整的后一种稿本。

1922年2月，列宁在同阿·瓦·卢那察尔斯基谈话时，再次强调必须在娱乐片和科学片之间规定一定的比例。据卢那察尔斯基回忆，列宁说，生产有共产主义思想内容、反映苏维埃现实的新影片要从新闻纪录片着手。又说，他认为生产这种影片的时候可能还没到来。"如果你们有好的新闻纪录片——严肃而有教育意义的影片，那么为了吸引观众，就是同时放映一部或多或少像常见的那种无益的影片，也无关紧要。当然，审查仍旧是需要的，反革命的、淫秽的影片是不应当有的。"列宁还说："随着你们通过正确的经营而能以自立，并且在国家总的情况好转时可能得到对这项工作的一定的贷款，你们就应当扩大生产，特别是在大城市观众中（在乡村观众中更是如此）推广内容健康的影片……　你们必须牢记，在一切艺术中，对我们来说，最重要的就是电影。"（见1933年《苏联电影》杂志第1—2期合刊第10页）——394。

202　1922年1月20日，俄共（布）中央政治局讨论了列宁1月17日的信，并决定由人民委员会最后解决这个问题（见本卷第287—288页）。——395。

203　*唱得有点刺耳，但好在滴酒不进*这句成语出自伊·安·克雷洛夫的寓言《音乐家们》。寓言说，有一个人请客，邀了一批歌手助兴。这些歌手各唱各的调，叫客人实在受不了。主人却解释说，他们唱得是有些刺耳，可是个个生活严肃，滴酒不进。——395。

204　指俄国作家米·叶·萨尔蒂科夫-谢德林在《塔什干的老爷们》一书前言中的一段话。他在那里借用俄国作家涅·瓦·库科利尼克所说的"只要皇上有令，明天我就能做一个产科医生"这句话来形容那种对业务一窍不通而只会绝对服从的人。——396。

205　俄共（布）中央政治局于当天通过了列宁的这个建议。1月24日，人民委员会基本批准了皮革原料国内外贸易股份公司的章程草案。该公司的创办人是：对外贸易人民委员部、最高国民经济委员会、中央消费合作总社以及资本家П.Б.施泰因贝格和В.И.托米加斯。劳动国防委员会于2月1日批准了公司章程及其创办人的协议书。——396。

206　这里收载的列宁的几封信是根据苏维埃国家向和平的经济建设过渡的要求对整个国家机关的工作进行改革的纲领。列宁后来在1922年3月8日给列·波·加米涅夫的信、3月23日给维·米·莫洛托夫的信、《党的第十一次代表大会的政治报告提纲》以及《1922年3月22日发言的提纲》中都提到过这些信。

俄共(布)中央政治局于1921年12月1日决定批准亚·德·瞿鲁巴担任劳动国防委员会第二副主席，12月5日又决定任命他为人民委员会副主席。——398。

207　奥勃洛摩夫式的风气意为因循守旧、懒散懈怠。奥勃洛摩夫是俄国作家伊·亚·冈察洛夫的长篇小说《奥勃洛摩夫》的主人公，他是一个怠惰成性、害怕变动、终日耽于幻想、对生活抱消极态度的地主。——399。

208　这是对亚·德·瞿鲁巴反映小人民委员会工作缺点的一封信的回信。瞿鲁巴在信中说，现在小人民委员会由22人组成，其中各主管部门的代表15人，非主管部门的成员7人。小人民委员会已经从人民委员会所属的一个委员会发展成为独立的机关，有自己的全体会议、调度会议以及专门委员会，并通知人民委员前来汇报一般性工作等等。瞿鲁巴建议将小人民委员会缩减为5人：主席1人和主管部门(司法人民委员部、财政人民委员部、最高国民经济委员会和工农检查人民委员部)的代表4人。凡属国家预算规定的拨款问题，均交财政人民委员部处理。只有对财政人民委员部的工作提出申诉时，才提交小人民委员会。小人民委员会只审理指令规定的问题。——401。

209　亚·德·瞿鲁巴根据列宁1922年2月15日信中的指示重新拟定了给小人民委员会的指示草案，并送列宁审阅。列宁的这封信就是在这个草案上写的。关于小人民委员会改组的问题，政治局于3月4日进行了讨论，但未能作出决定(参看注210)。——403。

210 指亚·德·瞿鲁巴对列宁关于小人民委员会指示草案的建议提出的异议。瞿鲁巴对列宁的建议答复如下："亲爱的伊里奇：在我看来，您对关于小人民委员会指示草案的修改意见（补充）把整个设想抹杀了。如果责成小人民委员会严格监督各人民委员部遵守各项法律和检查各人民委员部的各项行动是否合法、恰当和迅速，那么它就会妨碍一切，造成一片混乱，简直就会促使整个工作刹车。请想想，它会发出多少询问，要求作出多少答复、报告、工作总结，如此等等！这就势必给它开辟无边无际的'活动场所'。我认为，它会使（本来就运转得不好的）整部苏维埃机器空转。监督和检查是必要的，但不必通过小人民委员会。"

小人民委员会新的条例是以列宁关于改组小人民委员会的指示为基础制定的，这个条例于 1922 年 10 月 31 日由大人民委员会批准。——404。

211 指意大利总理伊·博诺米 1922 年 1 月 13 日的无线电报。博诺米在电报中根据协约国最高会议 1 月 6—13 日在法国戛纳召开的会议的决定，代表最高会议邀请苏维埃政府代表团出席预定于 1922 年 2 月或 3 月初在热那亚召开的国际经济和财政会议（参看注 215）。电报附有 1 月 6 日在戛纳通过的决议全文，其中提出了最高会议认为使会议成功所必需的 6 项基本条件。这些条件中的第 1 条归结起来是：一些国家不能强行规定另一些国家应当根据什么原则建立其所有制、经济生活和管理方式；每个国家有权为自己选择它所喜欢的制度。这些条件的其他各条还规定，在外国资本对一国提供援助时，受援国要保障外国资本不可侵犯并获得利润；承认本国历届政府过去或将来签订的或担保的一切债务和义务；承认对于没收或国家接管财产给外国利益所造成的一切损失有赔偿的义务；确定各国有义务不从事旨在颠覆别国秩序与政治制度的宣传和采取针对盟国的敌对行动。这些条件的最后一条宣称：只有苏维埃政府接受所有上述条件，协约国才予以承认。

在热那亚会议筹备期间，法国领导集团和英国首相劳合-乔治都力图要苏维埃俄国先承认戛纳决议，以此作为邀请它参加热那亚会议的条件。——407。

212 1922年1月10日《全俄中央执行委员会消息报》第6号登载的戛纳决议的第1条说："任何一国不能强行规定别国应当根据什么原则调整其所有制、国内经济生活和管理制度。"这个文本与1月8日法国《小巴黎人报》刊登的决议文本是一致的。1月26日，格·瓦·契切林把载有戛纳决议的《小巴黎人报》和博诺米电报的抄件寄给了列宁，指出后者删去了"所有制"一词。

列宁十分重视戛纳条件第1条的措辞，认为这一条是间接承认资本主义所有制的破产，以及共产主义所有制与之并存的必然性。列宁指出，旨在使苏维埃俄国听任外国资本摆布的戛纳条件其他各条，显然是与第1条相矛盾的（参看本版全集第43卷第194—195页）。

《小巴黎人报》(«Le Petit Parisien»)是法国的一种低级趣味的报纸（日报），1876—1944年在巴黎出版，发行量很大。在第一次世界大战期间，该报采取了极端沙文主义的立场。俄国十月革命后，该报对苏维埃俄国持敌视态度。——407。

213 列宁的这一建议于1922年1月28日由俄共（布）中央政治局通过。根据政治局的决定，米·伊·加里宁于2月7—18日和3月5—18日带领宣传列车"十月革命"号在乌克兰各地进行了视察。——408。

214 指刊登在1922年1月27日《真理报》上署名"非党人士"的文章：《苏维埃第九次代表大会和农民》。文章作者提出了在农民中普遍宣传全俄苏维埃第九次代表大会关于农民问题的各项决议的计划。俄共（布）中央政治局于1月28日通过了列宁的建议。——409。

215 热那亚会议（国际经济和财政会议）是根据协约国最高会议1922年1月6日戛纳会议的决定召开的。会议名义上是为了寻求"中欧和东欧经济复兴"的办法，实质上主要是讨论帝国主义武装干涉失败后苏维埃俄国同资本主义世界之间的关系问题。苏俄政府也建议召开讨论欧洲和平与经济合作的国际会议（见本卷第222—224页）。它在1月8日接受了参加会议的邀请。

1月27日，全俄中央执行委员会非常会议选出了参加热那亚会议的苏维埃代表团：列宁为代表团团长，格·瓦·契切林为副团长，代表团成员有列·波·克拉辛、马·马·李维诺夫、纳·纳·纳里曼诺夫、瓦·瓦·沃罗夫斯基、扬·埃·鲁祖塔克、阿·阿·越飞、克·格·拉柯夫斯基、波·古·姆季瓦尼、亚·阿·别克扎江、亚·加·施略普尼柯夫。列宁领导了代表团的全部工作，拟定了党中央给苏维埃代表团的指示和其他有关重要文件（见本卷第416、420—422、423—424、432—433、447—449、450—451页）。但是由于列宁健康状况不佳和国务繁忙，同时出于安全考虑，根据俄共（布）中央后来作出的专门决定，列宁没有出席会议，而由契切林行使代表团团长的一切职权。

热那亚会议于1922年4月10日—5月19日举行。参加会议的有英、法、意、日、比、德、苏俄等29个国家和英国的5个自治领，美国派观察员列席。会上，资本主义国家的代表企图借助外交压力迫使苏俄承认沙皇政府和临时政府的一切债务，将苏维埃政权收归国有的企业归还外国资本家或给以补偿，取消对外贸易的垄断等等。苏俄代表团拒绝了这些要求，同时提出了帝国主义国家应赔偿由于武装干涉和封锁给苏俄造成的损失的反要求（俄国战前和战争债务为185亿金卢布，外国武装干涉和封锁给苏俄造成损失为390亿金卢布）。苏俄代表团还声明，为了达成协议，它准备在资本主义各国承认苏维埃俄国、向它提供财政援助和废除战时债务的条件下，承认战前债务和给予原产权人以租让和租借原属他们的产业的优先权。苏俄代表团还提出了普遍裁军的建议。会议没有解决任何问题，只是决定将部分问题移交海牙会议审议。在热那亚会议期间，苏俄代表团利用德国同各资本主义国家的矛盾，于4月16日与德国缔结了拉帕洛条约，击破了帝国主义的反苏统一战线。——410。

216　指20世纪20年代初英国劳合-乔治政府在爱尔兰问题和埃及问题上实行某种让步的政策。

由于爱尔兰人民为争取民族独立进行了长期顽强的斗争，1920年12月6日签订了英爱条约。条约规定爱尔兰南部26个郡成立爱尔兰自由邦，作为一个自治领参加不列颠帝国，而工业最发达的爱尔兰东北部6个郡仍留在大不列颠之内。

英国政府1921年12月镇压了埃及人民反对英国统治的起义后，

于1922年2月取消对埃及的保护，宣布埃及为“独立王国”。但埃及的“独立”只是形式上的，因为英国仍保留着对整个埃及的占领、对苏伊士运河地区的控制和对英埃苏丹的全权统治。——412。

217 指当时正在筹划的三个国际（第二国际、第二半国际和第三国际）的代表会议。

三个国际的代表会议于1922年4月2—5日在柏林召开。1922年1月19日，第二半国际向共产国际执行委员会和第二国际提出建议：在1922年春召开所有无产阶级政党的国际代表会议，以研究欧洲的经济状况和工人阶级反对反动势力进攻的行动问题。三个国际的代表会议就是为了讨论召开这个会议的问题而举行的。出席会议的代表共46名；三个国际的执行委员会各派10名正式代表和若干名列席代表参加会议，不属任何国际的意大利社会党的代表也参加了会议。

在这个会议上，共产国际代表团提议将来召开的国际代表会议应有所有无产阶级工会组织和无产阶级政党的代表参加，并且只讨论与工人群众共同的直接实际行动有关的问题，即防御资本进攻，向反动势力作斗争，反对准备新的帝国主义战争，帮助苏维埃俄国进行恢复工作，重建被战争破坏的地区以及凡尔赛条约等问题。第二国际的代表在第二半国际代表团的实际支持下提出了召开国际工人代表大会的三个先决条件并要求第三国际接受。三个条件是：共产党不在群众性的工人组织中建立支部；从三个执行委员会的代表中指定一个委员会，对格鲁吉亚以及其他处境相似的国家的情况进行调查，以求在各个社会主义政党之间达成协议；释放政治犯，在社会党国际监督下由公正的法庭对那些受到刑事控告的人进行审判，并允许被告有辩护权。共产国际代表团为了在统一行动方面取得协议，在对方没有作出任何让步的情况下作了一系列重大的让步：允许即将受审的47名社会革命党人选聘任何辩护人；不对任何被告判处死刑；三个执行委员会的代表都可以出席旁听，并可以作速记记录以便向它们所属的各政党汇报。列宁在《我们付的代价太大了》一文（见本版全集第43卷）中批评了共产国际代表团的做法。

会议通过了《联合宣言》，认为可以召开联席会议，以便为执行一定的具体任务而共同行动。宣言号召全体劳动群众在热那亚会议期间举行群众性的示威,口号是:争取八小时工作制,反对失业,无产阶级采取反对资本进攻的联合行动,捍卫俄国革命,救济俄国饥民,争取各国恢复同苏维埃俄国的政治关系和经济关系,在各国和国际范围内建立无产阶级统一战线。会议成立了由 9 人(三个国际各派 3 名代表)组成的筹备委员会,为以后的代表会议和国际工人代表大会做准备工作。但是,第二国际和第二半国际的改良主义领袖抵制并破坏工人阶级的统一斗争,他们于 5 月 21 日通过决议,准备在海牙召开没有共产党人参加的国际大会。共产国际代表团因此于 5 月 23 日宣布退出柏林九人筹备委员会。——413。

218 指 1922 年 2 月 3 日《真理报》和《全俄中央执行委员会消息报》发表的下面一条消息:"汉诺威 1 月 31 日电。国际五金工人联合会向筹备召开国际工人代表大会(定于 4 月 21 日在罗马开幕)的委员会提出了一项建议:一旦发生战争,有组织的工人群众立即宣布总罢工。五金工人联合会已选出一个专门委员会来大力宣传自己的建议。"这一决定是在维也纳举行的国际五金工人联合会执行委员会会议上作出的。国际五金工人联合会追随改良主义的阿姆斯特丹工会国际。——415。

219 《路标转换》杂志(«Смена Вех»)是流亡国外的白俄知识分子主办的周刊,于 1921 年 10 月—1922 年 3 月在巴黎出版。这个集团还于 1921 年 7 月在布拉格出版了《路标转换》文集。围绕文集和杂志形成了一个俄国资产阶级知识分子的社会政治派别——路标转换派,其主要代表人物有 Ю.В.克柳奇尼科夫、尼·瓦·乌斯特里亚洛夫、С.С.卢基亚诺夫、亚·弗·博勃里舍夫-普希金、С.С.查霍金、尤·尼·波捷欣等。国内战争的结束和新经济政策的实行,是路标转换派形成的决定性因素。路标转换派的社会基础是资本主义因素由于实行新经济政策而在苏维埃国家有了某种程度的复活。路标转换派把向新经济政策的过渡看做是苏维埃政权向恢复资本主义方向的演变,指望苏维埃国家蜕化为资产阶级国家。他们号召资产阶级知识分子同苏维埃政权合作,并曾协助一些资产阶级知识分子代表人物返回祖国。路标转换派中也有不少人愿意真心诚意地和苏维埃政权一起工作，后来成为科学文化界的积极活动家，如历史学家叶·维·塔尔列、作家阿·尼·托尔斯泰等。

俄共(布)第十二次全国代表会议(1922 年 8 月 4—7 日)在《关于反苏维埃的党派的决议》里指出："所谓路标转换派迄今起了而且还有可能起到客观的进步作用。这一派别过去和现在都团结着那些同苏维埃政权'和解'并准备同它一起复兴祖国的侨民和俄国知识分子集团，**就这一点来说**，路标转换派过去和现在都是值得欢迎的。但同时一分钟也不能忘记，在路标转换派中资产阶级复辟的倾向也是很强烈的，路标转换派分子同孟什维克和社会革命党人同样希望在经济上让步之后在政治上也会有向资产阶级民主方面的让步等等。"(参看《苏联共产党代表大会、代表会议和中央全会决议汇编》1964 年人民出版社版第 2 分册第 237—238 页)列宁在俄共(布)第十一次代表大会上的政治报告中对路标转换派作过评论(见本版全集第 43 卷第 95—97 页)。俄共(布)揭露路标转换派的阶级实质，同时也利用这一派别，以便把一部分资产阶级知识分子吸引到自己方面来。——416。

220 1922 年 2 月 2 日《全俄中央执行委员会消息报》登了一条发自华沙的电讯，介绍亚·李·帕尔乌斯的小册子《挽救经济的道路》，而没有看到这本小册子是为德帝国主义侵略东欧、对苏维埃俄国各族人民进行殖民奴役的计划辩护的。

俄共(布)中央政治局于 2 月 8 日通过了列宁的建议；经过调查后又于 3 月 11 日通过了列宁提出的决定(见本卷第 418—419 页)。——417。

221 列宁写在这个文件里的中央委员会给出席热那亚会议代表团的指示草案，于 1922 年 2 月 8 日由俄共(布)中央政治局通过。——420。

222 这是列宁给格·瓦·契切林的回信。契切林在来信中对热那亚会议能否成功和会上同资本主义集团能否达成协议流露了种种的担心。——423。

223 《合作事业报》(«Кооперативное Дело»)是苏俄中央消费合作总社的机

关报,有关社会经济、合作社和商业的专业日报。1922 年 2 月 1 日创刊,同年 5 月中旬改组为周报。主编是尼·列·美舍利亚科夫。2 月 9 日,俄共(布)中央政治局审议了列宁关于停办《合作事业报》的建议。由于美舍利亚科夫没有出席,会议决定推迟解决这个问题(见本卷第 428—429 页)。——425。

224 列宁的这封信是在帝国主义报刊伙同第二国际、第二半国际的领袖以及格鲁吉亚的孟什维克掀起了反对苏维埃共和国的诽谤运动并要求红军撤出格鲁吉亚的形势下写的。在列宁写了这封信以后,格鲁吉亚苏维埃第一次代表大会(1922 年 2 月 25 日—3 月 3 日)通过了《关于红军》的呼吁书,把加强格鲁吉亚红军现有的核心作为一项基本任务,并请求俄罗斯苏维埃共和国政府不要把红军撤出格鲁吉亚。2 月 25 日,俄共(布)中央政治局也通过了列宁关于加强格鲁吉亚红军的建议。——426。

225 斯大林在这封信上写了如下附言:"对列宁同志所说的,我没什么补充。我想,谢尔戈和格鲁吉亚共产党中央会充分理解列宁同志所提出的措施的必要性。至于'军事技术'方面的问题,你们比我和其他莫斯科同志知道得更清楚。"——426。

226 俄共(布)中央政治局在 1922 年 2 月 15 日的会议上研究了列宁的建议,决定要《合作事业报》编辑部在 3 日内提出书面报告,说明出版该报的理由、报纸性质、编辑部的组成和撰稿人员的队伍。2 月 22 日,政治局再次研究了这个问题,决定该报推迟两周停刊。问题到 5 月份得到最后解决:《合作事业报》改为周报。——429。

227 指 1922 年初进行的俄共(布)党员全国统计。统计的目的是全面查明党的成分和确切计算党员人数。莫斯科的统计是从 1922 年 2 月 6 日开始的。列宁填的俄共(布)党员全国统计调查表见本卷《附录》。

信中提到的对负责工作人员的统计是在 1921 年 7 月进行的,目的是确切了解各省会和县城党的领导层的数量构成和质量构成、负责工作人员的地区分布和对他们的使用是否合理。——430。

228　根据列宁这封信中的建议，俄共（布）中央政治局于 1922 年 2 月 18 日重新研究了给国营种子基地（即沙季洛沃燕麦托拉斯）长期贷款的问题，通过了在财政上支持该托拉斯的决议。3 月 4 日，政治局又通过决定，责成财政人民委员部将供国营种子基地使用的资金拨付农业人民委员部。

沙季洛沃燕麦托拉斯是在 1896 年创立的沙季洛沃农业试验站的基础上建立的，后称奥廖尔国营农业试验站。——434。

229　《列宁全集》俄文第 2、3、4 版只收载了这封信的一部分，标题是《给德·伊·库尔斯基的便条》，俄文第 5 版发表的是全文。——435。

230　俄共（布）中央政治局于 1922 年 2 月 23 日批准了列宁的建议，并于 3 月 30 日通过了为列·康·拉姆津出国追加拨款的决定。——443。

231　列宁对决议草案的修改意见于 1922 年 2 月 23 日由俄共（布）中央政治局通过。

共产国际执行委员会第一次扩大全会于 1922 年 2 月 21 日—3 月 4 日在莫斯科举行。出席全会的有来自 36 个国家的 105 名代表。这次全会的中心议题是统一战线策略问题。此外，全会还听取了关于共产国际各支部状况的报告和其他报告。全会通过了关于为反对战争和消除战争危险而斗争的提纲、关于新经济政策的提纲、关于统一战线策略的决定、关于共产国际参加拟议召开的三个国际代表会议的决议以及一系列其他文件。

列宁积极参加了全会的筹备工作，制定了共产国际代表团参加三个国际代表会议的策略（见本卷第 413—414 页），但是因病未能出席全会。——445。

232　公鹅在俄语中是骂人的话，意为狂妄自大的蠢人。——446。

233　列宁的这个决定草案连同斯大林的两条补充意见一起由俄共（布）中央政治局于 1922 年 2 月 28 日通过。斯大林的补充意见是："1.关于**承认苏维埃政权**的问题不在会议开始时，而在会议结束时（即在为达成经济协议作多种尝试以后）提出，并且也不要以此作为最后通牒；2.在会议上不要（像克拉辛那样）把**中央消费合作总社、农业合作社**等提出来作为俄国方面（订立协议）的主体，而要记住只有一个主体，这就是俄罗斯国家。”——447。

234 俄共（布）中央政治局于当天通过了列宁的建议，并由格·瓦·契切林就热那亚会议召开的时间问题给意大利外交部长发了无线电报。——451。

235 指根据条约应于1922年3月16日向土耳其付款一事。俄共（布）中央政治局于2月27日通过了列宁关于按期付给土耳其款项的建议。——452。

236 列宁原先的建议是指由政治局通过的俄共（布）中央委员会关于出席热那亚会议的苏维埃代表团的任务的决定的第3条（见本卷第447页）。格·瓦·契切林的建议是：在列宁不能出席热那亚会议的情况下成立一个三人领导小组来行使代表团团长的权力。——452。

237 列宁对全俄中央执行委员会关于工农检查人民委员部在新经济政策条件下的任务的决定草案的意见，在这个决定最后审定时得到了考虑。列宁1922年2月14日、15日和28日给德·伊·库尔斯基的信和2月28日给斯大林的信以及2月15日在伊·吉·科布连茨的材料上和2月28日在瓦·伊·雅洪托夫的材料上的批语，也都谈到了由工农检查院监督私营企业的活动问题（见本版全集第52卷第307、308、347、348号文献）。——456。

238 这是列宁的一篇没有写完的文稿，在列宁生前没有发表过。本卷《附录》收有该文的提纲。——458。

239 犹杜什卡·戈洛夫廖夫是俄国作家米·叶·萨尔蒂科夫-谢德林的长篇小说《戈洛夫廖夫老爷们》中的主要人物波尔菲里·弗拉基米罗维奇·戈洛夫廖夫的绰号，犹杜什卡是对犹大的蔑称。谢德林笔下的犹杜什卡是贪婪、无耻、伪善、阴险、残暴等各种丑恶品质的象征。——459。

240　指1921年1月意大利社会党里窝那代表大会在共产主义者退出后通过的以下决议："意大利社会党代表大会在再次肯定参加第三国际的同时，把冲突提交即将召开的国际代表大会讨论，并且预先答应一定承认和执行它的决议。"——465。

241　列宁的这个建议由俄共(布)中央政治局于1922年3月2日通过。

俄罗斯联邦民法典于1922年10月由第九届全俄中央执行委员会第4次会议通过，自1923年1月1日起生效。关于民法典问题，参看列宁1922年10月31日在第九届全俄中央执行委员会第4次会议上的讲话(本版全集第43卷)。——467。

242　这封信是在俄共(布)的领导层在对外贸易垄断的问题上发生分歧、展开讨论的情况下写的。在苏俄，对外贸易垄断制从1918年4月22日人民委员会颁布关于对外贸易国有化的法令起就已确立，以后又一再为政府的决定所肯定。但是随着向新经济政策过渡和同国外贸易往来的扩大，对对外贸易法令作若干补充也日益显得必要。列宁信中提到的副对外贸易人民委员安·马·列扎瓦的《对外贸易提纲》就是在这种情况下拟定的。这个提纲强调必须保持和加强对外贸易垄断制，同时建议在对外贸易人民委员部的监督下给某些国营的和合作社的联合公司以独立出口的权力。这个提纲得到了列宁的赞同，于1922年1月4日由人民委员会最高经济委员会通过。在列宁写这封信的次日即3月4日，俄共(布)中央政治局对这个提纲作了一些修改后予以通过，3月10日给予最后批准。全俄中央执行委员会主席团以这个提纲为基础，于3月13日通过了《关于对外贸易的决定》，在3月25日《全俄中央执行委员会消息报》第60号上公布。

信中提到的财政人民委员格·雅·索柯里尼柯夫的法令草案指他拟的《人民委员会关于向俄罗斯联邦境内自由进口食品的决定草案》。这个草案分送给了俄共(布)中央政治局各委员，它的最后一条说："允许财政人民委员部在与对外贸易人民委员部商妥后，向国家机关、国营企业和国营工业托拉斯企业以及合作社和私人发放许可证，准许它们将现金、外币和各种贵重物品汇到或运到国外去购买食品，但须提出随后进口食品的充分保证。”——470。

243 这个文件写在格·雅·索柯里尼柯夫给列宁的信上。索柯里尼柯夫的信答复了列宁1922年2月28日在他拟的《人民委员会关于向俄罗斯联邦境内自由进口食品的决定草案》上加的批语(见本版全集第52卷第344号文献),仍建议准许托拉斯、合作社和其他单位在国外采购粮食,认为由于这些组织急需粮食,由于有对外贸易人民委员部和国家银行的监督,而一切手续都须经过国家银行,这就保证不致运出过多的贵重物品,并保证用这些贵重物品换取粮食而不是进口其他商品。——475。

244 列宁原打算写的关于共产国际第三次代表大会的文章没有写成。——491。

245 此处看来系笔误。列宁在批评博·什麦拉尔和卡·克雷比赫在共产国际第三次代表大会期间的立场时建议什麦拉尔向左迈三步,克雷比赫向右迈一步(见本卷第69页)。——491。

246 论“丧失阶级特性”的小册子没有写成。——497。

247 “创始人”的信是指曾自称“工人反对派的创始人”的尤·赫·卢托维诺夫于1921年5月20日写给列宁的信。列宁于5月30日给他写了回信(见本版全集第50卷第431号文献)。——497。

248 这篇札记写在1921年10月11日《南方冶金工作者报》(叶纳基耶沃市出版)第1号的白边上。这一号报纸刊登了新成立的南方钢铁托拉斯的章程,报道了托拉斯当前任务:编制3年生产计划及物资和资金的预算。——505。

249 列宁同高尔基的谈话涉及出版彼得格勒科学家的著作问题。高尔基当时是学者生活改善委员会的负责人。

关于“100万美元”这段记录同在美国为伏尔加河流域饥民积极募集粮款的杰·戴维斯有关。戴维斯曾为救济饥民的事务来彼得格勒。高尔基在同列宁谈话前不久会晤过他。

高尔基出国后，阿·彼·平克维奇接替他主持学者生活改善委员会。列宁在1921年10月19日就彼得格勒高等学校状况的问题接见了平克维奇。——511。

250 这个文件看来是《对俄共(布)第十一次代表会议关于清党的决议草案的意见》(见本卷第327—328页)的初稿。——521。

251 指由格·马·克尔日扎诺夫斯基审定出版的全俄电气技术人员第八次代表大会的工作报告。——530。

252 这里指的是1921年12月8日《经济生活报》第276号刊登的工程师B.Л.莱维的《俄国的电力供应(概况)》一文。文章中评述了1917年到1921年年中俄国的供电情况。列宁在全俄苏维埃第九次代表大会所作的报告中使用了该文中的数字。——531。

253 这是《政论家札记》一文(见本卷第458—466页)的两个提纲，其中第二个提纲是在文章已经写了一部分的时候拟的，“打个比方”和“不用比喻”后面括号里的数字指的就是已写出的手稿的页码。由于《政论家札记》一文没有写完(从提纲看共5章，只写了开头3章)，提纲也就没有全部使用。提纲里的许多东西，列宁后来用到了在党的第十一次代表大会的报告中；个别论点写入了《论战斗唯物主义的意义》一文(见本版全集第43卷)。——541。

254 指亚·伊·托多尔斯基的《持枪扶犁的一年》一书(1918年韦谢贡斯克出版)。列宁在《一幅说明大问题的小图画》一文(见本版全集第35卷)中引证了该书。——541。

255 《经济学家》杂志(«Экономист»)是俄国技术协会第十一部即工业经济部主办的刊物，1921年12月—1922年6月在彼得格勒出版(第1期封面上印的是1922年)。——542。

256 由于通货膨胀，当时工资数额都很大，工厂工人月平均工资是3 421 000卢布。——550。

人名索引

A

阿多拉茨基,弗拉基米尔·维克多罗维奇(Адоратский,Владимир Викторович 1878—1945)——苏联马克思主义宣传家,历史学家,哲学家。1900年参加革命运动,1904年加入俄国社会民主工党,1904—1905年任党的喀山委员会委员。1905年被捕,流放阿斯特拉罕省,1906年被驱逐出境。1906—1907年和1911—1917年住在国外,多次完成列宁交办的任务。十月革命后在教育人民委员部工作,曾在斯维尔德洛夫共产主义大学等院校任教。1920年起任中央档案局副局长、列宁研究院副院长、马克思恩格斯列宁研究院院长、苏联科学院哲学研究所所长等职。是共产主义科学院和苏联科学院院士。参加《马克思恩格斯全集》和《列宁全集》的编辑出版工作,写有许多研究马克思列宁主义的参考书和马克思主义史方面的著作。——9。

阿尔斯基,阿尔卡季·奥西波维奇(Альский,Аркадий Осипович 1892—1939)——1917年加入俄国社会民主工党(布)。1917年二月革命期间任乌克兰洛佐瓦亚执行委员会委员和巴甫洛格勒苏维埃委员。十月革命后在沃罗涅日、立陶宛和白俄罗斯等地的财政部门担任领导工作。1920年俄共(布)第九次代表大会后任党中央登记分配处处长。1921—1927年先后任副财政人民委员和部务委员,后从事经济工作。1923年起属托洛茨基反对派。1927年被开除出党,1930年恢复党籍,1933年被再次开除出党。——145、146、313。

阿洪多夫,鲁胡拉·阿利(Ахундов,Рухулла Али 1897—1938)——阿塞拜疆党和苏维埃的著名工作者,政论家和学者。1917年是左派社会革命党人,1919年加入俄共(布)。1920年阿塞拜疆建立苏维埃政权后任阿塞拜疆共产党(布)中央农村工作部部长，党的巴库委员会书记，《共产党人报》及其他一些定期刊物的编辑。1924—1930 年任阿塞拜疆共产党(布)中央委员会书记、阿塞拜疆苏维埃社会主义共和国教育人民委员。1930 年当选为联共(布)外高加索边疆区委书记。后在阿塞拜疆共产党(布)中央党史研究所等单位从事学术工作。曾把马克思、恩格斯和列宁的一些著作译成阿塞拜疆文，写有历史和文学艺术方面的著作。——190。

阿瓦涅索夫，瓦尔拉姆·亚历山德罗维奇(Аванесов，Варлаам Александрович 1884—1930)——1903 年加入俄国社会民主工党，积极参加 1905—1907 年革命。1907—1913 年在瑞士，曾任俄国社会民主工党联合小组书记。1914 年回国，参加布尔什维克。1917 年二月革命后是莫斯科工人代表苏维埃布尔什维克党团成员和莫斯科苏维埃主席团委员。十月革命期间任彼得格勒军事革命委员会委员。1917—1919 年任全俄中央执行委员会秘书和主席团委员。1919—1920 年初任国家监察人民委员部部务委员，1920—1924 年任副工农检查人民委员、全俄肃反委员会会务委员，后任副对外贸易人民委员。1925 年起任最高国民经济委员会主席团委员。1922—1927 年任苏联中央执行委员会委员。——221。

阿韦尔琴科，阿尔卡季·季莫费耶维奇(Аверченко，Аркадий Тимофеевич 1881—1925)——俄国讽刺作家。十月革命后为白俄流亡分子。——285、286。

安德列耶夫，安德列·安德列耶维奇(Андреев，Андрей Андреевич 1895—1971)——1914 年加入俄国布尔什维克党。1915—1917 年任党的彼得堡委员会委员，彼得格勒五金工会组织者之一。十月革命期间在工人中做了大量工作。苏维埃政权建立初期，在乌拉尔和乌克兰担任工会和党政领导工作。在党的第九次和第十一至第二十次代表大会上当选为中央委员。1920—1922 年任全俄工会中央理事会书记，1922—1927 年任铁路工会中央委员会主席，1924—1925 年兼任党中央书记。1926—1930 年为党中央政治局候补委员，1932—1952 年为中央政治局委员。1927—1930 年任联共(布)北高加索边疆区委书记。1930—1931 年任联共(布)中央监察委员会主席、苏联工农检查人民委员和人民委员会副主席，1931—1935 年任交通人民委员。1935—1946 年任联共(布)中央书记，1939—1952 年任联共(布)中央党的监察委员会主席。1943—1946 年任农业人民委员，1946—

1953年任苏联部长会议副主席。1953—1962年任苏联最高苏维埃主席团委员。1957年起任苏中友好协会主席。——376、497。

奥登博格尔,弗拉基米尔·瓦西里耶维奇(Ольденборгер,Владимир Васильевич 1863—1921)——1893年起是俄国莫斯科自来水厂的机械师,1917年起是该厂总工程师。——385、388、538、539。

奥尔忠尼启则,格里戈里·康斯坦丁诺维奇(谢尔戈)(Орджоникидзе,Григорий Константинович(Серго) 1886—1937)——1903年加入俄国社会民主工党,布尔什维克。曾在西格鲁吉亚、阿布哈兹、巴库从事革命工作,多次被捕和流放。1912年在党的第六次(布拉格)全国代表会议上当选为中央委员和中央委员会俄国局成员。1917年二月革命后在雅库特从事建立革命政权的工作。1917年6月任党的彼得堡委员会委员和彼得格勒苏维埃执行委员会委员。在彼得格勒参加十月武装起义。十月革命后任乌克兰地区临时特派员和南俄临时特派员。国内战争时期任第16、第14集团军和高加索方面军革命军事委员会委员。1920年起是俄共(布)中央委员会高加索局成员,是为建立阿塞拜疆、亚美尼亚和格鲁吉亚苏维埃政权而斗争的组织者之一。1921年在党的第十次代表大会上当选为中央委员。1922—1926年任党的外高加索边疆区委第一书记和北高加索边疆区委第一书记。1924—1927年任苏联革命军事委员会委员。1926年起为中央政治局候补委员,1930年起为中央政治局委员。1926—1930年任联共(布)中央监察委员会主席和苏联工农检查人民委员、苏联人民委员会和劳动国防委员会副主席。1930年起任苏联最高国民经济委员会主席,1932年起任重工业人民委员。——426、427。

奥萨德奇,彼得·谢苗诺维奇(Осадчий,Петр Семенович 1866—1943)——苏联电工技术专家。1890年在彼得堡电工学院毕业后,在该校先后任教员、教授、院长。十月革命后任俄罗斯联邦和苏联国家计划委员会副主席,同时兼任苏联最高国民经济委员会中央电工技术委员会主席,主管第聂伯河国家建筑工程局技术委员会,并担任教学工作。1931年因工业党案被判处剥夺自由十年。1935年8月21日根据苏联中央执行委员会的决定被提前释放,1937年撤销了对他的判决。——511。

奥新斯基,恩·(**奥博连斯基,瓦列里安·瓦列里安诺维奇**)(Осинский,Н.

(Оболенский,Валериан Валерианович)1887—1938)——1907年加入俄国社会民主工党。曾在莫斯科、特维尔、哈尔科夫等地做党的工作。屡遭沙皇政府迫害。斯托雷平反动时期是召回派分子,新的革命高涨年代参加布尔什维克的《明星报》、《真理报》和《启蒙》杂志的工作。1917年二月革命后在党的莫斯科区域局工作,参加布尔什维克的《社会民主党人报》编辑部。十月革命后任俄罗斯联邦国家银行总委员、最高国民经济委员会主席。1918年是"左派共产主义者"纲领起草人之一。1918—1919年在《真理报》编辑部和全俄中央执行委员会宣传部工作;是共产国际第一次代表大会的代表。1920年任图拉省执行委员会主席、粮食人民委员部部务委员。1920—1921年是民主集中派的骨干分子。1921—1923年任副农业人民委员、最高国民经济委员会副主席。后历任苏联驻瑞典全权代表、国家计划委员会主席团委员、中央统计局局长、最高国民经济委员会副主席。在党的第十次和第十四至第十七次代表大会上当选为候补中央委员。——295、434、527。

B

巴洛德,卡尔(Ballod,Karl 1864—1931)——德国经济学家。1905年起任柏林大学教授,1919—1931年任拉脱维亚大学教授。写有一些关于经济问题的著作,其中包括《未来的国家。社会主义国家的生产和消费》一书。——58。

白里安,阿里斯蒂德(Briand,Aristide 1862—1932)——法国国务活动家,外交家;职业是律师。19世纪80年代参加法国社会主义运动,1898年加入法国独立社会党人联盟,一度属社会党左翼;1902年参加改良主义的法国社会党,同年被选入议会。1906年参加资产阶级政府,任教育部长,因此被开除出社会党;后同亚·米勒兰、勒·维维安尼等人一起组成独立社会党人集团(1911年取名"共和社会党")。1909—1911年任"三叛徒(白里安、米勒兰、维维安尼)内阁"的总理。1910年宣布对铁路实行军管,残酷镇压铁路工人的罢工。1913年任总理,1915—1917年、1921—1922年任总理兼外交部长,1924年任法国驻国际联盟代表。1925年参与签订洛迦诺公约。1925—1931年任外交部长。1931年竞选总统失败后退出政界。——411。

鲍威尔,奥托(Bauer,Otto 1882—1938)——奥地利社会民主党和第二国际领袖之一,"奥地利马克思主义"理论家。同卡·伦纳一起提出资产阶级民族主义的民族文化自治论。1907年起任社会民主党议会党团秘书,同年参与创办党的理论刊物《斗争》杂志。1912年起任党中央机关报《工人报》编辑。第一次世界大战期间应征入伍,在俄国前线被俘。俄国1917年二月革命后在彼得格勒,同年9月回国。敌视俄国十月革命。1918年11月—1919年7月任奥地利共和国外交部长,赞成德奥合并。1920年在维也纳出版反布尔什维主义的《布尔什维主义还是社会民主主义?》一书。1920年起为国民议会议员。第二半国际和社会主义工人国际的组织者和领袖之一。曾参与制定和推行奥地利社会民主党的机会主义路线,使奥地利工人阶级的革命斗争遭受严重损失。晚年修正了自己的某些改良主义观点。——51。

贝尔,托马斯(Bell,Tomas 1882—1940)——英国共产党人。1900年加入英国独立工党。曾积极参加社会主义工人党的创建工作,任该党中央委员。1920年参与创建英国共产党,1929年以前为该党中央委员和政治局委员。共产国际第三次、第六次和第七次代表大会代表。1921—1922年和1926—1928年是英国共产党驻共产国际执行委员会代表。1928年在共产国际第六次代表大会上当选为共产国际执行委员会委员。1930—1931年为英国的苏联之友协会主席。1936—1939年在国际支援革命战士协会担任负责工作。——100—102。

倍倍尔,奥古斯特(Bebel,August 1840—1913)——德国工人运动和国际工人运动活动家,德国社会民主党和第二国际的创建人和领袖之一,马克思和恩格斯的朋友和战友;旋工出身。19世纪60年代前半期开始参加政治活动,1867年当选为德国工人协会联合会主席,1868年该联合会加入第一国际。1869年与威·李卜克内西共同创建了德国社会民主工党(爱森纳赫派),该党于1875年与拉萨尔派合并为德国社会主义工人党,后又改名为德国社会民主党。多次当选国会议员,利用国会讲坛揭露帝国政府反动的内外政策。1870—1871年普法战争期间持国际主义立场,在国会中投票反对军事拨款,支持巴黎公社,为此曾被捕和被控叛国,断断续续在狱中度过近六年时间。在反社会党人非常法施行时期,领导了党的地下活动和议会活动。90年代和20世纪初同党内的改良主义和修正主义进行斗争，反对伯恩施坦及其拥护者对马克思主义理论的歪曲和庸俗化。是出色的政论家和演说家，对德国和欧洲工人运动的发展有很大影响。马克思和恩格斯高度评价了他的活动。——9、59、256。

别洛夫，A.A.（Белов，A.A.）——苏俄国营百货公司经理。1922年4—11月任最高国民经济委员会中央商业局管理委员会委员。——396、401。

波波夫，帕维尔·伊里奇（Попов，Павел Ильич 1872—1950）——苏联统计学家，1924年加入俄共（布）。1918年起任中央统计局局长、苏联国家计划委员会主席团委员。1926—1949年任俄罗斯联邦国家计划委员会主席团委员和全苏列宁农业科学院主席团委员、俄罗斯联邦国家计划委员会农业局领导人。后任苏联中央统计局科学方法论委员会委员。写有统计学方面的著作。——132。

波格丹诺夫，彼得·阿列克谢耶维奇（Богданов，Петр Алексеевич 1882—1939）——1905年加入俄国社会民主工党。曾在莫斯科、沃罗涅日和戈梅利做党的工作。1917年二月革命后任戈梅利工兵农代表苏维埃军事部主任，同年10月任戈梅利革命委员会主席。十月革命后在经济部门担任负责工作。1918—1921年任最高国民经济委员会会务委员，1921—1925年任俄罗斯联邦最高国民经济委员会主席和人民委员会委员。1926年起历任北高加索边疆区执行委员会主席、设在美国的苏美贸易股份公司董事长、俄罗斯联邦副地方工业人民委员。——154、179、213、214、215、225、226、289、313。

波格丹诺夫（**马林诺夫斯基**），亚历山大·亚历山德罗维奇（Богданов（Малиновский），Александр Александрович 1873—1928）——俄国社会民主党人，哲学家，社会学家，经济学家；职业是医生。19世纪90年代参加社会民主主义小组。1903年成为布尔什维克。在党的第三、第四和第五次代表大会上被选入中央委员会。曾参加布尔什维克机关报《前进报》和《无产者报》编辑部，是布尔什维克《新生活报》的编辑。在对待布尔什维克参加第三届国家杜马的问题上持抵制派立场。1908年是反对布尔什维克在合法组织里工作的最高纲领派的领袖。斯托雷平反动时期和新的革命高涨年代背离布尔什维主义，领导召回派，是“前进”集团的领袖。在哲学上宣扬经验一元论。1909 年 6 月因进行派别活动被开除出党。第一次世界大战期间持国际主义立场。十月革命后是共产主义科学院院士，在莫斯科大学讲授经济学。1918 年是无产阶级文化派的思想家。1921 年起从事老年医学和血液学的研究。1926 年起任由他创建的输血研究所所长。主要著作有《经济学简明教程》(1897)、《经验一元论》(第 1—3 卷，1904—1906)、《生动经验的哲学》(1913)、《关于社会意识的科学》(1914)、《普遍的组织起来的科学(组织形态学)》(1913—1922)。——310。

波谢，弗拉基米尔·亚历山德罗维奇(Поссе，Владимир Александрович 1864—1940)——俄国新闻工作者和自由派资产阶级社会活动家。合法马克思主义者的《新言论》杂志和《生活》杂志编辑。《生活》杂志被沙皇政府查封后，1902 年在国外继续出版该杂志。1906—1907 年主张在俄国建立独立于社会民主党的工人合作社组织。1909—1917 年出版和编辑《大众生活》杂志。十月革命后从事写作。1922 年起为《全俄中央执行委员会消息报》撰稿。写有一系列有关历史、文学等问题的著作。——544。

伯恩施坦，爱德华(Bernstein，Eduard 1850—1932)——德国社会民主党和第二国际右翼领袖之一，修正主义的代表人物。1872 年加入社会民主党，曾是欧·杜林的信徒。1879 年和卡·赫希柏格、卡·施拉姆在苏黎世发表《德国社会主义运动的回顾》一文，指责党的革命策略，主张放弃革命斗争，适应俾斯麦制度，受到马克思和恩格斯的严厉批评。1881—1890 年任党的中央机关报《社会民主党人报》编辑。从 90 年代中期起完全同马克思主义决裂。1896—1898 年以《社会主义问题》为题在《新时代》杂志上发表一组文章，1899 年发表《社会主义的前提和社会民主党的任务》一书，从经济、政治和哲学方面对马克思主义的理论和策略作了全面的修正。1902 年起为国会议员。第一次世界大战期间持中派立场。1917 年参加德国独立社会民主党，1919 年公开转到右派方面。1918 年十一月革命失败后出任艾伯特—谢德曼政府的财政部长助理。——26。

博尔迪加，阿马德奥(Bordiga，Amadeo 1889—1970)——意大利政治活动家。1910 年加入意大利社会党，领导党内接近无政府主义的派别。第一次世界大战期间是社会党革命派领袖之一，该派要求把同资产阶级合作的改良派开除出党。1919 年提出抵制资产阶级议会的纲领，领导所谓“共产主义者抵制派”。曾出席共产国际第二次代表大会。1921 年参与创建意大利共产党，1926 年以前为该党领导机关成员；实行左倾宗派主义政策，反对共产国际关于建立反法西斯统一战线的策略。后宣扬托洛茨基主义观点，进行反对意大利共产党路线的派别活动，为此于 1930 年被开除出党。——31。

博诺米，伊万诺埃（Bonomi，Ivanoe 1873—1951）——意大利国务活动家，意大利社会党右翼改良派领袖之一。1909 年起为众议员。1912 年因支持意大利政府进行侵略战争被开除出社会党，后成为改良社会党的组织者之一。第一次世界大战期间是社会沙文主义者，主张意大利站在协约国方面参战。1916—1921 年参加政府，任社会工作部和陆军部大臣。1921—1922 年领导由各资产阶级政党代表和改良社会党人组成的联合政府。法西斯专政时期（1922—1943）脱离政治活动，后领导意大利反法西斯的民族解放委员会。1944—1945 年任首相，1948—1951 年任参议院议长。——407、545。

布尔金（**谢苗诺夫**），费多尔·阿法纳西耶维奇（Булкин（Семенов），Федор Афанасьевич 生于 1888 年）——1904 年加入俄国社会民主工党，孟什维克。曾在彼得堡和哈尔科夫做党的工作，是彼得堡组织出席党的第五次（伦敦）代表大会的代表。斯托雷平反动时期和新的革命高涨年代是取消派分子。第一次世界大战期间是护国派分子，在诺夫哥罗德、萨马拉和彼得堡的军事工业委员会工作。十月革命后，作为孟什维克的代表在奥伦堡苏维埃工作。后脱离孟什维克，1920 年加入俄共（布），做经济和工会工作。1922 年因参加工人反对派被开除出党。1927 年重新入党，在列宁格勒、伊尔库茨克等城市做经济工作。1935 年被再次开除出党。——498。

布哈林，尼古拉·伊万诺维奇（Бухарин，Николай Иванович 1888—1938）——1906 年加入俄国社会民主工党。1907 年进入莫斯科大学法律系经济学专业学习。1908 年起任党的莫斯科委员会委员。1909—1910 年几度被捕，1911 年从流放地逃往欧洲。在国外开始著述活动，参加欧洲工人运动。1917 年二月革命后回国，当选为莫斯科苏维埃执行委员会委员、党的莫斯科委员会委员，任《社会民主党人报》和《斯巴达克》杂志编辑。在党的第六至第十六次代表大会上当选为中央委员。1917 年 10 月起任莫斯科军事革命委员会委员，参与领导莫斯科的武装起义。同年12月起任《真理报》主编。1918年初反对签订布列斯特和约，是“左派共产主义者”集团的领袖。1919年3月当选为党中央政治局候补委员。1919年共产国际成立后任共产国际执行委员会委员和主席团委员。1920—1921年工会问题争论期间领导“缓冲”派。1924年6月当选为中央政治局委员。1926—1929年主持共产国际的工作。1929年被作为“右倾派别集团”的领袖受到批判，同年被撤销《真理报》主编、中央政治局委员、共产国际执行委员会委员和主席团委员职务。1931年起任苏联最高国民经济委员会主席团委员。1934—1937年任《消息报》主编。1934年当选为候补中央委员。1937年3月被开除出党。1938年3月13日被苏联最高法院军事审判庭以“参与托洛茨基的恐怖、间谍和破坏活动”的罪名判处枪决。1988年平反并恢复党籍。——12、305、306、310、413、415。

布兰德勒，亨利希(Brandler，Heinrich 1881—1967)——德国共产党右倾机会主义派别领袖之一。1898年加入德国社会民主党。第一次世界大战期间参加斯巴达克联盟。1919年德国共产党成立后为该党党员。1919—1923年为德共中央委员。1921年采取“左派”立场。1923年秋，当德国出现革命形势时，德共领导机关中的布兰德勒—塔尔海默集团执行机会主义政策，竭力压制工人的革命斗争，维护资产阶级统治，导致1923年10月汉堡无产阶级起义的失败。1923年底被解除党内领导职务，后又领导了反对德共中央和共产国际决议的派别斗争，1929年被开除出德国共产党，以后侨居法国和瑞士，后定居联邦德国，继续反共活动。——14、15。

布里安，埃德蒙(Burian，Edmund 1878—1935)——捷克社会民主党人。1911—1918年是捷克社会民主党内左翼派别——集中派领袖之一。1920年加入捷克斯洛伐克共产党，任该党执行委员会委员，1922年是该党驻共产国际代表。1929年因犯右倾和取消主义错误，被开除出党。后回到社会民主党，在工会工作。——69。

布利特，威廉·克里斯蒂安(Bullitt，William Christian 1891—1967)——美国外交家，新闻工作者。1917年领导美国国务院中欧情报局。1919年是美国出席巴黎和会代表团的随员。同年被威尔逊总统派往苏俄执行特别使命，后辞职。1933年重返外交界。1934—1936年为美国首任驻苏大使。

1936—1941年任驻法大使。1942—1943年任美国海军部长特别助理。——338。

布留哈诺夫，尼古拉·巴甫洛维奇（Брюханов，Николай Павлович 1878—1942）——1902年加入俄国社会民主工党，1904年起是布尔什维克。曾在喀山、辛比尔斯克、乌法及其他城市做党的工作，屡遭沙皇政府迫害。1917年二月革命后任党的乌法统一委员会委员，乌法工兵代表苏维埃主席。1917年10月起任乌法省革命委员会委员。1918年2月起任粮食人民委员部部务委员，6月起任副粮食人民委员；1919年8月起兼任东方面军粮食特设委员会主席。1921年起历任粮食人民委员、财政人民委员、副供给人民委员、苏联人民委员会农业产量核定委员会副主席等职。在党的第十五次和第十六次代表大会上当选为候补中央委员。——403、503。

C

蔡特金，克拉拉（Zetkin，Clara 1857—1933）——德国工人运动和国际工人运动活动家，国际社会主义妇女运动领袖之一，德国共产党创建人之一。19世纪70年代末参加革命运动，1881年加入德国社会民主党。1882年流亡奥地利，后迁居瑞士苏黎世，为秘密发行的德国社会民主党机关报《社会民主党人报》撰稿。1889年积极参加第二国际成立大会的筹备工作。1890年回国。1892—1917年任德国社会民主党主办的女工运动机关刊物《平等》杂志主编。1907年参加国际社会党斯图加特代表大会，在由她发起的第一次国际妇女社会党人代表会议上当选为国际妇女联合会书记处书记。1910年在哥本哈根举行的第二次国际妇女社会党人代表会议上，根据她的倡议，通过了以3月8日为国际妇女节的决议。第一次世界大战期间持国际主义立场，反对社会沙文主义。曾积极参与组织1915年3月在伯尔尼召开的国际妇女社会党人代表会议。1916年参与组织国际派（后改称斯巴达克派和斯巴达克联盟）。1917年德国独立社会民主党成立后为党中央委员。1919年起为德国共产党党员，当选为中央委员。1920年起为国会议员。1921年起先后当选为共产国际执行委员会委员和主席团委员，领导国际妇女书记处。1925年起任国际支援革命战士协会主席。——63、106、107。

策彼罗维奇,格里戈里·弗拉基米罗维奇(Цыперович,Григорий Владимирович 1871—1932)——苏联经济学家。1888年参加革命运动,多次被捕和流放。十月革命后在工会工作,曾为多种杂志撰稿。1919年加入俄共(布)。1920—1921年工会问题争论期间是列宁纲领的拥护者。1921—1929年在彼得格勒国民经济委员会、外交人民委员部和列宁格勒州计划委员会工作,后任列宁格勒工业学院院长、列宁格勒国民经济委员会主席团委员。写有《革命前俄国的辛迪加和托拉斯》等经济学著作和论文。——213。

"创始人"——见卢托维诺夫,尤里·赫里桑福维奇。

D

达尼舍夫斯基,卡尔·尤利·克里斯蒂安诺维奇(Данишевский,Карл Юлий Христианович 1884—1938)——1900年加入俄国社会民主工党,布尔什维克。1907年在党的第五次(伦敦)代表大会上代表拉脱维亚边疆区社会民主党当选为俄国社会民主工党中央委员。1907—1914年在彼得堡、巴库、梯弗利斯、华沙、里加、利耶帕亚和莫斯科等地做党的工作。1917年二月革命后任党的莫斯科委员会委员和莫斯科苏维埃代表。同年5月起在拉脱维亚担任布尔什维克报纸《斗争报》和《战壕真理报》编辑。十月革命后任东方面军革命军事委员会委员、共和国革命军事委员会委员和共和国革命军事法庭庭长。拉脱维亚建立苏维埃政权后任拉脱维亚苏维埃政府副主席和革命军事委员会主席。在党的第八次代表大会上当选为候补中央委员。1921年起任党中央委员会西伯利亚局书记、林业总委员会主席、苏联对外贸易银行和全苏木材出口联合公司管理委员会主席等职。1932—1936年任苏联副森林工业人民委员。——162、163、164、165。

达申斯基,伊格纳齐(Daszynski,Ignacy 1866—1936)——波兰政治活动家。1892—1919年领导加利西亚社会民主党,后为统一的波兰社会党(右派的)领袖之一。1919年起三次当选为波兰议会议员,任波兰社会党议会党团主席。1920年参加波兰地主资产阶级政府,任副总理。支持皮尔苏茨基在波兰发动的法西斯政变和建立的法西斯制度。——218。

大卫,爱德华(David,Eduard 1863—1930)——德国社会民主党右翼领袖之一，经济学家；德国机会主义者的主要刊物《社会主义月刊》创办人之一。1893年加入社会民主党。公开修正马克思主义关于土地问题的学说，否认资本主义经济规律在农业中的作用。1903年出版《社会主义和农业》一书，宣扬小农经济稳固，维护所谓土地肥力递减规律。1903—1918年和1920—1930年为国会议员，社会民主党国会党团领袖之一。第一次世界大战期间是社会沙文主义者；在《世界大战中的社会民主党》(1915)一书中为德国社会民主党右翼在第一次世界大战中的机会主义立场辩护。1919年2月任魏玛共和国国民议会第一任议长。1919—1920年任内务部长，1922—1927年任中央政府驻黑森的代表。——104。

戴维斯，杰罗姆(Davis，Jerome 生于1891年)——美国社会活动家，教育家和社会学家。1916—1918年侨居俄国。同情俄国十月革命，是1921年在美国为苏维埃俄国饥民募捐和运送粮食的组织者之一。多次访问苏联。积极参加和平运动。——511。

邓尼金，安东·伊万诺维奇(Деникин，Антон Иванович 1872—1947)——沙俄将军。第一次世界大战期间曾任旅长和师长。1917年4—5月任俄军最高总司令的参谋长，后任西方面军司令和西南方面军司令。积极参加科尔尼洛夫叛乱。十月革命后参与组建白卫志愿军，1918年4月起任志愿军司令。在协约国扶植下，1919年1月起任“南俄武装力量”总司令。1919年夏秋进犯莫斯科，被击溃后率残部退到克里木。1920年4月将指挥权交给弗兰格尔，自己逃亡国外。——194、195、198、199、235、262、268、318、338。

东巴尔，托马什(Dąbal，Tomasz 1890—1937)——波兰农民运动和国际农民运动活动家。1919年被选入议会，是波兰农民党左翼领导人之一。因进行反对同苏维埃俄国作战的宣传被捕入狱。1922年加入波兰共产党。1923年起住在苏联。是农民国际的创建人和领导人之一。1929年起从事科研教学工作及党和苏维埃的工作，1932—1934年任白俄罗斯科学院副院长。先后当选为白俄罗斯共产党(布)中央委员会委员和白俄罗斯苏维埃社会主义共和国中央执行委员会委员。——218。

多夫加列夫斯基，瓦列里安·萨韦利耶维奇(Довгалевский，Валериан Савельевич 1885—1934)——1908年加入俄国社会民主工党；职业是电气工程师。

1917 年二月革命前侨居国外，先后在列日（比利时）、达沃斯（瑞士）、图卢兹（法国）的布尔什维克组织中工作。1915 年加入法国社会党，属该党左翼。1917 年 7 月回国，被征入伍。十月革命后在红军中当政委。1919—1921 年任劳动国防委员会西伯利亚和乌拉尔道路修复委员会委员、交通人民委员部通讯和电工技术管理局政委。1921 年起任俄罗斯联邦邮电人民委员，1923 年起任苏联副邮电人民委员。1924 年起从事外交工作，历任驻瑞典、日本和法国全权代表。——392。

E

厄克特，约翰·莱斯利（Urquhart, John Leslie 1874—1933）——英国金融家和工业家，矿业工程师。1896—1906 年在俄国巴库油田当工程师，后成为在俄国开办的一些英国公司的董事、俄亚联合公司董事长、一些大采矿企业的企业主。俄国十月革命后是武装干涉和经济封锁苏维埃俄国的策划者之一，任俄国债权人协会主席。1922 年任英国出席热那亚会议和海牙会议代表团顾问。1921—1929 年同苏联政府就其原有产业的承租权问题进行多次谈判，但没有成功。——448。

恩格斯，弗里德里希（Engels, Friedrich 1820—1895）——科学共产主义创始人之一，世界无产阶级的领袖和导师，马克思的亲密战友。——9—10、59、255、257、320。

F

弗兰格尔，彼得·尼古拉耶维奇（Врангель, Петр Николаевич 1878—1928）——沙俄将军，君主派分子，男爵。第一次世界大战期间任骑兵军军长。十月革命后到克里木，1918 年 8 月参加白卫志愿军，先后任骑兵师师长、骑兵军军长、高加索集团军司令、志愿军司令。1920 年 4 月接替邓尼金任"南俄武装力量"总司令，11 月起任克里木"俄军"总司令；在克里木和南乌克兰建立了军事专政。1920 年 11 月中旬被红军击溃后逃亡国外。——117、194、198、235、262、268、319。

弗里斯兰特——见罗伊特，恩斯特。

弗鲁姆金，莫伊塞·伊里奇（Фрумкин, Моисей Ильич 1878—1938）——1898

年加入俄国社会民主工党。曾在戈梅利、坦波夫、彼得堡、莫斯科等城市做党的工作。1911 年起流放叶尼塞斯克省。1917 年二月革命后在克拉斯诺亚尔斯克做党的工作，12 月起任西西伯利亚边疆区经济委员会主席团委员。1918—1922 年历任粮食人民委员部部务委员、副粮食人民委员、中央消费合作总社理事会理事、党中央委员会西伯利亚局成员和西伯利亚革命委员会副主席。1922—1929 年先后任副对外贸易人民委员、副财政人民委员。1928—1930 年属党内"右倾派别集团"。1932—1935 年任副对外贸易人民委员，后从事经济工作。——73。

弗罗萨尔，吕多维克·奥斯卡尔（Frossard，Ludovic Oscar 1889—1946）——法国社会党人，1920 年初参加第二国际重建委员会。曾参与创建法国共产党，成为党的领导委员会成员。1923 年与共产主义运动决裂，转向改良主义。第二次世界大战前夕支持慕尼黑政策。1939—1940 年任情报部长。反对共产主义运动和苏维埃国家。——28、485、490。

福季耶娃，莉迪娅·亚历山德罗夫娜（Фотиева，Лидия Александровна 1881—1975）——1904 年加入俄国社会民主工党。1904—1905 年在日内瓦和巴黎的布尔什维克支部工作，协助娜·康·克鲁普斯卡娅同国内地下党组织进行通信联系。1905—1907 年革命和十月革命的参加者。1918—1930 年任人民委员会和劳动国防委员会秘书，1918—1924 年兼任列宁的秘书。1933—1936 年在重工业人民委员部动力总管理局系统工作。1939—1956 年是中央列宁博物馆的研究员。——326。

G

盖得，茹尔（**巴西尔，马蒂厄**）（Guesde，Jules（Basile，Mathieu）1845—1922）——法国工人运动和国际工人运动活动家，法国工人党创建人之一，第二国际的组织者和领袖之一。19 世纪 60 年代是资产阶级共和主义者。拥护 1871 年的巴黎公社。公社失败后流亡瑞士和意大利，一度追随无政府主义者。1876 年回国。在马克思和恩格斯影响下逐步转向马克思主义。1877 年 11 月创办《平等报》，宣传社会主义思想，为 1879 年法国工人党的建立作了思想准备。1880 年和拉法格一起在马克思和恩格斯指导下起草了法国工人党纲领。1880—1901 年领导法国工人党，同无政府主义者和可能派进行坚决斗争。1889 年积极参加创建第二国际的活动。1893 年当选为众议员。1899 年反对米勒兰参加资产阶级内阁。1901 年与其拥护者建立了法兰西社会党,该党于 1905 年同改良主义的法国社会党合并,盖得为统一的法国社会党领袖之一。20 世纪初逐渐转向中派立场。第一次世界大战一开始即采取社会沙文主义立场,参加了法国资产阶级政府。1920 年法国社会党分裂后,支持少数派立场,反对加入共产国际。——320。

高尔察克,亚历山大·瓦西里耶维奇(Колчак,Александр Васильевич 1873—1920)——沙俄海军上将(1916),君主派分子。第一次世界大战期间任波罗的海舰队作战部部长、水雷总队长,1916—1917 年任黑海舰队司令。1918 年 10 月抵鄂木斯克,11 月起任白卫军"西伯利亚政府"陆海军部长。11 月 18 日在外国武装干涉者支持下发动政变,在西伯利亚、乌拉尔和远东建立军事专政,自封为"俄国最高执政"和陆海军最高统帅。叛乱被平定后,1919 年 11 月率残部逃往伊尔库茨克,后被俘。1920 年 2 月 7 日根据伊尔库茨克军事革命委员会的决定被枪决。——194、195、198、235、237、262、268、319、338。

高尔基,马克西姆(**彼什科夫,阿列克谢·马克西莫维奇**)(Горький,Максим(Пешков,Алексей Максимович) 1868—1936)——苏联作家和社会活动家,社会主义现实主义文学的奠基人,苏联文学的创始人。出身于木工家庭,当过学徒、装卸工、面包师等。1892 年开始发表作品。1901 年起因参加革命工作屡遭沙皇政府迫害。1905 年夏加入俄国社会民主工党,同年 11 月第一次与列宁会面,思想上受到很大影响。1906 年发表反映俄国无产阶级革命斗争的长篇小说《母亲》,被认为是第一部社会主义现实主义作品。1906—1913 年旅居意大利,一度接受造神说。第一次世界大战爆发后坚决谴责帝国主义战争,揭露战争的掠夺性,但也曾向资产阶级爱国主义方面动摇。十月革命后,积极参加社会主义文化建设工作。1934 年发起成立苏联作家协会,担任协会主席,直到逝世。——511—512。

戈尔德曼——见李伯尔,米哈伊尔·伊萨科维奇。

哥尔布诺夫,尼古拉·彼得罗维奇(Горбунов,Николай Петрович 1892—1937)——1917 年加入俄国社会民主工党(布)。十月革命后任人民委员会秘书和列宁的秘书。1918 年 8 月起任最高国民经济委员会科学技术局局长。

1919—1920年在红军中做政治工作,任第13和第14集团军革命军事委员会委员。1920年起任俄罗斯联邦人民委员会和劳动国防委员会办公厅主任、苏联国家计划委员会委员。1923—1929年任莫斯科鲍曼高等技术学校校长,1928—1932年任化学化委员会科学组负责人,1931—1933年任卡尔波夫化学研究所副所长,1932—1935年领导塔吉克—帕米尔考察队。1935年起为苏联科学院院士兼常务秘书。——221、399、418、441。

哥尔茨曼,阿布拉姆·季诺维耶维奇(Гольцман,Абрам Зиновьевич 1894—1933)——1910年参加俄国革命运动,1917年4月加入俄国社会民主工党(布)。十月革命后担任工会和经济部门的领导工作。1917—1920年任五金工会中央委员会委员,1920—1921年任全俄工会中央理事会主席团委员、劳动国防委员会俄罗斯联邦资源利用委员会委员。工会问题争论期间支持托洛茨基的纲领。1922年起在最高国民经济委员会、中央监察委员会—工农检查院和民航总局担任负责工作。——497。

哥尔斯基,Б.(Горский,Б.)——《谈谈送礼的丹瑙人》一文的作者。——287。

哥尼克曼,С.Л.(Гоникман,С.Л.生于1897年)——1917—1918年为孟什维克,后加入俄共(布)。1921—1926年在莫斯科共产主义大学任教,后从事党的工作和经济工作。1935年被开除出党。——245。

格鲁姆-格尔日迈洛,弗拉基米尔·叶菲莫维奇(Грум-Гржимайло(Грумм-Гржимайло),Владимир Ефимович 1864—1928)——俄国冶金学家,冶金学原理的创立者之一。1911—1918年和1920—1924年先后任彼得堡工学院和乌拉尔矿业学院教授,后为最高国民经济委员会科学技术局冶金和热工结构管理处创建人。1927年起为苏联科学院通讯院士。写有许多冶金方面的热工学著作及其他著作。——511。

龚帕斯,赛米尔(Gompers,Samuel 1850—1924)——美国工会运动活动家。生于英国,1863年移居美国。1881年参与创建美国与加拿大有组织的行业工会和劳工会联合会,该联合会于1886年改组为美国劳工联合会(劳联),龚帕斯当选为美国劳工联合会第一任主席,并担任此职直至逝世(1895年除外)。实行同资本家进行阶级合作的政策,反对工人阶级参加政治斗争。第一次世界大战期间是社会沙文主义者。敌视俄国十月革命和苏维埃俄国。——466。

古比雪夫,瓦列里安·弗拉基米罗维奇(Куйбышев,Валериан Владимирович 1888—1935)——1904 年加入俄国社会民主工党。曾在鄂木斯克、托木斯克、哈尔科夫、彼得堡和萨马拉等地做党的工作,多次被捕和流放。1917 年从流放地回到萨马拉,积极参加十月革命,是萨马拉武装起义的组织者。1917 年 11 月任萨马拉革命委员会主席,后任萨马拉省执行委员会主席。1918—1919 年任东方面军南方军队集群政委和革命军事委员会委员,后任全俄中央执行委员会和俄罗斯联邦人民委员会土耳其斯坦事务委员会和俄共(布)中央委员会土耳其斯坦局副主席。1920 年是俄罗斯联邦派驻布哈拉政府的全权代表,后为全俄工会中央理事会主席团委员。1921 年 5 月起任最高国民经济委员会主席团委员和电机工业总管理局局长。1921—1922 年为候补中央委员,1922—1923 年和 1927 年起为中央委员。1922 年 4 月起任党中央委员会书记。1923 年起任党中央监察委员会主席,同时兼任工农检查人民委员、人民委员会和劳动国防委员会副主席。1926 年起任最高国民经济委员会主席。1927 年起为党中央政治局委员。1930 年起任国家计划委员会主席、人民委员会和劳动国防委员会副主席。1934 年起任苏维埃监察委员会主席、人民委员会和劳动国防委员会第一副主席。——159—160、215。

古谢伊诺夫,米尔扎·达维德(Гусейнов,Мирза Давид 1894—1938)——阿塞拜疆革命运动活动家,1918 年加入俄共(布)。1919 年任党的巴库委员会和高加索边疆区委员会委员。在阿塞拜疆共产党(布)第一次代表大会(1920 年 2 月)上被选为阿塞拜疆共产党(布)中央委员会主席。1920—1921 年任阿塞拜疆革命委员会副主席兼财政人民委员。1921 年 5—12 月任阿塞拜疆苏维埃社会主义共和国外交人民委员和人民委员会最高经济委员会主席。1922 年任俄罗斯联邦副民族事务人民委员。1923—1929 年任外高加索联邦人民委员会副主席、外交人民委员和财政人民委员。1930—1933 年任塔吉克斯坦共产党中央委员会第一书记,后在俄罗斯联邦教育人民委员部工作。——190。

H

哈默,朱利叶斯(Hammer,Julius 生于 1874 年)——美国百万富翁。对苏维埃俄国持友好态度。1921—1927 年是美国开采乌拉尔阿拉帕耶夫斯克石棉矿的租让企业“阿拉麦里科公司”的董事长。——530。

海德门,亨利·迈尔斯(Hyndman,Henry Mayers 1842—1921)——英国社会党人。1881 年创建民主联盟(1884 年改组为社会民主联盟),担任领导职务,直至 1892 年。曾同法国可能派一起夺取 1889 年巴黎国际工人代表大会的领导权,但未能得逞。1900—1910 年是社会党国际局成员。1911 年参与创建英国社会党,领导该党机会主义派。第一次世界大战期间是社会沙文主义者。1916 年英国社会党代表大会谴责他的社会沙文主义立场后,退出社会党。敌视俄国十月革命,赞成武装干涉苏维埃俄国。——320。

海伍德,威廉(**比尔**)(Haywood,William(Bill)1869—1928)——美国工人运动活动家;职业是矿工。1901 年加入美国社会党,后为该党左翼领导人之一。世界产业工人联合会的创建人和领导人之一。反对社会党领导人的机会主义路线,曾受无政府工团主义的思想影响。第一次世界大战一开始就谴责军国主义和帝国主义战争。欢迎俄国十月革命。美国共产党成立(1919)后不久即加入该党。因从事革命活动遭受迫害而离开美国。1921 年起住在俄国,积极参加库兹巴斯自治工业侨民区的组织工作。后在国际支援革命战士协会工作,并从事新闻活动。——177、179、214。

赫尔茨,麦克斯(Hölz,Max 1889—1933)——德国左派共产党人。1920 年领导德国中部福格特兰德工人反对卡普叛乱的武装斗争。因犯无政府主义倾向的错误被开除出德国共产党。1921 年 3 月领导德国中部比特菲尔德—梅泽堡—哈雷地区工人的武装斗争,因此被特别法庭判处无期徒刑。1922 年在狱中重新加入德国共产党。获释后不久,1929 年起侨居苏联。——37。

赫姆佩尔(Hempel)——德国共产主义工人党出席共产国际第三次代表大会的代表。——34。

J

基尔皮奇尼科夫,В.Д.(Кирпичников,В.Д. 1881—1940)——苏联工艺工程师。1907 年起在莫斯科第一发电站工作。1918 年起是最高国民经济委员会国家建筑工程总委员会电工技术委员会委员和国家区域泥炭发电站设计局领导人之一；曾直接参与制定沙图拉发电站和莫斯科工业区其他发电站的规划。1920—1924年任最高国民经济委员会泥炭水力开采管理局副局长。与罗·爱·克拉松一起发明了泥炭水力开采法，写有关于这方面问题的著作。——529。

基尔什，卡尔·瓦西里耶维奇（Кирш，Карл Васильевич 1877—1919）——俄国热工学家，莫斯科高等技术学校教授。曾从事改进燃烧室和利用低热值燃料的研究工作，写有关于这方面问题的著作。——443。

基谢廖夫，阿列克谢·谢苗诺维奇（Киселев，Алексей Семенович 1879—1937）——1898年加入俄国社会民主工党。曾在彼得堡、哈尔科夫、巴库、敖德萨和西伯利亚的一些城市做党的工作。1914年被增补进党中央委员会。多次被捕和流放。1917年二月革命后任伊万诺沃-沃兹涅先斯克市苏维埃主席和党的市委员会委员。在全俄苏维埃第一次代表大会上当选为全俄中央执行委员会委员。从党的第六次代表大会起多次当选为候补中央委员。十月革命后从事苏维埃、经济和工会工作。1918年当选为中央纺织工业委员会主席，后当选为最高国民经济委员会主席团委员。1920年任矿工工会主席。1920—1921年工会问题争论期间参加工人反对派。1921年在党的第十次代表大会上是莫斯科党组织的代表。1921—1923年任小人民委员会主席。1923年在党的第十二次代表大会上当选为中央监察委员会委员；曾任中央监察委员会主席团委员、俄罗斯联邦工农检查人民委员和苏联副工农检查人民委员。1924年起任全俄中央执行委员会秘书。苏联中央执行委员会主席团委员。——127、174。

季诺维也夫（**拉多梅斯尔斯基**），格里戈里·叶夫谢耶维奇（Зиновьев（Радомысльский），Григорий Евсеевич 1883—1936）——1901年加入俄国社会民主工党，党的第二次代表大会后是布尔什维克。在党的第五至第十四次代表大会上当选为中央委员。1908—1917年侨居国外，参加布尔什维克《无产者报》编辑部和党的中央机关报《社会民主党人报》编辑部。斯托雷平反动时期对取消派、召回派和托洛茨基分子采取调和主义态度。1912年后和列宁一起领导中央委员会俄国局。第一次世界大战期间持国际主义立场。1917年4月回国，进入《真理报》编辑部。

十月革命前夕反对举行武装起义的决定。1917年11月主张成立有孟什维克和社会革命党人参加的联合政府，遭到否决后声明退出党中央。1917年12月起任彼得格勒苏维埃主席。1919年共产国际成立后任共产国际执行委员会主席。1919年当选为党中央政治局候补委员，1921年当选为中央政治局委员。1925年参与组织“新反对派”，1926年与托洛茨基结成“托季联盟”。1926年被撤销中央政治局委员和共产国际的领导职务。1927年11月被开除出党，后来两次恢复党籍，两次被开除出党。1936年8月25日被苏联最高法院军事审判庭以“参与暗杀基洛夫、阴谋刺杀斯大林及其他苏联领导人”的罪名判处枪决。1988年6月苏联最高法院为其平反。——11—16、19、64、283、305、316、413、445、470、478、497。

加里宁，米哈伊尔·伊万诺维奇（Калинин，Михаил Иванович 1875—1946）——1898年加入俄国社会民主工党。曾在第一批秘密的马克思主义工人小组和彼得堡工人阶级解放斗争协会中工作，是《火星报》代办员和1905—1907年革命的积极参加者。屡遭沙皇政府迫害。1912年在党的第六次（布拉格）全国代表会议上当选为候补中央委员，后进入中央委员会俄国局。《真理报》的组织者之一。1917年二月革命期间是彼得格勒工人和士兵武装发动的领导人之一，党的彼得堡委员会执行委员会委员。在彼得格勒积极参加十月武装起义。十月革命后任彼得格勒市长，1918年任市政委员。1919年雅·米·斯维尔德洛夫逝世后，任全俄中央执行委员会主席，1922年起任苏联中央执行委员会主席，1938年起任苏联最高苏维埃主席团主席。在党的第八至第十八次代表大会上当选为中央委员。1919年起为中央政治局候补委员，1926年起为中央政治局委员。写有许多关于社会主义建设和共产主义教育问题的著作。——349、369、408、527。

加米涅夫（**罗森费尔德**），列夫·波里索维奇（Каменев（Розенфельд），Лев Борисович 1883—1936）——1901年加入俄国社会民主工党，党的第二次代表大会后是布尔什维克。是高加索联合会出席党的第三次代表大会的代表。1905—1907年在彼得堡从事宣传鼓动工作，为党的报刊撰稿。1908年底出国，任布尔什维克的《无产者报》编委。斯托雷平反动时期对取消派、召回派和托洛茨基分子采取调和主义态度。1914年初回国，在

《真理报》编辑部工作，曾领导第四届国家杜马布尔什维克党团。1914 年 11 月被捕，在沙皇法庭上宣布放弃使沙皇政府在帝国主义战争中失败的布尔什维克口号，次年 2 月被流放。1917 年二月革命后反对列宁的《四月提纲》。从党的第七次全国代表会议（四月代表会议）起多次当选为中央委员。十月革命前夕反对举行武装起义的决定。在全俄苏维埃第二次代表大会上当选为全俄中央执行委员会第一任主席。1917 年 11 月主张成立有孟什维克和社会革命党人参加的联合政府，遭到否决后声明退出党中央。1918 年起任莫斯科苏维埃主席。1922 年起任人民委员会副主席，1924—1926 年任劳动国防委员会主席。1923 年起为列宁研究院第一任院长。1919—1925 年为党中央政治局委员。1925 年参与组织“新反对派”，1926 年 1 月当选为中央政治局候补委员，同年参与组织“托季联盟”，10 月被撤销政治局候补委员职务。1927 年 12 月被开除出党，后来两次恢复党籍，两次被开除出党。1936 年 8 月 25 日被苏联最高法院军事审判庭以“参与暗杀基洛夫、阴谋刺杀斯大林及其他苏联领导人”的罪名判处枪决。1988 年 6 月苏联最高法院为其平反。——84、225、287、297、400、452—453、470—474、527。

加香，马塞尔（Cachin，Marcel 1869—1958）——法国共产党创建人之一，法共中央委员，《人道报》社社长，法国议会议员。——23、24、25。

杰纳利，埃吉迪奥（Gennari，Egidio 1876—1942）——意大利工人运动活动家，意大利共产党创建人之一。1897 年加入意大利社会党，是党内左翼领袖之一，同改良主义者和中派分子作过斗争。第一次世界大战期间持国际主义立场。1918 年起任社会党书记，1920 年任总书记。主张社会党加入共产国际。从 1921 年意大利共产党建立时起即为该党中央委员。共产国际第三次和第四次代表大会代表，1921—1922 年任共产国际执行委员会主席团委员。1921—1922 年和 1924—1926 年为意大利议会议员。积极参加反法西斯斗争，屡遭法西斯迫害。1926 年根据党的决定迁居国外，继续参加国际工人运动和反法西斯运动。——29。

捷尔任斯基，费利克斯·埃德蒙多维奇（Дзержинский，Феликс Эдмундович 1877—1926）——波兰和俄国革命运动活动家，波兰王国和立陶宛社会民主党的组织者和领导人之一。1895 年在维尔诺加入立陶宛社会民主党组织，1903年当选为波兰王国和立陶宛社会民主党总执行委员会委员。积极参加1905—1907年革命，领导波兰无产阶级的斗争。1907年在俄国社会民主工党第五次（伦敦）代表大会上被缺席选入中央委员会。屡遭沙皇政府迫害，度过十年以上的监禁、苦役和流放生活。1917年二月革命后在莫斯科做党的工作。在党的第六次代表大会上当选为中央委员，进入党中央书记处。十月革命期间是彼得格勒军事革命委员会委员和党的军事革命总部成员。十月革命后当选为全俄中央执行委员会委员和主席团委员。1917年12月起任全俄肃反委员会（1923年起为国家政治保卫总局）主席。1918年初在布列斯特和约问题上一度采取"左派共产主义者"的立场。1919—1923年兼任内务人民委员，1921—1924年兼任交通人民委员，1924年起兼任最高国民经济委员会主席。1920年4月起为党中央组织局候补委员，1921年起为中央组织局委员，1924年6月起为中央政治局候补委员。——99、311。

K

卡尔宾斯基，维亚切斯拉夫·阿列克谢耶维奇（Карпинский, Вячеслав Алексеевич 1880—1965）——苏联共产党的老活动家，政论家，经济学博士。1898年加入俄国社会民主工党，哈尔科夫工人阶级解放斗争协会的组织者和领导人之一。屡遭沙皇政府迫害。1904年侨居国外，在日内瓦结识了列宁。此后一直在党的国外组织中工作，参加布尔什维克《前进报》和《无产者报》的工作，主管设在日内瓦的俄国社会民主工党中央委员会的图书馆和档案库。1914—1917年为党的中央机关报《社会民主党人报》撰稿，并从事出版和推销布尔什维克书刊的工作。1917年12月回国，担任苏维埃和党的负责工作；是全俄中央执行委员会委员。1918年主管全俄中央执行委员会鼓动指导部。1918年起任《红星报》、《贫苦农民报》编辑，《真理报》及其他一些报刊的编委。1936—1937年在联共（布）中央机关工作。1937年起从事学术研究和宣传工作。写有一些论述列宁、列宁主义、苏共党史和苏联历史等方面的著作。——311。

卡尔弗特，赫伯特·S.（Calvert, Herbert S.）——美国工人，世界产业工人联合会会员。1921年参加组建库兹巴斯自治工业侨民区的工作。——177、179、214。

卡罗蒂,阿尔图罗(Caroti,Arturo 1875—1931)——意大利共产党人,意大利契托-契涅马电影公司的全权代表。——313。

凯恩斯,约翰·梅纳德(Keynes,John Maynard 1883—1946)——英国资产阶级经济学家。长期在剑桥大学任教和编辑《经济学杂志》,兼任英国财政部顾问和英格兰银行董事等职。1919年作为英国财政部首席代表参加了巴黎和会的工作。同年6月辞职,发表《和约的经济后果》一书,猛烈抨击凡尔赛和约,证明和约有关赔偿的条款在经济上是行不通的,并预言和约所定各款将对世界经济产生不良影响。1921年起是英国一家大保险公司的董事长。30年代创立了凯恩斯主义这一经济学的重要流派,提出失业和经济危机的原因是"有效需求"不足的理论和国家必须全面干预经济生活等主张。最重要的著作是《就业、利息和货币通论》(1936)。——334、411、448。

考茨基,卡尔(Kautsky,Karl 1854—1938)——德国社会民主党和第二国际的领袖和主要理论家之一。1875年加入奥地利社会民主党,1877年加入德国社会民主党。1881年与马克思和恩格斯相识后,在他们的影响下逐渐转向马克思主义。从19世纪80年代到20世纪初写过一些宣传和解释马克思主义的著作:《卡尔·马克思的经济学说》(1887)、《土地问题》(1899)等。但在这个时期已表现出向机会主义方面摇摆,在批判伯恩施坦时作了很多让步。1883—1917年任德国社会民主党理论刊物《新时代》杂志主编。曾参与起草1891年德国社会民主党纲领(爱尔福特纲领)。1910年以后逐渐转到机会主义立场,成为中派领袖。第一次世界大战前夕提出超帝国主义论,大战期间打着中派旗号支持帝国主义战争。1917年参与建立德国独立社会民主党,1922年拥护该党右翼与德国社会民主党合并。1918年后发表《无产阶级专政》等书,攻击俄国十月革命,反对无产阶级专政。——54、59、104、183、464。

柯秀尔,斯坦尼斯拉夫·维肯季耶维奇(Косиор,Станислав Викентьевич 1889—1939)——1907年加入俄国社会民主工党。曾在顿巴斯、哈尔科夫、基辅和莫斯科等地做党的工作,屡遭沙皇政府迫害。1917年二月革命后任俄国社会民主工党(布)彼得堡委员会委员,进入纳尔瓦—彼得戈夫区军事革命委员会。1918—1920年先后任乌克兰共产党(布)第聂伯河右岸地区地下委员会书记和中央委员会书记。1921—1922年在粮食战线和乌克兰共产党(布)中央委员会工作。1922年11月起任俄共(布)中央委员会西伯利亚局书记。1923年起为俄共(布)候补中央委员，1924年起为中央委员。1927年起为中央政治局候补委员，1930年起为中央政治局委员。1926—1928年任俄共(布)中央委员会书记。1928年起任乌克兰共产党(布)中央委员会总书记。1938年1月起任苏联人民委员会副主席和苏维埃监察委员会主席。苏联中央执行委员会主席团委员。——496。

科洛季洛夫，尼古拉·尼古拉耶维奇(Колотилов，Николай Николаевич 1885—1937)——1903年加入俄国社会民主工党。曾在伊万诺沃-沃兹涅先斯克、彼尔姆等城市做党的工作，屡遭沙皇政府迫害。积极参加十月革命。1920—1921年任戈梅利省革命委员会和省执行委员会主席，1921—1922年任伊万诺沃-沃兹涅先斯克省执行委员会主席。1924—1934年为党中央委员。1922—1924年和1925—1932年先后任党的顿河区委书记和伊万诺沃-沃兹涅先斯克省(后称伊万诺沃州)委书记。1932年起任教育工会中央委员会主席。——174。

克尔日扎诺夫斯基，格列勃·马克西米利安诺维奇(Кржижановский，Глеб Максимилианович 1872—1959)——1893年参加俄国革命运动，协助列宁组织彼得堡工人阶级解放斗争协会。1895年12月被捕，1897年流放西伯利亚(米努辛斯克专区捷辛斯克村)，为期三年。1901年流放期满后住在萨马拉，领导当地的火星派中心。1902年秋参加筹备召开俄国社会民主工党第二次代表大会的组织委员会。1903年在俄国社会民主工党第二次代表大会上缺席当选为中央委员。积极参加1905—1907年革命。在布尔什维克的出版机关做了大量工作。1917年二月革命后任莫斯科苏维埃委员，参加布尔什维克党团。十月革命后致力于恢复和发展莫斯科的动力事业。1919年底起任最高国民经济委员会电机工业总管理局局长。1920年被任命为俄罗斯国家电气化委员会主席。1921—1930年任国家计划委员会主席。1930—1936年历任最高国民经济委员会动力总管理局局长、苏联中央执行委员会高等技术教育委员会主席和俄罗斯联邦副教育人民委员。在党的第十三至第十七次代表大会上当选为中央委员。1929年当选为苏联科学院院士，1929—1939年任苏联科学院副院长。1930年创建苏联科学院动力研究所，担任所长直至逝世。写有许多动力学方面的著作。——132、353、354、425、443、530。

克拉斯诺晓科夫，亚历山大·米哈伊洛维奇（Краснощеков，Александр Михайлович 1880—1937）——1896 年参加俄国社会民主主义运动，1917 年加入俄国社会民主工党（布）。曾在基辅、尼古拉耶夫、波尔塔瓦、叶卡捷琳诺斯拉夫等地从事革命工作。1902 年侨居美国，曾加入美国社会党。1917 年夏回国，同年 12 月当选为远东边疆区苏维埃执行委员会主席。1918 年任远东人民委员会主席。1920—1921 年任党中央委员会远东局成员、远东共和国政府主席兼外交部长。1921—1922 年任俄罗斯联邦副财政人民委员，1922 年起任苏联工商银行管理委员会主席和最高国民经济委员会主席团委员。1929 年起在苏联农业人民委员部工作。——468。

克拉松，罗伯特·爱德华多维奇（Классон，Роберт Эдуардович 1868—1926）——俄国动力工程专家。19 世纪 90 年代为俄国合法马克思主义者，参加过彼得堡马克思主义小组。后脱离政治活动，投身动力学研究。根据他的设计并在他的领导下，在俄国建成了许多发电站，其中包括世界上第一座泥炭发电站。与 В.Д.基尔皮奇尼科夫一起发明了泥炭水力开采法；十月革命后，这一方法在列宁的积极支持下得到了实际应用。积极参与制定俄罗斯国家电气化计划，曾任莫斯科第一发电站站长。——529。

克拉辛，列昂尼德·波里索维奇（Красин，Леонид Борисович 1870—1926）——1890 年参加俄国社会民主主义运动，是布鲁斯涅夫小组成员。1895 年被捕，流放伊尔库茨克三年。流放期满后进入哈尔科夫工艺学院学习，1900 年毕业。1900—1904 年在巴库当工程师，与弗·扎·克茨霍韦利一起建立《火星报》秘密印刷所。俄国社会民主工党第二次代表大会后加入布尔什维克党，被增补进中央委员会；在中央委员会里一度对孟什维克采取调和主义态度，帮助把三名孟什维克代表增补进中央委员会，但不久即同孟什维克决裂。俄国社会民主工党第三次代表大会的参加者，在会上当选为中央委员。1905 年是布尔什维克第一份合法报纸《新生活报》的创办人之一。1905—1907 年革命期间参加彼得堡工人代表苏维埃，领导党中央战斗技术组。在党的第四次（统一）代表大会上代表布尔什维克作了关于武装起义问题的报告，并再次当选为中央委员，在第五次（伦敦）代表大会上当选为候补中央委员。1908 年侨居国外。一度参加反布尔什维克的“前进”集团，后脱离政治活动，在国内外当工程师。十月革命后是红军供给工作的组织者之一，任红军供给非常委员会主席、最高国民经济委员会主席团委员、工商业人民委员、交通人民委员。1919 年起从事外交工作。1920 年起任对外贸易人民委员，1920—1923 年兼任驻英国全权代表和商务代表，参加了热那亚国际会议和海牙国际会议。1924 年任驻法国全权代表，1925 年起任驻英国全权代表。在党的第十三次和第十四次代表大会上当选为中央委员。——226、350、374、375、423、432、447、450、470。

克劳塞维茨，卡尔(Clausewitz, Karl 1780—1831)——德国军事理论家和军事史学家，普鲁士将军。1792 年参加普鲁士军队。1803 年毕业于柏林普通军校。参加了 1806—1807 年普法战争。1808 年起在普军总参谋部任职。1812 年俄法战争时在俄军供职，1813 年任俄普混成军参谋长。1814 年回普军。1815 年参加滑铁卢战役，任军参谋长。1818—1830 年任柏林普通军校校长。1831 年任驻波兰边境普军参谋长。写有拿破仑战争史和其他战争史方面的著作。主要著作《战争论》被译成多种文字，对世界军事理论有很大影响，书中提出了“战争是政治通过另一种手段的继续”的深刻论点。——68。

克雷比赫，卡雷尔(Kreibich, Karel 1883—1966)——捷克斯洛伐克共产主义运动和国际共产主义运动活动家。1902 年参加社会民主主义运动，属于左翼。1921 年积极参与创建捷克斯洛伐克共产党，1923—1927 年为该党中央委员。共产国际第三次代表大会(1921)代表；这一时期持“左派”观点。1921—1922 年为共产国际执行委员会委员，1924—1928 年为国际监察委员会委员；曾任《共产国际》杂志编辑。1920—1929 年为国民议会议员，1935—1938 年为参议院议员。1950—1952 年任捷克斯洛伐克驻苏联大使。——69、478、491。

克里斯坦森，帕利·派克(Christensen, Parley Parker 1869—1954)——美国社会活动家，法学家。1920 年是工农党的创建人之一。——335。

克里沃夫，T.C.(Кривов, T.C. 1886—1966)——1905 年加入俄国社会民主工党。1921 年起任中央监察委员会委员，1922 年任党中央委员会督导员。——151。

克列斯廷斯基，尼古拉·尼古拉耶维奇（Крестинский，Николай Николаевич 1883—1938）——1903年加入俄国社会民主工党，布尔什维克。1905年革命的积极参加者。斯托雷平反动时期和新的革命高涨年代为布尔什维克报刊撰稿。屡遭沙皇政府迫害。1917年二月革命后任党的乌拉尔区域委员会主席和叶卡捷琳堡市委员会副主席。在党的第六至第九次代表大会上当选为中央委员。十月革命期间任叶卡捷琳堡军事革命委员会主席。十月革命后任人民银行总委员和彼得格勒劳动公社司法委员。1918年布列斯特和约谈判期间支持“左派共产主义者”。1918—1921年任俄罗斯联邦财政人民委员。1919—1921年任党中央政治局委员和中央书记处书记。1920—1921年工会问题争论期间支持托洛茨基的纲领。1921—1930年任苏联驻德国全权代表，1930—1937年任苏联副外交人民委员。曾任全俄中央执行委员会和苏联中央执行委员会委员。——443。

克柳奇尼科夫，Ю.В.（Ключников，Ю.В.1886—1938）——俄国立宪民主党人，国际法专家，莫斯科大学教授。1918年参加雅罗斯拉夫尔左派社会革命党人的叛乱，是所谓乌法督政府的顾问和副部长，后为高尔察克的鄂木斯克政府外交部长。1919年起为白俄流亡分子；曾加入所谓的立宪民主党巴黎委员会。1921—1922年参与出版白俄流亡分子的《路标转换》文集和《前夜报》。1922年应邀作为苏俄代表团国际法问题顾问出席热那亚会议。1923年回国，从事科研教学工作。——416。

克鲁敏，加拉尔德·伊万诺维奇（Крумин，Гаральд Иванович 1894—1943）——1908年加入俄国社会民主工党。曾在里加、彼得堡和莫斯科做党的工作。十月革命后在书报出版部门担任负责工作：1918年任《国民经济》杂志编辑，1919—1928年任《经济生活报》责任编辑，1928—1930年任《真理报》编辑；1935—1937年任第1版《苏联大百科全书》副总编辑和《经济问题》杂志责任编辑。1930—1934年是党中央检查委员会委员。写有经济学方面的著作。——221。

克伦斯基，亚历山大·费多罗维奇（Керенский，Александр Федорович 1881—1970）——俄国政治活动家，资产阶级临时政府首脑。1917年3月起为社会革命党人。第四届国家杜马代表，劳动派党团领袖。第一次世界大战期间是护国派分子。1917年二月革命后任彼得格勒工兵代表苏维埃副主席、国家杜马临时委员会委员。在临时政府中任司法部长(3—5月)、陆海军部长(5—9月)、总理(7月21日起)兼最高总司令(9月12日起)。执政期间继续进行帝国主义战争,七月事变时镇压工人和士兵,迫害布尔什维克。1917年11月7日彼得格勒爆发武装起义时,从首都逃往前线,纠集部队向彼得格勒进犯,失败后逃亡巴黎。在国外参加白俄流亡分子的反革命活动,1922—1932年编辑《白日》周刊。1940年移居美国。——337、347。

克南,威廉(Koenen,Wilhelm 1886—1963)——德国共产主义运动和国际共产主义运动活动家。20世纪初参加革命运动。第一次世界大战期间先后是德国社会民主党和德国独立社会民主党一些区组织的领导人。积极参加1918年十一月革命。1919年为德国独立社会民主党中央委员和该党左翼领导人之一。1920年加入德国统一共产党,是共产国际第三次代表大会的代表。1933年以前为国会议员。第二次世界大战期间是国外反战运动和反法西斯运动的领导人之一。希特勒法西斯垮台后,在德意志民主共和国担任党和国家的领导工作。——21、63、485。

孔佩尔-莫雷尔,阿代奥达特·孔斯坦·阿道夫(Compère-Morel,Adéodat Constant Adolphe 生于1872年)——法国社会党人,政论家。法国社会党多种报刊的编辑和撰稿人。1909年起为众议员。第一次世界大战前属法国社会党左翼,大战开始后转向社会沙文主义立场,反对左派社会民主党人。1933年起是从法国社会党分裂出去的右派(所谓新社会党人)集团的领袖之一。——322。

库恩·贝拉(Kun Béla 1886—1939)——匈牙利工人运动和国际工人运动活动家,匈牙利共产党创建人和领导人之一。1902年加入匈牙利社会民主党。第一次世界大战初应征入伍,1916年在俄国被俘,在托木斯克战俘中进行革命宣传,同俄国社会民主工党当地组织建立了联系,后加入布尔什维克党。俄国1917年二月革命后任俄国社会民主工党(布)托木斯克省委员会委员。1918年3月建立俄共(布)匈牙利小组并任主席;同年5月起任俄共(布)外国人团体联合会主席。1918年11月秘密回国,参与创建匈牙利共产党,当选为党的主席。1919年2月被捕,3月获释。匈牙利苏维埃共和国成立后任外交人民委员和陆军人民委员,是苏维埃政权的实际领导人。苏维埃政权被颠覆后流亡奥地利,1920年到苏俄,先后任南方面军革命军事委员会委员、克里木革命委员会主席。1921 年起在乌拉尔担任党的领导工作,曾任全俄中央执行委员会主席团委员、俄共(布)中央驻俄国共产主义青年团中央委员会全权代表、共产国际执行委员会主席团委员等职。——11—14、22—25、487、493。

库尔斯基,德米特里·伊万诺维奇(Курский, Дмитрий Иванович 1874—1932)——1904 年加入俄国社会民主工党。1900 年毕业于莫斯科大学法律系。1905 年积极参加莫斯科十二月武装起义。1906 年起是布尔什维克组织莫斯科区域局成员。1914 年被征入伍,在士兵中进行革命宣传活动。1917 年 5—8 月任罗马尼亚方面军第 4 集团军士兵代表苏维埃主席;是全俄苏维埃第一次代表大会代表。1917 年 10 月任敖德萨军事革命委员会委员。1918—1928 年任俄罗斯联邦司法人民委员、苏联第一任总检察长,在他的领导下制定了民法典和刑法典。1919—1920 年兼任工农红军总参谋部政委和野战司令部政委、共和国革命军事委员会委员。1921 年起任全俄中央执行委员会主席团委员,1923 年起任苏联中央执行委员会主席团委员。1924—1927 年任党中央检查委员会主席,1927—1930 年任党中央监察委员会委员。1928—1932 年任驻意大利全权代表。——147、388、435—440、441、454—455。

库奇缅科,Н.О.(Кучменко Н.О.1878—1956)——1898 年加入俄国社会民主工党。1920 年 9 月起任中央监察委员会委员。1921—1923 年任驻奥斯陆(挪威)领事馆主任。——151。

库西宁,奥托·威廉莫维奇(Куусинен, Отто Вильгельмович 1881—1964)——芬兰工人运动和国际工人运动活动家,苏联共产党和国家的活动家。1904 年起是芬兰社会民主党左翼领袖。1906—1908 年任芬兰社会民主党理论刊物《社会主义杂志》编辑,1907—1916 年任党中央机关报《工人日报》编辑,1911—1917 年任芬兰社会民主党执行委员会主席。1908—1917 年为芬兰议会议员和社会民主党议会党团领袖。1918 年是芬兰革命的领导人之一和芬兰革命政府成员。1918 年 8 月参与创建芬兰共产党,是共产国际历次(第二次除外)代表大会代表。在共产国际第三次代表大会上当选为执行委员会委员。1921—1939 年任共产国际执行委员会书记。1940—1958 年任卡累利阿-芬兰苏维埃社会主义共和国最高苏维埃主席团主席和苏联最高苏维埃主席团副主席。1941 年起任苏共中央委员，1957 年起任苏共中央主席团委员和苏共中央书记。1958 年当选为苏联科学院院士。写有关于芬兰革命运动史和国际共产主义运动问题的著作。——18—19、21。

L

拉波尔特，M.（Laporte，M.）——法国共产主义青年联合会创始人和第一任总书记。——24、25。

拉查理，康斯坦丁诺（Lazzari，Costantino 1857—1927）——意大利工人运动活动家，意大利社会党创建人之一，最高纲领派领袖之一。1882 年参与创建意大利工人党，1892 年参与创建意大利社会党，同年起为该党中央委员。1912—1919 年任意大利社会党书记。第一次世界大战期间持中派立场，曾参加齐美尔瓦尔德代表会议和昆塔尔代表会议。俄国十月革命后支持苏维埃俄国，曾参加共产国际第二次和第三次代表大会的工作。主张意大利社会党参加共产国际，是党内第三国际派的领导人。1922 年在组织上与改良主义者决裂，但未能彻底划清界限。1919—1926 年为国会议员。1926 年被捕，出狱后不久去世。——26—30、67—68、465、482、485。

拉德琴柯，伊万·伊万诺维奇（Радченко，Иван Иванович 1874—1942）——1898 年加入俄国社会民主工党，彼得堡工人阶级解放斗争协会会员。1901—1902 年是《火星报》代办员，对在俄国散发《火星报》起过重要作用。1902 年参加筹备召开党的第二次代表大会的组织委员会。后被捕流放并逃往国外。1905 年 10 月起在莫斯科、彼得堡、巴库等地做党的工作。1912 年起在莫斯科省从事泥炭发电站的建设工作。十月革命后是苏联泥炭工业的组织者和领导人之一，1918—1931 年先后任泥炭总委员会主席和泥炭工业总管理局局长，1921—1922 年兼任对外贸易人民委员部部务委员和副人民委员，1923—1931 年兼任俄罗斯联邦最高国民经济委员会主席团委员和副主席。1927—1930 年和 1934—1935 年任泥炭科学研究所所长。——358、529。

拉狄克，卡尔·伯恩哈多维奇（Радек，Карл Бернгардович 1885—1939）——生于东加利西亚。20 世纪初参加加利西亚、波兰和德国的社会民主主义运动。1901年起为加利西亚社会民主党的积极成员,1904—1908年在波兰王国和立陶宛社会民主党内工作。1908年到柏林,为德国左派社会民主党人的报刊撰稿。第一次世界大战期间持国际主义立场,但表现出向中派方面动摇。1917年加入俄国社会民主工党(布)。十月革命后在外交人民委员部工作。1918年是"左派共产主义者"。在党的第八至第十二次代表大会上当选为中央委员。1920—1924年任共产国际执行委员会书记、委员和主席团委员。1923年起属托洛茨基反对派。1925—1927年任莫斯科中山大学校长。长期为《真理报》、《消息报》和其他报刊撰稿。1927年被开除出党,1930年恢复党籍,1936年被再次开除出党。1937年1月被苏联最高法院军事审判庭以"进行叛国、间谍、军事破坏和恐怖活动"的罪名判处十年监禁。1939年死于狱中。1988年6月苏联最高法院为其平反。——11、12、13、14、15、36、37、106、107、305、374、477、485、496。

拉柯夫斯基,克里斯蒂安·格奥尔吉耶维奇(Раковский,Христиан Георгиевич 1873—1941)——生于保加利亚。17岁时侨居日内瓦,受到普列汉诺夫的影响。曾参加保加利亚、罗马尼亚、瑞士、法国的社会民主主义运动。第一次世界大战期间是中派分子,参加齐美尔瓦尔德派。1917年二月革命后到彼得格勒,加入俄国社会民主工党(布)。十月革命后从事党和苏维埃的工作。1918年起任乌克兰人民委员会主席,1923年派驻英国和法国从事外交工作。在党的第八至第十四次代表大会上当选为中央委员。是托洛茨基反对派的骨干分子,1927年被开除出党。1935年恢复党籍,1938年被再次开除出党。1938年3月13日被苏联最高法院军事审判庭以"参与托洛茨基的恐怖、间谍和破坏活动"的罪名判处二十年监禁。1941年死于狱中。1988年平反昭雪并恢复党籍。——447、503。

拉林,尤·(**卢里叶,米哈伊尔·亚历山德罗维奇**)(Ларин,Ю.(Лурье,Михаил Александрович)1882—1932)——1900年参加俄国社会民主主义运动,在敖德萨和辛菲罗波尔工作。1904年起为孟什维克。1905年是俄国社会民主工党彼得堡孟什维克委员会委员。1906年进入党的统一的彼得堡委员会;是党的第四次(统一)代表大会有表决权的代表。维护孟什维克的土地地方公有化纲领,支持召开"工人代表大会"的取消主义思想。党的第五次(伦敦)代表大会波尔塔瓦组织的代表。斯托雷平反动时期和新的革命高涨年代是取消派领袖之一，参加了“八月联盟”。第一次世界大战期间是中派分子。1917 年二月革命后领导出版《国际》杂志的孟什维克国际主义派。1917 年 8 月加入布尔什维克党。在彼得格勒参加十月武装起义。十月革命后主张成立有孟什维克和社会革命党人参加的联合政府。在苏维埃和经济部门工作，曾任最高国民经济委员会主席团委员、国家计划委员会主席团委员等职。1920—1921 年工会问题争论期间先后支持布哈林和托洛茨基的纲领。——244。

拉姆津，列昂尼德·康斯坦丁诺维奇（Рамзин，Леонид Константинович 1887—1948）——苏联热工学家。1920 年起任莫斯科高等技术学校教授。1921—1922 年任国家计划委员会委员。莫斯科全苏热工学研究所创建人之一和第一任所长（1921—1930）。1930 年因工业党案被判刑，后因完成了国民经济中的重要研究项目而获释。1944 年起任莫斯科动力学院教授。——166、443。

莱维（**哈特施坦**），保尔（Levi（Hartstein），Paul 1883—1930）——德国社会民主党人；职业是律师。1915 年齐美尔瓦尔德代表会议的参加者，瑞士齐美尔瓦尔德左派成员；曾参加斯巴达克联盟。在德国共产党成立大会上被选入中央委员会。共产国际第二次代表大会代表。1920 年代表德国共产党被选入国会。1921 年 2 月退出中央委员会，同年 4 月被开除出党。1922 年又回到社会民主党。——11、14、15、37、62、63、105、106—110、112、462—466、541、544。

莱维，B.Л.（Леви，B.Л. 1880—1948）——苏联电气工程师。1906—1914 年在西门子与舒克尔特股份公司供职。1918 年起在最高国民经济委员会任职，后任电机工业总管理局局长助理，积极参加俄罗斯国家电气化委员会的工作。1924 年起从事生产和科研工作。1943 年加入联共（布）。——357。

兰辛，罗伯特（Lansing，Robert 1864—1928）——美国外交家，国际法专家。1915—1920 年任美国国务卿。积极参与策划美国站在协约国一方参加第一次世界大战，对拉丁美洲国家实行武装干涉政策，曾参加巴黎和会。离开国务卿职位后，从事律师工作。1921 年出版回忆录《和平谈判》、《四大强国和其他国家》。——411。

劳合-乔治,戴维(Lloyd George,David 1863—1945)——英国国务活动家和外交家,自由党领袖。1890年起为议员。1905—1908年任商业大臣,1908—1915年任财政大臣。对英国政府策划第一次世界大战的政策有很大影响。曾提倡实行社会保险等措施,企图利用谎言和许诺来阻止工人阶级建立革命政党。1916—1922年任首相,残酷镇压殖民地和附属国的民族解放运动;是武装干涉和封锁苏维埃俄国的鼓吹者和策划者之一。曾参加1919年巴黎和会,是凡尔赛和约的炮制者之一。——335、411、412、432。

李伯尔(**戈尔德曼**),米哈伊尔·伊萨科维奇(Либер(Гольдман),Михаил Исаакович 1880—1937)——崩得和孟什维克领袖之一。1898年起为社会民主党人,1902年起为崩得中央委员。1903年率领崩得代表团出席俄国社会民主工党第二次代表大会,在会上采取极右的反火星派立场,会后成为孟什维克。1907年在党的第五次(伦敦)代表大会上代表崩得被选入中央委员会,是崩得驻中央委员会国外局的代表。斯托雷平反动时期是取消派分子,1912年是"八月联盟"的骨干分子,第一次世界大战期间是社会沙文主义者。1917年二月革命后任彼得格勒工兵代表苏维埃执行委员会委员和第一届中央执行委员会主席团委员,采取孟什维克立场,支持资产阶级联合内阁,敌视十月革命。后脱离政治活动,从事经济工作。——543。

李卜克内西,卡尔(Liebknecht,Karl 1871—1919)——德国工人运动和国际工人运动活动家,德国社会民主党左翼领袖之一,德国共产党创建人之一;威·李卜克内西的儿子;职业是律师。1900年加入社会民主党,积极反对机会主义和军国主义。1912年当选为帝国国会议员。第一次世界大战期间持国际主义立场,反对支持本国政府进行掠夺战争。1914年12月2日是国会中唯一投票反对军事拨款的议员。是国际派(后改称斯巴达克派和斯巴达克联盟)的组织者和领导人之一。1916年因领导五一节反战游行示威被捕入狱。1918年10月出狱,领导了1918年十一月革命,与卢森堡一起创办《红旗报》,同年底领导建立德国共产党。1919年1月柏林工人斗争被镇压后,于15日被捕,当天惨遭杀害。——414。

李可夫,阿列克谢·伊万诺维奇(Рыков,Алексей Иванович 1881—1938)——1899年加入俄国社会民主工党。曾在萨拉托夫、莫斯科、彼得堡等地做党的工作。1905年党的第三次代表大会起多次当选为中央委员。斯托雷平反动时期对取消派、召回派和托洛茨基分子采取调和主义态度。曾多次被捕流放并逃亡国外。1917年二月革命后被选进莫斯科苏维埃主席团，同年10月在彼得格勒参与领导武装起义。十月革命后参加第一届人民委员会，任内务人民委员。1917年11月主张成立有孟什维克和社会革命党人参加的联合政府，遭到否决后声明退出党中央和人民委员会。1918年2月起任最高国民经济委员会主席，1921年夏起任人民委员会和劳动国防委员会副主席。1923年当选为党中央政治局委员。1924—1930年任苏联人民委员会主席。1929年被作为“右倾派别集团”领袖之一受到批判。1930年12月被撤销政治局委员职务。1931—1936年任苏联交通人民委员。1934年当选为候补中央委员。1937年被开除出党。1938年3月13日被苏联最高法院军事审判庭以“参与托洛茨基的恐怖、间谍和破坏活动”的罪名判处枪决。1988年平反昭雪并恢复党籍。——83、291、402、404、406、435—440。

李维诺夫，马克西姆·马克西莫维奇（Литвинов，Максим Максимович 1876—1951）——1898年加入俄国社会民主工党，在切尔尼戈夫省克林齐市工人小组中进行社会民主主义宣传。1900年任党的基辅委员会委员。1901年被捕，在狱中参加火星派。1902年8月越狱逃往国外。作为《火星报》代办员，曾担任向国内运送《火星报》的工作。是俄国革命社会民主党人国外同盟的领导成员，出席了同盟第二次代表大会。1903年俄国社会民主工党第二次代表大会后是布尔什维克，任党的里加委员会、西北委员会委员和多数派委员会常务局成员；代表里加组织出席了党的第三次代表大会。1905年参加了布尔什维克第一份合法报纸《新生活报》的出版工作。1907年是出席国际社会党斯图加特代表大会的俄国社会民主工党代表团的秘书。1907年底侨居伦敦。1908年起任布尔什维克伦敦小组书记。1914年6月起为俄国社会民主工党中央委员会驻社会党国际局的代表。1915年2月受列宁委托在协约国社会党伦敦代表会议上发表谴责帝国主义战争的声明。十月革命后在外交部门担任负责工作。1918—1921年任外交人民委员部部务委员，1921年起任副外交人民委员。1922年是出席热那亚国际会议的苏俄代表团团员和海牙国际会议的苏俄代表团团长。

1930—1939 年任外交人民委员，1941—1943 年任副外交人民委员兼驻美国大使。从美国回国后至 1946 年任副外交人民委员。在党的第十七次和第十八次代表大会上当选为中央委员。曾任苏联中央执行委员会委员、第一届和第二届苏联最高苏维埃代表。——410—412、416、447、450。

利特肯斯，叶夫格拉弗·亚历山德罗维奇（Литкенс，Евграф Александрович 1888—1922）——1904 年加入俄国社会民主工党。1917 年是孟什维克国际主义派中央委员会委员。1917 年二月革命后任莫斯科省苏维埃执行委员会委员。1918 年任莫斯科省苏维埃国民教育局局长。1919 年加入俄共（布），在红军中工作。1920 年任政治教育总委员会副主席，1921 年起任俄罗斯联邦副教育人民委员。——313。

利西斯（**勒太耶尔，欧仁**）（Lysis（Letailleur，Eugène））——法国经济学家，写有一些关于金融问题和政治问题的著作。——323。

列金，卡尔（Legien，Karl 1861—1920）——德国右派社会民主党人，德国工会领袖之一。1890 年起任德国工会总委员会主席。1903 年起任国际工会书记处书记，1913 年起任主席。1893—1920 年（有间断）为德国社会民主党国会议员。1919—1920 年为魏玛共和国国民议会议员。第一次世界大战期间是社会沙文主义者。1918 年十一月革命期间同其他右派社会民主党人一起推行镇压革命运动的政策。——104。

列宁，弗拉基米尔·伊里奇（**乌里扬诺夫，弗拉基米尔·伊里奇**；列宁，尼·）（Ленин，Владимир Ильич（Ульянов，Владимир Ильич，Ленин，Н.）1870—1924）——13、16、17、21、41、43、45、46、49、50、58、62、63、64、65、66、72、75、76、84、85、90、91、98、102、114、123、125、127、129、131、132、135、138、143、144、148、155、166、167、168、171、175、176、178、179、188、192、193、194、214、215、216、218、222、226、230—231、232、253、262、263、266—267、273、275、276、277、278、279、280、281、282—284、288、290、292、293、297、306、310、312、314、316、323、324、326、328、330、375、376、387、388、392、393、396、397、401、402、403、405、406、407、408、409、412、414、415、416、417、418、424、425、427、429、431、433、434、440、442、444、446、449、450、451、452、453、454、455、457、467、469、474、475、480、492、494、510、548—553。

列诺得尔，皮埃尔（Renaudel，Pierre 1871—1935）——法国社会党右翼领袖之一。1899年参加社会主义运动。1906—1915年任《人道报》编辑，1915—1918年任社长。1914—1919年和1924—1935年为众议员。第一次世界大战期间是社会沙文主义者。反对社会党参加共产国际，主张社会党人参加资产阶级政府。1927年辞去社会党领导职务，1933年被开除出党。——320。

列扎瓦，安德列·马特维耶维奇（Лежава，Андрей Матвеевич 1870—1937）——1904年加入俄国社会民主工党。19世纪80年代末参加民粹主义运动。1893年因参与筹建地下印刷所被捕，监禁两年后，流放雅库特卡五年。在尼·叶·费多谢耶夫影响下成为马克思主义者。流放期满后在梯弗利斯、沃罗涅日、下诺夫哥罗德、萨拉托夫、莫斯科等地做党的工作。十月革命后担任经济部门和苏维埃的领导工作。1919—1920年任中央消费合作总社主席，1920—1922年任副对外贸易人民委员，1922—1924年任国内商业人民委员，1924—1930年任俄罗斯联邦人民委员会副主席兼俄罗斯联邦国家计划委员会主席，1930—1937年任苏联亚热带作物总管理局局长。1927—1930年为党中央监察委员会委员。多次当选为全俄中央执行委员会和苏联中央执行委员会委员。——313、395、470、471。

林杰，Ф.Ф.（Линде，Ф.Ф.1881—1917）——俄国彼得格勒第一届工兵代表苏维埃执行委员会委员。1917年4月曾参加士兵的游行示威，后任临时政府派驻西南方面军的委员。在试图说服士兵去打仗时，被打死。——66。

龙格，让（Longuet，Jean 1876—1938）——法国社会党和第二国际领袖之一，政论家；沙尔·龙格和燕妮·马克思的儿子。19世纪末至20世纪初积极为法国和国际的社会主义报刊撰稿。1914年和1924年当选为众议员。第一次世界大战期间持中派和平主义立场。是法国中派分子的报纸《人民报》的创办人（1916）和编辑之一。谴责外国武装干涉苏维埃俄国。反对法国社会党加入共产国际，反对建立法国共产党。1920年起是法国社会党中派领袖之一。1921年起是第二半国际执行委员会委员。1923年起是社会主义工人国际领导人之一。30年代主张社会党人和共产党人联合起来反对法西斯主义，参加了反法西斯和反战的国际组织。——183。

卢森堡，罗莎（Luxemburg，Rosa 1871—1919）——德国、波兰和国际工人运动活动家，德国社会民主党和第二国际左翼领袖和理论家之一，德国共产党创建人之一。生于波兰。19 世纪 80 年代后半期开始革命活动，1893 年参与创建和领导波兰王国社会民主党，为党的领袖之一。1898 年移居德国，积极参加德国社会民主党的活动，反对伯恩施坦主义和米勒兰主义。曾参加俄国第一次革命（在华沙）。1907 年参加俄国社会民主工党第五次（伦敦）代表大会，在会上支持布尔什维克。斯托雷平反动时期和新的革命高涨年代对取消派采取调和主义态度。1912 年波兰王国和立陶宛社会民主党分裂后，曾谴责最接近布尔什维克的所谓分裂派。第一次世界大战期间持国际主义立场，是建立国际派（后改称斯巴达克派和斯巴达克联盟）的发起人之一。参加领导了德国 1918 年十一月革命，同年底参与领导德国共产党成立大会，作了党纲报告。1919 年 1 月柏林工人斗争被镇压后，于 15 日被捕，当天惨遭杀害。主要著作有《社会改良还是革命》（1899）、《俄国社会民主党的组织问题》（1904）、《资本积累》（1913）等。——414、464—465、466。

卢托维诺夫，尤里·赫里桑福维奇（“创始人”）（Лутовинов，Юрий Хрисанфович（“Основоположник”）1887—1924）——1904 年加入俄国社会民主工党。曾在俄国一些城市做党的工作，屡遭沙皇政府迫害。十月革命后在顿河流域和乌克兰积极参加国内战争，1918 年是处于地下状态的乌克兰共产党（布）中央委员会委员。后从事工会及苏维埃工作。1920 年起任五金工会中央委员会委员和全俄中央执行委员会主席团委员；是全俄工会中央理事会主席团委员。1920—1921 年工会问题争论期间是工人反对派的骨干分子。1921 年被撤销工会负责职务，被任命为俄罗斯联邦驻德国副商务代表。——376、497。

鲁特格尔斯，塞巴尔德·尤斯图斯（Rutgers，Sebald Justus 1879—1961）——荷兰工程师，共产党员。1918—1938 年（有间断）在苏联工作；1921—1926 年是负责恢复库兹巴斯煤炭和化学工业的自治工业（国际）侨民区的领导人。后从事经济、党务和科学研究工作。1938 年起住在荷兰。——159、177、179、214、215。

鲁希莫维奇，莫伊塞·李沃维奇（Рухимович，Моисей Львович 1889—1938）——苏联经济工作者。1913 年加入布尔什维克党。十月革命期间任哈尔科夫军事革命委员会主席。国内战争的积极参加者。1921—1922 年任顿涅茨克省和巴赫姆特省执行委员会主席。1923—1925年任国营顿涅茨煤炭工业托拉斯和南方煤炭化学托拉斯经理。1925年起任乌克兰苏维埃社会主义共和国最高国民经济委员会主席，1926年起任苏联最高国民经济委员会副主席。1930年起历任俄罗斯联邦交通人民委员、国营库兹巴斯煤炭工业联合公司经理、苏联副重工业人民委员、国防工业人民委员。在党的第十三至第十七次代表大会上当选为中央委员。——289、355。

鲁祖塔克，扬·埃内斯托维奇（Рудзутак，Ян Эрнестович 1887—1938）——1905年加入俄国社会民主工党，布尔什维克。1906年任党的里加委员会委员。1907年被捕并被判处十年苦役。1917年二月革命时获释。十月革命后担任工会领导工作，后任最高国民经济委员会主席团委员、中央纺织工业委员会主席。从1920年党的第九次代表大会起当选为中央委员。1920年起任运输工会中央委员会主席、全俄工会中央理事会总书记、全俄中央执行委员会和俄罗斯联邦人民委员会土耳其斯坦事务委员会主席、俄共(布)中央委员会土耳其斯坦局主席。1922—1924年任俄共(布)中央委员会中亚局主席。1923—1924年任党中央委员会书记。1924—1930年任交通人民委员。1926年起任苏联人民委员会和劳动国防委员会副主席，1931年起同时任党中央监察委员会主席和苏联工农检查人民委员。1923—1926年为党中央政治局候补委员，1926—1932年为政治局委员，1934年起为政治局候补委员。曾任全俄中央执行委员会和苏联中央执行委员会主席团委员。——99、376、387、410。

罗兰-霍尔斯特，罕丽达（Roland Holst，Henriette 1869—1952）——荷兰左派社会党人，女作家。曾从事组织妇女联合会的工作。1907—1909年属于论坛派。第一次世界大战初期持中派立场，后转向国际主义，曾参加齐美尔瓦尔德左派理论刊物《先驱》杂志的工作。1918—1927年是荷兰共产党党员，参加共产国际的工作。1927年退出共产党，后转向基督教社会主义的立场。——479。

罗维奥，古斯塔夫·谢苗诺维奇（Ровио（Rovio），Густав Семенович 1887—1938）——1905年加入俄国社会民主工党；职业是旋工。1910年底起在芬兰居住和工作。加入芬兰社会民主党，任党的鼓动员；1913—1915年任芬兰社会民主青年联盟中央委员会书记。1917年4月发生革命事变后，被工人组织推选为赫尔辛福斯民警局局长。1917年8—9月间列宁从彼得格勒转移到芬兰后,曾住在他家。参加芬兰1918年革命;后来担任联共(布)中央委员会西北局芬兰支部书记、西部少数民族共产主义大学列宁格勒分校副校长。1929年7月起任联共(布)卡累利阿州州委书记。——487。

罗伊特(弗里斯兰特),恩斯特(Reuter(Friesland),Ernst 1889—1953)——德国社会民主党右翼领袖之一,无原则的冒险分子。1912年加入德国社会民主党。1919年加入德国共产党,一度担任党的领导工作。1922年初因进行反党活动被开除出党,随后加入德国独立社会民主党,后又回到德国社会民主党。曾任《自由报》和《前进报》编辑、马格德堡市市长、国会议员。法西斯统治时期侨居英国,后到土耳其,任土耳其政府顾问。1946年起先后任西柏林市议员和市长。——110。

洛莫夫,阿·(**奥波科夫,格奥尔吉·伊波利托维奇**)(Ломов,А.(Оппоков,Георгий Ипполитович)1888—1938)——1903年加入俄国社会民主工党。曾在彼得堡、伊万诺沃-沃兹涅先斯克、莫斯科、萨拉托夫做党的工作,屡遭沙皇政府迫害。1917年二月革命后任党的莫斯科区域局和莫斯科委员会委员、莫斯科工人代表苏维埃副主席。十月革命期间任莫斯科军事革命委员会委员。十月革命后参加第一届人民委员会,任司法人民委员。1918年是"左派共产主义者"。1918—1921年任最高国民经济委员会主席团委员和副主席,林业总委员会主席,1921—1931年在党的机关和经济部门担任领导工作,1931—1933年任苏联国家计划委员会副主席。在党的第六、第七和第十四次代表大会上当选为候补中央委员,第十五次和第十六次代表大会上当选为中央委员。历届苏联中央执行委员会委员。——163。

洛佐夫斯基(**德里佐**),索洛蒙·阿布拉莫维奇(Лозовский(Дридзо),Соломон Абрамович 1878—1952)——1901年加入俄国社会民主工党。曾在彼得堡、喀山、哈尔科夫做党的工作。积极参加了俄国第一次革命。1906年被捕,1908年在押解途中逃往国外。1909—1917年流亡日内瓦和巴黎,1912年参加布尔什维克调和派。第一次世界大战期间参与组织法国社会党和工会中的国际主义派。1917年6月回国,在全俄工会第三次代表会议(1917年7月)上被选为全俄工会中央理事会书记。1917年12月因反对党的政策被开除出党。1918—1919年领导社会民主党人国际主义派，1919年12月以该派成员身份重新加入俄共(布)。1920年任莫斯科省工会理事会主席。曾参加共产国际第二次代表大会的工作。1921—1937年任红色工会国际总书记。1937—1939年任国家文学出版社社长，1939—1946年先后任苏联副外交人民委员和副外交部长。1927年党的第十五次代表大会起为候补中央委员，1939年在党的第十八次代表大会上当选为中央委员。——23。

M

马尔察恩，亨利希(Malzahn，Henrich 生于1884年)——德国社会民主党人，后为共产党人。1921年是德国统一共产党中央委员会出席共产国际第三次代表大会的代表和德国工会中央理事会出席红色工会国际第一次代表大会的代表。同年作为中派分子被开除出德国共产党。——63。

马尔赫列夫斯基，尤利安·约瑟福维奇(Marchlewski，Julian(Мархлевский，Юлиан Юзефович)1866—1925)——波兰工人运动和国际工人运动活动家。1889年参与组织波兰工人联合会。1893年流亡瑞士，是波兰王国社会民主党的创建人之一。曾帮助列宁组织出版《火星报》。在华沙积极参加俄国1905—1907年革命。1907年在俄国社会民主工党第五次(伦敦)代表大会上当选为候补中央委员。第二国际苏黎世代表大会和斯图加特代表大会的代表。1909年起主要在德国社会民主党内工作。第一次世界大战期间，反对社会沙文主义者，参与创建斯巴达克联盟。1916年被捕入狱。在苏俄政府的坚决要求下，1918年从德国集中营获释，来到苏俄；被选入全俄中央执行委员会，担任执行委员会委员直至逝世。执行过许多重要的外交使命，参加过与波兰、立陶宛、芬兰、日本和中国的谈判。1919年当选为德国共产党中央委员。参与创建共产国际。1920年为俄共(布)中央委员会波兰局成员、波兰临时革命委员会主席。1923年起任国际支援革命战士协会中央委员会主席。写有一些经济问题、波兰历史和国际关系方面的著作。——176。

马尔滕斯，路德维希·卡尔洛维奇(Мартенс，Людвиг Карлович 1875—1948)——苏联经济工作者，机械制造专家和热工学家。1893年参加革命运动,1895 年加入彼得堡工人阶级解放斗争协会。1899 年被驱逐出境,先后住在德国、英国和美国,在国外继续从事革命工作。1919 年 1 月起任苏维埃俄国驻美国代表,组织技术援助苏俄协会。曾试图实现与美国关系正常化,但遭到美国政府拒绝,1921 年奉召回国。回国后担任经济和科研部门的负责工作,历任最高国民经济委员会主席团委员、金属工业总管理局局长、最高国民经济委员会发明事务委员会主席、柴油机科学研究所所长和莫斯科罗蒙诺索夫机械学院教授等职。——178、220。

马尔托夫,尔·(**策杰尔包姆,尤利·奥西波维奇**)(Мартов,Л.(Цедербаум,Юлий Осипович)1873—1923)——俄国孟什维克领袖之一。1895 年参与组织彼得堡工人阶级解放斗争协会。1896 年被捕并流放图鲁汉斯克三年。1900 年参与创办《火星报》,为该报编辑部成员。在俄国社会民主工党第二次代表大会上是《火星报》组织的代表,领导机会主义少数派,反对列宁的建党原则;从那时起成为孟什维克中央机关的领导成员和孟什维克报刊的编辑。曾参加党的第五次(伦敦)代表大会的工作。斯托雷平反动时期和新的革命高涨年代是取消派分子,编辑《社会民主党人呼声报》,参与组织"八月联盟"。第一次世界大战期间是中派分子,参加齐美尔瓦尔德代表会议和昆塔尔代表会议。曾参加孟什维克组织委员会国外书记处,为书记处编辑机关刊物。1917 年二月革命后领导孟什维克国际主义派。十月革命后反对镇压反革命和解散立宪会议。1919 年当选为全俄中央执行委员会委员,1919—1920 年为莫斯科苏维埃代表。1920 年 9 月侨居德国。参与组织第二半国际,在柏林创办和编辑孟什维克杂志《社会主义通报》。——95、117、183、486、542、543。

马克思,卡尔(Marx,Karl 1818—1883)——科学共产主义的创始人,世界无产阶级的领袖和导师。——261、262、320。

马克西莫夫,康斯坦丁·戈尔杰耶维奇(Максимов,Константин Гордеевич 1894—1939)——1914 年加入俄国布尔什维克党,曾在萨马拉从事革命工作。1917 年二月革命后为党的莫斯科委员会委员、莫斯科苏维埃主席团委员和布尔什维克党团领导人之一。在莫斯科参加十月革命。十月革命后任莫斯科苏维埃粮食局局长。国内战争时期任东方面军革命军事委员会委员。1920—1922 年在乌拉尔和顿巴斯从事经济工作,曾任最高国民经济委员会乌拉尔工业局局长、劳动国防委员会负责恢复乌拉尔工业的全权代表。后任乌克兰国民经济委员会主席、乌克兰苏维埃社会主义共和国人民委员会副主席、苏联最高国民经济委员会主席团委员、苏联副商业人民委员。曾任全俄中央执行委员会和苏联中央执行委员会主席团委员。——178。

马拉，让·保尔（Marat, Jean-Paul 1743—1793）——法国政论家，18 世纪末法国资产阶级革命的活动家，雅各宾派的领袖之一。——23。

马雷舍夫，谢尔盖·瓦西里耶维奇（Малышев, Сергей Васильевич 1877—1938）——1902 年加入俄国社会民主工党，布尔什维克。积极参加 1905—1907 年革命。曾任《真理报》编辑部秘书。十月革命后在劳动人民委员部和粮食人民委员部工作。1918 年曾以北方区域公社联盟特派员的身份领导伏尔加河流域以商品交换粮食的流动驳船商队。1920—1921 年为土耳其斯坦方面军革命军事委员会特派员，1921—1922 年为劳动国防委员会特派员，后任伊尔比特和下诺夫哥罗德集市管理委员会主席、全苏商会主席。后来在中央消费合作总社工作。——396。

马斯洛夫，阿尔卡季（**切梅林斯基，伊萨克**）（Маслов, Аркадий（Чемеринский, Исаак）1891—1941）——德国共产党极左派领袖之一。1921 年起领导所谓柏林反对派，该派于 1924 年掌握了德共中央领导权。在共产国际第五次代表大会上当选为共产国际执行委员会候补委员。1925 年底因进行派别分裂活动被解除领导职务，不久被开除出德国共产党和共产国际。后脱离政治活动。——110。

麦克唐纳，詹姆斯·拉姆赛（MacDonald, James Ramsay 1866—1937）——英国政治活动家，英国工党创建人和领袖之一。1885 年加入社会民主联盟。1886 年加入费边社。1894 年加入独立工党，1906—1909 年任该党主席。1900 年当选为劳工代表委员会书记，该委员会于 1906 年改建为工党。1906 年起为议员，1911—1914 年和 1922—1931 年任工党议会党团主席。推行机会主义政策，鼓吹阶级合作和资本主义逐渐长入社会主义的理论。第一次世界大战初期采取和平主义立场，后来公开支持劳合-乔治政府进行帝国主义战争。1918—1920 年竭力破坏英国工人反对武装干涉苏维埃俄国的斗争。1924 年和 1929—1931 年先后任第一届和第二届工党政府首相。1931—1935 年领导由保守党决策的国民联合政府。——183。

梅日劳克,伊万·伊万诺维奇(Межлаук,Иван Иванович 1891—1938)——1911 年参加俄国革命运动,1918 年加入俄共(布)。国内战争时期在红军中担任指挥工作,后从事经济工作以及党和苏维埃工作。1921—1923 年任顿巴斯叶纳基耶沃冶金工厂厂长、南方钢铁托拉斯管理委员会主席,1923—1925 年任中亚经济委员会主席、俄共(布)中央委员会中亚局成员、土库曼共产党(布)中央委员会书记,1926—1929 年在联共(布)中央机关工作,后任坦波夫专区委员会书记,1931—1936 年任劳动国防委员会秘书和苏联人民委员会办公厅副主任,1936—1937 年任苏联人民委员会全苏高等教育委员会主席。——356。

梅夏采夫,П.А.(Месяцев,П.А.1889—1938)——1906 年加入俄国社会民主工党。1921—1924 年任俄罗斯联邦农业人民委员部部务委员,后在合作社系统、农业银行和国家计划委员会工作。一度追随托洛茨基反对派。——295。

美舍利亚科夫,尼古拉·列昂尼多维奇(Мещеряков,Николай Леонидович 1865—1942)——1885 年参加俄国革命运动。1893 年到比利时完成学业,1894 年成为马克思主义者。1901 年加入俄国革命社会民主党人国外同盟。1902 年作为《火星报》代办员返回莫斯科,任俄国社会民主工党莫斯科委员会委员。不久被捕,流放雅库特州四年,1905—1907 年革命时获释。1906 年任党的莫斯科郊区委员会委员,同年 10 月被捕,流放东西伯利亚。1917 年二月革命后先后任俄国社会民主工党(布)克拉斯诺亚尔斯克委员会委员,莫斯科省工人代表苏维埃主席,党的省委委员。十月革命后任《真理报》编委(1918—1922)、中央消费合作总社理事会理事(1919—1921)、国家出版社编辑委员会主席(1920—1924)。1924—1927 年任农民国际组织书记。1927—1938 年任《苏联小百科全书》总编辑。1939 年起为苏联科学院通讯院士。——176、428—429。

米哈伊洛夫,瓦西里·米哈伊洛维奇(Михайлов,Василий Михайлович 1894—1937)——1915 年加入俄国布尔什维克党,在莫斯科做党的工作。1917 年二月革命后为莫斯科工人代表苏维埃委员。十月革命和国内战争的参加者。1921—1922 年任党中央委员会书记。1922 年起任党的莫斯科委员会书记、莫斯科河南岸区委书记、莫斯科省工会理事会主席。1929年起从事经济工作。1921—1922年和1923—1930年是党中央委员，1922—1923年和1930年起是候补中央委员。——214—215、226、275、276、311—312。

米勒兰，亚历山大·埃蒂耶纳（Millerand, Alexandre Étienne 1859—1943）——法国政治家和国务活动家，法国社会党和第二国际的机会主义代表人物。1885年起多次当选议员。原属资产阶级激进派，90年代初参加法国社会主义运动，领导运动中的机会主义派。1898年同让·饶勒斯等人组成法国独立社会党人联盟。1899年参加瓦尔德克-卢梭内阁，任工商业部长，是有史以来社会党人第一次参加资产阶级政府，列宁把这个行动斥之为"实践的伯恩施坦主义"。1904年被开除出法国社会党，此后同阿·白里安、勒·维维安尼等前社会党人一起组成独立社会党人集团（1911年取名为"共和社会党"）。1909—1915年先后任公共工程部长和陆军部长，竭力主张把帝国主义战争进行到底。俄国十月革命后是武装干涉苏维埃俄国的策划者之一。1920年1—9月任总理兼外交部长，1920年9月—1924年6月任法兰西共和国总统。资产阶级左翼政党在大选中获胜后，被迫辞职。1925年和1927年当选为参议员。——320。

米留可夫，帕维尔·尼古拉耶维奇（Милюков, Павел Николаевич 1859—1943）——俄国立宪民主党领袖，俄国自由派资产阶级思想家，历史学家和政论家。1886年起任莫斯科大学讲师。90年代前半期开始政治活动，1902年起为资产阶级自由派的《解放》杂志撰稿。1905年10月参与创建立宪民主党，后任该党中央委员会主席和中央机关报《言语报》编辑。第三届和第四届国家杜马代表。第一次世界大战期间为沙皇政府的掠夺政策辩护。1917年二月革命后任第一届临时政府外交部长，推行把战争进行到"最后胜利"的帝国主义政策；同年8月积极参与策划科尔尼洛夫叛乱。十月革命后同白卫分子和武装干涉者合作。1920年起为白俄流亡分子，在巴黎出版《最新消息报》。著有《俄国文化史概要》、《第二次俄国革命史》及《回忆录》等。——9、60、66、95、121。

米柳亭，弗拉基米尔·巴甫洛维奇（Милютин, Владимир Павлович 1884—1937）——1903年参加俄国社会民主主义运动，起初是孟什维克，1910年起为布尔什维克。曾在库尔斯克、莫斯科、奥廖尔、彼得堡和图拉做党的工作，屡遭沙皇政府迫害。1917年二月革命后任俄国社会民主工党(布)萨拉托夫委员会委员、萨拉托夫苏维埃主席。在党的第七次全国代表会议(四月代表会议)和第六次全国代表大会上当选为中央委员。十月革命后参加第一届人民委员会，任农业人民委员。1917年11月主张成立有孟什维克和社会革命党人参加的联合政府，遭到否决后声明退出党中央和人民委员会。1918—1921年任最高国民经济委员会副主席。1922年任西北地区经济会议副主席。1924年起历任工农检查人民委员部部务委员、中央统计局局长、国家计划委员会副主席、苏联中央执行委员会学术委员会主席等职。1920—1922年为候补中央委员。1924—1934年为中央监察委员会委员。写有一些关于经济问题的著作。——275。

米雅斯尼科夫，加甫里尔·伊里奇(Мясников, Гавриил Ильич 1889—1946)——1906年加入俄国社会民主工党。1921年先后在彼尔姆省和彼得格勒做党的工作；是工人反对派的骨干分子。1922年因从事反党活动和屡犯党纪被开除出党。后来是工人团的组织者，移居国外。——92—98。

缅施科夫，叶夫根尼·斯捷潘诺维奇(Меньшиков, Евгений Степанович 1883—1926)——苏联工艺工程师，泥炭业专家。1918—1920年是泥炭总委员会的组织者和领导人之一，1921年起创建和领导泥炭实验站。1922年起为季米里亚捷夫农学院教授和该学院泥炭专业领导人。1925年领导泥炭科学实验研究所。——358、529。

莫迪利扬尼，维多利奥·埃曼努埃勒(Modigliani, Vittorio Emanuele 1872—1947)——意大利社会党最早的党员之一，改良主义者；职业是律师。1913—1926年为众议员。第一次世界大战期间是中派分子。曾参加齐美尔瓦尔德代表会议和昆塔尔代表会议，反对齐美尔瓦尔德左派。1922年是改良主义的统一社会党的创建人之一。1926年流亡法国，编辑意大利改良派侨民刊物《新生的社会党人》。意大利从德国法西斯占领下解放后，于1944年回国。——29。

莫罗佐夫，米哈伊尔·弗拉基米罗维奇(Морозов, Михаил Владимирович 1868—1938)——19世纪80年代末参加俄国革命运动，1901年加入俄国社会民主工党，布尔什维克。1903—1904 年在巴库做地下工作，后为土耳其斯坦革命运动的领导人之一。俄国社会民主工党第四次（统一）代表大会撒马尔罕组织的有发言权的代表，在代表大会上就孟什维克关于国家杜马的决议中有关社会民主党议会党团问题的条文提出了修正案，得到列宁的支持。1908 年秘密住在彼得堡；多次被捕。1910 年起侨居巴黎，加入列宁领导的布尔什维克支部。1917 年回到彼得格勒，积极参加十月革命。十月革命后在燃料总委员会和泥炭总委员会做经济工作。1930—1932 年任艺术科学院副院长。1936 年起任全俄造型艺术工作者合作总社出版社社长。——358、529。

莫洛托夫（**斯克里亚宾**），维亚切斯拉夫·米哈伊洛维奇（Молотов (Скрябин), Вячеслав Михайлович 1890—1986）——1906 年加入俄国社会民主工党，布尔什维克。曾在喀山、沃洛格达、彼得堡做党的工作，屡遭沙皇政府迫害。1912 年在布尔什维克合法报纸《明星报》工作，后任《真理报》编辑部成员兼编辑部秘书。1917 年二月革命期间是党中央委员会俄国局成员，十月革命期间是彼得格勒军事革命委员会委员。1918—1921 年历任北部地区国民经济委员会主席、下诺夫哥罗德省执行委员会主席、俄共（布）顿涅茨克省委书记、乌克兰共产党（布）中央委员会书记。在俄共（布）第九次代表大会上当选为候补中央委员，第十次代表大会上当选为中央委员。党的十大后任中央委员会书记和政治局候补委员，1926 年起为政治局委员，1952 年起为苏共中央主席团委员。1930—1941 年任苏联人民委员会主席，1941—1957 年任苏联人民委员会第一副主席，1939 年起兼任苏联外交人民委员。1941—1945 年卫国战争时期兼任国防委员会副主席，参加了德黑兰（1943）、雅尔塔（1945）和波茨坦（1945）会议。1957 年 6 月根据苏共中央全会决议，被开除出苏共中央主席团和中央委员会。1957 年出任苏联驻蒙古人民共和国大使，1960—1962 年任苏联驻维也纳国际原子能机构代表。苏共第二十二次代表大会后被开除出党，1984 年恢复党籍。——144—145、147、155、177—178、279、289—290、311—312、387、388—389、392、395—397、409、410—412、415、416、417、425、428—429、430—431、434、435—440、441—442、443—444、445—446、450—451、468—469、473、474。

N

乃木希典(1849—1912)——日本将军,伯爵(1907)。1894—1895年中日战争时期任步兵旅旅长,战后晋升为师长,并被派往台湾任总督。1900—1904年退役。1904—1905年日俄战争时期重返军界。1904年6月起任第3集团军司令,指挥围攻旅顺口。攻陷旅顺后参加了沈阳战役。战后任天皇的军事参议官和享有特权的贵族子弟学习院名誉院长。——229、517。

尼古拉二世(**罗曼诺夫**)(Николай II(Романов)1868—1918)——俄国最后一个皇帝,亚历山大三世的儿子。1894年即位,1917年二月革命时被推翻。1918年7月17日根据乌拉尔州工兵代表苏维埃的决定在叶卡捷琳堡被枪决。——198。

努兰斯,约瑟夫(Noulens,Joseph 1864—1939)——法国政治活动家和外交家。1902—1919年为众议员,1920年为参议员。1913—1914年任陆军部长,1914—1915年任财政部长。1917—1918年任驻俄国大使。俄国十月革命后直接参与策划协约国对苏维埃俄国的武装干涉和俄国国内的反革命行动:1918年捷克斯洛伐克军叛乱、雅罗斯拉夫尔的社会革命党人叛乱、莫斯科的洛克哈特阴谋等。离开苏俄后,积极参加国外各种反苏组织的活动。——144—145。

诺斯克,古斯塔夫(Noske,Gustav 1868—1946)——德国社会民主党右翼领袖之一。第一次世界大战爆发前就维护军国主义,大战期间是社会沙文主义者,在国会中投票赞成军事拨款。1918年12月任人民代表委员会负责国防的委员,血腥镇压了1919年柏林、不来梅及其他城市的工人斗争。1919年2月—1920年3月任国防部长,卡普叛乱平息后被迫辞职。1920—1933年任普鲁士汉诺威省省长。法西斯专政时期从希特勒政府领取国家养老金。——103—104。

P

帕尔乌斯(**格尔方德,亚历山大·李沃维奇**)(Парвус(Гельфанд,Александр Львович)1869—1924)——生于俄国,19世纪80年代移居国外。90年代

末起在德国社会民主党内工作，属该党左翼；曾任《萨克森工人报》编辑。写有一些世界经济问题的著作。20世纪初参加俄国社会民主工党的工作，为《火星报》撰稿。俄国社会民主工党第二次代表大会后支持孟什维克的组织路线。1905年回到俄国，曾担任彼得堡工人代表苏维埃执行委员会委员，为孟什维克的《开端报》撰稿；同托洛茨基一起提出"不断革命论"，主张参加布里根杜马，坚持同立宪民主党人搞交易。斯托雷平反动时期脱离俄国社会民主工党，后移居德国。第一次世界大战期间是社会沙文主义者和德国帝国主义的代理人。1915年起在柏林出版《钟声》杂志。1918年脱离政治活动。——417、418。

帕纽什金，瓦西里·卢基奇(Панюшкин，Василий Лукич 1888—1960)——1907年加入俄国社会民主工党。曾在彼得堡和波罗的海舰队做党的工作。积极参加十月革命和国内战争。1918年4月被派往图拉省担任镇压反革命的军事特派员，指挥武装工人和水兵部队，曾在东方战线工作，后被任命为驻伏尔加河流域和乌拉尔镇压反革命的军事特派员。1919—1920年在党中央机关工作，任责任组织员和指导员。1921年因不理解新经济政策而退党，并企图建立工农社会党。列宁和他谈话后，很快回到党内。后在顿巴斯和最高国民经济委员会做经济工作，之后在苏联驻德国商务代表处工作。——497。

派克斯，А.К.(Пайкес，А.К.1873—1958)——1917年以前是孟什维克，1918年加入俄共(布)。1918—1920年任国家监察人民委员部部务委员和工农检查院院务委员、西伯利亚革命委员会委员。1921—1922年先后任俄罗斯联邦驻中国和立陶宛全权代表。1923年起在最高国民经济委员会做经济工作。——176。

彭加勒，雷蒙(Poincaré，Raymond 1860—1934)——法国政治活动家和国务活动家；职业是律师。1887—1903年为众议员。1893年起多次参加法国政府。1912—1913年任总理兼外交部长，1913—1920年任总统。推行军国主义政策，极力策划第一次世界大战。主张加强协约国和法俄同盟。俄国十月革命后是武装干涉苏维埃俄国的策划者之一。1922—1924年和1926—1929年任总理，力主分割德国(1923年占领鲁尔区)，企图建立法国在欧洲的霸权。——432。

皮达可夫，格奥尔吉·列昂尼多维奇（Пятаков，Георгий Леонидович 1890—1937）——1910 年加入俄国社会民主工党。1914—1917 年先后侨居瑞士和瑞典；曾参加伯尔尼代表会议，为《共产党人》杂志撰稿。1917 年二月革命后任党的基辅委员会主席和基辅工人代表苏维埃执行委员会委员。十月革命后任国家银行总委员。1918 年在乌克兰领导"左派共产主义者"。1918 年 12 月任乌克兰临时工农政府主席。1919 年后担任过一些集团军的革命军事委员会委员。1920 年起历任顿巴斯中央煤炭工业管理局局长、国家计划委员会和最高国民经济委员会副主席、驻法国商务代表、苏联国家银行管理委员会主席、副重工业人民委员、租让总委员会主席等职。1920—1921 年工会问题争论期间支持托洛茨基的纲领。1923 年起属托洛茨基反对派。在党的第十二、第十三、第十四、第十六和第十七次代表大会上当选为中央委员。1927 年被开除出党，1928 年恢复党籍，1936 年被再次开除出党。1937 年 1 月被苏联最高法院军事审判庭以"进行叛国、间谍、军事破坏和恐怖活动"的罪名判处枪决。1988 年 6 月苏联最高法院为其平反。——289。

皮尔苏茨基，约瑟夫（Pilsudski，Józef 1867—1935）——波兰国务活动家，法西斯独裁者。早年参与创建波兰社会党，1906 年起是波兰社会党"革命派"领导人。第一次世界大战期间统帅波兰军团配合德军对俄作战。1918—1922 年是地主资产阶级波兰的国家元首，残酷镇压革命运动。1920 年是波兰进攻苏维埃俄国的积极策划者之一。1926 年 5 月发动军事政变，建立法西斯独裁制度。1926—1935 年任国防部长，1926—1928 年和 1930 年任总理。1934 年与希特勒德国订立同盟。——195、262、319。

平克维奇，阿尔贝特·彼得罗维奇（Пинкевич，Альберт Петрович 1884—1939）——苏联教育家，教授。1903—1908 年是俄国社会民主工党党员，1917—1919 年追随孟什维克。1909—1917 年是自然课教员。1919—1921 年先后任学者生活改善委员会副主席和主席。1923 年加入俄共(布)。1924 年起先后在国立第二莫斯科大学和国立莫斯科师范学院任教授。——511。

普列奥布拉任斯基，叶夫根尼·阿列克谢耶维奇（Преображенский，Евгений Алексеевич 1886—1937）——1903 年加入俄国社会民主工党，布尔什维克。曾在奥廖尔、布良斯克、莫斯科等地做党的工作，多次被捕和流放。

1917年二月革命后在乌拉尔做党的工作，在党的第六次代表大会上当选为候补中央委员。十月革命后做党的工作和军事政治工作。1918年是“左派共产主义者”。国内战争期间任第3集团军政治部主任。1920年在党的第九次代表大会上当选为中央委员、中央委员会书记。1920—1921年工会问题争论期间支持托洛茨基的纲领。党的第十次代表大会后任中央委员会和人民委员会的财政委员会主席、教育人民委员部职业教育总局局长、《真理报》编辑等职。1923年起是托洛茨基反对派的骨干分子。1927年被开除出党，1929年恢复党籍，后来被再次开除出党。——297、468。

普列汉诺夫，格奥尔吉·瓦连廷诺维奇（Плеханов，Георгий Валентинович 1856—1918）——俄国早期的马克思主义理论家，后来成为孟什维克和第二国际机会主义领袖之一。19世纪70年代参加民粹主义运动，是土地和自由社成员及土地平分社领导人之一。1880年侨居瑞士，逐步同民粹主义决裂。1883年在日内瓦创建俄国第一个马克思主义团体——劳动解放社。翻译和介绍了马克思和恩格斯的许多著作，对马克思主义在俄国的传播起了重要作用；写过不少优秀的马克思主义著作，批判民粹主义、合法马克思主义、经济主义、伯恩施坦主义、马赫主义。20世纪初是《火星报》和《曙光》杂志编辑部成员。曾参与制定俄国社会民主工党纲领草案和参加党的第二次代表大会的筹备工作。在代表大会上是劳动解放社的代表，属火星派多数派，参加了大会常务委员会，会后逐渐转向孟什维克。1905—1907年革命时期反对列宁的民主革命的策略，后来在孟什维克和布尔什维克之间摇摆。在俄国社会民主工党第四次（统一）代表大会上作了关于土地问题的报告，维护马斯洛夫的孟什维克方案；在国家杜马问题上坚持极右立场，呼吁支持立宪民主党人的杜马。斯托雷平反动时期和新的革命高涨年代反对取消主义，领导孟什维克护党派。第一次世界大战期间持社会沙文主义立场。1917年二月革命后支持资产阶级临时政府。对十月革命持否定态度，但拒绝支持反革命。最重要的理论著作有《社会主义与政治斗争》（1883）、《我们的意见分歧》（1885）、《论一元论历史观之发展》（1895）、《唯物主义史论丛》（1896）、《论个人在历史上的作用》（1898）、《没有地址的信》（1899—1900），等等。——464。

Q

契切林,格奥尔吉·瓦西里耶维奇(Чичерин,Георгий Васильевич 1872—1936)——1904 年参加俄国革命运动,1905 年在柏林加入俄国社会民主工党。长期在国外从事革命活动。斯托雷平反动时期是孟什维主义的拥护者。第一次世界大战期间是国际主义者。1917 年底转向布尔什维主义立场,1918 年加入俄共(布)。1918 年初回国后被任命为副外交人民委员,参加了布列斯特的第二阶段谈判,同德国签订了布列斯特和约。1918 年 5 月—1930 年任外交人民委员,是出席热那亚国际会议和洛桑国际会议的苏俄代表团团长。曾任全俄中央执行委员会和苏联中央执行委员会委员。在党的第十四次和第十五次代表大会上当选为中央委员。——144、176、222、226、329、384—385、407、410、412、416、418、423—424、432—433、447、450、452。

切尔诺夫,维克多·米哈伊洛维奇(Чернов,Виктор Михайлович 1873—1952)——俄国社会革命党领袖和理论家之一。1902—1905 年任社会革命党中央机关报《革命俄国报》编辑。曾撰文反对马克思主义,企图证明马克思的理论不适用于农业。第一次世界大战期间持社会沙文主义立场,曾参加齐美尔瓦尔德代表会议和昆塔尔代表会议。1917 年 5—8 月任临时政府农业部长,对夺取地主土地的农民实行残酷镇压。敌视十月革命。1918 年 1 月任立宪会议主席;曾领导萨马拉的反革命立宪会议委员会,参与策划反苏维埃叛乱。1920 年流亡国外,继续反对苏维埃政权。在他的理论著作中,主观唯心主义和折中主义同修正主义和民粹派的空想混合在一起;企图以资产阶级改良主义的“结构社会主义”对抗科学社会主义。——95、117、542、543。

瞿鲁巴,亚历山大·德米特里耶维奇(Цюрупа,Александр Дмитриевич 1870—1928)——1891 年参加俄国革命运动,1898 年加入俄国社会民主工党。曾任《火星报》代办员。1901 年起先后在哈尔科夫、图拉、乌法等地做党的工作,屡遭沙皇政府迫害。1917 年二月革命后任俄国社会民主工党乌法统一委员会委员、乌法工兵代表苏维埃委员、省粮食委员会主席和市杜马主席。十月革命期间任乌法军事革命委员会委员。1917 年 11 月起任副粮食人民委员,1918 年 2 月起任粮食人民委员。国内战争时期主管红军的供给工作,领导征粮队的活动。1921 年 12 月起任人民委员会和劳动国防委员会副主席。1922 年起任全俄中央执行委员会和苏联中央执行委员会主席团委员。1922—1923 年任工农检查人民委员,1923—1925 年任国家计划委员会主席,1925 年起任国内商业和对外贸易人民委员。在党的第十二至第十五次代表大会上当选为中央委员。——291—292、395、396、398—406、410、434、435—440、467、473、474。

S

萨尔蒂科夫-谢德林,米哈伊尔·叶夫格拉福维奇(**萨尔蒂科夫,米·叶·**;谢德林)(Салтыков-Щедрин,Михаил Евграфович(Салтыков,М.Е.,Щедрин)1826—1889)——俄国讽刺作家,革命民主主义者。1848 年因发表抨击沙皇制度的小说被捕,流放七年。1856 年初返回彼得堡,用笔名"尼·谢德林"发表了《外省散记》。1863—1864 年为《同时代人》杂志撰写政论文章,1868 年起任《祖国纪事》杂志编辑,1878 年起任主编。60—80 年代创作了《一个城市的历史》、《戈洛夫廖夫老爷们》等长篇小说,批判了俄国的专制农奴制,刻画了地主、沙皇官僚和自由派的丑恶形象。——396。

萨文柯夫,波里斯·维克多罗维奇(Савинков,Борис Викторович 1879—1925)——俄国社会革命党领袖之一,作家。在彼得堡大学学习时开始政治活动,接近经济派-工人思想派,在工人小组中进行宣传,为《工人事业》杂志撰稿。1901 年被捕,后被押送沃洛格达省,从那里逃往国外。1903 年加入社会革命党,1903—1906 年是该党"战斗组织"的领导人之一,多次参加恐怖活动。1909 年和 1912 年以维·罗普申为笔名先后发表了两部浸透神秘主义和对革命斗争失望情绪的小说:《一匹瘦弱的马》和《未曾有过的东西》。1911 年侨居国外。第一次世界大战期间是社会沙文主义者。1917 年二月革命后回国,任临时政府驻最高总司令大本营的委员、西南方面军委员、陆军部副部长、彼得格勒军事总督;根据他的提议在前线实行了死刑。十月革命后参加克伦斯基—克拉斯诺夫叛乱,参与组建顿河志愿军,建立地下反革命组织"保卫祖国与自由同盟",参与策划反革命叛乱。1921—1923 年在国外领导反对苏维埃俄国的间谍破坏活动。1924 年偷越苏联国境时被捕,被判处死刑,后改为十年监禁。在狱中自杀。——329。

塞拉蒂,扎钦托·梅诺蒂(Serrati,Giacinto Menotti 1872 或 1876—1926)——意大利工人运动活动家,意大利社会党领导人之一,最高纲领派领袖之一。1892 年加入意大利社会党。与康·拉查理等人一起领导该党中派。曾被捕,先后流亡美国、法国和瑞士,1911 年回国。1914—1922 年任社会党中央机关报《前进报》社长。第一次世界大战期间是国际主义者,曾参加齐美尔瓦尔德代表会议和昆塔尔代表会议。共产国际成立后,坚决主张意大利社会党参加共产国际。1920 年率领意大利社会党代表团出席共产国际第二次代表大会;在讨论加入共产国际的条件时,反对同改良主义者无条件决裂。他的错误立场受到列宁的批评,不久即改正了错误。1924 年带领社会党内的第三国际派加入意大利共产党。——14、26—28、30、31、112、113、320、462、465—466、541、544。

施略普尼柯夫,亚历山大·加甫里洛维奇(Шляпников,Александр Гаврилович 1885—1937)——1901 年加入俄国社会民主工党。曾在索尔莫沃、穆罗姆、彼得堡和莫斯科做党的工作。1905—1906 年两度被捕,1908 年移居国外。第一次世界大战期间在彼得堡和国外做党的工作,负责在党中央委员会国外局同俄国局和彼得堡委员会之间建立联系。1917 年二月革命后任党的彼得堡委员会委员、彼得格勒工兵代表苏维埃执行委员会委员和彼得格勒五金工会主席。十月革命后参加第一届人民委员会,任劳动人民委员,后领导工商业人民委员部。1918 年参加国内战争,先后任南方面军革命军事委员会委员和里海—高加索方面军革命军事委员会主席。1919—1922 年任全俄五金工会中央委员会主席,1921 年 5 月起任最高国民经济委员会主席团委员。1920—1922 年是工人反对派的组织者和领袖。1921 年在党的第十次代表大会上当选为中央委员。后在经济部门担任负责职务。1933 年清党时被开除出党。1935 年因所谓"莫斯科反革命组织'工人反对派'集团"案被追究刑事责任,死于狱中。1988 年恢复名誉。——189、376、497。

施米特,瓦西里·弗拉基米罗维奇(Шмидт,Василий Владимирович 1886—1940)——1905 年加入俄国社会民主工党。曾在彼得堡和叶卡捷琳诺斯拉夫做党的工作。1915—1917年是党的彼得堡委员会书记、彼得格勒五金工会领导人，1917年二月革命后兼任彼得格勒工会中央理事会书记。1918—1928年先后任全俄工会中央理事会书记和劳动人民委员，1928—1930年任苏联人民委员会和劳动国防委员会副主席。一度参加党内“右倾派别集团”。在党的第七、第十四和第十五次代表大会上当选为中央委员。——297。

施泰因贝格，П.Б.（Штейнберг，П.Б.）——俄国资本家，侨民，1922—1924年是俄罗斯联邦皮革原料国内外贸易股份公司的创办人之一和董事长。——287、395、396、397。

施特拉塞尔，约瑟夫（Strasser，Josef 1871—1933）——奥地利政治活动家，左派社会民主党人。1918年加入奥地利共产党，后转向机会主义。1931年退党。——15。

什麦拉尔，博胡米尔（Smeral，Bohumir 1880—1941）——捷克斯洛伐克工人运动和国际工人运动活动家，捷克斯洛伐克共产党创建人之一。1897年加入捷克斯洛伐克社会民主工党，是该党领导人之一，党的中央机关报《人民权利报》编辑。积极参加捷克斯洛伐克工人阶级革命运动和民族解放运动的领导工作。1918年起领导社会民主党左翼为建立马克思主义的工人政党而斗争。捷克斯洛伐克共产党于1921年成立后为该党中央委员（1921—1929年和1936年起）。1922—1935年为共产国际执行委员会委员和主席团委员。1938年起住在苏联。——16、17、53、68—69、479、491。

斯大林（**朱加施维里**），约瑟夫·维萨里昂诺维奇（Сталин（Джугашвили），Иосиф Виссарионович 1879—1953）——苏联共产党和国家领导人，国际共产主义运动活动家。1898年加入俄国社会民主工党，党的第二次代表大会后是布尔什维克。曾在梯弗利斯、巴统、巴库和彼得堡做党的工作。多次被捕和流放。1912年1月在党的第六次（布拉格）全国代表会议选出的中央委员会会议上，被缺席增补为中央委员并被选入中央委员会俄国局；积极参加布尔什维克《真理报》的编辑工作。1917年二月革命后从流放地回到彼得格勒，参加党中央委员会俄国局。在党的第七次全国代表会议（四月代表会议）以及此后的历次代表大会上当选为中央委员。在十月革命的准备和进行期间参加领导武装起义的彼得格勒军事革命委员会和党总部。在全俄苏维埃第二次代表大会上当选为全俄中央执行委员会委员；参加第一届人民委员会，任民族事务人民委员。1919年3月起兼任国家监察人民委员，1920年起为工农检查人民委员。国内战争时期任共和国革命军事委员会委员和一些方面军的革命军事委员会委员。1922年4月起任党中央总书记。1941年起同时担任苏联人民委员会主席，1946年起为部长会议主席。1941—1945年卫国战争时期任国防委员会主席、国防人民委员和苏联武装力量最高统帅。1919—1952年为中央政治局委员，1952—1953年为苏共中央主席团委员。1925—1943年为共产国际执行委员会委员。——190、293、452—453、456—457、470。

斯米尔加，伊瓦尔·捷尼索维奇（Смилга，Ивар Тенисович 1892—1938）——1907年加入俄国社会民主工党，布尔什维克。曾在莫斯科和彼得堡做党的工作。1917年二月革命后任党的喀琅施塔得委员会委员，芬兰陆军、海军和工人区域执行委员会主席。从党的第七次全国代表会议（四月代表会议）起多次当选为中央委员和候补中央委员。十月革命后历任俄罗斯联邦人民委员会驻芬兰全权代表，共和国革命军事委员会委员，以及一些方面军的革命军事委员会委员。在党的第七次和第八次代表大会上当选为中央委员。1920—1921年工会问题争论期间支持托洛茨基的纲领。1921—1923年任最高国民经济委员会副主席和燃料总管理局局长，后任国家计划委员会副主席。1927年在联共（布）第十五次代表大会上作为托洛茨基反对派的骨干分子被开除出党。1930年恢复党籍，后被再次开除出党。——166、289、354、443。

斯米尔诺夫，伊万·尼基季奇（Смирнов，Иван Никитич 1881—1936）——1899年加入俄国社会民主工党。1905—1907年革命期间以及斯托雷平反动时期和新的革命高涨年代在一些城市当鼓动员，曾在沙皇军队服役。1917年二月革命期间参加托木斯克工兵代表苏维埃。十月革命后任东方面军第5集团军革命军事委员会委员。1919—1921年任西伯利亚革命委员会主席。1921—1922年在最高国民经济委员会工作，主管军事工业。1922年任彼得格勒委员会和俄共（布）中央西北局书记。1923—1927年任邮电人民委员。在党的第八次和第十次代表大会上当选为候补中央委员，第九次代表大会上当选为中央委员。1927年作为托洛茨基—季诺维也夫反对派的骨干分子被开除出党，1930年恢复党籍，1933年被再次开除出党。——178、544。

斯莫尔亚尼诺夫，瓦季姆·亚历山德罗维奇（Смольянинов，Вадим Александрович 1890—1962）——1908年加入俄国社会民主工党。曾在乌拉尔做党的工作。1917年二月革命后任斯摩棱斯克苏维埃执行委员会委员和党的市委和省委委员。十月革命期间任军事革命委员会委员。1918—1921年任斯摩棱斯克省国民经济委员会主席、省工会理事会主席、党的省委员会主席团委员。1921年4月起先后任劳动国防委员会办公厅主任助理和办公厅副主任。1924年起任俄罗斯联邦人民委员会办公厅主任。1929—1932年任马格尼托戈尔斯克冶金联合公司经理，1932—1933年任全苏国营东部冶金铁矿和锰工业联合公司副经理。1932—1938年任国家冶金工厂设计院列宁格勒分院院长。——221。

斯切克洛夫，弗拉基米尔·安德列耶维奇（Стеклов，Владимир Андреевич 1864—1926）——俄国数学家，科学院院士（1912）。1906年起任彼得堡大学教授。在他的倡议下，1921年建立了俄罗斯科学院物理数学研究所，他担任所长直至逝世。1919—1926年任苏联科学院副院长。写有一些数学分析、弹性理论和流体力学方面的著作。——511。

斯琼克尔，波里斯·埃内斯托维奇（Стюнкель，Борис Эрнестович 1882—1938）——苏联电气工程师。十月革命后任博戈罗茨克—晓尔科沃联合企业管理委员会委员。1920年起任俄罗斯国家电气化委员会委员；曾参与制定中部工业区电气化方案。1920—1922年任最高国民经济委员会金属工业总管理局技术委员会主席和局务委员。1925—1928年任“热与力”股份公司管理委员会委员，后任顿巴斯电气化委员会副主席，并在该地区其他动力机构工作。——159。

斯特卢米林（**斯特卢米洛-彼特拉什凯维奇**），斯坦尼斯拉夫·古斯塔沃维奇（Струмилин（Струмилло-Петрашкевич），Станислав Густавович 1877—1974）——俄国社会民主党人，后来是苏联经济学家和统计学家，苏联科学院院士。1897年参加革命运动，1899年加入彼得堡工人阶级解放斗争协会。多次被捕和流放。1905年和以后一段时间在彼得堡孟什维克组织中工作，采取调和主义立场。1906年和1907年分别是俄国社会民主工党第四次

(统一)代表大会和第五次(伦敦)代表大会的代表。在第四次代表大会上，就土地问题发表了独特的见解，否定了一般土地纲领的必要性；在一系列原则问题上赞同布尔什维克。十月革命后脱离孟什维克，1923年加入俄共(布)。1921—1937年和1943—1951年在苏联国家计划委员会工作，历任国家计划委员会副主席、主席团委员、中央国民经济核算局副局长等职；同时在莫斯科大学及其他高等院校从事科研和教学工作。写有许多关于社会主义计划、苏联国民经济史、经济学、统计学等方面的著作。——135。

斯图科夫，英诺森·尼古拉耶维奇(Стуков，Иннокентий Николаевич 1887—1936)——1905年加入俄国社会民主工党。曾在基辅、托木斯克、巴尔瑙尔做党的工作，屡遭沙皇政府迫害。1917年二月革命后先后任党的彼得堡委员会委员和莫斯科区域委员会委员，参加区域委员会的常务委员会。十月革命期间任莫斯科军事革命委员会委员。十月革命后从事党的工作和苏维埃工作，历任党的莫斯科委员会鼓动宣传部部长、《莫斯科工人报》编辑、《红色处女地》杂志出版社编辑等职。1918年是"左派共产主义者"。1920—1921年支持民主集中派。1927年参加托洛茨基反对派。——245、246。

索尔茨，亚伦·亚历山德罗维奇(Сольц，Арон Александрович 1872—1945)——1898年加入俄国社会民主工党，布尔什维克。曾在维尔诺、彼得堡、莫斯科等城市做党的工作，屡遭沙皇政府迫害。1917年二月革命后任党的莫斯科委员会委员、《社会民主党人报》(莫斯科的)和《真理报》编委。十月革命后担任苏维埃和党的负责工作。1920年起为党中央监察委员会委员，1921年起为中央监察委员会主席团委员，同年起为俄罗斯联邦最高法院成员，后为苏联最高法院成员，在苏联检察院担任负责职务。曾任国际监察委员会委员。——151、325—326。

索柯里尼柯夫(**布里利安特**)，格里戈里·雅柯夫列维奇(Сокольников (Бриллиант)，Григорий Яковлевич 1888—1939)——1905年加入俄国社会民主工党。1905—1907年在莫斯科做宣传鼓动工作。1907年被捕，流放西伯利亚，后从流放地逃走。1909—1917年住在国外，第一次世界大战期间为托洛茨基的《我们的言论报》撰稿。1917年二月革命后是党的莫斯科委员会和莫斯科区域局成员、《真理报》编委。在党的第六、第七、第十一至第十五次代表大会上当选为中央委员。1924—1925年为政治局候补委员。1930—1936年为候补中央委员。十月革命后从事苏维埃、军事和外交工作。1918—1920年任几个集团军革命军事委员会委员。1920年8月—1921年3月任土耳其斯坦方面军革命军事委员会委员和方面军司令,全俄中央执行委员会和俄罗斯联邦人民委员会土耳其斯坦事务委员会主席。1921年起任财政人民委员部部务委员、副财政人民委员,1922年起任财政人民委员,1926年起任国家计划委员会副主席。1932年任副外交人民委员。1925年参加"新反对派",后加入"托季联盟"。1936年被开除出党。1937年1月被苏联最高法院军事审判庭以"进行叛国、间谍、军事破坏和恐怖活动"的罪名判处十年监禁。1939年死于狱中。1988年6月苏联最高法院为其平反。——289、434、468、470、471、475。

索凌,弗拉基米尔·戈尔杰耶维奇(Сорин,Владимир Гордеевич 1893—1944)——1917年加入俄国社会民主工党(布)。1918年任谢尔普霍夫县委书记,追随"左派共产主义者"。1918—1919年任东方面军革命法庭庭长,1919—1920年任莫斯科省委委员。1920—1925年任俄共(布)莫斯科委员会委员和莫斯科委员会常务委员会委员。1924年起任俄共(布)中央列宁研究院院长助理,1936—1939年任马克思恩格斯列宁研究院副院长。——245、246。

索罗金,皮季里姆·亚历山德罗维奇(Сорокин,Питирим Александрович 1889—1968)——俄国社会革命党右翼领袖,社会学家。曾任彼得格勒大学讲师。1917年二月革命后任克伦斯基的秘书和社会革命党右翼机关报《人民意志报》主编。1919年起任彼得格勒大学教授。1922年移居国外,曾在布拉格大学任教。1923年起住在美国,1930年取得美国国籍。1930年起任哈佛大学教授。——542。

T

塔尔海默,奥古斯特(Thalheimer,August 1884—1948)——德国共产党右倾机会主义派别领袖之一,政论家。1904年加入德国社会民主党。第一次世界大战期间持国际主义立场,1914—1916年任社会民主党《人民之友报》编辑;参加国际派(后改称斯巴达克派和斯巴达克联盟)。1916—1918

年曾参与出版反对帝国主义战争和社会沙文主义的秘密鼓动材料《斯巴达克通信》。1918—1923年为德国共产党中央委员和德共中央机关报《红旗报》编辑。1921年采取“左派”立场；是所谓“进攻论”的提出者之一。1923年秋，当德国出现革命形势时，和亨·布兰德勒一起执行机会主义政策。1923年底被解除党内领导职务。1929年因进行右倾派别活动被开除出党。——11、12、13、16、63。

泰奥多罗维奇，伊万·阿道福维奇（Теодорович，Иван Адольфович 1875—1937）——1895年加入莫斯科工人阶级解放斗争协会，1903年俄国社会民主工党第二次代表大会后是布尔什维克。1905年在日内瓦任《无产者报》编辑部秘书。1905—1907年为党的彼得堡委员会委员。俄国社会民主工党第四次（统一）代表大会代表，被选入记录审订委员会。后在莫斯科、彼得堡、斯摩棱斯克、西伯利亚等地工作。1907年在党的第五次（伦敦）代表大会上当选为中央委员，1917年在党的第七次全国代表会议（四月代表会议）上当选为候补中央委员。十月革命后参加第一届人民委员会，任粮食人民委员。1917年11月主张成立有孟什维克和社会革命党人参加的联合政府，遭到否决后声明退出人民委员会。国内战争期间参加游击队同高尔察克作战。1920年起在农业人民委员部工作，起初任部务委员，1922年起任副农业人民委员，1926年起兼任国际农业研究所所长。1928—1930年任农民国际总书记。后来任政治苦役犯协会出版社总编辑和《苦役与流放》杂志责任编辑。写有农业问题和革命运动史方面的著作。——409。

唐恩（**古尔维奇**），费多尔·伊里奇（Дан（Гурвич），Федор Ильич 1871—1947）——俄国孟什维克领袖之一；职业是医生。1894年参加社会民主主义运动，加入彼得堡工人阶级解放斗争协会。1896年8月被捕，监禁两年左右，1898年流放维亚特卡省，为期三年。1901年夏逃往国外，加入《火星报》柏林协助小组。1902年作为《火星报》代办员参加了俄国社会民主工党第二次代表大会的筹备会议，会后再次被捕，流放东西伯利亚。1903年9月逃往国外，成为孟什维克。俄国社会民主工党第四次（统一）代表大会和第五次（伦敦）代表大会及一系列代表会议的参加者。斯托雷平反动时期和新的革命高涨年代在国外领导取消派，编辑取消派的《社会民主党人呼声报》。第一次世界大战期间是社会沙文主义者。1917年二月革命后任彼得格勒苏维埃执行委员会委员和第一届中央执行委员会主席团委员，支持资产阶级临时政府。十月革命后反对苏维埃政权，1922 年被驱逐出境，在柏林领导孟什维克进行反革命活动。1923 年参与组织社会主义工人国际。同年被取消苏联国籍。——497。

特拉奇尼，翁伯托（Terracini，Umberto 1895—1983）——意大利工人运动活动家，意大利共产党创建人和领导人之一，法学家。1911 年参加社会主义青年运动，1916 年加入意大利社会党，属该党左翼。第一次世界大战期间持国际主义立场。1920 年起为社会党中央委员。主张社会党加入共产国际，对党内改良派采取不调和立场。1919 年起是都灵社会党人革命派“新秩序”派的组织者和领导人之一，该派是共产党的基本核心。从 1921 年意大利共产党建立时起即为该党中央委员和执行委员会委员。犯过左倾宗派主义错误，在共产国际第三次代表大会上受到列宁的批评，很快改正了错误。是共产国际第三次代表大会代表，会后被选入共产国际执行委员会。曾领导共产党人在改良主义者把持的意大利劳动总联合会中开展工作。1926—1943 年被法西斯监禁和流放。1944—1945 年是抵抗运动的领导人之一。1945 年起任意共候补中央委员，1955 年起任中央委员。1947—1948 年任制宪议会主席。1950 年起为世界和平理事会理事。——32、33、34、35、36、38—39、41、69、487。

通科夫，弗拉基米尔·尼古拉耶维奇（Тонков，Владимир Николаевич 1872—1954）——苏联解剖学家，1900 年起任教授。1917—1925 年任军医学院院长。为研讨改善学者生活问题，列宁曾多次接见他。1932 年加入联共（布）。1944 年起为苏联医学科学院院士。——511。

屠拉梯，菲力浦（Turati，Filippo 1857—1932）——意大利工人运动活动家，意大利社会党创建人之一，该党右翼改良派领袖。1896—1926 年为议员，领导意大利社会党议会党团。推行无产阶级同资产阶级阶级合作的政策。第一次世界大战期间持中派立场。敌视俄国十月革命。1922 年意大利社会党分裂后，参与组织并领导改良主义的统一社会党。法西斯分子上台后，于 1926 年流亡法国，进行反法西斯的活动。——14、26、27、29、183、320、482。

托多尔斯基，亚历山大·伊万诺维奇（Тодорский，Александр Иванович 1894—

1965)——1918 年加入俄共(布)。1918—1919 年是特维尔省韦谢贡斯克县执行委员会委员,曾任《韦谢贡斯克代表苏维埃消息报》和《红色韦谢贡斯克报》编辑。著有《持枪扶犁的一年》一书,得到列宁的高度评价。国内战争时期任旅长和师长,后在一些军事机关担任高级指挥职务。1955 年起为苏军退役中将,从事著述活动。——541、545。

托洛茨基(**勃朗施坦**),列夫·达维多维奇(Троцкий(Бронштейн),Лев Давидович 1879—1940)——1897 年参加俄国社会民主主义运动。在俄国社会民主工党第二次代表大会上是西伯利亚联合会的代表,属火星派少数派。1905 年同亚·帕尔乌斯一起提出和鼓吹"不断革命论"。斯托雷平反动时期和新的革命高涨年代,打着"非派别性"的幌子,实际上采取取消派立场。1912 年组织"八月联盟"。第一次世界大战期间持中派立场。1917 年二月革命后参加区联派,在党的第六次代表大会上随区联派集体加入布尔什维克党,当选为中央委员。参加十月武装起义的领导工作。十月革命后任外交人民委员,1918 年初反对签订布列斯特和约,同年 3 月改任共和国革命军事委员会主席、陆海军人民委员等职。参与组建红军。1919 年起为党中央政治局委员。1920 年起历任共产国际执行委员会候补委员、委员。1920—1921 年挑起关于工会问题的争论。1923 年起进行派别活动。1925 年初被解除革命军事委员会主席和陆海军人民委员职务。1926 年与季诺维也夫结成"托季联盟"。1927 年被开除出党,1929 年被驱逐出境,1932 年被取消苏联国籍。在国外组织第四国际。死于墨西哥。——213、285、327、329、486。

托姆斯基(**叶弗列莫夫**),米哈伊尔·巴甫洛维奇(Томский(Ефремов),Михаил Павлович 1880—1936)——1904 年加入俄国社会民主工党。1905—1906 年在党的雷瓦尔组织中工作,开始从事工会运动。1907 年当选为党的彼得堡委员会委员,任布尔什维克的《无产者报》编委。曾参加党的第五次(伦敦)代表大会的工作。多次被捕和流放。1917 年二月革命后任党的彼得堡委员会执行委员会委员。十月革命后任莫斯科工会理事会主席。1919 年起任全俄工会中央理事会主席团主席。1920 年参与创建红色工会国际,1921 年工会国际成立后担任总书记。在党的第八至第十六次代表大会上当选为中央委员,1923—1930 年为中央政治局委员。1920

年起任全俄中央执行委员会主席团委员，1922 年 12 月起任苏联中央执行委员会主席团委员。支持民主集中派，坚持工会脱离党的领导的"独立性"。1929 年被作为"右倾派别集团"领袖之一受到批判。1934 年当选为候补中央委员。1936 年因受政治迫害自杀。1988 年恢复党籍。——497。

W

瓦尔加，叶夫根尼·萨穆伊洛维奇（Варга，Евгений Самуилович 1879—1964）——苏联经济学家。生于匈牙利布达佩斯，1906 年加入匈牙利社会民主党，属该党左翼。1918 年起任布达佩斯大学政治经济学教授。1919 年 3 月匈牙利建立苏维埃政权后，先后任匈牙利苏维埃共和国财政人民委员和最高国民经济委员会主席。匈牙利革命失败后逃到奥地利，1920 年移居苏维埃俄国，加入俄共（布）。积极参加共产国际的活动。1927—1947 年领导苏联科学院世界经济和世界政治研究所。1939 年起为苏联科学院院士。写有资本主义政治经济学方面的著作。——129、130。

王德威尔得，埃米尔（Vandervelde，Émile 1866—1938）——比利时政治活动家，比利时工人党领袖，第二国际的机会主义代表人物。1885 年加入比利时工人党，90 年代中期成为党的领导人。1894 年起多次当选为议员。1900 年起任第二国际常设机构——社会党国际局主席。第一次世界大战爆发后成为社会沙文主义者，是大战期间欧洲国家中第一个参加资产阶级政府的社会党人。1918 年起历任司法大臣、外交大臣、公共卫生大臣、副首相等职。俄国 1917 年二月革命后到俄国鼓吹继续进行战争。敌视俄国十月革命，支持武装干涉苏维埃俄国。曾积极参加重建第二国际的活动，1923 年起是社会主义工人国际书记处书记和常务局成员。——320、464。

维尔纳茨基，弗拉基米尔·伊万诺维奇（Вернадский，Владимир Иванович 1863—1945）——苏联自然科学家，矿物学家和结晶学家，科学院院士（1912）。1914 年起任彼得堡科学院地质和矿物博物馆馆长。俄国自然生产力研究委员会、镭元素研究所和其他一些科学机构的组建者和领导人之一，地球化学、生物地球化学和放射地质学的奠基人之一。——511。

温格恩·冯·施特恩贝格，罗曼·费多罗维奇（Унгерн фон Штернберг，Роман Федорович 1886—1921）——俄国男爵，德意志"大骑士"的后裔，前沙皇军队大尉，君主派分子。十月革命后是远东反革命势力的组织者和首领之一，日本帝国主义者的走卒。1921年8月被俘，被西伯利亚革命法庭判处枪决。——126。

温什利赫特，约瑟夫·斯坦尼斯拉沃维奇（Уншлихт，Иосиф Станиславович 1879—1938）——1900年加入波兰王国和立陶宛社会民主党（该党于1906年加入俄国社会民主工党），1907—1911年为该党总执行委员会委员。因参加革命工作多次被捕和流放。十月革命期间任彼得格勒军事革命委员会委员。1919年2月起任立陶宛和白俄罗斯苏维埃共和国陆军人民委员、立陶宛和白俄罗斯共产党中央委员会主席团委员。1919年6—12月任第16集团军革命军事委员会委员，1919年12月—1921年4月任西方面军革命军事委员会委员，1921年4月—1923年秋任全俄肃反委员会（国家政治保卫局）副主席。1924年起为党中央检查委员会委员，1925年起为候补中央委员。1925年起历任苏联革命军事委员会副主席和副陆海军人民委员、最高国民经济委员会副主席、民航总局局长等职。1935年当选苏联中央执行委员会联盟院秘书。——125。

沃罗夫斯基，瓦茨拉夫·瓦茨拉沃维奇（Воровский，Вацлав Вацлавович 1871—1923）——1890年在大学生小组中开始革命活动，1894—1897年是莫斯科工人协会领导人之一。1902年侨居国外，成为列宁《火星报》撰稿人。俄国社会民主工党第二次代表大会后是布尔什维克。1904年初受列宁委派，在敖德萨建立俄国社会民主工党中央委员会南方局；8月底出国，赞同22个布尔什维克的宣言。1905年同列宁、米·斯·奥里明斯基、阿·瓦·卢那察尔斯基一起参加《前进报》和《无产者报》编辑部，是俄国社会民主工党第三次代表大会代表。1905年底起在彼得堡的布尔什维克组织和布尔什维克的《新生活报》编辑部工作。1906年是党的第四次（统一）代表大会代表。1907—1912年领导敖德萨的布尔什维克组织。因积极从事革命活动被捕和流放。1915年去斯德哥尔摩，1917年根据列宁提议进入党中央委员会国外局。十月革命后从事外交工作：1917—1919年任俄罗斯联邦驻斯堪的纳维亚国家的全权代表，1921—1923年任驻意大利全权代表。曾出席热那亚国际会议和洛桑国际会议。在洛桑被白卫分子杀害。——447。

沃耶沃金，彼得·伊万诺维奇（Воеводин，Петр Иванович 1884—1964）——

1899年加入俄国社会民主工党。曾在叶卡捷琳诺斯拉夫、萨马拉、鄂木斯克、兹拉托乌斯特等城市做党的工作。十月革命期间任西西伯利亚和乌拉尔边疆区粮食委员会主席，1918年任西西伯利亚区域国民经济委员会主席。1919年是俄共(布)中央委员会特派员和"十月革命"号鼓动宣传列车的政委。1920年任莫斯科—文达瓦—雷宾斯克铁路总委员。1921年在俄罗斯联邦教育人民委员部政治教育总委员会工作，领导全俄摄影和电影局。1922—1939年从事文学出版和图书馆工作。——313—314。

X

希尔奎特，莫里斯(Hillquit，Morris 1869—1933)——美国社会党创建人之一；职业是律师。起初追随马克思主义，后来倒向改良主义和机会主义。出生在里加，1886年移居美国，1888年加入美国社会主义工人党。该党分裂后，1901年参与创建美国社会党。1904年起为社会党国际局成员；曾参加第二国际代表大会的工作。第一次世界大战期间是中派分子。敌视俄国十月革命，反对共产主义运动。——183。

希法亭，鲁道夫(Hilferding，Rudolf 1877—1941)——奥地利社会民主党、德国社会民主党和第二国际机会主义领袖之一，"奥地利马克思主义"理论家。1907—1915年任德国社会民主党中央机关报《前进报》编辑。1910年发表《金融资本》一书，对研究垄断资本主义起了一定的积极作用，但书中有理论错误。第一次世界大战期间是中派分子，主张同社会帝国主义者统一。战后公开修正马克思主义，提出"有组织的资本主义"的理论，为国家垄断资本主义辩护。1917年起为德国独立社会民主党领袖之一。敌视苏维埃政权和无产阶级专政。1920年取得德国国籍。1924年起为国会议员。1923年和1928—1929年任魏玛共和国财政部长。法西斯分子上台后流亡法国。——104、183。

谢德林——见萨尔蒂科夫-谢德林，米哈伊尔·叶夫格拉福维奇。

谢德曼，菲力浦(Scheidemann，Philipp 1865—1939)——德国社会民主党右翼领袖之一。1903年起参加社会民主党国会党团。1911年当选为德国社会民主党执行委员会委员，1917—1918年是执行委员会主席之一。第一次世界大战期间是社会沙文主义者。1918年10月参加巴登亲王马克斯的君主制政府，任国务大臣。1918年十一月革命期间参加所谓的人民代表委员会，借助旧军队镇压革命。1919年2—6月任魏玛共和国联合政府总理。1933年德国建立法西斯专政后流亡国外。——103、104、465。

谢尔戈——见奥尔忠尼启则，格里戈里·康斯坦丁诺维奇。

谢列达，谢苗·帕夫努季耶维奇(Середа，Семен Пафнутьевич 1871—1933)——1903年加入俄国社会民主工党。曾在斯摩棱斯克、基辅、卡卢加做党的工作。1917年二月革命后任梁赞省工兵农代表苏维埃执行委员会委员。十月革命期间任党的梁赞省委员会和市委员会委员、省军事革命委员会委员。1918—1921年任俄罗斯联邦农业人民委员，1921年起先后任最高国民经济委员会和国家计划委员会主席团委员、俄罗斯联邦中央统计局副局长和局长，1930年起任国家计划委员会副主席。——135。

谢姆科夫，谢苗·莫伊谢耶维奇(Семков，Семен Моисеевич 1885—1928)——1903年加入俄国社会民主工党。曾在俄国一些城市做党的工作。1911年在列宁领导的隆瑞莫党校(法国)学习。第一次世界大战期间侨居国外。十月革命后做军事和经济工作。国内战争结束后先后任莫斯科工会理事会书记和外高加索工会主席。在党的第十四次和第十五次代表大会上被选入中央监察委员会，后在苏联工农检查人民委员部工作。——245、246。

欣丘克，列夫·米哈伊洛维奇(Хинчук，Лев Михайлович 1868—1944)——1890年参加俄国社会民主主义运动。俄国社会民主工党第二次代表大会后是孟什维克，曾任孟什维克中央委员。1920年加入俄共(布)。1917年3—9月任莫斯科工人代表苏维埃主席。1917—1920年任莫斯科工人合作社理事会理事，1921—1926年任中央消费合作总社理事会主席。1926—1930年任苏联驻英国商务代表，1930—1934年任苏联驻德国全权代表。1934—1937年任俄罗斯联邦国内商业人民委员。——287—288。

休特古姆，阿尔伯特(Südekum，Albert 1871—1944)——德国社会民主党右翼领袖之一，修正主义者。1900—1918年是帝国国会议员。第一次世界大战期间是社会沙文主义者。在殖民地问题上宣扬帝国主义观点，反对工人阶级的革命运动。1918—1920年任普鲁士财政部长。1920年起不再积极参加政治活动。“休特古姆”一词已成为极端机会主义者和社会沙文主义者的通称。——320。

Y

雅科温科，瓦西里·格里戈里耶维奇（Яковенко，Василий Григорьевич 1889—1937）——1917 年 7 月加入俄国社会民主工党（布）。国内战争时期是西伯利亚游击运动的领导人之一，曾任北坎斯克游击方面军委员会主席。1920—1922 年任坎斯克县革命委员会和县执行委员会主席、克拉斯诺亚尔斯克省执行委员会副主席。1922—1923 年任俄罗斯联邦农业人民委员，1923—1926 年任社会保障人民委员。1926 年起在全俄中央执行委员会机关和苏联国家计划委员会工作。1927 年曾参加"托季联盟"。1935 年起在苏联农业人民委员部工作。——409。

雅罗斯拉夫斯基，叶梅利扬·米哈伊洛维奇（**古别尔曼，米奈·伊兹拉伊列维奇**）（Ярославский，Емельян Михайлович（Губельман，Миней Израилевич）1878—1943）——1898 年加入俄国社会民主工党，是外贝加尔铁路工人中第一个社会民主主义小组的组织者。曾积极参加 1905—1907 年革命，在特维尔、下诺夫哥罗德、基辅、敖德萨、图拉、雅罗斯拉夫尔和莫斯科担任党的负责工作。俄国社会民主工党第一次代表会议、第四次（统一）代表大会、军事和战斗组织第一次代表会议、第五次（伦敦）代表大会的代表。1907 年被捕，后流放东西伯利亚。1917 年 5 月任雅库特工兵代表苏维埃主席，7 月起在俄国社会民主工党（布）莫斯科委员会所属军事组织中工作，代表莫斯科军事组织出席党的第六次代表大会。十月革命期间任莫斯科党的军事革命总部成员、莫斯科军事革命委员会委员。1919 年起先后任党的彼尔姆省委员会主席、中央委员会西伯利亚局成员。1921 年任党中央委员会书记，1923—1934 年任党中央监察委员会书记。1921—1923 年和 1939 年起为党中央委员，1923—1934 年为中央监察委员会委员，1934—1939 年为联共（布）中央党的监察委员会委员。曾任苏联中央执行委员会委员、《真理报》和《布尔什维克》杂志编委，是著名的历史学家和政论家。1939 年起为苏联科学院院士。写有俄国共产党党史和革命运动史方面的著作。——176。

叶努基泽，阿韦尔·萨夫罗诺维奇（Енукидзе，Авель Сафронович 1877—1937）——1898 年加入俄国社会民主工党，布尔什维克。曾在梯弗利斯、巴库、顿河畔罗斯托夫、彼得堡和其他城市做党的工作，屡遭沙皇政府迫害。十月革命期间任彼得格勒军事革命委员会委员。十月革命后在全俄中央执行委员会军事部工作，1918—1922年任全俄中央执行委员会主席团委员和秘书，1923—1935年任苏联中央执行委员会主席团委员和秘书。在党的第十三至第十六次代表大会上当选为中央监察委员会委员，在第十七次代表大会上当选为中央委员。——311—312、435—440、473。

伊万诺夫，亚历山大·亚历山德罗维奇（Иванов，Александр Александрович 1867—1939）——苏联天文学家。1908—1929年任彼得堡（列宁格勒）大学教授，1919—1930年任普尔科沃天文台台长。1925年起为苏联科学院通讯院士。在天文学的主要领域都有著作。——511。

尤登尼奇，尼古拉·尼古拉耶维奇（Юденич，Николай Николаевич 1862—1933）——沙俄将军。1905—1906年曾在亚美尼亚指挥讨伐队。第一次世界大战初期任高加索集团军参谋长，1915年1月起任高加索集团军司令。1917年3—4月任高加索方面军总司令。1918年秋侨居芬兰，后移居爱沙尼亚。1919年任西北地区白卫军总司令，是反革命的“西北政府”成员。1919年两次进犯彼得格勒，失败后率残部退到爱沙尼亚。1920年起为白俄流亡分子。——194、262、319。

越飞，阿道夫·阿布拉莫维奇（Иоффе，Адольф Абрамович 1883—1927）——19世纪末参加俄国社会民主主义运动。1903年俄国社会民主工党第二次代表大会后是孟什维克。1908年起和托洛茨基一起在维也纳出版《真理报》。1917年二月革命后参加区联派，任彼得格勒工兵代表苏维埃委员、第一届中央执行委员会委员。在俄国社会民主工党（布）第六次代表大会上随区联派集体加入布尔什维克党，被选为候补中央委员。十月革命期间任彼得格勒军事革命委员会委员。在党的第七次代表大会上再次当选为候补中央委员。1918年布列斯特谈判期间先后任苏俄和谈代表团团长和团员，谈判后期为顾问；采取托洛茨基的“不战不和”的立场。1918年4—11月任俄罗斯联邦驻柏林全权代表。1919—1920年是同爱沙尼亚、立陶宛、拉脱维亚、波兰进行和谈的代表团成员。1922—1924年和1924—1925年先后任驻中国大使和驻奥地利大使。1925—1927年追随托洛茨基反对派。——412、447、450。

Z

扎卢茨基,彼得·安东诺维奇(Залуцкий,Петр Антонович 1887—1937)——1905 年加入俄国社会革命党,1907 年加入俄国社会民主工党。十月革命前在国内外党组织中工作。十月革命期间是彼得格勒军事革命委员会委员。1918—1920 年在红军中担任负责职务。1921 年任全俄中央执行委员会主席团委员兼秘书,中央清党委员会委员。后来做党的领导工作和经济领导工作。1925 年起是"新反对派"和"托季联盟"的骨干分子。1927 年在党的第十五次代表大会上被开除出党,1928 年恢复党籍,1934 年被再次开除出党。——311—312、325—326、327。

文 献 索 引

阿多拉茨基,弗·维·《马克思恩格斯论民主派》(Адоратский, В.В. Маркс и Энгельс о демократии.—«Коммунистический Труд», М., 1921, №360, 9 июня, стр.2—3)——9—10。

阿韦尔琴科,阿·季·《被粉碎的世界的残余》(Аверченко, А.Т. Осколки разбитого вдребезги.—В кн.: Аверченко, А.Т. Дюжина ножей в спину революции. 12 новых рассказов. Paris, Bibliothèque universelle, 1921, стр. 56—60)——286。

—《插到革命背上的十二把刀子》(Дюжина ножей в спину революции. 12 новых рассказов. Paris, Bibliothèque universelle, 1921, 63 стр.)——285—286。

—《军靴践踏下的小草》(Трава, примятая сапогом.—В кн.: Аверченко, А.Т. Дюжина ножей в спину революции. 12 новых рассказов. Paris, Bibliothèque universelle, 1921, стр.19—22)——285。

—《在家为王》(Короли у себя дома.—В кн.: Аверченко, А.Т. Дюжина ножей в спину революции. 12 новых рассказов. Paris, Bibliothèque universelle, 1921, стр.36—39)——274。

巴洛德,卡·《未来的国家》(Ballod, K. Der Zukunftstaat. Produktion und Konsum im Sozialstaat. 2. vollst. umgearb. Aufl. Stuttgart, Dietz, 1919. 240 S.)——58。

[布哈林,尼·伊·]《请全体工人同志们注意》([Бухарин, Н.И.] Вниманию всех товарищей рабочих. (Что советует контрреволюционерам г-н Милюков).—«Правда», М., 1921, №64, 25 марта, стр.1)——9。

—《致无产阶级文化协会代表大会》(К съезду Пролеткульта.—«Правда», М., 1921, №263, 22 ноября, стр.1—2)——310。

恩格斯,弗·《法德农民问题》(Энгельс,Ф.Крестьянский вопрос во Франции и Германии.15—22 ноября 1894 г.)——320。

—《给奥·倍倍尔的信》(1884 年 12 月 11 日)(Письмо А.Бебелю.11 декабря 1884 г.)——9—10、59、255—256。

—《[关于哥达纲领问题]给奥·倍倍尔的信》(1875 年 3 月 18—28 日)(Письмо А.Бебелю[по поводу Готской программы].18—28 марта 1875 г.)——255—256。

—《流亡者文献》(Эмигрантская литература.Май 1874 г.—апрель 1875 г.)——257。

—《欧洲能否裁军?》(Может ли Европа разоружиться? Февраль 1893 г.)——48。

弗罗萨尔,吕·奥·《莫斯科代表大会》(Frossard,L.-O.Les Congrès de Moscou.—«L'Internationale»,Paris,1921,N 61,8 juin,p.1)——28、485、490。

盖得,茹·《警惕!》(Guesde,J.En garde! Contre les Contrefaçons,les Mirages et la Fausse Monnaie des Réformes bourgeoises.Polémiques.Paris,Rouff,1911.477 p.)——320。

哥尔斯基,Б.《谈谈送礼的丹瑙人》(Горский,Б.О данайцах,дары приносящих.—«Известия ВЦИК Советов Рабочих,Крестьянских,Казачьих и Красноарм.Депутатов и Моск.Совета Рабоч.и Красноарм.Депутатов»,1921,№263(1406),23 ноября,стр.2)——287。

格里鲍耶陀夫,亚·谢·《智慧的痛苦》(Грибоедов,А.С.Горе от ума)——95。

果戈理,尼·瓦·《伊万·伊万诺维奇和伊万·尼基佛罗维奇吵架的故事》(Гоголь,Н.В.Повесть о том,как поссорился Иван Иванович с Иваном Никифоровичем)——446。

[加里宁,米·伊·《关于救济饥民的报告(在全俄苏维埃第九次代表大会上)》(1921 年 12 月 24 日)]([Калинин,М.И.Доклад о помощи голодающим на IX Всероссийском съезде Советов.24 декабря 1921 г.].—«IX Всероссийский съезд Советов.Стеногр.отчет».М.,1921,№2,24 декабря,стр.1—13)——349。

凯恩斯,约·梅·《和约的经济后果》(Keynes,J.M.The Economic Consequences

of the Peace. London, Macmillan, 1920. VII, 279 p.)——334、411。

克尔日扎诺夫斯基，格·马·《俄罗斯联邦的经济问题和国家计划委员会的工作》(Кржижановский, Г. М. Хозяйственные проблемы РСФСР и работы Государственной общеплановой комиссии(Госплана). Вып. 1. М., декабрь 1921. 112 стр.; 4 л. черт. и карт.)——353、354、530。

克劳塞维茨，卡·《论战争和用兵的遗著》(Clausewitz, K. Hinterlassene Werke über Krieg und Kriegführung. Bd. 1, T. 1. Vom Kriege. Berlin, Dümmler, 1832. XXVIII, 371 S.)——68、253、494、507、519。

克雷洛夫，伊·安·《鹅》(Крылов, И. А. Гуси)——360—361、362。

—《音乐家们》(Музыканты)——395。

—《鹰和鸡》(Орел и Куры)——464、465。

克柳奇尼科夫，Ю.В.《热那亚会议》(Ключников, Ю. В. Генуэзская конференция.—«Смена Вех», Париж, 1922, №13, 21 января, стр. 1—8)——416。

克鲁普斯卡娅，娜·康·《政治教育总委员会主席乌里扬诺娃-克鲁普斯卡娅同志[1921年10月17日在全俄政治教育委员会第二次代表大会上]的报告》([Крупская, Н. К.] Доклад председателя Главполитпросвета тов. Ульяновой-Крупской[на II Всероссийском съезде политпросветов 17 октября 1921 г.].—«2-ой Всероссийский съезд политпросветов. Бюллетень съезда», М., 1921, №1, 18 октября, стр. 3—4)——206。

孔佩尔-莫雷尔《法国的土地问题和社会主义》(Compere-Morel. La question agraire et le socialisme en France. Paris, Rivière, 1912. 455 p.)——322。

拉狄克，卡·《第三次世界代表大会论三月行动和今后的策略》(Radek, K. Der 3. Weltkongreß über die Märzaktion und die weitere Taktik.—«Die Rote Fahne», Berlin, 1921, Nr. 317, 14. Juli. Morgenausgabe, S. 1—2; Nr. 319, 15. Juli. Morgenausgabe, Beilage, S. 1)——106—107。

—《麦克斯·赫尔茨》(Радек, К. Макс Гельц.—«Правда», М., 1921, №139, 29 июня, стр. 1; №140, 30 июня, стр. 1)——37。

莱维，保·《什么是犯罪?》(Levi, P. Was ist das Verbrechen? Die Märzaktion oder die Kritik daran? Rede auf der Sitzung des Zentralausschusses der VKPD am 4. Mai 1921. Berlin, Seehof, 1921. 45 S.)——107—108。

—《我们的道路。反对盲动主义》(Unser Weg. Wider den Putschismus. Mit einem Artikel von K. Radek als Anhang. Berlin, Seehof, 1921. 56 S.)——107。

莱维,В.Л.《关于全俄电气技术人员第八次代表大会的总结报告》(Леви,В.Л.К итогам 8-го Всероссийского электротехнического съезда.—«Экономическая Жизнь», М., 1921, №252, 10 ноября, стр.1)——356、530。

兰辛,罗·《和平谈判》(Lansing, R. The Peace Negotiations. A Personal Narrative. With Illustrations. Boston and New York, Mifflin, 1921. 328 p.)——411。

利西斯《反对法国金融寡头》(Lysis. Contre l'Oligarchie financière en France. Préf. de J. Finot. 5-me ed. Paris. «La Revue», 1908. XI, 260 p.)——323。

列宁,弗·伊·《论粮食税》(德文版)(Lenin W. I. Die Naturalsteuer. (Die Bedeutung der neuen Politik und ihre Vorbedingungen). M., Kommunistische Internationale, 1921. 37 S. Перед загл. авт.: N. Lenin)——43。

—《论粮食税》(法文版)(Lénine, V. I. L'impôt alimentaire. (La nouvelle politique, sa nature et ses conditions). Pg., Internationale Communiste, 1921. 56 p. Перед загл. авт.: N. Lénine)——43。

[列宁,弗·伊·]《当前的主要任务》(1918 年莫斯科版)([Ленин, В. И.] Главная задача наших дней. М., «Прибой», 1918. 47 стр. Перед загл. авт.: Н. Ленин)——231—232、517。

—《俄国社会民主工党中央委员会 1917 年 4 月 21 日通过的决议》(Резолюция Центрального Комитета Российской социал-демократической рабочей партии, принятая 21 апреля 1917 года.—«Правда», Пг., 1917, №38, 5 мая (22 апреля), стр.1)——66、493、494。

—《俄国社会民主工党中央委员会 1917 年 4 月 22 日上午通过的决议》(Резолюция Центрального Комитета РСДРП, принятая утром 22 апреля.—«Правда», Пг., 1917, №39, 6 мая (23 апреля), стр. 1)——66—67。

—《俄共(布)中央关于出席热那亚会议的苏维埃代表团的任务的决定草案》(Проект постановления ЦК РКП(б) о задачах советской делегации в Генуе. 24 февраля 1922 г.)——441。

—《俄共(布)中央政治局关于组织统计欧洲工人捐款的决定》(1921年9月2日)(Постановление Политбюро ЦК РКП(б) об организации учета рабочих пожертвований в Европе.2 сентября 1921 г.)——142。

—《给格·叶·季诺维也夫的信》(1921年6月11日)(Письмо Г.Е. Зиновьеву. 11 июня 1921 г.)——19。

—[《关于俄共策略的报告(1921年7月5日在共产国际第三次代表大会上)》]([Доклад о тактике РКП на III конгрессе Коммунистического Интернационала 5 июля 1921 г.].—«Бюллетень Третьего конгресса Коммунистического Интернационала», М., 1921, №17, 14 июля, стр. 357—367)——480。

—《关于俄共策略的报告提纲[在共产国际第三次代表大会上]》(Тезисы доклада о тактике РКП[на III конгрессе Коммунистического Интернационала]. 13 июня 1921 г.)——43、45、46、50、58、522。

—《关于改革人民委员会、劳动国防委员会和小人民委员会的工作问题》(О перестройке работы СНК, СТО и Малого СНК. Письма А.Д.Цюрупе. 24 января—27 февраля 1922 г.)——474。

—《关于共和国的对内和对外政策。12月23日全俄中央执行委员会和人民委员会的报告》——见列宁,弗·伊·《列宁同志1921年12月23日在全俄苏维埃第九次代表大会上的报告》。

—《关于人民委员会对内对外政策的报告(1919年3月12日在彼得格勒苏维埃会议上)》——见[列宁,弗·伊·]《列宁同志的讲话(在3月12日彼得格勒苏维埃会议上)》。

—《关于司法人民委员部在新经济政策条件下的任务》(О задачах Наркомюста в условиях новой экономической политики. Письмо Д.И. Курскому.[20 февраля 1922 г.])——441、454。

—《关于苏维埃政权的当前任务的报告[1918年4月29日在全俄中央执行委员会会议上]》(Доклад об очередных задачах Советской власти[на заседании ВЦИК 29 апреля 1918 г.])——193。

—[《关于苏维埃政权的当前任务的六条提纲》]([Шесть тезисов об очередных задачах Советской власти].—В кн.: Ленин, В.И. Очередные задачи Советской власти. М., изд-во ВЦИК, 1918, стр. 28 — 30, в предписании Президиума ВЦИК«Всем губернским, уездным, волостным Совдепам, всем, всем...». Перед загл. кн. авт.: Н. Ленин) —— 193、195、232。

—《关于统一的经济计划》(Об едином хозяйственном плане.—«Правда», М., 1921, №39, 22 февраля, стр.1. Подпись: Н. Ленин)——170。

—《关于新经济政策的报告(1921 年 10 月 29 日在莫斯科省第七次党代表会议上)》——见列宁,弗·伊·《列宁同志在莫斯科省党代表会议上的讲话》。

—[《关于意大利问题的讲话(在共产国际第三次代表大会上)》(1921 年 6 月 28 日)]([Речь по итальянскому вопросу на III конгрессе Коммунистического Интернационала. 28 июня 1921 г.].—«Бюллетень Третьего конгресса Коммунистического Интернационала», М., 1921, №8, 4 июля, стр. 165—168)——489—490。

—《劳动国防委员会给各地方苏维埃机关的指令。草案》(Наказ от СТО (Совета Труда и Обороны) местным советским учреждениям. Проект. [М., 1921]. 20 стр. Под загл.: Проект. Наказ от СТО (Совета Труда и Обороны) местным советским учреждениям. Без обл. и тит. л.)——170。

—《列宁同志关于新经济政策和政治教育委员会的任务的讲话》(Речь тов. Ленина о новой экономической политике и задачах политпросветов.—«2-ой Всероссийский съезд политпросветов. Бюллетень съезда», М., 1921, №2, 19 октября, стр. 1—3)——284。

—《列宁同志在莫斯科省党代表会议上的讲话》(Речь тов. Ленина на Московской губпартконференции. Заседание 29 октября 1921 г.—«Правда», М., 1921, №248, 3 ноября, стр. 2—4)——244—246、249—250、284。

—《列宁同志的讲话(在 3 月 12 日彼得格勒苏维埃会议上)》(Речь тов. Ленина в заседании Петроградского Совета 12 марта.—«Северная Коммуна», Пг., 1919, №58(251), 14 марта, стр. 1)——282。

—《列宁同志[1921 年 10 月 29 日在莫斯科省第七次党代表会议上]的总结发言》(Заключительная речь тов. Ленина[на VII Московской губпартконференции. 29 октября 1921 г.].—«Правда», М., 1921, №249, 4 ноября, стр.1. Под общ. загл.: Московская губпартконференция)——284。

—《列宁同志[1921年12月23日在全俄苏维埃第九次代表大会上]的报告》(Доклад т. Ленина[на IX Всероссийском съезде Советов 23 декабря 1921 г.].—«IX Всероссийский съезд Советов. Стеногр. отчет», М., 1921, №1, 23 декабря, стр. 3—26)——366、368。

—《论黄金在目前和在社会主义完全胜利后的作用》(О значении золота теперь и после полной победы социализма. 5 ноября 1921 г.)——284。

—《论粮食税》(俄文版)(О продовольственном налоге. (Значение новой политики и ее условия). М., Госиздат, 1921. 32 стр. (РСФСР). Перед загл. авт.: Н. Ленин)——43。

—《论两个政权》(О двоевластии.—«Правда», Пг., 1917, №28, 9 апреля, стр. 2. Подпись: Н. Ленин. На газ. ошибочно указан №58)——66。

—《论无产阶级在这次革命中的任务》(О задачах пролетариата в данной революции.—«Правда», Пг., 1917, №26, 7 апреля, стр. 1—2. Подпись: Н. Ленин)——66。

—《论"左派"幼稚性和小资产阶级性》(О «левом» ребячестве и о мелкобуржуазности.—В кн.: [Ленин, В. И.] Главная задача наших дней. М., «Прибой», 1918, стр. 11 — 47. Перед загл. кн. авт.: Н. Ленин)——231、232。

—[《全俄中央执行委员会和人民委员会在苏维埃第八次代表大会上关于对内和对外政策的报告(1920年12月22日)》]([Доклад ВЦИК и СНК о внешней и внутренней политике на VIII съезде Советов. 22 декабря 1920 г.].—В кн.: Восьмой Всероссийский съезд Советов рабочих, крестьянских, красноармейских и казачьих депутатов. Стеногр. отчет. (22 — 29 декабря 1920 года). М., Госиздат, 1921, стр. 8—32. (РСФСР))——170。

—《十月革命四周年》(К четырехлетней годовщине Октябрьской революции. 14 октября 1921 г.)——284。

—《苏维埃政权的成就和困难》(Успехи и трудности Советской власти. Речь, сказанная на митинге в Петербурге 13 марта 1919 г. Пг., кн-во Петрогр.

Совдепа, 1919.32 стр. Перед загл. авт.: Н. Ленин)——282—283。

—《苏维埃政权的当前任务》(Очередные задачи Советской власти. М., изд-во ВЦИК, 1918.30 стр. Перед загл. авт.: Н. Ленин)——193、195、231、232、259、517。

—《新经济政策和政治教育委员会的任务(1921年10月17日在全俄政治教育委员会第二次代表大会上的报告)》——见列宁,弗·伊·《列宁同志关于新经济政策和政治教育委员会的任务的讲话》。

—《政论家札记(论攀登高山,论灰心的害处,论贸易的好处,论对孟什维克的态度等等)》(Заметки публициста. О восхождении на высокие горы, о вреде уныния, о пользе торговли, об отношении к меньшевикам и т. п. Конец февраля 1922 г.)——466。

列宁,弗·伊·等《马克思主义和取消主义》(Ленин, В. И. и др. Марксизм и ликвидаторство. Сборник статей об основных вопросах современного рабочего движения. Ч. II. Спб., изд. «Прибой», 1914. IV, 214 стр. Перед загл. авт.: Г. Зиновьев, В. Ильин, Ю. Каменев)——308。

马克思,卡·《资本论》(1894年俄文版第3卷)(Маркс, К. Капитал. Критика политической экономии, т. III, ч. 1—2. 1894 г.)——320。

米雅斯尼科夫,加·伊·《伤脑筋的问题》(Мясников, Г. И. Больные вопросы. —В кн.: «Дискуссионный материал» (тезисы тов. Мясникова, письмо тов. Ленина, ответ ему, постановление Организ. бюро Цека и резолюция мотовилихинцев). Только для членов партии. М., 1921, стр. 15—26)——92—98。

—《致俄共(布尔什维克)中央委员会》(В Центральный Комитет РКП (большевиков). Докладная записка.—Там же, стр. 3—15)——92—98。

帕尔乌斯《挽救经济的道路》(Parvus. Der wirtschaftliche Rettungsweg. Berlin, Verl. für Sozialwissenschaft, 1921. 39 S.)——417。

萨尔蒂科夫-谢德林,米·叶·《塔什干的老爷们》(Салтыков-Щедрин, М. Е. Господа ташкентцы)——396。

什麦拉尔,博·《苏维埃俄国的真相》(Smeral, B. Pravda o Sovětovém Rusku. Praha, 1920. 270 s.)——479。

索罗金,皮·亚·《战争对居民结构及其姻亲关系和对社会组织的影响》(Сорокин, П. А. Влияние войны на состав населения, его свойства и общественную организацию.—«Экономист», Пг., 1922, №1, стр. 77—107)——542。

托多尔斯基,亚·《持枪扶犁的一年》(Тодорский, А. Год—с винтовкой и плугом. 1917 $\frac{7\ \text{ноября}}{25\ \text{октября}}$ 1918. Весьегонск, Весьегон. уезд. испол. ком-т, 1918.79 стр.)——541、545。

乌斯特里亚洛夫,尼·瓦·《爱国者》(Устрялов, Н. В. Patriotica.—В кн.: Смена вех. Сборник статей: Ю. В. Ключникова, Н. В. Устрялова и др. Июль 1921 г. Прага, тип. «Политика», 1921, стр. 52—71)——459。

欣丘克,列·《消费合作社》(Хинчук, Л. Потребительская кооперация. (К тезисам по докладу).—«Союз Потребителей», М., 1921, №25—26, 20 декабря, стр. 3—4)——527。

*　　*　　*

《艾米利亚雷焦代表大会反布尔什维克的郑重声明》(Vibrate dichiarazioni antibolsceviche al Congresso di Reggio Emilia. I discorsi di Turati, Modigliani e Dugoni.—«Corriere della Sera», Milano, 1920, N. 244, 11 ottobre, p. 1. Подпись: C. S.)——26。

《艾米利亚雷焦的会晤》(Il Convegno di Reggio Emilia. La concentrazione socialista in cerca di un programma.—«Avanti!», Milano, 1920, N. 244, 12 ottobre, p. 1—2)——26。

《艾米利亚雷焦社会党人代表大会》(Il Congresso socialista di Reggio Emilia. Vigorosa affermazione dei «centristi» contro il massimalismo.—«Corriera della Sera», Milano, 1920, N. 245, 12 ottobre, p. 1—2. Подпись: C. S.)——26。

《巴塞尔宣言》——见《国际关于目前形势的宣言》。

《罢工前夕》(Накануне забастовки.—«Правда», М., 1921, №149, 10 июля, стр. 2, в отд.: Телеграммы. Под общ. загл.: В Германии)——65、67、493。

《北方公社报》(彼得格勒)(«Северная Коммуна», Пг., 1919, №58(251), 14 марта, стр. 1)——282。

《党的土地纲领》[1894 年](Le programme agricole du Parti.[1894].—«Le Socialiste»,Paris,1894,N 205,22 septembre,p.2.Под общ. загл.: 12e Congrès national du Parti ouvrier)——320。

《德国、奥地利和意大利代表团对俄国代表团关于策略问题提纲提出的修正案》(德文版)(Abänderungsvorschläge der deutschen, österreichischen und italienischen Delegation zu den von der russischen Delegation vorgelegten Thesen über die Taktik.—«Moskau»,1921,Nr.30,1.Juli,S.4)——32—42、111。

《德国、奥地利和意大利代表团对俄国代表团关于策略问题提纲提出的修正案》(法文版)(Amendements proposés par les délégations allemande,autrichienne et italienne aux thèses de la délégation Russe sur la tactique.—«Moscou»,1921,N 33,5 juillet,p.4)——111。

《[德国统一共产党中央的]公开信》(Offener Brief[der Zentrale der Vereinigten Kommunistischen Partei Deutschlands].—«Die Rote Fahne», Berlin, 1921,Nr.11,8.Januar.Morgenausgabe,S.1)——34、477、487。

《东征》(«Дранг нах Остен».—«Известия ВЦИК Советов Рабочих,Крестьянских, Казачьих и Красноарм. Депутатов и Моск. Совета Рабоч. и Красноарм. Депутатов», 1922, №25(1464), 2 февраля, стр. 1. Под общ. загл.: В Германии)——417。

[《俄共(布)中央政治局关于无产阶级文化协会的决定(1921 年 11 月 22 日)》]([Постановление Политбюро ЦК РКП(б) о Пролеткультах. 22 ноября 1921 г.].—«Известия ЦК РКП(б)»,М.,1921,№36,15 декабря,стр.4,в ст.:Отчет Центрального Комитета РКП. За октябрь—ноябрь 1921 г.)——310。

《俄国共产党(布尔什维克)纲领》(1919 年 3 月 18—23 日党的第八次代表大会通过)(Программа Российской Коммунистической партии(большевиков). Принята 8-м съездом партии 18—23 марта 1919 г.М.—Пг.,«Коммунист», 1919,24 стр.(РКП(б)))——195、378、380、385。

《俄共(布)中央通报》(«Известия ЦК РКП(б)»,М.,1921,№32,6 августа, стр.6—7)——298。

—1921,№36,15 декабря,стр.4.——310。

《俄国社会民主工党组织章程(党的第二次代表大会通过)》(Организационный устав Российской соц.-дем. рабочей партии, принятый на Втором съезде партии.—В кн.: Второй очередной съезд Росс. соц.-дем. рабочей партии. Полный текст протоколов. Изд. ЦК. Genève, тип. партии, [1904], стр. 7—9.(РСДРП))——306。

《俄罗斯联邦电气化计划》(План электрификации РСФСР. Доклад 8-му съезду Советов Государственной комиссии по электрификации России. М., Гостехиздат, 1920. 669 стр. разд. паг.; 14 л. схем и карт. (РСФСР. Научн.-техн. отд. ВСНХ))——7、170、322。

《俄罗斯社会主义联邦苏维埃共和国宪法(根本法)》(Конституция (Основной закон) Российской Социалистической Федеративной Советской Республики. Опубликована в №151 «Известий Всерос. Центр. Исп. Комитета» от 19 июля 1918 г. М., Гиз., 1919.16 стр. (РСФСР))——369。

《弗·恩格斯〈政治遗教〉》(Engels, F. Politisches Vermächtnis. Aus unveröffentlichten Briefen. Mit einem Bild. Hrsg. vom Exekutivkomitee der Kommunistischen Jugendinternationale. Berlin, Jugendinternationale, 1920. 30 S. (Internationale Jugendbibliothek. Nr. 12))——9—10。

《反对战争》(Против войны. Ганновер, 31 января. (Радио).—«Правда», М., 1922, №26, 3 февраля, стр. 2, в отд.: За границей. Под общ. загл.: Разные)——415。

《废除债务草案》(Проект аннулирования долгов.—«Известия ВЦИК Советов Рабочих, Крестьянских, Казачьих и Красноарм. Депутатов и Моск. Совета Рабоч. и Красноарм. Депутатов», 1921, №283(1426), 16 декабря, стр. 1, в отд.: За границей. Под общ. загл.: Антанта)——334。

《戛纳条件》——见《最高会议的决议》。

《工会文化工作的作用与任务》(Роль и задачи культработы союзов. [Резолюция, принятая на I Всероссийской конференции по культурно-просветительной работе профсоюзов. 1 октября 1921 г.].—«Бюллетень 1-й Всероссийской конференции по культурно-просветительной работе профсоюзов», М.,

1921，№5，5 октября，стр.1—2)——274。

《工农临时政府报》(彼得格勒)(«Газета Временного Рабочего и Крестьянского Правительства»，Пг.，1917，№6，8(21)ноября，стр.1)——233—236。

《工人、农民、哥萨克和红军代表苏维埃全俄中央执行委员会及莫斯科工人和红军代表苏维埃消息报》(«Известия ВЦИК Советов Рабочих，Крестьянских，Казачьих и Красноарм.Депутатов и Моск.Совета Рабоч.и Красноарм.Депутатов»)——388、415。

—1920，№162(1009)，24 июля，стр.2.——206、509。

—1921，№243(1386)，29 октября，стр.1.——343。

—1921，№263(1406)，23 ноября，стр.2.——287。

—1921，№269(1412)，30 ноября，стр.3.——367、368。

—1921，№278(1421)，10 декабря，стр.2.——367、368。

—1921，№281(1424)，14 декабря，стр.3.——367、368。

—1921，№283(1426)，16 декабря，стр.1.——335。

—1921，№285(1428)，18 декабря，стр.2.——335。

—1922，№6(1445)，10 января，стр.1.——407、432、447。

—1922，№15(1454)，21 января，стр.1.——407、432。

—1922，№25(1464)，2 февраля，стр.1.——417。

—1922，№26(1465)，3 февраля，стр.1.——415。

—1922，№45(1484)，25 февраля，стр.1.——452。

—1922，№47(1486)，28 февраля，стр.1.——452。

《工人、士兵、农民和哥萨克代表苏维埃全俄中央执行委员会决议(1918 年 4 月 29 日会议根据列宁同志〈关于苏维埃政权的当前任务〉的报告通过)》(Резолюция Всероссийского Центрального Исполнительного Комитета рабоч.，солдат.，крест.и казач.депутатов，принятая в заседании от 29-го апреля 1918 года，по докладу тов. Ленина «Об очередных задачах Советской власти».—В кн.：Ленин，В.И.Очередные задачи Советской власти.М.，изд-во ВЦИК，1918，стр.27.Перед загл.кн.авт.：Н.Ленин)——193、195、232。

《共产国际第二次代表大会。速记记录》(2-ой конгресс Коммунистического

Интернационала. Стеногр. отчет. Пг., изд-во Коммунистич. Интернационала, 1921. 682 стр.)——28、29—30、31、38。

《共产国际第三次代表大会的提纲和决议》(Тезисы и резолюции III конгресса Коммунистического Интернационала. М., 1921. 95 стр.)——27、28、43、101、105—106、109、110、112—113、114、463。

《共产国际第三次代表大会公报》(«Бюллетень Третьего конгресса Коммунистического Интернационала», М., 1921, №8, 4 июля. стр. 165—168)——489—490。

—1921, №17, 14 июля, стр. 357—367.——479—480。

《共产国际第三次世界代表大会。速记记录》(Третий Всемирный конгресс Коммунистического Интернационала. Стеногр. отчет. Пг., Госиздат, 1922. 500 стр.)——26、27、28、29、30、31、32、33、34、35、36、37、39、41、45—46、477—488、489—490。

《共产国际第三次世界代表大会议事日程提纲(草案)》(Thesen zur Tagesordnung des Dritten Weltkongresses der Kommunistischen Internationale (Entwurf). Berlin, 1921. 30 S. (Als Manuskript gedruckt))——487—488。

《共产国际》杂志(莫斯科—彼得格勒)(«Коммунистический Интернационал», М.—Пг.)——20。

—1920, №13, 28 сентября, стлб. 2387—2392, 2605—2612.——26—27、110—111。

—1921, №16, 31 марта, стлб. 3807.——27、28—29。

—1921, №17, 7 июня, стлб. 4297.——37、105、109。

《共产国际执行委员会关于承认意大利共产党为意大利唯一的共产国际支部的决议》——见《致意大利共产党》。

《共产国际执行委员会关于开除保·莱维的决议》([Резолюция Исполнительного комитета Коммунистического Интернационала об исключении П. Леви].—«Коммунистический Интернационал», Пг., 1921, №17, 7 июня, стлб. 4297, в отд.: Деятельность Коммунистического Интернационала. Под общ. загл.: Из протоколов Исполкома. Заседание 29 апреля

1921 года)——37、105、109。

《共产主义劳动报》(莫斯科)(«Коммунистический Труд»,М.,1921,№360,9 июня,стр.2—3)——9—10。

《关于策略问题提纲》(Тезисы по вопросу о тактике.М.,1921.19 стр.)——16、32—42、67、111—112、485—486、489—490。

《关于策略问题提纲》([共产国际第三次代表大会]第24次会议通过)(Тезисы по вопросу о тактике. Приняты на 24 заседании [III конгресса Коммунистического Интернационала]12-го июля 1921 г.—В кн.:Тезисы и резолюции III конгресса Коммунистического Интернационала. М.,1921,стр.15—32)——110、112—113。

《关于承认债务的宣言》(Декларация о признании долгов. От Народного комиссариата по иностранным делам. Перевод ноты народного комиссара по иностранным делам, адресованной 28-го октября 1921 г. правительствам Великобритании,Франции,Италии,Японии и Соединенным Штатам Северной Америки.—«Известия ВЦИК Советов Рабочих,Крестьянских,Казачьих и Красноарм.Депутатов и Моск.Совета Рабоч.и Красноарм.Депутатов»,1921,№243(1386),29 октября,стр.1)——343。

《关于党的组织和党的工作的决议(第三次代表大会通过)》——见《关于各国共产党的组织建设、工作方法和工作内容的提纲》。

《关于各国共产党的组织建设、工作方法和工作内容的提纲》(1921年7月12日[共产国际第三次代表大会]第24次会议通过)(Тезисы об организационном строительстве коммунистических партий,о методах и содержании их работы. Приняты на 24 заседании [III конгресса Коммунистического Интернационала]12 июля 1921 г.—В кн.:Тезисы и резолюции III конгресса Коммунистического Интернационала.М.,1921,стр.35—54)——101、110、114。

《关于工程师奥登博格尔的自杀》(К самоубийству инженера Ольденборгера.—«Правда»,М.,1922,№2,3 января,стр.4,в отд.:Хроника)——385、388。

《关于国际组织问题的决议》(Резолюция по вопросу об организации Интернационала.Принята на 24 заседании[III конгресса Коммуністического Интернационала]12-го июля 1921 г.—В кн..Тезисы и резолюции III конгресса Коммунистического Интернационала. М., 1921, стр.55—56)——110。

《关于经济政策问题的决议[1921 年俄共(布)第十次全国代表会议通过]》(Резолюция об экономической политике,[принятая на X Всероссийской конференции РКП(б). 1921 г.].—«Известия ЦК РКП(б)», М., 1921, №32, 6 августа, стр. 6 — 7. Под общ. загл.: Резолюции и материалы майской партийной конференции)——298。

《关于克尔日扎诺夫斯基同志的电气化问题的报告》[1920 年全俄苏维埃第八次代表大会通过的决议](По докладу т. Кржижановского об электрификации. [Резолюция, принятая на VIII Всероссийском съезде Советов. 1920 г.].—В кн.: Восьмой Всероссийский съезд Советов рабочих, крестьянских, красноармейских и казачьих депутатов. Стеногр. отчет. (22 — 29 декабря 1920 года). М., Госиздат, 1921, стр.271—272. (РСФСР))——7、373。

《关于列宁同志[1921 年 10 月 29 日在莫斯科省第七次党代表会议上]的报告的争论》(Прения по докладу тов. Ленина [на VII Московской губпартконференции. 29 октября 1921 г.].—«Правда», М., 1921, №249, 4 ноября, стр. 1. Под общ. загл.: Московская губпартконференция)——244—249。

《关于三月事件和德国统一共产党问题的决议》(1921 年 7 月 9 日[共产国际第三次代表大会]第 21 次会议通过)(Резолюция о мартовских событиях и по вопросу о ОКПГ. Принята на 21 заседании [III конгресса Коммунистического Интернационала] 9-го июля 1921 г.—В кн.: Тезисы и резолюции III конгресса Коммунистического Интернационала. М., 1921, стр.57)——105—106。

《关于设立出口基金》[1921 年 11 月 20 日中央消费合作总社理事会第 4 次会议通过的决议](О создании экспортного фонда. [Резолюция, принятая на 4-й сессии совета Центросоюза 20 ноября 1921 г.].—В кн.: IV сессия совета Центросоюза. (Стеногр. отчет). [М., 1921], стр. 186. Под общ. загл.: Резолюции 4-й сессии совета Центросоюза)——302。

《关于苏维埃的建设》[全俄苏维埃第八次代表大会通过的决议](О советском

строительстве).［Резолюиия, принятая на VIII Всероссийском съезде Советов］.—В кн.: Восьмой Всероссийский съезд Советов рабочих, крестьянских, красноармейских и казачьих депутатов. Стеногр, отчет (22 — 29 декабря 1920 года). М., Госиздат, 1921, стр. 277 — 280 (РСФСР).——141—144。

《关于无产阶级文化协会》(О Пролеткультах. Письмо ЦК РКП.—«Правда», М.,1920,№270,1 декабря,стр.1)——310。

《关于政治教育总委员会的报告》［1921年10月22日全俄政治教育委员会第二次代表大会通过的决议］(По докладам Главполитпросвета.［Резолюция, принятая на II Всероссийском съезде политпросветов. 22 октября 1921 г.］.—«2-ой Всероссийский съезд политпросветов. Бюллетень съезда», М.,1921,№7,24 октября,стр.1—2.Под общ.загл.: Резолюции, принятые 2-ым Всероссийским съездом политпросветов)——274。

《关于政治教育总委员会和党的宣传鼓动任务》［1921年3月15日俄共(布)第十次代表大会通过的决议］(О Главполитпросвете и агитационно-пропагандистских задачах партии.［Резолюция, принятая на X съезде РКП (б) 15 марта 1921 г.］.—В кн.: Десятый съезд Российской Коммунистической партии. Стеногр. отчет. (8 — 16 марта 1921 г.). М., Госиздат, 1921,стр.320—322)——274。

《关于执行委员会总结报告的决议》(1921年6月29日［共产国际第三次代表大会］第9次会议通过)(Резолюция к отчету Исполнительного комитета. Принята на 9 заседании［III конгресса Коммунистического Интернационала］29 июня 1921 г.—В кн.: Тезисы и резолюции III конгресса Коммунистического Интернационала. М.,1921,стр.33—34)——27、28。

《广告小报》(莫斯科)(«Листок Объявлений», М.)——233。

《国际报》(巴黎)(«L'Internationale», Paris, 1921, N 61, 8 juin, p.1)——28、485、490。

《国际歌》(Интернационал)——200。

《国际关于目前形势的宣言［巴塞尔国际社会党非常代表大会通过］》(Manifest der Internationale zur gegenwärtigen Lage,［angenommen auf dem Außerordentlichen Internationalen Sozialistenkongreß zu Basel].—In.: Außerordentlicher Internationaler Sozialistenkongreß zu Basel am 24. und 25. November 1912. Berlin, Buchh. «Vorwärts», 1912, S.23—27)——104、186、414、415、460。

《国家计划委员会条例》(Положение о Государственной общеплановой комиссии. [22 февраля 1921 г.].—«Собрание Узаконений и Распоряжений Рабочего и Крестьянского Правительства», М., 1921, №17, 16 марта, стр. 102—103)——74。

《合作事业报》(莫斯科)(«Кооперативное Дело», М.)——425、428。

《红旗报》(柏林)(«Die Rote Fahne», Berlin)——106、485。

—1921, Nr.11, 8. Januar. Morgenausgabe, S.1.——34、477、487。

—1921, Nr. 317, 14. Juli. Morgenausgabe, S. 1—2; Nr. 319. 15. Juli. Morgenausgabe, Beilage, S.1.——106—107。

《加入共产国际的条件》(Условия приема в Коммунистический Интернационал.—«Коммунистический Интернационал», М.—Пг., 1920, №13, 28 сентября, стлб. 2387—2392)——110。

《捷克左派代表大会》(Der Kongreß der tschechischen Linken. Der Beitritt zur Dritten Internationale mit 562 gegen 7 Stimmen beschlossen.—Ein Referat Smerals gegen die Dritte Internationale.—«Vorwärts», Reichenberg, 1921, Nr. 114, 17. Mai. Abendsausgabe. Beilage zu Nr. 114, S.1—4)——16、53。

《经济生活报》(莫斯科)(«Экономическая Жизнь», М.)——133、139—141、425、429。

—1921, №188, 26 августа, стр. 1.——139。

—1921, №190, 28 августа, стр. 2.——139—140。

—1921, №252, 10 ноября, стр. 1.——356、530。

《经济学家》杂志(彼得格勒)(«Экономист», Пг., 1922, №1, стр. 77—107)——542。

《劳动国防委员会关于为采运木柴征收劳动和畜力运输税的决定》(Постановление Совета Труда и Обороны о порядке осуществления трудгужналога для заготовки и вывозки дров. 2 декабря 1921 г.—«Известия ВЦИК

Советов Рабочих, Крестьянских, Казачьих и Красноарм. Депутатов и Моск.Совета Рабоч. и Красноарм. Депутатов», 1921, №278(1421), 10 декабря, стр. 2, в отд.: Действия и распоряжения правительства)——367、368。

《劳动国防委员会就向农村居民征收劳动和畜力运输税给各区域和各省经济会议的指示》(Инструкция Совета Труда и Обороны областным и губернским экономсовещаниям о порядке отбывания трудгужналога сельским населением. 2 декабря 1921 г.—«Известия ВЦИК Советов Рабочих, Крестьянских, Казачьих и Красноарм. Депутатов и Моск. Совета Рабоч. и Красноарм. Депутатов», 1921, №281(1424), 14 декабря, стр. 3, в отд.: Действия и распоряжения правительства)——367、368。

[《临时政府给盟国的照会(1917 年 4 月 18 日)》]([Нота Временного правительства союзным державам. 18 апреля 1917 г.].—«Вестник Временного Правительства», Пг., 1917, №35(81), 20 апреля(3 мая), стр. 2, в отд.: Петроград)——66。

《临时政府通报》(彼得格勒)(«Вестник Временного Правительства», Пг., 1917, №35(81), 20 апреля(3 мая), стр. 2)——66。

《路标转换》杂志(巴黎)(«Смена Вех», Париж, 1922, №13, 21 января, стр. 1—8)——416。

《莫斯科报》(德文版)(«Moskau», 1921, Nr. 30, 1. Juli, S. 4)——32—42、111。

《莫斯科报》(法文版)(«Moscou», 1921, N 33, 5 juillet, p. 4)——111。

《莫斯科报》(用德文、法文和英文出版)(«Moskau». На нем., франц., англ. яз.)——111。

《农民呼声报》(巴黎)(«La Voix Paysanne», Paris, 1921, N 95, 19 novembre)——317—323。

《七月的莫斯科附近煤田》(Подмосковный бассейн в июле.—«Экономическая Жизнь», М., 1921, №188, 26 августа, стр. 1. Подпись: А. В.)——139。

《前进报》(赖兴贝格)(«Vorwärts», Reichenberg)——16。

—1921, Nr. 114, 17. Mai. Abendsausgabe, Beilage zu Nr. 114, S. 1—4.——16、53。

《前进报》(米兰)(«Avanti!», Milano, 1920, N. 244, 12 ottobre, p. 1—2)——26。

《全俄政治教育委员会第二次代表大会。大会公报》(«2-ой Всероссийский съезд политпросветов. Бюллетень съезда», М., 1921, №1, 18 октября, стр. 3—4)——206。

—1921, №2, 19 октября, стр. 1—3.——284。

—1921, №7, 24 октября, стр. 1—2.——274。

《热那亚会议延期召开》(Отсрочка Генуэзской конференции. От Народного комиссариата по иностранным делам.—«Известия ВЦИК Советов Рабочих, Крестьянских, Казачьих и Красноарм. Депутатов и Моск. Совета Рабоч. и Красноарм. Депутатов», 1922, №45(1484), 25 февраля, стр. 1, в отд.: К международной конференции)——452。

《[人民委员会]关于对广告实行国家垄断的法令》(Декрет[СНК]о введении государственной монополии на объявления.—«Газета Временного Рабочего и Крестьянского Правительства», Пг., 1917, №6, 8(21) ноября, стр. 1, в отд.: Действия правительства)——233—235。

《人民委员会关于根据劳动和畜力运输税原则实行定期劳动和畜力运输义务制的法令》(Декрет Совета Народных Комиссаров об осуществлении периодических трудгужевых повинностей на началах трудгужевого налога. 22 ноября 1921 г.—«Известия ВЦИК Советов Рабочих, Крестьянских, Казачьих и Красноарм. Депутатов и Моск. Совета Рабоч. и Красноарм. Депутатов», 1921, №269(1412), 30 ноября, стр. 3, в отд.: Действия и распоряжения правительства)——367、368。

《人民委员会关于建立全俄扫除文盲特设委员会的法令》[1920年7月19日](Декрет Совета Народных Комиссаров об учреждении Всероссийской Чрезвычайной комиссии по ликвидации безграмотности. [19 июля 1920 г.]—«Известия ВЦИК Советов Рабочих, Крестьянских, Казачьих и Красноарм. Депутатов и Моск. Совета Рабоч. и Красноарм. Депутатов», 1920, №162(1009), 24 июля, стр. 2, в отд.: Действия и распоряжения правительства)——206、509。

《社会主义者报》(巴黎)(«Le Socialiste»,Paris,1894,N 205,22 septembre,p. 2)——320。

《世界形势和我们的任务》[1921年7月4日共产国际第三次代表大会通过的决议](Мировое положение и наши задачи.[Резолюция,принятая на III конгрессе Коммунистического Интернационала 4 июля 1921 г.].—В кн.: Тезисы и резолюции III конгресса Коммунистического Интернационала. М., 1921,стр.3—14)——43。

《苏维埃第九次代表大会和农民》(IX съезд Советов и крестьянство.—«Правда», М.,1922,№20,27 января,стр.1.Подпись:Беспартийный)——409。

《苏维埃政府的参加仍旧取决于法国一直要求的保证》(La participation du gouvernement soviétique reste subordonnee aux garanties que la France a toujours réclamées.—«Le Petit Parisien»,1922,N 16385,8 janvier,p.1. Под общ.загл.:La conférence décidée à Cannes pour la reconstitution de l'Europe se tiendra à Gênes dans la première quinzaine de mars)——412。

《土地问题》(La questionagraire.—«La Voix Paysanne»,Paris,1921,N 95,19 novembre)——317—323。

《外交人民委员部向苏维埃第九次代表大会的年度报告(1920—1921)》(Годовой отчет НКИД к IX съезду Советов(1920—1921).М.,1921.192 стр.(РСФСР.На правах рукописи))——340。

《外交人民委员部照会》(От Народного комиссариата по иностранным делам.—«Известия ВЦИК Советов Рабочих,Крестьянских,Казачьих и Красноарм.Депутатов и Моск.Совета Рабоч.и Красноарм.Депутатов», 1922,№47(1486),28 февраля,стр.1.Под общ.загл.:К общей мирной конференции)——453。

《晚间信使报》(米兰)(«Corriera della Sera»,Milano)——26。

—1920,N.244,11 ottobre,p.1.——26。

—1920,N.245,12 ottobre,p.1—2.——26。

《我们的道路(苏维埃)》杂志(柏林)(«Unser Weg(Sowjet)»,Berlin)——62、105、109。

—1921,Hft.6,15.Juli,S.165.——109。

[《〈我们的道路(苏维埃)〉杂志编辑部声明》]([Die Erklärung der Redaktion der Zeitschrift «Unser Weg(Sowjet)»].—«Unser Weg(Sowjet)»,Berlin,1921,Hft.6,15.Juli,S.165)——109。

《武装人民——人民胜利的保证》(Вооружение народа—залог его победы.—«Правда»,М.,1921,№149,10 июля,стр.2,в отд.:Телеграммы.Под общ.загл.:В Италии)——65、67、493。

《下赌注吧!》(Денежки на кон!—«Известия ВЦИК Советов Рабочих,Крестьянских,Казачьих и Красноарм.Депутатов и Моск.Совета Рабоч.и Красноарм.Депутатов»,1921,№285(1428),18 декабря,стр.2.Под общ.загл.:Вашингтонская конференция)——335。

《"向左"还是"向右"》[社论](«Налево» или «направо».[Передовая].—«Последние Новости»,Париж,1921,№318,3 мая,стр.1)——9。

《消费者团体》杂志(莫斯科)(«Союз Потребителей»,М.,1921,№25—26,20 декабря,стр.3—4)——527。

《小巴黎人报》(«Le Petit Parisien»,1922,N 16385,8 janvier,p.1)——412。

《新闻报》(都灵)(«La Stampa»,Turin)——26。

《邀请苏维埃俄国参加热那亚会议》(Приглашение Советской России на Генуэзскую конференцию.От Народного комиссариата по иностранным делам.—«Известия ВЦИК Советов Рабочих,Крестьянских,Казачьих и Красноарм.Депутатов и Моск.Совета Рабоч.и Красноарм.Депутатов»,1922,№15(1454),21 января,стр.1)——407、432。

《一旦发生战争,就举行总罢工》(Всеобщая забастовка—в случае войны.Ганновер,31 января.(Радио).—«Известия ВЦИК Советов Рабочих,Крестьянских,Казачьих и Красноарм.Депутатов и Моск.Совета Рабоч.и Красноарм.Депутатов»,1922,№26(1465),3 февраля,стр.1,в отд.:За границей.Под общ.загл.:Италия)——415。

《1920年的国民经济》(Народное хозяйство в 1920 году.—«Экономнческая Жизнь»,М.,1921,№152,14 нюля.Приложение к №152.стр.1—8.)——132—135。

《1921年10月1—10日莫斯科全俄电气技术人员第八次代表大会文献》(Труды 8 Всероссийского электротехнического съезда в Москве 1—10 октября 1921 года. Вып. 1—2. М., Гос. общеплан. комис., 1921. 2 т.)——353、530。

《意大利社会党人第十七次代表大会》(Il XVII Congresso del Partito Socialista italiano…[Резолюция об отношении к III Интернационалу, принятая на XVII съезде Итальянской социалистической партии].—В кн.: Resoconto stenografico del XVII Congresso Nazionale del Partito Socialista Italiano. Livorno 15—16—17—18—19—20 gennaio 1921. Roma, 1921, p. 294—295. (Direzione del Partito Socialista Italiano))——465。

《运输业》(Транспорт.—«Экономическая Жизнь», М., 1921, №190, 28 августа, стр. 2)——139—140。

《真理报》(彼得格勒)(«Правда», Пг., 1917, №26, 7 апреля, стр. 1—2)——66。

—1917, №28, 9 апреля, стр. 2. На газ. ошибочно указан №58.——66。

—1917, №38, 5 мая(22 апреля), стр. 1.——66、493、494。

—1917, №39, 6 мая(23 апреля), стр. 1.——67。

—М., 1920, №270, 1 декабря, стр. 1.——310。

—1921, №39, 22 февраля, стр. 1.——170。

—1921, №64, 25 марта, стр. 1.——9。

—1921, №139, 29 июня, стр. 1; №140, 30 июня, стр. 1.——37。

—1921, №149, 10 июля, стр. 2.——65、67、493。

—1921, №248, 3 ноября, стр. 2—4.——244—245、246、249、250、283、284。

—1921, №249, 4 ноября, стр. 1.——244—249、283、284。

—1921, №263, 22 ноября, стр. 1—2.——310。

—1922, №2, 3 января, стр. 4.——385、388。

—1922, №20, 27 января, стр. 1.——409。

—1922, №26, 3 февраля, стр. 2.——415。

《真理报》(彼得格勒—莫斯科)(«Правда», Пг.—М.)——96、388、415。

《执政人选》(Кандидаты на власть. [Передовая].—«Последние Новости», Париж, 1921, №273, 11 марта, стр. 1)——9、60。

《致意大利共产党》(Коммунистической партии Италии Тт. Бомбаччи, Бордига,

Террачини и др.—«Коммунистический Интернационал», М.—Пг., 1921, №16, 31 марта, стлб.3807)——26—27、28。

《致意大利社会党中央委员会和全体党员》(Центральному комитету и всем членам Итальянской социалистической партии. Всем революционным пролетариям Италии.—«Коммунистический Интернационал», М.—Пг., 1920, №13, 28 сентября, стлб.2605—2612)——26—27。

总罢工(Всеобщая забастовка.—«Правда», М., 1921, №149, 10 июля, стр.2, в отд.: Телеграммы. Под общ. загл.: Во Франции)——65、67、493。

《最高会议的决议》(Резолюция Верховного совета.—«Известия ВЦИК Советов Рабочих, Крестьянских, Казачьих и Красноарм. Депутатов и Моск. Совета Рабоч. и Красноарм. Депутатов», 1922, №6(1445), 10 января, стр.1. Под общ. загл.: К признанию Советской России)——407、432、447。

《最新消息报》(巴黎)(«Последние Новости», Париж)——9。

—1921, №273, 11 марта, стр.1.——9、59—60。

—1921, №318, 3 мая, стр.1.——9。

年　　表

（1921 年 6 月 22 日—1922 年 3 月 5 日）

1921 年

6 月 22 日以前

列宁领导共产国际第三次代表大会的筹备工作；拟定《关于俄共策略的报告提纲》；以代表大会决议起草委员会委员的身份审阅主要决议的草案并提出意见；在共产国际执行委员会会议上发言；会见出席代表大会的代表并同他们谈话。

同《经济生活报》责任编辑加·伊·克鲁敏谈实行新经济政策后该报的任务；请他把该报的责任编辑和专家的名单寄来。

6 月 22 日

致函最高国民经济委员会主席团委员路·卡·马尔滕斯，说如果美国工人都能随身带来粮食、衣服和劳动工具，就全力支持吸收外国工人和专家建立工业侨民区的建议。

读对外贸易人民委员部部务委员米·瓦·雷库诺夫 6 月 21 日的来信，信中建议派共产党员加强人民委员部机关、在部务委员会中增加两三名实际工作者、利用原出口商人在国外推销商品、允许从贸易额中按一定的百分比提成奖励对外贸易工作人员。列宁写便条给雷库诺夫，表示基本同意他的各项建议，特别是关于吸收原出口商人的建议。

同西伯利亚革命委员会副主席谢·叶·丘茨卡耶夫谈话，听取他关于在西伯利亚实行新经济政策情况的汇报；建议他把中央机关处理西伯利亚问题时办事拖拉的事实写成书面材料。

同副教育人民委员叶·亚·利特肯斯谈关于中央出版物发行处、国家出版社、职业教育总局的工作。

主持劳动国防委员会全体会议。会议讨论关于在阿尔汉格尔斯克省、沃洛格达省和北德维纳省建立区域经济会议，关于在国外购买粮食等问题，以及关于发展制盐工业的措施的决定草案和关于打击私贩粮食活动的报告。

共产国际第三次代表大会开幕。列宁在第三次代表大会第1次会议上被选为代表大会名誉主席。

6月23日

同阿·马·高尔基谈话，高尔基向列宁介绍艺术珍品选评专家委员会的工作的情况。

6月24日

致函全俄肃反委员会会务委员维·鲁·明仁斯基，请他尽量帮助阿·马·高尔基，拨给他艺术珍品选评专家委员会所需的两辆汽车。

主持人民委员会紧急会议。会议讨论关于苏维埃机关职员实行集体劳动报酬制的决定草案以及其他问题。

主持劳动国防委员会全体会议。会议讨论关于打击私贩粮食活动、关于西伯利亚粮食工作队以及渔业和鱼品工业总管理局所属渔船煤炭供应等问题，以及关于无线电建设的决定草案。

同全俄矿工工会中央委员会主席阿尔乔姆（费·安·谢尔盖耶夫）谈话。

6月25日

函告粮食人民委员部驻对外贸易委员会的代表莫·伊·弗鲁姆金，已读了专门委员会关于从国外购买粮食的建议并表示同意，建议将这个问题提交中央政治局讨论。

出席俄共（布）中央政治局会议。会议讨论农业人民委员部部务委员伊·阿·泰奥多罗维奇关于同伏尔加河中下游地区的饥荒作斗争的措施的报告、关于清党问题的决定草案以及关于在国外购买粮食等问题。

审阅俄国教学地图集材料并作补充；致函地图绘制委员会主席В.Д.凯萨罗夫和国家出版社彼得格勒分社社长伊·约·约诺夫，请他们告知地图集完成的日期和委员会各委员的分工，并在付印前把地图集的文字说明和地图寄来。

签署给劳动人民委员部关于保证卡希拉电站工程劳动力的措施的公函。

6月26日和7月2日之间

读对外贸易人民委员列·波·克拉辛1921年6月20日从伦敦的来信，信中汇报同英国企业家兼金融家莱·厄克特谈判向该人提供矿藏开采租让项目的情况，请求于7月5日之前告知可以向厄克特提供租让项目的条件。列宁就租让条件问题起草给克拉辛的电报稿。

6月27日

分别签署给最高国民经济委员会主席团委员路·卡·马尔滕斯和莫斯科省国民经济委员会主席瓦·马·利哈乔夫的信，信中请他们对美国工人集资建立莫斯科第36缝纫厂给予充分有力的支持，消除各方面的拖拉作风。

6月28日

致函农业人民委员部部务委员伊·阿·泰奥多罗维奇，说阿·马·高尔基送来了要在1921年6月29日俄共(布)中央政治局会议上讨论的关于成立全俄赈济饥民委员会的草案。

对人民委员会《关于苏维埃机关职员实行集体劳动报酬制的决定草案》作补充。

主持人民委员会会议。会议审议《关于苏维埃机关职员实行集体劳动报酬制的决定草案》，接受列宁提出的补充意见，并通过该决定草案。会议还讨论了关于运送私人货物的铁路运价、关于播种秋播地的决定草案以及其他问题。

出席共产国际第三次代表大会第8次会议；在意大利社会党书记康·拉查理发言时作笔记和起草讲话提纲，然后就意大利问题发表讲话，指出："真正共产主义的首要条件就是跟机会主义一刀两断。"

6月29日

上午，出席俄共(布)中央政治局会议。会议讨论关于无政府主义者、关于中央居民疏散管理局等问题。

主持全俄中央执行委员会专门委员会会议。会议批准《劳动国防委员会给各地方苏维埃机关的指令》。

晚上，出席俄共(布)中央政治局会议。会议讨论同共产国际第三次代表大会工作有关的问题、列·达·托洛茨基关于特别任务部队的报告、阿·马·高尔基关于全俄赈济饥民委员会的建议以及其他问题。

6月30日

同国家建筑工程委员会副主席格·德·瞿鲁巴谈话，指示在柏林订购卡希拉电站工程所需的设备；请瞿鲁巴持信去找俄罗斯联邦驻德国商务代表波·斯·斯托莫尼亚科夫，列宁在信中请斯托莫尼亚科夫予以多方面帮助。

起草《人民委员会关于修缮大剧院的决定》。

6月

写《论"丧失阶级特性"的小册子的提纲》(小册子没有写成)。

7月初

同工农检查人民委员部部务委员亚·阿·科罗斯捷廖夫谈设立经济部门促进委员会一事，支持他就这一问题在莫斯科市苏维埃主席团会议上作报告。

7月1日

上午，出席共产国际第三次代表大会第11次会议，作捍卫共产国际策略的讲话。

主持劳动国防委员会会议。会议讨论关于按期供应运输部门工厂粮食、关于俄罗斯联邦歉收地区播种秋播地的决定草案以及其他问题。

7月2日

致函国家计划委员会主席格·马·克尔日扎诺夫斯基，谈对他的《致我们的批评家们》一文第一稿的印象，并就如何向劳动国防委员会报告国家计划委员会的工作提出建议。

出席俄共(布)中央政治局会议。会议讨论关于批准全俄工会中央理事会通过的负责工作人员的新工资表、关于国际工会代表大会等问题。会议在讨论向莱·厄克特提供租让项目问题时，基本通过列宁提出的决议草案。

7月3日

签署劳动国防委员会和俄共(布)中央给图拉、奥廖尔、库尔斯克、坦波夫等省省委的电报。鉴于产粮省歉收,电报指示这些省抓紧征收实物税。

7月4日

写《关于国家经济"计划"的几点想法》(给国家计划委员会主席格·马·克尔日扎诺夫斯基的信)。

致电在梯弗利斯的俄共(布)中央高加索局委员格·康·奥尔忠尼启则,请他报告他们为巴库以及为发展对外贸易做了些什么;对中断民族事务人民委员约·维·斯大林的休养表示惊讶。

同俄罗斯联邦驻德国商务代表波·斯·斯托莫尼亚科夫谈为卡希拉电站订购货物问题。

7月5日

在共产国际第三次代表大会第17次会议上用德语作关于俄共策略的报告。

不晚于7月6日

在共产国际第三次代表大会休息时遇见以中国《晨报》记者身份参加大会的马克思主义宣传家瞿秋白,就他感兴趣的问题进行交谈,并向他推荐几篇关于东方问题的材料。

7月6日

出席共产国际第三次代表大会策略问题委员会会议。会议修订共产国际关于策略问题的提纲,讨论捷克斯洛伐克共产主义运动的问题。列宁在捷克斯洛伐克共产党领导人博·什麦拉尔发言时作笔记;写发言提纲并在会上发言。

签署给在哈尔科夫的乌克兰粮食人民委员米·康·弗拉基米罗夫的电报,指示采取坚决措施为顿巴斯提供三个月的粮食并将此事通知乌克兰的全体粮食工作人员。

写对共产国际《关于策略问题的提纲》草案的两点建议。

7月7日

致函共产国际第三次代表大会策略问题委员会会议参加者,就自己7月6日的发言向匈牙利共产党人作解释。

出席俄共(布)中央政治局会议。会议讨论关于任命五人清党小组、关于出售珍宝、关于全俄赈济饥民委员会、关于顿巴斯状况等问题,以及剿匪委员会的报告。

7月8日

向俄共(布)中央政治局提出关于企业奖励问题的建议。

根据医生的意见,向俄共(布)中央组织局请假一个月,假期内仍将出席政治局、人民委员会和劳动国防委员会会议,每周2—3次,每次2—3小时。

主持人民委员会紧急会议。会议讨论苏维埃机关职员实行集体劳动报酬制问题委员会的报告、关于对企业职工实行集体供应制、关于集中研究一个机关的财务问题等事项。

不晚于7月9日

写《关于战胜饥荒的措施和加强经济工作的意见》。

7月9日

出席俄共(布)中央政治局会议。会议讨论关于无政府主义者、关于加强粮食工作等问题,以及中央关于清党的通告信。

俄共(布)中央政治局通过决定,准许列宁休假一个月,在休假期间只参加政治局会议,除经中央书记处决定的特殊情况外,不参加人民委员会和劳动国防委员会会议。

读奥·威·库西宁和威·克南起草的共产国际第三次代表大会《关于各国共产党的组织建设、工作方法和工作内容的提纲》草案;用德文致函库西宁和克南,对草案提出两点补充意见。

出席有俄共(布)中央委员参加的共产国际第三次代表大会德国代表团会议,并多次发言。

不早于7月9日

读外交人民委员格·瓦·契切林1921年7月9日的来信,信中说国际红十字会代表弗·南森来电建议,在外国代表参加监督分配的条件下向莫斯科居民寄运粮食。契切林认为应接受南森的建议。列宁把信批转给格·叶·季诺维也夫及其他政治局委员,表示可作为例外情况予以同意。

7月10日

致函副粮食人民委员尼·巴·布留哈诺夫，指示采取措施，抓紧粮食采购工作和商品交换工作，改善莫斯科和彼得格勒粮食的供应。

对最高国民经济委员会关于在苏维埃俄国实行新经济政策的提纲草案作补充。

不晚于7月11日

写关于共产国际第三次代表大会的文章的提纲（文章没有写成）。

写《在德国、波兰、捷克斯洛伐克、匈牙利和意大利代表团联席会议上的讲话》提纲。

7月11日

出席德国、波兰、捷克斯洛伐克、匈牙利和意大利代表团联席会议，发表讲话；在会议进程中作笔记。

7月12日

出席俄共（布）中央政治局会议。会议讨论关于红色工会国际的某些国家代表请求释放被捕的俄国无政府主义者、关于建立全俄赈济饥民委员会等问题。

主持劳动国防委员会紧急会议。会议讨论国家计划委员会关于参照各人民委员部的申请分配2 000万金卢布供各部在国外购买货物的报告以及其他问题。

主持人民委员会会议。会议讨论关于扩大大型国营企业权限的条例草案、关于监督进口货物实际利用情况的措施以及其他问题。

由莫斯科去哥尔克度假。

7月13日

致函共产国际工作人员米·马·鲍罗廷，请他收集有关美国工农党的材料并就这个问题写一个简短报告。

7月15日

从哥尔克返回莫斯科。

出席俄共（布）中央政治局会议。会议讨论关于全俄苏维埃第九次代表大会、关于俄共（布）中央例行全会、关于全俄赈济饥民委员会等问题。

主持人民委员会会议；写对人民委员会关于由中央消费合作总社组

织商品交换的决定草案的意见。会议还讨论了关于在中国东北购买粮食等问题。

主持劳动国防委员会会议。会议讨论关于国家建筑工程委员会的建筑工人的粮食供应的决定草案、劳动国防委员会1921年7月12日任命的黄金分配方案审查委员会的报告以及其他问题。

7月16日

给中央消费合作总社代表大会写贺信。

出席俄共(布)中央政治局会议。会议讨论关于任命驻柏林全权代表、关于合作社会议、关于清党、关于出版格·瓦·普列汉诺夫的著作和为他建立纪念碑等问题,以及关于剿匪的声明、最高国民经济委员会关于经济政策的提纲。

7月17日

口授给俄共(布)中央高加索局委员格·康·奥尔忠尼启则的电报,询问约·维·斯大林和工农检查人民委员部部务委员尼·亚·列斯克的健康情况,还指出非常需要向土耳其承租巴统南面的铜矿。

口授给列·波·克拉辛的电话稿,请他在俄罗斯联邦驻德国商务代表波·斯·斯托莫尼亚科夫动身赴柏林之前,同国家建筑工程委员会副主席格·德·瞿鲁巴商妥卡希拉电站工程所需物资的采购和运送问题。

签署共产国际执行委员会号召书《投入新的工作,新的战斗!致世界各国男女工人》。

7月18日

给革命职业工会和产业工会第一次国际代表大会写贺信。

7月19日

打电话给全俄中央执行委员会主席米·伊·加里宁和莫斯科苏维埃主席列·波·加米涅夫,支持加里宁的建议:从收获的每一普特粮食中额外征收一俄磅用以救济伏尔加河流域的饥民。

主持劳动国防委员会会议。会议讨论关于发展燃料工业措施等问题。

7月20日以前

同代表德国统一共产党参加共产国际执行委员会的弗·黑克尔特谈话,

就被德国工会开除的负责的共产党员和一些地方团体另建组织的问题交换意见。

7月20日

读原鞑靼共和国人民委员会主席萨·赛德-加利耶夫1921年7月18日的来信,信中询问俄罗斯联邦中那些小的共和国有无存在的必要等问题。列宁在来信页边对所提的问题一一作了回答,认为小的共和国不但有必要存在,而且还要长期存在,过去的统治民族中的共产党员对小的共和国中的共产党员和劳动人民只能起助手作用。

用德文致函德国工会出席红色工会国际第一次代表大会的代表团成员理·弥勒和亨·马尔察恩,告知同弗·黑克尔特的谈话内容,认为被德国工会开除的共产党活动家应当通过某种方式组织起来。

收到哥尔克农民邀请参加庆祝该村实现电气化大会的信;复信致贺,并说明由于健康原因无法应邀出席。

7月21日

用电话向秘书口授给列·波·加米涅夫的便条,对他的《关于实行新经济政策的提纲草案》提出修改意见。

7月22日

致函最高国民经济委员会煤炭总委员会瓦·米·巴扎诺夫或谢·阿·格佐夫,请他们设法尽快在国外为顿巴斯购买割煤机。

7月23日

在俄共(布)中央政治局征求各委员意见时,表示赞成政治局关于拨款1 200万金卢布为饥荒省份购买种子等问题的决定草案。

7月25日

读外交人民委员格·瓦·契切林1921年7月24日给亚·李·舍印曼的信件副本,信中认为必须尽快出版揭露格鲁吉亚孟什维克活动的文集。列宁在信的下方给契切林写了回信,并为俄共(布)中央组织局起草相应的决定。

7月26日

在俄共(布)中央政治局用电话征求各委员意见时,表示赞成批准副粮食人民委员尼·巴·布留哈诺夫提出的关于莫斯科和彼得格勒两地粮食分配的建议。

7月27日

会见即将回国的克·蔡特金,同她就德国共产党一系列最重要的策略问题以及当前的任务交换意见。列宁强调指出,共产国际第三次代表大会的各项决议具有重大历史意义,是共产国际活动的转折点。

7月28日

写便条给俄共(布)中央政治局,同意中央统计局局长帕·伊·波波夫关于在乌克兰征收粮食税的数额的建议,提议把这一问题交政治局会议最后决定。

读《关于西伯利亚苏维埃机关和党的机构的组织形式》提纲,就西伯利亚领导机构问题向俄共(布)中央提出建议。

起草俄共(布)中央政治局关于撤销对列·达·托洛茨基去乌克兰做粮食工作的任命、关于军队转向经济工作的决定。

致函共产国际执行委员会主席格·叶·季诺维也夫,告知克·蔡特金谈话的内容;表示赞同她所说的共产党人应支持全体德国工人联合起来同资本家作斗争。

7月28日和8月2日之间

审阅在莫斯科用德文出版的共产国际第三次代表大会的提纲和决议。

7月29日以后

在哥尔克同国家计划委员会主席格·马·克尔日扎诺夫斯基谈实现国家电气化计划、电气化前景及其对国家将来发展的意义等问题。

7月30日

致函全俄肃反委员会主席费·埃·捷尔任斯基,询问斯维里河建筑工地的资产阶级专家多人被捕一案。

8月1日

致函加·伊·米雅斯尼科夫,认为《伤脑筋的问题》一文有明显的错误,问他想要给孟什维克和社会革命党人什么样的"出版自由"。

8月2日

写《告国际无产阶级书》,呼吁各国劳动者援助苏维埃共和国发生饥荒的省份。

写《告乌克兰农民书》，号召大力帮助伏尔加河流域挨饿的工人和农民。

致函中央档案局副局长弗·维·阿多拉茨基，谈对阿多拉茨基为《书信集。马克思和恩格斯通信中的理论和政治》（阿多拉茨基受列宁委托编辑的书信集）写的序言的印象；建议阿多拉茨基在介绍马克思和恩格斯的思想时，把书信摘录同马克思和恩格斯的其他著作、同《资本论》结合起来。

8月3日

同英国共产党中央政治局委员、驻共产国际执行委员会代表托马斯·贝尔谈话，详细询问关于英共的组成和英共在工人中的影响以及英国工人运动等情况。

主持劳动国防委员会全体会议。会议讨论新粮收获前的粮食供应问题。

8月4日

致函副粮食人民委员莫·伊·弗鲁姆金，谈加速征收粮食税的措施，建议增调部队去征收粮食税，对迅速交齐者给予奖励，对拖欠粮食税的富裕农民给予严惩。

8月5日

致函加·伊·米雅斯尼科夫，谈"出版自由"问题。

8月8日

上午，出席俄共（布）中央全会会议。会议讨论乌克兰人民委员会主席克·格·拉柯夫斯基关于增加乌克兰货币数量的建议和关于同罗马尼亚的关系的建议。会议还讨论了中央委员亚·加·施略普尼柯夫违反党纪等问题。

晚上，继续出席俄共（布）中央全会会议；在讨论同饥荒作斗争的措施和粮食税问题时，提议召开在莫斯科的从事军事工作的中央委员会议，以便仔细研究如何贯彻粮食人民委员部关于采取果断措施同饥荒作斗争的各项建议；在讨论交通运输问题时，写《对费·埃·捷尔任斯基关于运输业问题的几点结论的意见》。会议还讨论了中央组织局的组成、米·伊·加里宁视察各饥荒省份等问题。

8月9日

上午,出席俄共(布)中央全会会议。这次全会会议有中央监察委员会委员列席。列宁就中央委员亚·加·施略普尼柯夫违反党纪问题发言,建议把施略普尼柯夫从党中央和党内清除出去。

上午,出席俄共(布)中央全会会议。会议讨论《关于实行新经济政策的提纲草案》。

读阿·马·高尔基的来信,得知高尔基身患重病。列宁复信高尔基,劝他动身去国外治疗,在那里既可以治病,又可以做更多的事情。

晚上,出席俄共(布)中央全会会议;建议抓紧把军队转到经济工作上去,并委托共和国革命军事委员会拟定相应的措施。全会就列宁的建议通过决议。全会通过关于让列宁继续休息的决定。会议还讨论了关于军队的状况、关于米·瓦·伏龙芝作为乌克兰苏维埃共和国代表访问土耳其、关于改善苏维埃职员的生活、关于同饥荒作斗争的措施、关于任命亚·亚·索尔茨和瓦·弗·库拉耶夫为《真理报》编辑等问题。

8月12日

签署给西伯利亚各领导机关的电报,电报指示它们从1921年8月15日起,每昼夜向莫斯科发出一趟有30车皮的直达运粮列车。

8月13日

读英国共产党中央政治局委员、驻共产国际执行委员会代表托马斯·贝尔8月7日的来信,信中通报了南威尔士罢工和南威尔士矿工联合会决定参加第三国际的消息。列宁用英文复信贝尔,感谢他来信报告这一消息,并建议在这一地区建立真正群众性的共产党,出版工人的日报。

8月14日

写《给德国共产党员的一封信》。

8月16日

致函中央统计局局长帕·伊·波波夫,对送来的日常工业统计材料表示不满,批评中央统计局是官僚主义机关,指示必须加速改造中央统计局的管理工作,并提出改进该局工作的具体措施。

8月20日

写《新的时代和新形式的旧错误》一文。

8月22日

打电话给国家计划委员会主席格·马·克尔日扎诺夫斯基，要他特别注意约·莱·厄克特承租克什特姆工厂以及其他许多铜矿的问题，认为重要的是要使这位承租者做到：首先，保证我们应得的提成并在短期内交给我们；其次，使我们能从承租者那里得到发展我们自己的矿业所必需的装备。

打电话给彼得格勒苏维埃主席格·叶·季诺维也夫，请他找到并寄来《帝国主义是资本主义的最高阶段》一书的德文版序言；指示必须在国外报刊，特别是共产党报刊上广泛宣传救济苏维埃俄国饥民的事情。

8月23日

在俄共(布)中央政治局打电话征求各委员意见时，表示赞成政治局关于全俄各省农业合作总社代表大会等问题的决议草案。

起草俄共(布)中央政治局关于对外贸易人民委员部进行调查的决定。

8月24日

在俄共(布)中央政治局打电话征求各委员意见时，表示赞成批准组织局1921年8月22日关于中央鼓动部工作的决定，赞成约·维·斯大林关于建立外高加索各共和国经济局的建议。

8月24日和27日之间

看《新的时代和新形式的旧错误》一文的校样，并作补充和修改，指示秘书赶快把校样寄给《真理报》编辑部。

8月25日

出席俄共(布)中央政治局会议。鉴于美国救济署的工作人员即将抵达俄国，列宁建议成立专门委员会拟定相应措施，会议通过了这一建议。会议还讨论了列宁关于设立国际工人运动资料选编机构的建议，以及关于修改人民委员会关于手工业和农业合作社的法令、关于全俄赈济饥民委员会等问题。

8月26日以前

同国家建筑工程委员会副主席格·德·瞿鲁巴谈话，听取他关于委员会内部情况的汇报。

同建筑工会中央委员会主席季·弗·萨普龙诺夫谈话，要他们在工作中支援格·德·瞿鲁巴。

8月26日

就白卫军首领罗·费·温格恩男爵一案向俄共(布)中央政治局提出建议：尽快公开审判并处以枪决。

8月27日

致函小人民委员会主席阿·谢·基谢廖夫或副主席，指示必须由全俄工会中央理事会、彼得格勒和莫斯科苏维埃、人民委员会的代表以及小人民委员会主席组成的专门委员会制定相应法令，使劳务等等的收费制同工人的工资及其生活状况相适应。

8月29日

致函俄共(布)中央组织局，请组织局要国家计划委员会主席格·马·克尔日扎诺夫斯基务必和对外贸易人民委员列·波·克拉辛一起到里加去疗养一个月。

8月31日

读泥炭水力开采管理局工程师罗·爱·克拉松的来信，在信上作批注，画着重线，并要秘书将信抄送有关方面。复函克拉松，提出立即对泥炭脱水法进行技术鉴定，然后决定关于调拨粮食和外汇的问题。

致函共产国际工作人员叶·萨·瓦尔加并附关于建立国际工人运动问题情报所的提纲。

夏天

同从英国回来的对外贸易人民委员列·波·克拉辛谈在国外购买粮食的问题。

9月1日

致函《经济生活报》编辑部，谈该报成为劳动国防委员会机关报后的基本任务。

读中央统计局送来的工作计划，致函中央统计局局长帕·伊·波波夫或副局长，向他提出压缩此项计划的具体建议。

写信向赠送列宁绣像的波斯手艺人致谢，并托全俄中央执行委员会主席团秘书阿·萨·叶努基泽转寄。

9月2日以前

就试制扩音器和收音机的问题致函人民委员会办公厅主任尼·彼·哥尔布诺夫。

9月2日

致函邮电人民委员瓦·萨·多夫加列夫斯基，请他汇报莫斯科中央无线电台工作情况以及扩音器和收音机的制造情况。

俄共(布)中央政治局会议(列宁未出席)通过列宁起草的关于统计欧洲工人捐款的决定。

9月3日

致函司法人民委员德·伊·库尔斯基，谈同拖拉作风作斗争的措施。

致函人民委员会办公厅主任尼·彼·哥尔布诺夫，请他了解并汇报劳动国防委员会输出特别委员会和泥炭水力开采管理局的工作情况。

用电话向人民委员会秘书玛·伊·格利亚谢尔口授给共产国际执行委员会书记的信，信中请他经常报告外国工人为援助俄国饥民而开展的捐款活动的确切消息。

9月4日

读外交人民委员格·瓦·契切林转来的国际赈济俄国饥民委员会主席约·努兰斯的照会，照会声称有权监督粮食分配，并要求准许考察组进入苏维埃俄国作实地考察，实际上是要干涉苏维埃国家的内政。列宁致函俄共(布)中央书记维·米·莫洛托夫，坚决拒绝努兰斯的这个要求，并起草俄共(布)中央政治局关于复照努兰斯的决定。

9月5日以前

读中央统计局局长帕·伊·波波夫的便条，波波夫请求列宁接见他，并就在实行新经济政策条件下中央统计局与共和国其他统计机关的关系、中央统计局的工作等问题交换意见。列宁在便条上批示同意。

9月5日

致函俄共(布)中央统计处处长 Н.И.索洛维约夫，请他统计各地共产党员担任苏维埃职务的较为详尽的材料。

在俄共(布)中央政治局打电话征求各委员意见时，表示赞成中央政治局通过以下决议：批准西伯利亚局关于把在远东被俘的反革命头目之一罗·费·温格恩男爵留在西伯利亚受审的请示;成立专门委员会,审查俄共(布)党团 1921 年 9 月 4 日在全俄运输工会中央委员会全国工作会议上就交通人民委员部的工作报告通过的决议。

9 月 5 日或 6 日

写《对俄共(布)中央政治局关于给粮食人民委员部的指示的决定草案的补充》。

9 月 6 日

签署给燃料总管理局的电话稿,指示采取措施供应卡希拉电站工程足够数量的煤炭。

9 月 7 日

起草俄共(布)中央政治局关于动用黄金储备问题的决定。

签署给科洛姆纳工厂的电报,指示火速完成卡希拉电站工程所需的全部订货。

9 月 8 日

写给最高国民经济委员会主席团的电话稿,指示立即拨给沃尔霍夫水电站必需数量的现款,以保证工程进行。

在俄共(布)中央政治局打电话征求各委员意见时,表示赞成政治局批准专门委员会关于改进交通人民委员部内部组织的决定。

9 月 11 日和 17 日之间

接见里杰尔矿矿长 E.Ф.多姆年科,在谈话中对该矿劳动生产率和修复设备等问题表示关切。

9 月 12 日

致电各区域、省经济会议,要求严格检查和缩减由国家供应的企业的数目。

致函最高国民经济委员会电力局局长尼·尼·瓦什科夫,命令他们尽最大努力按卡希拉电站工程规定的期限准时完成供应该工程所需电工器材的任务,并将有关供应情况的材料报送劳动国防委员会办公厅副主任瓦·亚·斯莫尔亚尼诺夫。

签署给副粮食人民委员尼·巴·布留哈诺夫的电话稿,请他采取措施按时供应卡希拉电站工程粮食和饲料。

签署给吉尔吉斯共和国中央执行委员会的电报，指示在最高国民经济委员会发布特别命令之前不得中断里杰尔矿的工作。

9月13日

致函卫生人民委员尼·亚·谢马什柯，说经常收到反映克里木和高加索疗养地情况极为糟糕的材料，请他提供有关疗养地的详细准确的情况。

出席俄共(布)中央政治局会议；在讨论共和国革命军事委员会所属莫斯科联合企业公司的问题时，提出由共和国革命军事委员会同莫斯科苏维埃主席团签订合同的建议；起草中央政治局关于自由出售莫斯科库存书籍的决定。会议还讨论了关于外债、关于例行党代表会议、关于例行中央全会、关于土耳其斯坦事务、关于调拨金卢布为泥炭水力开采管理局到国外购买货物、关于黄金储备等问题。

致函全俄中央执行委员会和人民委员会驻土耳其斯坦、布哈拉和花拉子模特派员阿·阿·越飞，请他详报土耳其斯坦情况以及全俄中央执行委员会土耳其斯坦事务委员会主席米·巴·托姆斯基和俄共(布)中央土耳其斯坦局委员格·伊·萨法罗夫在民族问题上的立场，要他特别注意保护当地民族的利益，并取得他们的信任。

主持人民委员会会议。会议讨论人民委员会1921年9月9日任命的厄克特承租问题专门委员会的报告、工资政策提纲以及对人民委员会1921年8月23日关于国家食盐专卖的决定的第8条和第9条的修改等问题。

9月14日

出席俄共(布)中央政治局会议；通报由里杰尔和埃基巴斯图兹的工厂和矿山以及其他厂矿组成托拉斯的提议，并起草关于这个问题和关于黄金储备的决定。会议还讨论了关于国家银行、关于国家纸币印刷厂管理局等问题。

9月15日

写便条给俄共(布)中央书记维·米·莫洛托夫并转中央政治局，建议就清党中推荐人问题作以下规定："只有与被推荐人在某一党组织内一起工作、亲自观察其工作一年以上的人，才准许担任推荐人。"

在俄共(布)中央政治局打电话征求各委员意见时，表示赞成政治局就外交人民委员部关于延期举行外债谈判的建议所作的决定。

9月16日

出席俄共(布)中央政治局会议。会议讨论关于政治局会议、关于黄金储备、关于俄罗斯联邦中央统计局和乌克兰社会主义苏维埃共和国中央统计局的协议草案以及其他问题。

主持劳动国防委员会全体会议;就国家珍品收藏工作列为紧要工作的问题作报告。会议讨论劳动国防委员会任命的出版事业委员会的报告、燃料总管理局关于乌拉尔和西伯利亚煤炭工业的状况和增产煤炭的措施的报告,以及关于组织社会劳动为伏尔加河流域饥民供应燃料、关于供应彼得格勒木材浮运员工的粮食、关于实行集体供应、关于沃尔霍夫水电站等问题。

9月17日

参加中央消费合作总社代表的商品交换问题讨论会;在听取发言时作记录。

9月19日

接见到苏维埃俄国参加经济建设的美国工人和工程师小组代表塞·尤·鲁特格尔斯、赫·卡尔弗特、威·海伍德,同他们商谈把西伯利亚的纳杰日金斯基工厂和库兹涅茨克煤田的一部分交给他们经营的问题以及在该地建立工业侨民区问题。

致函最高国民经济委员会主席团委员瓦·弗·古比雪夫,告知同美国工人和工程师小组代表谈话的内容以及他们提出的有关建议,请古比雪夫予以考虑。

在俄共(布)中央政治局打电话征求各委员意见时,表示赞成政治局就专门委员会提出的裁减红军的办法所作的决定。

9月20日

为《真理报》写题为《关于清党》的社论。

在俄共(布)中央政治局打电话征求各委员意见时,表示赞成政治局通过关于彼得格勒党组织状况问题的决定。

接见诺夫哥罗德省执行委员会主席 B.P.帕昆,同他谈该省的粮食状况以及恢复工业等问题。

主持人民委员会会议。会议讨论人民委员会为研究整个财政政策问题而于1921年7月3日任命的专门委员会的报告、全俄中央执行委员会主席团和人民委员会关于建立粮食储备的决定草案以及其他问题。

9月21日

同从彼得格勒回来的卡·伯·拉狄克谈话,听取他关于该市情况的汇报。

出席俄共(布)中央政治局会议;被选入彼得格勒党组织问题专门委员会。会议讨论关于政治局会议日期、关于波兰、关于在莫斯科创办法文非党报纸等问题。

9月22日

致函瓦·弗·古比雪夫,并附美国来俄工人的保证书草稿。

致函副交通人民委员瓦·瓦·佛敏、副粮食人民委员尼·巴·布留哈诺夫、乌共(布)中央书记费·雅·柯恩,请他们根据俄共(布)中央政治局1921年9月21日决定,召集交通人民委员部和粮食人民委员部代表开会,研究给乌克兰增加车皮数量和增加存放粮食的库房问题;请将会议结果向列宁作书面报告并抄送中央书记处。

在俄共(布)中央政治局打电话征求各委员意见时,表示赞成政治局在波兰1921年9月18日发出最后通牒后通过关于军队暂停复员的决定。

上午11时,接见阿·马·高尔基,同他谈出版彼得格勒学者的学术著作问题;谈话时记下要点。

9月23日

致函副工农检查人民委员瓦·亚·阿瓦涅索夫,说每天都有来信反映对卡希拉电站工程的粮食供应时常中断,要求采取措施改变这种状况,查办有关负责人。

在中央档案局副局长弗·维·阿多拉茨基给正在德国的马克思恩格斯研究院院长达·波·梁赞诺夫的信上写附言,支持阿多拉茨基关于在德国收集马克思和恩格斯已经发表的书信的请求,认为这是一件非常重要的事情。

在俄共(布)中央政治局打电话征求各委员意见时,表示赞成政治局批准彼得格勒党组织问题专门委员会的决定。

主持劳动国防委员会会议。会议讨论关于民警的粮食供应办法、关于粮食公债的决定草案，以及关于运送复员军人、关于劳动部队、关于穆甘草原的灌溉等问题。

同最高国民经济委员会主席彼·阿·波格丹诺夫谈关于用美国机器加快公路建设的问题。

9月24日

致函共产国际执行委员会主席格·叶·季诺维也夫，认为需要以简表形式在《真理报》上报道国外工人募捐赈济俄国饥民的情况。

分别同小人民委员会主席阿·谢·基谢廖夫、地理学家H.H.巴兰斯基、彼得格勒学者生活改善委员会副主席阿·彼·平克维奇等谈话。

9月26日以前

委托人民委员会办公厅主任尼·彼·哥尔布诺夫留心莫斯科大剧院修缮和改建工作的进展情况。

9月26日

致函俄共(布)中央高加索局委员格·康·奥尔忠尼启则，请他立即召集有泥炭总委员会主席伊·伊·拉德琴柯、最高国民经济委员会副主席伊·捷·斯米尔加、粮食人民委员部部务委员莫·伊·弗鲁姆金参加的紧急会议，研究国营阿塞拜疆石油工业联合公司关于保留在一定条件下独立进行对外贸易的权利的请示，并把研究结果于1921年9月30日上报劳动国防委员会。

9月27日

致函最高国民经济委员会中央供应管理局局长伊·卡·叶若夫，要他简要汇报仓库管理工作的改进情况以及同盗窃行为和拖拉作风作斗争的措施。

写《关于工农检查院的任务、对任务的理解和执行的问题》(给工农检查人民委员约·维·斯大林的信)。

主持人民委员会会议。会议讨论关于教育人民委员部和省国民教育局的条例草案、关于伏尔加—里海运河移交给交通人民委员部管辖的决定草案以及关于小人民委员会组成人员、关于发行新卢布的办法和日期等问题。

9月28日

致函俄共(布)中央高加索局委员格·康·奥尔忠尼启则,请他同劳动国防委员会机关报《经济生活报》责任编辑加·伊·克鲁敏商定发表高加索通讯的问题。

分别接见副粮食人民委员莫·伊·弗鲁姆金、全俄肃反委员会主席费·埃·捷尔任斯基、全俄肃反委员会副主席约·斯·温什利赫特。

主持劳动国防委员会全体会议。会议讨论关于取消对货币流转和物资流转的事先监督,国家计划委员会关于粮食年度计划的报告,粮食人民委员部关于国家供应计划的报告,劳动国防委员会全权工作委员会关于恢复和发展巴库、格罗兹尼的石油工业和顿涅茨的煤炭工业的措施的报告,以及关于确定1921年9月30日召开劳动国防委员会办公会议等问题。

9月29日

出席俄共(布)中央政治局会议。会议讨论关于加强出口工作的决定草案、关于军队、关于外交档案、关于对在波兰的原白卫军士兵实行大赦等问题。

致函人民委员会办公厅主任尼·彼·哥尔布诺夫,认为工业企业农场总管理局下属的一些国营农场的模范工作具有重大意义,要他抓紧此事,把支援国营农场的问题提交小人民委员会和劳动国防委员会审议。

接见美国工会活动家悉·希尔曼,谈建立援助苏维埃俄国恢复经济的俄美工业公司的问题。

9月30日

致函林业总委员会主席卡·克·达尼舍夫斯基、俄共(布)中央书记维·米·莫洛托夫、小人民委员会主席阿·谢·基谢廖夫,说中央决定派15名负责工作人员去参加三周突击运送燃料的工作,要他们特别注意检查地方上对汇报制度执行的情况,研究在官僚主义者和承包人的掩护下的盗窃木柴的手法。

主持劳动国防委员会任命的铁路运输燃料供给委员会会议。

主持劳动国防委员会全体会议;签署关于建立俄美工商联合会等决

定。会议讨论关于1921—1922年度粮食分配计划，关于恢复和发展巴库、格罗兹尼的石油工业和顿涅茨的煤炭工业的措施，最高国民经济委员会工业企业农场总管理局关于莫斯科省国营农场的土壤改良工作的报告以及其他问题。

致函人民委员会外文图书委员会，指出外文图书委员会的主要任务是，争取莫斯科和彼得格勒等大城市的专业图书馆都备有一份1914—1921年国外出版的最新的科技杂志和书籍，并能按时收到所有期刊。

10月3日

致函人民委员会办公厅主任尼·彼·哥尔布诺夫，询问电工学家米·安·沙特兰是否来出席全俄电气技术人员第八次代表大会，成立研究莱·厄克特承租问题专门委员会一事是否在积极进行。

接见东南边疆区经济会议主席亚·格·别洛博罗多夫，同他谈对外贸易人民委员部特派员在东南边疆区的工作条件问题。

10月4日

致函中央统计局局长帕·伊·波波夫，建议公布俄罗斯联邦人口与战前对比的调查材料，以便进行广泛的宣传。

主持人民委员会会议。会议讨论人民委员会财政委员会关于商品交换的报告、人民委员会和全俄中央执行委员会关于建立俄罗斯联邦国家银行的法令草案、关于小人民委员会的条例草案以及关于国家收购原料的办法等问题。

10月5日

致函乌克兰人民委员会主席克·格·拉柯夫斯基，指示他召集一次会议，研究给乌克兰空车皮和运输计划问题，要交通人民委员部、粮食人民委员部、燃料总管理局的代表以及最高国民经济委员会主席彼·阿·波格丹诺夫和乌克兰国民经济委员会主席弗·雅·丘巴尔参加。

10月7日

打电话给交通人民委员部，指示两天解决卡希拉—莫斯科输电线路通过奥卡河大桥的问题。

主持劳动国防委员会会议。会议讨论关于向莫斯科燃料委员会提供饲料粮和钱款、交通人民委员部和最高国民经济委员会关于增加耐火砖生产的报告、关于动用黄金储备的程序等问题。

10月7日或8日

起草俄共(布)中央政治局关于远东共和国问题的决定,决定中委托外交人民委员格·瓦·契切林起草给远东共和国的指示。

10月8日

写《致全俄电气技术人员第八次代表大会主席团》。

出席俄共(布)中央政治局会议;在讨论外交人民委员格·瓦·契切林有关远东共和国的建议时5次发言;向会议提出关于远东共和国问题的决定草案(会议通过这一决定草案)。

上午,出席俄共(布)中央全会会议。会议讨论关于莫斯科的财政状况,中央消费合作总社理事会主席列·米·欣丘克、副粮食人民委员莫·伊·弗鲁姆金、财政人民委员部部务委员叶·阿·普列奥布拉任斯基关于商品交换和合作社的提纲,普列奥布拉任斯基和财政人民委员尼·尼·克列斯廷斯基关于财政政策的报告,以及关于确定军队员额等问题。

晚上,出席俄共(布)中央全会会议;在讨论中央书记维·米·莫洛托夫关于负责干部的登记以及分配办法的报告时,就干部考察问题提出意见,这一意见被全会所通过。会议讨论中央清党委员会委员彼·安·扎卢茨基等关于清党的报告、关于共产国际情况的报告、关于国际形势、关于全俄工会代表会议、关于全俄苏维埃代表大会、关于教育人民委员部等问题。

10月9日

接见土耳其斯坦共产党(布)中央书记阿·拉·拉希姆巴耶夫,同他谈土耳其斯坦的形势问题。

10月10日

致函小人民委员会主席阿·谢·基谢廖夫,说明伊万诺沃-沃兹涅先斯克省的大工业在经济上和在政治上都特别重要,必须尽力满足伊万诺沃-沃兹涅先斯克省经济会议每月拨给4万份口粮和40亿卢布的请求,指示召开有纺织企业总管理委员会、粮食人民委员部和伊万诺沃-沃兹涅先斯克省经济会议的代表参加的会议，以解决这个问题。

出席俄共(布)中央政治局会议。会议讨论彼得格勒党组织问题专门委员会的建议。列宁起草中央政治局关于乌克兰种植甜菜问题的指示和关于社会保险的决定。这两项草案均被政治局会议通过。会议还讨论了关于乌克兰的出口储备、关于列·格·捷依奇到国外清理格·瓦·普列汉诺夫收藏的文献资料、关于格·瓦·契切林起草的给远东共和国的指示等问题。

读外交人民委员格·瓦·契切林1921年10月10日给中央政治局的来信，信中请求尽快派代表就中东铁路问题同中国进行谈判。列宁将信批转俄共(布)中央政治局委员，建议立即派代表同中国进行谈判并参加远东共和国和日本的会议。

读副外交人民委员马·马·李维诺夫1921年10月10日的来信，信中说在意大利政府认可的情况下意大利各银行愿意给苏维埃俄国贷款。列宁认为此事极为重要，因为意大利如不要求承认旧债就同意贷款，这可能意味着打破金融封锁。列宁建议中央政治局立即成立一个委员会来研究这个问题。

读外交人民委员格·瓦·契切林1921年10月10日关于同罗马尼亚进行谈判问题的建议，同意这个建议并起草中央政治局关于这个问题的决议。

主持人民委员会会议。会议讨论关于动用黄金储备的程序的决定草案、关于小人民委员会及其组成人员的条例草案以及其他问题。

不晚于10月11日

在1921年10月11日《南方冶金工作者报》第1号的页边作关于南方钢铁托拉斯的札记。

10月12日

就同塞·鲁特格尔斯小组达成协议问题写信给俄共(布)中央书记维·米·莫洛托夫。

10月12日和15日之间

就塞·鲁特格尔斯的建议写信给俄共(布)中央政治局委员，在信中提出俄共(布)中央委员会和劳动国防委员会关于这个问题的决定草案。

10月13日

致函美国工会活动家悉·希尔曼,感谢他在组织美国工人援助苏维埃俄国恢复经济的事业中所给予的帮助。

10月13日以后

接见外交人民委员格·瓦·契切林和苏维埃俄国驻土耳其全权代表谢·伊·阿拉洛夫,同他们谈土耳其的局势和阿拉洛夫当前的工作。

10月14日以前

写《十月革命四周年》一文提纲。

10月14日

写《十月革命四周年》一文。

出席俄共(布)中央政治局会议;起草俄共(布)中央政治局关于调派亚·加·施略普尼柯夫去做粮食工作的决定。会议讨论关于陆海军粮食供应总部、关于塞·鲁特格尔斯的建议、关于土耳其斯坦问题、关于驻中国的全权代表、俄共(布)中央全会1921年10月8日任命的商品交换和合作社问题委员会的报告以及其他问题。

主持劳动国防委员会会议。会议讨论国家计划委员会关于乌拉尔和西伯利亚煤炭工业的报告、运输总委员会关于1921年6—8月的情况的报告、最高运输委员会关于从乌克兰运出粮食的进展情况的报告、燃料总管理局关于三周突击运送燃料运动的报告、关于改组燃料总管理局的决定草案以及其他问题。

10月15日

在俄共(布)中央政治局打电话征求各委员意见时,表示赞成政治局通过关于彼得格勒党组织的决议草案。

出席俄共(布)中央政治局会议;起草俄共(布)中央政治局关于处理巴库和阿塞拜疆的派别斗争的决定。会议讨论关于对布鲁塞尔会议要求苏维埃俄国承认沙皇和临时政府的债务的决议的答复、关于减少舰队、关于乌克兰的出口储备、政治局任命的专门委员会关于黄金储备的书面报告以及其他问题。

10月中

接见工农红军供给管理局局长德·普·奥西金,同他谈关于恢复萨马拉省普加乔夫斯克县国营农场的问题。

10月17日以前

为在全俄政治教育委员会第二次代表大会上作报告,写题为《新经济政策和政治教育委员会的任务》报告提纲。

同阿·马·高尔基谈话并记下要点。

10月17日

致函国家计划委员会主席格·马·克尔日扎诺夫斯基,说玉米有许多优点,应该向农民作宣传并教会农民种植玉米,而且要保证1922年春播玉米种子的供应。

致函财政人民委员尼·尼·克列斯廷斯基,请他对恢复汇率和实行财政改革的问题提出意见。

出席俄共(布)中央政治局会议;介绍住宅问题(疏散莫斯科人口)的情况;在讨论中立国资本家建议把俄罗斯联邦的部分工厂和工业部门租让给他们的问题时,起草俄共(布)中央政治局关于成立统一的租让事务委员会的决定。会议还讨论了高加索等问题。

在全俄政治教育委员会第二次代表大会上作题为《新经济政策和政治教育委员会的任务》的报告。

在克里姆林宫接见红色工会国际第一次代表大会代表汤姆·曼等,向他们了解关于英国和英国工人运动的状况。

10月18日

读外交人民委员格·瓦·契切林1921年10月17日的来信,信中重新提出苏维埃政府宣布承认沙皇俄国的债务问题。列宁致函俄共(布)中央政治局委员,不同意契切林的这个建议。

主持人民委员会会议。会议讨论全俄中央执行委员会和人民委员会关于利用国营农场和按国家任务生产的集体农场的产品的决定草案、关于加强商品交换业务的措施、关于莫斯科实行劳动收费制、关于制止国家机关和企业非法销售的措施、关于任命A.K.派克斯为俄罗斯联邦驻中国全权代表以及其他问题。

不晚于10月19日

同共产国际执行委员会委员卡·伯·拉狄克谈波兰共产主义运动发展

的问题。

10 月 19 日

读同美国救济署达成的关于向俄国寄送食物包裹的协议草案，同意这个协议草案。

写《给波兰共产党人的信》。

在俄共（布）中央政治局打电话征求各委员意见时，表示赞成中央政治局批准同美国救济署达成的关于向俄国寄送食物包裹的协议草案。

写便条给俄共（布）中央书记瓦·米·米哈伊洛夫，并附俄共（布）中央关于同塞·鲁特格尔斯小组达成协议问题的决定草案。

收到伊万诺沃-沃兹涅先斯克省执行委员会主席尼·尼·科洛季洛夫关于伊万诺沃-沃兹涅先斯克地区电站工程管理不善的报告后，致函最高国民经济委员会主席团，要求尽快把关于工程的详细情况和资料送来。

接见彼得格勒学者生活改善委员会代理主席阿·彼·平克维奇，平克维奇把已出国的阿·马·高尔基的信交给列宁。列宁同平克维奇谈关于彼得格勒的高等学校和关于出版彼得格勒学者的著作等问题。

10 月 20 日

出席俄共（布）中央政治局会议；就同塞·鲁特格尔斯小组达成协议问题提出建议；作关于同瑞典滚珠轴承股份公司签订租让合同的报告；在讨论延长费·埃·捷尔任斯基假期和关于纺织企业联合问题时发言；写俄共（布）中央政治局关于物色货币流通问题的咨询人员的决定。会议还讨论了关于承认债务等问题。

10 月 21 日

出席俄共（布）中央政治局会议；向会议提出关于给予扬·埃·鲁祖塔克和伊·捷·斯米尔加假期的建议。会议讨论关于就中立国资本家的承租建议的决定、关于棉纺工业的管理机构等问题。

准备在劳动国防委员会会议上作关于向劳动国防委员会呈送报告和图表问题的报告；起草呈送劳动国防委员会的图表；写劳动国防委员会关于向劳动国防委员会呈送报告和图表问题的决定。

接见国营卡希拉电站工程总工程师格·德·瞿鲁巴、财政人民委员部部务委员叶·阿·普列奥布拉任斯基，谈瞿鲁巴关于电站发电日期的报告。

主持劳动国防委员会全体会议；在会议进程中起草劳动国防委员会关于福勒式犁的决定；作关于向劳动国防委员会呈送报告和图表问题的报告。会议讨论关于从国外购置拖拉机供饥荒地区耕作土地、关于调拨物资和经费改良阿塞拜疆穆甘草原土壤、关于种植玉米、关于摩尔曼斯克和彼得格勒两地港口等问题。

10月22日

出席俄共(布)中央政治局会议。会议讨论关于派代表去加拿大、关于为“林中旷地”国营农场申请外汇购买机床和锯等问题。

中午12时15分，接见美国药品和化学试剂联合公司代表阿·哈默，用英语同他谈话，问到他父亲朱·哈默的情况，关心美国承认苏维埃俄国的问题。列宁还谈到邀请美国人到俄国来帮助恢复俄国的工业，为此，俄国愿意付出代价，使美国人从承租的企业中能够赚到钱。

下午1时，接见对外贸易人民委员部部务委员伊·伊·拉德琴柯和亨·格·亚戈达。

下午2时15分，同娜·康·克鲁普斯卡娅及妹妹玛·伊·乌里扬诺娃乘车到莫斯科高等畜牧学院(布特尔田庄)教学实习农场参观试用电犁。

晚上7时，接见南方钢铁托拉斯管理委员会主席伊·伊·梅日劳克，同他谈大幅度增加钢产量的前景问题。

晚上9时，接见邮电人民委员瓦·萨·多夫加列夫斯基，同他就该人民委员部职员的劳动报酬问题和恢复彼得格勒电话局的问题进行交谈。

签署给苏维埃俄国对外贸易人民委员部驻柏林全权代表波·斯·斯托莫尼亚科夫的电报，电报要求，卡希拉电站所需的各种器材务必按期运到。

10月24日

致函卫生人民委员尼·亚·谢马什柯，告知已签署小人民委员会关于拨给莫斯科20亿卢布清洁费的决定，认为莫斯科在清洁方面应成为模范，要求报告一周来工作的情况。

读外交人民委员格·瓦·契切林1921年10月23日的来信，信中谈到美国记者斯密在一则电讯中说，外国资本家不愿到俄国来承租，因为谣传苏维埃政府即将把从前属于外国企业家的工厂归还原主。列宁读信后，写便条给契切林，说对这种谣言，不值得由政府出面驳斥，建议把这件事交给报界，由他们去狠狠地讽刺那些信谣和传谣的人。

读外交人民委员格·瓦·契切林代拟的苏维埃政府对欧洲各大国的声明草稿，提出修改意见，在声明草案上写批注。

10月25日

致函司法人民委员德·伊·库尔斯基，要求更仔细地研究农业中的租赁和租让问题。

接见司法人民委员部工作人员帕·伊·罗伊兹曼，向他了解调查未执行人民委员会和劳动国防委员会关于生产福勒式犁的决定一案的进展情况。

主持人民委员会会议。会议讨论并批准劳动国防委员会和鲁特格尔斯小组关于库兹巴斯等企业的租让合同草案。会议还讨论了关于剥夺在国外的某几种人的公民权的法令草案、关于准许不享受国家供应的企业自由销售产品、关于国家收购原料的办法、关于工农检查人民委员部的条例草案以及其他问题。

10月26日

写便条给人民委员会副主席列·波·加米涅夫，要求人民委员会研究工资问题。

接见人民委员会负责向国外订购铁路器材的全权代表尤·弗·罗蒙诺索夫。

接见顿巴斯中央煤炭工业管理局局长Г.С.比特克尔，听取他关于矿区情况的汇报。

10月27日

出席俄共（布）中央政治局会议；在会议进程中起草俄共（布）中央政治局关于纺织工业管理条例的决定；对人民委员会关于瑞典滚珠轴承股份公司承租问题的补充决定作说明。会议通过外交人民委员格·瓦·契切林起草的、经列宁修改的关于承认沙皇和临时政府债务的声明草案。会议还讨论了关于召开全俄苏维埃代表大会等问题。

10 月 28 日

致函财政人民委员部部务委员叶·阿·普列奥布拉任斯基,要求根本改变币制改革的整个速度,认为拖延就有危险。

就吸收美国资本建厂问题写便条给俄共(布)中央书记瓦·米·米哈伊洛夫。

主持劳动国防委员会全体会议。会议讨论关于在国外订购油罐车,关于提高布良斯克工厂农业机器的产量,关于歉收省份播种计划的报告,关于汇款购买中国东北的粮食,关于重点工厂粮食、原料和燃料保障委员会的报告以及其他问题。

10 月 29 日以前

写《在莫斯科省第七次党代表会议上关于新经济政策的报告》提纲。

10 月 29 日

出席莫斯科省第七次党代表会议;作关于新经济政策的报告;在讨论报告过程中作记录;在讨论结束后作总结发言。

读俄共(布)中央书记处随信送来的有关全俄赈济饥民委员会和阿姆斯特丹工会国际协议的决议草案材料,并在材料上签署表决意见,同意此项协议。

10 月—11 月

写《按商业原则办事》一文提纲。

10 月和 11 月 5 日之间

拟定一篇文章或讲话的两份纲要。

11 月 1 日

主持人民委员会会议。会议讨论关于为莫斯科医院增加口粮、关于劳动国防委员会下设国内商业调节委员会等问题,以及农业实行租赁和租让的条例草案。

11 月 2 日

致函卡希拉电站工程总工程师格·德·瞿鲁巴,指示立即提取卡希拉电站从国外进口的设备,不许把进口设备闲置在莫斯科海关。

接见瑞士共产党创建人之一弗·普拉滕。

主持劳动国防委员会全体会议。会议讨论关于各部门向劳动国防委员会呈送月统计报表和图表的决定草案和关于冶金工业等问题。

11月3日

用英文写信给美国药品和化学试剂联合公司代表阿·哈默,感谢他给俄国工人送来粮食,对不能在他离开莫斯科以前同他再见一次面表示十分遗憾,并请他向所有被关在美国监狱的美国工人运动的活动家转达热烈的问候。

致函小人民委员会主席,委托他立即研究苏维埃俄国与蒙古人民共和国政府的协定草案。

出席俄共(布)中央政治局会议。会议讨论关于批准有关德国问题的决议、关于共产国际和红色工会国际之间的相互关系、关于大纺织工业管理的条例草案、关于波兰战线等问题。

11月4日

致函司法人民委员德·伊·库尔斯基,要求报告克服拖拉作风这一任务的执行情况。

主持劳动国防委员会全体会议。会议讨论国家计划委员会关于俄国区划小组的工作报告、关于向阿姆斯特朗公司订购锅炉、关于从德国和瑞典运送机车、关于为沃尔霍夫水电站工程订购涡轮机、关于卡尔斯考察团、关于莫斯科铁路枢纽站的盗窃等问题。

11月4日—6日之间

接见"狄纳莫"厂工人代表团,代表团转达了"狄纳莫"厂工人对列宁的问候,并邀请他参加工人庆祝十月革命四周年的大会。

11月5日

写《论黄金在目前和在社会主义完全胜利后的作用》一文。

致函西伯利亚、乌拉尔和吉尔吉斯的党员同志们,要他们多方协助厄克特承租企业调查委员会主席。

接见蒙古人民共和国代表团,回答代表团团员提出的问题。

主持人民委员会会议;在会议进程中审阅人民委员会关于从乌克兰向中部地区运送粮食的进展情况的决定草案;在讨论1922年财政计划

和纸币发行计划草案时，起草人民委员会关于这个问题的决定；签署人民委员会关于保障乌拉尔和西伯利亚铁路的矿物燃料的决定草案。会议还讨论了关于向国外购买种子等问题，以及人民委员会关于剥夺公民权的决定。

11月6日

在普罗霍罗夫纺织厂工人庆祝十月革命四周年大会上讲话。

11月7日

在哈莫夫尼基区工人、红军士兵和青年庆祝十月革命四周年大会上讲话。

在电力三厂（原“狄纳莫”厂）工人庆祝十月革命四周年大会上讲话。

参加在大剧院举行的庆祝十月革命四周年的音乐会。

11月8日

出席俄共（布）中央政治局会议；在讨论中央政治局关于工会文化部同政治教育委员会的相互关系问题时起草关于这个问题的决定（决定由政治局会议通过）。会议还讨论了全俄中央执行委员会主席米·伊·加里宁关于调查外国人服务局的报告、关于向蒙古调拨白银、关于冶金工业管理、关于同库尔斯克磁力异常区承租者的谈判、格·瓦·契切林关于债务问题的建议、关于批准黄金储备委员会的决议、关于工资等问题。

主持人民委员会会议。会议讨论关于集体供应制、关于粮食人民委员部向农业人民委员部增拨种子、关于工资政策等问题。

起草俄共（布）中央政治局决定，责成黄金储备委员会定期向政治局呈报有关黄金储备的综合资料。

11月9日

在格·瓦·契切林致俄共（布）中央政治局的信上给俄共（布）中央书记瓦·米·米哈伊洛夫写关于对外贸易垄断问题的批语，不同意俄罗斯联邦代表团团长弗·巴·米柳亭在波罗的海经济会议上提出的关于废除对外贸易国有化的计划。

致函俄共（布）中央书记瓦·米·米哈伊洛夫，请他把自己所拟的俄共（布）中央政治局关于乌克兰粮食工作的决定草案送政治局委员传阅。

11月10日

写《新经济政策问题(两篇老文章和一篇更老的跋)》一书序言。

致函全俄肃反委员会副主席约·斯·温什利赫特,责成他召集一次会议,研究反走私问题。

接见德国和国际工人运动的著名活动家弗·黑克尔特和威·皮克,同他们交谈了一个小时,听他们谈德国共产党和德国共产党内机会主义派别的情况。

主持人民委员会会议。会议讨论关于改善科学家生活和关于工资政策等问题。

在俄共(布)中央政治局打电话征求各委员意见时,表示赞成政治局通过关于停止出版《国外报刊简介》、关于乌克兰的粮食工作等决定草案。

11月11日

出席俄共(布)中央政治局会议;就对波斯的政策问题发言;在讨论黄金储备委员会报告时,拟定向政治局汇报黄金储备情况的草表。会议还讨论了关于偿还波兰债务、关于清党等问题。

在俄共(布)中央政治局打电话征求各委员意见时,表示赞成政治局通过关于信贷合作社合法化、关于建立合作银行和关于允许在莫斯科交易所公布黄金正式牌价等项决定。

主持劳动国防委员会全体会议;作关于对劳动国防委员会会议议程提出补充修改的程序问题的报告;起草最高国民经济委员会关于完成电犁生产任务的报告的决定。会议还讨论了关于供应彼得格勒燃料的决定草案,1921—1922年度肉、鱼、油收购和分配计划,以及关于向白俄罗斯调拨口粮、关于为运输业职工补充口粮等问题。

11月12日

签署给各级经济会议的电报,要求他们及时向劳动国防委员会送交工作报告。

接见芬兰共产党创建人之一、共产国际执行委员会委员尤·西罗拉。

接见巴伐利亚共产党创建人之一 M.Л.列文,同他谈1919年巴伐利亚苏维埃共和国的情况，谈共产党对农民的政策以及其他问题。

在外交人民委员格·瓦·契切林1921年11月10日给中央政治局的请示信上写批语，表示同意接受国际联盟的药品和防疫器材。

11月14日

写便条给俄共(布)中央书记维·米·莫洛托夫，指出1921年6月16日中央公布的关于党的机关同司法侦查机关的相互关系的通告信存在缺陷，规定党委有权干涉司法机关的工作是有害的。

11月14日和24日之间

审阅人民委员会关于对诬告的处分的法令草案，写关于加重处分的补充意见。

11月15日

写对人民委员会关于实行报纸收费的法令草案的意见。

主持人民委员会会议。会议讨论关于交通人民委员部部务委员会、关于继续同瑞典滚珠轴承股份公司进行租让谈判、关于把一切租让事务集中于特别委员会、关于从事雇佣劳动人员保险的法令草案以及其他问题。

11月16日

致函司法人民委员德·伊·库尔斯基，建议吸收国家计划委员会代表斯·古·斯特卢米林和弗·米·斯米尔诺夫参加人民委员会成立的以库尔斯基为主席的研究新经济政策法令系统化等问题的专门委员会。

读国家计划委员会主席格·马·克尔日扎诺夫斯基《俄罗斯联邦的经济问题和国家计划委员会的工作》一书第1分册的详细提要；致函克尔日扎诺夫斯基，赞扬他的这本书，并建议对新经济政策方面的内容作些必要的补充，说明新经济政策并不是要改变统一的国家经济计划，而是要改变实现这个计划的办法。

看《新经济政策问题(两篇老文章和一篇更老的跋)》一书序言的校样，并作修改和补充。在校样上写批语，请校对员和排字工人予以改正并再送一次校样。

11月17日

出席俄共(布)中央政治局会议。会议讨论关于接受国际联盟防疫委员会的药品、关于土耳其斯坦问题、高加索局关于建立外高加索联邦的决定、中央清党委员会委员彼·安·扎卢茨基关于清党进展情况的报告以及其他问题。

11月17日和21日之间

签署给阿塞拜疆人民委员会主席纳·纳·纳里曼诺夫的电报，祝贺阿塞拜疆国家银行开业，希望银行成为新经济政策的坚强支柱。

不晚于11月18日

接见乌克兰社会主义苏维埃共和国驻劳动国防委员会代表M.波洛兹，听取关于乌克兰的清党、关于斗争派、关于在乌克兰工作的公职人员必须学习乌克兰语等情况和意见，并作记录。

11月18日

出席俄共(布)中央政治局会议。会议讨论关于俄共(布)第十一次代表会议、关于给格·瓦·普列汉诺夫家属发补助金、关于保卫西北边界、关于莫斯科和彼得格勒儿童的口粮、关于国际借款等问题，以及黄金储备委员会的报告。

主持劳动国防委员会全体会议。会议讨论关于储备情况、关于批准国营卡希拉电站验收委员会、关于总结全俄中央执行委员会特派员在1921年实行粮食税运动中的经验、关于石油工业改行经济核算的决定草案以及其他问题。

主持人民委员会会议；在会议讨论关于1922年财政计划和纸币发行计划的问题时，写对关于这一问题的决定草案的补充意见；签署人民委员会关于外汇和贵金属交易的法令草案。

11月19日

写便条给俄共(布)中央书记维·米·莫洛托夫，认为必须将党的机关同司法侦查机关的相互关系问题由组织局转交政治局审议，并提出若干修改意见。

11月20日

读全俄矿工工会中央委员会主席团委员亚·格·列梅科寄来的小册子《俄共第十次代表大会决议、顿巴斯的工会和工人(报告书)》，作者列梅科在书中介绍了顿巴斯领导工作人员之间的分歧。列宁在作者附信上作批注，认为这是一篇关于纠纷的令人痛心的材料。

11 月 21 日

致函俄共(布)中央书记维·米·莫洛托夫等人，认为顿巴斯领导工作人员之间的冲突是极其危险的，请他们提出解决冲突的措施。

在俄共(布)清党期间，为外交人民委员部部务委员雅·斯·加涅茨基写证明材料。

接见黑海舰队革命军事委员会委员 A.B.巴拉诺夫、共和国海军副司令维·伊·佐夫、黑海和亚速海军港司令兼政委尼·费·伊兹迈洛夫，同他们谈舰队改组和加强南方海军力量的问题。

分别接见乌克兰共产党(布)中央书记费·雅·柯恩、副农业人民委员恩·奥新斯基、最高国民经济委员会主席彼·阿·波格丹诺夫。

在俄共(布)中央政治局打电话征求各委员意见时，表示赞成政治局通过关于伊·阿·泰奥多罗维奇继续在农业人民委员部工作的决定和关于俄共(布)第十一次代表会议日程的决定。

11 月 22 日

列宁写的书评《一本有才气的书》在《真理报》第 263 号上发表。

在俄共(布)中央政治局打电话征求各委员意见时，表示赞成政治局通过关于无产阶级文化协会、关于《路标转换》杂志的出版等问题的决定。

致函工农检查人民委员约·维·斯大林和全俄肃反委员会副主席约·斯·温什利赫特，指示他们采取措施同租赁者盗窃国家财产现象作斗争。

主持人民委员会会议；在会议讨论《关于在劳动和畜力运输税基础上实施定期劳动和畜力运输义务制》法令草案时，写关于出版宣传画向居民解释这项法令的建议；签署 1922 年 1—9 月国家财政计划的决定。会议还讨论了同 П.Б.施泰因贝格草签的租让合同以及调整贸易等问题。

11 月 23 日

致函国家计划委员会，指示研究加速伊万诺沃-沃兹涅先斯克地区鲁布湖电站的建设和开始发电的问题以及 1922 年国营电站建设计划的问题。

就同П.Б.施泰因贝格签订合同问题致函人民委员会经济委员会列·波·加米涅夫。

接见农业人民委员谢·帕·谢列达。

接见挪威工党党员O.利安等人，同他们谈党的活动情况。

晚上9时30分，乘车去牙科诊所治牙，11时10分回到克里姆林宫。

11月24日

出席俄共(布)中央政治局会议；报告小人民委员会主席阿·谢·基谢廖夫请假和租让委员会人选问题；对关于无产阶级文化协会的决定提出建议。会议讨论关于行政司法机关同党委的相互关系、关于出国的代表团、关于陆军人民委员部的预算、关于莫斯科和彼得格勒儿童的口粮、关于向乌克兰拨款等问题，以及约·维·斯大林辞去民族事务人民委员职务的申请。

11月25日

收到出席共产国际第三次代表大会的中国代表江亢虎1921年10月25日和11月25日两次要求接见的来信，信中请求列宁对他的工作作指示。列宁委托秘书复信，答应在工作允许的情况下接见他。

分别接见乌克兰共产党(布)中央委员埃·约·克维林、国际工人援助会书记威·明岑贝格、乌克兰粮食人民委员米·康·弗拉基米罗夫。

主持劳动国防委员会会议。会议讨论采矿工业总管理局关于金铂工业的报告、关于莫斯科附近煤田矿工粮食供应的决定草案，以及关于车里雅宾斯克矿井、关于从乌克兰运粮等问题。

11月26日

接见俄共(布)土耳其斯坦局主席兼全俄中央执行委员会和俄罗斯联邦人民委员会土耳其斯坦事务委员会主席格·雅·索柯里尼柯夫，同他谈即将调他到财政人民委员部工作的问题。

致函俄共(布)中央书记维·米·莫洛托夫，向中央提出关于调格·雅·索柯里尼柯夫到财政人民委员部工作等两项建议，并请他用电话征求政治局委员的意见。

出席俄共(布)中央政治局会议。会议讨论关于国家物资和资金供应计划、关于俄共(布)中央全会召开日期等问题。

致函克里姆林宫警卫长 P.A.彼得松，要他拟定克里姆林宫保卫工作制度，为来访者订出专门规定。

11 月 27 日

在俄共(布)中央政治局打电话征求各委员意见时，表示赞成政治局通过关于延长人民委员会副主席阿·伊·李可夫的假期(因病)、关于任命格·雅·索柯里尼柯夫为财政人民委员部部务委员、关于顿巴斯省经济会议同该省大企业之间的相互关系、关于给俄罗斯联邦驻中国全权代表A.K.派克斯的指示等项决定。

晚上 8 时，接见国家建筑工程委员会副主席和卡希拉电站工程总工程师格·德·瞿鲁巴。

晚上 8 时 30 分，接见美国工农党代表帕·派·克里斯坦森，同他谈美国和俄罗斯联邦的政治和经济状况及两个国家之间的相互关系。

11 月 28 日

就劳动国防委员会增设副主席的问题致函亚·德·瞿鲁巴。

读民族事务人民委员约·维·斯大林关于成立外高加索共和国联邦问题的建议；写便条给斯大林，表示基本上同意他的意见，但认为在措辞上应稍作变动。

在俄共(布)中央政治局打电话征求各委员意见时，表示赞成政治局关于全俄工会中央理事会就改进工会工作所提出的建议的决定。

第二次接见美国工农党代表帕·派·克里斯坦森。电影摄影师 A.A.列维茨基拍摄了列宁谈话的镜头。

接见彼得格勒矿业学院院长德·伊·穆什凯托夫、彼得格勒综合技术学院院长 Л.В.扎卢茨基、彼得格勒民用工程师学院院长 Б.К.普拉夫德济克，他们向列宁提交了关于学校财政困难情况、关于地方当局干涉学校内部事务的报告书。谈话之后列宁打电话给财政人民委员部部务委员叶·阿·普列奥布拉任斯基，告知报告的主要内容。

接见朝鲜共产党人代表团。

11 月 29 日

审阅最高国民经济委员会副主席伊·捷·斯米尔加 1921 年 11 月 28 日

寄来的最高国民经济委员会关于经济政策的提纲草稿，写对这个提纲的意见。

写对成立工资基金审定委员会的建议的修改意见。

在俄共(布)中央政治局打电话征求各委员意见时，表示赞成政治局通过关于成立外高加索共和国联邦和关于副农业人民委员恩·奥新斯基请求免去他在农业人民委员部的工作的决定。

在莫斯科省第一次农业代表大会上讲话。

主持人民委员会会议。会议讨论货币分配委员会关于1921年12月的报告、关于学者生活调查和改善委员会的工作、工人供给委员会的报告、关于全俄肃反委员会和司法人民委员部相互关系的准则以及其他问题。

11月30日

接见亚·德·瞿鲁巴，谈关于劳动国防委员会增设副主席的问题。瞿鲁巴把列宁1921年11月28日给他的信退给列宁。谈话以后，列宁在这封信上给政治局委员们写了几句话，说瞿鲁巴同意列宁关于劳动国防委员会增设副主席的建议，这一问题拟交明天召开的政治局会议讨论。

在俄共(布)中央政治局打电话征求各委员意见时，表示赞成政治局建立的专门委员会关于缩减供应定额的决定。

同从弗拉基米尔、切列波韦茨、雷宾斯克等省出差回来的全俄中央执行委员会委员伊·安·彼特鲁什金谈话。彼特鲁什金汇报农业机关和播种委员会的工作、农业状况、农民请求征收粮食税时考虑土地质量等情况。列宁表示，农民的请求将得到满足。

接见国家计划委员会主席团委员兼劳动国防委员会俄罗斯联邦资源利用委员会主席列·纳·克里茨曼，听取他对撤销资源利用委员会并将其划归国家计划委员会或财政人民委员部这个计划的意见；收到克里茨曼关于把资源利用委员会划归国家计划委员会或财政人民委员部的计划的报告，写对这一报告的意见。

12月1日

上午，出席俄共(布)中央政治局会议。会议在讨论共产国际对国际孟什维主义策略问题时，通过列宁起草的关于统一战线的策略的决定。会议还讨论了关于阿塞拜疆共产党人之间的分歧、关于建立最高经济委员会、关于军事工业状况、关于彼得格勒消费合作社等问题。

致函尼·伊·布哈林，谈关于俄共历史的意见。

晚上，出席俄共(布)中央政治局会议；在讨论关于全俄肃反委员会同反革命作斗争的问题时，起草俄共(布)中央政治局关于全俄肃反委员会的决定草案初稿；提出关于国外苏维埃报纸和关于解除亚·德·瞿鲁巴粮食人民委员的职务和任命他为劳动国防委员会第二副主席的建议(两项建议均被政治局会议通过)。会议讨论关于俄罗斯联邦和乌克兰苏维埃共和国驻波兰代表的相互关系、关于租让、关于彼得格勒组织的状况等问题。

12月2日

接见最高国民经济委员会主席团委员、化学教授弗·尼·伊帕季耶夫，同他谈恢复顿巴斯的问题。

接见外交人民委员部部务委员兼办公厅主任帕·彼·哥尔布诺夫，询问有关外交人民委员部工作的一些问题。

就批判"集体主义者"纲领问题致函俄共(布)中央政治局委员。

主持劳动国防委员会全体会议；在讨论劳动国防委员会资源利用委员会条例时起草关于这个问题的决定。会议讨论关于按同阿·哈默签订的合同取得的100万普特粮食的分配、关于国营白金企业联合委员会的报告、关于制糖工业、关于购买冻马铃薯等问题。

12月3日

补充和签署按列宁的委托由人民委员会办公厅副主任阿·阿·季维尔科夫斯基代拟的关于"活的联系"的一封信。

致函莫斯科省清党审查委员会，为被开除出党的原孟什维克、政治教育总委员会主席团委员列·格·沙皮罗申辩。

俄共(布)中央政治局用电话征求各委员意见的方式通过列宁关于出版揭露"集体主义者"纲领的小册子的建议。

俄共(布)中央政治局决定在1921年12月2—17日期间给予列宁10天假期。

接见财政人民委员部部务委员格·雅·索柯里尼柯夫。

接见美国共产党驻共产国际执行委员会代表罗·迈纳(J.巴利斯特)和L.卡特尔费尔德(约翰·卡尔),同他们谈工人运动和美国共产党状况等问题。

接见美国女作家兼记者贝西·贝蒂,同她交谈了一个多小时。

致函正在德国治病的人民委员会和劳动国防委员会副主席阿·伊·李可夫;随信附上1921年12月1日中央政治局关于批准亚·德·瞿鲁巴为劳动国防委员会第二副主席的决定以及自己对他们两人的工作安排的初步计划。

12月5日

出席俄共(布)中央政治局会议;在研究最高国民经济委员会对劳动国防委员会改变磨粉厂隶属关系的决定提出的申诉时,起草对这个决定草案的补充。会议讨论关于卡累利阿、关于给格·瓦·契切林假期、关于穆斯林教界人士救济饥民的建议等问题。

用英文致函美国共产党驻共产国际执行委员会代表罗·迈纳(J.巴利斯特)和L.卡特尔费尔德(约翰·卡尔),征求他们对《关于农业中资本主义发展规律的新材料。第一编。美国的资本主义和农业》(1917年彼得格勒版)一书的意见,并希望得到官方出版的1920年美国人口普查材料。

签署给对外贸易人民委员部、财政人民委员部、最高国民经济委员会和教育人民委员部的信,建议同意大利契托-契涅马电影公司代表卡罗蒂签订租让合同,并委托全俄摄影和电影局局长彼·伊·沃耶沃金召开会议讨论谈判条件并代拟劳动国防委员会相应的决定草案。

接见意大利共产党员、共产国际执行委员会主席团委员埃·杰纳利。

接见副粮食人民委员尼·巴·布留哈诺夫和莫·伊·弗鲁姆金。

12月6日

致函在柏林的阿·马·高尔基,希望他给英国作家乔治·肖伯纳和赫·威尔斯写封信,请他们两人协助在美国为俄国饥民募捐。

读共产国际执行委员会关于统一战线提纲草稿,写对这一提纲的意见,建议对涉及十月革命前布尔什维克历史和布尔什维克同孟什维克斗争的段落进行补充或部分改写。

1921 年 12 月 6 日—1922 年 1 月 13 日

在哥尔克居住和工作。

12 月 7 日

在俄共(布)中央政治局打电话征求各委员意见时,表示赞成俄罗斯联邦驻德国代表尼・尼・克列斯廷斯基关于向出国代表团调查委员会提出更明确的任务的建议,赞成外交人民委员部关于同丹麦政府谈判的建议。

12 月 8 日

致函俄共(布)中央书记维・米・莫洛托夫并转中央政治局委员,鉴于实行新经济政策,必须把关于中央工人生活改善委员会的问题再讨论一次。

12 月 9 日以前

接见工农检查人民委员部工作人员、小人民委员会委员 Л.А.梅兰维尔。

12 月 9 日

用电话口授给约・维・斯大林的便条,请斯大林接见 Л.А.梅兰维尔,梅兰维尔认为在清党中开除他的党籍是错误的。

12 月 11 日

应共产国际执行委员会的请求,起草论法国共产党的土地问题提纲。

从俄罗斯联邦驻德国代表尼・尼・克列斯廷斯基的来信中得知,阿・马・高尔基的物质生活很困难;口授给俄共(布)中央书记维・米・莫洛托夫的信,建议通过一项决议,由党或国家负担高尔基在国外就医的费用。

12 月 13 日

得知最高国民经济委员会主席彼・阿・波格丹诺夫和金属工业总管理局局长路・卡・马尔滕斯建议撤销劳动国防委员会关于查办延误福勒式犁生产的责任者的决定,用电话向秘书莉・亚・福季耶娃口授给瓦・亚・阿瓦涅索夫、德・伊・库尔斯基、亚・米・瞿鲁巴的信,要他们坚持劳动国防委员会的这一决定。

读俄共(布)中央乌拉尔局书记季・弗・萨普龙诺夫 1921 年 12 月

2日的来信，信中建议针对新经济政策的条件，实行一系列加强苏维埃国家制度的措施，建议吸收农民参加苏维埃政权机关。列宁将信批转中央政治局委员，并建议把这个问题提交中央全会、党的第十一次代表会议和全俄苏维埃第九次代表大会讨论。

12月14日

填写俄共(布)第十一次代表会议代表登记表。

12月16日

用电话向秘书莉·亚·福季耶娃口授给维·米·莫洛托夫的信，请求按医生意见把假期延长到两周。

签署给副教育人民委员叶·亚·利特肯斯的信，建议成立一个由最高国民经济委员会主席彼·阿·波格丹诺夫、副对外贸易人民委员安·马·列扎瓦、全俄摄影和电影局局长彼·伊·沃耶沃金参加的委员会，由利特肯斯任该委员会主席，专门研究发展俄国电影事业的组织问题。

12月17日

为起草全俄中央执行委员会和人民委员会在全俄苏维埃第九次代表大会上的报告，致函各人民委员部，请他们提供关于他们工作情况的材料。

12月17日以后

读东方各民族宣传及行动委员会1921年12月17日的来信，信中报告最近将出版《红色东方》周报并约列宁撰稿。列宁用电话向秘书莉·亚·福季耶娃口授给东方各民族宣传及行动委员会的回信。

12月17日—23日之间

写《在全俄苏维埃第九次代表大会上〈关于共和国的对内和对外政策〉的报告的提纲》。

12月18日

俄共(布)中央全会(列宁未出席)委托列宁在全俄苏维埃第九次代表大会上作关于国内外形势的报告，提名列宁为代表大会共产党党团委员会委员候选人。

12月19日

用电话向秘书莉·亚·福季耶娃口授给中央清党委员会委员彼·安·扎卢茨基、中央监察委员会委员亚·亚·索尔茨和全体政治局委员的信，谈清党和入党条件的问题。

用电话向秘书莉·亚·福季耶娃口授给俄共（布）中央书记维·米·莫洛托夫的便条，建议把清剿卡累利阿的白卫匪徒的问题提交中央组织局，并指出务必加强红军。

列宁被选入俄共（布）第十一次代表会议主席团。列宁没有出席代表会议。会议讨论和通过关于清党、发展工农业和合作社的初步总结等决议。

12月21日

俄共（布）中央政治局接受列宁1921年12月12日提出的关于拨款给阿·马·高尔基在国外治病的建议，批准列宁1921年12月16日提出的按医生意见把假期延长到两周的申请。

委托人民委员会办公厅主任尼·彼·哥尔布诺夫把1921年12月21日人民委员会通过的关于俄罗斯电气化的决定提交全俄中央执行委员会主席团和俄共（布）中央政治局讨论，以便在全俄苏维埃第九次代表大会上批准。

12月22日

就全俄苏维埃第九次代表大会关于国际形势的决议问题，用电话口授给俄共（布）中央政治局的信，信中建议由全俄苏维埃第九次代表大会通过专门决议，反对波兰、芬兰和罗马尼亚资产阶级政府的冒险政策。

打电话向副粮食人民委员阿·伊·斯维杰尔斯基了解粮食收购和粮食储备的进展情况。

读中央清党委员会委员彼·安·扎卢茨基起草的俄共（布）第十一次代表会议《关于根据审查党员的经验巩固党的问题的决议草案》；在这一文件的结尾下面写修改意见；用电话向纳·斯·勒柏辛斯卡娅口授《对俄共（布）第十一次代表会议关于清党的决议草案的意见》。

12月23日—28日

领导全俄苏维埃第九次代表大会的工作。

12月23日

就必须公开审理延误福勒式犁生产一案的问题，复函最高国民经济委员会主席彼·阿·波格丹诺夫。

出席全俄苏维埃第九次代表大会第1次会议；被选入主席团；作全俄中央执行委员会和人民委员会关于共和国的对内和对外政策的工作报告。

12月25日

起草全俄苏维埃第九次代表大会关于经济工作问题的指令。

读俄共(布)中央书记维·米·莫洛托夫送来的全俄苏维埃第九次代表大会的关于恢复农业的两项决定草案，对决定草案进行修改，并在莫洛托夫的附信上写批语表示同意。

读《经济生活报》责任编辑加·伊·克鲁敏1921年12月25日的来信，信中反映中央统计局无视劳动国防委员会的决定，没有提供1921年第三季度关于农业和畜牧业的总结材料，从而使报纸的资料汇编专刊不能出版。列宁委托秘书把信转给亚·德·瞿鲁巴，请他查清中央统计局拖拉的原因。

12月26日

出席全俄苏维埃第九次代表大会非党代表的会议；记录代表们的发言和建议；三次发言。会议结束后，同特维尔省的代表、全俄中央执行委员会委员伊·安·彼特鲁什金交谈。

俄共(布)中央政治局用电话征求各委员意见的方式通过列宁1921年12月25日提出的关于从西伯利亚召回被任命为农业人民委员的瓦·格·雅科温科的建议，以及列宁起草的全俄苏维埃第九次代袭大会关于苏维埃机关的经济工作的决议草案(即《关于经济工作问题的指令》)。

12月27日

用电话向秘书莉·亚·福季耶娃口授《关于英国工党的政策》(给外交人民委员格·瓦·契切林和全体政治局委员的信)。

12月28日

中午12时，出席俄共(布)中央全会会议。会议讨论全俄中央执行委员会及其主席团的人选等问题。

全俄苏维埃第九次代表大会通过列宁起草的《关于经济工作问题的指令》。

晚上 7 时 30 分，出席俄共(布)中央全会会议。会议讨论工会问题和全俄中央执行委员会主席团人选问题。会议还讨论了关于农业合作社和农村工作、关于顿巴斯的冲突、关于在国外为乌克兰购买种子、关于社会革命党人和孟什维克、关于格鲁吉亚、关于土耳其斯坦等问题。

12 月 28 日—30 日

写《关于工会在新经济政策条件下的作用和任务的提纲草案》的要点。

1921 年 12 月 30 日—1922 年 1 月 4 日

写《关于工会在新经济政策条件下的作用和任务的提纲草案》。

12 月 31 日

出席俄共(布)中央政治局会议。会议通过列宁起草的关于恢复锡尔河州前书记弗·格·尤多夫斯基党籍的决定，批准给列宁六周假期(从 1922 年 1 月 1 日算起)。会议还讨论了关于购买种子、关于商船队、关于保障乌克兰的播种运动、关于格鲁吉亚、关于俄共(布)土耳其斯坦局新的领导成员等问题。

12 月

签署给各中央苏维埃机关领导人的信，指示必须彻底根除机关里的拖拉作风和文牍主义。

不早于 1921 年

读英国作家赫伯特·威尔斯《黑暗中的俄国》一书(1920 年伦敦版)，并在上面作记号。

1922 年

1 月 3 日

外交人民委员格·瓦·契切林向俄共(布)中央政治局报告说，最高国民经济委员会主席彼·阿·波格丹诺夫不通过外交人民委员部和对外贸易人民委员部，就写信给英国工业家兼金融家莱·厄克特，建议恢复租让谈判。契切林请求宣布波格丹诺夫的信件无效。列宁口授给俄共(布)中央书记维·米·莫洛托夫的电话稿，认为不必宣布波格丹诺夫的信件无效，但要对这个问题进行调查。

1月4日

写完《关于工会在新经济政策条件下的作用和任务的提纲草案》;在提纲初稿后面的附言中建议俄共(布)中央政治局通过一项决定,委托中央组织局成立一个专门委员会来审查和更换工会运动的领导人。

鉴于莫斯科自来水厂总工程师弗·瓦·奥登博格尔自杀身亡,起草俄共(布)中央政治局关于弗·瓦·奥登博格尔案件的决定。

口授给俄共(布)中央组织局的信,建议出版说明苏维埃国民经济状况的小册子,并提出吸收国家计划委员会主席格·马·克尔日扎诺夫斯基和国家计划委员会工作人员斯·古·斯特卢米林参加这一工作。

1月4日和8日之间

委托秘书收集对《关于工会在新经济政策条件下的作用和任务的提纲草案》的各种意见。

1月4日和12日之间

研究全俄工会中央理事会书记安·安·安德列耶夫、俄共(布)中央政治局委员列·波·加米涅夫、全俄工会中央理事会总书记扬·埃·鲁祖塔克和革命军事委员会主席列·达·托洛茨基对《关于工会在新经济政策条件下的作用和任务的提纲草案》的意见。

1月9日

打电话给全俄中央执行委员会主席团秘书阿·萨·叶努基泽和列·波·加米涅夫,请协助萨马拉省阿拉卡耶夫卡村农民,供应他们粮食和春播种子。

1月9日和12日之间

写《俄共(布)中央政治局关于新经济政策的指示草案》。

1月12日

读邮电人民委员瓦·萨·多夫加列夫斯基关于给下诺夫哥罗德无线电实验室拨款5万金卢布的申请报告;用电话口授自己表示赞成拨款的意见,并请维·米·莫洛托夫将这个问题提交政治局表决。

致电达吉斯坦劳动者,感谢他们寄来礼物并祝他们在恢复共和国经济这一事业中获得成功。

打电话给俄共(布)中央书记维·米·莫洛托夫,建议中央政治局通过一项决定，派专人注意几位治疗归来的同志的身体状况，并督促他们严遵医嘱。

打电话给俄共(布)中央政治局委员兼民族事务人民委员约·维·斯大林，同意俄共(布)中央关于土耳其斯坦共产党员在新经济政策条件下在民族政策方面的任务的指示信草稿。

不早于1月12日

俄共(布)中央通过列宁起草的《关于工会在新经济政策条件下的作用和任务》的决定。

1月13日

同伊·克·拉拉扬茨谈话；致函全俄中央执行委员会秘书阿·萨·叶努基泽，指示要从物质上帮助拉拉扬茨一家。

1月16日

俄共(布)中央政治局批准列宁拟定的《俄共(布)中央政治局关于新经济政策的指示草案》。

1月17日

就中央统计局为劳动国防委员会和俄共(布)中央绘制的苏维埃俄国国民经济发展的图表一事，致函劳动国防委员会办公厅副主任瓦·亚·斯莫尔亚尼诺夫，对图表提出意见，强调图表的意义在于一目了然，便于比较。

致函俄共(布)中央书记维·米·莫洛托夫，请中央书记处送革命前掩护过列宁的玛·瓦·福法诺娃的女儿去里加疗养、安排已故老布尔什维克伊·阿·萨美尔的女儿在教育人民委员部办的示范学校学习。

致函司法人民委员德·伊·库尔斯基，谈同拖拉作风和官僚主义作斗争的问题。

就П.Б.施泰因贝格在租让企业中行使职权问题，致函维·米·莫洛托夫并转俄共(布)中央政治局。

向人民委员会办公厅主任尼·彼·哥尔布诺夫口授关于电影事业的指示，并托他转交教育人民委员部。

签署人民委员会和俄共(布)中央给各省执行委员会主席的电报，电报指示他们尽快向受灾省份运送种子粮。

1月17日—3月1日

居住在莫斯科郊区的科斯季诺村附近的国营农场，继续疗养。

1月18日以前

同副财政人民委员格·雅·索柯里尼柯夫谈苏维埃共和国的预算问题。

1月19日

致函俄共(布)中央政治局委员约·维·斯大林，请斯大林以政治局名义给苏维埃俄国驻英国全权代表兼对外贸易人民委员列·波·克拉辛发一封严厉的电报，要求他在1922年1—2月份购足1 500万普特粮食。

致函在伦敦的列·波·克拉辛，认为对外贸易人民委员部这个机构糟透了，要他在国外尽快购买粮食。

1月20日

在俄共(布)中央政治局打电话征求各委员意见时，表示赞成政治局通过关于同意俄罗斯联邦驻意大利代表瓦·瓦·沃罗夫斯基去罗马的决议。

俄共(布)中央政治局会议通过列宁关于在中央组织局下成立一个专门委员会来审查和更换工会领导干部的建议。

不晚于1月21日

同人民委员会办公厅主任尼·彼·哥尔布诺夫、劳动国防委员会办公厅副主任瓦·亚·斯莫尔亚尼诺夫、中央政治局委员约·维·斯大林和列·波·加米涅夫谈人民委员会和劳动国防委员会机关的工作，以及大力协助身体不好的副主席亚·德·瞿鲁巴工作等问题。

1月21日

致函亚·德·瞿鲁巴，要他遵守医生为他规定的作息制度。

在俄共(布)中央政治局打电话征求各委员意见时，表示赞成政治局通过关于成立雅库特苏维埃社会主义自治共和国等项决议。

致函列·达·托洛茨基，认为对孟什维克必须加强监督，也必须加强镇压。还说准备写一篇关于国家资本主义的短文，指出“国家资本主义”是理论上唯一正确的术语。

1月21日和30日之间

在克里姆林宫的办公室接见远东各国劳动者第一次代表大会的代表，同他们谈远东各国的状况、各国民族解放斗争的任务，强调各国革命力量联合的必要性。

1月22日

就财政人民委员部和国家珍品库的工作问题，致函副财政人民委员格·雅·索柯里尼柯夫，强调现在一切的中心是发展贸易，在此基础上恢复卢布的币值，要求集中精力搞好这件事。

1月23日

就П.Б.施泰因贝格在租让企业中行使职权问题致函俄共（布）中央书记维·米·莫洛托夫并转俄共（布）中央政治局。

在俄共（布）中央政治局打电话征求各委员意见时，表示赞成政治局通过关于俄国驻红色工会国际代表团、关于制定撤销全俄肃反委员会和成立内务人民委员部国家政治保卫局的条例草案等项决议。

从外交人民委员格·瓦·契切林1922年1月20日和22日的来信得知，契切林建议对外国资本家在政治上作些让步，即修改苏维埃宪法，让资产阶级代表参加苏维埃，以便在热那亚会议上得到某些补偿。列宁口授给维·米·莫洛托夫并转中央政治局的信，表示不能同意契切林的建议，否则对谈判将是极大的威胁。

1月23日—25日

在莫斯科各工业企业职工大会上被选为莫斯科工人和红军代表苏维埃委员。

1月24日

致函人民委员会和劳动国防委员会副主席亚·德·瞿鲁巴，谈改革人民委员会、劳动国防委员会和小人民委员会的工作问题。

1月25日

同副财政人民委员格·雅·索柯里尼柯夫谈话，得知他反对俄共（布）中央政治局的如下指示：凡是涉及俄罗斯联邦经济政策并需要提交政治局决定的问题，须先经格·雅·索柯里尼柯夫、亚·米·克拉斯诺晓科夫、叶·阿·普列奥布拉任斯基三人小组预先审查；致函列·波·加米涅夫和约·维·斯大林，告知同索柯里尼柯夫谈话的情况，对索柯里尼柯夫不执行政治局的指示表示吃惊，认为决不允许再出现类似的现象。

1月26日

用电话口授给副财政人民委员格·雅·索柯里尼柯夫的信，请他把黄金自由流通的建议形成文字上报。

致函人民委员会秘书玛·伊·格利亚谢尔，说要看政治局的所有记录以及每份记录所涉及的文件，要她及时完整地送来。

致函外交人民委员格·瓦·契切林，询问有关孙中山1921年8月28日写给契切林的信的一些情况。

致函《贫苦农民报》编辑维·阿·卡尔宾斯基，询问农民给《贫苦农民报》写信的数量以及信中反映的重要的和新的情况。

打电话给亚·德·瞿鲁巴，要他了解一下人民委员会为在热那亚会议上进行债务谈判而设立的债务谈判实际问题研究委员会的工作。

为查对协约国最高会议的戛纳决议，打电话给格·瓦·契切林，请他把从意大利总理伊·博诺米那里收到的戛纳决议的正式文本寄来。

致函格·叶·季诺维也夫，说根据自己的健康状况，不能在共产国际执行委员会全会上作关于统一战线的报告，最多只能就此问题准备一个提纲或者对别人准备的提纲作些补充。

签署给副对外贸易人民委员安·马·列扎瓦的信，要求火速为沃尔霍夫工程订购涡轮机。

1月26日或27日

建议让全俄工会中央理事会总书记扬·埃·鲁祖塔克参加苏维埃俄国出席热那亚会议的代表团。列宁的建议在1月27日政治局会议上被通过。

1月27日

打电话给俄共(布)中央书记维·米·莫洛托夫并转全体政治局委员，建议成立一个委员会，立即研究并迅速贯彻在农民中普遍宣传全俄苏维埃第九次代表大会关于农民问题的各项决议的计划。

打电话给俄共(布)中央书记维·米·莫洛托夫并转政治局委员，建议委派全俄中央执行委员会主席米·伊·加里宁视察乌克兰，以便为饥民募捐。

打紧急电话给人民委员会负责向国外订购铁路器材的全权代表

尤·弗·罗蒙诺索夫,请他按照劳动国防委员会 1922 年 1 月 4 日的决定,同国家计划委员会、交通人民委员部及热工学研究所共同商定征求内燃机车设计的条件,并将协商结果报告列宁。

第九届全俄中央执行委员会非常会议任命列宁为苏维埃俄国出席热那亚会议的代表团团长。

1 月 28 日

读国营百货公司经理 A.A.别洛夫 1922 年 1 月 26 日关于通过国营百货公司发展国营商业的近期计划和申请增加资金的报告书;批示人民委员会办公厅主任尼·彼·哥尔布诺夫,要支持和经常帮助别洛夫。

致函国家计划委员会主席格·马·克尔日扎诺夫斯基,对彼得格勒工学院教授亚·亚·哥列夫写的《法国的电气化》一书提出意见。

俄共(布)中央政治局批准列宁关于普遍宣传全俄苏维埃第九次代表大会关于农民问题的各项决议的建议。

1 月 29 日

收到最高国民经济委员会科学技术局尤·弗·罗蒙诺索夫关于内燃机车生产问题研讨会的报告;批示人民委员会办公厅主任尼·彼·哥尔布诺夫,要专门关心这件事,把有关的材料都收集起来。

1 月 31 日

写关于征收和分配粮食的札记。

1 月

致函人民委员会和劳动国防委员会副主席亚·德·瞿鲁巴,谈安排煤油销售问题。

1 月—2 月

写《政论家札记(论攀登高山,论灰心的害处,论贸易的好处,论对孟什维克的态度等等)》一文。

2 月 1 日

起草给热那亚会议代表团副团长和全体团员的指示。

就参加三个国际的代表会议问题致函共产国际执行委员会委员尼·伊·布哈林和共产国际执行委员会主席格·叶·季诺维也夫,要他们事先考虑好,究竟由谁代表共产国际去出席第二国际和第二半国际举行的代表会议，还要事先考虑好这次会上的策略和战略的基本问题。

致函副财政人民委员格·雅·索柯里尼柯夫，要财政人民委员部监督和检查实行经济核算制的托拉斯和企业，这些托拉斯和企业如有亏损，应受到惩罚。

2月2日

俄共(布)中央政治局会议指定列宁在俄共(布)第九次代表大会上作中央政治报告。

用电话口授给尼·伊·布哈林的信，对他不回答列宁昨天给他和格·叶·季诺维也夫的信感到奇怪和气愤；要他派人把第二国际和第二半国际代表评论苏维埃政府现行新经济政策时常用的论据开列出来。

致函俄共(布)中央政治局，说自己正在患病，不能在1922年2月12日共产国际执行委员会扩大会议上作关于新经济政策的报告。

起草给英国企业家F.R.麦克唐纳上校的复信稿，说因病不能接见他，但答应派人对他提出的承租建议进行认真研究。

2月3日和8日之间

读供应卡希拉工程食品的国营农场职工实行奖励制度的报告；建议在报刊上发表这个报告并在劳动国防委员会讨论为实行这个制度需发放的奖金问题。

2月4日

致函尼·伊·布哈林、格·叶·季诺维也夫和维·米·莫洛托夫并转政治局委员，就反对战争的问题提出两点建议。

读1922年2月2日《全俄中央执行委员会消息报》刊登的介绍德国社会沙文主义者亚·李·帕尔乌斯的小册子《挽救经济的道路》的内容的电讯，这本小册子是为德帝国主义的侵略计划辩护的。列宁打电话给维·米·莫洛托夫并转政治局委员，建议查处报纸刊登该电讯一事。

读路标转换派代表人物之一Ю.В.克柳奇尼科夫发表在《路标转换》杂志第13期上的文章《热那亚会议》，在文章上作批注；口授给维·米·莫洛托夫并转政治局委员的电话稿，要他们注意克柳奇尼科夫的文章，并建议俄共(布)中央政治局吸收他以专家身份参加热那亚会议代表团。

2月6日

写《俄共(布)中央给出席热那亚的苏维埃代表团的指示草案》,补充2月1日写的《给热那亚会议代表团副团长和全体团员的指示草案》。

致函《真理报》编辑尼·伊·布哈林和俄共(布)中央书记维·米·莫洛托夫并转中央政治局,说《路标转换》杂志对热那亚会议的准备工作比《真理报》和《全俄中央执行委员会消息报》好,建议从《路标转换》杂志上转载两篇文章,并就热那亚会议的各种问题发表若干篇水平相同或更高的文章。

从2月5日《全俄中央执行委员会消息报》上得知在莫斯科登记的私营出版社超过143家,就这个问题致函人民委员会办公厅主任尼·彼·哥尔布诺夫,要他检查一下,这些出版社是根据哪些法律和规定登记的,各出版社负责行政和编辑工作的是些什么人。

致函维·米·莫洛托夫,建议由列宁和莫洛托夫共同签署一份给各省、州国民教育局的通电,要各地把优秀教育工作者的材料寄来,以便吸收他们参加教育人民委员部的工作。

2月7日

收到出席热那亚会议的外交人民委员格·瓦·契切林和对外贸易人民委员列·波·克拉辛的来信,他们在信中对热那亚会议能否成功和会上能否同资本主义各国达成协议表示担心。列宁致函契切林(代行苏维埃代表团团长职务),批评他们对热那亚会议表现出来的那种惊慌失措情绪,明确指示,我们丝毫不怕破裂,决不屈服于最后通牒,愿意“做生意”,那就来,但决不接受任何对我们不利的东西。

2月8日

俄共(布)中央政治局通过列宁提出的《俄共(布)中央给出席热那亚会议的苏维埃代表团的指示草案》。

2月9日

致电纽约俄美工业公司董事长悉·希尔曼,向所有积极援助苏维埃俄国恢复经济的工作人员致意,告知已采取一切措施保证美国工人的投资不致亏损。

2月10日

读泥炭水力开采管理局局长罗·爱·克拉松1922年2月9日的请示报告，克拉松说泥炭水力开采管理局缺乏购买所需物资的资金，请求批准400万金卢布的预算。列宁致函人民委员会办公厅主任尼·彼·哥尔布诺夫，请他给予最大的重视，如数满足泥炭水力开采管理局的要求。

读列·达·托洛茨基给俄共(布)中央政治局的信，信中建议通过苏维埃报刊和工会坚决反对英国工党领导人阿·韩德逊的政策，韩德逊建议英国政府向热那亚会议提出讨论格鲁吉亚问题。列宁致函政治局委员，表示不同意托洛茨基的意见，认为他们把格鲁吉亚问题列入热那亚会议议程会揭穿各资本主义国家政府的政策，建议在《全俄中央执行委员会消息报》上赞扬工党分子的这种做法。政治局打电话征求各委员对列宁建议的意见。列宁的建议于当天被通过。

接见国家计划委员会主席格·马·克尔日扎诺夫斯基，克尔日扎诺夫斯基向列宁汇报关于统一的粮食税额结算工作的进展情况。

2月11日

致函维·米·莫洛托夫，建议在俄共(布)中央政治局再次讨论关于统一的粮食税和停止出版《合作事业报》问题。

致函财政人民委员格·雅·索柯里尼柯夫(抄送亚·德·瞿鲁巴)，指示应该支持国营百货公司经理A.A.别洛夫这样的商业人员，惩处国家银行中那些作风拖拉和犯有官僚主义的人，认为新经济政策需要新的严惩办法。

2月13日

填写俄共(布)党员全国统计调查表。

致函副外交人民委员马·马·李维诺夫、司法人民委员德·伊·库尔斯基、全俄肃反委员会副主席约·斯·温什利赫特和副对外贸易人民委员安·马·列扎瓦，询问由哪个部门、哪个部务委员负责管在国外的民事诉讼，如果对此事没有规定，就请他们在一周内共同研究这个问题，并向人民委员会提出相应的决定草案。

致函全俄中央执行委员会主席团秘书阿·萨·叶努基泽，要他注意消除全俄中央执行委员会工作中存在的混乱现象。

就加强格鲁吉亚红军问题，致函俄共(布)中央高加索局委员格·康·奥尔忠尼启则，认为格鲁吉亚苏维埃代表大会必须通过一项加强红军的决定并认真付诸实施。

2月14日

读格·瓦·契切林1922年2月11日给俄共(布)中央政治局的信，契切林反对列·达·托洛茨基的意见，认为不应该在报刊上公开讨论要求各资本主义国家赔偿苏维埃俄国因它们的武装干涉和封锁所蒙受的损失的具体数额。列宁支持契切林的意见，起草政治局关于这一问题的决定，反对在报刊上讨论要求资本主义各国赔偿的具体数额；把决定草案送交维·米·莫洛托夫。

致函维·米·莫洛托夫，谈关于俄共(布)中央统计处和登记分配处的工作问题。

打电话给司法人民委员德·伊·库尔斯基，请他在最短期间内报一份材料，说明根据现行法律，工农检查院在检查私营企业方面有哪些权利。

在《合作事业报》主编尼·列·美舍利亚科夫来信上作批注，并就这个问题起草俄共(布)中央政治局的决定，建议把《合作事业报》由日报改为周报。

2月15日

就热那亚会议问题，致函外交人民委员格·瓦·契切林，指出在邀请苏维埃俄国参加热那亚会议时并没有要求苏维埃俄国正式承认戛纳条件，苏维埃俄国也没有承认过，建议契切林把关于这一问题的全部材料收集起来，以便核对事实。

致函亚·德·瞿鲁巴，谈改革人民委员会、劳动国防委员会和小人民委员会的工作问题。

致函司法人民委员德·伊·库尔斯基，说已收到司法人民委员部关于工农检查院监督私营企业方面有哪些权利的答复，对这个答复提出批评意见，强调不应忘记从苏维埃政权承租的企业也是苏维埃的企业。

致函财政人民委员格·雅·索柯里尼柯夫，要求把主要注意力放在发展国内贸易和通过国家银行贸易部对贸易实行监督方面。

致函德·伊·库尔斯基，建议在关于期票和民事债务的法令草案中，明确规定苏维埃国家不仅有权对私营企业进行充分检查和监督，而且有权废除合同。

致函农业人民委员瓦·格·雅科温科，对由军事部门让给农业人民委员部的770台进口发动机闲置五年不用一事极为气愤，要求农业人民委员部写一份书面说明，查出办事拖拉、犯有官僚主义错误的人，并大张旗鼓地审判此案。

读俄共(布)中央政治局关于把扫除文盲作为1922年五一节的主要口号之一的决定草案，在草案上签署表示赞成的意见。

2月16日

致函俄罗斯联邦副教育人民委员叶·亚·利特肯斯(抄送小人民委员会)，要他为莫斯科高等技术学校的电工系和电工学研究所提供房子。

2月17日

致函维·米·莫洛托夫并转俄共(布)中央政治局委员，谈关于对沙季洛沃燕麦托拉斯贷款问题。

2月18日

致函人民委员会和劳动国防委员会副主席亚·德·瞿鲁巴，谈国家银行在实行新经济政策条件下对发展国内商业的作用问题。

2月20日以前

指示给在国外按期完成泥炭水力开采管理局订货者发奖金。

2月20日

致函亚·德·瞿鲁巴，谈改革人民委员会、劳动国防委员会和小人民委员会的工作问题。

致函德·伊·库尔斯基，谈司法人民委员部在新经济政策条件下的任务。

用电话向秘书莉·亚·福季耶娃口授给俄共(布)中央书记维·米·莫洛托夫的信，询问党员负责干部统计调查情况。

2月20日—21日

读亚·德·瞿鲁巴拟定的关于小人民委员会的指示草案，在草案上写关于专门通过一项补充决定的建议；在瞿鲁巴的便条上写道：送上补充意见。建议在星期四以前征得全体人民委员和全体小人民委员会委员的简短回答。

2 月 21 日

致函列·波·加米涅夫和约·维·斯大林,对工作提出一系列建议和指示,要他们无条件地把卡·伯·拉狄克调离外交工作岗位,仔细斟酌亚·德·瞿鲁巴所拟的关于小人民委员会的指示草案,认真修改关于工农检查院的法令草案,等等。

致函人民委员会办公厅主任尼·彼·哥尔布诺夫,对最高国民经济委员会和国家计划委员会呈送的关于拟向莱·厄克特租让的地区的调查报告表示不满,要它们在最短期限内提出由负责人签署的结论性意见,委托哥尔布诺夫作深入调查。

2 月 22 日

就俄罗斯联邦民法典问题致函俄共(布)中央政治局。

致函财政人民委员格·雅·索柯里尼柯夫,指出我们所有经济机关的一切工作中最大的毛病就是官僚主义。对国家银行来说,最危险的莫过于变成官僚机关。现在整个关键在于迅速发展国营商业。

致函国家计划委员会主席格·马·克尔日扎诺夫斯基,谈改进各级计划机关的措施,提出对某些(重大的)职能建立个人负责制。

小人民委员会会议在讨论亚·德·瞿鲁巴提出的改组小人民委员会的草案时采纳了列宁的建议。

2 月 23 日

鉴于俄共(布)中央政治局否决了国家计划委员会关于发给热工学专家列·康·拉姆津出国治疗和进行油田谈判的费用的申请,用电话向秘书莉·亚·福季耶娃口授给俄共(布)中央书记维·米·莫洛托夫的信,建议政治局批准国家计划委员会的这一申请。政治局于当天采纳了列宁的这个建议。

致函俄共(布)中央政治局委员,对共产国际执行委员会第一次扩大全会关于共产国际参加拟议中的三个国际的代表会议的决议草案提出一些修改意见。政治局当天采纳了列宁的意见。

2 月 24 日

起草俄共(布)中央关于出席热那亚会议的苏维埃代表团的任务的决定。

写便条给维·米·莫洛托夫并转俄共(布)中央政治局委员,附关于致意大利照会的决定草案。

2 月 25 日

就热那亚会议等问题用电话向秘书纳·斯·勒柏辛斯卡娅口授给约·维·斯大林和列·波·加米涅夫的便条。

俄共(布)中央政治局批准列宁关于加强格鲁吉亚红军的建议。

2 月 27 日

致函劳动国防委员会副主席亚·德·瞿鲁巴,宣布给在泥炭水力开采管理局问题上犯有官僚主义的人予以警告,并指示召集有关部门负责人会议,研究执行人民委员会 10 月 30 日关于采用泥炭水力开采法的决定。

起草关于劳动国防委员会和人民委员会以及小人民委员会的工作的指示(给亚·德·瞿鲁巴的信)。

社会主义社会科学院主席团 2 月 23 日给列宁发来通知书,说 1922 年 2 月 5 日他被选为科学院院院士。列宁复函表示感谢,但请求不要把他列入院士名单中,因为自己有病无法履行院士的职责。

2 月 28 日

致函司法人民委员德·伊·库尔斯基并附对民法典草案的意见,强调在民法典中要把西欧各国经验中所有保护劳动人民利益的东西吸收进来,要规定扩大国家对民事案件的干预。

口授给俄共(布)中央书记维·米·莫洛托夫并转政治局委员的电话稿,说为尽快解决中央委员会给出席热那亚会议的苏维埃代表团全体成员的指令问题,建议把列宁起草的俄共(布)中央委员会关于出席热那亚会议的苏维埃代表团的任务的决定先交给格·瓦·契切林。政治局会议于当天通过了列宁的决定草案及建议。

2 月 28 日和 3 月 16 日之间

读全俄中央执行委员会关于工农检查人民委员部在新经济政策条件下的任务的决定草案并作批注;致函约·维·斯大林并附对决定草案的意见。

2 月底

写关于《政论家札记》一文的几点设想。

2 月

写对小人民委员会工作条例草案的意见。

3 月初

同教育人民委员阿·瓦·卢那察尔斯基谈教育人民委员部的工作和发展国内电影事业的问题，认为电影是各种艺术中最重要的艺术。

3 月 1 日

列宁从莫斯科郊区的科斯季诺村附近的国营农场返回莫斯科。

就民法典问题致函劳动国防委员会副主席亚·德·瞿鲁巴。

致函国家政治保卫局局务委员雅·克·彼得斯，指示必须加强同受贿现象作斗争。

复函中央消费合作总社理事弗·亚·吉霍米罗夫，谈新经济政策条件下合作社的任务，提出要把全部注意力和全部力量集中在挑选人才和战胜私营商业上。

3 月 2 日

签署给泥炭水力开采管理局的同志们的信，信中说，在经济困难的情况下还是给他们拨了巨款，希望他们工作取得成绩。

俄共(布)中央政治局会议通过列宁关于苏维埃俄国民法典草案还需认真细致加工的建议。

3 月 3 日

就财政人民委员部的提纲致函俄共(布)中央政治局，建议切实地缩减各人民委员部的编制和教我们的官“商”学会做生意。

致函对外贸易人民委员列·波·克拉辛或副对外贸易人民委员安·马·列扎瓦，谈对外贸易垄断制问题。

致函列·波·加米涅夫，尖锐地批评格·雅·索柯里尼柯夫破坏对外贸易垄断制的立场，认为一定要坚持对外贸易垄断制，否则外国人就会把一切贵重物品都买走，无产阶级政权会被毁掉。

致函俄共(布)中央，请将附上的工业拨款问题会议的记录分送给政治局全体委员，并将该问题立即提交政治局。

3 月 4 日

晚上 10 时 45 分左右，在克里姆林宫周围散步，路过哨所，发现警卫组织混乱，哨兵不知道自己的职责。

致函克里姆林宫警卫长P.A.彼得松，宣布给他警告处分，因他没有令人满意地执行劳动国防委员会主席关于要向哨兵明确说明他们职责的指示。

3月5日

读财政人民委员格·雅·索柯里尼柯夫1922年3月2日建议准许托拉斯、合作社和其他单位在国外采购粮食的信；就索柯里尼柯夫的建议致函俄共(布)中央政治局委员，表示反对他的建议，因为无法保证不会把一切贵重物品运走。

致函燃料总管理局局长格·列·皮达可夫，指示拨出一部分资金，用来加速准备兴建的伊万诺沃-沃兹涅先斯克区电站地区的泥炭开采工作。

《列宁全集》第二版第42卷编译人员

译文校订：张慕良　谢翰如　翟民刚

资料编写：杨祝华　刘淑春　张瑞亭　王丽华　刘方清　王锦文
刘彦章

编　　辑：许易森　江显藩　钱文干　李桂兰　李京洲

译文审订：岑鼎山

《列宁全集》第二版增订版编辑人员

李京洲　高晓惠　翟民刚　张海滨　赵国顺　任建华　刘燕明
孙凌齐　门三姗　韩　英　侯静娜　彭晓宇　李宏梅　付　哲
戢炳惠　李晓萌

审　　定：韦建桦　顾锦屏　柴方国

本卷增订工作负责人：张海滨　高晓惠

项目统筹：崔继新
责任编辑：崔继新
装帧设计：石笑梦
版式设计：周方亚
责任校对：白　玥

图书在版编目(CIP)数据

列宁全集.第42卷/(苏)列宁著;中共中央马克思恩格斯列宁斯大林著作编译局编译.
—2版(增订版)-北京:人民出版社,2017.3(2024.7重印)
ISBN 978-7-01-017127-2
Ⅰ.①列…　Ⅱ.①列…②中…　Ⅲ.①列宁著作-全集　Ⅳ.①A2
中国版本图书馆CIP数据核字(2016)第316436号

书　　名	**列宁全集** LIENING QUANJI 第四十二卷
编 译 者	中共中央马克思恩格斯列宁斯大林著作编译局
出版发行	人民出版社 (北京市东城区隆福寺街99号　邮编 100706)
邮购电话	(010)65250042　65289539
经　　销	新华书店
印　　刷	北京新华印刷有限公司
版　　次	2017年3月第2版增订版　2024年7月北京第2次印刷
开　　本	880毫米×1230毫米 1/32
印　　张	25.75
插　　页	3
字　　数	677千字
印　　数	3,001—6,000册
书　　号	ISBN 978-7-01-017127-2
定　　价	62.00元